Öffentliche Wissenschaft und gesellschaftlicher Wandel

Reihe herausgegeben von

Stefan Selke, Public Science Lab, Hochschule Furtwangen, Furtwangen, Deutschland

Die Suche nach neuen Produktionsformen gesellschaftlich relevanten Wissens ist hochaktuell. Sinnvolle Partizipation zwischen Wissenschaft und Öffentlichkeit benötigt sowohl eine neue Wissenschaftsauffassung als auch neue Konzepte der Ko-Produktion sozial robusten Wissens. Für beide Herausforderungen gibt es bislang wenig verlässliche Orientierungen – die Buchreihe „Öffentliche Wissenschaft im Wandel" will daher als publizistisches „Reallabor" Theorien, Modelle, Konzepte, Erfahrungen sowie Anleitungen für eine neue Wissenschaft und eine neue Soziologie mit Bezug auf öffentliche Themen, Problemlagen und Akteure erproben und zur Vernetzung Interessierter einladen.

Stefan Selke · Oliver Neun · Robert Jende ·
Stephan Lessenich · Heinz Bude
Hrsg.

Handbuch Öffentliche Soziologie

mit 2 Abbildungen und 4 Tabellen

Hrsg.
Stefan Selke
Public Science Lab, Hochschule Furtwangen
Furtwangen, Deutschland

Oliver Neun
Universität Kassel
Kassel, Deutschland

Robert Jende
München, Deutschland

Stephan Lessenich
Goethe-Universität Frankfurt
Frankfurt am Main, Deutschland

Heinz Bude
Universität Kassel
Kassel, Deutschland

ISSN 2569-7048 ISSN 2569-7056 (electronic)
Öffentliche Wissenschaft und gesellschaftlicher Wandel
ISBN 978-3-658-16994-7 ISBN 978-3-658-16995-4 (eBook)
https://doi.org/10.1007/978-3-658-16995-4

Die Deutsche Nationalbibliothek verzeichnet diese Publikation in der Deutschen Nationalbibliografie; detaillierte bibliografische Daten sind im Internet über http://dnb.d-nb.de abrufbar.

Springer VS
© Springer Fachmedien Wiesbaden GmbH, ein Teil von Springer Nature 2023
Das Werk einschließlich aller seiner Teile ist urheberrechtlich geschützt. Jede Verwertung, die nicht ausdrücklich vom Urheberrechtsgesetz zugelassen ist, bedarf der vorherigen Zustimmung des Verlags. Das gilt insbesondere für Vervielfältigungen, Bearbeitungen, Übersetzungen, Mikroverfilmungen und die Einspeicherung und Verarbeitung in elektronischen Systemen.
Die Wiedergabe von allgemein beschreibenden Bezeichnungen, Marken, Unternehmensnamen etc. in diesem Werk bedeutet nicht, dass diese frei durch jedermann benutzt werden dürfen. Die Berechtigung zur Benutzung unterliegt, auch ohne gesonderten Hinweis hierzu, den Regeln des Markenrechts. Die Rechte des jeweiligen Zeicheninhabers sind zu beachten.
Der Verlag, die Autoren und die Herausgeber gehen davon aus, dass die Angaben und Informationen in diesem Werk zum Zeitpunkt der Veröffentlichung vollständig und korrekt sind. Weder der Verlag, noch die Autoren oder die Herausgeber übernehmen, ausdrücklich oder implizit, Gewähr für den Inhalt des Werkes, etwaige Fehler oder Äußerungen. Der Verlag bleibt im Hinblick auf geografische Zuordnungen und Gebietsbezeichnungen in veröffentlichten Karten und Institutionsadressen neutral.

Lektorat: Cori Antonia Mackrodt
Springer VS ist ein Imprint der eingetragenen Gesellschaft Springer Fachmedien Wiesbaden GmbH und ist ein Teil von Springer Nature.
Die Anschrift der Gesellschaft ist: Abraham-Lincoln-Str. 46, 65189 Wiesbaden, Germany

Das Papier dieses Produkts ist recyclebar.

Inhaltsverzeichnis

Vorwort: Plädoyer für die systematische Unabgeschlossenheit öffentlicher Wissenschaftspraktiken 1
Stefan Selke, Heinz Bude, Robert Jende, Stephan Lessenich und Oliver Neun

Teil I Historische Phasen 5

Soziologie unterwegs zwischen Akademie und Öffentlichkeit 7
Katharina Neef

Öffentliche Soziologie in der Weimarer Zeit. Eine Spurensuche 25
Michael Reif

Die Geschichte der deutschen öffentlichen Soziologie
von 1945 bis 2005 41
Oliver Neun

Die Verwendungsdebatte in der deutschen Soziologie
(1975–1989) 57
Oliver Neun

Revitalisierung öffentlicher Soziologie 69
Stefan Selke

Teil II Personen – Positionen 85

C. Wright Mills (1916–1962) 87
Oliver Neun

Harold Garfinkel 99
Stephan Wolff

Helmut Schelsky: Ein öffentlicher „(Anti-)Soziologe" 109
Astrid Séville

Der Zeuge Dahrendorf 117
Heinz Bude

Pierre Bourdieu als öffentlicher Intellektueller 127
Philipp Rhein, Alexander Lenger und Vincent Gengnagel

Theodor W. Adorno: Öffentliche Soziologie als demokratische
Aufklärung 135
Stefan Müller-Doohm

Jürgen Habermas: Die diskursive Praxis bewusstmachender
Kritik 143
Stefan Müller-Doohm

Niklas Luhmann: Öffentliche Soziologie – systemtheoretisch
beobachtet 153
Jasmin Siri

Barbara Ehrenreich: Erfolgreiche öffentliche Soziologin
‚wider Willen' 161
Stefan Selke

Michael Burawoy: „For Public Sociology" als Referenzdokument
der Debatte um öffentliche Soziologie 169
Stefan Selke

Teil III   Lehre **179**

Performatives Lernen 181
Robert Jende

Barcamps und Public Sociology: eine sinnvolle Symbiose? 191
Kai-Uwe Hellmann

Offene Hochschulen, interdisziplinäre Lehre: Das Studium generale als
Konzept und Instrument öffentlicher Wissenschaft 199
Andreas Hütig

Forschendes Lernen als öffentliche Sozialforschung: Zum Konzept der
öffentlichen Lehrforschung 209
Sabrina Zajak und Ines Gottschalk

Service Learning 219
Karsten Altenschmidt und Glaucia Peres da Silva

Teil IV   Forschung **227**

Partizipative Forschung 229
Hella von Unger

Kollaboratives Forschen 237
Tanja Bogusz

Reallabore – Transformationsräume Öffentlicher Soziologie 247
Stefan Böschen

**Citizen Sciences als Format Öffentlicher
Gesellschaftswissenschaften** 255
Claudia Göbel

Teil V Präsentationsformate **265**

Wissenstransfer in Öffentlichkeiten 267
Stefan Selke

Soziologische Aufklärung: Über Bücher, Lektoren und Verlage 287
Oliver Römer

Präsentation in digitalen Medien: Wissenschaftsblogs 297
Michael Meyen

Öffentliche Vorträge: Ansprüche, Probleme, Chancen 305
Manfred Prisching

**Narrative öffentliche Soziologie als Prosa der Existenz: Auf dem
Weg zu einer komplementären Forschungspraxis** 315
Stefan Selke

Visualisierung als öffentliche Soziologie 327
Gerald Beck

Teil VI Doing Public Sociology **337**

**Öffentliche Soziologie: Marienthal, Wittenberge und gegenwärtige
Konstellationen** 339
Heinz Bude, Anna Eckert und Inga Haese

Öffentliche Soziologie und gesellschaftliches „Soziologisieren" 351
Thomas Scheffer und Robert Schmidt

Konvivialismus als öffentliche Soziologie 363
Frank Adloff

Vom Hidden Champion zum gesellschaftlichen Akteur 373
Andreas Rade

**Doing Public Sociology – die Forschungsgesellschaft
anstiftung** 387
Andrea Baier und Christa Müller

Öffentliche Krisenexperimente 397
Robert Jende

**Cutting und Splitting: Die Methode Matta-Clark – eine
Inspirationsquelle für öffentliche Soziologie?** 407
Heinz Bude, Anna Eckert und Inga Haese

Autorenverzeichnis

Frank Adloff Universität Hamburg, Hamburg, Deutschland

Karsten Altenschmidt UNIAKTIV – Zentrum für gesellschaftliches Lernen und soziale Verantwortung, Universität Duisburg-Essen, Essen, Deutschland

Andrea Baier anstiftung, München, Deutschland

Gerald Beck Fakultät für angewandte Sozialwissenschaften, Hochschule München, München, Deutschland

Tanja Bogusz Center for Sustainable Society Research (CSS), Universität Hamburg, Hamburg, Deutschland

Stefan Böschen Human Technology Center (HumTec), RWTH Aachen, Aachen, Deutschland

Heinz Bude Gesellschaftswissenschaften/Fachgruppe Soziologie, Universität Kassel, Kassel, Deutschland

Glaucia Peres da Silva Überfachliche Bildung und berufliche Orientierung, Universität Tübingen, Tübingen, Deutschland

Anna Eckert Thünen-Institut für Regionalentwicklung e.V., Kritzow, Deutschland

Universität Kassel, Kassel, Deutschland

Vincent Gengnagel Institut für Gesellschaftswissenschaften und Theologie, Europa-Universität Flensburg, Flensburg, Deutschland

Claudia Göbel Institut für Hochschulforschung (HoF) an der Martin-Luther-Universität Halle-Wittenberg, Lutherstadt Wittenberg, Deutschland

Ines Gottschalk Lehrstuhl für Sozialtheorie und Sozialpsychologie, Ruhr-Universität Bochum, Bochum, Deutschland

Inga Haese Universität Kassel, Kassel, Deutschland

Thünen-Institut für Regionalentwicklung e.V., Kritzow, Deutschland

Kai-Uwe Hellmann Institut für Soziologie, TU Berlin, Berlin, Deutschland

Andreas Hütig Studium generale, Johannes Gutenberg-Universität Mainz, Mainz, Deutschland

Robert Jende Fakultät für angewandte Sozialwissenschaften, Hochschule München, München, Deutschland

Alexander Lenger Soziologie, Katholische Hochschule Freiburg, Freiburg im Breisgau, Deutschland

Stephan Lessenich Institut für Sozialforschung, Goethe-Universität Frankfurt, Frankfurt am Main, Deutschland

Michael Meyen IfKW, Ludwig-Maximilians-Universität München, München, Deutschland

Christa Müller anstiftung, München, Deutschland

Stefan Müller-Doohm Institut für Sozialwissenschaften, Carl von Ossietzky Universität Oldenburg, Oldenburg, Deutschland

Katharina Neef Religionswissenschaftliches Institut, Universität Leipzig, Leipzig, Deutschland

Oliver Neun Gesellschaftswissenschaften/Fachgruppe Soziologie, Universität Kassel, Kassel, Deutschland

Manfred Prisching Institut für Soziologie, Universität Graz, Graz, Österreich

Andreas Rade VDMA Hauptstadtbüro Berlin, Berlin, Deutschland

Michael Reif Lüneburg, Deutschland

Philipp Rhein Institut für Soziologie, Eberhard-Karls-Universität Tübingen, Tübingen, Deutschland

Oliver Römer Insitut für Soziologie, Georg-August-Universität, Göttingen, Deutschland

Thomas Scheffer Institut für Soziologie, Goethe-Universität Frankfurt am Main, Frankfurt am Main, Deutschland

Robert Schmidt Professur für Prozessorientierte Soziologie, Katholische Universität Eichstätt-Ingolstadt, Eichstätt, Deutschland

Stefan Selke Public Science Lab, Hochschule Furtwangen, Furtwangen, Deutschland

Forschungsprofessur „Transformative und öffentliche Wissenschaft", Hochschule Furtwangen, Furtwangen, Deutschland

Astrid Séville Geschwister-Scholl-Institut für Politikwissenschaft, Ludwig-Maximilians-Universität München, München, Deutschland

Jasmin Siri Ludwig-Maximilians-Universität München, München, Deutschland

Hella von Unger Ludwig-Maximilians-Universität München, München, Deutschland

Stephan Wolff Universität Hildesheim, Hildesheim, Deutschland

Sabrina Zajak Institut für Soziale Bewegungen, Ruhr-Universität Bochum, Bochum, Deutschland

Vorwort: Plädoyer für die systematische Unabgeschlossenheit öffentlicher Wissenschaftspraktiken

Stefan Selke, Heinz Bude, Robert Jende, Stephan Lessenich und Oliver Neun

Inhalt

1 Öffentliche Soziologie als Katalysator 3
2 Von öffentlicher Soziologie zu öffentlicher Wissenschaft 4

Als Gründer und Herausgeber der Buchreihe „Öffentliche Wissenschaft und gesellschaftlicher Wandel" freue ich mich, dass nun auch das „Handbuch öffentliche Soziologie" in dieser Reihe erscheint. Ich kann mir kaum ein Projekt vorstellen, dass die Programmatik dieser Reihe besser präsentiert. Ziel der Buchreihe ist es, theoretische, historische, methodologische, politische und soziale Aspekte öffentlicher Soziologie und öffentlicher Sozialwissenschaften zu reflektieren und Anwendungsfelder vorzustellen. Das vorliegende Handbuch reflektiert in genau diesem

---

S. Selke (✉)
Public Science Lab, Hochschule Furtwangen, Furtwangen, Deutschland
E-Mail: ses@hs-furtwangen.de

H. Bude
Gesellschaftswissenschaften/Fachgruppe Soziologie, Universität Kassel, Kassel, Deutschland
E-Mail: bude@uni-kassel.de

R. Jende
Fakultät für angewandte Sozialwissenschaften, Hochschule München, München, Deutschland
E-Mail: robert.jende@hm.edu

S. Lessenich
Institut für Sozialforschung, Goethe-Universität Frankfurt, Frankfurt am Main, Deutschland
E-Mail: lessenich@soz.uni-frankfurt.de

O. Neun
Gesellschaftswissenschaften/Fachgruppe Soziologie, Universität Kassel, Kassel, Deutschland
E-Mail: oliver.neun@uni-kassel.de

© Springer Fachmedien Wiesbaden GmbH, ein Teil von Springer Nature 2023
S. Selke et al. (Hrsg.), *Handbuch Öffentliche Soziologie*, Öffentliche Wissenschaft und gesellschaftlicher Wandel, https://doi.org/10.1007/978-3-658-16995-4_1

Sinne notwendige Einordnungen und praxisrelevante Erfahrungen. Vor diesem Hintergrund versteht es sich eher als Diskussionsforum und weniger als Lehrbuch. Das liegt vor allem daran, dass sich öffentliche Soziologie – so wie sie seit rund zwei Jahrzehnten im Kontext einer internationalen Debatte diskutiert wird – als äußerst dynamisches und teils auch vielstimmiges Vorhaben darstellt. Deshalb muss auch ein Handbuch zu öffentlicher Soziologie in mehrfacher Hinsicht ein ebenso dynamisches Langzeitprojekt sein. Dafür gibt es zwei Gründe, die ich im Folgenden skizzieren möchte.

Erstens war es nicht trivial, sich im Kreis der Herausgebenden auf Themen und AutorInnen zu einigen. Wo es kaum Vorbilder gibt, muss erst eine eigene Struktur entwickelt werden. Das Handbuch ist ein erster Vorschlag und es ist aus meiner Sicht sogar wünschenswert, dass sich diese Struktur im Laufe der Zeit an neue Bedarfe und Debatten anpasst. Die zeitgemäßen Produktionsbedingungen der Wissenschaftsverlage – weniger Print, dafür mehr Online – machen genau das möglich. Das „Handbuch Öffentliche Soziologie" wird in den nächsten Jahren ausführlich Gebrauch davon machen, um aktuell zu bleiben und neue Perspektiven in das Portfolio aufzunehmen. Für viele der Beteiligten – vor allem für unsere AutorInnen – dauerte es fast unerträglich lange, bis alle Beiträge schlussendlich vorlagen. Zwar ist das für ein Projekt dieser Art und Größenordnung nicht ungewöhnlich. Der eigentliche Grund aber ist wohl gerade die systematische Unabgeschlossenheit des im Handbuch verhandelten Themas.

Zweitens ist ein „Handbuch Öffentliche Soziologie" auch deshalb ein Langzeitprojekt, weil die Relevanz der damit verbundenen Denkweisen und Wissenschaftspraktiken immer deutlicher wird. Doch damit gehen eben auch Deutungskonflikte, Experimente und Konflikte einher. Zwar lassen sich zahlreiche historische Vorläufer und theoretische Referenzen öffentlicher Soziologie bestimmen (wobei auch hier nicht ausgeschlossen ist, dass neue und zugleich inspirierende Verweise auftauchen). Die Dynamik öffentlicher Soziologie wird sich aber vor allem – so meine Wette auf die Zukunft – in den Formen öffentlicher Wissenschaftspraxis erweisen. Öffentliche Soziologie ist fast so alt wie die namensgebende Disziplin selbst. Dennoch kommt eine revitalisierte öffentliche Soziologie gerade zur rechten Zeit. Die Suche nach neuen Formen gesellschaftlich relevanten Wissens, neuen Formen der Wissensproduktion und neuen Publika beschäftigt eine Gesellschaft, der hergebrachte Formate der Selbstverständigung abhanden gekommen zu sein scheinen. Zuletzt wurde dies durch die vielen Beiträge öffentlicher SoziologInnen während der Corona-Pandemie deutlich.

Ziel einer disziplinär verankerten öffentlichen Wissenschaftspraxis ist es, verstärkt auf das Partizipationsverlangen von Öffentlichkeiten einzugehen, Veränderungswissen anzubieten sowie damit einen Beitrag zur gesellschaftlichen Transformation zu leisten. Sinnvolle Partizipation zwischen Wissenschaft und Öffentlichkeit benötigt jedoch zusätzlich eine zeitgemäße Wissenschaftsauffassung und neue Konzepte der Ko-Produktion sozial robusten Wissens. Genau das kann öffentliche Soziologie leisten. *Öffentliche Soziologie besitzt das Potenzial, fachliche Inhalte mit überfachlichen Formaten des Wissenstransfers zu verbinden.*

Vor diesem Hintergrund bedeutet öffentliche Soziologie für uns dreierlei:

1. Öffentliche Soziologie basiert auf der Haltung einer engagierten und teils eingreifenden Forschung, die sich mit drängenden Problemen unserer Zeit beschäftigt. Öffentliche SoziologInnen wissen, dass sich diese Haltung des Engagements nicht delegieren lässt. Sie teilen das Verständnis einer verantwortlichen Wissenschaft, die sich nicht auf Methoden einer indifferenten Beobachtung herausredet. Das bedeutet zwar nicht die Entscheidung für einen bestimmten politischen Wertbezug, aber doch die Sensibilität für Fragen von Teilhabe, Einbezug und Gleichberechtigung.
2. Öffentliche Soziologie ist durch ein umfangreiches Portfolio an Methoden, Formaten und Instrumenten der Wissensproduktion sowie des dialogischen Wissens (aus)tausches mit inner- und außerwissenschaftlichen Publika gekennzeichnet. Schon jetzt ist klar, dass es in Zukunft produktive Erweiterungen dieses Portfolios geben wird, neue Ideen und Formate, die dann wieder Eingang in dieses (stets unabgeschlossene) Handbuch finden werden.
3. Öffentliche Soziologie ist ein zeitgenössischer Beitrag zur transformativen Wende in der Wissenschaft, bei der es im Kern um ein Wissen fürs Handeln geht. Einerseits sind gerade öffentliche SoziologInnen neue „AgentInnen des Wandels". Andererseits sehen sie ihre Aufgabe darin, im Kontext von „public scholarship" ihre Mit-BürgerInnen dazu zu ermutigen, sich aus einer konsumistischen Rolle zu befreien und sich selbst als „Change Agents" wahrzunehmen. So kann öffentliche Soziologe ein Katalysator für gesellschaftlichen Wandel werden.

1 Öffentliche Soziologie als Katalysator

Öffentliche Soziologie sollte mehr sein als ein zitierindextaugliches Anhängsel der eigenen akademischen Betriebsamkeit und eine Verzierung in Forschungsanträgen. Zudem ist öffentliche Soziologie ist nicht einfach nur ein Strang der bereits etablierten Wissenschaftskommunikation. Vielmehr funktioniert öffentliche Soziologie dann am besten, wenn sie als deliberatives Kollektivprojekt verstanden wird – als Problemtauschagentur in einem öffentlichen Experiment zwischen widersprüchlichen individuellen, gesellschaftlichen und politischen Ideen und Interessen. Genau an dieser Schnittstelle zeichnet sich die zukünftige Aufgabe öffentlicher Soziologie ab. Öffentliche Soziologie könnte ein dialogischer Katalysator für ein sich öffnendes Denken werden. Die Voraussetzung dafür ist eine vorbildliche kooperative und kollaborative Wissenschaftspraxis jenseits individueller Egoismen. Kurz: Öffentliche Soziologie sollte als kollektives Lern- und Praxislabor produktiv einer sich öffentlich verpflichtenden Wissenschaft verstanden werden, die sich Verlustängsten stellt, Langfristorientierung einklagt und träge Pfadabhängigkeiten in Frage stellt.

Eine große Herausforderung liegt dabei darin, die Gleichzeitigkeit zwischen allergrößten Sorgen und banalstem Alltag produktiv zu gestalten. Die öffentliche Soziologie adressiert das einzelne Individuum in der gesellschaftlichen Situation.

Sie will den Menschen deutlich machen, dass die persönlichen Leiden in einem gesellschaftlichen Zusammenhang stehen und dass es sich deshalb lohnt, nach gemeinsamen Lösungen für allgemein als belastend und erschwerend empfundenen Problemen zu suchen. Darin steckt der Glaube, dass die gesellschaftlichen Tatsachen nicht einfach nur der Fall sind, sondern Ergebnisse von Zusammenarbeit, Aushandlung und Übereinkünften darstellen.

2 Von öffentlicher Soziologie zu öffentlicher Wissenschaft

Der Begriff „öffentliche Soziologie" hat Vor- und Nachteile. Zu seinen Vorteilen gehört, dass er sich als Sammelbegriff für heterogene Prozesse, Positionen und Projekte eignet. Allerdings ist nicht zu bestreiten, dass der Begriff „öffentliche Soziologie" ein Container für die „damned do gooders", die schon Robert Ezra Park auf die Palme gebracht haben, darstellt. Außerdem sollte der praktische Nutzen wissenschaftlichen Wissens nicht überschätzt werden. Zu seinen Nachteilen gehört die damit verbundene Tendenz zur disziplinären Schließung. Deshalb sollte der nächste Schritt darin bestehen, öffentliche Soziologie in den Kontext einer öffentlichen Wissenschaft zu stellen. Nur auf diese Weise hätte der „public turn" auch eine nachhaltige Wirkung. Letztlich zeigen viele der Beiträge im vorliegenden Handbuch, dass disziplinäre Abgrenzungen den „generellen Intellekt" (wie sich ausgehend von Marx oder Peter Drucker sagen ließe), behindern können. *Die Öffnung der Wissenschaften kann sich vielmehr positiv auf alle Disziplinen auswirken.* Mehr noch: Die Idee der Transdisziplinarität besagt, dass sich Hochschulen und Forschungseinrichtungen zukünftig intensiver als bisher mit ihren Umwelten verzahnen, sich durchlässiger machen und damit selbst zu Orten der Transformationen werden. Wissensproduktion darf kein Selbstzweck sein, sondern immer wieder an reale Probleme, Akteure und Interessen rückgekoppelt werden. Menschen merken sehr schnell, ob sie nur beforscht werden oder ob man gemeinsam mit ihnen forscht. Zudem wird es darum gehen müssen, Studierende als erste Öffentlichkeit ernst zu nehmen und in der Lehre innovative und ungewöhnliche Formen der Wissensproduktion und -präsentation zu erproben. Das vorliegende Handbuch enthält zahlreiche Anregungen dazu, wie das gelingen könnte.

> Und in eigener Sache möchte ich abschließend auf das Public Science Lab (http://www.public-science-lab.de) sowie das 2021 gegründete Magazin „Zugluft" (ISSN 2702-5934) (http://www.zugluft.de) hinweisen, das sich öffentlicher Wissenschaft in Forschung, Lehre und Gesellschaft widmet.

Viele weitere Projekte werden entstehen und die Landschaft öffentlicher Wissenschaft verändern. Einige davon werden in Zukunft in dieses Handbuch eingehen. Wir wünschen Ihnen viel Freude beim Lesen, Inspirationen und Lust auf Experimente mit öffentlicher Soziologie!

Teil I
Historische Phasen

Soziologie unterwegs zwischen Akademie und Öffentlichkeit

Strategien zur Professionalisierung und Institutionalisierung der Soziologie im frühen 20. Jahrhundert

Katharina Neef

Inhalt

1	Verortung der Problemstellung – zwischen Historik und Legitimatorik	7
2	Soziologie bis 1914	9
3	Öffentliche Debatten um soziologische Praxis	16
4	Marginale Sprecher und schweigendes Zentrum	18
5	Fehlende Tradition, performierte Professionalität und ein eigener Mythos	20
6	Fazit: Was bleibt?	22
Literatur		23

Das Verhältnis der Soziologie zur Gesellschaft, die sie beschreiben will und in die sie eingebettet ist, ist komplex. Diese Situation verkompliziert sich zusätzlich, seit SoziologInnen ihr Fachwissen dazu nutzen, auf sich selbst, ihre Disziplin und die KollegInnen zu blicken, gleichsam das eigene Handeln sezierend, deutend und damit nicht zuletzt dekonstruierend. Auch die sogenannte Klassikerzeit ist nicht frei von der Frage, welche Funktion in der Gesellschaft die werdende Disziplin Soziologie einnehmen, welche Art von Wissen sie produzieren und welchen Stellenwert das durch sie generierte Wissen gesellschaftlich einnehmen solle.

1 Verortung der Problemstellung – zwischen Historik und Legitimatorik

Ist es überhaupt gerechtfertigt, den thematischen Horizont der Öffentlichen Soziologie auf einen historischen Kontext zu erweitern, in dem weder der Terminus noch die konkrete, gegenwärtig diskutierte Programmatik vorkommen? Stellt eine solche

K. Neef (✉)
Religionswissenschaftliches Institut, Universität Leipzig, Leipzig, Deutschland
E-Mail: neef@uni-leipzig.de

Historisierung der Öffentlichen Soziologie nicht eine Strategie dar, diesen Ansatz zu einem disziplinären Grundproblem zu deklarieren? Immerhin avancierte so eine vielleicht aus der gegenwärtigen Situation erstandene Forderung nach proaktiver gesellschaftlicher Agency zu einer historischen Strukturkomponente der Disziplin – und die Programmatik gewänne damit durchaus Legitimität und Relevanz. Zudem wurden und werden Fragen des Anwendungsbezugs und der instrumentellen Instruktion politischer Organe durch wissenschaftliche Experten doch kontinuierlich von nicht-wissenschaftlichen Akteuren (medialen Multiplikatoren, politischen Weichenstellern oder privaten Geldgebern) an die Forschenden herangetragen.

Zwar war und ist also der gesellschaftliche Beitrag der Soziologie kontinuierlich Gegenstand von Aushandlungen, doch stellen sich so die Fragen, inwiefern dies als ein zusammenhängender Diskurs zu fassen ist und in welchem Verhältnis die einzelnen Positionen zueinander stehen. Die Antwort auf die erste Frage beantwortet Michal Reif eindeutig: „*[P]ublic sociology* im weitesten Sinne [hat] für die Genese der Soziologie eine wichtige Rolle gespielt" (Reif 2016, S. 8). Dies genauer zu beleuchten, ist ein Gegenstand des Artikels. Die zweite Frage kann hier zusammenfassend wie folgt beantwortet werden: Die zentralen Verfechter einer engagierten Soziologie vor 1919 tauchen nicht als Referenzen der ihnen nachfolgenden WortführerInnen auf – weder in Zitaten noch in akademischen Kindschaftsverhältnissen. Ganz im Gegenteil gerieten die frühen Anwälte einer politisch aktiven Soziologie weitgehend in Vergessenheit. Diese Positionen und Akteure trotzdem oder gerade wegen des zu konstatierenden Rezeptionsbruchs im Kontext dieses Handbuchs zu thematisieren, erklärt sich aus der strukturellen Verwandtschaft der Debatte um die gesellschaftliche Relevanz der Gesellschaftswissenschaft – und (so steht zu vermuten) ihren inhaltlichen Kontinuitäten inklusive den bemerkenswerten Diskontinuitäten. Beide Fälle sind erklärungswürdig.

Hinsichtlich des historischen Fokus ist zu erklären, dass dieser weitgehend auf dem deutschsprachigen Raum liegt. Zwar wird der internationale Kontext einzubeziehen sein, aber nur als Rahmen. In einem breiteren Kontext wäre auch die französische Soziologie einzubeziehen gewesen, da gerade der Kontext der Durkheim-Schule bemerkenswerte Antworten auf die Frage nach der Öffentlichkeit der Soziologie lieferte: Nicht von ungefähr titelt die Dissertation von Judith Zimmermann zu Robert Hertz „Sozialismus ist aktive Soziologie" (Zimmermann 2015).

Zur Beantwortung der aufgeworfenen Fragen sind grundlegend zwei Schritte vonnöten – einerseits die Vermessung des soziologischen Diskurses im fraglichen Zeitraum und andererseits die Identifikation von Positionen und AkteurInnen, die sich als anschlussfähig an eine Öffentlichen Soziologie erweisen könnten. In Ermangelung einer universitär verankerten Soziologie im deutschsprachigen Raum vor 1919 wird dazu ein weiterer Kreis zu ziehen sein (Neef 2019): Einbezogen wird so der heterogene wilhelminische publizistische Markt (Buchmarkt und Periodika) und das soziologische Vereinsleben. Praktisch wird es dann im Blick auf zwei für die Verhandlung der Möglichkeiten der Soziologie relevante bzw. exemplarische Debatten, nämlich der Werturteilsstreit 1913 und die sozialreformerische Diskussion um Einrichtung und Form einer Freidenkerhochschule 1914. Danach gilt es, die Befunde miteinander in Beziehung zu setzen und den zu konstatierenden historischen Rezeptionsabbruch zu kontextualisieren.

2 Soziologie bis 1914

Die Frage nach der akademischen Soziologie im deutschsprachigen Raum vor 1919 ist schnell beantwortet: Es gab sie schlichtweg nicht – zumindest nicht, wenn man als Parameter ihre akademische Präsenz in Form von Ordinarien ansetzt. Die beiden ersten Lehrstühle für Soziologie übernahmen Franz Oppenheimer in Frankfurt und Leopold von Wiese in Köln erst in diesem Jahr. Mit modifizierten Parametern ergibt sich allerdings ein anderes Bild: Soziologische Literatur und Periodika finden sich bereits seit Jahrzehnten am Markt – sowohl für das geistes- und sozialwissenschaftliche Fachpublikum wie auch für das populäre Publikum. Auch im philosophischen, politischen und sozialreformerischen Blätterwald erzeugte das Schlagwort Soziologie ein beständiges Rauschen. Vorlesungen zur Soziologie wurden ebenfalls seit Jahrzehnten an deutschsprachigen Hochschulen angeboten – disziplinär vorrangig von Philosophen und Ökonomen, statusmäßig gemischt von Professoren, spezialisierten Extraordinarien und sich profilierenden Privatdozenten. Zudem widmete sich ein lebendiges universitätsnahes Vereinsleben der Soziologie, wobei sich die Netzwerke nicht nur auf der nationalen, sondern besonders auch auf der internationalen Ebene spannten (Neef 2019).

So ist eine enorme Breite an Soziologie-Verständnissen zu konstatieren, die direkt mit der fehlenden institutionellen Anbindung korreliert. Denn das Fehlen vermachteter Strukturen begünstigte die Diversifizierung des Feldes: Da keine Grenzen ausgehandelt waren, waren weder der Kern dessen, was „Soziologie" sei, noch Ausschlusskriterien, was dies nicht mehr treffe, definiert und so war prinzipiell Jeder befähigt, seine Vorstellung von Soziologie vorzubringen. Zudem hatte sich keine Kapitalhierarchie bzw. ein Transfersystem etabliert, welche die Bewertung ermöglicht bzw. Diskreditierung von Entwürfen legitimiert hätten: (Fachfremde) Akademikern, Politikern und Praktikern konnten gleichermaßen beanspruchen, Soziologen zu sein – und sich ebenso gegenseitig als Unsachverständige bezichtigen. Zuletzt handelte es sich bei den meisten Vorschlägen um Ankündigungen, Visionen und Programme, die von jeglicher Beschränkung durch ihre praktische Umsetzbarkeit ungetrübt waren und die oft die technologischen und technizistischen Hoffnungen der Zeit atmeten.

2.1 Zur Situation der soziologischen Literatur am Markt: Überblickswerke, Zeitschriften, Buchreihen

Die soziologisch anschlussfähige und -willige Literatur umfasst ein breites Spektrum an Publikationstypen. Obgleich es im deutschsprachigen Raum weder soziologische Institute noch Lehrstühle gab, ist die Publikationsfülle an Lehrbüchern und Einführungswerken beachtlich. Folgerichtig richteten sie sich weniger an Studierende als interessierte LaiInnen und KollegInnen (Tab. 1). Dasselbe gilt für ihre inhaltliche Spannbreite: Während einige Autoren die Soziologie aufgrund ihrer fachlichen Herkunft mit der (National)Ökonomie engführten, betonten andere den Nexus zur Politik. Auf Otto Ammons Sozialanthropologie sei exemplarisch hingewiesen, da

Tab. 1 Deutschsprachige Überblickswerke zur Soziologie vor 1914

1885	Ludwig Gumplowicz: Grundriß der Sociologie. Wien: Manz.
1892	Ludwig Gumplowicz: Sociologie und Politik. Leipzig: Duncker & Humblot.
1893	Gustav Ratzenhofer: Wesen und Zweck der Politik: Als Theil der Sociologie und Grundlage der Staatswissenschaften. 3 Bde. Leipzig: Brockhaus.
1895	Otto Ammon: Die Gesellschaftsordnung und ihre natürlichen Grundlagen. Entwurf einer Sozial-Anthropologie. Jena: Fischer.
^{2}1896 [1878]	Albert Schäffle: Bau und Leben des socialen Körpers. Tübingen: Laupp.
1897	Paul Barth: Die Philosophie der Geschichte als Soziologie. Leipzig: Reisland.
1899 [^{2}1908]	Thomas Achelis: Sociologie (Göschen 101). Leipzig: Göschen'sche Verlagsbuchhandlung.
^{2}1920	Simmel, Georg.^{2}1920. Grundfragen der Soziologie (Individuum und Gesellschaft. 1917; Sammlung Göschen 101). Berlin: De Gruyter.
1926	Leopold von Wiese: Soziologie. Geschichte und Hauptprobleme (Sammlung Göschen 101). Berlin: De Gruyter.

zumindest für einige dieser um 1900 selbst ernannten Soziologien die Rassenbiologie als soziologische Disziplin bzw. gar als Grundlage der Soziologie galt. Soziologie wurde also mit den biologischen Wissenschaften enggeführt und damit auch als öffentlichkeitsrelevanter Wissensproduzent positioniert.

Des weiteren belegt das in der Verlagsbuchhandlung Göschen erschienene Bändchen das populäre Interesse an der Soziologie. Bemerkenswert ist zudem seine Editionsgeschichte, die die rapide Professionalisierung der Soziologie spiegelt: In der Nachkriegsauflage tauschte der unterdessen als Herausgeber der Reihe agierende de Gruyter-Verlag die Werke, sodass die Zweitauflage von Simmels *Individuum und Gesellschaft* Achelis' Reihenplatz 101 erhielt, der dann ab 1926 auf Leopold von Wieses *Soziologie*-Band überging (mit überarbeiteten Neuauflagen u. a. 1950, 1964 und 1967). Hier bewegte sich das Publikationsgeschehen also völlig unkommentiert in das Zentrum der entstehenden Disziplin.

Daneben traten bereits im späten 19. Jahrhundert Zeitschriften, die das Verhältnis von Soziologie und Sozialwissenschaft zu bestimmen suchten. Erst mit der Jahrhundertwende gelangte dann tatsächlich die Soziologie in die Titel: 1902 ergänzte die *Vierteljahresschrift für wissenschaftliche Philosophie* ein „und Soziologie". 1909 erschien die *Monatsschrift für Soziologie* (Neef 2012, S. 234). Hinzutreten treten ihrem Anspruch nach zwei weitere Zeitschriften: Seit 1898 gab Julius Wolf die *Zeitschrift für Sozialwissenschaft* heraus. 1904 übernahmen und reformierten Max Weber, Werner Sombart und Edgar Jaffé das *Archiv für soziale Gesetzgebung und Statistik* und führten es als *Archiv für Sozialwissenschaft und Sozialpolitik* weiter.

Gerade das *Archiv* spannte den thematischen Bogen etwaiger Soziologie denkbar breit und integrativ (Hübinger 2016, S. 23): Neben Webers Protestantismus-Studien und Ernst Troeltschs *Soziallehren der christlichen Kirchen* publizierten hier auch die Sozialdemokraten Eduard Bernstein oder Emile Vandervelde politische Überlegungen. Dabei wurden Sozialpolitik und Sozialwissenschaft nicht als zwei, durch das tituläre „und" voneinander separierte Gebiete gefasst, sondern integriert (Hübinger

2016, S. 27, 33). Allerdings betonte Hübinger auch die Brüche zwischen den Herausgebern, besonders zwischen Werner Sombart, den er der sozialpolitischen Linie des Vorherausgebers Heinrich Braun verpflichtet sah, und Max Weber mit stärker methodologischen und theoretischen Interessen (Hübinger 2016, S. 33). Auf der formalen Ebene finden sich die Artikel allerdings unsystematisiert versammelt und das *Archiv* erschien den Lesenden als *eine* Zeitschrift.

Einen Hybriden aus regelmäßiger Publizistik und Monografien, deren Erscheinen schwer zu sequenzieren ist, stellen thematisch orientierte Reihen dar; auch hier zeigt sich „Soziologie" (bzw. thematisch orientiert „Gesellschaft") nach 1900 als zugfähiges Titelwort: Martin Bubers Reihe *Die Gesellschaft* (1905–12) und Rudolf Eisler *Philosophisch-soziologische Bücherei* (1908–15) waren zwei gut am Markt platzierte Serien mit durchaus hochkarätigen AutorInnen.

Wie die Auflistung der Bände (Tab. 2) zeigt, pflegte Bubers Reihe einen objektorientierten Zugang – die Reihe eröffneten Sombarts *Das Proletariat* und

Tab. 2 Martin Buber (Hrsg.): Die Gesellschaft, Frankfurt am Main: Rütten & Loening

1	Werner Sombart: Das Proletariat (1906)	20	Oscar Bie: Das Kunstgewerbe (1908)
2	Georg Simmel: Die Religion (1906)	21	Ludwig Brinkmann: Der Ingenieur (1908)
3	Alexander Uslar: Die Politik (1906)	22	Friedrich Glaser: Die Börse (1908)
4	Eduard Bernstein: Der Streik (1906)	23	Robert Hessen: Der Sport (1908)
5	Jakob J. David: Die Zeitung (1906)	24	Wilh. Ostwald: Erfinder und Entdecker (1908)
6	Albrecht Wirth: Der Weltverkehr (1906)	25	Ferdinand Tönnies: Die Sittlichkeit (1905/1909)
7	Ernst Schweninger: Der Arzt (1906)	26	Arthur Bonus: Die Kirche (1909)
8	Richard Calwer: Der Handel (1907)	27	Martin Beradt: Der Richter (1909)
9	Fritz Mauthner: Die Sprache (1907)	28/29	Ellen Key: Die Frauenbewegung (1909)
10	Karl Scheffler: Der Architekt (1907)	30	Carl Jentsch: Die Partei (1909)
11	Willy Hellpach: Die geistigen Epidemien (1906)	31	Josef Kohler: Das Recht (1909)
		32	Rudolf Pannwitz: Die Erziehung (1909)
12	Paul Göhre: Das Warenhaus (1907)	33	Lou Andreas-Salomé: Die Erotik (1910)
13	Gustav Landauer: Die Revolution [1906]	34	Rudolf Kassner: Der Dilettantismus (1910)
14/15	Franz Oppenheimer: Der Staat (1906)	35/36	Eduard Bernstein: Die Arbeiterbewegung (1910)
16	Ludwig Gurlitt: Die Schule (1907)		
17	Hellmut von Gerlach: Das Parlament (1907)	37/38	Carl Bleibtreu: Das Heer (1910)
18	Max Burckhard: Das Theater (1907)	39	Wilhelm Schäfer: Der Schriftsteller (1910)
19	Paul Rohrbach: Die Kolonie (1907)	40	Julius Goldstein: Die Technik (1912)

Simmels *Die Religion*. Damit ist sie sowohl personell als auch thematisch zentral im disziplinären Klassikerfeld verortet. Dieser fachsoziologische Auftakt wird jedoch konterkariert durch einen Blick auf die gesamte Reihe: Neben Sozialdemokraten (Eduard Bernstein, Paul Göhre) traten der Anarchist Gustav Landauer, der Schulreformer Ludwig Gurlitt, der Lebensreformer Arthur Bonus, die Reformpädagogin Ellen Key oder die Autorin Lou Andreas-Salomé. Buber wählte seine AutorInnen offenbar sowohl nach deren Expertise als auch nach deren Bekanntheit. Einen konkreten Zugang zum Thema, Leitfragen oder einen programmatischen Horizont gab er dagegen nicht vor, so dass die einzelnen Bände der Reihe disparat im Raum stehen und eher ein Kaleidoskop als ein Panorama formen: Der Anspruch, das Thema Gesellschaft abzubilden, beschränkt sich auf die Objektebene; begriffliche, systematische oder komparative Erfassung tritt demgegenüber völlig in den Hintergrund. Textlich variieren die Bände zwischen Deskriptionen, theoretischen Fassungen und programmatischen Reformanwürfen. Dagegen sind die theoretische Reflexion bzw. die Positionierung in der Frage, wie man sich sozialen Phänomenen wissenschaftlich nähern könne, von deutlich nachgeordneter Bedeutung.

Ein anderes, deutlich theoretischer orientiertes Konzept steht hinter Rudolf Eislers *Philosophisch-soziologischer Bücherei*, die dem deutschsprachigen Publikum größtenteils fremdsprachige soziologische Texte in Übersetzungen verfügbar machte.

Die Autorenriege, die es Eisler zu versammeln gelang (Tab. 3), ist durchaus beeindruckend. Obgleich er in der Rekrutierung bzw. der Rechteübergabe für die Übersetzungen einen sowohl geografisch als auch inhaltlich weiten Zirkel absteckte, zeigt sich dann doch eine Vorwahl für positivistische, nomothetisch orientierte bzw. einem naturwissenschaftlichen Zugang verpflichtete Soziologieentwürfe. Dazu zählen Alfred Fouillée und Jean-Marie Guyau, aus dessen umfangreichem Schrifttum Eisler posthum immerhin sechs Bände publizierte. Die Aufnahme Rudolf Goldscheids und Wilhelm Ostwalds verweist zudem auf die Eislers Nähe zum linksprogressiv-sozialreformerischen Milieu[1] und ebenso auf den Umstand, dass diese Akteure durchaus daran interessiert waren, ihr Wirken international anzukoppeln – auch und weil sich in diesem Zeitraum herauskristallisierte, dass es im deutschsprachigen Raum wenige Unterstützer nomothetischer bzw. politiknaher Soziologiepläne auf der Ordinarienebene gab.

Direkt daran anschließend, ist eine kontinuierliche Präsenz des Themas Soziologie in der sozialreformerischen Presse zu konstatieren, die sich nicht nur an der

---

[1] Dabei ist Eisler weniger als Mitglied, Funktionär oder Aktivist politischer oder sozialer Vereine in Aktion getreten. Einen indirekten Hinweis auf das geistige Klima des Hauses Eisler gibt allerdings der Umstand, dass seine drei Kinder, Elfriede Ruth, Gerhart und Johannes/Hanns, von Jugend an in sozialistischen oder kommunistischen Organisationen mitwirkten und hier z. T. Führungsrollen übernahmen. Zu allen drei Geschwistern liegen biografische Arbeiten vor, allerdings fehlt eine (auch die Elterngeneration einschließende) Familienbiografie. Ein problematisches Verhältnis der Eisler-Kinder zu den Eltern ist nirgends vermerkt, so dass eine Deutung der politischen Aktivität als Familienkontinuität einer linksprogressiven Prägung im Elternhaus naheliegt.

Tab. 3 Rudolf Eisler (Hrsg.): Philosophisch-soziologische Bücherei, Leipzig: Werner Klinkhardt

1	William James: Pragmatismus (1908)	20	Jean-Marie Guyau: Irreligion der Zukunft (1910)
2	Gustav Le Bon: Psychologie der Massen (1908/²1912)	21	Robert Michels: Zur Soziologie des Parteienwesens (1911)
3	Alfred Fouillée: Evolutionismus der Kraft und Ideen (1908)	22	Louis Liard: Wissenschaft und Metaphysik (1911)
4	Gabriel Tarde: Die sozialen Gesetze (1908)	23	Fausto Squillace: Die soziologischen Theorien (1911)
5	Émile Durkheim: Die Methode der Soziologie (1908)	24	Jean-Marie Guyau: Kunst als soziologisches Phänomen (1911)
6	Rudolf Eisler: Grundlagen der Philosophie des Geisteslebens (1908)	25	F.C.S. Schiller: Humanismus (1911)
7	Louis Couturat: Philosophische Prinzipien der Mathematik (1908)	26	F.H. Giddings: Prinzipien der Soziologie (1911)
8 (Die Bände 9 und 10 erschienen nicht. Eisler reservierte wohl zwei Bände für Goldscheid, der Band 8 fortführen wollte, doch lieferte er nicht.)	Rudolf Goldscheid: Höherentwicklung und Menschenökonomie (1911)	27	Georg Simmel: Philosophische Kultur (1911)
11	Jules Lachelier: Psychologie und Metaphysik (1908)	28	Edward J. Hamilton: Perzeptionalismus und Modalismus (1911)
12	Abel Rey: Theorie der Physik bei den modernen Physikern (1908)	29	Jean-Marie Guyau: Die ästhetischen Probleme der Gegenwart (1912)
13	Jean-Marie Guyau: Sittlichkeit ohne Pflicht (1909)	30	Edward J. Hamilton: Erkennen und Schließen (1912)
14/15	Edwin Starbuck: Religionspsychologie (1909)	31	Jean-Marie Guyau: Erziehung und Vererbung (1913)
16	Wilhelm Ostwald: Die energetischen Grundlagen der Kulturwissenschaft (1909)	32	Jean-Marie Guyau: Englische Ethik und Gegenwart (1914)
17/18	Henry Sidgwick: Methoden der Ethik (1909)	33	William James: Das pluralistische Universum (1914)
19	Francis Galton: Genie und Vererbung (1910)	34	Friedrich Hertz: Rasse und Kultur (1915)

Präsenz der bereits genannten (zumeist außeruniversitär angesiedelten) Verfechter einer nomothetischen oder positivistischen Soziologie zeigt, sondern einerseits auch weitere nicht-professionalisierte AkteurInnen und andererseits nicht mit dem Reformermilieu affiliierte Akademiker mit soziologischem Interesse mit einbezog. Beleghaft sei hier für ersteres auf die unten genauer zu betrachtende, in der freidenkerischen Presse geführte Diskussion um die Etablierung einer von sozialreformerischen Mäzenen gestifteten Freien Hochschule verwiesen (Henning 1916), für letzteres sei eine 1908 in den internationalistischen *Dokumenten des Fortschritts* publizierte Enquete zur „Zukunft der Soziologie" genannt (Vályi 1908). Im ersten Fall zeigt sich, dass die Soziologie trotz ihrer fehlenden universitären Verankerung als ein fester Bestandteil eines freidenkerisch geprägten akademischen Kurrikulums akzeptiert und auch als Schlagwort gesellschaftlich diffundiert war. Die interessierte Öffentlichkeit formulierte somit eine explizite Erwartungshaltung, was die Möglichkeiten der Erforschung (und Beeinflussung) der gesellschaftlichen Phänomene anging. Der zweite Fall zeigt zudem, dass sich als Soziologen verstehende Akademiker nicht nur Rezipienten dieser Haltungen waren, sondern diese aktiv mit produzierten.

2.2 Soziologisches Vereinsleben

Das soziologische Geschehen verdichtete sich nach der Jahrhundertwende substanziell, was sich nicht nur an den steigenden Publikationen bzw. damit verbunden mit der steigenden Präsenz des Begriffes korrelieren lässt, sondern sich auch anhand sozialer Verdichtungsformen zeigt. Zuvorderst gilt dies für wissenschaftliche Gesellschaften und Kongresse. Dabei ist die Gründung der *DGS* im Jahre 1909 der bekannteste Demarkationspunkt, auch weil sich die *Gesellschaft* als soziologische Fachvereinigung und als eine der größten nichtnaturwissenschaftlichen bzw. -technischen Fachverbände im deutschsprachigen Bereich etabliert hat. Dazu sind allerdings zwei Kommentierungen vorzunehmen, nämlich zur Kontextualisierung im internationalen Kontext und zum konkreten Gründungsgeschehen der *DGS*.

Die *DGS* ist im europäischen Vergleich eine relativ späte Gründung, erste soziologische Gesellschaften datieren aus den frühen 1870er-Jahren, zu einem Gründungsboom kam es um die Jahrhundertwende (einige, aber unterdessen nicht alle rekonstruierbaren Gründungen in Neef 2019). Dabei lässt sich das Gründungsgeschehen in zwei nicht komplementären Clustern gruppieren: einerseits in Honoratiorenvereinigungen europäischer Hauptstädte, deren Mitgliederliste sich durch die Dichte titel- und funktionsschwerer Namen auszeichnet, und andererseits in regional angesiedelte Gesellschaften in multilingualen bzw. -ethnischen Regionen, namentlich Belgien und Österreich-Ungarn, mit einer hybriden Trägerschaft aus lokalen Akademikern, Politikern und Administrativkräften. Beide Vergemeinschaftungsformen suchten dabei dezidert die Nähe politischer Kreise – zu protektionistischen[2] bzw. finanziellen Zwecken und mit dem Impetus der Information und damit letztlich Beeinflussung politischen Handelns (Neef 2019). Die gemessen an ihren Aktivitäten, Mitgliederverteilung und -prestige sowie Lebensdauer erfolgreichste dieser Gesellschaften ist dabei sicherlich das *Institut International de Sociologie*, dem seit 1893 René Worms als Generalsekretär vorstand, das die Zeitschrift *Revue Internationale de Sociologie*, die Reihe *Annales de l'Institut International de Sociologie* und die Monografienreihe *Bibliotheque internationale sociologique* bei Giard & Briere herausgab und einen dreijährlichen Kongress veranstaltete. Die Mitglieder und speziell die jährlich besetzten Präsidien komponierte Worms, um die internationale Präsenz und politische Tragweite der Soziologie (und mithin seines Instituts) zu demonstrieren (Neef 2019, S. 73 f.). Dabei spielten politisch aktive Repräsentanten immer eine Rolle, wobei ihre repräsentative Bedeutung nach 1918 noch zunahm, als die Präsidien fast ausschließlich von internationalen Politikern angeführt wurden.

Zur Gründung der *DGS* ist festzustellen, dass mit dem Wiener Privatgelehrten Rudolf Goldscheid ein deutlich im Feld engagierter Soziologie anzusiedelnder Akteur die Initiative übernahm. Die kurze Spanne zwischen Gründungsbemühungen 1908 und Erlahmen der Aktivitäten durch Ausbruch des Weltkrieges war geprägt von einem Ausrichtungskonflikt zwischen Max Weber, der bekanntlich eine Gelehrtengesellschaft unter dem Gebot der Werturteilsfreiheit anstrebte, und eben Rudolf Goldscheid, der die *DGS* als lokal wie national aktiven Interessenverband mit aktivistischer Agenda positionieren wollte und dazu dank seiner Netzwerke maßgeblich engagierte AkteurInnen für die zu gründende *Gesellschaft* ansprach, etwa

- den Internationalisten und Technizisten Hermann Beck, der Geschäftsführer der *DGS* wurde,
- die (gewesenen) Reichstagsabgeordneten Eduard David und Eduard Bernstein (beide *SPD*), die um 1910 Mitglied in unzähligen bürgerlichen Reformvereinigungen waren,
- eine Reihe von Medizinern aus dem Umkreis der *Deutschen Gesellschaft für Soziale Medizin* bzw. der hygienischen Bewegung, hinüberreichend bis ins eugenische Milieu (Flügge, Grotjahn, Kriegel, Prinzing bzw. Moll, Nordenholz, Ploetz, Schallmayer),
- einen wissenschaftstheoretisch positivistischen Zirkel, dem neben Goldscheid auch Wilhelm Ostwald, Karl Lamprecht und Heinrich Waentig zuzurechnen sind, und
- eine verschiedene Reformbewegungen repräsentierende Klientel von Frauenrechtlerinnen, Genossenschaftlern und Fürsorgemitarbeiterinnen (Neef 2012, S. 184).

---

[2]Hierunter ist die gesamte Bandbreite an prestigeorientierten Motivationen fassbar: Zugang zu Fördermöglichkeiten, Legitimation, Nobilitierung, Werbewirksamkeit bekannter Redner und Schirmherren für den Verein und seine Mitglieder, das Bilden von (Referenz-)Netzwerken etc.

Der Ausgang des Konfliktes in der jungen *DGS* ist letztlich schwer zu bestimmen: Während sich die Position Max Webers in der Satzung mit dem Wertfreiheitsparagrafen niederschlug, scheint die Praxis doch eher der Goldscheidschen Seite zuzuneigen – so lassen sich zumindest Webers kontinuierliche Beschwerden auf den Soziologentagen über die Nichteinhaltung des Satzungsparagrafen deuten (Mikl-Horke 2004). Auch der Verlauf und die Gutachtenlage im sog. Werturteilsstreit im *Verein für Socialpolitik* (*VfS*) von 1913 zeigt eine ähnliche, der gesellschaftlichen Relevanz der Soziologie einen hohen Stellenwert einräumende Mehrheitsposition (Nau 1996).

3 Öffentliche Debatten um soziologische Praxis

Damit ist eine weitere Quelle zur Untersuchung der Diversität zeitgenössischer Positionen hinsichtlich einer politischen (Nicht-)Involviertheit der Sozialwissenschaften benannt: die Gutachten im sog. Werturteilsstreit von 1913. Denn die Bitte des *VfS*, sich in kurzen, thesenartigen Gutachten „zur Stellung des sittlichen Werturteils" in den Sozialwissenschaften, zum „Verhältnis der Entwicklungstendenzen zu praktischen Wertungen", der wissenschaftlichen Formulierung ökonomischer und sozialer Entwicklungsziele sowie zum Stellenwert von Werturteilen im akademischen Unterricht zu äußern (Nau 1996, S. 50), impliziert auch die Frage der Verknüpftheit bzw. Trennung von Politik und Wissenschaft.[3] Zwar erbat man keine direkte Positionierung zur Rolle der Soziologie im öffentlichen oder politischen Diskurs, doch loteten die Fragen das Verhältnis von individuellem Standpunkt und öffentlicher Meinung, das Selbstverständnis der Akademiker als Wissenschaftler und Staatsbürger und damit letztlich ihren Ethos aus. Besonders das im Nachgang separat veröffentlichte Gutachten Max Webers entwickelte sich zu einem geradezu kanonischen Text zur Begründung der Werturteilsfreiheit der soziologischen Arbeit und damit zur politischen Abstinenz.

Dabei zeigt sich bei einer komparativen Auseinandersetzung mit den 15 Gutachten zwar der Minderheitenstatus des Weberschen Gutachtens (ähnlich allerdings Franz Eulenberg, Nau 1996) gegenüber einer Majorität, die von der Werturteilsfreiheit wenig hält, allerdings formiert sich die Gegenposition nicht als Anerkennung oder gar Forderung einer politisch engagierten Sozialwissenschaft. Selbst der engagierte Volksbildner und sozialdemokratische Sympathisant Ludo Moritz Hartmann betont die Trennung von sittlichem Werturteil und „wissenschaftlicher Forschung und Erkenntnis" (in Nau 1996, S. 88; ähnlich Jacob Epstein in Nau 1996, S. 68). Der Punkt, der Weber gegenüber den anderen Gutachten minorisiert, ist grundsätzlicher: Viele Autoren gehen davon aus, dass es unabhängig von politischen oder sittlichen

---

[3]Dabei war die Breitenwirkung dieser Gutachten zeitgenössisch sehr begrenzt, da sie nur im *VfS* zirkuliert wurden. Zwar war der Werturteilsstreit spätestens seit den 1960er-Jahren kontinuierlich Gegenstand des fachhistorischen Rekurses, aber offenbar genügte bis 1996, achtzig Jahre nach ihrem Entstehen, eine vage Kenntnis über den historischen Verlauf des Streits und die apokryphe Tradition der meisten Gutachten.

Überzeugungen ein „Weltgesetz", ein „gemeingültiges Sittengesetz" (Epstein in Nau 1996, S. 66 und 67), eine „Ordnung im Gesamtzusammenhang der Erfahrung" gebe (Goldscheid in Nau 1996, S. 77) und dass wissenschaftlich gewonnene „Nutzanwendungen für die praktischen Maßregeln der Gegenwart" (Hartmann in Nau 1996, S. 89) der Sozialwissenschaft eine „Wegweiser"-Funktion (Karl Oldenberg in Nau 1996, S. 97) zusprächen, mithilfe derer empirisch Erkenntnisse zu gewinnen und zu werten seien.

Dass dann praktisch das eigene sittliche oder politische Werturteil mit dem vermeintlich empirisch erwiesenen Weltgesetz in eins fällt, ist kein Alleinstellungsmerkmal dieser Epoche. Doch ist der Grad des ungebrochenen Vertrauens in die eigenen Erkenntnismöglichkeiten in der Hochmoderne bemerkenswert – sowohl auf der methodologischen Ebene als auch im szientistischen Anspruch, aus der wissenschaftlichen Arbeit fundamentale weltanschauliche Annahmen gewinnen zu können. In der „wissenschaftlichen Weltanschauung" gerann dieser Anspruch zum Schlagwort, praktisch findet sich die Idee, Werturteile wissenschaftlich zu begründen, konstant und ohne Ansehen des konkreten politischen Standpunktes oder des disziplinären Kontexts im wissenschaftlichen Arbeiten wieder. Als akademisch ausgetragener Streit unter Nationalökonomen tangiert der Werturteilsstreit die Frage nach der öffentlichen bzw. politischen Positionierung der Soziologie lediglich; in den Gutachten wurden andere Fragen wissenschaftlicher Praxis zentral diskutiert: methodologische Aspekte des Forschens und mehr noch die Frage des Transfers von Forschungserkenntnissen in die akademische Lehre. Auch darin wird offenbar, wie nachrangig es den meisten Beteiligten war, selbstreflexiv das eigene wissenschaftliche Arbeiten zu hinterfragen – unabhängig davon, ob dieses Arbeiten für den Elfenbeinturm oder für die politische Öffentlichkeit bestimmt war.

Einen davon gänzlich verschiedenen Ansatz zeigt dagegen eine Soziologiedebatte, die zu Beginn des Jahres 1914 eine andere Teilöffentlichkeit beschäftigte: Aufgrund der Verfügbarkeit finanzieller Mittel, namentlich einer Stiftung des 1912 verstorbenen Industriellen Arthur Pfungst, geriet die freidenkerische Szene planerisch ins Träumen; dabei gewann die Idee einer „Freidenkerhochschule" oder „Akademie des freien Gedankens" eine kurzzeitige Virulenz (Groschopp 1996). Für die historische Rekonstruktion etwaiger Konzepte einer Öffentlichen Soziologie erweist sich diese Debatte als interessant: Nicht nur, dass im kurzen Sommer des Jahres 1914 Freigeister verschiedenster organisatorischer Affiliation ihre Idealvorstellung einer freien Hochschule kundtaten – vor dem Hintergrund der durchgängigen akademischen Bildung der Sprecher und ihrer oft fehlenden beruflichen Affiliation innerhalb des deutschen Universitätssystems wird Kritik an der Praxis deutlich. Die Soziologie erhielt eine wichtige Funktion in dieser Hochschule neuen Typs: Wilhelm Ostwald, als Präsident des *Deutschen Monistenbund* und zentralem Netzwerker eine maßgebliche Person der freigeistigen Szene vor Kriegsausbruch, meinte, „dass den Schwerpunkt dieser Akademie moderne Ethik und moderne Soziologie, die ja ohnedies auf das engste zusammengehören, bilden müssen. Als Hilfswissenschaften kämen noch Psychologie, Biologie und die andern allgemeinen Wissenschaften in einem bestimmten Umfange dazu." (Ostwald 1914, S. 274) Dass Ostwald nicht der naturwissenschaftlichen Bildung die zentrale Bedeutung in einer Freidenkerhochschule zumaß, wo er in früheren bildungstheoretischen Schriften den Wert der Realienbildung propagiert hatte, zeigt den Debattenstand um das Thema Soziologie um 1914: Soziologie bedeutete zuvorderst ein kulturreformerisches Anliegen.

Ein ähnlich geringes Vertrauen in die akademisch angebundenen soziologischen Akteure zeigt sich in den Äußerungen Ferdinand Tönnies'; über die Universitäten heißt es 1914:

> „Unsere Universitäten haben Großes geleistet [...]. Sie waren einst Stätten, die den *freien Gedanken* bewusst hegten und pflegten, die jezuweilen auch den Kirchen und Staatsregierungen trotzten, die den Glauben an die Heilsamkeit der Aufklärung wachsen ließen und ausbreiteten.
> So wirken sie heute nicht mehr. Sie haben mehr und mehr den Charakter staatlicher Anstalten angenommen. Sie befleißigen sich einer korrekten Haltung [...]. Sie wissen, dass sie vorzugsweise zur Ausbildung von gehorsamen Dienern des Staates – also auch der Kirchen – und der Gesellschaft bestimmt sind." (Tönnies 2000, S. 493).

Der Kulturwissenschaftler Horst Groschopp fasste den Stellenwert der Soziologie im freidenkerischen Akademieprojekt als „Theologie-Ersatz", womit sie die Ethik abgelöst habe, die den FreidenkerInnen in den 1890er-Jahren als Grundlage einer a-religiösen Weltanschauung gegolten habe (Groschopp 1996, S. 246). Ganz im Sinne einer politisch bzw. öffentlich relevanten Soziologie wurden in den freidenkerischen Kreisen nicht die methodische Möglichkeit oder die Grenzen engagierter Sozialwissenschaft thematisiert, sondern ihr Nutzen a priori als gesetzt angesehen. Dafür steht das bis 1914 sozialreformerisch sehr populäre Schlagwort der „Kulturbeherrschung" (Neef 2012, S. 15).

4 Marginale Sprecher und schweigendes Zentrum

Das bislang Gesagte ergibt eine klare Stratifizierung des Feldes – sowohl im historischen Kontext als auch im Rahmen einer disziplingeschichtlichen Rekonstruktion des Stellenwerts politisch bzw. öffentlich involvierter Soziologie. Zeitgenössisch lässt sich feststellen, dass die BefürworterInnen einer Soziologie, die am ehesten mit der Programmatik der rezenten Öffentlichen Soziologie in Verbindung zu bringen wäre, unter den VerteidigerInnen eines positivistischen, nomothetischen Wissenschaftsverständnis zu finden sind. Bei diesen handelt es sich allerdings weniger um universitär avancierte Protagonisten, sondern um Akademiker mit außeruniversitären Arbeits- und Lebensschwerpunkten, etwa in der Publizistik, der Erwachsenenbildung oder als technische Angestellte. Die wenigen akademisch und speziell sozialwissenschaftlich verortbaren Unterstützer nomothetischer bzw. dezidiert engagierter Soziologieverständnisse sind durchweg keine Lehrstuhlinhaber. Disziplinhistorisch werden sie entweder gar nicht erinnert oder marginalisiert: Sind sie Teil der historischen Erzählung der Soziologie, dann fungieren sie als Exoten, die die frühe Vielfalt des Fachs repräsentieren (Strategie der Domestikation durch gemäßigte Heterogenisierung) und gleichzeitig als Grenzmarker, um Irrwege und Sackgassen soziologischen Denkens zu versinnbildlichen (Neef 2012, S. 49 f.). Der

Einfluss und das Sprecherprestige dieser Gruppe von (sich selbst als solchen sehenden) Soziologen lässt sich *in toto* schwer bestimmen, allerdings lässt sich ihre fehlende Anwesenheit in den bildungsbürgerlichen Sphären gut verdeutlichen: Als freie Intellektuelle waren sie als Stichwortgeber akademischer Entwicklungen – für die universitäre und die politische Öffentlichkeit – nicht sichtbar. Diese Teilpublika zeichnen sich durch eine differenzierte und institutionalisierte Prestige- und also Kapitalhierarchie aus: Das Ordinariat, ferner der Professorentitel und zuletzt die Affiliation zu einer Universität berechtigen überhaupt zu einer Sprecherposition. Im (wissenschafts)organisatorischen Bereich wurde dieses Prestige höchstens noch politischen Akteuren zugesprochen, wobei sich hier international spezifische Wertschätzungen entwickelten: Während René Worms für sein *IIS* auf die Mitgliedschaft vom Ratsvorsitzenden, Präsidenten und Senatoren zählte, um Expertise zu performieren, zeichneten den Gründungsaufruf der *DGS* deutlich weniger politische Titelträger, dafür aber PraktikerInnen, wie Medizinalräte, FürsorgemitarbeiterInnen und Statistiker. Hier wurde Expertise durch praktische Betroffenheit generiert.

Für den deutschen Rahmen ist also eine deutlich distanziertere Haltung der Politik gegenüber festzustellen. Hans-Werner Prahl hat in seiner Studie zur akademischen Soziologie der Weimarer Republik herausgearbeitet, dass zentrale Positionierungen damaliger Soziologen als Abgrenzungsstrategie gegen die Vereinnahmung der Soziologie durch die Politik zu verstehen seien: „[D]ie Soziologie erfreute sich zu Beginn der Weimarer Republik erheblicher Aufmerksamkeit [...] unter Einschluss der Politik und Staatsbürgerkunde" (Prahl 1986, S. 48). Nach 1918 formierte die Soziologie sich also deutlich gegen eine politiknahe, öffentlichkeitsrelevante Ausrichtung. Doch dass die Politik die Soziologie überhaupt als „Wissenschaft des Staatsmanns" (Ferdinand Tönnies in Prahl 1986, S. 49) adressierte, beruhte auf dem Agieren des protosoziologischen Feldes des späten Wilhelminismus, in dem Teile den politischen Funktionären durchaus ihre Expertise anboten, öffentlich als SoziologInnen auftraten und die Erwartungshaltung einer Verwissenschaftlichung des Sozialen (Lutz Raphael) bedienten und schürten.

Nicht allein wegen dieses programmatischen Vorlaufes sind die Tätigkeiten von universitätsexternen AkteurInnen durchaus relevant für die Frage nach der Diversität soziologischer Konzepte in der präinstitutionalen Phase der akademischen Disziplin. Denn sie sind nicht nur Reibungsfläche – dass Rudolf Goldscheid als Antipode zu Max Weber fungierte, hat die Forschungsliteratur diskutiert (Mikl-Horke 2004). Darüber hinaus war ihr Einfluss auf die gesellschaftlichen, nicht universitär geprägten Vorstellungen von und Erwartungen an Soziologie enorm – auf die öffentliche Meinung, die von der Wissenschaft ‚harte Fakten', empirische Auskünfte und Handlungsanleitungen erwartete, oder auf politische Akteure, die letztlich die ministerialen Geldgeber akademischer Forschung und Lehre darstellten. Nach 1919 gereichte diese Erwartungshaltung der Soziologie zum Glück, wie die Einrichtung soziologischer Lehrstühle zeigt (Gostmann und Koolwaay 2011, S. 18). Zwei Umstände erklären diese Erwartungen: Einmal schlossen diese direkt an eine konkrete Position der Vorkriegszeit an, nämlich das sozialtechnologisch-positivistische Verständnis von Soziologie. Außerdem war dies insofern plausibel, als dass ein namhafter Teil der sich dezidiert als Soziologen professionalisierenden Akademiker auch in sozialreformerischen Kreisen engagiert war (Erwachsenenbildung, University Extension, Jugendbewegung, Siedlungsreform, Genossenschaftswesen etc.). Die nach 1919 berufenen Professoren (zu den genannten Oppenheimer und von Wiese treten Max Scheler und Hans Freyer) haben durchweg eine sozialreformerisch beeinflusste Biografie, was behördlicherseits Erwartungen weckte, die die Neu-Ordinarien aber zu erfüllen nicht bereit waren. Die Gründe dieses Wandels sind mehrfach untersucht (u. a. Käsler 1984; Prahl 1986). Jedenfalls aber zeigen die Verweise auf das außeruniversitäre Engagement der Berufenen, dass eine Disposition zur Verbindung beider Arbeitsfelder, Universität und Politik bzw. Gesellschaft, grundsätzlich vorgelegen hat und dabei auf Diskussionsstände aus der Zeit vor 1914 zurückgreifen konnte.

5 Fehlende Tradition, performierte Professionalität und ein eigener Mythos

Eingangs wurde behauptet, dass sich die gegenwärtige Öffentliche Soziologie trotz der inhaltlichen und argumentativen Ähnlichkeiten nicht auf ihren Vorläufe um 1900 beruft. Eine Ursache dafür mag sein, dass mittlerweile das Englische die Leitsprache des Faches ist. Zwar waren die transatlantischen Verbindungen zwischen deutschsprachiger und amerikanischer Soziologie im Laufe des 20. Jahrhunderts umfangreich (Fleck 2007) und persönliche Netzwerke ebenso wie (Re-)Migrationsbiografien rücken eine solche Bezugnahme in den Bereich des Möglichen. Doch findet diese Bezugnahme sehr selektiv und unter besonderer Betonung Max Webers statt; auch die Öffentliche Soziologie nennt Max Weber als Gewährsmann ihres Ansatzes (Neun 2014, S. 2). Dabei hat er im Sinne der Werturteilsfreiheit jeglichem politischen oder öffentlichen Engagement der Soziologie ebenso wie jeder personellen Teilhabe politisch involvierter Akteure kritisch gegenübergestanden. Und erst in der Weimarer Republik setzte diese Position sich in der entstehenden Fachgemeinschaft durch – als Teil der definitionspolitischen Strategie im Kontext von Professionalisierung und Institutionalisierung (Reif 2016, S. 8–9). Der aktuelle Rekurs Michael Burawoys auf Weber als Gewährsmann oder Inspirator der Öffentlichen Soziologie ist also vielmehr als innerdisziplinäre Legitimationsstrategie denn als historischer Rekurs zu verstehen, der eher auf berufsethische Normen (intrinsische Motivation und Lauterkeit der eigenen Arbeit) rekurriert als auf methodische Setzungen zum Verhältnis von Wissenschaft und Politik.

Derselbe negative Befund ergibt sich auch für die akademische Soziologie der bundesrepublikanischen Blütejahre, als die Disziplin maßgeblich von der akademischen Expansion profitierte. Und im Gegensatz zur heutigen Situation erscheint eine Bezugnahme jener Soziologengeneration auf die Debatten von vor 1914 zumindest biografisch naheliegend, denn die zu peers aufgestiegenen Vertreter der Disziplin waren Zeit- oder zumindest Ohrenzeugen der beschriebenen Disziplinierungsprozesse – und ihre Kenntnis damaliger öffentlich aktiver ‚Soziologen' ist wahrscheinlich. Dass sich die frühen bundesrepublikanischen Soziologen also nicht oder eher negativ auf Denker wie Rudolf Goldscheid, Ludo Moritz Hartmann oder Wilhelm Ostwald bezogen, obwohl deren Positionen noch im Fachgedächtnis geläufig waren

(Neef 2012, S. 56–63), ist die Konsequenz einer Vernachlässigung oder Ablehnung. Kurzum: Die Ideen einer engagierten Soziologie, wie sie um 1910 latent waren und den präinstitutionellen deutschen Diskurs teilweise dominierten, galten als nicht anschlussfähig und ihre Vertreter nicht als Gewährsleute für eine sich über ihre universitäre Anbindung als professionell definierende akademische Disziplin. Das deckt sich mit dem Umstand, dass keiner dieser Akteure als akademischer Soziologe Karriere machte – teils aus freien Stücken, teils daran scheiternd (für Österreich: Fleck 2000, S. 13–15).

Bemerkenswert ist diese Ablehnung vor dem biografischen Hintergrund der sich professionalisierenden SoziologInnen. Bereits 1959 stellte Ralf Dahrendorf fest, dass die frühe Geschichte der Soziologie „ohne die sozialkritischen Motive ihrer Urheber nicht verständlich" sei und dass das Engagement an der „Wiege der Soziologie" gestanden habe (Dahrendorf 1959, S. 144). Und er führt zur zeitgenössischen, von der Werturteilsfreiheit geprägten Situation der Soziologie aus:

> „Jeder bemüht sich nach Kräften, die Trennung von Wissenschaft als Beruf und Politik als Beruf, die ja nichts anderes ist als die Trennung der beiden Rollen des Wissenschaftlers und des Staatsbürgers, in sich zu vollziehen [...]. Der [aus der Werthaltung resultierende] konservative Effekt der gegenwärtigen Soziologie in Deutschland ist um so merkwürdiger, als sich viele ihrer Vertreter nach wie vor als Staatsbürger zu eher radikalen Überzeugungen bekennen. Hier wird die versuchte Wertfreiheit zur Selbstverleugnung" (Dahrendorf 1959, S. 145–146).

Dass sich die Wertenthaltung inneruniversitär zu einem habituellen Marker der Professionalisierung entwickelte, ist in der Literatur gut belegt (z. B. Prahl 1986). Umgekehrt lässt sich formulieren: Die intensive Verknüpfung von VerfechterInnen einer engagierten, politisch aktiven Soziologie mit außeruniversitären Karrierewegen wurde erstens deutlich wahrgenommen. Zweitens erfuhr dieser Umstand eine konkrete interne Deutung: Politische oder sozialreformerische Nähe konnte sich so innerhalb von maßgeblich universitär eingebundenen Gruppen zu einem Marker fehlender Professionalität verfestigen. Wissenschaftshistorisch lässt sich dieser Prozess in den soziologiegeschichtlichen Retrospektiven und Erinnerungen verfolgen: einmal in der frühen Betonung der Präsenz dieser außeruniversitären AkteurInnen bzw. ihrem Verschwinden mit dem Abbruch der ZeitzeugInnenüberlieferung in den 1950er/60er-Jahren, außerdem aber auch in der problemorientierten Diskussion ihrer Relevanz (Neef 2012, S. 39–72). An der Festigung dieses Problematisierungstopos wirkten auch die labilen politischen Umstände der Weimarer Republik bzw. die mangelnde Demokratisierung der akademischen Eliten sowie der aus dem Wilhelminismus übernommene Habitus des Mandarins, der sich des politischen Tagesgeschäfts enthoben sah, mit. Das führte drittens zu einer habituellen Anpassung der ersten soziologischen Professorenkohorte der 1920er- und 1930er-Jahre (Reif 2016, S. 16–19). Diese Entwicklung klärt damit nicht die Debattensituation der Vorkriegszeit auf, aber sie eröffnet Deutungsmöglichkeiten für den konstatierten Rezeptionsabbruch und die Marginalisierung der Akteursgruppen, die im wilhelminischen öffentlichen Diskurs federführend waren – und zwar jenseits teleologischer

Rahmungen, dass sich im rationalisierten wissenschaftlichen Feld Theorien und Positionen qua Evidenz durchsetzen.

Und viertens (und anhaltend) begünstigte diese Feldbeschränkung eine ostentative Betonung des asketischen Charakters soziologischer Wissenschaftlichkeit – nämlich des Verzichts, der (Wert)Enthaltung oder eben der „persönlichen Bewusstseinsspaltung" (Dahrendorf 1959, S. 145) von WissenschaftlerIn und politisch aktiver BürgerIn. Dabei offenbart gerade die Nutzung solcher, mit Prestige aufgeladener Termini wie Enthaltung und Verzicht auf die emotionale, normative Funktion des Narrativs: Askese und Opfer verweisen auf die intrinsische Motivation der AkademikerIn bzw. ihres Berufsethos' und Max Weber gilt als dessen idealtypische Personifizierung.

6 Fazit: Was bleibt?

Abschließend ist ein komplexer Befund festzuhalten, der sowohl historische wie auch erinnerungsstrategische Dimensionen aufweist. Es wurde gezeigt, dass die Forderung einer engagierten, politisch und gesellschaftlich aktiven Soziologie, wie sie heute die VertreterInnen der Öffentlichen Soziologie fordern, durchaus einen historischen Vorlauf hat, wenngleich jeglicher Beleg von genealogischen Beziehungen zwischen beiden Gruppen fehlt. Doch ist zu konstatieren, dass die Frage nach der gesellschaftlichen Positionierung der entstehenden Soziologie ein wichtiger Kristallisationspunkt dieses Entstehens ist: Die Forderung einer engagierten, öffentlichen Soziologie stand als treibende Kraft an der Wiege der Disziplin. Zudem beeinflussten die ProtagonistInnen dieses Bestrebens den Institutionalisierungsprozess der Soziologie zu Beginn des 20. Jahrhunderts maßgeblich und positiv: Es waren ihre Etikettierungen und Versprechen, die zur staatlicherseits gewollten Implementierung des Faches nach 1918 führten. Reihen wie die *Philosophisch-soziologische Bücherei* belegen das ebenso wie die (teil)öffentlichen Debatten unter InternationalistInnen (*Dokumente des Fortschritts*), FreidenkerInnen (Freidenker-Akademie), im *Verein für Socialpolitik* oder auf den Soziologentagen 1910 und 1912. Überall wird eine klare Erwartungshaltung an eine gesellschaftlich relevante Soziologie deutlich.

Gleichzeitig ist aber einschränkend festzustellen, dass dagegen inhaltliche Kontinuitäten zwischen der historischen und der gegenwärtigen Programmatik weitestgehend fehlen. Denn die damaligen Verfechter einer engagierten Soziologie forderten deren Teilnahme am öffentlichen Leben unter konkreten wissenschaftstheoretischen Prämissen, namentlich evolutionistischen, technizistischen und positivistischen Annahmen in Anknüpfung an Auguste Comte, nach denen die gesellschaftliche Entwicklung einem klaren *telos* entgegenstrebe, wenn sie sich gegen degenerative Einflüsse behaupten könne. Dabei wurde die Benennung und Abwehr solcher Einflüsse auch explizit als soziologische Kernaufgaben benannt, etwa von Rudolf Goldscheid, Wilhelm Ostwald oder Franz Carl Müller-Lyer (vgl. Neef 2012).

Dass solche Positionen nicht mehr Teil des soziologisch Sagbaren sind, leitet zur erinnerungsstrategischen Dimension über. Denn der konstatierte Traditionsabbruch ist auch das Ergebnis einer Verdichtung inhaltlicher und programmatischer Positionen der besprochenen Soziologen sowie von deren Scheitern: Die Ablehnung ihrer Theorien ging mit der Ablehnung ihrer disziplinären Programmatik einher – beide verschränkten und verstärkten sich. Zudem knüpften sich ihre fehlenden universitären Karrieren an ihr inhaltliches Scheitern, das dadurch total wurde und vor allem als negative Narration wirkt(e): Aus AktivistInnen mit großen Plänen wurden spinnerte TräumerInnen. Dabei ist festzustellen, dass erfolgreiche Teile ihres Wirkens, namentlich die akademische Implementierung der Soziologie, disziplinhistorisch tendenziell nicht ihnen, sondern den sich professionalisierenden Soziologen zugeschrieben wurden. Die Geschichte der Disziplin wird so zur Geschichte großer Männer oder von Siegern – für Nebenpfade und alternative Akteure ist wenig Platz. Trennt man aber die historischen und die narrativen Stränge und analysiert die zeitgenössischen Debatten genau und in einiger Breite, dann steht tatsächlich am Anfang der Institutionalisierung der akademischen Soziologie ein Plädoyer für eine aktive, durch Expertise geleitete Beteiligung der Soziologie an gesellschaftlichen Prozessen.

Literatur

Dahrendorf, Ralf. 1959. Betrachtungen zu einigen Aspekten der gegenwärtigen deutschen Soziologie. *Kölner Zeitschrift für Soziologie und Sozialpsychologie* 11(1): 132–153.
Fleck, Christian. 2000. Auf der Suche nach Anomalien, Devianz und Anomie in der Soziologie. In *Soziologische und historische Analysen der Sozialwissenschaften*, Hrsg. Christian Fleck, 13–53. Opladen/Wiesbaden: Westdeutscher Verlag.
Fleck, Christian. 2007. *Transatlantische Bereicherungen. Zur Erfindung der empirischen Sozialforschung*. Frankfurt a. M.: Suhrkamp.
Gostmann, Peter, und Jens Koolwaay. 2011. „Der Tag war da: so stand der Stern." C. H. Becker und die Frankfurter Soziologie der Zwischenkriegszeit. *Zeitschrift für Ideengeschichte* 5(3): 17–32.
Groschopp, Horst. 1996. Freidenker-Hochschule. Über den Versuch, um 1914 eine freie kulturwissenschaftliche Akademie zu gründen. *Mitteilungen aus der kulturwissenschaftlichen Forschung* 19(37): 242–255.
Henning, Max. 1916. *Eine Akademie des freien Gedankens. Gesammelte Aufsätze. Hrsg. im Auftrag des Weimarer Kartells*. Frankfurt a. M.: Neuer Frankfurter Verlag.
Hübinger, Gangolf. 2016. Sozialwissenschaftliche Avantgarden. Das „Archiv für Sozialwissenschaft und Sozialpolitik" (1904–1933). In *Engagierte Beobachter der Moderne. Von Max Weber bis Ralf Dahrendorf*, 23–44. Göttingen: Wallstein.
Käsler, Dirk. 1984. Soziologie zwischen Distanz und Praxis. Zur Wissenschaftssoziologie in der frühen deutschen Soziologie 1909 bis 1934. *Soziale Welt* 35:5–47.
Mikl-Horke, Gertraude. 2004. Max Weber und Rudolf Goldscheid: Kontrahenten in der Wendezeit der Soziologie. *Sociologia Internationalis* 42:265–286.
Nau, Heino Heinrich, Hrsg. 1996. *Der Werturteilsstreit. Die Äußerungen zur Werturteilsdiskussion im Ausschuss des Vereins für Sozialpolitik (1913)*. Marburg: Metropolis.
Neef, Katharina. 2012. *Die Entstehung der Soziologie aus der Sozialreform. Eine Fachgeschichte*. Frankfurt a. M.: Campus.

Neef, Katharina. 2019. Die Internationalität und Transnationalität soziologischer Netzwerke nach 1900. Mit besonderem Blick auf das Institut International de Sociologie. In *Geschichte der Sozialwissenschaften im 19. und 20. Jahrhundert: Idiom – Praxis – Organisation*, Hrsg. Fabian Link und Uwe Dörk, 57–82. Berlin: Dunker & Humblot.

Neun, Oliver. 2014. Der andere „amerikanische" Max Weber. Hans Gerths und C. Wright Mills' „From Max Weber" und dessen deutsche Rezeption. In *Routinen der Krise – Krise der Routinen. Verhandlungen des 37. Kongresses der Deutschen Gesellschaft für Soziologie in Trier 2014*, Hrsg. Stephan Lessenich, 22. http://publikationen.soziologie.de/index.php/kongressband_2014/article/view/140. Zugegriffen am 18.06.2018.

Ostwald, Wilhelm. 1914. Zur Akademie des freien Gedankens. *Das freie Wort* 14:273–276.

Prahl, Hans-Werner. 1986. Der Streit um die Vaterschaft. Die Anfänge der Soziologie in der Sicht deutscher Soziologen vor 1933. In *Ordnung und Theorie. Beiträge zur Geschichte der Soziologie in Deutschland*, Hrsg. Sven Papcke, 48–68. Darmstadt: Wissenschaftliche Buchgesellschaft.

Reif, Michael. 2016. Professionelle und öffentliche Soziologie. Ein soziologiegeschichtlicher Beitrag zur Professionalisierung der Disziplin in Deutschland. *Soziologie* 45(1): 7–23.

Sala, Roberto. 2017. The rise of sociology. Paths of institutionalization in Germany and the United States around 1900. *Geschichte und Gesellschaft* 43(4): 557–584.

Tönnies, Ferdinand. 2000. *Gesamtausgabe. Bd. 9: 1911–1915: Leitfaden einer Vorlesung über Nationalökonomie. Englische Weltpolitik in englischer Beleuchtung. Schriften. Rezensionen*, Hrsg. Arno Mohr. In Zusammenarbeit mit Rolf Fechner, 492–496. Berlin: De Gruyter.

Vályi, Félix. 1908. Die Zukunft der Soziologie. Eine Enquête über ihre Aussichten. *Dokumente des Fortschritts* 1:219–234.

Zimmermann, Judith. 2015. *„Sozialismus ist aktive Soziologie.": Religion, Politik und Gesellschaft im Leben und Werk von Robert Hertz*. Leipzig: Diss., Univ.

Öffentliche Soziologie in der Weimarer Zeit. Eine Spurensuche

Michael Reif

Inhalt

1 Einleitung 25
2 Von der Tradition öffentlicher Soziologie zum Beginn der Institutionalisierung einer Wissenschaft: Eine Vorgeschichte 27
3 Professionelle Soziologie in der Weimarer Zeit: Kaum Spuren von öffentlicher Soziologie 28
4 Öffentliche Soziologie in der Weimarer Zeit: Eine Spur am Rand der Soziologie 34
5 Schluss 37
Literatur 37

1 Einleitung

Wer nach öffentlicher Soziologie in der Weimarer Zeit fragt, begibt sich auf eine Spurensuche. Für diese Epoche gilt nämlich noch immer die Feststellung, dass die Komplexität der geistigen und sozialen Lage „besondere Schwierigkeiten für eine umfassende und systematische Analyse" (Lepsius 1981, S. 7) der Soziologie darstellt.[1] Wichtige Werke zu diesem Zeitraum liegen freilich vor (u. a. Käsler 1984; Gorges 1986; Stölting 1986). Öffentliche Soziologie *avant la lettre* wird aber nicht thematisiert, obwohl zum Beispiel der Bezug zwischen Soziologie und außerakademischen Diskursen hergestellt (Berking 1984; Borch 2012; Neef 2012) oder nach dem Spannungsverhältnis zwischen Theorie und Praxis gefragt wird (Sala 2019).

---

[1]Lepsius bezieht sich auf den Zeitraum von 1918 bis 1945 in Österreich und Deutschland. Im deutschsprachigen Wissenschaftsraum bestehen vielfältige Verflechtungen. Dennoch konzentriere ich mich auf die Entwicklung in Deutschland bis 1933.

M. Reif (✉)
Lüneburg, Deutschland

Jüngste Beiträge zur Soziologiegeschichte der Zwischenkriegszeit behandeln öffentliche Soziologie ebenfalls nicht, sondern fokussieren auf richtungsweisende Debatten und professionelle Soziologie (Moebius und Ploder 2018, S. 89–116, S. 829–848). Da diese Bedeutung für öffentliche Soziologie hat (Burawoy 2005, S. 10), resultiert aus dieser Forschungslage die Vorgehensweise: Nach öffentlicher Soziologie wird im Zusammenhang mit der professionellen Soziologie gesucht. Daher sind die folgenden Ausführungen auch ein Versuch, das Verhältnis dieser beiden Soziologieformen zu erkunden.

Entscheidend für diesen Ansatz ist vor allem aber, dass zwischen 1919 und 1933 die Institutionalisierung der akademischen Soziologie stattfand (Stölting 1986).[2] Diese war von Konflikten begleitet, die für die Genese der Strukturen des wissenschaftlichen Feldes typisch sind (z. B. Heilbron 2004). Auf Auswirkungen solcher Konflikte weist auch Burawoy (2005, S. 5) hin: „Fighting for a place in the academic sun, sociology developed its own specialized knowledge". In der Weimarer Zeit hat die Soziologie um Anerkennung im Feld und ihren Status als akademisches Wissen generierende Wissenschaft gerungen, weshalb eine Konjunktur der professionellen bzw. sich professionalisierenden Soziologie und eine Abgrenzung von der Tradition öffentlicher Soziologie zu beobachten ist.

Der Spurensuche in der Weimarer Zeit ist folgend eine Vorgeschichte vorangestellt, in der auf diese Tradition eingegangen wird. Besonderen Einfluss auf die universitäre Etablierung nahm dann Carl Heinrich Becker, Referent für das Hochschulwesen im preußischen Kultusministerium, der 1919 soziologische Lehrstühle gefordert und ihr einen Auftrag im Sinne öffentlicher Soziologie gegeben hatte. Mit der Reaktion führender Soziologen[3] auf diese Initiative beginnt die Darstellung der akademischen bzw. professionellen Soziologie im dritten Abschnitt. Zudem werden die Satzung der Deutschen Gesellschaft für Soziologie (DGS) und die Soziologentage behandelt. Als die wahrscheinlich wichtigste Institution der frühen deutschen Soziologie steht die DGS also im Fokus. Dies bedeutet eine Schwerpunktsetzung auf die das Fach und die DGS bis zum Ende der 1920er-Jahre dominierende Vorstellung von Soziologie. Ich argumentiere, dass die professionelle Soziologie in der Weimarer Zeit systematisch von öffentlicher Soziologie abgegrenzt wurde. In der Weimarer Zeit gab es freilich auch andere Vorstellungen, die weniger strikt gegen öffentliche Soziologie positioniert waren. Im vierten Abschnitt folgt die Darstellung einer solchen Spur öffentlicher Soziologie am Rand der Soziologie: die Angestelltensoziologie. Schließlich werden im fünften Abschnitt die Erkenntnisse über professionelle und öffentliche Soziologie in der Weimarer Zeit zusammengefasst.

---

[2]Den von Stölting geprägten Begriff „akademische Soziologie" verwende ich synonym zu „professionelle Soziologie".

[3]Männer dominierten die Soziologie und das Wissenschaftssystem. Eine geschlechtersensible Sprache sollte das nicht kaschieren, weshalb ich darauf verzichte. Freilich gab es am Beginn des 20. Jahrhunderts auch Soziologinnen.

2 Von der Tradition öffentlicher Soziologie zum Beginn der Institutionalisierung einer Wissenschaft: Eine Vorgeschichte

Die Tradition öffentlicher Soziologie hat in der Genese der Disziplin eine wichtige Rolle gespielt. Der gesellschaftswissenschaftliche Diskurs begann ungefähr Mitte des 19. Jahrhunderts, vor der als Kritik an der Politischen Ökonomie entstandenen klassischen Soziologie und der Institutionalisierung. Obwohl Soziologie schon an Universitäten gelehrt wurde, fand er vorwiegend außeruniversitär im länderübergreifenden intellektuellen Kontext von Frühsozialismus und Arbeiterbewegung statt, war also keine rein akademische Angelegenheit. Im Mittelpunkt stand die soziale Frage. Die Verflechtungen von Sozialreform und Sozialwissenschaften waren bis in die Zwischenkriegszeit zahlreich (Neef 2012). Es darf behauptet werden, dass es sich im weiteren Sinne um öffentliche Soziologie handelte. Verwiesen sei auf den Verein für Socialpolitik (VfS), unter dessen Dach sich eine soziologische Forschungsperspektive entwickelte (Gorges 1980). Das in den Enqueten des VfS generierte Wissen kann mitunter als öffentliche Soziologie bezeichnet werden und beeinflusste den sozial- und wirtschaftspolitischen Diskurs im Deutschen Kaiserreich. Mit den ersten Institutionalisierungsschritten vor 1914 begannen dann die Professionalisierung der Soziologie und die Abgrenzung von dieser Tradition.

Diese Institutionalisierungsschritte sind im Kontext der ab den 1880er-Jahren geführten methodologischen Auseinandersetzungen in der deutschsprachigen Nationalökonomie zu sehen, die die intellektuelle und institutionelle Trennung von Nationalökonomie und Soziologie mit bedingten. Im Werturteilsstreit wurde die bis dato weit verbreitete Auffassung der Nationalökonomie als öffentlich wirkende Wissenschaft durch die Verhandlung des Verhältnisses von Wissenschaft zu Wertungen von praktischen bzw. politischen Fragen infrage gestellt. Die Position Max Webers ist bekannt. Mit Blick auf öffentliche Soziologie ist dies wichtig, weil damit erstens eine Abwendung von politisch relevanten Fragen einherging. Und zweitens wurde auf Betreiben Webers die Werturteilsfreiheit in der Satzung der DGS festgeschrieben und dadurch ihre ursprünglich vorgesehene Ausrichtung verändert. Statt auch soziale Bewegungen anzusprechen, wie im ersten Satzungsentwurf vorgesehen, wurde sie 1909 als wissenschaftliche Gelehrtengesellschaft gegründet. Diese Strukturanpassungsmaßnahmen sowie die Soziologentage 1910 und 1912 waren maßgeblich durch die Diskussion um die Werturteilsfreiheit mitbestimmt, zu Akteuren der Sozialreform und der Tradition öffentlicher Soziologie wurden Grenzen gezogen (Lepsius 1981, S. 199–244; Rammstedt 2013). Die Werturteilsfreiheit bestimmte DGS und Soziologie über Webers Tod hinaus mit. In der Weimarer Zeit ging es dann vor allem um den „Aufbau der Soziologie als selbstständige Einzelwissenschaft" (Stölting 1986, S. 199). Hierfür war die von Georg Simmel erstmals 1894 in *Das Problem der Sociologie* ausgearbeitete Konzeption der Einzelwissenschaft Soziologie wichtig.

Institutionalisierung und Professionalisierung setzten sich nach dem Ersten Weltkrieg fort. Mit Franz Oppenheimer sowie Max Scheler und Leopold von Wiese wurden 1919 erste Professuren besetzt, die auch der Soziologie gewidmet waren.

Letztere waren überdies Direktoren am neu gegründeten Forschungsinstitut für Sozialwissenschaften, das nicht zuletzt durch das Engagement politischer Akteure im Rheinland eingerichtet wurde (Sala 2019, S. 185–190). Diese staatliche bzw. politische Unterstützung ist nicht zu unterschätzen.

3 Professionelle Soziologie in der Weimarer Zeit: Kaum Spuren von öffentlicher Soziologie

Der Vorstoß des Politikers Becker löste eine Debatte um die Soziologie aus, an der sich Ferdinand Tönnies und Leopold von Wiese beteiligten, die aufgrund ihrer einflussreichen Positionen für das Fach sprachen. Sie nahmen mittels Begrenzung der Soziologie eine grundsätzliche Weichenstellung gegen öffentliche Soziologie vor. Ihre Bestimmung der Soziologie und die damit verbundene Abgrenzung von der Tradition öffentlicher Soziologie sind vor dem Hintergrund der Generierung von Legitimation im wissenschaftlichen Feld zu sehen. Dieser Kampf um einen Platz unter der akademischen Sonne bedingte nicht allein die Definition der Soziologie bzw. ihr Wissen. Auch die DGS wurde im Zuge dieser Positionierung strukturell gegen öffentliche Soziologie ausgerichtet. Dies zeige ich anhand des Satzungskonflikts auf. Dieser „ist mindestens ebenso wichtig, wie die auf den Soziologentagen gehaltenen öffentlichen Reden und Diskussionen, da es in ihm um die Begründung und das Selbstverständnis der Soziologie als akademisches Einzelfach ging" (Stölting 1986, S. 198). Dass in der Öffentlichkeit der Soziologentage kaum Spuren öffentlicher Soziologie zu finden sind, wird im letzten Teil der Auseinandersetzung mit der professionellen Soziologie erörtert.

3.1 Die Debatte um soziologische Lehrstühle: Eine Weichenstellung gegen öffentliche Soziologie[4]

Die Debatte um soziologische Lehrstühle wurde durch ihren Fürsprecher Becker in *Gedanken zur Hochschulreform*, eine für die Entwicklung der Universitäten bedeutenden Schrift, angestoßen: Soziologie sei als „Erziehungsmittel" wichtig und soziologische Lehrstühle „eine dringende Notwendigkeit für alle Hochschulen" (Becker 1919, S. 9). Die Soziologie forderte und förderte er, weil er sie als Wissenschaft der Synthese für sinnvoll hielt und politische Erwartungen hatte. Sie sollte jenseits der Universitäten nützlich sein, zumal diese auch für die „politische Ausbildung" (Becker 1919, S. 28) zuständig sein sollten. Der Soziologie wurde besondere Verantwortung zugeschrieben. Als Erziehungsmittel sollte sie zur Bewältigung der moralischen Krise Deutschlands nach dem Ersten Weltkrieg beitragen. Für Becker war sie Teil des Neubeginns. Soziologie sollte verantwortungsbewusste Staatsbürger

---

[4]Dieser Abschnitt basiert auf meiner Rekonstruktion der Kontroverse um soziologische Lehrstühle (Reif 2016).

ausbilden und dadurch die geistige und ethische Erneuerung begünstigen. Er erwartete von ihr eine Beteiligung an der Lösung gesellschaftlicher Probleme. Insofern unterstützte er Soziologie als öffentliche Soziologie, die jenseits des akademischen Feldes wirken sollte, rückte sie gedanklich allerdings in die Nähe des Sozialismus als „ethische Gesinnung" (Becker 1919, S. IX).

Die Forderung Beckers löste eine Kontroverse in den Universitäten aus (Stölting 1986, S. 92–104), da die Soziologie mit der Sozialdemokratie assoziiert wurde. Der Historiker Georg von Below führte neben dem Sozialismusvorwurf wissenschaftliche Gründe gegen sie an: Methodisch würden bestehende Wissenschaften auch soziologisch arbeiten. Und es gäbe keinen spezifisch soziologischen Gegenstandsbereich (Below 1920, 1921). Damit brachte er antisoziologische Argumente vor, die schon Heinrich von Treitschke formuliert hatte (Kneer und Moebius 2010, S. 219–228).

Auf Beckers Erwartungen und die durch von Below vorgetragene verbreitete Ablehnung im wissenschaftlichen Feld reagierten Tönnies und von Wiese mit einer auf die Generierung wissenschaftlicher Legitimation abzielenden Strategie der Professionalisierung der Soziologie. Für ihre Institutionalisierung sollten wissenschaftliche Kriterien ausschlaggebend sein. Deshalb wurde betont, dass die Frage der Einrichtung soziologischer Lehrstühle eine akademische wäre, die „aus den Verknüpfungen mit der praktischen Politik zu lösen" sei (Wiese 1920, S. 347). Und der Sozialismusvorwurf wurde scharf zurückgewiesen (Wiese 1920, S. 348). Die Soziologie grenzte von Wiese (1920, S. 354) gegen die „materiale Geschichtsphilosophie mit ihrer Interpretationskluft und ihrer Neigung zu Spekulation und Metaphysik" ab, konzedierte allerdings: „Der seltsame Bund von Geschichtsphilosophie und Soziologie war unnatürlich und verhängnisvoll zugleich." Soziologie sollte weder im Zusammenhang mit marxistischen Ansätzen bzw. in dieser Tradition stehend gesehen werden, noch öffentliche, sondern professionelle Wissenschaft sein.

Die Professionalisierung zeigt sich auch hinsichtlich der Lehre. Soziologie mittels politischer Unterstützung als öffentliche Soziologie universitär zu etablieren, wurde zurückgewiesen. Beckers Erwartungen widersprechend machte Tönnies deutlich, dass Soziologie nicht zur staatsbürgerlichen Ausbildung und zur Lösung gesellschaftlicher Probleme beitragen würde: „*wissenschaftliche* Erkenntnis" erfordere nämlich „objektive leidenschaftslose Betrachtung" (Tönnies 1920, S. 21).[5] Auf die Objektivität und damit auf die Werturteilsfreiheit verweisend stellte er die Vermittlung wissenschaftlichen Wissens, nicht politische Bildung, ins Zentrum seiner Vorstellungen zur soziologischen Lehre und gab damit die Richtung der entsprechenden Debatte in der Weimarer Zeit vor (Stölting 1986, S. 221–248).[6]

Besondere Relevanz für die Spurensuche nach der öffentlichen Soziologie hat das ihren Ausführungen zugrunde liegende Soziologieverständnis. Tönnies und von Wiese argumentierten analog zu Simmels Grundlegung der Soziologie für deren

---

[5]Die Hervorhebungen in den Zitaten entsprechen grundsätzlich dem jeweiligen Original.
[6]Dem vermeintlichen Widerspruch zwischen dieser Vorstellung und dem Umstand, dass Tönnies als Essayist in die Öffentlichkeit wirkte und Mitglied der SPD war, kann hier nicht nachgegangen werden.

Eigenständigkeit, um einen Platz unter der akademischen Sonne zu beanspruchen.[7] Soziologie sei weder bloß Methode, wie von Below behauptete, noch synthetisierende Wissenschaft, die sie für Becker war, sondern *Einzelwissenschaft* (Wiese 1920). Definiert wird sie als die „Wissenschaft von den Begriffen des menschlichen Zusammenlebens, also von dessen möglichen Gestalten und Formen" (Tönnies 1920, S. 35). Vom Inhalt würde abstrahiert. Es gäbe spezifisch soziologische Fragen, besonders im Bereich theoretischer Reflexion, die auch soziologisch arbeitende Wissenschaften, etwa die Nationalökonomie, nicht stellten. Dies ist das zentrale wissenschaftliche Kriterium für die Institutionalisierung der Soziologie. Für ihre Entwicklung in den 1920er-Jahren ist wichtig, dass sie im Kern als *theoretische* und der Werturteilsfreiheit verpflichtete Einzelwissenschaft, als „reine" Soziologie, aufgefasst wird. Die empirische Erforschung der Gesellschaft rückt in den Hintergrund. Dies ist als Weichenstellung gegen öffentliche Soziologie zu bezeichnen.

3.2 Die Satzungsdiskussion in der DGS: Eine Struktur gegen öffentliche Soziologie

Die Tätigkeit der DGS „auf unbestimmte Zeit" (zitiert nach Moebius und Ploder 2018, S. 836) einzustellen, wurde im Mai 1920 beschlossen. An der Einrichtung soziologischer Lehrstühle sollten sich Vorstand und Hauptausschuss indes beteiligen. Die führenden Soziologen wollten ihre Vorstellungen einbringen. Ungleich leichter war deren Durchsetzung in der entgegen dem Beschluss zügig wieder aktivierten DGS. Der erste Soziologentag in der Weimarer Zeit fand 1922 statt. Im Zuge ihrer Wiederbelebung wurde eine neue Satzung ausgearbeitet, die als strukturelles Pendant zur Weichenstellung gegen öffentliche Soziologie bezeichnet werden kann. Dass die DGS Fachgesellschaft einer professionellen Wissenschaft sein sollte, lässt sich nicht zuletzt an der Abgrenzung von der Tradition öffentlicher Soziologie erkennen. Von Wiese kritisiert etwa die Gründung einer „deutschen soziologischen Gesellschaft" in Hamburg 1920, deren Vorhaben die Erforschung der Einstellungen des Proletariats war, „um ‚dem wirtschaftlichen Radikalismus' zu entgegnen" (zitiert nach Moebius und Ploder 2018, S. 837). Er moniert nicht das von ihm als sozialpolitisch bezeichnete Anliegen, sondern den Namen, der wohl „gerade wegen der Unklarheit gewählt worden ist, die bisher in weiten Kreisen über das Wort ‚soziologisch' bestand" (Wiese 1921, S. 85). Den Verzicht auf die sprachliche Verbindung zur Soziologie hätte er begrüßt. Denn: die „vulgäre Verwechselung von Soziologie und Sozialismus findet dadurch nur Nahrung" (Wiese 1921, S. 86). Diese Kritik an einer lokalen Vereinigung verweist auf einen für die Spurensuche relevanten Aspekt der Satzungsdiskussion: die Entscheidung gegen die Einrichtung von Ortsgruppen

---

[7]Die Unterschiede zwischen diesen beiden Soziologen können hier nicht herausgearbeitet werden. Hier ist zudem darauf hinzuweisen, dass Tönnies' theoretische Schriften für die Institutionalisierung der Soziologie eher keine Rolle gespielt haben. In den Diskussionen in der Weimarer Zeit vertritt er sie jedenfalls nicht offensiv.

der DGS. Außerdem steht die Entscheidung zur begrenzten Mitgliederzahl folgend im Fokus.

Ihren Rollen bei der Reaktivierung entsprechend bestimmten die Vorstandsmitglieder Tönnies und Sombart die vorläufige Satzung. „Zweck" der DGS sollte sein, „den Gedankenaustausch zwischen ihren Mitgliedern zu fördern" und „Soziologentage zu veranstalten" (zitiert nach Moebius und Ploder 2018, S. 835–836). Die Mitgliederzahl war auf 120 begrenzt, wovon 20 dem Rat und fünf dem geschäftsführenden Ausschuss angehören sollten. Die Aufnahmemodalitäten sahen vor, potenzielle Mitglieder auf der Basis ihrer wissenschaftlichen Leistungen auszuwählen und zum Eintritt einzuladen. Es müsse sich schließlich, so von Wiese (1922, S. 94), „keine Wissenschaft so sehr vor dem Eindringen der Dilettanten und Interessenvertreter hüten wie gegenwärtig die Soziologie." Es „wäre verhängnisvoll", könnte jeder beitreten, „der einen Geldbetrag zu zahlen bereit ist" (Wiese 1922, S. 94). Die DGS sollte eine Vereinigung von wissenschaftlich qualifizierten Soziologen bzw. an Soziologie interessierten Personen sein. Vertreter von Nachbardisziplinen sollten „zur Vermeidung eines Überwucherns von anderen Fachinteressen" (Wiese 1922, S. 94) nicht die Mehrzahl stellen.

Zu Beratungen über diese auf dem Soziologentag 1922 kaum diskutierte Satzung wurden Rat und Ausschuss der DGS von Max Graf zu Solms nach Schloss Assenheim eingeladen (vgl. im Folgenden Moebius und Ploder 2018, S. 840–842). Im September 1923 fand dort eine Tagung statt, auf der die Teilnehmer Beschlüsse mit zwei entscheidenden Veränderungen fassten: Erstens sollten der DGS zukünftig 300 Mitglieder angehören, „um vor allem auch den jüngeren Freunden unserer Wissenschaft die Erlangung der Mitgliedschaft zu ermöglichen" (Wiese 1925, S. 314). Und zweitens wurde entschieden, Ortsgruppen der DGS zu gründen. Den Mitgliedern sollte empfohlen werden, „örtliche soziologische Zirkel zu gründen. Diese können Ortsgruppen der Gesellschaft werden, wenn die Funktionäre dieser Zirkel (Vorsitzender, gegebenenfalls Schriftführer usw.) Mitglieder der Gesellschaft sind." Der daraus resultierende Satzungsentwurf wurde am Vorabend des Soziologentags 1924 in einer Rats- und Ausschusssitzung diskutiert. Vermutlich aufgrund der anderen personellen Zusammensetzung und Tönnies' Opposition wurden die beiden zentralen Vorschläge nicht in die Satzung aufgenommen. Die Anzahl der Mitglieder wurde nur auf 125 (ab 1926 auf 150) erhöht und der Aufnahmemodus verschärft. Man musste von einem Mitglied vorgeschlagen werden. Der Rat entschied über die Aufnahme, die Mitgliederversammlung musste zustimmen. Von Wiese (1925, S. 314) problematisiert diese Entscheidung, weil die Mitgliederzahl bereits ausgeschöpft war, Anmeldungen also satzungsbedingt abzulehnen wären. Die Exklusivität unterstützte er freilich. Die Details zur Ablehnung des Vorschlags bezüglich der Ortsgruppen bleiben im Dunkeln, auch in der detailliertesten Studie zur DGS in der Zwischenkriegszeit (Moebius und Ploder 2018, S. 829–848).[8]

---

[8]Über Ortsgruppen wurde in der DGS schon vor 1914 gestritten (Moebius und Ploder 2018, S. 809–828).

Der in Assenheim entstandene Entwurf hätte die DGS in eine Vereinigung verwandelt, die nicht die uneingeschränkte Repräsentantin der Soziologie gewesen wäre. Durch die 1924 beschlossene Satzung konstituiert sich die DGS dann aber als exklusive Gelehrtengesellschaft. Darin unterscheidet sie sich vom VfS, der auch ein Forum für Praktiker der Wirtschafts- und Sozialpolitik war. Die beschränkte Mitgliederzahl und die Aufnahmeregeln ermöglichten den Leitungsgremien Kontrolle über die DGS bzw. die Mitglieder und somit über die Soziologie. Die führenden Soziologen wollten eine Vereinigung der professionellen Soziologie im wissenschaftlichen Feld etablieren. Vor diesem Hintergrund ist auch das Votum gegen Ortsgruppen zu sehen. Sie hätten die Strategie der Professionalisierung der Soziologie unterlaufen. Die führenden Soziologen hätten kaum Einfluss auf die Mitgliedschaft der Ortsgruppen und deren Themen gehabt. Die Abgrenzung von der Tradition öffentlicher Soziologie, von Sozialreform und Sozialpolitik, wäre dann wohl nicht mehr möglich gewesen. Die Etablierung einer professionellen Wissenschaft im akademischen Feld hätte nicht gesteuert werden können. Als solche wollte sich die Soziologie auch auf den Soziologentagen präsentieren, deren Durchführung satzungsgemäßer Zweck der DGS war. Sie waren angelegt als öffentliche Veranstaltungen professionell-wissenschaftlichen Austauschs. Spuren öffentlicher Soziologie findet man in der Öffentlichkeit der Soziologentage daher nur wenige.

3.3 Die Soziologentage: Kaum Spuren von öffentlicher Soziologie in der Öffentlichkeit

Die sieben Soziologentage zwischen 1910 und 1930 beurteilt Käsler (1984, S. 68) zutreffend: „Die jeweils zeitgenössischen – teilweise ja dramatischen – gesellschaftlichen Veränderungen während jener Jahre [...] spielen auf den Verhandlungen der deutschen Soziologen, dieser ‚Wissenschaftler von der Gesellschaft‘, allenfalls eine *marginale Rolle*." Die Spurensuche nach der öffentlichen Soziologie erscheint aussichtslos, wenn die soziale Realität kaum thematisiert wurde. Die verhandelten Themen verweisen indes auf gesellschaftlich relevante Fragen: *Das Wesen der Revolution* (1922), *Soziologie und Sozialpolitik* (1924) und *Demokratie* (1926) zum Beispiel. Das Thema Revolution wird aber vornehmlich historisch und begrifflich behandelt. Die Novemberrevolution und die politische Lage der Republik oder eine andere Revolution am Beginn des 20. Jahrhunderts wurden nicht behandelt (Gorges 1986, S. 86–93). Und über Demokratie diskutierte die Soziologie, als sich die wichtigsten Parteien des Reichstags zu dieser Staatsform bekannt hatten. Dem Soziologentag kann „eher eine Bilanz ziehende als aktiv in die Politik eingreifende Rolle unterstellt werden" (Gorges 1986, S. 243). Diese Erörterungen boten kaum Grundlagen für öffentliche Soziologie, selbst wenn die Themen grundsätzlich einen Eingriff in den öffentlichen Diskurs ermöglicht hätten. Ob der herausragende Vortrag des Soziologentags 1928, bei dem es hauptsächlich um *Die Konkurrenz* und *Die Wanderung* ging, auf einen solchen Eingriff abzielte, sei dahingestellt. Zwar kann Karl Mannheims *Die Bedeutung der Konkurrenz im Gebiete des Geistigen* Potenzial für öffentliche Soziologie zugeschrieben werden, zumal das Theorie-Praxis-Verhältnis adressiert wird, er verdeutlichte seine Argumente aber am Beispiel der Problematik der Werturteilsfreiheit und provozierte damit eine Diskussion, die sich abermals um diese für das Fach grundlegende Frage drehte (Lepsius 1981, S. 228–229). Zudem waren seine Ausführungen auf die Debatte um die Wissenssoziologie ausgerichtet (Kneer und Moebius 2010, S. 46–78). Schließlich ist der Soziologentag 1930 zu erwähnen, *Presse und öffentliche Meinung* standen zur Diskussion, der das Ziel hatte, in der Öffentlichkeit „allgemeines Interesse zu wecken" (Stölting 1986, S. 217). Dieses Ansinnen war aber erfolglos, die Tagung ein „Fiasko" (Stölting 1986, S. 217).[9] Es ist festzuhalten, dass öffentliche Soziologie auf den öffentlichen Soziologentagen kaum Platz hatte. Dies wird folgend anhand des Soziologentags 1924 expliziert.

Um *Soziologie und Sozialpolitik* ging es. Die sozioökonomische Lage der Weimarer Republik wäre zur Thematisierung der damit einhergehenden sozialen Probleme prädestiniert gewesen. Überdies wurde zu dieser Zeit um die Institutionalisierung der Arbeitslosenversicherung gerungen, die 1927 eingeführt wurde. Weder an diesen konkreten politischen Prozess, noch allgemein an die Tradition öffentlicher Soziologie im Sinne der Beschäftigung mit der sozialen Frage wurde jedoch angeknüpft. Womit aber befasste man sich auf dem Soziologentag?

Statt „soziologischer Kernprobleme" sollten „Grenzfragen" diskutiert werden. Als Referenten kamen deshalb „weniger die Fachsoziologen als die Forscher auf Grenzgebieten und die Handhaber der soziologischen Methode zum Worte" (Wiese 1925, S. 315). Adolf Günther und Ludwig Heyde hielten die Vorträge, die zur zeitgenössischen Diskussion zum Begriff der Sozialpolitik zählen (Kaufmann 2003, S. 105–113). Die begriffliche Abgrenzung von Soziologie und Sozialpolitik stand im Zentrum, aktuelle Bezüge fehlen. Der mangelnde Gesellschafts- bzw. Praxisbezug wurde dann in der Diskussion etwa von Ernst Schuster kritisiert. Es gebe „brennendere Fragen, die vor aller Sozialphilologie beantwortet werden müssen" (Deutsche Gesellschaft für Soziologie 1925, S. 98). Der Diskutant hebt auf die von der Tagung des VfS 1922 ausgehenden Diskussion zur „Krisis der Sozialpolitik" ab: die Abkehr der Befürworter der Sozialpolitik von der Sozialpolitik vor dem Hintergrund der sozioökonomischen Situation der Weimarer Republik am Beginn der 1920er-Jahre (Kaufmann 2003, S. 80–85). Sozialpolitik und Wirtschaftslage im Zusammenhang zu problematisieren, so Schuster, und „Sozialpolitik in ihrer Gewordenheit selbst zum *soziologischen Problem* zu machen" (Deutsche Gesellschaft für Soziologie 1925, S. 98), hätten die professionelle Soziologie näher an die Wirklichkeit gerückt. Erst solche Erörterungen gesellschaftlicher Entwicklungen hätten Möglichkeiten für öffentliche Soziologie eröffnen können. Nennenswerten Einfluss auf die Debatten der Soziologentage hatten solche Stimmen nicht.

Des Weiteren sei auf den Diskussionsbeitrag des Austromarxisten Max Adler hingewiesen. Die in den Vorträgen vorgenommene Bestimmung der Soziologie kritisierte er scharf. Adler betonte den Nexus von Soziologie und sozialer Frage und

---

[9]Zu ergänzen ist, dass 1924 auch über *Wissenschaft und soziale Struktur* referiert wurde. Und 1926 gab es erstmals Untergruppen zu verschiedenen Themen. Außerdem ist zu erwähnen, dass an die Tradition der DGS vor 1914 anknüpfend 1922 der dritte Soziologentag stattfand (Wiese 1922, S. 94). Die Nummerierung wurde dann fortgeschrieben.

postulierte: vom „marxistischen Standpunkte aus hat die Soziologie der Sozialpolitik ihre Ziele zu bestimmen" (Deutsche Gesellschaft für Soziologie 1925, S. 102). Zwischen professioneller und öffentlicher Soziologie und Anwendungsorientierung kann bei dieser Konzeption nicht unterschieden werden. Solche Äußerungen ließen ihn „Gegenstand der Aggressionen auf den Soziologentagen" (Stölting 1986, S. 39) werden, an denen er teilnahm. Mit Verweis auf die Werturteilsfreiheit grenzte sich die Soziologie zur Legitimationsgenerierung ja gerade von marxistischen Ansätzen ab.

Dies verweist auf die Antwort auf die Frage, womit man sich auf dem Soziologentag 1924 befasste. Ohne ins Detail gehen zu können, sind die sich um begriffliche Erörterungen des Verhältnisses von Soziologie und Sozialpolitik drehenden Referate und der Diskussionsbeitrag Adlers auf den primären Diskussionsgegenstand aller Soziologentagen von 1910 bis 1930 ausgerichtet. Es wurde um die Bestimmung der Soziologie gestritten (Lepsius 1981, S. 199–244). Über die Grenzen dieser Wissenschaft, das heißt der professionellen Soziologie, wurde diskutiert. Empirische Fragen der Gegenwartsgesellschaft, die das Potenzial für öffentliche Soziologie gehabt hätten, wurden nicht erörtert. Und so verwundert die deutliche Kritik des Soziologentags 1930, die beispielhaft für die Soziologentage in der Weimarer Zeit steht, nicht (Papcke 1991, S. 82–83). Der Kommentator, Siegfried Kracauer, hatte mehr zur Erkenntnis der sozialen Realität der Weimarer Zeit beizutragen als die professionellen Soziologen.

4 Öffentliche Soziologie in der Weimarer Zeit: Eine Spur am Rand der Soziologie

Weitet man den Blick über die in der DGS organisierte Soziologie hinaus, lassen sich in der Weimarer Zeit Spuren öffentlicher Soziologie finden. Zu nennen ist etwa die Soziologie der Masse. Sie kann allgemein als Verbindung von akademisch-soziologischem Diskurs mit gesellschaftlichen Gruppen angesehen werden, im Besonderen wirkte sie aber aufgrund der Verbindungen zum linken politischen Spektrum über die wissenschaftliche Gemeinschaft hinaus (Berking 1984; Borch 2012, S. 79–123). Hier soll hingegen eine andere Spur vertieft behandelt werden: die Angestelltensoziologie. Sie wurde ausgewählt, weil die Strukturen der Weimarer Republik ohne die Berücksichtigung der sozialen Schicht der Angestellten nicht verstanden werden können. Beispielhaft für die öffentliche Soziologie steht Kracauers *Die Angestellten* im Mittelpunkt. Mit den vor Beginn der Wirtschaftskrise im Oktober 1929 verfassten und vor der Buchpublikation zwischen Dezember 1929 und Januar 1930 zuerst im Feuilleton der *Frankfurter Zeitung* erschienenen Essays griff er in den ab Mitte der 1920er-Jahre zuerst von den Gewerkschaften und Angestelltenverbänden wieder aufgenommenen Diskurs ein, der vor dem Ersten Weltkrieg begonnen wurde (Bonß in Fromm 1980, S. 15–21; Band 1999, S. 126–143). Dieser drehte sich, an Marx und Weber anschließend, um die Klassen- bzw. Schichtzugehörigkeit und den Habitus der Angestellten – also um den sozialstrukturellen Wandel und dessen Folgen. Der Nationalökonom Emil Lederer sprach von der *Umschichtung des Proletariats*. Von 1907 bis 1925 stieg die Zahl der Angestellten um 111, die der Industriearbeiter nur um 12 Prozent. 1925 gab es 5,2 Mio. Beamte und Angestellte (Lederer 1979, S. 176, 181), eine veritable soziale Größe. Diese Daten zum Wandel der Zusammensetzung der abhängig Beschäftigten präsentierte er 1929 jenseits der Fachöffentlichkeit in *Die Neue Rundschau*. So speiste Lederer wissenschaftliche Erkenntnisse in den gesellschaftlichen Diskurs ein. Er legte also nicht nur akademische Beiträge vor und nahm somit eine Position zwischen Wissenschaft und Öffentlichkeit ein.

Es war aber vor allem Kracauer, der dieses Thema öffentlichkeitswirksam problematisierte und die gesellschaftlichen Verhältnisse kritisierte und deshalb als öffentlicher Soziologe zu bezeichnen ist. Im Vorwort zur Buchpublikation gab er der Artikelserie nachträglich den Sinn, „die öffentliche Diskussion aufzurühren" (Kracauer 1971, S. 8). Er wollte in den Diskurs eingreifen, was ihm auch aufgrund polemischer Darstellungen mancher Beobachtungen gelang. Die Resonanz auf *Die Angestellten* war groß (Band 1999, S. 202–218). Neben der Öffentlichkeit reagierten die Interessenorganisationen mit politisch motivierter Kritik. Die Angestelltengewerkschaften und die Unternehmensverbände waren nicht erfreut über Kracauers (1971, S. 16) Dekonstruktion der Konstruktion der sozialen Realität in den Freizeiteinrichtungen und Betrieben und seiner Aufdeckung der sozialen Verwerfungen in der gesellschaftlichen Mitte nach der ersten Rationalisierungsphase der kapitalistischen Wirtschaft. Zahlreiche Wissenschaftler und Intellektuelle haben das Werk dagegen positiv aufgenommen. Der Experte Lederer rezensierte das Buch lobend und bezeichnete es, quasi an die Enqueten des VfS erinnernd, als Kracauers „persönliche Enquete" (zitiert nach Band 1999, S. 14).

Zweifelsfrei hat Kracauer mittels soziologischer bzw. Sozialforschung zur „Selbsterkenntnis" (Papcke 1991, S. 99) seiner Zeit beigetragen. In der Angestelltensoziologie geht es zudem um ein empirisch wie theoretisch im Kern der Disziplin zu verortendes Thema. Warum sind *Die Angestellten* und die Angestelltensoziologie aber als öffentliche Soziologie am Rand der Soziologie zu bezeichnen? Entscheidend ist, dass dieser Diskurs außerhalb der professionellen Soziologie der Weimarer Zeit stattfand. Die intellektuelle Zuständigkeit für die Erforschung der Angestellten lag seit Lederers Studie von 1912 bei der Nationalökonomie. Und in der Zwischenkriegszeit war es vor dem Hintergrund der noch nicht abgeschlossenen Differenzierung des sozialwissenschaftlichen Feldes „zünftigen Nationalökonomen durchaus erlaubt" soziologische Themen zu bearbeiten (Speier in Lederer 1979, S. 253–254).[10] Kracauer bezog sich in seiner kultursoziologischen Studie über die Welt der Angestellten also auf der Nationalökonomie zuzurechnende Beiträge. Das von der Soziologie generierte Wissen hatte bei diesem Thema weder für ihn, noch für Lederer

---

[10]Diese Bemerkung eines Zeitzeugen, der selbst eine Studie über die Angestellten verfasst hat (Speier 1977), ist wichtig, weil dadurch retrospektive Zurechnungen soziologischer Arbeiten zur Wissenschaft Soziologie als fragwürdig erscheinen. So hat Berking (1984) ein zu hinterfragendes Bild der Weimarer Soziologie gezeichnet, da er nicht nur Speiers Werk zur Soziologie gezählt, sondern auch die fachliche Provenienz von Gerhard Colm, der wichtige Beiträge zur Soziologie der Masse vorlegte, nicht problematisiert. Wie Lederer war Colm Ökonom.

Relevanz, obgleich beide Mitglieder der DGS waren und sich auch mit eigenen Beiträgen am professionell-soziologischen Diskurs beteiligten.

Kracauer knüpfte also an einen jenseits der professionellen Soziologie geführten Diskurs an. Das dürfte ein Grund dafür sein, dass das Werk in keiner der soziologischen Zeitschriften rezensiert wurde. In ihnen nahm nur ein Aufsatz explizit Bezug auf *Die Angestellten*, lobend erwähnt wurde die Studie zudem auf dem Soziologentag 1930 in der Untergruppe für Soziografie. Sie blieb also in „soziologischen Kreisen weitgehend unbemerkt" (Frisby 1989, S. 167) oder wurde ignoriert. Wichtige Ausnahmen sind: Mannheim (1930, S. 501) und Geiger (1987).[11] Sie hatten ein anderes Verständnis von Soziologie als von Wiese und Tönnies und rückten sie näher an die gesellschaftliche Wirklichkeit heran. Auf der Frankfurter Dozententagung 1932, dem „Schlußpunkt der Institutionalisierung der deutschen Soziologie in der Weimarer Republik" (Stölting 1986, S. 246), forderte Mannheim (1932, S. 39), in der soziologischen Lehre „Themen größter Aktualität und Dringlichkeit" zu behandeln. Für die Soziologie formulierte er sogar das Ziel, die „Aufgabe der Aufklärung zu vollenden" (Mannheim 1932, S. 19). Dies kann als eine Idee von öffentlicher Soziologie verstanden werden. Und Geiger gab mit dem seiner Arbeit zugrundliegenden Motiv, „durch soziologische Analyse dem Zeitgeist auf der Spur zu bleiben" (Schäfers in Geiger 1987, o. S.), den Anstoß, die Erforschung der Sozialstruktur nach 1945 ins Zentrum der Disziplin zu rücken. Diese am Ende der Weimarer Republik einsetzende Entwicklung sollte aber nicht darüber hinwegtäuschen, dass die Angestelltensoziologie und Kracauers öffentliche Soziologie am Rand der Soziologie zu verorten sind.

Trotz der grundsätzlichen Ausrichtung der akademischen Soziologie kann die Soziologie der Weimarer Zeit demzufolge nicht als „scientific sociology purged of public engagement" (Burawoy 2005, S. 16) bezeichnet werden. Diesbezüglich ist erwähnenswert, dass einige DGS-Mitglieder politisch aktiv waren, nicht nur Lederer und Geiger (Moebius und Ploder 2018, S. 842–845). Eine genauere Analyse ihres politischen Engagements im Zusammenhang mit ihrer Rolle als professionelle Soziologen, die sie qua Mitgliedschaft in der DGS waren, bzw. ihrer soziologischen Schriften wäre für das weitere Verständnis des Zusammenhangs von professioneller und öffentlicher Soziologie in der Weimarer Zeit wichtig. Des Weiteren wäre es interessant nach öffentlicher Soziologie jenseits der akademischen Soziologie in der DGS zu fragen. Verwiesen sei etwa auf Karl Dunkmann, der 1924 ein Institut für angewandte Soziologie gründete, ab 1928 die Zeitschrift für angewandte Soziologie herausgab und für den die Soziologie „eine Wissenschaft im Dienste der Volksreform" war (Stölting 1986, S. 186). Der Gegensatz zu den Vorstellungen von Tönnies und von Wiese ist offensichtlich. Dieser abschließende Hinweis sowie die Vorstellungen der Soziologie von Mannheim und Geiger verweisen auf die „verschwommenen Grenzen der Disziplin" (Stölting 1986, S. 191).

---

[11] Jahrzehnte später erschienen zwei weitere bedeutende Werke, die zur Weimarer Angestelltensoziologie zählen und Kracauer ebenfalls wahrgenommen haben (Speier 1977; Fromm 1980).

5 Schluss

Öffentliche Soziologie stützt sich auf empirische Erkenntnisse und das theoretische und methodische Arsenal der professionellen Soziologie. Der daraus resultierende Zusammenhang zwischen den beiden Soziologieformen ist hier der Ansatzpunkt für die Suche nach den Spuren öffentlicher Soziologie in der Weimarer Zeit gewesen. Festzuhalten ist, dass im Kontext der akademischen Soziologie kaum Spuren öffentlicher Soziologie zu finden sind. Anfang der 1920er-Jahre vertraten führende Soziologen die Vorstellung der Soziologie als Disziplin „reiner" Wissenschaftlichkeit und zogen eine Grenze zur Tradition öffentlicher Soziologie, um im wissenschaftlichen Feld anerkannt zu werden. Diese Weichenstellung dominierte die Soziologie bis Ende der 1920er-Jahre und beeinflusste die Struktur ihrer wichtigsten Institution. Die DGS wurde gegen öffentliche Soziologie ausgerichtet. Auch in dem Diskurs der Soziologentage, der am Beispiel des *Soziologie und Sozialpolitik* behandelnden Soziologentags vertieft wurde, konnten nur wenige Spuren öffentlicher Soziologie freigelegt werden.

Mit der Angestelltensoziologie wurde ferner ein an der empirischen Analyse der Gegenwart ausgerichteter Forschungsstrang behandelt. Nimmt man das Anliegen öffentlicher Soziologie, wissenschaftliches Wissen in die außerakademische Öffentlichkeit zu tragen, als Maßstab, so kann Kracauers *Die Angestellten* als öffentliche Soziologie bezeichnet werden. Diese Spur ist jenseits der Soziologie zu verorten, da erstens deren professionelles Wissen keine Bedeutung für sie hatte. Und zweitens fand dieser Diskurs in der Nationalökonomie statt, also bestenfalls am Rand der Soziologie der Weimarer Zeit. Heute steht das Thema der Angestelltensoziologie, die Analyse von Sozialstruktur und sozialer Ungleichheit, dagegen zweifelsfrei im Kern der soziologischen Disziplin.

Die Suche nach den Spuren öffentlicher Soziologie in der Weimarer Zeit hinterlässt den Eindruck, dass professionelle und öffentliche Soziologie nebeneinander existierten. Eine enge Verbindung gab es nicht. Weitere Spuren öffentlicher Soziologie gilt es hingegen noch freizulegen. Diese Spurensuche ist also als ein Mosaikstein zum Verständnis der öffentlichen Soziologie in der Weimarer Zeit sowie als Anstoß zur weiteren soziologiegeschichtlichen Erforschung des Verhältnisses von professioneller und öffentlicher Soziologie anzusehen.

Literatur

Band, Henri. 1999. *Mittelschichten und Massenkultur. Siegfried Kracauers publizistische Auseinandersetzung mit der populären Kultur und der Kultur der Mittelschichten in der Weimarer Republik*. Berlin: Lukas.

Becker, C. H. 1919. *Gedanken zur Hochschulreform*. Leipzig: Verlag von Quelle & Meyer.

Below, Georg von. 1920. *Soziologie als Lehrfach. Ein kritischer Beitrag zur Hochschulreform. Um ein Vorwort vermehrter Sonderabdruck aus Schmollers Jahrbuch, 43. Jahrgang 4. Heft (1919)*. München/Leipzig: Duncker & Humblot.

Below, Georg von. 1921. Soziologie und Hochschulreform. Eine Entgegnung. *Weltwirtschaftliches Archiv* 16:512–527.

Berking, Helmuth. 1984. *Masse und Geist. Studien zur Soziologie in der Weimarer Republik.* Berlin: Wissenschaftlicher Autoren-Verlag.
Borch, Christian. 2012. *The politics of crowds. An alternative history of sociology.* Cambridge: Cambridge University Press.
Burawoy, Michael. 2005. For public sociology. *American Sociological Review* 70:4–28.
Deutsche Gesellschaft für Soziologie. 1925. *Verhandlungen des Vierten Deutschen Soziologentages am 29. und 30. September 1924 in Heidelberg.* Tübingen: J. C. B. Mohr (Paul Siebeck).
Frisby, David. 1989. *Fragmente der Moderne. Georg Simmel – Siegfried Kracauer – Walter Benjamin.* Rheda-Wiedenbrück: Daedalus.
Fromm, Erich. 1980. *Arbeiter und Angestellte am Vorabend des Dritten Reiches. Eine sozialpsychologische Untersuchung. Bearbeitet und herausgegeben von Wolfgang Bonß.* Stuttgart: Deutsche Verlags-Anstalt.
Geiger, Theodor. 1987. *Die soziale Schichtung des deutschen Volkes. Soziographischer Versuch auf statistischer Grundlage. Faksimile-Nachdruck der 1. Auflage 1932 mit einem Geleitwort von Bernhard Schäfers.* Stuttgart: Ferdinand Enke.
Gorges, Irmela. 1980. *Sozialforschung in Deutschland 1872–1914. Gesellschaftliche Einflüsse auf Themen- und Methodenwahl des Vereins für Socialpolitik.* Königstein: Anton Hain Meisenheim.
Gorges, Irmela. 1986. *Sozialforschung in der Weimarer Republik 1918–1933. Gesellschaftliche Einflüsse auf Themen- und Methodenwahl des Vereins für Socialpolitik, der Deutschen Gesellschaft für Soziologie und des Kölner Forschungsinstituts für Sozialwissenschaften.* Frankfurt: Anton Hain.
Heilbron, Johan. 2004. A regime of disciplines: Toward a historical sociology of disciplinary knowledge. In *The dialogical turn. New roles for sociology in the postdisciplinary age. Essays in honor of Donald N. Levine,* Hrsg. Charles Camic und Hans Joas, 23–42. Lanham: Rowman & Littlefield Publishers.
Käsler, Dirk. 1984. *Die frühe deutsche Soziologie 1909 bis 1934 und ihre Entstehungs-Milieus. Eine wissenschaftssoziologische Untersuchung.* Opladen: Westdeutscher.
Kaufmann, Franz-Xaver. 2003. *Sozialpolitisches Denken. Die deutsche Tradition.* Frankfurt: Suhrkamp.
Kneer, Georg, und Stephan Moebius, Hrsg. 2010. *Soziologische Kontroversen. Beiträge zu einer anderen Geschichte der Wissenschaft vom Sozialen.* Berlin: Suhrkamp.
Kracauer, Siegfried. 1971. *Die Angestellten. Aus dem neuesten Deutschland.* Frankfurt: Suhrkamp.
Lederer, Emil. 1979. *Kapitalismus, Klassenstruktur und Probleme der Demokratie in Deutschland 1910–1940. Ausgewählte Aufsätze. Mit einem Beitrag von Hans Speier und einer Bibliographie von Bernd Uhlmannsiek. Herausgegeben von Jürgen Kocka.* Göttingen: Vandenhoeck & Ruprecht.
Lepsius, M. Rainer, Hrsg. 1981. *Soziologie in Deutschland und Österreich 1918–1945.* Kölner Zeitschrift für Soziologie und Sozialpsychologie, Sh. 23. Opladen: Westdeutscher.
Mannheim, Karl. 1930. Über das Wesen und die Bedeutung des wirtschaftlichen Erfolgsstrebens. Ein Beitrag zur Wirtschaftssoziologie. *Archiv für Sozialwissenschaft und Sozialpolitik* 63:449–512.
Mannheim, Karl. 1932. *Die Gegenwartsaufgaben der Soziologie. Ihre Lehrgestalt.* Tübingen: J. C. B. Mohr (Paul Siebeck).
Moebius, Stephan, und Andrea Ploder, Hrsg. 2018. *Handbuch Geschichte der deutschsprachigen Soziologie. Bd. 1: Geschichte der Soziologie im deutschsprachigen Raum.* Wiesbaden: Springer VS.
Neef, Katharina. 2012. *Die Entstehung der Soziologie aus der Sozialreform. Eine Fachgeschichte.* Frankfurt/New York: Campus.
Papcke, Sven. 1991. *Gesellschaftsdiagnosen. Klassische Texte der deutschen Soziologie im 20. Jahrhundert.* Frankfurt/New York: Campus.
Rammstedt, Otthein. 2013. Georg Simmel und die Anfänge der Deutschen Gesellschaft für Soziologie. In *Transnationale Vergesellschaftungen. Verhandlungen des 35. Kongresses der Deutschen Gesellschaft für Soziologie in Frankfurt am Main 2010. Teilband 2,* Hrsg. Hans-Georg Soeffner, 829–855. Wiesbaden: Springer VS.

Reif, Michael. 2016. Professionelle und öffentliche Soziologie. Ein soziologiegeschichtlicher Beitrag zur Professionalisierung der Disziplin in Deutschland. *Soziologie* 45:7–23.

Sala, Roberto. 2019. *Theorie versus Praxis? Soziologie in Deutschland und den Vereinigten Staaten im frühen 20. Jahrhundert.* Frankfurt/New York: Campus.

Speier, Hans. 1977. *Die Angestellten vor dem Nationalsozialismus. Ein Beitrag zum Verständnis der deutschen Sozialstruktur 1918–1933.* Göttingen: Vandenhoeck & Ruprecht.

Stölting, Erhard. 1986. *Akademische Soziologie in der Weimarer Republik.* Berlin: Duncker & Humblot.

Tönnies, Ferdinand. 1920. *Hochschulreform und Soziologie. Kritische Anmerkungen über Becker's „Gedanken zur Hochschulreform" und Below's „Soziologie als Lehrfach". Vermehrter Sonder-Abdruck aus „Weltwirtschaftliches Archiv" (Zeitschrift für allgemeine und spezielle Weltwirtschaftslehre),* Bd. 16. Jena: Verlag von Gustav Fischer.

Wiese, Leopold von. 1920. Die Soziologie als Einzelwissenschaft. *Schmollers Jahrbuch* 44:347–367.

Wiese, Leopold von. 1921. Gründung der deutschen soziologischen Gesellschaft in Hamburg. *Kölner Vierteljahreshefte für Sozialwissenschaften* 1:85–86.

Wiese, Leopold von. 1922. Eisenach und Jena. (Zur Neubegründung der deutschen Gesellschaft für Soziologie.). *Kölner Vierteljahreshefte für Sozialwissenschaften* 2:91–96.

Wiese, Leopold von. 1925. Der vierte deutsche Soziologentag in Heidelberg. *Kölner Vierteljahreshefte für Soziologie* 4:313–316.

Die Geschichte der deutschen öffentlichen Soziologie von 1945 bis 2005

Oliver Neun

Inhalt

1 Einleitung 41
2 Das Verhältnis von Soziologie und Öffentlichkeit von 1945 bis 1959: die langsame Etablierung des Faches 42
3 Das Verhältnis von Soziologie und Öffentlichkeit in den 1960er-Jahren: die Konsolidierung der Soziologie und zunehmende soziologische Selbstverständigung 44
4 Das Verhältnis von Soziologie und Öffentlichkeit von 1968 bis 1975: die Soziologie als „Schlüsselwissenschaft" 45
5 Das Verhältnis von Soziologie und Öffentlichkeit von 1975 bis 1980: die zunehmende „Irrelevanz" der Soziologie 47
6 Das Verhältnis von Soziologie und Öffentlichkeit von 1980 bis 1989: die „Krise der Soziologie" 48
7 Das Verhältnis von Soziologie und Öffentlichkeit in den 1990er- und 2000er-Jahren: die „Wiederkehr der Soziologie" 50
8 Fazit 51
Literatur 52

1 Einleitung

In seinen Schriften zur „public sociology" skizziert Michael Burawoy (2005) auch die Entwicklung der amerikanischen Soziologie und bezeichnet seine Intention dabei genauer als „recovering the Public Face of U.S. Sociology". In Deutschland konzentriert sich dagegen die Geschichtsschreibung der Soziologie bisher auf die einzelnen soziologischen Schulen der Nachkriegszeit und ist selbst häufig ein Mittel der Auseinandersetzung zwischen ihnen, weshalb die Gemeinsamkeiten zwischen ihnen aus dem Blick geraten (Albrecht 2013).

O. Neun (✉)
Gesellschaftswissenschaften/Fachgruppe Soziologie, Universität Kassel, Kassel, Deutschland
E-Mail: oliver.neun@uni-kassel.de

Zunächst wird daher der breite aufklärerische Konsens in der Soziologie in der frühen Nachkriegszeit beschrieben. Danach soll dargestellt werden, welche Gründe dazu führen, dass diese Idee zunehmend in Frage gestellt wurde.[1]

2 Das Verhältnis von Soziologie und Öffentlichkeit von 1945 bis 1959: die langsame Etablierung des Faches

Nach 1945 werden in Deutschland intensive Diskussionen um eine Hochschulreform geführt, in denen auch die Verbindung der Universitäten zur Öffentlichkeit zur Sprache kommt und z. B. deren Mitwirkung an der außerakademischen Lehre im Rahmen der Volkshochschulen gefordert wird (Paulus 2010). Dabei soll nicht nur das neu gegründete Fach „Politische Wissenschaft", sondern, wie in verschiedenen Memoranden der Zeit wie dem „Gutachten zur Hochschulreform" beschrieben, die Soziologie im Rahmen der „re-education" ebenfalls zentrale Bildungsaufgaben übernehmen (Weyer 1984, S. 328, 337 f.).

Diese Einstellung beeinflusst auch die Neugründung der „Deutschen Gesellschaft für Soziologie" (DGS) in Godesberg 1946, die sich ausdrücklich gegen ihre frühere Ausrichtung, insbesondere den „esoterischen Charakter einer Gelehrtengemeinschaft" und das Programm einer „Verselbstständigung der reinen Theorie", in der Weimarer Zeit richtet (Wiese 1949a, S. 103, 104). Zudem wird in der neuen Satzung als Ziel der Organisation explizit die Mitwirkung „an der Verbreitung und Vertiefung soziologischer Denkweise" genannt. Dies entspricht auch den Erwartungen der Öffentlichkeit an die Soziologie, wie die Gast-Redebeiträge auf der ersten DGS-Tagung 1946 in Frankfurt am Main zeigen. Auf den Soziologentagen in Worms 1948 und in Detmold 1950 wird daher bereits die große Unterstützung der Soziologie durch die breite Öffentlichkeit angemerkt (Wiese 1949b, S. 27, 1950/1951, S. 144, 145).

Die u. a. in dem „Gutachten zur Hochschulreform" formulierte Position zur gesellschaftlichen Relevanz der Soziologie ist nach 1949 zudem eine weit verbreitete Auffassung unter deutschen Soziologen und Soziologinnen, weshalb sie um Aufklärung bemüht sind (Albrecht 1999, S. 174, 180; Lepsius 1976, S. 3). Dies gilt auch für die wichtigen Ansätze der Nachkriegssoziologie: in der „Gründergeneration" der Nachkriegssoziologie u. a. von Helmut Schelsky, René König oder Theodor W. Adorno besteht daher eine Übereinstimmung in dem aufklärerischen Verständnis des Faches (Horkheimer 1959; König 2000, S. 109, 527; Schelsky 1950/1951, S. 12).[2]

Innerhalb der „Nachkriegsgeneration" besteht, wie die autobiografischen Rückblicke zeigen, gleichfalls eine große Übereinstimmung in diesem Verständnis der Disziplin (vgl. u. a. Lepsius 1998, S. 214). Die biografische Motivation dafür wird schon früh von Leopold von Wiese (1949b, S. 27) genannt: „Nach dem Kriege

---

[1]Zu den Indikatoren für die gesellschaftliche Wirkung der Disziplin vgl. Lüschen 1979.

[2]Zur Verwendung des Generationenbegriffes zur Strukturierung der Nachkriegssoziologie vgl. u. a. Nolte 2000; Kruse 2006.

erklärten zahlreiche junge Leute, wie sehr ihnen die Lebenserfahrung nahegelegt habe, sich der Gesellschaftslehre zu widmen." Diese Ausrichtung wird noch durch die offizielle Stellenbezeichnung „ordentlicher öffentlicher Professor" in der Zeit befördert, so dass viele die „öffentliche Verpflichtung des Wissenschaftlers" spüren (Claessens 1998, S. 45).

Die Formen einer solchen „öffentlichen Soziologie" sind Lexika oder Handbücher der Soziologie, die auf die breitere Öffentlichkeit gerichtet sind (Weber 1955, S. 11; Gehlen und Schelsky 1955, S. 9; König 1958). Ein weiteres Medium der Verbreitung sozialwissenschaftlichen Wissens sind Taschenbuchreihen wie die 1955 gegründete Reihe „Rowohlts Deutsche Enzyklopädie" oder die 1957 etablierte Serie „Fischer Lexikon: Enzyklopädie des Wissens" (König 1958). Eine andere Reihe, „Soziologische Texte", die seit 1959 im Luchterhand-Verlag erscheint und ebenfalls auf ein Laienpublikum abzielt, erreicht nicht die Auflagen der beiden vorher genannten (Römer 2015, S. 225, 234 f.).

Nach 1945 erscheinen soziologische Artikel darüber hinaus in allgemeinen Printformaten wie dem „Merkur", der „Zeitschrift für evangelische Ethik" oder „Atomzeitalter". Der wichtigste Publikationsort sind in den 1950er-Jahren aber Radiosendungen und erst in den folgenden Jahren wird diese Rolle durch die Printmedien und das Fernsehen übernommen (Boll 2004, S. 12; Schildt 1999, S. 85).

Zu den Formen der „öffentlichen Soziologie" zählt weiter, wie u. a. von dem „Gutachten zur Hochschulreform" gefordert, die Erwachsenenbildung. In der Gründergeneration hält z. B. Otto Stammer (1965) Vorträge vor der SPD oder den Gewerkschaften (vgl. für die Nachkriegsgeneration u. a. Claessens 1998, S. 45; Bolte 1998, S. 96). Dafür wählen sie bewusst einen verständlichen, interessierten Laien zugänglichen Stil (Daheim 1998, S. 326).

Über die quantitative Verbreitung dieser Formen wie z. B. Radiosendungen mit soziologischen Beiträgen liegen aber keine umfassenden Untersuchungen vor (Boll 2004). Ein Indiz jedoch dafür, dass diese Bemühungen der Soziologen auf Resonanz in der Gesellschaft stoßen, stellt das starke Interesse an soziologischer Literatur dar.[3] Mehrere Bücher (wie z. B. das Handbuch von Gehlen und Schelsky) erscheinen in kurzer Zeit in zweiter oder dritter Auflage oder erreichen hohe Verkaufszahlen wie die Gesellschaftsdiagnosen Mannheims, Schelsky Buch „Soziologie der Sexualität" oder Königs (1958, 2014, S. 794) „Soziologie"-Lexikon.

Die gute öffentliche Stellung der Soziologie und das wachsende Interesse an ihr werden zudem, nach ihrer zunächst langsamen Entwicklung,[4] zum Ende der 1950er-Jahre von mehreren Beobachtern angesprochen (u. a. Dahrendorf 1959, S. 152). Das Verhältnis wird darüber hinaus auf dem DGS-Kongress in Berlin 1959 mit dem Titel

---

[3]Dies ist wichtig zu betonen, da die zeitgenössischen Bekenntnisse zur „öffentlichen Soziologie" auch legitimatorische Funktion haben und z. B. Lepsius (1961) zur Begründung des Ausbaus der empirischen Sozialforschung dienen.

[4]Bis 1955 werden für das Fach nur 12 Lehrstühle eingerichtet, womit erst wieder die Zahl von 1932 erreicht ist (Lepsius 1979, S. 33).

„Die Rolle der Soziologie in der modernen Gesellschaft" theoretisch reflektiert (u. a. König 1959).

Einfluss auf diese Überlegungen hat der Diskussionsbeitrag von Talcott Parsons (1959) „Some Problems Confronting Sociology as a Profession", in dem dieser verschiedene Funktionen der Soziologie unterscheidet. Eine davon ist ihr Beitrag zur allgemeinen gesellschaftlichen „Definition der Situation" z. B. durch Veröffentlichungen oder Vorträge zu aktuellen intellektuellen Problemen (Parsons 1959, S. 548). Zur Frage der öffentlichen Funktion des Faches erscheint 1959 auch C. Wright Mills' (1959) wirkungsstarkes Buch „The Sociological Imagination", in dessen Kontext erstmals der Begriff „public sociology" benutzt wird (Horowitz 1963).

3 Das Verhältnis von Soziologie und Öffentlichkeit in den 1960er-Jahren: die Konsolidierung der Soziologie und zunehmende soziologische Selbstverständigung

In den 1960er-Jahren gibt es in Deutschland Indizien für ein weiter anwachsendes gesellschaftliches Prestige wie die Vermehrung akademischer Stellen und zunehmende Studierendenzahlen (Reimann und Kiefer 1969, S. 10; Lepsius 1972/1973, S. 17 f., 1974a, S. 2, 1974b, S. 95 f.). Die Studierenden- und Stellenzahlen nehmen dabei nicht nur absolut, sondern auch relativ zu anderen Disziplinen zu (Siefer 1972/1973; Viehoff 1984). In einer ersten Expansionswelle werden zudem an den meisten Hochschulen Haupt- oder Wahlstudiengänge für Soziologie eingerichtet (Lepsius 1972/1973, S. 17 f., 1974a, S. 2, 1974b, S. 95 f.).

Auch werden in dem Jahrzehnt die genannten Formen einer „öffentlichen Soziologie" weiter benutzt. Viele Bücher, insbesondere populäre Einführungen in die Soziologie der Zeit zielen auf ein großes Publikum und erzielen hohe Auflagen (u. a. Bahrdt 1966; Bolte 1971). Darüber hinaus üben die in der 1963 gegründeten Taschenbuchreihe „edition suhrkamp" erscheinenden soziologischen Werke eine starke Wirkung aus (Felsch 2015, S. 36).

Der Typus der „öffentlichen Soziologie" wird zudem in den nun vermehrt erscheinenden selbstreflexiven Arbeiten zur Rolle der Soziologie erfasst,[5] die die bisherigen Diskussionen fortführen und durch die genannten amerikanischen Werke von Parsons (1959) und Mills (1959) beeinflusst sind.[6] Für M. Rainer Lepsius (1961, S. 2, 46) ist die Soziologie ausdrücklich mit einer *„Bildungsfunktion"* verbunden, diese Ausrichtung dominiert für ihn auch in der soziologischen *Praxis*. Die Form des Faches wird ebenfalls auf der internen Tagung in Tübingen 1961 bei der Plenums-

---

[5]Stammer (1962, S. 230 f.) meint daher, dass ein neuer Entwicklungsabschnitt der Soziologie begonnen hat, der durch die „immer deutlicher werdende Selbstverständigung der deutschen Soziologie" gekennzeichnet ist.

[6]Eine andere wichtige deutsche Quelle ist, wie schon bei König (1959), Mannheims (2018) Werk „Die Gegenwartsaufgaben der Soziologie".

veranstaltung zu dem Thema „Die Berufsmöglichkeiten der Soziologen" besprochen und in anderen selbstreflexiven Studien dieser Zeit die Form einer „öffentlichen Soziologie" von anderen Typen des Faches wie der „angewandten Soziologie" unterschieden (Groenmann 1962, S. 276; König 1962, S. 295; u. a. Lambrecht 1963).

Die Annahme einer solchen Aufklärungsfunktion des Faches ist in den 1960er-Jahren auch, wie empirische Untersuchungen zeigt, unter den Soziologiestudierenden dieser Zeit weit verbreitet (Reimann und Kiefer 1969, S. 4, 62).

Die soziologische Diskussion des Öffentlichkeitsbegriffes wird um 1960 ebenfalls „obsessiv" (Hodenberg 2006, S. 31). Am bekanntesten ist Jürgen Habermas' (1962, S. 246) Werk „Strukturwandel der Öffentlichkeit". Dort behandelt Habermas (1964) das Verhältnis von Wissenschaft und Öffentlichkeit aber nicht, sondern erst in seinem späteren Artikel „Verwissenschaftlichte Politik und öffentliche Meinung". Mit diesen Ideen beeinflusst Habermas jedoch die Mitte der 1960er-Jahre in Deutschland einsetzende allgemeine Debatte m das Verhältnis von Wissenschaft und Öffentlichkeit (u. a. Glaser 1965).[7] Ende des Jahrzehnts wird von Heinz Haber (1968) z. B. das Schlagwort der „öffentlichen Wissenschaft" geprägt.

Die Orientierung auf ein breites Publikum stellt darüber hinaus noch die Ausrichtung der DGS-Kongresse in den 1960er-Jahren etwa der Tagung 1968 in Frankfurt mit dem Titel „Spätkapitalismus oder Industriegesellschaft?" dar.

4 Das Verhältnis von Soziologie und Öffentlichkeit von 1968 bis 1975: die Soziologie als „Schlüsselwissenschaft"

Die Proteste in den späten 1960er-Jahren rücken die Disziplin weiter „mehr und mehr ins Blickfeld der Öffentlichkeit", weil viele der rebellierenden Studierenden Soziologen sind und das Fach dadurch zu einem „Modestudium und zu einem Modewort" wird (Hochkeppel 1970, S. 7, 8). Die Studierendenproteste stellen daher eine „Zäsur in der öffentlichen und politischen Wirkung der Soziologie" dar, da sich durch sie das öffentliche Bild des Faches verändert (Kruse 2006, S. 160; vgl. Lepsius 1979, S. 53).

Das Jahr 1968 stellt deshalb auch für die DGS „einen Einschnitt" dar (Lepsius 1998, S. 221). Insbesondere die Konflikte mit den Studierenden auf dem 16. DGS-Kongress im April 1968 in Frankfurt markieren den Übergang in eine neue Phase in der Geschichte der Soziologie, der langfristig zu einem Wandel ihrer Ausrichtung führt (Lepsius 1976). Gregor Siefer (1995, S. 264) bezeichnet die Zeit zwischen 1968 und 1974 deshalb als „Die Soziologie wird zur ‚Schlüsselwissenschaft' – eine konfliktreiche und folgenreiche Episode".

---

[7]Eine weitere Wirkung auf die Diskussion zum Verhältnis von Wissenschaft und Öffentlichkeit hat Habermas (1968) durch seine Auffassung der Wissenschaft als „Produktivkraft", die z. B. von der „Neuen Linken" aufgenommen wird.

Die Studierendenzahlen und die Anzahl der Stellen steigen in diesen Jahren weiter an (Siefer 1995, S. 266; Lepsius 1972/1973, S. 17 f., 1974a, S. 2, 1974b, S. 95 f.). Darüber hinaus erfolgt eine Expansionswelle der Verbreitung soziologischen Wissens durch die Einbeziehung der Disziplin in das obligatorische Grundstudium der Lehrer und in die Ausbildung für das Schulfach „Sozialkunde" (Siefer 1972/1973, S. 48, 35; Lepsius 1972/1973, 1974a, 1976, S. 9).

Auch ist die Zeit politisch, insbesondere seit der Bildung der SPD/FDP-Regierung 1969, die einer „fast unbegrenzten Planungseuphorie", wovon die Soziologie in ihrer Rolle als Planungswissenschaft profitiert (Siefer 1995, S. 265). Der Höhepunkt der öffentlichen Wirkung der Disziplin kann daher auf den Beginn der 1970er-Jahre datiert werden (Nolte 2000, S. 252).

Dieser Einfluss ist weiter verbunden mit der Nutzung der genannten Formen der „öffentlichen Soziologie" wie audiovisuellen Massenmedien (Saldern 2004, S. 169 f.). Zudem ist bis 1977 ein Wachstum der soziologischen (Taschen)-Buchproduktion zu beobachten (Lüschen 1979, S. 11). Darüber hinaus werden in der Zeit mehrere soziologische Forschungsinstitute gegründet, die öffentlich wirken sollen, wie das „Max-Planck-Institut zur Erforschung der Lebensbedingungen der wissenschaftlich-technischen Welt" in Starnberg, bei dem Habermas 1971 Ko-Direktor wird, das 1969 eingerichtete „Wissenschaftszentrum Berlin" (WZB) oder 1968 das „Soziologische Forschungsinstitut" (SOFI) in Göttingen.

Die Konflikte mit den Studierenden auf dem 16. DGS-Kongress im April 1968 in Frankfurt markieren aber den Übergang in eine neue Phase (Lepsius 1976). In den Beiträgen zu der Tagung wird etwa eine Veränderung des Öffentlichkeitsbildes deutlich, was sich gegen die Öffentlichkeitskonzepte der Nachkriegsgeneration u. a. von Habermas und Dahrendorf richtet (Hodenberg 2006, S. 76, 66; vgl. auch Negt und Kluge 1972). Von anderer politischer Position aus erfolgt unter dem Einfluss der Ereignisse ebenfalls ein Wandel der Vorstellungen des Verhältnisses von „Öffentlichkeit" und Wissenschaft. Erwin Scheuch gründet z. B. 1970 u. a. mit Tenbruck, Dieter Hennis, Ernst Nolte und Walter Rüegg den „Bund Freiheit der Wissenschaft" (BFdW). In dem von Scheuch herausgegebenen Band „Die Wiedertäufer der Wohlstandsgesellschaft" erscheint zudem von Lepsius (1961, 1968) ein Beitrag, in dem er sich nun abweichend von seinen früheren Vorstellungen gegenüber der „Orientierungs-" bzw. „Deutungsfunktion" des Faches zeigt, was wichtig für sein späteres Handeln als DGS-Vorsitzender wird.[8]

Auch in systemtheoretischen Modellen wird nun eine Ausrichtung der Wissenschaft auf die eigene wissenschaftliche Gemeinschaft gefordert (Luhmann 1970; Tenbruck 1971; Bühl 1974). Die Frage, ob Laien den Anspruch haben, das „relevante Publikum" zu sein, ist daher ein Grund für die Theoriekonflikte dieser Zeit (Klima 1971, S. 208–214).

Eine Veränderung zeigt sich ebenfalls durch organisatorische Neuerungen wie der 1969 verabschiedeten DGS-Satzung, die ausdrücklich in Verbindung mit einer

---

[8]Die Entwicklung führt auch bei anderen Soziologen zu dem Einwand, dass die Disziplin in der Gegenwart einen zu großen gesellschaftlichen Einfluss besitzt (Schelsky 1975).

Neuorientierung der Disziplin auf eine reine Fachöffentlichkeit steht (Scheuch 1970, S. 772, 774). Zudem wird beschlossen, die Soziologentage nicht mehr auf eine breite Öffentlichkeit auszurichten.[9] Diese Neu- bzw. Binnenorientierung zeigt sich bei dem 17. DGS-Kongress in Kassel 1974, für den deshalb kein inhaltlicher Titel gewählt wird, der die Öffentlichkeit ansprechen könnte.[10]

5 Das Verhältnis von Soziologie und Öffentlichkeit von 1975 bis 1980: die zunehmende „Irrelevanz" der Soziologie

Ab Mitte der 1970er-Jahre gibt es auch erste Klagen über die zunehmende „Irrelevanz der Sozialwissenschaften" (Nowotny 1975), Siefer (1995, S. 266) nennt die Zeit zwischen 1974 und 1990 daher das „mühsame Arrangement mit dem Möglichen",[11] was zu einer erneuten, teilweisen Veränderung der Ausrichtung der Soziologie führt.

Die Indikatoren für das öffentliche Ansehen der Disziplin deuten nun auf einen Stillstand oder sogar eine negative Entwicklung hin. Ende des Jahrzehnts ist z. B. ein erstes Sinken der Studierenden- und Studienanfängerzahlen zu beobachten (Viehoff 1984, S. 266). Darüber hinaus kommt es in den späten 1970er-Jahren zu einem Stillstand bei den soziologischen Buchverkäufen und ab ca. 1975 zu einem „Versiegen der linken Lesebewegungen" (Lüschen 1979, S. 12; Saldern 2004, S. 171).

Eine politische und ökonomische Ursache dafür ist die „Tendenzwende" seit Mitte der 1970er-Jahre, die einen Wandel des politischen Klimas andeutet (Leendertz 2010). Zudem ist das Ende der Planungs- bzw. Reformeuphorie erreicht, die einer zunehmenden Forschungsskepsis weicht (Weymann und Wingens 1989, S. 281 f.; Buschbeck 1982, S. 366).

Die negative Entwicklung des Faches geht darüber hinaus auf einen kulturwissenschaftlichen Wandel zurück, weil durch die Forderung des „Ausdiskutierens" in der Studentenbewegung eine Überbewertung der „Diskussion" befördert wird, was zu einer Gegenbewegung führt (Felsch 2015, S. 82). Die komplexer werdende Sprache ist ein anderer Grund für das Zurückdrängen der „öffentlichen Soziologie" (Lepsius 1968, S. 167; Daheim 1998, S. 318).

Der öffentliche Bedeutungsverlust führt aber wieder zu verstärkten Anstrengungen der Disziplin, die außerakademische Öffentlichkeit zu erreichen. Diese sind nun jedoch stärker, wie Habermas oder Offe (1982) kritisieren, auf politische Entscheidungsträger fokussiert. In der Einladung für den 18. DGS-Kongress in Bielefeld 1976 wird daher weiter, wie in Kassel 1974, das Ziel der „Aufklärung" nicht

---

[9]Vgl. Protokoll der DGS-Vorstandssitzung am 15.05.1971, DAAD, DE-SAK-B1-3867, BArch B 320/90.

[10]Vgl. Protokoll der DGS-Vorstandssitzung am 08.09.1973, DAAD, DE-SAK-B1-3867, BArch B 320/90.

[11]Es ist aber von einer kontinuierlichen Entwicklung auszugehen, Weischer (2004) nennt z. B. erst das Jahr 1980 als Beginn der „Normal"-Phase der empirischen Sozialforschung.

formuliert. Zudem wird, trotz entsprechender Vorschläge wie „Planbarkeit (Machbarkeit) von Gesellschaft" oder „Soziologie für die Gesellschaft", kein Rahmenthema gewählt.¹² Eine erneute Verlagerung des Fokus wird aber dadurch deutlich, dass Bolte (1978, S. 16 f.) in seiner Begrüßung des Kongresses in Bielefeld das schlechte Image der Soziologie aufgreift und anregt, diesem negativen, durch die Studierendenbewegung geprägten öffentlichen Bild durch bessere Öffentlichkeitsarbeit und eine kontinuierliche Berichterstattung über das Fach entgegenzuwirken. Für den folgenden Kongress in Berlin im April 1979 wird daher wieder ein Rahmentitel gewählt.

6 Das Verhältnis von Soziologie und Öffentlichkeit von 1980 bis 1989: die „Krise der Soziologie"

Ein stärkerer Einschnitt in der Geschichte des Faches erfolgt in den 1980er-Jahren, da die Indikatoren für das öffentliche Ansehen der Disziplin jetzt eine negative Entwicklung andeuten (Weischer 2004). Es ist z. B. ein Stillstand bei den Soziologiestudierendenzahlen zu konstatieren, während die Gesamtstudierendenzahl weiter kontinuierlich ansteigt. Ab 1981 wächst auch die Akademikerarbeitslosigkeit stark an, von der die Disziplin besonders betroffen ist (Knoll et al. 2000, S. 9, 12 f.). Darüber hinaus gibt es eine starke Veränderung im gesellschaftlichen Ansehen des Faches und ab Beginn des Jahrzehnts eine „enorme *Rezession* in der (politischen) Beliebtheit des Begriffes der Soziologie" (Rosenmayr 1989, S. 12). Anfang der 1980er-Jahre ist die Soziologie dann „öffentlich uninteressant" geworden (Buschbeck 1982, S. 367).

Die Funktion der Soziologie als Leit- bzw. Deutungswissenschaft wird dagegen in dem Jahrzehnt zunehmend von der Geschichtswissenschaft übernommen, zudem ist ein stärkerer öffentlicher Einfluss der Naturwissenschaften wie z. B. der Ökologie und der Biologie zu erkennen (Giesen 1989, S. 111; Saldern 2004, S. 177).

Eine politische Ursache dafür ist der Wechsel 1982/83 zu einer CDU/FDP-Regierung der sich als erschwerend erweist. Auch erfolgt in dem Jahrzehnt eine Politik der Privatisierung staatlicher Aufgaben, wobei aber die alternativen Bewegungen ebenfalls eine „Politik jenseits des Staates" fordern (Süß und Woyke 2012, S. 7). Paradigmatisch wird diese (politische) Wende symbolisiert durch die Gründung des „Max-Planck-Institut für Gesellschaftsforschung" 1984 in Köln, das ausdrücklich als „Anti-These" zu dem Institut in Starnberg konzipiert ist (Leendertz 2010, S. 8). Zu einer Umorientierung kommt es auch aufgrund politischer Vorgaben bei dem „Zentrum für Wissenschaft und (berufliche) Praxis" in Bielefeld (Daheim 1998, S. 324 f.).

Ein weiterer Grund für die Veränderung der öffentlichen Wirkung des Faches ist innerwissenschaftlicher Natur, da sich in den 1980er-Jahren der soziologische

---

¹²Vgl. Protokoll der DGS-Vorstandssitzung am 25.02.1975; Protokoll der DGS-Vorstandssitzung am 24.01.1976, DAAD, DE-SAK-B1-3870, BArch B 320/93.

Schwerpunkt von politischen Themen hin zu solchen der Mikrosoziologie und der Privatheit verlagert (Buschbeck 1982, S. 366; Bude und Kohli 1989, S. 40), wozu der seit ca. Mitte der 1970er-Jahre einsetzende „cultural" bzw. „interpretative turn" beiträgt (Kruse 2008, S. 299, 302). Durch die verstärkte deutsche Rezeption postmoderner Theorien wird ebenfalls der Fokus auf die Mikroebene gerichtet und die Idee der Aufklärung zunehmend in Frage gestellt (Ehrenreich 2007, S. 235; Felsch 2015, S. 207, 210).

Verbunden ist dies mit einer verstärkten Aufmerksamkeit für die Systemtheorie Luhmanns, die erst in den 1980er-Jahren eine breitere Wirkung entfaltet (Felsch 2015, S. 233 f.). Der Einfluss Luhmanns – und speziell seiner Forderung nach einer Ausrichtung der Wissenschaft auf die eigene wissenschaftliche Gemeinschaft – ist auch stärker in der Wissenschaftstheorie zu spüren, da das Gebiet „Wissenschaftsforschung" des MPI in Starnberg vor dessen Schließung 1981 an die Universität Bielefeld verlagert wird (Leendertz 2010, S. 39).

Der zunehmende Einfluss konstruktivistischer Wissenschaftstheorien schwächt den Aufklärungsgedanken in der Zeit zusätzlich (Bonß und Hartmann 1985). Die Desillusionierungen bezüglich der Wirkung des Faches befördern zudem die „steigende[.] Selbstisolierung der Sozialwissenschaftler in den jeweiligen Universitätstürmen" (Freund 1987, S. 164). Diese Entwicklung wird weiter verstärkt durch die Aufklärungskritik von Schelsky (1975) und von Tenbruck (1980).

Eine andere Folge der Theorieentwicklung besteht darin, dass das Thema „Öffentlichkeit" wenig behandelt wird und zwischen den 1960er- und den 1990er-Jahren Diskussionen generell dazu weitestgehend fehlen (Imhof 2011, S. 20 f.).[13] Das in den 1980er-Jahren verstärkt einsetzende deutsche Interesse an den Arbeiten Pierre Bourdieus lenkt den Blick ebenfalls nicht auf diesen Begriff (vgl. Bourdieu 2014, S. 29, 532), da ihm ein eigenes Öffentlichkeitsmodell fehlt. Der Schwerpunkt liegt bei ihm dagegen (wie bei Michel Foucault) auf den Handlungsmöglichkeiten der Intellektuellen (Sintomer 2005).

Zu der Vernachlässigung des Themas „Öffentlichkeit" in der Zeit trägt weiter bei, dass Autoren wie Mills (1959) oder Mannheim (2018) und damit die entsprechenden Arbeiten von ihnen zum Typus der „öffentlichen Soziologie" bzw. der Soziologie als „Orientierungswissenschaft" zunehmend aus dem Gedächtnis der Disziplin verschwinden (Neun 2016, 2018; Offe 1982).[14]

Die Aufklärungskritik wird zudem auch in der DGS in der DGS-Verbandszeitschrift „Soziologie" und von Joachim Matthes (1981, 1983) bei den Kongressen 1980 in Bremen sowie 1982 in Bamberg an prominenter Stelle aufgegriffen (u. a. Fisch 1981). Diese internen kritischen Diskussionen u. a. von Matthes bleiben aber nicht ohne Wirkung auf das Ansehen der Disziplin, weshalb schon der Vortrag von

---

[13] Arthur Strum (2000) führt in seinem Überblick über Öffentlichkeitstheorien für die 1980er-Jahre deshalb keine neuen Ansätze auf.

[14] Im Falle von Mannheim (2018) kommt es in den 1980er-Jahren zwar zu einer Wiederentdeckung seiner Wissens-, nicht aber seiner nach 1945 einflussreichen Bildungssoziologie bzw. Soziologie der Soziologie.

Matthes in Bamberg Kritik bei Zuschauern insbesondere „über die Gelegenheit und die Form der ‚Veröffentlichung'" hervorruft (Schmidt 1983, S. 184; vgl. Knoll et al. 2000, S. 22; Leendertz 2010, S. 76 f.).

7 Das Verhältnis von Soziologie und Öffentlichkeit in den 1990er- und 2000er-Jahren: die „Wiederkehr der Soziologie"

In den 1990er-Jahren ist zwar wieder eine (teilweise) positive Entwicklung des Faches und der Indikatoren für ihr öffentliches Ansehen zu beobachten, weshalb Jutta Allmendinger (2003, S. 34) von einer „Wiederkehr der Soziologie" spricht. Ab dem Jahr 1990 beginnt für Siefer (1995, S. 268) daher eine neue Phase in der Geschichte der deutschen Soziologie. Nun wachsen wieder, auch im Vergleich zu anderen Fächern, sowohl die Studierenden- als auch die Absolventenzahlen, wogegen die Soziologenarbeitslosigkeit sinkt (Allmendinger 2001, S. 34, 39 f.). In den letzten fünf Jahren des Jahrzehnts werden jedoch Stellen an den Universitäten gestrichen (Knoll et al. 2000, S. 21).

Die selbstreferenziellen Diskussionen zum Verhältnis von Soziologie und Öffentlichkeit brechen nach 1989 aber weitestgehend ab und verlagern sich in den 1990er-Jahren in die erscheinenden Rückblicke von Fachvertretern und Fachvertreterinnen und die „Zeit"-Diskussion „Wozu Soziologie?" (Weischer 2004; Fritz-Vannahme 1996). Insgesamt besteht bei den Beteiligten an dieser „Zeit"-Reihe jedoch weitestgehend Konsens darüber, dass die Soziologie „öffentlicher" werden soll (Fritz-Vannahme 1996).[15] Auch die Soziologen und Soziologinnen der Nachkriegsgeneration kritisieren in ihren autobiografischen Beiträgen die neuere Tendenz, die öffentliche Orientierung des Faches aufzugeben (u. a. Bolte 1998, S. 104). Generell kommt es in den 1990er-Jahren aber zu einer stärkeren Trennung zwischen Theorie und Praxis (Beck und Bonß 1995, S. 418).

Der politische Grund für die Tendenz der Rückwendung auf die eigene Disziplin ist der Beginn einer neoliberalen Hegemonie, da im Zuge der stärkeren Ökonomisierung bzw. Vermarktlichung der Gesellschaft nun die Bio- und Wirtschaftswissenschaften die Funktion als Leitwissenschaft übernehmen (Weischer 2004, S. 371). Die Dominanz wirtschaftswissenschaftlicher Ideen drängt daher soziologische Konzepte in der breiten Öffentlichkeit weiter zurück.

Auch die Debatte zum „Öffentlichkeits"-Begriff wird zwar unter dem Eindruck der politischen Ereignisse von 1989 und der englischen Übersetzung von Habermas' (1990) Werk „Strukturwandel der Öffentlichkeit" bzw. dessen neuer deutschen Auflage wieder aufgenommen (vgl. auch Habermas 1992; Neidhardt 1994). In der Zeit werden von Luhmann (1996) und anderen Systemtheoretikern ebenfalls neue

---

[15]Zudem findet eine zunehmende Verengung des Praxisbegriffes auf Politik oder Berufe statt, während die frühere Forderung nach Praxisrelevanz noch auf die Eigenermächtigung der Akteure abzielte (Offe 1982).

Konzepte der „Öffentlichkeit" entwickelt. Zum Verhältnis zur Wissenschaft erscheint 2001 auch die systemtheoretisch beeinflusste These der zunehmenden „Medialisierung" der Wissenschaft, in der die Sozialwissenschaften jedoch nicht berücksichtigt werden (Weingart 2001).

Darüber wird zwar seit 2000 von der DGS der „Preis für hervorragende Leistungen auf dem Gebiet der öffentlichen Wirksamkeit der Soziologie" verliehen. In den 2000er-Jahren schließt sich aber, wie die DGS-Kongressbände zeigen, an die „Zeit"-Debatte keine ausführliche Diskussion zu dem Thema an (vgl. aber Allmendinger 2003). Auch die in den USA von Michael Burawoy (2005) angestoßene Debatte um eine „public sociology" wird in Deutschland lange Zeit kaum rezipiert.

8 Fazit

Die theoretische Reflexion des Verhältnisses von Soziologie und Öffentlichkeit geht bis in die unmittelbare Nachkriegszeit zurück. In der DGS wird ebenfalls ausdrücklich das Ziel der Verbreitung soziologischer Denkweise in die neue, 1946 verabschiedete Satzung aufgenommen. Die wichtigen Strömungen nach 1945 und die Soziologen der Nachkriegsgeneration sind sich auch einig in dieser aufklärerischen Ausrichtung, in den 1960er-Jahren wird die Form der „öffentlichen Soziologie" zudem theoretisch reflektiert. Die Soziologie erreicht den Höhepunkt ihres gesellschaftlichen Einflusses daher Anfang der 1970er-Jahre.

Wendepunkte stellen aber die Studentenproteste und insbesondere der Verlauf des DGS-Kongresses 1968 in Frankfurt dar, die bei vielen Soziologen zu einer Veränderung der Position in Hinblick auf die Funktion des Faches führt. In der Folge wird deshalb eine Veränderung der Ausrichtung der Tagungen beschlossen und 1969 eine neue Satzung verabschiedet. Darüber hinaus signalisiert der systemtheoretische Einfluss in den wissenschaftssoziologischen Auseinandersetzungen einen Zerfall des aufklärerischen Konsenses. Aber auch von linker Seite aus werden die Modelle von „Öffentlichkeit" der Nachkriegsgeneration in Frage gestellt. Die politische „Tendenzwende" und die wachsende Planungsskepsis üben einen zusätzlichen negativen Effekt auf die öffentliche Wirkung des Faches aus.

Diese Entwicklung wird in den 1980er-Jahren durch die sich verschlechternden politischen wie finanziellen Rahmenbedingungen noch verstärkt. Die „kulturalistische Wende" in der soziologischen Theorie führt zudem dazu, dass sich der Schwerpunkt ab ca. 1975 zunehmend auf die Mikroebene verlagert. Aufgrund der Verschiebung des Fokus auf die französische Soziologie wird ebenfalls die Aufklärungskritik dominanter und der Begriff der „Öffentlichkeit" kaum mehr thematisiert. In den 1990er-Jahren nimmt die Tendenz der Rückwendung auf die eigene Disziplin durch die Dominanz neoliberaler Ideen weiter zu, die soziologische Konzepte in der breiteren Öffentlichkeit zurückdrängen.

Archivalien
Digitales Archiv der Akten der „Deutschen Gesellschaft für Soziologie", Sozialwissenschaftliches Archiv Konstanz, Universität Konstanz (DAAD).

Literatur

Albrecht, Clemens. 1999. Vom Konsens der 50er- zur Lagerbildung der 60er-Jahre: Horkheimers Institutspolitik. In *Die intellektuelle Gründung der Bundesrepublik. Eine Wirkungsgeschichte der Frankfurter Schule*, Hrsg. Clemens Albrecht, Günter C. Behrmann, Michael Bock, Harald Homann Michael und Friedrich H. Tenbruck, 132–168. Frankfurt a. M.: Campus.

Albrecht, Clemens. 2013. Desiderata bundesrepublikanischer Soziologiegeschichtsschreibung. In *Transnationale Vergesellschaftungen. Verhandlungen des 35. Kongresses der Deutschen Gesellschaft für Soziologie in Frankfurt am Main 2010*, Hrsg. Hans-Georg Soeffner. Wiesbaden: Springer VS, CD-ROM.

Allmendinger, Jutta. 2001. Soziologie, Profession und Organisation. In *Gute Gesellschaft? Verhandlungen des 30. Kongresses der Deutschen Gesellschaft für Soziologie in Köln 2000. Teil A*, Hrsg. Jutta Allmendinger, 21–51. Opladen: Leske & Budrich.

Allmendinger, Jutta. 2003. Soziologie in Deutschland. Standortbestimmung und Perspektiven. In *Entstaatlichung und Soziale Sicherheit. Verhandlungen des 31. Kongresses der Deutschen Gesellschaft für Soziologie in Leipzig 2002. Teil 1*, Hrsg. Jutta Allmendinger, 33–50. Opladen: Leske +Budrich.

Bahrdt, Hans Paul. 1966. *Wege zur Soziologie. Mit einem bibliographischen Schlußkapitel „Wege in die soziologische Literatur" von Hans Peter Dreitzel*. München: Nymphenburger Verlagshandlung.

Beck, Ulrich, und Wolfgang Bonß. 1995. Verwendungsforschung. In *Handbuch Qualitative Sozialforschung. Grundlagen, Konzepte, Methoden und Anwendungen*, Hrsg. Uwe Flick, Ernst von Kardorff, Heiner Keupp, Lutz Rosenstiel und Stephan Wolff, 2. Aufl., 416–419. Weinheim: PsychologieVerlagsUnion.

Boll, Monika. 2004. *Nachtprogramm. Intellektuelle Gründungsdebatten in der frühen Bundesrepublik*. Münster: LIT.

Bolte, Karl Martin. 1971. *Der achte Sinn. Gesellschaftsprobleme der Gegenwart*. Bad Harzburg: Verlag für Wissenschaft, Wirtschaft und Technik.

Bolte, Karl Martin. 1978. Vortrag zur Eröffnung des 18. Deutschen Soziologentages: Zur Situation soziologischer Forschung und Lehre in der Bundesrepublik Deutschland. In *Materialien aus der soziologischen Forschung. Verhandlungen des 18. Deutschen Soziologentages vom 28.09. bis 01.10.1976 in Bielefeld*, Hrsg. Karl Martin Bolte, 1–19. Neuwied: Luchterhand.

Bolte, Karl Martin. 1998. Mein Wirken als Soziologe – Eine Berufskarriere zwischen Schicksal und Gestaltung. In *Soziologie als Beruf. Erinnerungen westdeutscher Hochschulprofessoren der Nachkriegsgeneration*, Hrsg. Karl Martin Bolte und Friedhelm Neidhardt, 85–107. Baden-Baden: Nomos.

Bonß, Wolfgang, und Heinz Hartmann. 1985. *Entzauberte Wissenschaft*. Göttingen: Otto Schwartz & Co.

Bourdieu, Pierre. 2014. In *Über den Staat: Vorlesungen am Collège de France. 1989–1992*, Hrsg. Patrick Champagne, Remi Lenoir, Franck Poupeau und Marie-Christine Rivière. Berlin: Suhrkamp.

Bude, Heinz, und Martin Kohli. 1989. Einleitung. In *Radikalisierte Aufklärung. Studentenbewegung und Soziologie in Berlin 1965 und 1970*, Hrsg. Heinz Bude und Martin Kohli, 9–16. Weinheim: Juventa.

Bühl, Walter L. 1974. *Einführung in die Wissenschaftssoziologie*. München: Beck.

Burawoy, Michael. 2005. The return of the repressed: Recovering the public face of U.S. sociology. One hundred years on. *The Annals of the American Academy of Political and Social Science* 600:68–85.

Buschbeck, Malte. 1982. Soziologie im politischen Abseits. Das Beispiel der öffentlichen Bildungsdiskussion. In *Soziologie und Praxis. Erfahrungen, Konflikte, Perspektiven*, Hrsg. Ulrich Beck, 359–367. Göttingen: Otto Schwartz & Co.

Claessens, Dieter. 1998. Verspäteter Anfang eines Außenseiters. In *Soziologie als Beruf. Erinnerungen westdeutscher Hochschulprofessoren der Nachkriegsgeneration*, Hrsg. Karl Martin Bolte und Friedhelm Neidhardt, 39–50. Baden-Baden: Nomos.

Daheim, Hansjürgen. 1998. Soziologie als Beruf in der Universität – autobiographische Notizen. In *Soziologie als Beruf. Erinnerungen westdeutscher Hochschulprofessoren der Nachkriegsgeneration*, Hrsg. Karl Martin Bolte und Friedhelm Neidhardt, 315–329. Baden-Baden: Nomos.

Dahrendorf, Ralf. 1959. Betrachtungen zu einigen Aspekten der gegenwärtigen deutschen Soziologie. *Kölner Zeitschrift für Soziologie und Sozialpsychologie* 11:132–153.

Ehrenreich, Barbara. 2007. A journalist's plea. In *Public sociology. Fifteen eminent sociologists debate politics and the profession in the twenty-first century*, Hrsg. Dan Clawson et al., 231–238. Berkeley: University of California Press.

Eisermann, Gottfried, Hrsg. 1976. *Die Krise der Soziologie*. Stuttgart: Enke.

Felsch, Philipp, Hrsg. 2015. *Der lange Sommer der Theorie. Geschichte einer Revolte 1960–1990*. München: Beck.

Fisch, Heinrich. 1981. Unterrichtsfach Sozialwissenschaften. *Soziologie* 10:48–58.

Freund, Wolfgang S. 1987. Zur Berg- und Talfahrt der Sozialwissenschaften in Deutschland. *Soziologie* 15:134–167.

Fritz-Vannahme, Joachim, Hrsg. 1996. *Wozu heute noch Soziologie?* Opladen: Leske & Budrich.

Gehlen, Arnold, und Helmut Schelsky. 1955. Vorbemerkung. In *Soziologie. Ein Lehr- und Handbuch zur modernen Gesellschaftskunde*, Hrsg. Arnold Gehlen und Helmut Schelsky, 9–10. Düsseldorf: Eugen Diederichs.

Giesen, Bernard. 1989. Krise der Krisenwissenschaft? Oder: Wozu noch Soziologie? *Soziale Welt* 40:111–123.

Glaser, Ernst. 1965. *Kann die Wissenschaft verständlich sein? Von der Schwierigkeit ihrer Popularisierung*. Wien: Econ-Verlag.

Groenmann, Sjoerd. 1962. Die Berufsmöglichkeiten des Soziologen. *Kölner Zeitschrift für Soziologie und Sozialpsychologie* 14:271–285.

Haber, Heinz. 1968. Öffentliche Wissenschaft. *Bild der Wissenschaft* 5:744–753.

Habermas, Jürgen. 1962. *Strukturwandel der Öffentlichkeit. Untersuchungen zu einer Kategorie der bürgerlichen Gesellschaft*. Neuwied: Luchterhand.

Habermas, Jürgen. 1964. Verwissenschaftlichte Politik und öffentliche Meinung. In *Humanität und politische Verantwortung*, Hrsg. Richard Reich, 54–73. Erlenbach-Zürich: Rentsch.

Habermas, Jürgen. 1968. Technik und Wissenschaft als ,Ideologie'. In *Technik und Wissenschaft als ,Ideologie'*, 48–103. Frankfurt a. M.: Suhrkamp.

Habermas, Jürgen. 1990. *Strukturwandel der Öffentlichkeit. Untersuchungen zu einer Kategorie der bürgerlichen Gesellschaft*. Frankfurt a. M.: Suhrkamp.

Habermas, Jürgen. 1992. *Faktizität und Geltung. Beiträge zur Diskurstheorie des Rechts und des demokratischen Rechtsstaates*. Frankfurt a. M.: Suhrkamp.

Hochkeppel, Willy. 1970. Vorbemerkungen. In *Soziologie zwischen Theorie und Empirie. Soziologische Grundprobleme*, Hrsg. Willy Hochkeppel, 7–10. München: Nymphenburger Verlagshandlung.

Hodenberg, Christina von. 2006. Konsens und Krise. Eine Geschichte der westdeutschen Medienöffentlichkeit. Göttingen: Wallstein.

Horkheimer, Max. 1959. Philosophie und Soziologie. *Kölner Zeitschrift für Soziologie und Sozialpsychologie* 11:154–164.

Horowitz, Irving Louis. 1963. An introduction to C. Wright Mills. In *Power, politics and people. The collected essays of C. Wright Mills*, Hrsg. Irving Louis Horowitz, 1–20. New York: Oxford University Press.

Imhof, Kurt. 2011. *Die Krise der Öffentlichkeit. Kommunikation und Medien als Faktoren des sozialen Wandels*. Frankfurt a. M.: Campus.

Klima, Rolf. 1971. Theorienpluralismus in der Soziologie. In *Der Methoden- und Theorienpluralismus in den Wissenschaften*, Hrsg. A. Diemer, 198–219. Meisenheim am Glan: Hain.

Knoll, Thomas, Wolfgang Meyer, und Reinhard Stockmann. 2000. Soziologie im Abwärtstrend? Eine empirische Untersuchung zur Situation der Soziologie an bundesdeutschen Hochschulen. *Soziologie* 29(4): 5–24.
König, René, Hrsg. 1958. *Soziologie. Das Fischer Lexikon*. Frankfurt a. M.: Fischer.
König, René. 1959. Wandlungen in der Stellung der sozialwissenschaftlichen Intelligenz. In *Soziologie und moderne Gesellschaft. Verhandlungen des vierzehnten deutschen Soziologentages*, Hrsg. Helmuth Plessner, 53–68. Stuttgart: Enke.
König, René. 1962. Die Berufsmöglichkeiten des Soziologen. *Kölner Zeitschrift für Soziologie und Sozialpsychologie* 14:286–314.
König, René. 2000. In *Briefwechsel. Schriften 19*, Hrsg. Mario König und Oliver König, Bd. 1. Opladen: Leske + Budrich.
König, René. 2014. In *Briefwechsel*, Hrsg. Mario König und Oliver König, Bd. 2/2. Wiesbaden: Springer VS.
Kruse, Volker. 2006. Soziologie als „Schlüsselwissenschaft" und „angewandte Aufklärung". Der Mythos der Empirischen Soziologie. In *Der Gestaltungsanspruch der Wissenschaft. Aufbruch und Ernüchterung in den Rechts-, Sozial- und Wirtschaftswissenschaften auf dem Weg von den 1960er- zu den 1980er-Jahren*, Hrsg. Kurt Acham, Knut Wolfgang Nörr und Bertram Schefold. Stuttgart: Steiner.
Kruse, Volker. 2008. *Geschichte der Soziologie*. Konstanz: UVK-Verlagsgesellschaft.
Lambrecht, Stefan. 1963. *Die Soziologie. Aufstieg einer Wissenschaft. Ein Leitfaden für Praxis und Bildung*, 3. Aufl. Stuttgart-Degerloch: Seewald.
Leendertz, Ariane. 2010. *Die pragmatische Wende. Die Max-Planck-Gesellschaft und die Sozialwissenschaften 1975–1985*. Göttingen: Vandenhoeck & Ruprecht.
Lepsius, M. Rainer. 1961. *Denkschrift zur Lage der Soziologie und der Politischen Wissenschaft*. Wiesbaden: Franz Steiner.
Lepsius, M. Rainer. 1968. Zu Missverständnissen der Soziologie durch die „Neue Linke". In *Die Wiedertäufer der Wohlstandsgesellschaft. Eine kritische Untersuchung der „Neuen Linken" und ihrer Dogmen*, Hrsg. Erwin K. Scheuch, 163–167. Köln: Markus Verlag.
Lepsius, M. Rainer. 1972/1973. Die personelle Lage der Soziologie an den Hochschulen in der Bundesrepublik Deutschland. *Soziologie* 1:5–25.
Lepsius, M. Rainer. 1974a. Herausforderung und Förderung der sozialwissenschaftlichen Forschung. *Soziale Welt* 25:1–13.
Lepsius, M. Rainer. 1974b. Zum Wachstum der Planstellen für Soziologie an den Hochschulen der Bundesrepublik Deutschland von 1971/1972 bis 1973/1974. *Soziologie* 3:95–100.
Lepsius, M. Rainer. 1976. Ansprache zu der Eröffnung des 17. Deutschen Soziologentages: Zwischenbilanz der Soziologie. In *Zwischenbilanz der Soziologie. Verhandlungen des 17. Deutschen Soziologentages*, Hrsg. M. Rainer Lepsius, 1–13. Stuttgart: Enke.
Lepsius, M. Rainer. 1979. Die Entwicklung der Soziologie nach dem Zweiten Weltkrieg 1945 bis 1967. In *Deutsche Soziologie seit 1945. Entwicklungsrichtungen und Praxisbezug*, Hrsg. Günther Lüschen, 25–69. Opladen: Westdeutscher Verlag.
Lepsius, M. Rainer. 1998. Vorstellungen von Soziologie. In *Soziologie als Beruf. Erinnerungen westdeutscher Hochschulprofessoren der Nachkriegsgeneration*, Hrsg. Karl Martin Bolte und Friedhelm Neidhardt, 209–231. Opladen: Leske + Budrich.
Luhmann, Niklas. 1970. Selbststeuerung der Wissenschaft. In *Soziologische Aufklärung 1. Aufsätze zur Theorie sozialer Systeme,* 232–252. Opladen: Westdeutscher Verlag.
Luhmann, Niklas. 1996. *Die Realität der Massenmedien*, 2., erw. Aufl. Opladen: Westdeutscher Verlag.
Lüschen, Günther. 1979. Anmerkungen zur Entwicklung und zum Praxisbezug der deutschen Soziologie. In *Deutsche Soziologie seit 1945. Entwicklungsrichtungen und Praxisbezug*, Hrsg. Günther Lüschen, 1–24. Opladen: Westdeutscher Verlag.
Mannheim, Karl. 2018. *Schriften zur Soziologie*, Hrsg. Oliver Neun. Wiesbaden: Springer VS.

Matthes, Joachim. 1981. Schlüsselwissenschaft des 20. Jahrhunderts? In *Lebenswelt und soziale Probleme. Verhandlungen des 20. Deutschen Soziologentages zu Bremen 1980*, Hrsg. Joachim Matthes, 15–27. Frankfurt a. M.: Campus.
Matthes, Joachim. 1983. Die Soziologen und ihre Zukunft. In *Krise der Arbeitsgesellschaft? Verhandlungen des 21. Deutschen Soziologentages in Bamberg 1982*, Hrsg. Joachim Matthes, 19–24. Frankfurt a. M.: Campus.
Mills, C. Wright. 1959. *The sociological imagination*. New York: Oxford University Press.
Negt, Oskar, und Alexander Kluge. 1972. *Öffentlichkeit und Erfahrung. Zur Organisationsanalyse von bürgerlicher und proletarischer Öffentlichkeit*. Frankfurt a. M.: Suhrkamp.
Neidhardt, Friedhelm, Hrsg. 1994. *Öffentlichkeit, öffentliche Meinung, soziale Bewegungen*. Opladen: Westdeutscher Verlag.
Neun, Oliver. 2016. Der andere amerikanische Max Weber: Hans H. Gerths und C. Wright Mills' *From Max Weber*, dessen deutsche Rezeption und das Konzept der „public sociology". *Berliner Journal für Soziologie* 25:333–357.
Neun, Oliver. 2018. *Das Verschwinden der deutschen öffentlichen Soziologie. Das Verhältnis von Soziologie und Öffentlichkeit von 1945 bis zur Gegenwart*. Baden-Baden: Nomos.
Nolte, Paul. 2000. *Die Ordnung der deutschen Gesellschaft. Selbstentwurf und Selbstbeschreibung im 20. Jahrhundert*. München: Beck.
Nowotny, Helga. 1975. Die Irrelevanz der Sozialwissenschaften. In *Wissenschaftssoziologie. Studien und Materialien*, Hrsg. Nico Stehr und René König, 445–456. Opladen: Westdeutscher Verlag.
Offe, Claus. 1982. Sozialwissenschaften zwischen Auftragsforschung und sozialer Bewegung. In *Soziologie und Praxis. Erfahrungen, Konflikte, Perspektiven*, Hrsg. Ulrich Beck, 107–113. Göttingen: Otto Schwartz & Co.
Parsons, Talcott. 1959. Some problems confronting sociology as a profession. *American Sociological Review* 24:547–559.
Paulus, Stefan. 2010. *Vorbild USA? Amerikanisierung von Universität und Wissenschaft in Westdeutschland 1945–1976*. München: Oldenbourg.
Reimann, Horst, und Klaus Kiefer. 1969. *Soziologie als Beruf. Eine Untersuchung über Herkunft, Studiensituation und Berufsbild von Soziologie-Studenten*, 2., überarb. u. erg. Aufl. Tübingen: Mohr.
Römer, Oliver. 2015. Die Edition ‚Soziologische Texte'. Ein Beitrag zu einer Geschichte der Soziologie unter verlegerischen Gesichtspunkten. Zyklos 2:223–264.
Rosenmayr, Leopold. 1989. Soziologie und Natur. Plädoyer für eine Neuorientierung. *Soziale Welt* 40:12–28.
Saldern, Adelheid von. 2004. Markt für Marx. Literaturbetrieb und Lesebewegungen in der Bundesrepublik in den Sechziger- und Siebzigerjahren. *Archiv für Sozialgeschichte* 44:149–180.
Schelsky, Helmut. 1950/1951. Lage und Aufgaben der angewandten Soziologie in Deutschland. *Soziale Welt* 2:3–14.
Schelsky, Helmut. 1975. *Die Arbeit tun die anderen. Klassenkampf und Priesterherrschaft der Intellektuellen*. Opladen: Westdeutscher Verlag.
Scheuch, Erwin K. 1970. Bestätigung von Annahmen über Juristen und Juristisches. Eine Antwort auf „Unmut über Juristen und Juristisches". *Kölner Zeitschrift für Soziologie und Sozialpsychologie* 22:769–783.
Schildt, Axel. 1999. *Zwischen Abendland und Amerika. Studien zur westdeutschen Ideenlandschaft der 50er-Jahre*. München: Oldenbourg.
Schmidt, Gert. 1983. Bericht vom 21. Deutschen Soziologentag „Krise der Arbeitsgesellschaft" in Bamberg vom 13.–16. Oktober 1982. Bericht von der Eröffnungsveranstaltung am 13. Oktober 1982. *Kölner Zeitschrift für Soziologie und Sozialpsychologie* 33:184–185.
Siefer, Gregor. 1972/1973. Das Studium der Soziologie in der Bundesrepublik Deutschland. *Soziologie* 1:28–53.

Siefer, Gregor. 1995. Die Institutionalisierung der Soziologie: Studienabschlüsse und Studienorte. In *Soziologie in Deutschland. Entwicklung, Institutionalisierung und Berufsfelder. Theoretische Kontroversen*, Hrsg. Bernhard Schäfers, 259–272. Opladen: Leske & Budrich.

Sintomer, Yves. 2005. Intellektuelle Kritik zwischen Korporatismus des Universellen und Öffentlichkeit. In *Pierre Bourdieu: Deutsch-französische Perspektiven*, Hrsg. Catherine Colliot-Thélène, Etienne Francois und Gunter Gebauer, 276–298. Frankfurt a. M.: Suhrkamp.

Stammer, Otto. 1962. Interne Arbeitstagung der deutschen Gesellschaft für Soziologie. Einführung. *Kölner Zeitschrift für Soziologie und Sozialpsychologie* 14:229–232.

Stammer, Otto. 1965. In *Politische Soziologie und Demokratieforschung. Ausgewählte Reden und Aufsätze zur Soziologie und Politik. Aus Anlaß seines 65. Geburtstages*, Hrsg. v. Mitarbeitern und Schülern. Berlin: Duncker & Humblot.

Strum, Arthur. 2000. Öffentlichkeit von der Moderne zur Postmoderne: 1960–1999. In *Öffentlichkeit – Geschichte eines kritischen Begriffs*, Hrsg. Peter Uwe Hohendahl, 92–123. Stuttgart: Metzler.

Süß, Dietmar, und Meike Woyke. 2012. Schimanskis Jahrzehnt? Die 1980er-Jahre in historischer Perspektive. *Archiv für Sozialgeschichte* 52:3–20.

Tenbruck, Friedrich H. 1971. Wissenschaft, Politik und Öffentlichkeit. In *Politik und Wissenschaft*, Hrsg. Hans Maier, Klaus Ritter, und Ulrich Matz, 323–356. München: Beck.

Tenbruck, Friedrich H. 1980. Die unbewältigten Sozialwissenschaften. In *Aufklärung heute. Bedingungen unserer Freiheit*, Hrsg. Michael Zöller, 28–49. Zürich: Edition Interfrom.

Viehoff, Ludger. 1984. Zur Entwicklung der Soziologie an den Hochschulen der Bundesrepublik von 1960–1981. *Zeitschrift für Soziologie* 13:264–272.

Weber, Alfred. 1955. Vorbemerkung. In *Einführung in die Soziologie*, Hrsg. Alfred Weber, 9–11. München: Piper & Co.

Weingart, Peter. 2001. *Die Stunde der Wahrheit? Zum Verhältnis der Wissenschaft zu Politik, Wirtschaft und Medien in der Wissensgesellschaft*. Weilerswist: Velbrück Wissenschaft.

Weischer, Christoph. 2004. *Das Unternehmen ‚Empirische Sozialforschung'. Strukturen, Praktiken und Leitbilder der Sozialforschung in der Bundesrepublik Deutschland*. München: Oldenbourg.

Weyer, Johannes. 1984. *Westdeutsche Soziologie 1945–1960. Deutsche Kontinuitäten und nordamerikanischer Einfluss*. Berlin: Duncker & Humblot.

Weymann, Ansgar, und Matthias Wingens. 1989. Die Versozialwissenschaftlichung der Bildungs- und Arbeitsmarktpolitik. Eine kritische Zwischenbilanz zur öffentlichen Argumentation. In *Weder Sozialtechnologie noch Aufklärung? Analysen zur Verwendung sozialwissenschaftlichen Wissens*, Hrsg. Ulrich Beck und Wolfgang Bonß, 276–301. Frankfurt a. M.: Suhrkamp.

Wiese, Leopold von. 1949a. Die Deutsche Gesellschaft für Soziologie. *Schmollers Jahrbuch* 69:229–235.

Wiese, Leopold von. 1949b. Eröffnungsansprache. In Verhandlungen des Neunten Deutschen Soziologentages vom 9. bis 12. August in Worms. Vorträge und Diskussionen, 25–29 Tübingen: Mohr.

Wiese, Leopold von. 1950/1951. Ansprache zur Eröffnung des zehnten Deutschen Soziologentages am 17. Oktober 1950 in Detmold. *Kölner Zeitschrift für Soziologie* 3:143–145.

Die Verwendungsdebatte in der deutschen Soziologie (1975–1989)

Oliver Neun

Inhalt

1	Einleitung	57
2	Der Einfluss der frühen amerikanischen Verwendungsdebatte auf die deutsche Verwendungsdebatte	58
3	Der deutsche theoretische Vorläufer und der politische Kontext der Verwendungsforschung: die Planungsdebatte	59
4	Der Beginn der deutschen Verwendungsdebatte Mitte der 1970er-Jahre	60
5	Hauptthesen der deutschen Verwendungsdebatte	62
6	Gründe für das Ende der deutschen Verwendungsdebatte	63
7	Fazit	64
Literatur		65

1 Einleitung

Die Verwendungsdebatte in der Soziologie, deren Verlauf zwischen 1975 und 1989 anzusetzen ist, wird in der Forschung meist nur kurz behandelt (Felt et al. 1995; Weischer 2004).[1] Christoph Lau (1984, S. 407) stellt sie aber noch in eine Reihe mit dem Werturteils- oder den Positivismusstreit. Später verschwindet diese Diskussion jedoch zunehmend aus dem Gedächtnis der Disziplin. Wolfgang Bonß (2003, S. 39)

---

[1] Dies gilt auch für die frühere deutsche Planungsdiskussion, die nach Günther Lüschen (1995, S. 29) noch eine der wichtigen, aber wenig bekannten theoretischen Diskussionen der deutschen Nachkriegssoziologie ist. In der Verwendungsforschung wird nach der Beschreibung von Beck und Bonß (1989, S. 7) generell die „praktische Bedeutung sozialwissenschaftlicher Analysen" untersucht.

O. Neun (✉)
Gesellschaftswissenschaften/Fachgruppe Soziologie, Universität Kassel, Kassel, Deutschland
E-Mail: oliver.neun@uni-kassel.de

spricht daher bereits 2003 von den „heute fast schon in Vergessenheit geratenen Thesen zum Verhältnis von Theorie und Praxis".

Die Kontroverse ist dennoch von Bedeutung, da sie die letzte umfassendere Selbstreflexion der deutschen Soziologie darstellt, die die Identität des Faches behandelt (Weymann 1989, S. 134). Sie ist auch direkt relevant für die Diskussion um eine „public sociology", da bereits in diesem Kontext das Verhältnis der Soziologie zu den Medien und zur Öffentlichkeit thematisiert wird (Beck 1982, S. 9). In seinem Kommentar zu Michael Burawoys Konzept der „public sociology" verweist Beck (2005) zudem explizit auf die Ergebnisse dieser Auseinandersetzung.

Es gibt gleichfalls eine direkte Verbindung, weil sich Herbert Gans (1990) bei einem früheren Anlauf für eine „public sociology" auf die amerikanische Verwendungsforschung stützt und in dem Kontext Studien zur Analyse der (politischen) Wirkung des Faches anregt. Auch in der neueren „public sociology"-Debatte werden solche Arbeiten angemahnt und z. T. bereits ausgeführt (u. a. Siebel und Smith 2009; Mochnacki et al. 2009). Darüber hinaus wird in der deutschen Verwendungsdiskussion erstmals die mangelnde gesellschaftliche Relevanz der Disziplin thematisiert (Buschbeck 1982, S. 363).

Zunächst wird deshalb dem Beginn der Verwendungsforschung in den USA und deren deutsche Rezeption nachgegangen und der Kontext der deutschen Verwendungsdiskussion skizziert werden. Im Anschluss daran sollen Grundthesen der Debatte dargelegt und nach Gründen für deren Abbrechen gesucht. Abschließend werden Argumente für eine Wiederaufnahme der dort behandelten Fragen in Form einer neuen Verwendungsforschung genannt.

2 Der Einfluss der frühen amerikanischen Verwendungsdebatte auf die deutsche Verwendungsdebatte

Die mit einer gewissen Verzögerung gegenüber den USA einsetzende deutsche Verwendungsdebatte ist stark durch die frühere amerikanische Diskussion geprägt, da die sozialwissenschaftliche Verwendungsforschung ihre Wurzeln in den USA hat und der größte Teil der Literatur zu dem Thema dort erscheint (Dunn und Holzner 1988, S. 7; Badura 1976a; Beck und Bonß 1989, S. 41).

Die Anfänge liegen am „Bureau of Applied Social Research" an der Columbia-Universität in New York, wo Robert K. Merton Ende der 1940er-Jahre im Zusammenhang mit der Forschung zu den Effekten der Massenmedien ein Interesse an der (politischen) Verwendung sozialwissenschaftlichen Wissens entwickelt und erst empirische Untersuchungen dazu durchführt (Neun 2017). Anfang der 1960er-Jahre wird dies wieder aufgenommen, wozu die von Paul Lazarsfeld organisierte Veranstaltung der „American Sociological Association" (ASA) „Uses of Sociology" 1962 beiträgt (Lazarsfeld et al. 1967). Auch im politischen Raum wird in dem Jahrzehnt die Frage der Anwendung der Sozialwissenschaften in verschiedenen Kommissionen behandelt, wobei schon die breitere Wissensvermittlung thematisiert wird (u. a. National Science Foundation 1969, S. 78). Eine theoretische Quelle dafür ist das Konzept der „Wissensgesellschaft" von Daniel Bell (1967, 1973), da ein Aspekt der „Verwissenschaftlichung" der Gesellschaft die direkte Verbreitung wissenschaftlicher Erkenntnisse ist (Gruhn 1979, S. 12; Dunn und Holzner 1988, S. 4 f.).

Schon Becks (1974) Dissertation trägt daher den Titel „Objektivität und Normativität. Die Theorie-Praxis-Debatte in der modernen deutschen und amerikanischen Soziologie" und er bezieht sich darin auf diese amerikanischen Untersuchungen zur Praxis und insbesondere Lazarsfeld et al. (1967) Werk „Uses of Sociology". In dem späteren grundlegenden Band von Bernhard Badura (1976a) „Seminar. Angewandte Sozialforschung" sind viele amerikanische Beiträge u. a. zur Verbreitung wissenschaftlicher Ergebnisse in deutscher Übersetzung enthalten (vgl. auch Wingens 1988, S. 39). Darüber hinaus gibt es einen direkten Zusammenhang zu der 1982 erfolgten Gründung des DFG-Schwerpunktprogramms „Verwendungszusammenhänge sozialwissenschaftlicher Ergebnisse", das neben Ulrich Beck von Heinz Hartmann (2007, S. 25, 121 f.) initiiert wird, der dazu während eines New York-Aufenthaltes durch Lazarsfeld angeregt wird und inhaltlich ausdrücklich an die amerikanische Verwendungsforschung anschließt (Beck und Bonß 1989, S. 23).

3 Der deutsche theoretische Vorläufer und der politische Kontext der Verwendungsforschung: die Planungsdebatte

In Deutschland stellen die ersten Anläufe zur Verwendung der Sozialwissenschaften die Versuche der politischen Planung in den 1960er-Jahren dar, was in der „Planungsdebatte" reflektiert wird, die um 1965 einsetzt und bis ca. 1975 dauert (Bonß 1994, S. 89; Lüschen 1995, S. 29).[2]

Bei dieser Auseinandersetzung wird bereits auf Bells (1969) Konzept der „postindustriellen Gesellschaft" Bezug genommen, das 1969 in einer deutschen Zusammenfassung erschienen war (Klages 1971, S. 166).[3] Es werden aber von verschiedenen Seiten ähnliche Ideen formuliert (Kern 1976, S. 9), weitere Anknüpfungspunkte für die spätere deutsche Verwendungsforschung sind Arbeiten von Helmut Schelsky (1959), der in seinem Buch „Ortsbestimmung der deutschen Soziologie" ausführlich die Beziehung der Soziologie zur Praxis behandelt und auf dessen These der „Verwissenschaftlichung der Gesellschaft" sich Beck (1982, S. 9) bezieht. Darüber hinaus gibt es eine Verbindung zur „Technokratie"-Diskussion, die durch Schelsky eingeleitet wird.[4] Auch in der marxistischen Theorie der Zeit wird jedoch von der „wissenschaftlich-

---

[2]Auch dies ist eine internationale Tendenz, da das Thema der „Planung" z. B. im Mittelpunkt des ISA-Kongresses 1970 mit dem Titel „Die Gesellschaft der Gegenwart und der Zukunft. Soziale Planung und Prognosen" steht.

[3]1975 wird auch die (gekürzte) Fassung von Bells (1973, 1975) Werk „The Coming of Post-Industrial Society" auf Deutsch herausgegeben.

[4]In deren Zusammenhang wird gleichfalls die amerikanische Zukunftsforschung u. a. von Bell rezipiert (Koch und Senghaas 1970, S. 6).

technischen Revolution" bzw. der „Wissenschaft als erster Produktivkraft" gesprochen (Gruhn 1979 S. 5, 8).

Den politischen Kontext stellt die Planungsbereitschaft dar, insbesondere nach der Bildung der SPD/FDP-Regierung 1969, wovon die Soziologie in ihrer Rolle als Planungswissenschaft profitiert (Buschbeck 1982, S. 360). 1969 wird darüber hinaus das „Arbeitsförderungsgesetz" (AFG) verabschiedet, dass die Abstimmung von Bildungs- und Arbeitsmarktpolitik zum Ziel hat, weshalb dieser Bereich ein wichtiger Bereich der Verwissenschaftlichung staatlichen Handelns wird. Besonders die Bildungssoziologie besitzt daher eine enge Beziehung zu offiziellen Stellen (Buschbeck 1982, S. 363; vgl. Weymann und Wingens 1989, S. 276). Ein weiterer Schwerpunkt ist durch die Neufassung des „Betriebsverfassungsgesetzes" 1972, das „gesicherte arbeitswissenschaftliche Erkenntnisse" verlangt, das staatliche „Forschungsprogramm Humanisierung der Arbeitswelt" mit einer engen Verbindung zur Arbeits- und Industriesoziologie.

Ab 1975 diesem Zeitpunkt setzt z. B. für Leopold Rosenmayr (1989, S. 12) aber eine „enorme Rezession in der (politischen) Beliebtheit des Begriffes der Soziologie" an. Zudem ist das Ende der Planungs- bzw. Reformeuphorie erreicht, die einer Forschungsskepsis weicht, was negative Auswirkungen auf die Verwendung der Sozialwissenschaften hat (Weymann und Wingens 1989, S. 281 f.; Buschbeck 1982, S. 366). In Anschluss an die DGS-Tagung in Kassel 1974 findet auch keine Grundlagendiskussion mehr zu einer kritischen Planungstheorie statt, 1982 ist die Soziologie dann „öffentlich uninteressant geworden" (Buschbeck 1982).[5] Die Suche nach Praxisrelevanz in der Zeit kann daher als ein Zeichen für die „Sinnkrise" der Soziologie gesehen werden (Rosenmayr 1982, S. 27).[6]

4 Der Beginn der deutschen Verwendungsdebatte Mitte der 1970er-Jahre

Vor diesem theoretischen und politischen Hintergrund setzt ca. in der Mitte der 1970er-Jahre die deutsche Verwendungsdebatte ein, in der auch das Verhältnis der Soziologie zur Öffentlichkeit behandelt wird (u. a. Badura 1976b, S. 22).[7] Eine der ersten Tagungen dazu findet 1974 im „Wissenschaftszentrum Berlin" (WZB) statt, wobei schon in diesem frühen Stadium auch die Frage der Verbreitung sozialwissenschaftlicher Themen diskutiert wird (Köhler und Naliwaiko 1977, S. 11). Die

---

[5]Vgl. zu den Gründen für den starken öffentlichen Reputationsverlust des Faches genauer Neun 2018.

[6]Weitere Ursachen für die Verwendungsdebatte sind die zunehmende Berufsunsicherheit der Absolventen und Absolventinnen und der steigende Druck der praktischen Verwertbarkeit der wissenschaftlichen Ergebnisse.

[7]Die Debatte ist generell verbunden mit einer Verlagerung des Fokus' der Wissenschaftstheorie auf die Sozialwissenschaften (Badura 1976b, S. 7 f.). Dagegen hat der deutsche „Positivismusstreit" wenig Einfluss, da dies für Beck und Bonß (1989, S. 9) noch eine Debatte über die Praxis ohne Praxiserfahrungen ist.

Nachfolgekonferenz im WZB im Dezember 1975 behandelt daher ausdrücklich das Thema „Die Vermittlung sozialwissenschaftlicher Ergebnisse an die Öffentlichkeit".

Als eigentlicher Beginn der Verwendungsdebatte kann der Soziologentag 1976 in Bielefeld gelten, auf dem ein zentrales Thema die Verbindung von Soziologie und Praxis ist (Bonß 2003; Weischer 2004).[8] In der Folge werden auch in der Verbandszeitschrift „Soziologie" Fragen der Anwendung sozialwissenschaftlichen Wissens und insbesondere das Verhältnis des Faches zu den Medien und zur Öffentlichkeit diskutiert (u. a. Hömberg 1978). Darüber hinaus werden Beiträge zum Prestige der Soziologie in verschiedenen Ländern, z. B. in Österreich und der Schweiz, veröffentlicht (u. a. Höpflinger 1978).

Das von Beck (1982, S. 3) mitinitiierte, 1982 gegründete DFG-Schwerpunktprogramm „Verwendungszusammenhänge sozialwissenschaftlicher Ergebnisse" knüpft an diese Anfänge in den späten 1970er-Jahren an, wird aber bereits vor dem Hintergrund des öffentlichen Bedeutungsverlusts des Faches geführt (Endruweit 1982, S. 12; Beck und Lau 1982, S. 394; Lau 1984, 1989). Als deren Höhepunkt sowie Ende kann der Abschlussbericht von Beck und Bonß (1989) des DFG-Schwerpunktprogramms gelten.

Das Journal „Soziale Welt" stellt dabei ein zentrales Medium der Auseinandersetzung dar. Als Auftakt erscheint dort 1980 von Beck (1980, S. 417), der in dem Jahr auch Ko-Herausgeber der Zeitschrift wird, der Aufsatz „Die Vertreibung aus dem Elfenbeinturm", in dem er einen Übergang der Disziplin von einer „gelehrten" zu einer „beratenden" Profession diagnostiziert. Bereits hier wird die „Öffentlichkeit" genannt, da es für ihn nunmehr ein Vielpersonenspiel „Soziologie-Auftraggeber-Betroffene-Öffentlichkeit" gibt (Beck 1980, S. 437; vgl. auch Beck 1982 und das Schwerpunktheft der „Soziale Welt" 1984).

In der Zeitschrift „Soziologie" erfolgt ebenfalls Anfang des Jahrzehnts im Zuge des Wechsels der Redaktion eine Wiederaufnahme der in den 1970er-Jahren begonnenen Diskussionen zu dem Thema (u. a. Badura 1982).[9] Verwendungsfragen sind zudem in den 1980er-Jahren auf den Soziologietagen präsent. Auf dem DGS-Kongress 1982 in Bamberg organisiert die Sektion „Soziologische Theorie" eine Veranstaltung zum Verhältnis von soziologischer Theorie und aktuellen gesellschaftlichen Problemen und auf der Tagung 1984 in Dortmund werden sowohl von dem Arbeitskreis „Praxisorientierte Sozialwissenschaft" als auch von der Ad-hoc-Gruppe „Soziologie und Praxis" des DFG-Schwerpunktprogrammes Veranstaltungen abgehalten.[10]

---

[8]Zur Frage der Vermittlung wissenschaftlicher Ergebnisse an die Öffentlichkeit generell erscheinen bereits Anfang der 1970er-Jahre erste empirische Forschungsarbeiten, in denen auch die Bedeutung der Sozialwissenschaften berücksichtigt wird (u. a. Kärtner 1972).

[9]Die Verbindung zur Verwendungsdebatte zeigt sich daran, dass die Bearbeitung des Themas durch den DFG-Schwerpunkt zu der Frage angeregt wurde (Badura 1982, S. 21).

[10]Während der Verwendungsdebatte wird auf dem DGS-Kongress in Bamberg 1982 auch das Konzept der „postindustriellen Gesellschaft" bei der Veranstaltung „Theorien sozialer Ungleichheit und postindustrielle Gesellschaft" diskutiert. In dieser Zeit erscheinen zudem 1985 bzw. 1989 weitere Neuauflagen des Buches von Bell.

5 Hauptthesen der deutschen Verwendungsdebatte

Es lassen sich verschiedene zentrale Erkenntnisse der Debatte festhalten (vgl. dazu auch Felt et al. 1995): der „erste und wichtigste Befund" des Schwerpunktprogrammes ist ein „Fehlschlag" (Bonß 1994, S. 101). In der Verwendung erfolgt eine Trivialisierung sozialwissenschaftlicher Ergebnisse, d. h. sie sind dann am wirksamsten, wenn sie ihres wissenschaftlichen Charakters beraubt sind. Diesen zentralen Begriff der „Trivialisierung" übernehmen Beck und Bonß (1984, S. 394) von Friedrich Tenbruck (1975).[11]

Ein Ergebnis der Untersuchungen ist daher, dass sich eher eine indirekte Wirkung der Disziplin auf die Öffentlichkeit nachweisen lässt. Beck und Lau (1982, S. 394) kritisieren deshalb einen zu engen Verwendungsbegriff, der diese langfristigen Folgen nicht beachtet: „Dabei ist gerade die Veränderung der öffentlichen Meinung, die Beeinflussung gesamtgesellschaftlicher Prioritäten und Themenstrukturen, die Hinweise auf neue, bisher unbeachtete Problemfelder eine Möglichkeit des Praktischwerdens von Sozialwissenschaft, die weit über den Anforderungs- und Möglichkeitskatalog des politisch-administrativen Systems hinausgeht." Auch von anderen Autoren wird als eine Form der Anwendung sozialwissenschaftlichen Wissens die Soziologisierung der öffentlichen Diskussion genannt (Badura 1976b). In der Debatte finden sich daher bereits Vorschläge für einen besseren Transfer wissenschaftlicher Ergebnisse in die Öffentlichkeit, z. B. die Schaffung eines publizistischen Organs der universitären Forschung (Weymann und Wingens 1989, S. 291).

In „offenen Verwendungsmodellen" gehört deshalb, im Unterschied zu „geschlossenen Verwendungsmodellen" wie der Beratung, die politische Öffentlichkeit zum Verwendungskontext dazu (Lau 1984, 1989). Politiker erhalten Informationen z. B. hauptsächlich über die Medien (Lau 1989, S. 385 f.). Die Sozialwissenschaften bieten dabei häufig eher „Interpretationen" bzw. Ideen und weniger Daten bzw. Fakten an (Weiss 1983, S. 206).[12] Dieser öffentliche Einfluss der Sozialwissenschaften ist in Umbruchphasen am stärksten, da in sicheren Zeichen eher Experten-, in Zeiten der Verunsicherung dagegen Orientierungswissen gefragt ist, wodurch sich Chancen für Intellektuelle eröffnen (Evers und Nowotny 1989, S. 379).

In dem Zusammenhang mit der Verwendungsdebatte werden, wenn auch nicht in dem Projekt von Beck und Bonß (1989), empirische Untersuchungen zum Thema Wissenschaft und Medien durchgeführt, die u. a. zeigen, dass die Idee der „Aufklärung" unter Wissenschaftlern weiterhin stark verbreitet ist und bei vielen die Bereitschaft besteht, einen populärwissenschaftlichen Artikel zu verfassen (Krüger 1987, S. 40).

Als generelles Problem der Verwendung erweist sich aber, dass die soziologische Theorie nicht auf die Praxis vorbereitet ist. Die Möglichkeit der Anwendung sozial-

---

[11] Auch sie sprechen dabei von einer „verwissenschaftlichten Gesellschaft" (Beck und Bonß 1989, S. 20).

[12] Eine Fallstudie belegt die höhere Wirkung von theoretischen Konzepten im Vergleich zu empirischen Ergebnissen (Weymann und Wingens 1989, S. 296).

wissenschaftlichen Wissens beruht daher ebenfalls auf der Ausformung der jeweiligen Theorie, weshalb für Beck und Lau (1982, S. 371) die praktische Verwendungstauglichkeit von soziologischen Theorien und Forschungsperspektiven entscheidend ist.[13]

6 Gründe für das Ende der deutschen Verwendungsdebatte

Die Erkenntnisse der Verwendungsdebatte führen aber nach dem Ende des DGS-Projektes 1989, u. a. als Folge der als enttäuschend empfundenen Resultate, kaum zu weiteren Forschungsanstrengungen und die deutsche Verwendungsforschung kommt damit weitestgehend (und vorzeitig) zu einem Ende, obwohl bis zu diesem Zeitpunkt nur wenig empirische Arbeiten publiziert worden waren (Wingens 1988, S. 16; Beck und Bonß 1995, S. 417 f.; Lucke 2010).

Nach 1989 werden auch nur noch vereinzelt Projekte zur Untersuchung der Darstellung der Sozialwissenschaften in den Medien durchgeführt, wobei Hartmut Weßler aber noch ausdrücklich an die Verwendungsforschung anknüpft (u. a. Jarren und Weßler 1996). Darüber hinaus werden nur wenige Arbeiten der deutschen Verwendungsdebatte ins Englische übersetzt (Dunn und Holzner 1988; vgl. aber Weymann et al. 1986).[14]

Die theoretischen und empirischen Ergebnisse der Diskussion sind daher weiter „rudimentär", aber „ausbaufähig" (Lucke 2010, S. 160). Bestimmte Gebiete werden z. B., obwohl auf deren Bedeutung hingewiesen wird, in dem von Beck und Bonß geleiteten Forschungsverbund der DFG nicht erforscht, wie etwa der indirekte Einfluss des Faches, die Verwendung sozialwissenschaftlichen Wissens in den Medien bzw. den öffentlichen Diskursen oder im Alltag. Die letzte Frage wird z. B. nicht speziell in einem Projekt untersucht, was Beck und Bonß (1989, S. 32, 35, 1995, S. 419) selbst als Desiderat der Diskussion bezeichnen. Ein weiteres Manko ist der Fokus auf die Bereiche Politik, Verwaltung und Wirtschaft, bei dem zivilgesellschaftliche Akteure unberücksichtigt bleiben (Beck und Bonß 1989, S. 38). Es fehlt zudem eine generelle Theorie der Verwendung (Evers und Nowotny 1989, S. 355; Lau 1989, S. 384).

Auch betonen Beck und Bonß in ihrem Abschlussbericht an verschiedenen Stellen selbst generell die Vorläufigkeit und Unabgeschlossenheit der Ergebnisse. So stellt sich für sie „die Situation durchaus nicht eindeutig, sondern eher unübersichtlich" dar und sie bezeichnen ihre Schlussfolgerungen als „bewusst vereinfachend" und als „tastende Antworten" (Beck und Bonß 1989, S. 9, 20, 27). Darüber hinaus wollen sie ausdrücklich nicht das Ende, sondern den „Anfang von Verwendungsforschung" beschreiben (Beck und Bonß 1989, S. 27).

---

[13]Das Verwendungsproblem wird auch in der soziologischen Theorie der Zeit reflektiert (Giddens 1990, S. 15). Anthony Giddens geht diesem aber selbst nicht empirisch nach.

[14]Dies ist ein Grund dafür, wieso insbesondere in den englischsprachigen Arbeiten zu Ulrich Becks Leben und Werk seine Mitwirkung an dem Verwendungsprojekt nur kurz oder z. T. überhaupt nicht erwähnt wird (u. a. Sorensen und Christiansen 2013).

Die zunehmende Vernachlässigung des Themas ist keine auf Deutschland beschränkte Tendenz. Die internationale Verwendungsdebatte führt zwar 1988 zu der Gründung der Zeitschrift „Knowledge in Society: The International Journal of Knowledge Transfer" (Dunn und Holzner 1988, S. 3), diese wird aber 1990 in „Knowledge and Policy", 1998 in „Knowledge, Technology and Policy" und 2011 in „Philosophy and Technology" umbenannt, was den Wandel ihres Fokus andeutet.

Ein Grund dafür ist, dass die dominierenden Ansätze der Wissens- bzw. Wissenschaftssoziologie seit Thomas Kuhn, anders als etwa noch Karl Mannheim oder Merton (Neun 2015, 2017), den Fokus wieder auf die Naturwissenschaften legen, während die Soziologie der Soziologie lange Zeit einen randständigen Charakter in der Disziplin besitzt.[15] Auch von gegenwärtig einflussreichen Autoren dieser Spezialsoziologie wie Pierre Bourdieu wird das Verwendungsschema aber nicht behandelt und die Nutzung der Erzeugnisse intellektueller Felder nicht berücksichtigt (Segre 2014, S. 34).

7 Fazit

In der deutschen Verwendungsdebatte, die von ca. 1975 bis 1989 anzusetzen ist, wird, angeregt durch die frühere amerikanische Verwendungsforschung und die vorhergehende Planungsdebatte, bereits das Verhältnis der Soziologie zu den Medien bzw. zur Öffentlichkeit thematisiert. Sie bricht aber Anfang der 1990er-Jahre vorzeitig ab, obwohl ihre Ergebnisse nur fragmentarischer Natur sind.

Es ist jedoch, wie schon Merton betont, wichtig für die gesamte Disziplin, dass das verwendete Wissen als *soziologisches* erkannt wird (Neun 2017). Insbesondere für die neuere Diskussion um eine „public sociology" bzw. „öffentliche Soziologie" ist daher eine solche Bestandsaufnahme von hoher Relevanz. Es werden in diesem Kontext auch ausdrücklich Untersuchungen dazu gefordert, „how public we *are*, let alone how public we *have been*" und, insbesondere in dem Projekt „Academics in Canada", empirische Studien dazu durchgeführt (Siebel und Smith 2009, S. 290; vgl. u. a. Mochnacki et al. 2009). In Deutschland werden in der deutschen Wirtschaftssoziologie ebenfalls Ideen der Verwendungsdebatte aufgegriffen und die sozialwissenschaftlichen Fächer in dem Feld der „Wissenschaftskommunikation" erfasst (Sparsam 2018; Scheu und Volpers 2017).

Die deutsche Verwendungsforschung sollte daher, da sie von zentraler Bedeutung für die Frage einer „öffentlichen Soziologie" ist, wieder aufgenommen werden und sich insbesondere auf die in dem DFG-Projekt nicht erfassten Bereiche konzentrieren wie u. a. die Verbindung zur Zivilgesellschaft und zu den Medien. Dabei könnten in Anschluss an frühere deutsche Arbeiten andere Massenmedien als Zeitschriften

---

[15]Zu den allgemeinen politischen und theoretischen Ursachen für die mangelnden soziologischen Selbstreflexionen vgl. auch den Artikel „Geschichte der öffentlichen Soziologie nach 1945 bis 2005" in dem Handbuch. Zum Beispiel ist in der Verwendungsdebatte ebenfalls ein negativer Einfluss von Luhmanns Theorie und der postmodernen Theorie zu erkennen.

wie Bücher, das Fernsehen und das Internet, populärwissenschaftliche Formate der Sozialwissenschaften wie die Zeitschrift „Atomzeitalter" bzw. die Rubrik „Humanwissenschaften" der „Frankfurter Rundschau" oder die Verbreitung soziologischer Ausdrücke in der Alltagssprache genauer untersucht werden (Kärtner 1972; Hömberg 1978; Gruhn 1979; für weitere Vorschläge für die Verwendungsforschung vgl. Gans 1990; Scheu und Volpers 2017). Erst dann besäße man auch einen Maßstab für den „Erfolg" einer deutschen öffentlichen Soziologie.

Literatur

Badura, Bernhard, Hrsg. 1976a. *Seminar. Angewandte Sozialforschung. Studien über Voraussetzungen und Bedingungen der Produktion, Diffusion und Verwertung sozialwissenschaftlichen Wissens.* Frankfurt a. M.: Suhrkamp.
Badura, Bernhard. 1976b. Prolegomena zu einer Soziologie der angewandten Sozialforschung. In *Seminar: Angewandte Sozialforschung. Studien über Voraussetzungen und Bedingungen der Produktion, Diffusion und Verwertung sozialwissenschaftlichen Wissens*, Hrsg. Bernhard Badura, 7–27. Frankfurt a. M.: Suhrkamp.
Badura, Ulrike. 1982. Wissenschaftsberichterstattung – Impressionen einer Auszählung. *Soziologie* 10(1): 17–36.
Beck, Ulrich. 1974. *Objektivität und Normativität: Die Theorie-Praxis-Debatte in der modernen deutschen und amerikanischen Soziologie.* Reinbek bei Hamburg: Rowohlt.
Beck, Ulrich. 1980. Die Vertreibung aus dem Elfenbeinturm. Anwendung soziologischen Wissens als soziale Konfliktsteuerung. *Soziale Welt* 31:415–441.
Beck, Ulrich, Hrsg. 1982. *Soziologie und Praxis. Erfahrungen, Konflikte, Perspektiven.* Göttingen: Otto Schwartz & Co.
Beck, Ulrich. 2005. How not to become a museum piece. *British Journal of Sociology 56*(3): 335–343.
Beck, Ulrich, und Wolfgang Bonß. 1984. Soziologie und Modernisierung. *Soziale Welt* 35: 381–406.
Beck, Ulrich, und Wolfgang Bonß. 1989. Verwissenschaftlichung ohne Aufklärung? Zum Strukturwandel von Sozialwissenschaft und Praxis. In *Weder Sozialtechnologie noch Aufklärung? Analysen zur Verwendung sozialwissenschaftlichen Wissens*, Hrsg. Ulrich Beck und Wolfgang Bonß, 7–45. Frankfurt a. M.: Suhrkamp.
Beck, Ulrich, und Wolfgang Bonß. 1995. Verwendungsforschung. In *Handbuch Qualitative Sozialforschung. Grundlagen, Konzepte, Methoden und Anwendungen*, Hrsg. Uwe Flick, Ernst von Kardorff, Heiner Keupp, Lutz Rosenstiel und Stephan Wolff, 2. Aufl., 416–419. Weinheim: PsychologieVerlagsUnion.
Beck, Ulrich, und Christoph Lau. 1982. Die „Verwendungstauglichkeit" sozialwissenschaftlicher Theorien. Das Beispiel der Bildungs- und Arbeitsmarktforschung. In *Soziologie und Praxis. Erfahrungen, Konflikte, Perspektiven*, Hrsg. Ulrich Beck, 369–394. Göttingen: Otto Schwartz & Co.
Bell, Daniel. 1969. Die nachindustrielle Gesellschaft. In *Das 198. Jahrzehnt. Eine Team-Prognose für 1970 bis 1980. 26 Original-Beiträge*, Hrsg. Claus Grossner, Arend Oetker, Hans-Hermann Münchmeyer und Carl Christian von Weizsäcker, 351–364. Hamburg: Christian Wegner.
Bell, Daniel. 1973. *The coming of post-industrial society. A venture in social forecasting.* New York: Basic Books.
Bell, Daniel. 1975. *Die nachindustrielle Gesellschaft.* Frankfurt a. M.: Campus.
Bonß, Wolfgang. 1994. Die Soziologie in der Gesellschaft – Verwendung und Relevanz soziologischer Argumentationen. In *Gesellschaft im Übergang. Perspektiven kritischer Soziologie*, Hrsg. Christoph Görg, 88–106. Darmstadt: Wissenschaftliche Buchgesellschaft.

Bonß, Wolfgang. 2003. Jenseits von Verwendung und Transformation. Strukturprobleme der Verwissenschaftlichung in der Zweiten Moderne. In *Forschen – lernen – beraten. Der Wandel von Wissensproduktion und -transfer in den Sozialwissenschaften*, Hrsg. Hans-Werner Franz, Jürgen Howaldt, Heike Jacobsen und Ralf Kopp, 37–52. Berlin: sigma.

Buschbeck, Malte. 1982. Soziologie im politischen Abseits. Das Beispiel der öffentlichen Bildungsdiskussion. In *Soziologie und Praxis. Erfahrungen, Konflikte, Perspektiven*, Hrsg. Ulrich Beck, 359–367. Göttingen: Otto Schwartz & Co.

Dunn, William N., und Burkart Holzner. 1988. Knowledge in society: Anatomy of an emergent field. *Knowledge in Society: The International Journal of Knowledge Transfer* 1:3–26.

Endruweit, Günter. 1982. Soziologie und Krise. Vorbemerkungen der neuen „Soziologie"-Redaktion. *Soziologie* 10(1): 11–15.

Evers, Adalbert, und Helga Nowotny. 1989. Über den Umgang mit Unsicherheit. Anmerkungen zur Verwendung sozialwissenschaftlichen Wissens. In *Weder Sozialtechnologie noch Aufklärung? Analysen zur Verwendung sozialwissenschaftlichen Wissens*, Hrsg. Ulrich Beck und Wolfgang Bonß, 355–383. Frankfurt a. M.: Suhrkamp.

Felt, Ulrike, Helga Nowotny, und Klaus Taschwer. 1995. *Wissenschaftsforschung. Eine Einführung*. Frankfurt a. M.: Campus.

Gans, Herbert J. 1990. Sociology in America: The discipline and the public. American Sociological Association, 1988 Presidential address. In *Sociology in America*, Hrsg. Herbert Gans, 314–333. Newbury Park: Sage.

Giddens, Anthony. 1990. *The consequences of modernity*. Stanford: Standford University Press.

Gruhn, Werner. 1979. *Wissenschaft und Technik in deutschen Massenmedien. Ein Vergleich zwischen der Bundesrepublik Deutschland und der DDR*. Erlangen: Deutsche Gesellschaft für zeitgeschichtliche Fragen.

Hartmann, Heinz. 2007. *Logbuch eines Soziologen. Ausbildung, Arbeit, Anerkennung im Fach 1950–2000*. Münster: Sport.

Hömberg, Walter. 1978. Soziologie und Sozialwissenschaften in den Massenmedien. Beobachtungen, Fragen, Vorschläge. *Soziologie* 7(1): 5–23.

Höpflinger, Francois. 1978. Soziologie und Öffentlichkeit: die Schweiz. *Soziologie* 7:64–71.

Jarren, Otfried, und Hartmut Weßler. 1996. *Werkstattbericht September '96*. Darmstadt: Schader Stiftung.

Kärtner, Georg. 1972. *Wissenschaft und Öffentlichkeit. Die gesellschaftliche Kontrolle der Wissenschaft als Kommunikationsproblem. Eine Analyse anhand der Berichterstattung des Nachrichtenmagazins „Der Spiegel" und anderer Massenmedien*, Bd. I. Göppingen: Alfred Kümmerle.

Kern, Lucian. 1976. Einleitung. In *Probleme der industriellen Gesellschaft*, Hrsg. Lucian Kern, 9–76. Köln: Kiepenheuer & Witsch.

Klages, Helmut. 1971. *Planungspolitik. Probleme und Perspektiven der umfassenden Zukunftsgestaltung*. Stuttgart: Kohlhammer.

Koch, Claus, und Dieter Senghaas. 1970. Vorwort der Herausgeber. In *Texte zur Technokratiediskussion*, Hrsg. Claus Koch und Dieter Senghaas, 5–12. Frankfurt a. M.: Europäische Verlagsanstalt.

Köhler, Barbara Mari, und Alexandro Naliwaiko. 1977. Einleitung. In *Interaktion von Wissenschaft und Politik. Theoretische und praktische Probleme der anwendungsorientierten Sozialwissenschaften*, Hrsg. Wissenschaftszentrum Berlin, 8–15. Frankfurt a. M.: Campus.

Krüger, Jens. 1987. Wissenschaftsberichterstattung in aktuellen Massenmedien aus der Sicht der Wissenschaftler. In *Moral und Verantwortung in der Wissenschaftsvermittlung. Die Aufgabe von Wissenschaftler und Journalist*, Hrsg. Rainer Flöhl und Jürgen Fricke, 39–52. Mainz: v. Hase und Köhler.

Lau, Christoph. 1984. Soziologie im öffentlichen Diskurs. Voraussetzungen und Grenzen sozialwissenschaftlicher Rationalisierung gesellschaftlicher Praxis. *Soziale Welt* 35:407–428.

Lau, Christoph. 1989. Die Definition gesellschaftlicher Probleme durch die Sozialwissenschaften. In *Weder Sozialtechnologie noch Aufklärung? Analysen zur Verwendung sozialwissenschaftlichen Wissens*, Hrsg. Ulrich Beck und Wolfgang Bonß, 384–419. Frankfurt a. M.: Suhrkamp.

Lazarsfeld, Paul F., William H. Sewell, und Harold L. Willensky, Hrsg. 1967. *The uses of sociology*. New York: Basic Books.

Lucke, Doris Mathilde. 2010. Was weiß Recht? Anmerkungen aus der sozialwissenschaftlichen Verwendungsforschung. In *Wie wirkt Recht?* Hrsg. Michelle Cottier, Josef Estermann und Michael Wrase, 147–179. Baden-Baden: Nomos.

Lüschen, Günther. 1995. 25 Jahre deutsche Nachkriegssoziologie – Institutionalisierung und Theorie. In *Soziologie in Deutschland. Entwicklung, Institutionalisierung und Berufsfelder. Theoretische Kontroversen*, Hrsg. Bernhard Schäfers, 11–33. Opladen: Leske & Budrich.

Mochnacki, Alex, Aaron Segaert, und Neil McLaughlin. 2009. Public sociology in print: A comparative analysis of book publishing in three social science disciplines. *Canadian Journal of Sociology* 34:729–764.

National Science Foundation. 1969. *Knowledge into action: Improving the nation's use of the social sciences. Report of the special commission on the social sciences of the national science board*. Washington: National Science Foundation.

Neun, Oliver. 2015. Zwei Ansätze der Soziologie der Soziologie: Karl Mannheim und Pierre Bourdieu im Vergleich. *Österreichische Zeitschrift für Soziologie* 15:373–390.

Neun, Oliver. 2017. Die „Dualität" der Wissenschaft: Robert K. Merton und die Verwendung sozialwissenschaftlichen Wissens. *Soziale Welt* 68:87–108.

Neun, Oliver. 2018. *Zum Verschwinden der deutschen öffentlichen Sozioloige. Die Geschichte des Verhältnisses von Soziologie und Öffentlichkeit nach 1945 bis zur Gegenwart*. Baden-Baden: Nomos.

Rosenmayr, Leopold. 1982. Wider die Harmonie-Illusion. Praxisbeziehung als Herausforderung zur Neubestimmung der Soziologie. (Mit Beispielen aus Lebenslaufforschung und Sozialgerontologie). In *Soziologie und Praxis. Erfahrungen, Konflikte, Perspektiven*, Hrsg. Ulrich Beck, 27–58. Göttingen: Otto Schwartz & Co.

Rosenmayr, Leopold. 1989. Soziologie und Natur. Plädoyer für eine Neuorientierung. *Soziale Welt* 40:12–28.

Schelsky, Helmut. 1959. *Ortsbestimmung der deutschen Soziologie*. Düsseldorf: Diederichs.

Scheu, Andreas M., und Anna-Maria Volpers. 2017. Sozial- und Geisteswissenschaften im öffentlichen Diskurs. In *Forschungsfeld Wissenschaftskommunikation*, Hrsg. Heinz Bonfadelli, Birte Fähnrich, Corinn Lüthje, Jutta Milde, Markus Rhomberg und Mike S. Schäfer, 391–403. Wiesbaden: Springer Fachmedien.

Segre, Sandro. 2014. *Contemporary sociological thinkers and theories*. Farnham/Surrey: Ashgate.

Siebel, Catherine, und Katherine Clegg Smith. 2009. How public are we? Coverage of sociology by the associated press. *The American Sociologist* 40:289–308.

Sorensen, Mads, und Allan Christiansen. 2013. *Ulrich Beck: An introduction to the theory of second modernity and the risk society*. London: Routledge.

Sparsam, Jan. 2018. *Wie ökonomisches Wissen wirksam wird. Von der Performativitäts- zur Verwendungsforschung*. Wiesbaden: Springer VS.

Tenbruck, Friedrich H. 1975. Der Fortschritt der Wissenschaft als Trivialisierungsprozeß. In *Wissenschaftssoziologie. Studien und Materialien*, Hrsg. Nico Stehr und René König, 19–47. Opladen: Westdeutscher Verlag.

Weischer, Christoph. 2004. *Das Unternehmen „Empirische Sozialforschung". Strukturen, Praktiken und Leitbilder der Sozialforschung in der Bundesrepublik Deutschland*. München: Oldenbourg.

Weiss, Carol H. 1983. Three terms in search of reconceptualization: Knowledge, utilization and decision-making. In *Realizing social science knowledge. The political realization of social science knowledge and research. Toward new scenarios. A symposium in memoriam Paul F. Lazarsfeld*, Hrsg. Burkart Holzner, Karin D. Knorr und Hermann Strasser, 201–219. Wien: Physica.

Weymann, Ansgar. 1989. Soziologie – Schlüsselwissencchaft des 19. und 20. Jahrhunderts. Der Beitrag der Soziologie zur gesellschaftlichen Wissensproduktion. *Soziale Welt* 40:133–141.

Weymann, Ansgar, Ludwig Ellermann, und Matthias Wingens. 1986. A research programme on the utilization of the social sciences. In *The use and abuse of social science*, Hrsg. Frank Heller, 64–73. London: Sage.

Weymann, Ansgar, und Matthias Wingens. 1989. Die Versozialwissenschaftlichung der Bildungs- und Arbeitsmarktpolitik. Eine kritische Zwischenbilanz zur öffentlichen Argumentation. In *Weder Sozialtechnologie noch Aufklärung? Analysen zur Verwendung sozialwissenschaftlichen Wissens*, Hrsg. Ulrich Beck und Wolfgang Bonß, 276–301. Frankfurt a. M.: Suhrkamp.

Wingens, Matthias. 1988. *Soziologisches Wissen und politische Praxis. Neuere theoretische Entwicklungen der Verwendungsforschung*. Frankfurt a. M.: Campus.

Revitalisierung öffentlicher Soziologie

Stefan Selke

Inhalt

1 Der ‚public turn' 69
2 Revitalisierungsimpulse: Zur Genese öffentlicher Soziologie 71
3 Paradoxien und Dilemmata des Revitalisierungsversuchs Burawoys 74
4 Alternativen zu Burawoy 77
5 Revitalisierung öffentlicher Soziologie im deutschsprachigen Raum 79
Literatur 82

1 Der ‚public turn'

Öffentliche Soziologie ist kein Novum, sondern seit Beginn der Disziplingeschichte Teil des Ausdrucksrepertoires.[1] Dies gilt auch für eine öffentlich engagierte Soziologie, wie dies in einem markanten Statement von W. E. B. Du Bois (einem ‚Klassiker' der US-amerikanischen Soziologie) zum Ausdruck kommt: „Dann kam ich zu dem Schluss, dass Wissen allein nicht ausreichte, dass selbst gut informierte Leute ihr Handeln nicht änderten. (…) darum wechselte ich vom Studium zur Propaganda" (Du Bois 2008, S. 24).[2] Gleichwohl stehen in diesem Beitrag zeitgenössische Revitalisierungsversuche im Mittelpunkt. Ungefähr seit der Jahrtausendwende gewinnen Versuche zur Öffnung der Soziologie an Relevanz und Dynamik.

---

[1]Vgl. hierzu die Beiträge in Kap. ▶ „Soziologie unterwegs zwischen Akademie und Öffentlichkeit" des Handbuchs zu den historischen Phasen öffentlicher Soziologie.
[2]Englischsprachige Zitate wurden vom Autor (meist) zur besseren Lesbarkeit übersetzt. Ausnahmen gibt es dort, wo das Original besonders markant war.

S. Selke (✉)
Public Science Lab, Hochschule Furtwangen, Furtwangen, Deutschland
E-Mail: ses@hs-furtwangen.de

© Springer Fachmedien Wiesbaden GmbH, ein Teil von Springer Nature 2023
S. Selke et al. (Hrsg.), *Handbuch Öffentliche Soziologie*, Öffentliche Wissenschaft und gesellschaftlicher Wandel, https://doi.org/10.1007/978-3-658-16995-4_9

Im Kern geht es dabei um die Notwendigkeit einer intensiveren Rückkopplung der Soziologie mit Gesellschaft, Praxis und Öffentlichkeiten.

Öffentliche Soziologie als Daueraufgabe und historische Altlast

Die Frage nach öffentlicher Anschlussfähigkeit der Soziologie ist eine historische Altlast, die von Kohorte zu Kohorte weitergereicht wird. Es verwundert kaum, dass Vertreter der Public Sociology-Bewegung in manchen Gründervätern des Fachs frühe öffentliche Soziologen erkennen, weil deren Arbeit öffentlich bedeutsam war und sie sich zugleich ohne Scheu und mit großer Resonanz und Reichweite direkt an die Öffentlichkeit richteten (Collins 2007, S. 112). Wieder andere sehen in soziologischen Aktivisten (wie z. B. W. E. B. Du Bois oder Robert Ezra Park) öffentliche Forscher, die Partnerschaften mit lokalen Akteuren eingingen. Eine Sonderrolle nimmt C. Wright Mills ein, dem das Fach den Begriff „public sociology" verdankt.[3] Zahlreiche frühe SoziologInnen betrachteten sich als moralische Agenten des Wandels. In der Gleichzeitigkeit von normativer Wissenschaft, öffentlichen Engagement und der transformativen Mitarbeit an den von ihnen prophezeiten Zukünften sahen sie selbst keinen Widerspruch. In diesem Sinne war Soziologie von Anfang an öffentlich (Burawoy 2005, S. 20). Nach der Professionalisierung, Institutionalisierung und Differenzierung des Fachs gingen jedoch Formen des Öffentlichkeitsbezugs – sowohl während der Forschungsarbeit als auch bei der Ergebnispräsentation – verloren. Öffentliche Soziologie ist daher gegenwärtig beides: Spurensuche und Neuerfindung. Wiederentdeckung und Revitalisierung bieten eine Doppelperspektive auf ein Fach, das sich auch im 21. Jahrhundert noch immer selbst verorten muss. Zur Einordnung des ‚public turns' bieten sich zwei Erklärungsansätze an.

Erstens kann die *Öffnung der Soziologie* als Reaktion auf *exogene* Einflüsse verstanden werden. Revitalisierungsversuche werden als Reaktionen auf den steigenden Erfolgsdruck innerhalb eines zunehmend Output-orientierten Wissenschaftssystems sowie die Rückkopplung der Wissenschaftsfreiheit an gesellschaftliche Kontexte *eingefordert*.[4] Im Zuge der zunehmenden Ökonomisierung von Wissenschaften und der damit einhergehenden Kommodifizierung von Wissen entstand weiterhin ein erhöhter Rechtfertigungsdruck für die Nützlichkeit wissenschaftlich erzeugten Wissens. Für die Soziologie gilt keine Ausnahme, daher steht die ‚Wirkung' des Fachs immer wieder auf dem Prüfstein (vgl. Bastow et al. 2014). Sowohl individuelle SoziologInnen als auch soziologische Forschungseinrichtungen und Organisationen entwickeln daher Öffnungsstrategien, um sich zu legitimieren. Hinzu kommen mehr weniger diffuse Legitimationsverluste der sog. ‚Leitwissenschaften' im Kontext von Finanz- und anderen Krisen – hierin liegt durchaus eine Chance für öffentliche Soziologie.

Zweitens kann *öffentliche Soziologie* als Reaktion auf *endogene* Veränderungen verstanden werden. Hierbei geht es um die Möglichkeiten der konkreten Umsetzung der Forderung nach öffentlicher Soziologie – ein spannungsreiches innerdiszipliä-

---

[3] Vgl. dazu den Beitrag von Oliver Neun in diesem Handbuch.
[4] Vgl. dazu den Beitrag zu Wissenstransfer des Autors in diesem Handbuch.

res Feld. Denn die Rhetorik zur Wiederbelebung des Fachs ist inzwischen zum unhinterfragten Allgemeinplatz geworden, wenngleich KritikerInnen befürchten, dass öffentliche Soziologie „Sprengstoff für die soziologische Identität" darstellen könnte (Damitz 2013, S. 253). Die innere Erneuerung der Disziplin wurde unter dem Schlagwort ‚Irrelevanzverdacht' immer wieder thematisiert (Nowotny 1975). In der Arena wissenschaftlicher Disziplinen wurde und wird Soziologie regelmäßig als marginal und selbstreferenziell wahrgenommen. Umgekehrt wurde die ‚Scientific Community' ausschlaggebend, das außerwissenschaftliche Publikum peripher. Der „all-mighty CV", so auch Michael Burawoy, schob sich in den Vordergrund, woraus angepasstes Forschen, Lehren und Publizieren resultierte (Burawoy 2005, S. 5). Reputations- und Gratifikationsrituale sowie zahlreiche (formelle und informelle) Mittel sozialer Kontrolle erzeugen Erwartungssicherheit *unter Ausschluss der Öffentlichkeit*. Mittlerweile wurde erkannt, dass die langfristigen Folgen fatal sind, weil damit der Anschluss im öffentlichen Raum verloren geht. Zygmunt Bauman sieht das Problem bildlich darin, dass sich „Barrieren" zwischen Soziologie und Öffentlichkeit schoben, die selbst errichtet wurden (Bauman 2014, S. 2). Seine Forderung lautet daher: „Sociology needs to be rescued from sociology" (Bauman 2014, S. 2). Ob Revitalisierung so radikal ausbuchstabiert werden muss, wird sich allerdings noch zeigen.

2 Revitalisierungsimpulse: Zur Genese öffentlicher Soziologie

Wird gegenwärtig von *Public Sociology* gesprochen, sollten Vorbilder, Impulse und Manifeste in Erinnerung gerufen werden, weil diese das Verständnis der aktuellen Programmatik öffentlicher Soziologie erleichtern.

Prototypen der Gelehrsamkeit (Ernest Boyer)
Unter dem Titel *Scholarship reconsidered* entwickelte Ernest Boyer (1990) ein differenziertes Modell akademischer Gelehrsamkeit. Burawoys Konzept *For Public Sociology* wird später eine bemerkenswerte Übereinstimmung mit Boyers Modell aufweisen, was aber nur wenigen gut informierten KritikerInnen auffiel. Boyer unterschied vier Einstellungen auf wissenschaftliche Praxis. Damit will er verdeutlichen, dass sich im Kontext einer gewandelten Wissenschaft das Bild des traditionellen Gelehrten signifikant ausweitete. Die vier typischen Formen von Wissenschaft nach Boyer sind: „Discovery", „Integration", „Application" und „Teaching". Ähnlich wie später bei Burawoy gibt es auch für Boyer ein *Zentrum* des akademischen Lebens. Deshalb stellt die „Scholarship of discovery" eine Art Garantie für die Weiterentwicklung institutionalisierter Wissenschaft dar. Boyer erweitert das akademische Feld jedoch noch in Richtung einer „Scholarship of integration", deren Aufgabe darin besteht, disziplinäre Inhalte zu synthetisieren. Bei der „Scholarship of application" steht hingegen eine engagierte Wissenschaft im Mittelpunkt, wobei sich innerakademische Pflichten und disziplinäre Expertise mit der Adressierung außerakademischer Publika verbinden sollten – diese Synthese kann bereits als Grund-

idee öffentlicher Soziologie gelesen werden. Im Gegensatz zu Burawoy hebt Boyer schließlich noch eine eigenständige „Scholarship of teaching and learning" zur Optimierung von Lehr- und Lernprozessen hervor. In Boyers Typologie ist die Idee innerakademischer Arbeitsteilung, die später Michael Burawoy so bekannt machen wird, bereits prototypisch angelegt. Auch wenn Boyer sich auf ‚die Wissenschaften' insgesamt bezieht und Burawoy die Arbeitsteilung innerhalb der Soziologie thematisiert, scheint Boyer Modell zumindest Pate für das Vier-Felder-Schema Burawoys gestanden zu haben.

Ruf nach Relevanzsteigerung (Herbert Gans)
Ein wichtiger Revitalisierungsimpuls ging von Herbert Gans aus, der wie Michael Burawoy als Präsident der American Sociological Association (ASA) über eine etablierte Sprecherposition verfügte. In seinem Essay *Sociology in America: The Discipline and the Public* wird die zeitgenössische Prämisse öffentlicher Soziologie erstmals prägnant ausformuliert. Gans hatte bereits 1989 anlässlich seiner Ansprache bei der ASA dazu aufgerufen, die Akademie zu verlassen. Um seine FachkollegInnen zu diesem Schritt zu motivieren, schlug er Belohnungen und Erfolgsmessungen vor. Immer wieder kritisierte Gans den fehlenden Wirklichkeitsbezug der Soziologie und fasste sein Unbehagen pointiert zusammen: „Öffentliche Soziologie jeder Art wird dringend benötigt" (Gans 2002). Seine Defizitanalyse 2002 mündete schließlich in den „Ur-Aufruf": „Mehr von uns sollten öffentliche Soziologen werden" (Gans 2002). Als Öffnungsstrategien schlug Gans insbesondere die Erhöhung der Attraktivität von Soziologie als Studienfach, die Zunahme von Drittmittelförderungen sowie eine bessere Sichtbarkeit von SoziologInnen im Kreis öffentlicher Intellektueller vor. Für Gans ist eine revitalisierte öffentliche Soziologie gerade nicht theoriegetrieben („theory-driven"), sondern vielmehr themengetrieben („topic-driven") (Gans 2009, S. 126, 2010, S. 100). Bei themengetriebener öffentlicher Soziologie geht es gerade nicht darum, die eigene innerwissenschaftliche Absendekompetenz zu demonstrieren. Vielmehr nutzt sie bereits vorhandenes „theoretisches" Rohmaterial und arbeitet dies im Sinne öffentlicher Anschlussfähigkeit aus. Ein aktuelles Beispiel ist das Buch *Zwangsgeräumt* des Soziologen Matthew Desmond über Armut in den USA (Desmond 2018). Fachwissenschaftliche Hinweise rücken zugunsten der Lesbarkeit fast bis zur Unkenntlichkeit in den Hintergrund. Der Erfolg dieses Stils in Form zahlreicher Publikumspreise zeugt von der Relevanz und Wirkung themengetriebener öffentlicher Soziologie. Um Soziologie wieder zu einer (erkennbaren) öffentlichen Wirkung zu verhelfen, fordert Gans zudem einen konsequenten „relevance turn", also die Zuwendung zu gesellschaftlich wichtigen Themen, anstatt weiterer Verstrickung in innerakademische Diskurse (Gans 2010, S. 103). Mit der Betonung des Relevanzkriteriums – und damit implizit auch mit der Anerkennung außerakademischer Relevanzsetzungen – definiert Gans den Erfolg öffentlicher Soziologie neu und darüber hinaus konkret.

‚For Public Sociology' (Michael Burawoy)
Der Titel der manifestartigen *Presidential Adress* (2004) Michael Burawoys ist gleichzeitig der Name seines Revitalisierungsimpulses: *For Public Sociology*. Die

darin enthaltenen elf Thesen zur öffentlichen Soziologie gelten als zentraler Referenzrahmen der neueren Debatte. Da Inhalte und Programmatik dieses Dokuments bereits Gegenstand zahlreicher Publikationen waren, erfolgt hier lediglich eine sehr knappe Skizze.[5] Burawoy leitete seinen Revitalisierungsversuch zunächst aus der Wirkungsgeschichte des Fachs her und bediente sich dabei auf der narrativen Ebene des Heldenepos (Burawoy 2005, S. 5 f.). Soziologie wird zum missachteten und gestürzten ‚Helden' der Gesellschaft. Trotz zahlreicher Versuche der Gründerväter, Pioniere und Klassiker, so Burawoys Problemdiagnose, sei der Disziplin ein Hang zur Ausbildung spezialisierten Wissens zu attestieren. Burawoy selbst stellt sich in die Traditionslinie des politischen Aktivismus und des sozialen Engagements. Daher besteht für ihn die Funktion öffentlicher Soziologie in einer ‚Verteidigung' des Sozialen. Im Kern versucht er für eine engagierte Soziologie zu werben, die sich als Teil der Zivilgesellschaft begreift und eine Soziologie für und mit dieser betreiben sollte. Die grundlegende Herausforderung öffentlicher Soziologie besteht nach Burawoy darin, anschlussfähig zu den Praktiken derjenigen gesellschaftsrelevanten Akteure zu werden, mit denen Soziologie *in Dialog* treten möchte. *For Public Sociology* kann als Versuch verstanden werden, ein neues *Rahmenkonzept* zur Wiederbelebung der Soziologie zur Verfügung zu stellen.

New Public Social Sciences (John Brewer)
Die *New Public Social Sciences* wurden maßgeblich von John Brewer (2013) geprägt und verstehen sich (in Teilen) als Gegenkonzept zu *For Public Sociology*. Brewer nimmt die drei korrespondierenden Bereiche Forschung, Lehre und zivilgesellschaftliches Engagement in den Blick und deckt auf diese Weise das Terrain möglicher akademischer Aktivitäten umfassend ab. Er geht davon aus, dass von Sozialwissenschaften zivilisierende, humanisierende und kulturierende Effekte ausgehen. Je intensiver diese sich mit grundlegenden Problemen beschäftigen und je besser sie zeigen, wie sie dabei Leerstellen füllen, desto mehr öffentliche Prominenz bringe ihnen das ein. Das größte Hindernis bestehe allerdings darin, dass sich Sozialwissenschaftler tendenziell eher vor der Öffentlichkeit verstecken, und zwar in „disziplinären Bunkern" (Brewer 2013, S. 179). Um dies zu verhindern, fordert Brewer *doppelte Dialoge*. Wo Burawoy lediglich die Notwendigkeit zu Dialogen mit zivilgesellschaftlichen Akteuren (die kaum über den formalen Zugang zu Macht verfügen) erkennt, sieht Brewer die Chance, auch mit den politisch Mächtigen zu sprechen. „Meine Auffassung der Öffentlichkeit schließt beide Formen des Engagements ein. (...) Die Notwendigkeit entgrenzte Probleme zu bearbeiten, zieht Verpflichtungen ‚nach oben' genauso nach sich, wie Verpflichtungen ‚nach unten'" (Brewer 2013, S. 161). Erst durch doppelte Dialoge, so die Grundthese, können neue Passungen zwischen Wissenschaft und Öffentlichkeit entstehen.

Unter dem Leitbegriff der *transformativen* Lehre findet sich innerhalb Brewers Agenda (anders als bei Burawoy) zudem explizite Lehrbezüge. Wissen wird nicht

---

[5]Vgl. auch den Beitrag Kap. ▶ „Michael Burawoy: „For Public Sociology" als Referenzdokument der Debatte um öffentliche Soziologie" des Autors in diesem Handbuch.

einfach an Studierende weitergereicht, vielmehr „geht es darum, dass Studierenden die Möglichkeit gegeben wird, lebensveränderndes und lebensverbesserndes Wissen auch praktisch anzuwenden" (Brewer 2013, S. 179) und so Wissen „performativ" werden zu lassen.[6] Im Kontext transformativer Lehre können Lehrende lediglich assistieren sowie ein Verständnis für Qualität, Relevanz und die Maßstabsebene von Wissensformen vermitteln. Im Kern geht es dabei weniger um die vermeintliche Genialität des Lehrenden als vielmehr um dialogische Aushandlungsprozesse, oder genauer: die Ko-Produktionen von Wissen. Revitalisierung bedeutet für Brewer vor allem das Ende kommunikativer Abschottung und stattdessen der Beginn ernsthafter Dialogorientierung, anstatt nur für jene zu denken und zu schreiben, die „like-minded" sind. Dabei wird nur wenig Zugänglichkeit erzeugt, sondern vor allem Undurchdringlichkeit.

Transformative Wissenschaft
Wird der Wandel des Wissenschaftssystems selbst in den Blick genommen, lassen sich weitere Revitalisierungsimpulse erkennen. VertreterInnen der Transformativen Wissenschaft reagieren auf das sich dynamisch verändernde Passungsverhältnis zwischen Wissenschaft und gesellschaftlicher Umwelt. Zentrale Prämissen Transformativer Wissenschaft lassen sich gerade auch als Impuls für öffentliche Soziologie verstehen. In einem einschlägigen Standardwerk wird Transformative Wissenschaft „als Katalysator für gesellschaftliche Veränderungsprozesse" definiert bzw. als „Plattform für eine orientierte Wissensintegration der unterschiedlichen Wissensbestände in einer Gesellschaft" (Schneidewind und Singer-Brodowski 2014, S. 69). Hier tauchen sowohl die Idee der Wissensintegration (Boyer) als auch die Idee der Debattenfähigkeit (Gans) in aktualisierter Verkleidung wieder auf. Ziel Transformativer Wissenschaft sind weitreichende gesellschaftliche Umbauprozesse unter Beteiligung möglichst vieler Stakeholder. Es geht also um eine Wissenschaftspraxis, die öffentliche Gestaltungsprozesse erkennt, initiiert und praktisch begleitet. Öffentliche Soziologie kann bei näherem Hinsehen als disziplinär grundierter Spezialfall Transformativer Wissenschaft verstanden werden (vgl. Selke 2020, S. 348 ff.). Dies ist schon allein deshalb von Bedeutung, weil Transformative Wissenschaft wichtige Impulse zu Methoden kollaborativer Wissensproduktion sowie zu alternativen Erfolgskriterien von Wissenschaft bietet.

3 Paradoxien und Dilemmata des Revitalisierungsversuchs Burawoys

Von allen Revitalisierungsimpulsen hat *For Public Sociology* sicherlich den stärksten Eindruck hinterlassen. Burawoy erzielte eine nachhaltige Aufbruchsstimmung und machte öffentliche Soziologie zu einem viel diskutierten Thema, wenngleich Widersprüche und Paradoxien auf den Plan traten. Da deren Kenntnis elementar für

---
[6]Vgl. hierzu auch den Beitrag von Robert Jende in diesem Handbuch.

das Verständnis öffentlicher Soziologie ist, werden im Folgenden wichtige Kritikpunkte skizziert.[7]

Zunächst werden die mangelnde theoretische und empirische Validität der Burawoyschen Kreuztabellierung (entlang instrumenteller und reflexiver Wissensformen sowie interner und externer Publikumsbezüge) kritisiert. Dies mündet im Vorwurf exzessiver Überschematisierung und Übertheoretisierung (Patterson 2007, S. 176), denn innerhalb des Vier-Felder-Schemas sollen auch interne Oppositionen zwischen den Subdisziplinen darstellbar sein, was letztlich ein 16-Felder-Schema entstehen lässt. Insgesamt stabilisieren die zum Ausdruck gebrachten Kategorisierungen bestehende Ordnungen. Gerade weil öffentliche Soziologie immer in Relation zu den anderen drei Grundtypen der Soziologie (professionell, kritisch, angewandt) betrachtet werden muss, besteht die Gefahr, öffentliche Soziologie als zweitklassig zu definieren (Hays 2007, S. 80). Zudem erweist sich die Idee akademischer Arbeitsteilung als realitätsfremd. Die eigentlichen Prozesse der Arbeitsteilung verlaufen innerhalb akademischer Organisationen weniger entlang der Burawoyschen Subkategorien, sondern entlang sozialer Hierarchien sowie entlang von Geschlecht und Ethnie. Die Kreuztabellierung erweist sich daher als irreführend. Orlando Patterson schlägt stattdessen eine Einordnung nach Aufgaben, Prinzipien und Intentionen vor, wobei auch Publika mit einbezogen werden sollten (Patterson 2007, S. 179). Auch das Reflexivitätsverständnis Burawoys gilt als verkürzt. Dabei wird vor allem der von Burawoy postulierte Alleinvertretungsanspruch für Reflexivität gegenüber außerwissenschaftlichen Publika moniert. Die Behauptung, dass ausgerechnet öffentliche Soziologie reflexiv ist, hält einer näheren Prüfung nicht stand, reflexives Wissen kann prinzipiell an vielen gesellschaftlichen Orten auftauchen. Insgesamt ist die Zweiteilung in instrumentelles und reflexives Wissen ungeeignet, die Wirklichkeit akademischer Arbeit angemessen abzubilden – zumal Burawoy transformative Wissensformen vollständig unterschlägt, auch wenn er in seiner Rede (2005, S. 23) auf „multi-disciplinary collaboration" oder auch transdisziplinäre Tendenzen hinweist. In der Praxis der Wissenschaft werden je nach Kontext unterschiedliche Mischungen von Wissensformen abgerufen. Daher kommt die Prämisse der Wissensintegration (Boyer) der Wirklichkeit näher. Auch die immer wieder postulierte (strikte) Trennung zwischen professioneller und öffentlicher Soziologie erscheint zahlreichen KritikerInnen als zu künstlich – hilfreicher wäre es, sich Rückkopplungsschleifen vorzustellen.

Die Frage der Werthaltung ist eine zentrale Sollbruchstelle bei *For Public Sociology*. Burawoy fordert in diesem Zusammenhang den Verzicht auf normative Grundhaltungen. Die Aufgabe öffentlicher Soziologen bestehe vielmehr darin, unterschiedliche Werthaltungen zu moderieren. Gleichzeitig weisen KritikerInnen darauf hin, dass Burawoys Programm selbst normativ ist, weil es sich als Anwaltschaft für eine bessere Welt versteht. Ariane Hanemaayer sieht darin sogar eine Anknüpfung an die klassische Moralphilosophie (Hanemaayer und Schneider 2014). Die Unterstellung einer exklusiven moralischen Kernkompetenz basiert zu einem guten Stück auch auf der persönlichen marxistischen Protestvergangenheit Bura-

---

[7] Ausführlich: Selke 2020, S. 94 ff.

woys. Durch die Generalisierung seiner nostalgischen Selbstverortung gefährdet Burawoy jedoch sein eigenes Revitalisierungsprojekt. Deshalb erzeugte gerade auch Burawoys Überbelichtung und Romantisierung der Zivilgesellschaft massive Kritik. Um seinen Standpunkt zu verdeutlichen, muss Burawoy Markt und Staat als (böse) Gegenspieler der Zivilgesellschaft definieren. Zudem bleibt unklar, was genau er unter Zivilgesellschaft versteht. KritikerInnen mahnen, öffentliche Soziologie nicht allein auf einen advokatorischen Standpunkt für ‚die' Zivilgesellschaft zu reduzieren, da diese nicht die einzige Arena darstellt, in der Menschlichkeit verteidigt werden muss. Vor diesem Hintergrund wird auch die marxistische Überbelichtung von *For Public Sociology* sowie die historische Herleitung der Funktion öffentlicher Soziologie (teils heftig) kritisiert (z. B. Neidhardt 2017; Brint 2007, S. 243). Die marxistische Konnotation des Revitalisierungsprojekts Burawoys wird deshalb als problematisch angesehen, weil sie die Integration verschiedener Perspektiven auf öffentliche Soziologie verhindert.

Spezifische Kritikpunkte an *For Public Sociology* wurden im Verlauf der Debatte nach und nach um allgemeine Kritik an öffentlicher Soziologie ergänzt. Hauptkennzeichen der Revitalisierungsphase ist eine fundamentale Paradoxie: Einerseits führt die Übertheoretisisierung des Konzepts zu einer „praxeologischen Umsetzungsparalyse" (Selke 2017a, S. 321). Andererseits machen praktische öffentliche SoziologInnen noch immer Marginalisierungserfahrungen und müssen mit Sanktionen innerhalb des akademischen Anerkennungssystems rechnen. Das Ungleichgewicht zwischen Theorie und Praxis reproduziert genau jene innerdisziplinären Hierarchien, die bereits in der Kreuztabellierung Burawoys angelegt sind. Zunächst bewog die Revitalisierungsdebatte zahlreiche SoziologInnen zu einem ‚coming-out'. Leider schob sich danach der Leitbegriff ‚Public Sociology' hegemonial über vorgängige öffentliche Engagementformen, die innerhalb der Soziologie praktiziert wurden. Auf diese Weise kam es gleichzeitig zu einer Aufwertung ‚offizieller' öffentlicher Soziologie und der Abwertung ‚inoffizieller' (namenloser) soziologischer Praktiken. Die zentrale Paradoxie besteht darin, dass öffentlichkeitsorientierte Soziologie zwar überaus erfolgreich neue Öffentlichkeiten adressieren kann, genau dieser Erfolg öffentliche SoziologInnen unter Umständen allerdings den Vorwurf von Nicht-Wissenschaftlichkeit einbringt (vgl. Selke 2015, 2017a).[8] Zahlreiche KritikerInnen öffentlicher Soziologie befürchten, dass das Niveau soziologischer Analyse durch die Anpassung an die Sprach- und Lebenswelt öffentlicher Publika abgesenkt würde und durch derartige ‚Popularisierungen' Schaden entstünde (z. B. Hitzler 2012). De-Professionalisierungsängste münden in die hypnotisch redundante Beschwörung eines ‚fachlichen Kerns' der Disziplin. Stellvertretend für viele andere befürchtet Jonathan Turner, dass gerade der Erfolg öffentlicher Soziologie das Ansehen der

---

[8] Allerdings wird diese Abwertung ausschließlich aus Richtung professioneller Soziologie vorgenommen, nicht aus Richtung der Praxis oder der Öffentlichkeit. Praxisfelder und Öffentlichkeiten haben ihre eigenen Relevanzhorizonte und Erfolgskriterien für öffentliche Wissenschaft, die denen von *For Public Sociology* teilweise widersprechen. Vgl. (Bolte 2009) sowie (Selke 2020, S. 384 ff.).

Soziologie insgesamt „erodieren" könnte, anstatt diese einflussreicher zu machen (Turner 2007). Mathieu Deflem erkennt in öffentlicher Soziologie gar eine „pervertierte" Wissenschaft (Deflem 2013). Aus der Gegenrichtung argumentierend kritisiert Keith Tester „private Soziologie" ohne jegliche öffentliche Relevanz und befürchtet weitere Selbstbezüglichkeits- und Schließungseffekte als Preis für innerdisziplinäre Reinheitsgebote (Tester 2008, S. 155). Popularisierungsverdacht und Trivialisierungsangst sind die Begleitmusik der Revitalisierungsdebatte. Re-Professionalisierungsstrategien, wie z. B. die *Save-Sociology*-Initiative von Mathieu Deflem oder Forderungen nach einer Zweiteilung der Soziologie in einen „humanistischen" und eine „wissenschaftlichen" Zweig (Turner 2007) fördern erkennbar restaurative Kräfte innerhalb der Soziologie anstatt Innovationen mit Weitblick.

Neben professionspolitischen Argumenten verdienen praktische Barrieren Beachtung. Akademischen Karrierezeiten und öffentlichen Engagementzeiten sind so gut wie inkompatibel, was praktische öffentliche Soziologie tendenziell erschwert. Zwischen akademischem Output und externem Engagement müssen immer wieder persönliche Wahlentscheidungen getroffen und Zielkonflikte bearbeitet werden. Öffentliche Soziologie lässt sich in ihren Praxisformen nur in Ausnahmefällen innerhalb akademischer Anerkennungsrituale und Gratifikationssysteme verwerten. Stattdessen müssen Anerkennungsverluste innerhalb der Scientific Community sowie die Abwertung der eigenen Forschungsergebnisse befürchtet werden – daran hat auch die Revitalisierungsdebatte wenig geändert. Wer sich trotz dieser Barrieren für öffentliche Soziologie entscheidet, unterliegt Risiken der Instrumentalisierung und Korrumpierung. Zwar wird die Notwendigkeit einer Annäherung von soziologischer Reflexion und politischer Praxis immer wieder betont. Dennoch bewerten einige KritikerInnen öffentliche Soziologie als brotlose Kunst und Karrierekiller. Öffentliche Soziologie kann leicht als „Beinahe"-Journalismus oder „Beinahe"-Aktivismus, als Hobby oder Nebenbeschäftigung für Etablierte abgetan werden (Hays 2007, S. 81). *For Public Sociology* hat den prekären Status der PraktikerInnen nicht erhöht, sondern eher verringert. Patricia Hill Collins spricht sogar von soziologischer Ghettobildung – öffentliche Soziologie als Sammelbecken für akademische Verlierer (Collins 2007, S. 104).

4 Alternativen zu Burawoy

Vor allem Michael Burawoy gilt als Reformer, der für eine dramatische Wiedererfindung der Soziologie bzw. eine holistische Soziologie eintritt. In der Basisvariante wird *For Public Sociology* als fesselnd, erfrischend und überzeugend empfunden (McLaughlin et al. 2007, S. 292). Befürworter sparen deshalb nicht mit Lob und Applaus (vgl. Aulenbacher et al. 2017). Konsens besteht darüber, dass Burawoy eine Aufbruchsstimmung erzielte, an der kaum jemand vorbeikam. Die globale Debatte um *For Public Sociology* verdeckt allerdings, dass es auch alternative Revitalisierungskonzepte gibt, die eine flexiblere und individuellere Selbstverortung zwischen Wissenschaft und Praxis ermöglichen.⁹

Innerhalb der Revitalisierungsdebatte ist die Diskussion über eine mögliche Kontaminierung der Soziologie durch wertebezogenes Engagement zentral. Andrew Abbott plädiert deshalb für eine „humanistische Position" öffentlicher Soziologie, die ihre Legitimation aus der Tatsache bezieht, dass soziale Prozesse von menschlichen Wesen gelebt werden, die immer schon werten (Abbott 2007). Er plädiert dafür, die soziologische Praxis nicht noch weiter in Richtung ‚unangreifbarer' und ‚sauberer' Wissenschaftlichkeit zu modifizieren. Indem er zu Dialogen mit denjenigen auffordert, deren Meinungen und Werte man gerade nicht teilt, weitet er den Burawoyschen Dialog-Ansatz erheblich aus. Wer öffentliche Soziologie aus einer humanistischen Position heraus betreibt, wird auch Inhalte beachten und rückübersetzen, die er selbst ablehnt oder unangenehm findet. Abbotts Programm öffentlicher Soziologie ist als inhärent moralisches Unternehmen zu betrachten und in diesem Sinne eine echte Alternative zu *For Public Sociology*.

Eine weitere Alternative bietet das differenzierte Engagementkonzept von Orlando Patterson (2007). Engagement wird bei ihm gerade nicht als exklusive Eigenschaft öffentlicher SoziologInnen verstanden. Eine *professionell engagierte* Soziologie beschäftigt sich hauptsächlich mit ihren eigenen Themen, kommt aber ‚hin und wieder' auch mit Publika in Berührung, z. B., weil diese aktiv um Rat fragen. Eine *diskursiv engagierte* Soziologie geht von einem Impuls der Sorge um die Welt aus und wird durch eine öffentliche Konversation in Dialogform gebracht und durch kommunikative Rückkanäle überprüfbar. Die dritte Variante schließlich, die *aktiv bzw. zivilgesellschaftlich engagierte* Soziologie, ist vor allem für politisch engagierte Soziologen attraktiv.

Es gibt zahlreiche weitere Konzepte öffentlicher Soziologie, die neben der Prominenz von *For Public Sociology* zwar eher verblassen, von denen aber gleichwohl alternative Impulse ausgehen.¹⁰ Eine *passionierte Soziologie* lässt Gefühle (z. B. Wut) oder Kreativität zu (Game und Metcalfe 1996). Wie bei Patterson wird dabei dem wissenschaftlichen Blick ein humanistischer Blick vorgeschaltet. Passionierte Soziologie verbindet Profession mit Passion und setzt sich zum Ziel, Menschen zu weltverändernden Tätigkeiten anzuregen. Dabei entsteht eine besondere Form des Wissens, die sich durch kreative Wechselwirkungen zwischen Wissensproduktion, Leidenschaft, Sinnlichkeit, Poesie, Performanz und Gegenwartsbezug auszeichnet. Kurz: Passionierte Soziologie ist das Gegenteil privater Soziologie (wie sie von Keith Tester definiert wurde). Diese passionierte Haltung lässt sich in zahlreichen Varianten beobachten: als „Diskurs der Subjektivität" (Jean Ziegler), als Versuch, menschliches Leid nicht einfach nur in Texte zu verwandeln (Martín Caparrós), als „eingreifende Wissenschaft" (Gilles Reckinger) oder als

---

⁹Auch viele Beiträge in diesem Handbuch beziehen sich ausschließlich auf *For Public Sociology* und verstärken damit diesen Effekt. Es ist daher anzuraten, in Zukunft vermehrt auch Alternativen zu Burawoy in den Blick zu nehmen (vgl. dazu Selke 2020, S. 144 ff.).

¹⁰Zu den Alternativen zu *For Public Sociology* vgl. ausführlich (Selke 2020, S. 144 ff.).

wütende Wissenschaft und diszipliniertes Grenzgängertum (Selke 2020, S. 185 ff.). Allen alternativen Ansätzen ist gemein, dass sie die Erfolgskriterien der eigenen Arbeit nicht allein aus dem Innenraum der Disziplin schöpfen, sondern bewusst (auch) im Außenraum der Öffentlichkeit finden.

5 Revitalisierung öffentlicher Soziologie im deutschsprachigen Raum

Die maßgeblich von Michael Burawoy initiierte Debatte um Public Sociology erwies sich als nachhaltiger und resonanzfähiger Revitalisierungsversuch. In diesem Kontext fällt jedoch auf, dass Burawoys Thesen die zeitgenössische Debatte scheinbar *alternativlos* dominieren.[11] Die Rezeption und Weiterentwicklung von *For Public Sociology* verlief auch im deutschsprachigen Raum zögerlich. Pionierarbeit leistete Heinz Bude, der sich bereits 2005 „auf die Suche nach einer öffentlichen Soziologie" begab. Ganz allgemein erkennt er in Soziologie eine von der Öffentlichkeit wahrnehmbare „Reflexionswissenschaft der gesellschaftlichen Selbstorganisation" (Bude 2005, S. 378). Gleichwohl kommt er zur Einschätzung, dass der Idee öffentlicher Soziologie ein normativer Bias zugrunde liegt, da diese zwar mit Öffentlichkeiten über relevante Fragen ins Gespräch kommen möchte, gleichzeitig aber bestrebt ist, soziologische Deutungsmuster und Interpretationen zu vermitteln, anstatt diese gemeinsam mit Öffentlichkeiten zu entwickeln oder auszuhandeln (Bude 2005, S. 376). Insgesamt lassen sich bislang für den deutschsprachigen Kontext kaum Traditionslinien herauslesen. Konzeptentwürfe und einzelne Aktionen stehen eher unverbunden nebeneinander. Gerade im Kontext der Corona-Pandemie offenbarte sich die Abwesenheit einer kollaborativen öffentlichen Soziologie, die gemeinsam „Dialoge mit den Anderen, den außerwissenschaftlichen Akteuren" (Selke 2020, S. XXI) führt und nicht allein reflexhaft und entlang etablierter Sprecherpositionen auf die Nachfrage des Mediensystems nach „sound-bites" reagiert.[12]

Die Revitalisierung der Soziologie wurde bislang vor allem als Theorie- und Diskursthema bearbeitet und seltener in praxistaugliche Konzepte umgesetzt. Inzwischen kam öffentliche Soziologie auch im deutschsprachigen Raum in Form lexikalischer Einträge (Damitz 2013), als Sammelband (Aulenbacher et al. 2017) oder Reader mit Übersetzungen von Burawoy-Texten (Aulenbacher und Dörre 2015) an. Die Fachdebatte fand ihren bisherigen Höhepunkt in der Form von Sammelrezensionen (Treibel 2017) und Themenessays (Selke 2017b), Artikelserien in den Zeitschriften *Soziologie, Zeitschrift für theoretische Soziologie, Sozialwissenschaften und Berufspraxis* sowie einigen wenigen explizit kritischen Erwiderungen zum „Burawoy-Hype" (Neidhardt 2017). Neben der Verhandlung zeitgenössischer

---

[11] Nur wenige Ausnahmen bestätigen die Regel: So bringt etwa Steven Brint elf eigene Thesen gegen Burawoys Programm in Stellung (Brint 2007).
[12] Ausführlich zu dieser Kritik vgl. die Einleitung in (Selke 2020).

Positionen machte sich vor allem Oliver Neun darum verdient, den vielfältigen Querschnittsaufnahmen durch die Zusammenstellung klassischer Texte und zahlreicher weiterer Referenzen einen stabilen zeithistorischen Rahmen zu geben (Neun 2019). Trotz aller Annäherungen bleibt weitgehend ungeklärt, was eigentlich unter öffentlicher Soziologie zu verstehen ist. Revitalisierungsbemühungen sollten daher auch die Glättung von Unterschieden beinhalten. Die prägnanteste Kurzformel stammt wohl von Orlando Patterson. „Jede Tätigkeit eines Soziologen jenseits des Akademischen, die Öffentlichkeiten einschließt und sich an diese wendet, ist öffentliche Soziologie" (Patterson 2007, S. 180).[13]

Innerhalb der Debatte um öffentliche Soziologie sind mittlerweile theoretische Positionen und historische Kontextualisierungen weitgehend geklärt bzw. aufgearbeitet. Praktische Umsetzungen erweisen sich hingegen nach wie vor als *terra incognita*. Obwohl es keine leicht zugängliche Systematik zu Best-Practice-Beispielen gibt, lassen sich einige Projekte mit Vorbildcharakter benennen. Hans-Jürgen Urban verbindet soziologische Gewerkschaftsforschung mit der Revitalisierung der Disziplin zu einer „Kooperation zu wechselseitigem Nutzen" (Urban 2015, S. 223), ist sich dabei aber der Schwierigkeit bewusst, dass es beim Aufeinandertreffen bislang fremder Felder eine gesteigerte „reflexive Kollisionstoleranz" (Urban 2015, S. 242) braucht. Best-Practice-Beispiele für praktische öffentliche Soziologie sind zudem offene Laborstudien bzw. natürliche Experimente wie *ÜberLeben im Umbruch* (Bude et al. 2011)[14] oder neuerdings das Projekt *Öffentliche Soziologie in Aktion*, das als Ergebnis öffentlicher Lehrforschung entstand und verdeutlicht, welches Potenzial performative öffentliche Soziologie[15] beinhaltet (Jende 2020).

Auch Experimente mit reportageartigen Formaten dienen dazu, den Erfahrungsraum öffentlicher Soziologie als neue soziale Forschungspraxis und Kommunikationsform des Fachs deutlich auszudehnen. Bei *Socioskop*[16] beleuchten WissenschaftlerInnen und BürgerInnen wechselseitig ein soziologisches Thema aus ihrer jeweiligen Perspektive. Bei *live*Sociology tauchen SoziologInnen in öffentliche Ereignisse ein, erfahren das Geschehen vor Ort und handeln Deutungsangebote zusammen mit Anwesenden dialogisch (und spekulativ) am Gegenstand aus (Scheffer und Schmidt 2013). Wie öffentliche Soziologie im Stil der Sozialreportage im Außendienst[17] aussehen könnte, zeigen Langzeitprojekte des Autors wie *Fast ganz unten* (Selke 2008) oder *Schamland* (Selke 2013), die zugleich als „wütende Wissenschaft" die Frage nach Wertorientierungen neu stellen. Trotz (oder gerade wegen?) des klar erkennbaren Wertebezugs gingen die öffentlichkeitswirksamen Ak-

---

[13] Ob dazu auch alltagsnahe Texte wie z. B. *Gruß aus der Küche. Soziologie der kleinen Dinge* (Allert 2017) oder die Selbstthematisierung von Soziologen, z. B. *Mit dem Taxi durch die Gesellschaft. Soziologische Stories* (Nassehi 2010) gehören, soll verhandelbare Geschmackssache sein (und bleiben).

[14] Vgl. dazu auch den entsprechenden Beitrag in diesem Handbuch.

[15] Vgl. dazu auch den entsprechenden Beitrag in diesem Handbuch.

[16] https://www.instagram.com/sozioskop_net/.

[17] Die Unterscheidung von Außen- und Innendienst stammt von (Dellwig und Prus 2012).

tionen in Form materieller Exponate in das *Haus der Geschichte der Bundesrepublik Deutschland* ein. Dies kann als Hinweis darauf verstanden werden, dass sich öffentliche Soziologie keinesfalls auf den Innendienst beschränken darf, sondern weit mehr Schnittstellen zu neuen, außerwissenschaftlichen Publika bedienen kann, als bislang in den Blick genommen wurden.

Spätestens mit den Herausforderungen der Corona-Krise hat auch Deutsche Gesellschaft für Soziologie (DGS) das Potenzial dieser neuen Schnittstellen erkannt. Die Debatte um *For Public Sociology* fand in Deutschland zunächst wenig Beachtung, wird aber gegenwärtig breiter rezipiert und seit 2012 von der DGS mit dem Programm *DGS goes public* auch offiziell unterstützt. Unter anderem werden öffentlichkeitswirksame Veranstaltungen finanziell und organisatorisch unterstützt, um soziologische Expertise in außeruniversitäre Räume und Öffentlichkeiten zu tragen und sich zeitnah in aktuelle Debatten einmischen. Erste Beispiele finden sich auf der Webseite der DGS. Mit dem *SozBlog* versucht die Fachgesellschaft zudem, der Debatte eine komplementäre Form zu geben. Erstaunlich ist allerdings, dass eine nationale Fachgesellschaft ausschließlich an die Überlegungen Burawoys anknüpft. Dies ist deshalb bemerkenswert, weil Burawoys Problemdiagnose vor Pathos nicht zurückschreckt: „In Zeiten der Markttyrannei und des Staatsdespotismus verteidigt öffentliche Soziologie die Interessen der Menschheit" (Burawoy 2005, S. 24). Dieses zentrale Burawoy-Zitat schaffte es sogar, zu einer Art offiziellen ‚Schlachtruf' der DGS zu werden, der in Form eines Aufklebers der Verbandszeitschrift *Soziologie* beigelegt wurde.

Ohne Wille zur Institutionalisierung bleiben zentrale Fragen weiterhin offen und öffentliche Soziologie findet auch weiterhin vor allem als Einzelkämpfertum statt. Sollte öffentliche Soziologie das Potenzial haben, zum Standardrepertoire der Disziplin zu werden, müssen den rhetorischen Absichtsbekundungen konkrete Taten folgen, die vor allem der nächsten akademischen Generation mehr Optionen für eine fachliche und außerfachliche Selbstverortung bieten. Bislang bleibt es bei der Verwunderung, dass es ausgerechnet Randfiguren der Disziplin waren, die „das Kunststück vollbrachten, die Soziologie im öffentlichen Leben populär zu machen" (Damitz 2013, S. 253). In Zukunft wird zudem verstärkt die Frage zu verhandeln sein, ob öffentliche Soziologie nicht einen elementaren Selbstwiderspruch enthält, ob also Revitalisierungs- und Öffnungsbestrebungen nicht automatisch in *öffentliche Gesellschaftswissenschaften* (Selke und Treibel 2018) oder noch allgemeiner in *öffentliche Wissenschaften* (Schader-Stiftung 2016) münden sollten. Öffentliche Soziologie stellt nur einen winzigen Ausschnitt des umfassenden ‚public turns' dar, den andere Disziplinen bereits sehr viel entschiedener in neue Programmatiken zwischen Forschung, Lehre und Öffentlichkeit umgesetzt haben. Revitalisierung der Soziologie kann daher zweierlei bedeuten: Erstens die Rückgewinnung des Terrains für öffentlichen Bedeutungsaushandlungen und zweites die (großzügige) disziplinäre Selbstentgrenzung im Sinne einer umfassenden Öffnung der der Disziplin. Die Diagnose, dass der erste Schritt (noch) nicht genug ist (Neun 2013) gilt noch immer. Eine zielstrebige und ernsthafte Umsetzung öffentlicher Soziologie würde zur Notwendigkeit einer Komplettrevision des akademischen soziologischen Feldes führen und weitreichende Reformen der Lehre sowie der Forschungspraxis und Wissenschaftskommunikation erfordern. Die Revitalisierung der Soziologie braucht neue epistemische Praktiken und Kulturen anstatt Kreuztabellen und Worthülsen. „Wenn wir Burawoys Aufruf zur öffentlichen Soziologie ernst nehmen, würde das ernsthaftes Überdenken und Überarbeiten unserer Beziehungen zur Hochschule, zu anderen Disziplinen, der Art und Weise wie wir Studierende unterrichten sowie den Möglichkeiten der Anerkennung von Kollegen nach sich ziehen" (Zussmann und Misra 2007, S. 9). Institute und Fakultäten müssten sich neuen Lehrstilen widmen und sich auf moralische und politische Frage einlassen. Etablierte müssten anerkennen, dass öffentliche Soziologie keine extracurriculare Aktivität ist, sondern fundamentaler Bestandteil des Berufs und der Berufung von SoziologInnen. Meine *Einladung zur öffentlichen Soziologie* (Selke 2020) berücksichtigt daher im Kern die kohortenspezifische Herausbildung individueller Präferenzen für öffentliche Soziologie im Kontext neuer Wissenschaftsauffassungen. Erst durch die wechselseitige Berücksichtigung biografischer Haltungen und institutioneller Bedingungen ist eine realistische Einschätzung und Umsetzung des Revitalisierungspotenzials öffentlicher Soziologie möglich. Nicht zuletzt zeigt das vorliegende Handbuch, wie vielseitig und vielversprechend das Engagement im Feld öffentlicher Soziologie sein kann.

Literatur

Abbott, Andrew D. 2007. For humanist sociology. In *Public sociology. Fifteen eminent sociologists debate politics and the profession in the twenty-first century*, Hrsg. Dan Clawson, Robert Zussmann, Joya Misra, Naomi Gerstel und Randall Stokes. Berkeley: University of California Press.
Allert, Tilmann. 2017. *Gruß aus der Küche. Soziologie der kleinen Dinge*. Frankfurt a. M.: Fischer.
Aulenbacher, Brigitte, und Klaus Dörre. 2015. *Michael Burawoy. Public Sociology. Öffentliche Soziologie gegen Maertkfundamentalismus und globale Ungleichheit*. Weinheim: BeltzJuventa.
Aulenbacher, Brigitte, Michael Burawoy, Klaus Dörre und Johanna Sittel, Hrsg. 2017. *Öffentliche Soziologie. Wissenschaft im Dialog mit der Gesellschaft*. Frankfurt a. M.: Campus.
Bastow, Simon, Patrik Dunleavy, und Jane Tinkler. 2014. *The impact of the social sciences. How academics and their research make a difference*. London: Sage.
Bauman, Zygmunt. 2014. *What use is sociology? Conversations with Michael-Hviid Jacobsen and Keith Tester*. Cambridge: Polity.
Bolte, Karl Martin. 2009. Wissenschaft und Praxis. Möglichkeiten ihres Verhältnisses zueinander. In *In diesem Geschäft gibt es keine Mathematik*, Hrsg. Schader-Stiftung, 28–41. Darmstadt: Schader-Stiftung.
Boyer, Ernest. 1990. *Scholarship reconsidered. Priorities of the professoriate*. Washington, DC: Carnegie Foundation for the Advancement of Teaching.
Brewer, John. 2013. *The public value of social sciences*. London: Bloomsbury.
Brint, Steven. 2007. Guide for the perplexed: On Michael Burawoy's ‚public sociology'. In *Public sociology. The contemporary debate*, Hrsg. Nichols Lawrence, 237–262. New Brunswick: Transaction Publishers.
Bude, Heinz. 2005. Auf der Suche nach einer öffentlichen Soziologie. Ein Kommentar zu Michael Burawoy. *Soziale Welt* 4:375–380.
Bude, Heinz, Thomas Medicus, und Andreas Willisch, Hrsg. 2011. *ÜberLeben im Umbruch. Am Beispiel Wittenberge: Ansichten einer fragmentierten Gesellschaft*. Hamburg: Hamburger Edition.

Burawoy, Michael. 2005. For public sociology. *American Sociological Review* 4:4–28.
Collins, Patricia Hill. 2007. Going public. Doing the sociology that had no name. In *Public sociology. Fifteen eminent sociologists debate politics and the profession in the twenty-first century*, Hrsg. Dan Clawson, Robert Zussmann, Joya Misra, Naomi Gerstel und Randall Stokes, 101–113. Berkely: University of California Press.
Damitz, Ralf. 2013. Soziologie, öffentliche. *Soziologische Revue* 36(3): 251–261.
Deflem, M. 2013. The structural transformation of sociology. *Society* 50(2): 156–166.
Dellwig, Michae, und Robert Prus. 2012. *Einführung in die interaktionistische Ethnografie. Soziologie im Außendienst*. Wiesbaden: Springer VS.
Desmond, Matthew. 2018. *Zwangsgeräumt. Armut und Profit in der Stadt*. Berlin: Ullstein.
Du Bois, W. E. B. 2008. *Souls of Black Folk*. Oxford: Oxford University Press.
Game, Anne, und Andrew Metcalfe. 1996. *Passionate sociology*. London: Sage.
Gans, Herbert. 2002. *More of us should become public sociologists*. Footnotes (Juli/August), Ausgabe 10.
Gans, Herbert. 2009. A sociology for public sociology: Some needed disciplinary changes for creating public sociology. In *The handbook of public sociology*, Hrsg. Vincent Jeffries, 123–134. Lanham: Rawman & Littlefield.
Gans, Herbert. 2010. Public ethnography; ethnograph as public sociology. *Qualitative Sociology* 33(1): 97–104.
Hanemaayer, Ariane, und Christopher J. Schneider. 2014. Introduction: Burawoy's „normative vision" of sociology. In *The public sociology debate. Ethics and engagement*, 3–27. Vancouver: UBC.
Hays, Sharon. 2007. Stalled at the Altar? Conflict, hierarchy, and compartmentalization in Burawoy's public sociology. In *Public sociology. Fifteen eminent sociologists debate politics and the profession in the twenty-first century*, Hrsg. Dan Clawson, Robert Zussmann, Joya Misra, Naomi Gerstel und Randall Stokes, 79–90. Berkely: University of California Press.
Hitzler, Roland. 2012. Wie viel Popularisierung verträgt die Soziologie? *Soziologie* 4:393–397.
Jende, Robert, Hrsg. 2020. *Öffentliche Soziologie in Aktion. 72 Stunden Stadtplanung zum Mitmachen*. Wiesbaden: Springer VS.
McLaughlin, Neil, Lisa Kowalchuk, und Kerry Turcotte. 2007. Why sociology does not need to be saved: Analytic reflections on public sociology. In *Public sociology. The contemporary debate*, Hrsg. Lawrence Nichols, 289–313. New Brunswick: Transaction Publishers.
Nassehi, Armin. 2010. *Mit dem Taxi durch die Gesellschaft. Soziologische Storys*. Hamburg: Murmann.
Neidhardt, Friedhelm. 2017. „Public Sociology" – Burawoy-Hype und linkes Projekt. *Berliner Journal für Soziologie* 27:303–317.
Neun, Oliver. 2013. Der erste Schritt ist nicht genug. *Soziologie* 1:16–24.
Neun, Oliver. 2019. *Öffentliche Soziologie*. Baden-Baden: Nomos.
Nowotny, Helga. 1975. Zur gesellschaftlichen Irrelevanz der Sozialwissenschaften. *Kölner Zeitschrift für Soziologie und Sozialpsychologie* 18:445–456.
Patterson, Orlando. 2007. About public sociology. In *Public sociology. Fifteen eminent sociologists debate politics and the profession in the twenty-first century*, Hrsg. Dan Clawson, Robert Zussmann, Joya Misra, Naomi Gerstel und Randall Stokes, 176–194. Berkeley: University of California Press.
Schader-Stiftung. 2016. Öffentliche Wissenschaft. *Schader-Dialog. Magazin der Schader-Stiftung zwischen Gesellschaftswissenschaften und Praxis*, Heft 1.
Scheffer, Thomas, und Robert Schmidt. 2013. Public Sociology. Eine praxeologische Reformulierung. *Soziologie* 3:255–270.
Schneidewind, Uwe, und Mandy Singer-Brodowski. 2014. *Transformative Wissenschaft. Klimawandel im deutschen Wissenschafts- und Hochschulsystem*. Marburg: Metropolis.
Selke, Stefan. 2008. *Fast ganz unten. Wie man in Deutschland durch die Hilfe von Lebensmitteltafeln satt wird*. Münster: Westfälisches Dampfboot.
Selke, Stefan. 2013. *Schamland. Die Armut mitten unter uns*. Berlin: ECON.

Selke, Stefan. 2015. Öffentliche Soziologie als Komplizenschaft. Vom disziplinären Bunker zum dialogischen Gesellschaftslabor. *Zeitschrift für Theoretische Soziologie* 4:179–207.
Selke, Stefan. 2017a. Doing Public Sociology. Das Dilemmata Öffentlicher Soziologie als öffentliche Nicht-Wissenschaft. In *Öffentliche Soziologie. Wissenschaft im Dialog mit der Gesellschaft*, Hrsg. Brigitte Aulenbacher, Michael Burawoy, Klaus Dörre und Johanna Sittel, 319–333. Frankfurt a. M.: Campus.
Selke, Stefan. 2017b. Soziologische Theorie. *Kölner Zeitschrift für Soziologie und Sozialpsychologie* 69:335–338.
Selke, Stefan. 2020. *Einladung zur öffentlichen Soziologie. Eine postdisziplinäre Passion*. Wiesbaden: Springer VS.
Selke, Stefan, und Annette Treibel, Hrsg. 2018. *Öffentliche Gesellschaftswissenschaften. Grundlagen, Anwendungsfelder und neue Perspektiven*. Wiesbaden: Springer VS.
Tester, K. 2008. The media as public. The appearance of sociology in the media environment. In *Public sociology. Proceedings of the Anniversary Conference Celebrating Ten Years of Sociology in Aalborg*, Hrsg. M. H. Jacobson, 155–177. Aalborg: Aalborg University Press.
Treibel, Annette. 2017. Für Öffentliche Soziologien – mit und ohne Burawoy. *Soziologische Revue* 40(1): 27–43.
Turner, Jonathan. 2007. Is public sociology such a good idea? In *Public sociology. The contemporary debate*, Hrsg. Nichols Lawrence, 263–288. New Brunswick: Transaction Publishers.
Urban, Hans-Jürgen. 2015. Soziologie, Öffentlichkeit und Gewerkschaften. Versuch einers vorausschauenden Nachworts zu Michael Burawoys Public Sociology. In *Public Sociology. Öffentliche Soziologie gegen Marktfundamentalismus und globale Ungleichheit*, Hrsg. Brigitte Aulenbacher und Klaus Dörre, 221–242. Weinheim/Basel: Beltz Juventa.
Zussmann, Robert, und Joya Misra. 2007. Introduction. In *Public sociology. Fifteen eminent sociologists debate politics and the profession in the twenty-first century*, Hrsg. Brigitte Aulenbacher, Michael Burawoy, Klaus Dörre und Johanna Sittel, 3–22. Berkeley: University of California Press.

Teil II
Personen – Positionen

C. Wright Mills (1916–1962)

Oliver Neun

Inhalt

1   Einleitung 87
2   C. Wright Mills' frühe akademische Schriften zur Wissenssoziologie und zur
    Massenkommunikation 88
3   C. Wright Mills und die „New York Intellectuals" (NYI): „the Making" des öffentlichen
    Soziologen C. Wright Mills 88
4   C. Wright Mills' Gesellschaftstrilogie: „The New Men of Power", „White Collar" und „The
    Power Elite" 89
5   C. Wright Mills' Konzept der „public sociology": „The Sociological Imagination" 91
6   C. Wright Mills' politische Schriften: „The Causes of World War Three", „Listen Yankee"
    und „The Letter to the New Left" 93
7   Zur Wirkung von C. Wright Mills 94
8   Fazit 95
Literatur 96

1 Einleitung

C. Wright Mills nimmt in der Diskussion um eine „öffentliche Soziologie" eine besondere Stellung ein: kurz nach seinem Tod 1962 bezeichnet Irving Louis Horowitz (1963, S. 5) ihn als den bekanntesten amerikanischen Sozialwissenschaftler. Er gilt deshalb nicht nur als Modell für einen öffentlichen Soziologen gilt, vielmehr geht auch der Ausdruck „public sociology" auf ihn zurück (Bude 2005; Trevino 2012). In den letzten 15 Jahren sind daher im Zuge der neueren Debatte um eine „public sociology" mehrere Monographien zu seinem Schaffen, eine neue Auswahl seiner Schriften, Wiederauflagen mehrerer seiner Arbeiten, eine Edition seiner Briefe und Sammelbände zu seinem Werk erschienen, weshalb von einem Mills-

O. Neun (✉)
Gesellschaftswissenschaften/Fachgruppe Soziologie, Universität Kassel, Kassel, Deutschland
E-Mail: oliver.neun@uni-kassel.de

"Revival" seit der Jahrhundertwende gesprochen wird (Trevino 2012, S. 18; u. a. Mills 2000; Dunn 2018).

Der starken Stellung von Mills in der englischsprachigen Soziologie steht jedoch die bisher schwache Rezeption in Deutschland gegenüber. Die lange Zeit einzige veröffentlichte deutsche Monografie zu seinem Werk stammt aus dem Jahre 1995, eine Mills-Renaissance außerhalb den USA steht daher weiter aus (Hess 1995; vgl. nun Neun 2019).

2 C. Wright Mills' frühe akademische Schriften zur Wissenssoziologie und zur Massenkommunikation

Mills (1963a) erster, wenn auch wenig bekannter, Schwerpunkt seiner Arbeit ist die Beschäftigung mit der (Mannheimschen) Wissenssoziologie, der auf seine frühe Prägung durch den Pragmatismus während seines Studiums zurückgeht. In seiner erst posthum herausgegebenen Dissertation „A Sociological Account of Pragmatism: An Essay on the Sociology of Knowledge" untersucht er auch das Werk der Pragmatisten Charles Peirce, William James und John Dewey genauer (Mills 1964). Letzterem widmet er den längsten Abschnitt, in dem er bereits kurz Deweys (1927) Öffentlichkeitstheorie in seinem Werk „The Public and Its Problems" aufgreift (Mills 1964, S. 447 f.).

Bei Mills ist das Feld der Wissenssoziologie zudem mit dem der Massenkommunikation verbunden. Er leitet für das „Bureau of Applied Social Research" an der „Columbia"-Universität im Sommer 1945 auch eine Studie zu diesem Thema, auf der sein Artikel „The Sociology of Mass Media and Public Opinion" basiert (Mills 1963a).[1]

Danach verlagert sich sein Fokus aber auf das Problem der gesellschaftlichen Stratifikation (Geary 2009, S. 65). Ein Grund dafür ist sein stärker werdendes Interesse für politische Fragen, das u. a. durch den Kontakt zu den „New York Intellectuals" (NYI) geweckt wird. Erst nach dieser Begegnung beginnt er z. B., sich mit den Gewerkschaften zu beschäftigen, wobei er insbesondere von Dwight Macdonald und Daniel Bell beeinflusst ist (Hess 1995, S. 84, 86–87; Neun 2014). Nun wird er zudem zu einem öffentlichen Soziologen.

3 C. Wright Mills und die „New York Intellectuals" (NYI): „the Making" des öffentlichen Soziologen C. Wright Mills

Seine frühen Arbeiten zur Wissenssoziologie erscheinen noch in akademischen Journalen wie „American Sociological Review" (ASR) oder „American Journal of Sociology" (AJS), durch die Verbindung zu den NYI veröffentlicht er aber in nicht-

---

[1]Dieser Artikel wird erst posthum veröffentlicht, obwohl Mills ihn bereits 1950 abschließt (Trevino 2012, S. 181).

akademischen Zeitschriften wie „The New Leader", „Partisan Review", „Commentary" und „Dissent" (Mills 1963a; Horowitz 1983, S. 72–74). Inhaltlich beschäftigt sich Mills (1963a) darüber hinaus in seinem Aufsatz „The Powerless People", der 1944 in „Politics" veröffentlicht wird, zum ersten Mal mit dem Typus des Intellektuellen. Zudem ist jetzt ein (bewusster) stilistischer Wandel zu erkennen (Form 1995; Mills 2000, S. 80).

Auch die erste Arbeit von Mills zu dem Werk von Max Weber erscheint im Oktober 1944 in „Politics". Der darauf basierende, zusammen mit dem deutschen Emigranten Hans Gerth herausgegebene Reader „From Max Weber" ist dagegen noch auf ein Fachpublikum ausgerichtet, in ihm wird Weber jedoch bereits als Anregung für eine öffentliche Soziologie gedeutet (Mills 2000, S. 101; Gerth und Mills 1958; Neun 2016).

4 C. Wright Mills' Gesellschaftstrilogie: „The New Men of Power", „White Collar" und „The Power Elite"

Insbesondere die beiden letzten Werke von Mills' (1948, 1951, 1956) Gesellschaftstrilogie, d. h. seiner drei Bücher „The New Men of Power", „White Collar" und „The Power Elite", zählen dagegen zu seinen bekanntesten Arbeiten und wirken über die eigene Disziplin hinaus.

In seinem ersten Buch, „The New Men of Power", in dem er die Gewerkschaftsvorsitzenden behandelt, wird auch sein (neues) politisches Interesse deutlich (Mills 2016, S. 296; vgl. Hess 1999, S. 177). In den letzten beiden Kapiteln der Arbeit entwickelt Mills (1948, S. 257–262) ein politisches Programm für die Gewerkschaften und plädiert für eine Kombination der Vorstellungen der „radikalen Linken" mit denen der „unabhängigen Linken". Er hat zu der Zeit noch direkten Kontakt zu dieser Bewegung und dem „Inter-Union Institut for Labor and Democracy" (IUI), in dessen Zeitschrift „Labor Action" er veröffentlicht (Geary 2009, S. 81–84). Die Verkaufszahlen von „The New Men of Power" liegen bis Ende des Jahres 1949 aber nur bei zwischen 5000 und 6000 Exemplaren. Zudem wird es hauptsächlich in Gewerkschaftszeitschriften, nicht aber in größeren Tageszeitungen besprochen (Mills 2000, S. 143, 121; Aronowitz 2012, S. 144).

Dies ändert sich mit den folgenden Studien von Mills. Die Diskussionen um „White Collar", Mills' (1951) zweiter Band seiner Trilogie, und um die späteren Werke werden zunehmend in einer breiten Öffentlichkeit geführt (Hess 1999, S. 180). Es erfolgt aber ein Wandel in Mills' politischer Einstellung aufgrund des Ausganges der Präsidentschaftswahlen im November 1948, die überraschend von dem demokratischen Kandidaten Harry Truman gewonnen werden. Er wird pessimistischer, verliert den Glauben an einen linken Wandel in den USA und publiziert in der Folge z. B. nicht mehr in der Zeitschrift des IUI. „White Collar" wird dadurch zu einem „work of thourougly disillusioned radicalism" (Geary 2009, S. 125).

Das Buch soll nun jedoch, wie er in einem Brief an seine Eltern vom 18. Dezember 1946 ausdrücklich schreibt, anders noch als sein Reader „From Max Weber" ein „book for the people" werden: „it is everybody's book. So I am trying to make it damn good all over. Simple and clean cut in style, but with a lot of implications and subtleties woven into it." (Mills 2000, S. 101, vgl. S. 69) Er bezeichnet es deshalb als „my little work of art" (Mills 2000, S. 101).

Diese Metapher ist nicht zufällig gewählt, da sich Mills in dieser Zeit intensiv mit dem Verhältnis der Soziologie zur Literatur in einem Brief auseinandersetzt, in dem er sich mit dem Buch „Let Us Now Praise Famous Men" von James Agee und Walker Evans beschäftigt. Agees Text ist für Mills (2000, S. 112) dabei der Versuch einer „sociological poetry". Diesen Ausdruck erläutert er so: „It is a style of experience and expression that reports social facts and at the same time reveals their human meanings." (Mills 2000, S. 112)[2] Diese Überlegungen haben Einfluss auf die stilistische Konzeption seines eigenen Werkes „White Collar".

In diesem Buch behandelt Mills den „neuen Mittelstand" bzw. die „new middle class" genauer, wobei er den verschiedenen einzelnen Angestelltentypen nachgeht und an der Spitze der Hierarchie beginnt. Er behandelt z. B. zuerst die leitenden Angestellten wie die Manager, dann die alten und neuen akademischen Berufe und erneut die Intellektuellen. Im letzten Kapitel diskutiert Mills (1948, 1955, S. 389–392, 403–441) auch wie in seinem früheren Buch „The New Men of Power" die Frage der politischen Bedeutung dieses „neuen Mittelstandes". Ein Hauptproblem ist für ihn dabei, dass die Menschen gar keine politische Meinung haben. Bei der Frage, wie diese Gleichgültigkeit und Apathie entstanden ist, verweist er u. a. auf die Wirkung der Massenmedien, wobei er sich auf Überlegungen von Leo Löwenthal (1944) stützt (Mills 1955, S. 442–449).

Trotz der pessimistischen Sicht wird das Werk Mills' (2000, S. 175) erster großer Publikationserfolg und verkauft sich bereits in den ersten beiden Jahren 35.000-mal. Zudem wird es von der Kritik fast einhellig positiv aufgenommen, Mills (2000, S. 157) schreibt dazu selbst in einem Brief: „Reviews of White Collar are excellent. [...] The reception is all that could possibly be expected and I'm quite happy about it" (vgl. auch Mills 2000, S. 160). Es wird zudem nun auch großen Tageszeitungen wie der „New York Times" rezensiert (Aronowitz 2012, S. 144).[3]

Durch den Erfolg des Buches „White Collar" wird Mills selbst bekannt und dessen Erscheinen markiert daher den Beginn seines Wirkens als „public political intellectual" (Aronowitz 2012, S. 149).

Das letzte Buch von Mills' Gesellschaftstrilogie, „The Power Elite" wird aufgrund seiner politischen Implikationen ebenfalls breit rezipiert. Mills zentrale These, bei der er an Überlegungen von Franz Neumann (1942) zur Elitenbildung und an Weber anknüpft, lautet, dass gewöhnliche Menschen weniger Macht als früher haben. Dagegen haben manche Personen durch die Zentralisierung der Macht- und Informationsmittel Positionen erlangt, mit denen sie das Leben anderer Menschen stark beein-

---

[2]Mills (2000, S. 78) ist zudem selbst schriftstellerisch tätig und sendet 1944 einen Entwurf für einen eigenen Roman an Felice Swados, die sich positiv dazu äußert (vgl. auch Mills 2000, S. 262, 330).

[3]Ein Grund für die große Popularität des Buches ist, dass es sich mit der breiten Debatte zur „Konformität" in der Zeit berührt (Geary 2009, S. 136). Daher finden sich inhaltliche Parallelen zu David Riesmans et al. (1950) kurz zuvor erschienenem soziologischen Bestseller „The Lonely Crowd", der ebenfalls dieses Problem behandelt.

flussen können. Diese Elite („Power Elite") beherrscht für ihn nun die drei wichtigsten Institutionen der Gesellschaft: die großen Wirtschaftsunternehmen, den politischen Staatsapparat und die militärischen Streitkräfte (Mills 1962a, S. 22). Unterhalb dieser herrschenden Elite gruppiert sich eine zweite, mittlere Machtschicht. Die dritte Ebene der „Massengesellschaft", die sich von der früheren „Öffentlichkeit" unterscheidet, bildet den eigentlichen Gegenpol zur Elite (Mills 1962a, S. 339–341).[4]

Nach dem Erscheinen des Werkes erfolgt eine intensive Diskussion. Das Buch wird in 15 Sprachen übersetzt und z. B. von Fidel Castro gelesen (Aronowitz 2012, S. 214; Mills 2000, S. 304). Darüber hinaus wird es in nicht akademischen Zeitschriften wie „Dissent" und Zeitschriften anderer Disziplinen wie der Politikwissenschaft und der Wirtschaftswissenschaft besprochen (Aronowitz 2012, S. 168).

In einer Replik von Mills (1957a, S. 33) auf die Einwände gibt er zudem eine Beschreibung seines Verständnisses von „Kritik": „Simple descriptions of elite persons and groups can be politically neutral, but I don't think they usually are." Dieser (kritischen) Aufgabe der Soziologie geht er in der Zeit daher verstärkt nach.

5 C. Wright Mills' Konzept der „public sociology": „The Sociological Imagination"

Mills wendet sich deshalb der Soziologie der Soziologie zu, die sich schon in seiner früheren Wissenssoziologie angedeutet hatte. Nach Vorarbeiten wie „Two Styles of Social Science Research" und „IBM plus Reality plus Humanism = Sociology" stellt Mills' (1959a, 1963a) ausführlichste Beschäftigung damit sein Werk „The Sociological Imagination" dar, das in 17 Sprachen übersetzt wird und 1997 bei der Wahl der „International Sociological Association" (ISA) (1998) zu den wichtigsten soziologischen Büchern des Jahrhunderts auf den zweiten Platz nach Webers „Wirtschaft und Gesellschaft" kommt.[5]

In dem ersten Kapitel des Werkes, das er in einem Schreiben selbst als „‚defense' (without appearing to be such) of the kind of stuff I've done" bezeichnet (Mills 2000, S. 230), charakterisiert er den zentralen Begriff seines Werkes der „sociological imagination" bzw. der „soziologischen Fantasie" genauer so, dass sie Geschichte, Biografie und deren Verbindung zur Gesellschaft in Beziehung setzt.[6] Mills (2016, S. 30 f.) nimmt zudem die Unterscheidung zwischen „Milieu" und „Struktur" aus seinem Buch „Character and Social Structure" auf (Gerth und Mills 1953) und

---

[4]Mills (1963a, 1962a, S. 398–403) beschäftigt sich in dem Werk auch erneut mit der Rolle der Intellektuellen, wobei er Überlegungen aus seinem 1955 erschienenen Aufsatz „On Knowledge and Power" aufgreift, auf den der Begriff „public intellectual" zurückgeht.

[5]Einfluss auf die Arbeit hat auch, dass er sich in dieser Zeit erneut mit dem Verhältnis der Soziologie zur Literatur beschäftigt (Mills 2000, S. 220).

[6]Wirkungsstark ist auch Mills' (2016, S. 53–121) Kritik an der „Großtheorie" von Talcott Parsons und dem „abstrakten Empirismus" als den beiden dominierenden soziologischen Strömungen der Gegenwart. Mills (2016, S. 118 f.) wendet sich aber nicht prinzipiell gegen quantitative Ansätze, z. B. bei der Analyse der Herkunft der Elite.

verbindet sie mit der zwischen „privaten Schwierigkeiten", d. h. „personal troubles of milieu", und „öffentlichen Problemen", d. h. „public issues of social structure".[7]

Mills will dabei an die klassische soziologische Tradition anknüpfen. Wichtig ist für ihn die Beachtung der Geschichte und die Entwicklung einer „soziologisch fundierte[n] und historisch relevante[n] Psychologie" (Mills 2016, S. 217). Das Interesse der Sozialwissenschaftler an der Historie findet für ihn seinen Schlusspunkt in dem Bild, das man von der eigenen Epoche zeichnet, die er selbst als Beginn einer „postmodernen" Zeit versteht. In dieser werden die Ideen der Freiheit und Vernunft in Frage gestellt. Die starke Stellung der Wissenschaft ist nun ebenfalls keine Garantie mehr für eine größere Freiheit: „Rational organisierte soziale Ordnungen" sind dagegen häufig „Instrumente der Tyrannei und der Manipulation", andererseits ist für ihn „Freiheit nur möglich, wenn die Vernunft im menschlichen Leben eine größere Rolle spielt" (Mills 2016, S. 252, 260).

In dem Kapitel „Über Politik" beschreibt er deshalb die Rolle der Soziologie in diesem Prozess und damit eine „public sociology" genauer, ohne das Mills diesen Begriff hier selbst verwendet.[8] Er unterscheidet drei Zielgruppen, die die Disziplin ansprechen kann: 1. die die Macht haben und sich der Konsequenzen ihrer Entscheidungen bewusst sind, 2. die, die Macht haben und sich deren Folgen nicht bewusst sind, und 3. die, die keinen Einfluss haben. Letztere sollen aber über den Zusammenhang von persönlichen Problemen und Gesamtzusammenhängen aufgeklärt werden, was Mills (2016, S. 275) als die „pädagogischen" und „öffentlichen" („public") Aufgaben der Soziologie bezeichnet.

Derjenige, der um solch eine „befreiende Bildung" bemüht ist, hat dabei zwei Ziele: „Für das Individuum sollte er persönliche Schwierigkeiten und Sorgen in gesellschaftliche Probleme und Fragestellungen übersetzen, die der Vernunft zugänglich sind – sein Ziel hierbei ist, dem Einzelnen zu helfen, zu einem sich selbsterziehenden Menschen (*self-education man*) und erst dadurch wirklich vernünftig und frei zu werden. Für die Gesellschaft sollte er allen jenen Kräften entgegentreten, die dabei sind, echte Öffentlichkeiten zu zerstören und eine Massengesellschaft zu errichten – sein Ziel hierbei ist, positiv ausgedrückt, beim Aufbau und der Stärkung sich selbstkultivierender Öffentlichkeiten zu helfen." (Mills 2016, S. 276) Für den Fall, dass man diese Rolle einnimmt, ist es daher das Ziel, die „Gesellschaft demokratischer zu machen" (Mills 2016, S. 281). Eine Bedingung, um die Funktion ausüben zu können, ist für ihn jedoch ein so klarer und einfacher Stil, wie es bei dem Inhalt möglich ist (Mills 2016, S. 320).

Erneut erscheinen zu dem Werk Rezensionen in nicht-akademischen Journalen wie „Commentary" (Geary 2009, S. 164). Mills (2000, S. 267, 1963a) nennt in dem Buch aber keine anderen soziologischen Richtungen als den „abstrakten Empirismus" und die „große Theorie", obwohl er in seinem früheren Aufsatz „IBM plus

---

[7]Diese Differenz ist für ihn von Bedeutung, weil er wie in „White Collar" als Merkmal seiner Zeit ein Gefühl des Unbehagens und der Apathie ausmacht, das häufig in psychiatrischen Begriffen umschrieben wird, wodurch strukturelle Ursachen aber ausgeblendet werden (Mills 2016, S. 39 f.).

[8]Burawoy nennt dieses Kapitel von Mills aber explizit als Anregung für sein eigenes Modell der „public sociology" (Swedberg 2007).

Reality plus Humanism = Sociology" noch selbst drei Gruppen in der Soziologie unterschieden hatte (Geary 2009, S. 172 f.).

Mills (1959a, 1960a, 2000, S. 281) erweitert seine Darstellung der Disziplin jedoch in Bezug auf die klassische soziologische Tradition mit seinem Reader „Images of Man", den er in einem Brief selbst als „supplement or companion" zu „The Sociological Imagination" bezeichnet. In diesem Buch, in dem er Textausschnitte klassischer Autoren versammelt, entwirft er einen anderen und umfassenderen soziologischen Kanon als z. B. Talcott Parsons (1937) in seinem Buch „The Structure of Social Action", weil er darin u. a. Texte des Medien- bzw. Öffentlichkeitstheoretikers Walther Lippmann, der Ökonomen Joseph Schumpeter und Thorstein Veblen oder von Mannheim aufnimmt. Sie alle hatten für ihn nicht nur die eigene Disziplin als Leserschaft (Mills 1960a, S. 11).

Ein weiterer von Mills (1962b, S. 13) herausgegebener Reader mit Textausschnitten zu einem Klassiker ist „The Marxists", die er gleichfalls in diese klassische soziologische Tradition einreiht. Dieses Werk ist ebenfalls nicht an ein Fachpublikum, sondern für ihn an Menschen gerichtet, die von der Politik und der politischen Philosophie gelangweilt sind, die geplante Startauflage des Werkes beträgt daher 200.000 Exemplare (Mills 1962b, S. 11, 2000, S. 285).

6 C. Wright Mills' politische Schriften: „The Causes of World War Three", „Listen Yankee" und „The Letter to the New Left"

Zu Mills' (1958a, 1960b, 2000, S. 263, 318) Bekanntheit tragen die in seinen letzten Lebensjahren erscheinenden politischen „Pamphlete", wie er „The Causes of World War Three" und „Listen, Yankee" selbst nennt, und seine Schriften zur „New Left" weiter bei. „Listen, Yankee" verkauft sich z. B. bis Mitte 1961 in den USA eine halbe Million Mal (Mills 2000, S. 332). Die beiden Bücher „The Causes of World War Three" und „Listen, Yankee" erscheinen zudem nicht wie seine früheren Werke bei „Oxford University Press", sondern als Taschenbücher bei „Ballantine Books".

„The Causes of World War Three" basiert auf öffentlichen Vorträgen und Artikeln, die Mills (1957b) seit Ende 1957 hält bzw. publiziert, wie „Program for Peace", das am 7. Dezember 1957 in der Zeitschrift „The Nation" erscheint. Dieser hat eine starke Resonanz und Mills (2000, S. 259) erhält viele Zuschriften darauf.[9] Durch diese Arbeiten kommt Mills zudem wieder in Kontakt mit einer sozialen Bewegung, da das Buch „The Causes of World War Three" von der sich seit Mitte der 1950er-Jahren bildenden Friedensbewegung unterstützt wird, die an Kirchen und Universitäten angesiedelt ist (Mills 2000, S. 264; Geary 2009, S. 201). Er will aber, wie er einem Beteiligten am 15. Dezember 1958 schreibt, nicht aktiv an ihr teil-

---

[9] Auch sein Artikel „A Pagan Sermon to Christian Clergy", der am 8. März 1958 in der gleichen Zeitschrift publiziert wird, regt viele Leserbriefe an (Mills 1958b, 2000, S. 263).

nehmen: „My job is writing books: that is my action. [...] Meetings and speeches: that is your job." (Mills 2000, S. 270)

In dem Werk „The Causes of World War Three" finden sich jedoch neue Ideen zur Umsetzung der von anvisierten (öffentlichen) Rolle der Wissenschaften bzw. der Soziologie, er regt z. B. die Nutzung der „ernsthaften und großartigen Möglichkeiten des Rundfunks und Fernsehens" an (Mills 1959b, S. 146, vgl. S. 164). Er praktiziert dies auch selbst und hält z. B. Vorträge an der „London School of Economics" (LSE) in London, die von der BBC übertragen werden (Mills 2000, S. 265 f.). Zudem will er Ende 1960 bei einer Fernsehdiskussion mit A. A. Berle Jr. zum Thema Kuba mit potenziell 20 Mio. Zuschauern mitwirken, er erleidet aber kurz vorher einen Herzinfarkt (Mills 2000, S. 318).

Mit seinem einflussreichen Aufsatz „Letter to The New Left", mit dem er den Begriff „New Left" in den Vereinigten Staaten einführt, übt er ebenfalls erhebliche Wirkung durch seine Auffassung aus, welche Gruppen Geschichte machen können. In seinen Augen ist die Arbeiterklasse dafür nicht mehr geeignet, dagegen kommt am ehesten die „young intelligentsia" in Betracht (Mills 1963a, S. 256 f.).

7 Zur Wirkung von C. Wright Mills

Nach seinem plötzlichen Tod 1962 wird Mills (1956) mit diesem „Letter to the New Left" und seinem Werk „Power Elite" eine wichtige Quelle für das „Port Huron Statement" der „Students for a Democratic Society" (SDS) und des Programms „Out of Apathy" der englischen neuen Linken (Hess 1999, S. 183).[10]

In Deutschland ist ebenfalls bereits zu Lebzeiten eine Wirkung der Arbeiten von Mills zu beobachten. Er hat schon an der „Columbia"-Universität in New York Kontakt zu den exilierten Mitgliedern der Kritischen Theorie und wird von ihnen, z. B. von Fromms (1941) Beschreibung des Sozialcharakters, von Neumanns (1942) Elitentheorie oder von Löwenthals (1944) Überlegungen zur Massenkultur, auch geprägt. Zudem hat er nach deren Rückkehr nach Deutschland weiter Kontakt zu ihnen (Mills 2000, S. 197). Die Kritische Theorie nimmt ihn nach ihrer Re-Emigration ebenfalls wahr, insbesondere seinen Aufsatz „Two Styles of Social Science Research" mit seiner lobenden Erwähnung der „Zeitschrift für Sozialforschung". Nach dessen Erscheinen laden Löwenthal und Theodor W. Adorno ihn zu der Festschrift für Horkheimer ein, auch wenn sein Beitrag schließlich nicht gedruckt wird (Mills 1963a; Horkheimer 1996, S. 274).

In dieser Zeit werden aber mehrere Bücher von Mills (1963b), darunter „Sociological Imagination", ins Deutsche übersetzt. Er hat daher mit diesem Werk Einfluss auf die deutschen soziologischen Selbstreflexionen dieser Zeit (u. a. Klima 1969,

---

[10]Die Faszination von ihm beruht nicht nur auf Mills' Arbeiten, sondern auch auf seinem ungewöhnlichen Lebensstil. Er mochte z. B. Motorräder, lebte in einem Haus, das er selbst gebaut hatte, und war mehr als einmal geschieden.

S. 89). Bei Jürgen Habermas (1990, S. 358) liegt ebenfalls eine Rezeption von Mills vor, da er sich in seinem Werk „Strukturwandel der Öffentlichkeit" u. a. bei seiner Definition der „öffentlichen Meinung" bzw. der „Öffentlichkeit" auf Mills' (1956) Studie „The Power Elite" stützt.

Auch in Deutschland ist seine Wirkung nicht auf soziologische Kreise beschränkt, die deutsche Übersetzung von „The Causes of World War Three" wird z. B. in der „Welt" besprochen. Auf dem Umschlag der Sonderausgabe der deutschen Version von „Sociological Imagination" wird 1973 ebenfalls betont, dass „dieses Buch auch im Deutschen gefährlich volkstümlich geworden ist" (Mills 1973). Die deutsche Interpretation von Mills bricht jedoch in den 1970er-Jahren u. a. aufgrund der (politischen) Vorurteile gegenüber der amerikanischen Soziologie ab (Hartmann 1998, S. 369).[11]

In den USA nimmt Burawoy (2007) den von Horowitz (1963, S. 19) benutzten Begriff der „public sociology" wieder auf und entwirft seinen eigenen Begriff ausdrücklich in Anlehnung an Mills (1959a) sowie dessen Buch „The Sociological Imagination". Der Einfluss von diesem Werk „The Sociological Imagination" auf die neuere „public sociology"-Debatte ist ebenfalls in dem gleichlautenden Titel verschiedener anderer Aufsätze, Kapitel oder Bücher zu dem Thema zu erkennen (u. a. Furedi 2009).[12]

8 Fazit

Mills ist nicht nur einer der bekanntesten öffentlichen Soziologen, er beschreibt auch in seinem Werk „Sociological Imagination" die Idee der „öffentlichen Soziologie", die Burawoy in der Gegenwart wieder aufgreift. Er hat aber nur zu Beginn seiner Karriere engeren Kontakt zu einer sozialen Bewegung. Darüber hinaus beschäftigt er sich an mehreren Stellen seines Werkes mit der „Öffentlichkeit". In der frühen Bundesrepublik ist auch generell noch eine Rezeption von Mills zu erkennen, die in den 1970er-Jahren aber abbricht.

Diese sollte wieder aufgenommen werden, weil Mills Anregungen gerade für eine deutsche kritische Soziologie bietet. Ansätze dazu gibt es bereits in Deutschland (Lessenich 2016; Mills 2019). Anregungspotenzial besitzen seine Argumente insbesondere, weil sie, wie z. B. sein Hinweis auf einen verständlichen Stil zeigt, nicht nur gegen konservative soziologische Strömungen, sondern auch gegen kritische Autoren wie Michel Foucault oder Pierre Bourdieu gerichtet werden können.

---

[11] Auch die französische Soziologie ist von Mills beeinflusst, Bourdieu nimmt z. B. in sein Werk „Le métier de sociologue" ebenfalls zwei Ausschnitte aus „The Sociological Imagination" auf (Bourdieu et al. 1968, S. 318–320, 361–362).

[12] Zu weiteren Details zur deutschen und amerikanischen Rezeption von Mills sowie zu der Aktualität seiner Arbeit vgl. Neun 2019.

Literatur

Aronowitz, Stanley. 2012. *Taking it big. C. Wright Mills and the making of political intellectuals*. New York: Columbia University Press.
Bourdieu, Pierre, Jean Claude Chamboredon, und Jean Claude Passeron. 1968. *Le métier de sociologue*, Bd. 1. Paris: Mouton/Bordas.
Bude, Howard. 2005. Auf der Suche nach einer öffentlichen Soziologie. Ein Kommentar zu Michael Burawoy von Heinz Bude. *Soziale Welt* 56:375–380.
Burawoy, Michael. 2007. Public sociology. In *Public sociology. Fifteen eminent sociologists debate politics and the profession in the twenty-first century*, Hrsg. Dan Clawson, Robert Zussmann, Joya Misra, Naomi Gerstel, Randall Stokes, Douglas L. Anderton und M. Burawoy, 23–64. Berkeley: University of California Press.
Dewey, John. 1927. *The public and its problems*. New York: Holt.
Dunn, Robert G. 2018. *Toward a pragmatist sociology. John Dewey and the legacy of C. Wright Mills*. Phiadelphia: Temple University Press.
Form, William. 1995. Mills at Maryland. *The American Sociologist* 26:40–67.
Fromm, Ernst. 1941. *Escape from freedom*. New York: Farrar & Rinehart.
Furedi, Frank. 2009. Recapturing the sociological imagination. In *Handbook of public sociology*, Hrsg. Vincent Jeffries, 171–184. Lanham: Rowman & Littlefield.
Geary, David. 2009. *Radical ambition. C. Wright Mills, the left, and American social thought*. Berkeley/Los Angeles: University of California Press.
Gerth, Hans H., und C. Wright Mills. 1953. *Character and social structure. The psychology of social institutions*. New York: Harcourt, Brace and Company.
Gerth, Hans H., und C. Wright Mills. 1958. Introduction. The man and his work. In *From Max Weber: Essays in sociology*, Hrsg. Hans H. Gerth und C. Wright Mills, 1–74. New York: Oxford University Press.
Habermas, Jürgen. 1990. *Strukturwandel der Öffentlichkeit. Untersuchungen zu einer Kategorie der bürgerlichen Gesellschaft*. Frankfurt a. M.: Suhrkamp.
Hartmann, Heinz. 1998. Wechselhaft, mit Aufheiterungen: Erfahrungen mit soziologischen Wetterlagen. In *Soziologie als Beruf. Erinnerungen westdeutscher Hochschulprofessoren der Nachkriegsgeneration*, Hrsg. Karl Martin Bolte und Friedrich Neidhardt, 353–372. Baden-Baden: Nomos.
Hess, Andreas. 1995. *Die politische Soziologie C. Wright Mills'. Ein Beitrag zur politischen Ideengeschichte*. Opladen: Leske + Budrich.
Hess, Andreas. 1999. C. Wright Mills (1916–1962). In *Klassiker der Soziologie*, Hrsg. Dirk Käsler, 171–187. München: Beck.
Horkheimer, Max. 1996. *Gesammelte Schriften. Band 18: Briefwechsel 1949–1973*, Hrsg. Gunzelin Schmid Noerr. Frankfurt a. M.: Fischer.
Horowitz, Irving L. 1963. An introduction to C. Wright Mills. In C. Wright Mills, *Power, politics and people. The collected essays of C. Wright Mills*, Hrsg. Irving Louis Horowitz, 1–20. New York: Oxford University Press.
Horowitz, Irving L. 1983. *C. Wright Mills. An American Utopian*. New York: Free Press.
International Sociological Association. 1998. Books of the century. http://www.isa-sociology.org/en/about-isa/history-of-isa/books-of-the-xx-century/. Zugegriffen am 01.01.2018.
Klima, Rolf. 1969. Einige Widersprüche im Rollen-Set des Soziologen. In *Thesen zur Kritik der Soziologie*, Hrsg. Bernhard Schäfers, 80–95. Frankfurt a. M.: Suhrkamp.
Lessenich, Stephan. 2016. Soziologische Phantasie gestern und heute. Vorwort zur deutschen Neuausgabe. In C. Wright Mills, *Soziologische Phantasie*, Hrsg. Stephan Lessenich, 7–21. Wiesbaden: Springer VS.
Löwenthal, Leo. 1944. *Biographies in popular magazines. Radio research 1942/1943*. New York: Duell, Sloan & Pearce.
Mills, C. Wright. 1948. *The new men of power of men. America's labor leader*. New York: Hartcourt, Brace.

Mills, C. Wright. 1951. *White Collar: The American middle classes*. New York: Oxford University Press.
Mills, C. Wright. 1955. *Menschen im Büro. Ein Beitrag zur Soziologie der Angestellten*. Köln-Deutz: Bund-Verlag.
Mills, C. Wright. 1956. *The power elite*. New York: Oxford University Press.
Mills, C. Wright. 1957a. „The power elite": Comment on criticism. *Dissent* 4:22–34.
Mills, C. Wright. 1957b. Program for peace. *The Nation* 185:419–424.
Mills, C. Wright. 1958a. *The causes of world war three*. New York: Ballantine Books.
Mills, C. Wright. 1958b. A Pagan Sermon to Christian Clergy. *The Nation* 186:199–202.
Mills, C. Wright. 1959a. *The sociological imagination*. New York: Oxford University Press.
Mills, C. W. 1959b. *Die Konsequenz. Politik ohne Verantwortung*. München: Kindler.
Mills, C. Wright, Hrsg. 1960a. *Images of man: The classical tradition in sociological thinking*. New York: Dell.
Mills, C. Wright. 1960b. *Listen, Yankee. The revolution in Cuba*. New York: Ballantine Books.
Mills, C. Wright. 1962a. *Die amerikanische Elite. Gesellschaft und Macht in den Vereinigten Staaten*. Hamburg: Holsten-Verlag.
Mills, C. Wright. 1962b. *The Marxists*. New York: Dell.
Mills, C. Wright. 1963a. *Power, politics and people. The collected essays of C. Wright Mills*, Hrsg. Irving Louis Horowitz. New York: Oxford University Press.
Mills, C. Wright. 1963b. *Kritik der soziologischen Denkweise*. Neuwied am Rhein: Luchterhand.
Mills, C. Wright. 1964. *Sociology and pragmatism. The higher learning in America*, Hrsg. Irving Louis Horowitz. New York: Oxford University Press.
Mills, C. Wright. 1973. *Kritik der soziologischen Denkweise. Sonderausgabe*. Neuwied am Rhein: Luchterhand.
Mills, C. Wright. 2000. *Letters and autobiographical writings*, Hrsg. Kathryn Mills und Pamela Mills. Berkeley: University of California Press.
Mills, C. Wright. 2016. *Soziologische Phantasie*, Hrsg. Stephan Lessenich. Wiesbaden: Springer VS.
Mills, C. Wright. 2019. *Die Machtelite*, Hrsg. Björn Wendt, Michael Walter und Marcus B. Klöckner. Frankfurt a. M.: Westend.
Neumann, Franz. L. 1942. *Behemoth. The structure and practice of national socialism*. Toronto: Oxford University Press.
Neun, Oliver. 2014. *Daniel Bell und der Kreis der „New York Intellectuals". Frühe öffentliche Soziologie*. Wiesbaden: Springer VS.
Neun, Oliver. 2016. Der andere amerikanische Max Weber: Hans H. Gerths und C. Wright Mills' *From Max Weber*, dessen deutsche Rezeption und das Konzept der „public sociology". *Berliner Journal für Soziologie* 25:333–357.
Neun, Oliver. 2019. *Zur Aktualität von C. Wright Mills. Eine Einführung*. Wiesbaden: Springer VS.
Parsons, Talcott. 1937. *The structure of social action. A study in social theory with special reference to a group of recent European writers*. Glencoe: Free Press.
Riesman, David, Reuel Denney, und Nathan Glazer. 1950. *The lonely crowd. A study of the changing American character*. New Haven: Yale Univ. Press.
Swedberg, Richard. 2007. Public sociology and economic sociology: Introductory remarks. *Socio-Economic Review* 5:319–326.
Trevino, A. Javier. 2012. *The social thought of C. Wright Mills*. Los Angeles: Sage.

Harold Garfinkel

Stephan Wolff

> *„[...] man muss diese versteinerten Verhältnisse dadurch zum Tanzen zwingen, dass man ihnen ihre eigne Melodie vorsingt!"*
> Karl Marx, Zur Kritik der Hegelschen Rechtsphilosophie

Inhalt

1 Warum Garfinkel? 99
2 Soziale Ordnung vom Kopf auf die Füße 100
3 Soziale Tatsachen als Herstellungen 103
4 Praxissensible Soziologie 104
Literatur 107

1 Warum Garfinkel?

Es ist es alles andere als selbstverständlich, in einem Sammelband über *Public Sociology* auf Harold Garfinkel zu stoßen. Zumindest auf den ersten Blick stellt sein ethnomethodologisches Unternehmen geradezu ein Gegenmodell zu dem dar, was gemeinhin unter Öffentlicher Soziologie verstanden wird. Michael Burawoy's Grundfrage „Soziologie für was und für wen?" (Burawoy 2005) wird von Garfinkel nicht beantwortet, ja nicht einmal gestellt. Weder thematisiert er drängende *social problems*, noch adressiert er bestimmte maßgebliche bzw. unterrepräsentierte Publika oder gar die *civil society*. Er macht keine Aussagen zu notwendigen gesellschaftlichen Veränderungen und versagt es sich konsequent, gesellschaftliche Rationalitätsansprüche gegeneinander abzuwägen. Seine sperrigen Formulierungen,

S. Wolff (✉)
Universität Hildesheim, Hildesheim, Deutschland

seine zurückhaltende Publikationsstrategie, sein Faible für unscheinbare und alltägliche Phänomene (wie Warteschlangen, Telefonanrufe und Brettspiele), oder auch seine hartnäckige Weigerung, potenziellen Interessenten erleichternde Extravergünstigungen anzubieten (z. B. in Gestalt von forcierter Medienpräsenz, prägnanten Zusammenfassungen oder gar ‚Leichter Sprache') – alles dies scheint ihn geradezu als Kandidaten für das Attribut ‚Öffentlicher Soziologe' zu disqualifizieren.

Diese Anmutung führte zu einer eigenartigen Form der Rezeption von Garfinkels Arbeiten, die eher auf Analogiebildung, Projektion und dem Aufwärmen schon länger gepflegter Vorurteile als auf analytischer Durchdringung beruhte. Eines der Ergebnisse dieser ‚wilden Exegese' bestand darin, dass Garfinkel und der Ethnomethodologie durchgängig eine politische Seite *unterstellt* wurde, und zwar in jede denkbare Richtung. Garfinkel oder seine Anhänger wurden wahlweise mit Marxismus, Anarchismus, Sozialkritik, Konservatismus, Neuer Linker oder libertären Tendenzen in Verbindung gebracht.[1] Das vorherrschende Muster der Rezeption bestand darin, die zeitgleich amerikanische Universitäten erschütternde *politische* Revolte der rebellierenden Studenten mit der *akademischen* Revolte der soziologiekritischen Ethnomethodologie in eins zu setzen. Sicherlich gibt es Gemeinsamkeiten auf der Erscheinungsebene zwischen dem Habitus der Ethnomethodologie und dem Studentenprotest der 1960er-Jahre: die Hartnäckigkeit, Leerformeln, Institutionen und soziale Tatsachen nicht einfach stehen zu lassen; Etabliertes nicht mehr als selbstverständlich zu akzeptieren, sondern es wörtlich zu nehmen; immer wieder nachzufragen, was genau darunter zu verstehen sei, oder auf Veranschaulichungen zu beharren, wie etwas konkret zustande kommt. Solche Ähnlichkeiten wurden freilich oft für den Kern der Sache selbst genommen.[2]

2 Soziale Ordnung vom Kopf auf die Füße

Die Behauptung, Garfinkel habe kein Interesse an gesellschaftlichen Problemen, wird angesichts seiner frühen Veröffentlichungen zumindest fragwürdig. Nebenbei zeigt sich dabei, dass von einer genuinen ‚Schreibschwäche' bei Garfinkel keine Rede sein kann. Seine Kurzgeschichte *Color Trouble* (Garfinkel 1941), in der er aus der Perspektive eines Beobachters eine Szene schildert, in der sich zwei Afroamerikanerinnen nach Überquerung der Mason-Dixon-Linie in Virginia der Aufforderung des Busfahrers widersetzen, entsprechend der dort geltenden Rassengesetze nunmehr in den hinteren Teil des Busses zu wechseln, wurde sogar in die Anthologie *The Best Short Stories of*

---

[1] Für eine penible Auflistung vgl. Werner Patzelt (1987).
[2] Garfinkel machte sich von Anfang an keine Illusionen darüber, dass sein Unternehmen riskant sein und massive Widerstände provozieren könnte. Er spricht von einen „hoffnungslosen Unterfangen", von etwas auf den ersten Blick „Ungesundem". „When I say, therefore, that I am about to propose to you a hopeless enterprise, that does not mean I do not think it will come off. I mean it is, frankly, insane in the first appearance." Er werde dies aber durchhalten: „In the meantime, nothing will sink the boat. I have the money, I have the time. I am willing to wait. My friends are sure of me. It is garbage now, but tomorrow it will be something else again." (Hill und Crittenden 1968, S. 122 f.).

1941 aufgenommen. Sie steht dort neben Beiträgen literarischer Koryphäen wie Richard Wright, Graham Greene oder William Faulkner. Sowohl seine Kurzgeschichte wie sein erster Zeitschriftenbeitrag (Garfinkel 1949)[3] thematisieren den strukturellen Rassismus in den USA in seiner alltäglichen wie in seiner institutionellen Form.

Nach dem Kriegsdienst geht Garfinkel 1946 an die Harvard University und studiert dort am gerade unter Federführung von Talcott Parsons gegründeten *Department of Social Relations*, wo er seinen PhD im Jahr 1952 beendet. Nach einigen kurzen Zwischenstationen (u. a. in Princeton) wird er 1954 als Professor für Soziologie an die UCLA berufen, an der er bis 1987 lehrt.

Garfinkel war in den 1950er- und 1960er-Jahren sicherlich nicht der erste oder gar einzige, der sich an der Brechung der Parsons'schen Hegemonie bzw. der Kritik an der Geschlossenheit von dessen System und Menschenbild versuchte.[4] Aber Garfinkel war vermutlich der radikalste, weil er die Basis von Parsons' Modell regelgeleiteten Handelns in Frage stellte und die stillschweigenden Vorbedingungen sozialer Ordnung in ganz neuer Weise zum Thema machte. Sein revolutionärer Perspektivenwechsel bestand darin, die situationsbezogene Anwendung und Interpretation von Regeln zum eigentlich zu klärenden Problem zu machen und nach den Praktiken zu fragen, mit Hilfe derer die Handelnden dieses Problem interaktiv und interpretativ für ihre praktischen Zwecke lösen.

Situationsbezogenes soziales Handeln kann, egal wie tief greifend die Sozialisation der Akteure ausfällt, nicht sinnvollerweise allein im Sinne eines normativen Determinismus verstanden werden. Sonst würden Handelnde zu „voreingenommenen Deppen" (*judgemental dopes*) gemacht, also zu künstlichen Homunculi, deren Tun lediglich Resultante äußerer Zwänge und Kräfte ist, ob diese Kräfte nun Kultur, Werte, Formen oder Regeln heißen. Das Problem sozialer Ordnungsbildung wurde von Garfinkel sozusagen vom Kopf auf die Füße gestellt. Statt die vermeintliche Unübersichtlichkeit und situative Zufälligkeit der konkreten Handlungspraxis mit Hilfe der Konstruktion theoretischer Schemata, also mit Hilfe von Annahmen über Strukturen, Variablen, institutionelle Vorgaben, soziale Tatsachen, Regelsysteme etc. analytisch *in Ordnung zu bringen*, ging Garfinkel von der These aus, dass die soziale Welt immer schon geordnet sei, und zwar als Ergebnis laufender kunstvoller Herstellungsleistungen der beteiligten Mitglieder (*members*). Die Aufgabe der Ethnomethodologie bestünde dann darin herauszufinden, wie es die Mitglieder praktisch anstellen, dass trotz aller situativen Zufälligkeiten und Variationen sich ein Gefühl sozialer Geordnetheit (*sense of social structure*) unter den Beteiligten einstellt bzw. aufrechterhalten bleibt. Es gilt also nach den Methoden zu fahnden, die Personen gemeinsam verwenden beim *doing social life*.

---

[3]Der Aufsatz basiert auf Garfinkels Masterarbeit von 1942 und weist nach, dass Angeklagte und Taten in Mordprozessen anders behandelt und kategorisiert werden, je nachdem, ob Schwarze oder Weiße Täter und Opfer waren.

[4]Andere bekannte Namen lauten etwa: Herbert Blumer, Ralf Dahrendorf, Erving Goffman, Alvin Gouldner, George Homans, C. Wright Mills oder Dennis Wrong.

Berühmt geworden als empirische Demonstration dafür, wie die Mitglieder Verständigung selbst ohne Verstehen realisieren, ist das sog. *Beratungsexperiment* (Garfinkel 1967*)*, bei dem Garfinkel seine Versuchspersonen mit einem Berater konfrontierte, der auf ihre Fragen mit zufällig ausgewählten Ja-Nein-Antworten reagierte. Unbeirrt von solchen Zufällen (re-)konstruierten die Versuchspersonen Sinnmuster, in die sich die Berateräußerungen als sinnvolle Reaktionen auf die gestellten Fragen flexibel einpassen ließen.

1953 prägt Garfinkel dann für seinen Ansatz den Begriff „Ethnomethodologie" als Bezeichnung für die Untersuchung (*ology*) der praktischen Methoden (*method*), die Mitglieder einer bestimmten sozialen Gruppe (*ethno*) verwenden, um ihren sozialen Alltag zu gestalten. Der Wortteil *methodology* bezieht sich also nicht auf Methodologie im klassischen Sinne oder auf eine Präferenz für bestimmte (etwa qualitative) Methoden, sondern bezeichnet den besonderen Gegenstand, weshalb Zimmerman und Pollner in Abgrenzungen von anderen interpretativen Ansätzen bezüglich der Ethnomethodologie davon sprechen, dass „instead of an ethnography that inventories a setting's distinctive, substantive features, the research vehicle envisioned here is a *methodography* ... that searches for the practices through which those substantive features are made observable." (Zimmerman und Pollner 1970, S. 95)

Ab Mitte der 1950er-Jahre verändert Garfinkel den Stil seiner Einlassungen von der Theoriediskussion bzw. -auseinandersetzung hin zu empirischen Demonstrationen und Sichtbarmachungen. Bereits während der Arbeit zu seiner Dissertation hatte er die Idee entwickelt, durch induzierte Krisen die strukturellen Voraussetzungen der Herstellung sozialer Ordnung sichtbar und erfahrbar zu machen. Da diese Ordnungsbildung üblicherweise stillschweigend und unbewusst abläuft, also *seen-but-unnoticed* bleibt (Garfinkel 1967, S. 37 f.), stellt schon der Nachweis ihres Bestehens eine Herausforderung dar. Es bedarf besonderer Anstrengungen und methodischer Selbstdisziplin, um die Herstellungsprozesse der gesellschaftlichen Oberfläche überhaupt erfahrbar zu machen – und als Beobachter nicht gleich Zuflucht bei latenten Strukturen und im Hintergrund wirkenden sozialen Tatsachen zu suchen.[5]

Garfinkel entwickelte dafür das Format der *Demonstrationsexperimente*,[6] die aber keine Experimente im gewohnten Sinne darstellen, sondern eher gezielte Provokationen von Aha-Erlebnissen, Irritationen und Unstimmigkeitserfahrungen. Das Grundmuster dieser Lernübungen besteht im gezielten Durchbrechen von Erwartungen und Selbstverständlichkeiten, ohne den ahnungslosen Versuchspersonen Raum, Zeit und Sinnreserven zu lassen, um aus dem Feld zu gehen oder interpretative Normalisierungen vorzunehmen. Studierende wurden von Garfinkel mit sog. *tutorial problems* konfrontiert. Diese liefen darauf hinaus, selbstverständliche Erwar-

---

[5]Für die der Ethnomethodologie und Konversationsanalyse entsprechende analytische Mentalität habe ich die Bezeichnung „disziplinierte Subjektivität" vorgeschlagen (Wolff 1999).

[6]In deutschsprachigen Texten ist diesbezüglich meist von *Krisenexperimenten* die Rede. Dies ist insofern nicht ganz zutreffend, weil nicht mit Krisen experimentiert wird, sondern durch das Versuchsarrangement Krisen ausgelöst werden, wenn die typischerweise unmittelbar einsetzenden Heilungsversuche der Versuchspersonen scheitern.

tungen darüber zu durchbrechen, wie soziale Szenen (z. B. Spiele, Geschäftskontakte, Partnergespräche, Beratungen, Warteschlangen) ablaufen, bzw. den Einsatz von interpretativen Prozeduren zu erschweren, die üblicherweise bei der Normalisierung von Krisen zum Einsatz kommen. Solche Tutorials sollten den Studierenden ermöglichen, die *Arbeit* zu erkennen, die für die Stabilisierung einer sozialen Szene, für die Befolgung von Instruktionen oder auch für die angemessene Orientierung auf Objekte und Ereignisse von den beteiligten Mitgliedern geleistet werden muss.

3 Soziale Tatsachen als Herstellungen

Jede Form sozialer Tatbestände und Institutionen kann so zum Gegenstand einer ethnomethodologischen Respezifikation gemacht werden. Immer geht es um den Wechsel vom *being* zum *doing*, von *Was*-Fragen zu solchen nach dem *Wie* (West und Zimmerman 2009): Wie z. B. ein Frage-Antwort-Spiel zu einer ‚Gerichtsverhandlung', einer ‚Beratung' oder einer ‚Prüfung' gemacht wird; wie sich eine ‚Organisation' als Einheit etabliert; wie es gelingen kann, dass ein ‚Aktienmarkt' als solcher über Zeitzonen hinweg erfahrbar wird; wie, d. h. mit welchen sprachlichen und körperlichen Praktiken, ‚Klientenzentriertheit' demonstriert, ‚Glaubwürdigkeit' signalisiert und festgestellt oder ‚Bürgernähe' organisiert wird; oder auch, wie man sich verhalten muss, um ‚ganz normal' zu sein und Beobachtern erkennen zu geben, das hier ‚nichts Besonderes' los ist.

Das prominenteste Beispiel für diesen Perspektivenwechsel, vielleicht auch die ethnomethodologische Untersuchung mit der größten gesellschaftlichen Bedeutung und Reichweite der dadurch zu Tage geförderten Einsichten, ist die sog. Agnes-Studie (Garfinkel 1967) über eine Mann-zu-Frau-Transsexuelle, mit der Garfinkel vor und nach ihrer operativen Geschlechtsumwandlung eine Vielzahl von Gesprächen führte. In dieser Einzelfallstudie beschrieb Garfinkel die (Ethno-) Methoden und Praktiken, die Agnes sich aneignete und einsetzte, um sich im Umgang mit Kollegen, Bekannten und Behörden als Frau wahrnehmbar zu machen und ihr Frau-Sein in jeder Situation als selbstverständliche, unbezweifelbare Tatsache hervorzubringen. Agnes hatte die paradoxe Aufgabe zu lösen, die Eigenschaften, die ihren scheinbar selbstverständlichen, normalen und natürlichen Status „Weiblichkeit" ausmachen, für sich permanent neu erringen zu müssen. Jede soziale Situation wurde dadurch zur Herausforderung, bestimmt durch die unabschließbare Arbeitsaufgabe des situationsangemessenen *doing gender*. Garfinkel konnte an Agnes nicht nur demonstrieren, dass der ihr zugeschriebene (*ascribed*) Status auf komplexen Herstellungsleistungen beruht (*achieved*), d. h. ein produzierter sozialer Tatbestand ist. Männlichkeit und Weiblichkeit verlieren aus dieser Sicht ihre scheinbare Natürlichkeit und werden als interaktive Eigenschaften eines Beziehungssystems erfahrbar. Diese ethnomethodologische Einsicht war nicht nur für die Gender-, Sexualitäts- und Diversitätsforschung ein wesentlicher wissenschaftlicher Anstoß, sondern spielte auch in den einschlägigen politischen Debatten eine wichtige Rolle.

4   Praxissensible Soziologie

Heinz Bude formuliert als Antwort auf die Frage nach dem Wozu einer Öffentlichen Soziologie, sie solle *begreifbar machen, was die Leute begreift* (Bude 2017, S. 373). Wenn die spezifische Leistung der soziologischen Reflexion tatsächlich darin besteht, Wissen über Dinge anzubieten, *die alle kennen, aber niemand so richtig weiß*, dies aber nicht im Gestus des Besserwissens, der journalistischen Überbietung oder der mehr oder weniger direkten Moralisierung tun zu wollen, dann ist die Ethnomethodologie Garfinkels vielleicht nicht die erste, aber sicherlich *eine* Option.

Garfinkels Wagnis bestand darin, das, was auf der gesellschaftlichen Oberfläche passiert, nicht als das Banale, Alltägliche und Offensichtliche abzutun und nach Kräften, Variablen und Strukturen *dahinter* zu suchen, sondern das Offensichtliche ausdrücklich *zum Gegenstand* zu machen. Selbstverständlichkeit wird dadurch zum sozialen wie zum soziologischen Problem gemacht (Wolff 1976). Dieser Blickwechsel generiert eine Art fremde Nähe zur gesellschaftlichen Praxis, die einerseits verstört, andererseits aber dieser Praxis ihren Eigensinn und ihre Würde lässt. Diese besondere Nähe herzustellen ist ähnlich schwer, wie sie zuzulassen. Selbstverschreibungen wie das „methodische Befremden" (Hirschauer und Amann 1997), die „ethnomethodologische Indifferenz" (Garfinkel und Sacks 1970) oder gar das Streben nach „einzigartig adäquaten Methoden"[7] stellen hohe Anforderungen an das praktische, soziale und moralische Durchhaltevermögen von Forschenden. Dafür ermöglichen sie zugleich weniger und mehr als bloß neues soziologisches Denken – nämlich Neues und neu soziologisch *zu sehen*. Geliefert werden Beschreibungen, Verfremdungen und Irritationen, aber keine Erklärungen, Enthüllungen oder Ermahnungen. Garfinkel strebt keine neue Form soziologischen Denkens und Theoretisierens, d. h. nicht die Einordnung sozialer Praxis in übergreifende Ordnungs- und Kategoriensysteme an, sondern zielt auf eine neue Form des *seeing sociologically* (Garfinkel 2006). Der Blick geht nicht durch die Oberfläche hindurch auf der Suche nach Dahinterliegendem und latenten Wirkkräften, sondern auf die Handlungsvollzüge, allerdings gleichsam von der Seite und mit höherem Auflösungsvermögen. Man hat Garfinkel angesichts dessen mit einem *Quantenphysiker* verglichen (Weber 2011). Das ist eine durchaus treffende Metapher, hilft Garfinkel doch zu sehen, dass die fundamentalen Bestandteile sozialer Ordnung viel kleiner, beweglicher und situationsabhängiger, aber auch viel schwerer zu beobachten sind, als man bislang meinte. Die Quantenphysikmetapher passt auch deshalb, weil man für den soziologischen Hausgebrauch ganz gut auf einem gröberen Niveau (gleichsam auf dem der Newtonianischen Mechanik) arbeiten kann, allerdings nur, wenn man die spezifische Sensibilität stillstellt, die die Ethnomethodologie anbietet.

---

[7]Im Rahmen seiner *studies of work* formuliert Garfinkel als Anforderung an die Forschenden, sich eine *gewöhnliche (vulgar) Kompetenz* in dem betreffenden Untersuchungsbereich anzuzeigen, also in der letzten Konsequenz zum Jazzspieler zu werden, um über Jazzimprovisation zu forschen, einen Jura-Abschluss an der Yale Law School zu machen, bevor man die Fallbearbeitung von Richtern beschreibt, oder zumindest über fundierte Grundkenntnisse in der Biochemie zu verfügen, um die Besonderheiten einschlägiger Laborarbeit erfassen zu können.

Üblicherweise gilt das als Prototyp öffentlicher Soziologie, was die größte Aufmerksamkeit bei bestimmten Publika erzeugt. Eben dies wird dann auch gleich zum Maßstab für gesellschaftliche Relevanz genommen. Soziologen lösen dieses Image-Problem meist dadurch, dass sie sich für ‚soziale Probleme', d. h. für die ‚wirklich wichtigen' Themen und die davon ‚Betroffenen' engagieren.[8] Das Beispiel Garfinkels zeigt demgegenüber, dass es sich lohnen kann, der naheliegenden Versuchung zu widerstehen, auf alle Anfragen der öffentlichen Meinung eine Antwort haben zu wollen.

Garfinkel ist ein Pionier des öffentlich Abwesenden in der Soziologie. Darunter fallen durchaus viele Dinge, die die Gesellschaft elementar zusammenhalten. Das Irritierende, aber auch das Faszinierende an der Ethnomethodologie ist nicht zuletzt, dass sie uns auf die enorme Bedeutung vermeintlich kleiner und unauffälliger Phänomene aufmerksam macht: einige Zehntelsekunden länger mit der Antwort zu warten; das erzählende Gegenüber nur an bestimmten Stellen mit „mhms" zu versorgen; an der richtigen Stelle „so" zu sagen; sein Argument in drei, statt in vier oder sechs Punkten zusammen zu fassen – solche *little nothings* verändern Beziehungen, lassen Gespräche dauern oder absterben, etablieren Führung oder steigern die Chance, beim Publikum Applaus für seine Ausführungen zu erhalten. Wer möchte da noch von geringer Relevanz sprechen?

Resultate ethnomethodologischer Untersuchungen sind Beschreibungen von Handlungsvollzügen, die sich typischerweise von denen der betreffenden Praktiker *unterscheiden*. Sie fokussieren auf Interaktionen und nicht auf Personen, auf Prozesse und nicht auf Tatbestände, auf Kontexte in und nicht auf Kontexte von Kommunikationen. Sie regen an, dasjenige zum Vorschein zu bringen und festzuhalten, was das Feld nicht sehen kann und lösen verdinglichte Kategorien und andere soziale Tatbestände in Herstellungsprozessen auf. Das bezieht sich zum einen auf das Sichtbarmachen des interaktiven Handwerkzeugs, zum anderen auf dessen situationsspezifischen und situationsgestaltenden Einsatz. Die Ethnomethodologie kennzeichnet eine Forschungskultur der Achtung vor dem eigenständigen und kunstvollen Charakter der Praxis sowie eine Anerkennung der Kompetenzen der beteiligten Akteure – eine eigene Version eines soziologischen Humanismus.

Die Ethnomethodologie ist damit der Prototyp einer *praxissensiblen Sozialforschung* (Wolff 2008). Praxissensibilität ist nicht mit Praxisfreundlichkeit oder gar mit Praxisrelevanz zu verwechseln. Praxissensible Theorien und Forschungsstrategien sind nicht unmittelbar im technologischen Sinne verwertbar und in Entscheidungen umsetzbar – und auch nicht leicht zu goutieren. Sie sind zumindest im ersten Schritt sogar ausgesprochen *un*praktisch. Sie halten den Betrieb auf, stellen Selbstverständlichkeiten zur Disposition, nötigen zu Antworten auf Fragen, die man sich selbst kaum je stellen würde, stören eingespielte Erwartungen und durchbrechen nicht selten die üblichen Regeln des sozialen Umgangs. Man muss diesbezüglich

---

[8]Gesellschaftskritische Potenziale scheinen im Fall der Ethnomethodologie angesichts ihrer Neigung zum Beiläufigen und scheinbar Nebensächlichen bereits in der Themenwahl preisgegeben. Jack Whalen (2009) fasst die entsprechende Kritik an der Ethnomethodologie in drastischer Weise zusammen: „It's been a persistent issue with Garfinkel". ... [some radical critics would say to the ethnomethodologists,] „The cities are burning and you are picking hairs off a dead fly's ass."

nicht gleich an Garfinkels *breaching experiments* denken, gibt es doch unendlich viele natürliche Krisenexperimente, die man für eine sozialwissenschaftliche Reflexion nutzen kann.[9] „Ihre Radikalität verdankt die Ethnomethodologie der Tatsache, ... dass sie beansprucht, einen Zugang zur Praxis zu ermöglichen, der nicht über die Vorstellung eines Bruchs zwischen Theorie und Praxis, eine strukturelle Differenz zwischen Beobachter- und Teilnehmerperspektive und eine Gegenüberstellung von Wissenschaft und Common Sense vermittelt ist. Ihr Verhältnis zur Praxis und zu den Akteuren ist primär eines des Lernens, nicht des Erklärens und ‚Besserwissens'" (Celikates 2009, S. 103). Aus ethnomethodologischen Beschreibungen resultieren weder Handlungsanleitungen noch ideologiekritische Infragestellungen einer sozialen Praxis, wohl aber heilsame Irritationen und neue Sichtweisen für ihre Produzenten. Ethnomethodologie und insbesondere die ethnomethodologische Konversationsanalyse eignen sich deshalb durchaus für eine *soziologische Supervision*.

Ethnomethodologische Beschreibungen sind nicht „dicht" (im Sinne von Clifford Geertz), d. h. darauf ausgerichtet, einem außenstehenden Beobachter den Sinn bestimmter Praktiken und ihren Kontext verständlich zu machen. Es geht vielmehr um Beschreibungen, die von den Teilnehmern selbst als adäquat angesehen werden können und die es erlauben, die eigenen Arbeitspraktiken sichtbar zu machen und zu reflektieren. Garfinkel spricht von einer situationsspezifischen Relevanz für die involvierten TeilnehmerInnen (*topical relevance to the parties*) und fordert sogar, dass Beschreibungen die praktische Ausführung von Tätigkeiten instruieren können sollen (*praxeologically valid instructions*) (Garfinkel und Liberman 2007). Das sind – vermutlich zu – hohe Anforderungen, die selbst professionelle SupervisorInnen nur selten erfüllen, setzen sie doch voraus, sich in dem betreffenden Objektbereich mehr als nur eine *vulgar competence* angeeignet zu haben.

Wenn dem so ist, wie Heinz Bude meint, dass eine öffentliche Soziologie heute nicht mehr „mit dem begrifflichen Arsenal der organischen Kritik in der Nachfolge von Max Weber, Karl Marx, Robert Michels oder Antonio Gramsci operieren" (Bude 2005, S. 378 f.) kann und „die sozialphänomenologischen Versuche zur Durchdringung dieser nicht mehr politischen, sondern zunächst und zumeist gesellschaftlichen Konstruktion der Wirklichkeit ... andere Begriffe des kritischen Sezierens hervorgebracht" (Bude 2005, S. 378 f.) haben, dann ist die Ethnomethodologie hierfür durchaus geeignet. „Aber, ich finde, mit dem ethnomethodologischen Blick sieht man noch mal etwas anderes, Tiefergehendes, das nicht in erster Linie politisch ist. Er bricht unsere Hintergrundannahmen auf und stellt damit etwas infrage, auf dessen Basis wir normalerweise unsere ideologischen Differenzen austragen und das die Politik versucht zu koordinieren" (Knorr-Cetina et al. 2019, Abs. 18). Deswegen besitzt die Ethnomethodologie durchaus politische Relevanz, aber eine, die *indirekter* und *bescheidener* auftritt.

---

[9]Ein Meister dieses Genres ist Karl E. Weick (vgl. z. B. Weick 1993, der Garfinkel als eine seiner wichtigsten Inspirationsquellen bezeichnet).

Ethnomethodologie als öffentliche Soziologie in diesem Sinne ähnelt dem Wittgensteinschen Unternehmen einer philosophischen Therapie.[10] Es ist und bleibt ein relativ marginales Vergnügen für SoziologInnen und jene, die sich eine solche Supervision gönnen, ein Vergnügen freilich, das selbst ihr Gründer mit einem Warnhinweis versehen hat: Vorsicht, möglicherweise ungesund!

Literatur

Bude, Heinz. 2005. Auf der Suche nach einer öffentlichen Soziologie. Ein Kommentar zu Michael Burawoy von Heinz Bude. *Soziale Welt* 56: 375–380.
Bude, Heinz. 2017. Das Theater als Ort öffentlicher Soziologie. In *Öffentliche Soziologie. Wissenschaft im Dialog mit der Gesellschaft*, Hrsg. Brigitte Aulenbacher et al., 370–374. Frankfurt a. M./New York: Campus.
Burawoy, Michael. 2005. For public sociology. *Soziale Welt* 56:347–374.
Celikates, Robin. 2009. *Kritik als soziale Praxis. Gesellschaftliche Selbstverständigung und kritische Theorie*. Frankfurt a. M.: Campus.
Garfinkel, Harold. 1941. Color trouble. In *The best short stories of 1941*, Hrsg. E. J. O'Brien, 269–286. Boston: Houghton Mifflin.
Garfinkel, Harold. 1949. Research note on inter- and intra-racial homicide. *Social Forces* 27: 369–381.
Garfinkel, Harold. 1967. *Studies in ethnomethodology*. Englewood Cliffs: Prentice-Hall.
Garfinkel, Harold. 2006. *Seeing sociologically: The routine grounds of social action*. Boulder: Paradigm Publishers.
Garfinkel, Harold, und Ken Liberman. 2007. Introduction: The Lebenswelt origins of the sciences. *Human Studies* 30:3–7.
Garfinkel, Harold, und Harvey Sacks. 1970. On formal structures of practical actions. In *Theoretical sociology. Perspectives and developments*, Hrsg. John C. McKinney und Eduard A. Tiryakian, 338–366. New York: Appleton-Century-Crofts.
Hill, Richard J., und Kathleen S. Crittenden, Hrsg. 1968. *Proceedings of the Purdue symposium on ethnomethodology*. West Lafayette: Purdue University.
Hirschauer, Stefan, und Klaus Amann, Hrsg. 1997. *Die Befremdung der eigenen Kultur. Zur ethnographischen Herausforderung soziologischer Empirie*. Frankfurt a. M.: Suhrkamp.
Knorr-Cetina, Karin, Hannes Krämer, und René Salomon. 2019. Die Ethnomethodologie umzirkeln. Karin Knorr-Cetina im Gespräch mit Hannes Krämer & René Salomon. *Forum Qualitative Sozialforschung* 20:1–30.
Patzelt, Werner. 1987. *Grundlagen der Ethnomethodologie: Theorie, Empirie und politikwissenschaftlicher Nutzen einer Soziologie des Alltags*. München: Fink.
Weber, Bruce. 2011. Harold Garfinkel, a Common-Sense Sociologist, Dies at 93. *New York Times*, May 3. http://www.nytimes.com/2011/05/04/us/04garfinkel.html?_r=2. Zugegriffen am 20.07.2020.
Weick, Karl E. 1993. The collapse of sense making in organizations: The Mann Gulch disaster. *Administrative Science Quarterly* 38:628–652.
West, Candace, und Don H. Zimmerman. 2009. Accounting for doing gender. *Gender and Society* 23:112–122.

---

[10]Wenn Ludwig Wittgenstein über die Bedeutung von Wörtern (ähnlich wie Garfinkel von „sozialen Tatsachen") spricht, hat dies gemäß der therapeutischen Auffassung nicht den Zweck, eine korrekte Bestimmung von Begriffen zu schaffen, sondern soll helfen, einen *intellektuellen Krampf* zu lösen: „Wir führen die Wörter von ihrer metaphysischen, wieder auf ihre alltägliche Verwendung zurück." (Philosophische Untersuchungen § 116).

Whalen, Jack. 2009. Remembering Erving Goffman. http://cdclv.unlv.edu/archives/interactionism/goffman/whalen_08.html. Zugegriffen am 09.06.2020.

Wolff, Stephan. 1976. *Der rhetorische Charakter sozialer Ordnung. Selbstverständlichkeit als soziales Problem*. Berlin: Duncker und Humblot.

Wolff, Stephan. 1999. Subjektivität für alle praktischen Zwecke – Methodische und forschungspraktische Grenzen des ethnomethodologischen (Des-)Interesses an der subjektiven Perspektive. *Österreichische Zeitschrift für Soziologie* 24:4–25.

Wolff, Stephan. 2008. Wie kommt die Praxis zu ihrer Theorie? Über einige Merkmale praxissensibler Sozialforschung. In *Theoretische Empirie. Zur Relevanz qualitativer Forschung*, Hrsg. Herbert Kalthof, Stefan Hirschauer und Gesa Lindemann, 234–259. Frankfurt a. M.: Suhrkamp.

Zimmerman, Don H., und Melvin Pollner. 1970. The everyday world as a phenomenon. In *Understanding everyday life*, Hrsg. Jack D. Douglas, 80–103. Chicago: Aldine Publishing.

Helmut Schelsky: Ein öffentlicher „(Anti-)Soziologe"

Astrid Séville

Inhalt

1 Schelsky als „Argumentationslieferant" in der jungen Bonner Republik 109
2 Der technokratische Konservatismus 111
3 Auf der Suche nach Wirklichkeit – Schelskys Wissenschaftsverständnis 112
4 Der technische Staat – Sachzwang und Expertokratie 112
5 Kritik im Namen der Sachlichkeit 113
6 Fazit 114
Literatur 114

1 Schelsky als „Argumentationslieferant" in der jungen Bonner Republik

Ende der 1960er-Jahre warf Jürgen Habermas dem Soziologen Helmut Schelsky vor, eine öffentlich wirksame „Hintergrundideologie [...] der entpolitisierten Masse der Bevölkerung" (Habermas 1969, S. 81) zu liefern. Der 1912 in Chemnitz geborene, 1984 in Münster verstorbene Soziologe hatte mit seiner These des Sachzwangs, der im „technischen Staat" walte und politische Herrschaft überflüssig mache, abermals eine Analyse vorgelegt, die auf den damaligen Zeitgeist kongenial reagierte und eine bis heute nachwirkende Kontroverse heraufbeschwor. Schon früh übte Schelsky einen kaum zu überschätzenden Einfluss auf die Debatten der jungen Bonner Republik aus. Als ‚public intellectual' wider Willen gaben seine Untersuchungen Deutungen und Semantiken vor, die als politisch opportune Selbstbeschreibung der Republik der Nachkriegsjahre und des Wirtschaftswunders dienen konnten. So diagnostizierte er etwa eine nach den Kriegswirren gegenüber jeglicher Ideologie

A. Séville (✉)
Geschwister-Scholl-Institut für Politikwissenschaft, Ludwig-Maximilians-Universität München, München, Deutschland
E-Mail: astrid.seville@gsi.uni-muenchen.de

„skeptische Generation" (Schelsky 1957) und eine „nivellierte Mittelstandsgesellschaft" (Schelsky 1953).

Die These einer „skeptischen Generation", die nach der politischen Desillusionierung durch das Nazi-Regime und den nachfolgenden Reeducation-Programmen der Alliierten gegenüber politischem Engagement und ideologischem Eifer argwöhnisch sei, lieferte den „affirmationsbereiten Bundesrepublikanern" (Hacke 2010, S. 342) ein passendes Stichwort zur Selbstwahrnehmung. Gleiches galt auch für die Diagnose der „nivellierten Mittelstandsgesellschaft": Schelsky postulierte, dass Deutschland eine sozial homogene Gesellschaft ohne grundlegende Klassenkonflikte geworden sei. Aufgrund kriegsbedingter Verluste an Privilegien und Privatbesitz, dank des wirtschaftlichen Aufschwungs und der Einebnung sozialer Hierarchien begreife sich ein jeder Bürger allmählich als Teil des Mittelstands. Sein liberaler Soziologenkollege Ralf Dahrendorf kritisierte diese These scharf, weil sie real existierende Klassenkonflikte, soziale Spaltungen und Unterdrückungsverhältnisse verleugne. Schelsky verlängere die „deutsche Ideologie" von Einheit, Homogenität und sozialer Befriedung zu Ungunsten einer doch als gesellschaftlich produktiv zu begreifenden politischen Konfliktkultur (Dahrendorf 1965, S. 148). Allerdings behielt Schelsky in einem Recht: Eine gewisse sozioökonomische Angleichung von Lebenslagen fand statt. Und bis heute fungiert die ‚Mitte' als zentrale Diskursfigur deutscher Politik, mit der man sich sowohl gegen konservative Elitefantasien als auch gegen linke Ideen einer beherrschten Masse abgrenzen kann.

Die genannten zeitdiagnostischen Stichworte machen bereits die Bedeutung Schelskys als öffentlicher Soziologe deutlich. Schelsky mischte sich in politische Debatten ein, er beriet CDU/CSU und war Mitglied zahlreicher Expertenkommissionen, leitete Forschungszentren und gründete die Reformuniversität Bielefeld mit ihrer bis heute einzigartigen Fakultät für Soziologie. Er war es, der Niklas Luhmann förderte und 1966 – binnen eines Jahres – dessen soziologische Promotion und Habilitation betreute. Zu seinen multiplen Rollen bezog er selbst Stellung: „Im Zusammenhang der Fachwissenschaften und der universitäts-bestimmten Zuordnung gelte ich als ‚Soziologe'. [...] Überfachlich habe ich als Argumentationslieferant, zunächst unfreiwillig, dann als politischer Publizist, zuletzt bewußt [sic], zu wirken versucht. [...]" (Schelsky 1983, S. 330, FN 1). Doch seine Rolle als „Argumentationslieferant" stand durchaus in Spannung zu seiner eigenen Intellektuellenschelte, schließlich hatte Schelsky offen deren „Priesterherrschaft" angeprangert und sich seinem akademischen Mentor Arnold Gehlen angeschlossen, der Intellektuelle auf bloß gesinnungsethisches „Meinen" zurückgeworfen sah (Gehlen 1975, S. 271).

Schelsky hatte verstanden, dass sozialwissenschaftliches Wissen der Selbstdeutung der Gesellschaft diente: Politiker ebenso wie BürgerInnen griffen vermehrt auf den Begriffsapparat der Soziologie zurück (Schelsky 1965, S. 369). Vor diesem Hintergrund warnte er vor der Ideologisierung der Sozialwissenschaften und der „Umsetzung wissenschaftlich-analytischer Erkenntnisse in unmittelbares Sozialbewußtsein" (Schelsky 1965, S. 369). SoziologInnen (die er nicht so genannt hätte) drohten eine „Sprachherrschaft" (Schelsky 1975, S. 315) zu etablieren. Da er seinem eigenen Fach unterstellte, einen Anspruch auf allgemeine Weltdeutung zu hegen und so der „Priesterherrschaft" das Wort zu reden, stand Schelsky der Soziologie zunehmend ablehnend gegenüber. Am Ende seiner akademischen Laufbahn wechselte Schelsky in die Rechtswissenschaft und begriff sich ausdrücklich als „Anti-Soziologe" (Schelsky 1981, S. 40). Sein Werk ist, aufs Ganze gesehen, das eines Konservativen, der nicht nur offen mit der eigenen Profession haderte, sondern auch das eines Denkers, der sich vor allem als ein Anwalt von Sachlichkeit verstand.

2   Der technokratische Konservatismus

Helmut Schelsky wird dem technokratischen Konservatismus zugerechnet. Dessen Vertreter wie etwa Hans Freyer und Arnold Gehlen formulierten in den 1950er- und 60er-Jahren die These, dass die Industriegesellschaft die wissenschaftliche Zivilisation hervorbringe und die Bonner Republik der „paradigmatische Staat dieser industriellen Moderne" sei (Hacke 2006, S. 235). Ihr „modernitätsoffener Konservatismus" (Hacke 2006, S. 233) diskutierte die Folgen von Rationalisierung, Bürokratisierung, Mechanisierung und Wohlfahrtsstaatlichkeit im „Verstrickungszusammenhang" der Moderne und setzte zur Aufrechterhaltung bürgerlicher Ordnung auf staatliche Institutionen (Séville 2017, S. 51).

Als Grenzgänger zwischen Philosophie und Soziologe suchten sie nach der Identität des neuen westdeutschen Staats und verfassten Bestandsaufnahmen, durch die sich die Soziologie als „zentrale [...] Orientierungswissenschaft der jungen Bundesrepublik" (Albrecht 2012, S. 56) etablieren konnte. Freyer, Gehlen, Schelsky, aber auch der Jurist Ernst Forsthoff stellten entscheidende Fragen der Zeit: Welche Bezugsgrößen standen einem Staat zur Verfügung, der nach dem totalitären NS-Regime weder ein leidenschaftliches Verständnis politischer Bürgerschaft aktivieren noch heroischen Gemeinsinn oder emphatische, ideologische Identifikation seiner BürgerInnen mit staatlichen Institutionen einfordern konnte? Wie konnte man Vergangenheit und Tradition als Ressource konservativen Denkens reklamieren, wenn doch die deutsche Geschichte in einer ‚Stunde Null' aufgehen sollte und jeder Rekurs auf sie eine strapaziöse Differenzierung zwischen geschichtspolitisch mobilisierbaren und ‚toxischen' Zeitabschnitten erforderte?

Schelsky selbst war 1932 in die SA, 1933 in den Nationalsozialistischen Deutschen Studentenbund und 1937 in die NSDAP eingetreten. Vor allem aufgrund seiner Kriegserfahrungen begriff er „alles wissenschaftliche Arbeiten als ein bloßes ‚Nachspiel'" und hegte „tiefes Mißtrauen gegen Theorien als Begriffssysteme, gegen ‚schwärmerische' Ideen, Ideologien und Utopien, gegen eine Erkenntnis der Welt, die nur durch Bücher oder andere intellektuelle Medien erworben sind" (Schelsky 1981, S. 74). Stichworte wie Planbarkeit und Sachlichkeit, Technisierung und Steuerung wurden zu zentralen Begriffen, um die eigene politische Desillusionierung aufzuarbeiten.

3 Auf der Suche nach Wirklichkeit – Schelskys Wissenschaftsverständnis

Für Schelskys Wirken und seine spätere, von Ressentiment gegen die eigene Disziplin getragene Wendung zum „Anti-Soziologen" ist sein Wissenschaftsverständnis instruktiv. Früh insistierte er auf einer fakten- und anwendungsorientierten, empirischen Analyse von „Realität" (Schelsky 1959). In der Nachkriegszeit veröffentlichte er Studien zum Wandel der Sexualität und der Familie, zu Jugendarbeitslosigkeit und zu Erziehung und setzte damit Maßstäbe für die sich neu sortierende deutsche Soziologie. Er rezipierte anglo-amerikanische Soziologen und verband dies mit der Hinwendung zu einer empirischen Soziologie und Zeitdiagnostik. Schelsky machte sich auf die „Suche nach Wirklichkeit", was ihm bei Vertretern der Kritischen Theorie in Frankfurt kurzzeitig den falschen Ruf einbrachte, er sei „bloßer ‚Positivist'" (Schelsky 1981, S. 46).

Statt eine werturteilsfreie, empirische Analyse von Sozialstrukturen, sozialen Praktiken und Konflikten zu betreiben, diskutierte er immer wieder mit einem kritisch-normativen Gestus einen gesellschaftlichen Werte- bzw. Verhaltenswandel sowie einen theoretisierbaren Formwandel des Politischen. Seinem Modell der „Wirklichkeitswissenschaft" lag das Schlüsselkonzept von Wirklichkeit als einer „regulativen Idee" (Albrecht 2012, S. 53.) zugrunde – Realität muss interpretiert werden. Schelsky war also nicht nur auf der Suche nach Wirklichkeit, sondern im Laufe seines Schaffens zusehends nach effektiver „Wirklichkeitskontrolle" (Schelsky 1959, S. 122).

4 Der technische Staat – Sachzwang und Expertokratie

In „Der Mensch in der wissenschaftlichen Zivilisation" (1965) entwickelte Schelsky die modellhafte Wesensbestimmung eines „technischen Staates" und einer Politik unter dem Diktat des Sachzwangs. Im „technischen Staat" würden kritische Fragen nach Politik und demokratischer Herrschaft obsolet, denn Politiker folgten technisch und wissenschaftlich ebenso komplexen wie zwingenden Gesetzlichkeiten. Sachgutachten reduzierten politische Handlungs- und Entscheidungsspielräume auf die Auswahl der politisch opportunen Expertise, Politik bestehe größtenteils aus „Gutachterkämpfen" (Schelsky 1965, S. 458). Es gelte die Regel: „Je besser die Technik und Wissenschaft, umso geringer der Spielraum politischer Entscheidung" (ebd.). Schelsky pointierte mit der Idee eines ‚one best way' die bis heute problematische Fiktion wissenschaftlicher Eindeutigkeit. Er überspitzte die Vorstellung einer evidenzorientierten Politikberatung zur vermeintlichen Realität einer wissenschaftlich eingehegten Politik und konstruierte damit einen Konflikt zwischen politischen Gestaltungsinteressen und optimalen Sachlösungen.

Schelsky setzte auf wissenschaftlich-technische Rationalität, nicht auf Gemeinwohlorientierung, bürgerschaftlichen Gemeinsinn, Volkswillen oder ein Austarieren von Interessen. Seine Thesen implizierten ein sachliches, nach den politischen Exzessen des nationalsozialistischen Totalitarismus unpolitisches Herrschaftsverständnis. Diese Soziologie des technischen Staats zielte auf ein distanziert-unterkühltes, auf abstrakt-prozessuale Identifikation gründendes Verhältnis zwischen StaatsbürgerInnen und staatlichen Institutionen.

5 Kritik im Namen der Sachlichkeit

Im Zuge seines Wirkens entwickelte sich Schelsky zum scharfen Kritiker der westdeutschen Gesellschaft. In „Die Arbeit tun die anderen" (1975) zog er, wie vor ihm schon Arnold Gehlen (1975), Intellektuelle vor einen „Richterstuhl der Nützlichkeit" (Saretzki 1994, S. 356). Erneut opponierte Dahrendorf und argumentierte, dass freie Gesellschaften auf das „Ärgernis der Intellektuellen" (Dahrendorf 1964, S. 665) angewiesen seien, die mit ihrer „inkompetenten Kritik" (Lepsius 1964, S. 85) die öffentliche Debatte befruchteten. Eine Nähe zu wirtschaftsliberalen Positionen entwickelte Schelsky hingegen in seiner Kritik des Wohlfahrtsstaates. Dieser mutierte in seinen Augen „zum planstaatlich-bürokratischen Vormundschaftsstaat" (Schelsky 1976, S. 18), in dem „eine Herrschaft der Betreuer" (ebd.) sozial Schwache und Hilfsbedürftige aus Eigeninteresse bevormunde und ihrer Emanzipation entgegenarbeite. In seiner Gesamtdiagnose der real existierenden Bundesrepublik „als Wohlfahrtsstaatsdiktatur, als Erziehungsdiktatur, als Herrschaft der Funktionäre, als Meinungsbeherrschung und -manipulierung usw." (Schelsky 1976, S. 18) setzte er die Motive von Freiheit und Sachlichkeit jenen der Bevormundung und Demokratie entgegen – seine Suche nach Wirklichkeit entpuppte sich als Suche nach Freiheitsgraden mal in der technischen Welt, mal im Rechtssystem, mal im sich ausdifferenzierenden Wohlfahrtsstaat, mal in der öffentlichen Vermittlung von Politik.

Mit dem Argument, die politische Gestaltung müsse dem Primat einer rationalen, sachlichen Expertise verpflichtet sein, spielte Schelsky den liberalen Rechtsstaat gegen die moderne (Parteien-)Demokratie aus. Mit Willy Brandts Slogan „Mehr Demokratie wagen" sah er die Grundlagen der Gewaltenteilung in Gefahr, denn mehr Demokratie bedeute schlussendlich weniger Freiheit (Schelsky 1973, S. 50). Hintergrund dieser Kritik waren die Studentenproteste der späten 1960er-Jahre und die mit der sozialliberalen Koalition einsetzenden strukturellen Umbrüche in der Hochschullandschaft. Letztlich widersprach Schelsky einem expansiven Demokratieverständnis, das aus dem Grundgesetz die Aufgabe herauslas, eine partizipatorische, „soziale Demokratie" zu instituieren. Demokratisierung, Politisierung und Partizipation unterhöhlten die Rationalität politischen Handelns, vermehrte Teilhabeansprüche, verschärften gesellschaftliche Konflikte. Autonomie und Freiheit der BürgerInnen würden nur gewährleistet, indem Kompetenz und Verantwortung nach dem Prinzip der Sachlichkeit und Sachkenntnis verteilt würden. Schelsky kämpfte nun an zwei Fronten: für die Autonomie des Individuums – und der Institutionen. Dass sein Plädoyer für institutionelle Freiräume eine Tendenz zu autoritärem, obrigkeitsstaatlichem Denken barg, reflektierte er nicht. Und indem er Freiheit und Gewaltenteilung gegen die Institution der Demokratie ausspielte, trug Schelsky paradoxerweise selbst zur Polarisierung der politischen Debatte bei.

6 Fazit

Helmut Schelsky erhob seine Stimme als engagierter Zeitdiagnostiker. Er suchte die Auseinandersetzung mit der Öffentlichkeit, etwa durch Gastbeiträge in Zeitungen, in denen er seine soziologischen Thesen bis zur Polemik popularisierte. Seine Kritik an den politischen Zuständen in der Bundesrepublik entsprang ursprünglich einer Suche nach den in der Industriegesellschaft schwindenden Freiheitsräumen der Person gegenüber ihrer sozialen und institutionellen Determiniertheit. Selbst das Modell des technischen Staates erwuchs eigentlich aus einer kritischen Fragestellung: „Welche Freiheit hat der Mensch noch gegenüber diesen Sachzwängen der wissenschaftlichen Zivilisation?" (Schelsky 1965, S. 474). Schelskys Freiheitsbegriff war jedoch kein partizipativ-emanzipatorischer, sondern entsprach einem liberal-konservativen Plädoyer für vorpolitische Selbstständigkeit. In seiner Kritik mischten sich ein konservativer und „altliberaler" (Schelsky 1976, S. 10) Impuls mit einem autoritären Politik- und Staatsverständnis.

Schelsky verbindet sein für technokratische Politik anschlussfähiges Plädoyer für Sachlichkeit mit Demokratiekritik, Sozialstaatsskepsis und liberalem Wirtschaftsverständnis. In dieser argumentativen Verbindung erkennen wir heute die Pointe seiner öffentlichen Soziologie. Seine Gesellschaftsanalysen dienten der Selbstkommunikation der (west-)deutschen Nachkriegsgesellschaft – und hallen bis heute nach: Forderungen nach mehr Beteiligung werden mit unparteiischen Expertenkommissionen beantwortet, der „Rationalstolz" des liberalen Bürgertums wird beschworen (Möllers 2017), politischer Protest hingegen mit dem Verdikt der Irrationalität und Unsachlichkeit belegt. Die doppelte Herausforderung technokratischer Aushöhlung und populistischer Anfechtung der liberalen Demokratie lässt Schelskys Denken heute aktueller denn je erscheinen.

Literatur

Albrecht, Clemens. 2012. „Soziale Wirklichkeit". Helmut Schelsky und die Tragödie einer regulativen Idee. *Zeitschrift für Ideengeschichte* 7(2): 53–62.
Dahrendorf, Ralf. 1964. Angst vor Hofnarren? *Merkur – Deutsche Zeitschrift für Europäisches Denken* 197:663–667.
Dahrendorf, Ralf. 1965. *Gesellschaft und Demokratie in Deutschland*. München: Piper.
Gehlen, Arnold. 1975. *Einblicke*. Frankfurt a. M.: Klostermann.
Habermas, Jürgen. 1969. *Technik und Wissenschaft als ‚Ideologie'*. Frankfurt a. M.: Suhrkamp.
Hacke, Jens. 2006. Der Intellektuelle und die Industriegesellschaft. Arnold Gehlen und Helmut Schelsky in der frühen Bundesrepublik. In *Die Intellektuellen und der Weltlauf. Schöpfer und Missionare politischer Ideen in den USA, Asien und Europa nach 1945*, Hrsg. Harald Bluhm und Walter Reese-Schäfer, 233–257. Baden-Baden: Nomos.
Hacke, Jens. 2010. Helmut Schelskys skeptische Jugend. Die mythische Geburtsstunde einer bundesrepublikanischen Generation. In *Sonde 1957. Ein Jahr als symbolische Zäsur für Wandlungsprozesse im geteilten Deutschland*, Hrsg. Alexander Gallus und Werner Müller, 329–342. Berlin: Duncker & Humblot.
Lepsius, Rainer. 1964. Kritik als Beruf – Zur Soziologie des Intellektuellen. *Kölner Zeitschrift für Soziologie* 16(1): 75–91.

Möllers, Christoph. 2017. Wir, die Bürger(lichen). *Merkur – Zeitschrift für europäisches Denken* 818(71): 5–16.
Saretzki, Thomas. 1994. Technokratie, Technokratiekritik und das Verschwinden der Gesellschaft. Zur Diskussion um das andere politische Projekt der Moderne. In *Politikwissenschaft als Kritische Theorie*, Hrsg. Michael Th. Greven, 353–386. Baden-Baden: Festschrift für Kurt Lenk.
Schelsky, Helmut. 1953. *Wandlungen der deutschen Familie in der Gegenwart. Darstellung und Deutung einer empirisch-soziologischen Tatbestandsaufnahme*. Stuttgart: Ferdinand Enke.
Schelsky, Helmut. 1957. *Die skeptische Generation. Eine Soziologie der deutschen Jugend*. Frankfurt a. M.: Eugen Diederichs Verlag.
Schelsky, Helmut. 1959. *Ortsbestimmung der deutschen Soziologie*. Düsseldorf/Köln: Eugen Diederichs.
Schelsky, Helmut. 1965. Der Mensch in der wissenschaftlichen Zivilisation. In *Auf der Suche nach Wirklichkeit. Gesammelte Aufsätze zur Soziologie der Bundesrepublik*, Hrsg. H. Schelsky, 439–480. Düsseldorf/Köln: Eugen Diederichs.
Schelsky, Helmut. 1973. *Systemüberwindung, Demokratisierung und Gewalteilung. Grundsatzkonflikte der Bundesrepublik*. München: C.H. Beck.
Schelsky, Helmut. 1975. *Die Arbeit tun die anderen. Klassenkampf und Priesterherrschaft der Intellektuellen*. Opladen: Westdeutscher Verlag.
Schelsky, Helmut. 1976. *Der selbständige und der betreute Mensch. Politische Schriften und Kommentare*. Stuttgart: Ullstein.
Schelsky, Helmut. 1981. *Rückblicke eines „Anti-Soziologen"*. Opladen: Westdeutscher Verlag.
Schelsky, Helmut. 1983. Der „Begriff des Politischen" und die politische Erfahrung der Gegenwart. *Der Staat* 3(1983): 321–345.
Séville, Astrid. 2017. *„There is no alternative". Politik zwischen Demokratie und Sachzwang*. Frankfurt a. M./New York: Campus.

Der Zeuge Dahrendorf

Heinz Bude

Für den Jahrgangsgenossen Jürgen Habermas war Ralf Dahrendorf immer schon der Erste seiner Generation (Habermas 1990, S. 65–68; Bude 1992, S. 569–580). Er war der Erste, der Marx nicht links liegen ließ, der Erste, der im Gefolge von Raymond Aron die westlichen Nachkriegsgesellschaften als entwickelte Industriegesellschaften erfasste, der Erste, der gegen die Vorstellungen einer nivellierten oder gradualisierten Mittelstandsgesellschaft die nach wie vor bestehenden Schranken zwischen den Klassen hervorhob, er war der Erste, der den Nationalsozialismus in eine Entwicklungsgeschichte der verzögerten Moderne einordnete, er war der Erste, der einen politischen Begriff des Staatsbürgers und seiner sozialen Rechte entfaltete, er war der Erste, der eine eigene soziologische Theorie vorlegte, und er war der Erste seiner Generation, der einen soziologischen Bestseller verfasste, der in einer Reihe mit politischen Kommentaren im Fernsehen auftrat, der maßgeblich an der Gründung einer Universität beteiligt war, der in die Politik wechselte, der sich als Wissenschaftsmanager betätigte, der einem College einer der bedeutendsten englischen Universitäten vorstand und der nicht nur Deutscher sein wollte und eine weitere Staatsbürgerschaft annahm. Das alles war möglich, weil das nach 1945 „weitgehend unkodifizierte und intellektuell reizvolle Unternehmen" (Lepsius 1979, S. 42–43) der Soziologie ihm und seine Begabungen ein freies Feld bot.

Habermas, der als freier Mitarbeiter der Frankfurter Allgemeinen Zeitung 1955 über das Norddeutsche Soziologen-Nachwuchstreffen berichtet hatte, erinnerte sich 2009 anlässlich von Dahrendorfs achtzigsten Geburtstag an den Auftritt eines konstruktiven Geistes, der lieber mit idealtypischen Stilisierungen Klarheit schaffte als mit hermeneutischer Kunst imponierte, der mit scharfer Eloquenz Autorität beanspruchte und der mit seinem avantgardistischen Selbstbewusstsein, seiner Vertrautheit mit der englischsprachigen Debatte den anwesenden Gleichaltrigen den Ein-

---

H. Bude (✉)
Gesellschaftswissenschaften/Fachgruppe Soziologie, Universität Kassel, Kassel, Deutschland
E-Mail: bude@uni-kassel.de

druck vermittelte, Hinterbänkler zu sein, die noch allerlei zu lernen hätten (Habermas 2009).

Woher rührte dieses Selbstbewusstsein, von wo aus sprach dieser Geist, was motivierte die Klarheit seiner Prägungen? Die Antwort, die hier gegeben wird, lautet: Ralf Dahrendorf war Zeit seines Lebens als Soziologe Zeuge einer Gesellschaft, die schwer belastet war mit einem mörderischen Erbe und sich fragen lassen musste, ob man, wie Dahrendorf gut ein Jahrzehnt nach der Veröffentlichung von „Gesellschaft und Demokratie in Deutschland" über sein Buch in ungedruckten autobiografischen Aufzeichnungen formulierte, in diesem Deutschland leben kann, wenn man die Freiheit über alles liebt (Dahrendorf o.D., S. 155, zitiert nach: Meifort 2017, S. 123). Dahrendorf verkörpert eine öffentliche Soziologie als historische Zeugenschaft in freiheitlicher Absicht.

An einem Novemberabend 1944 wurde der 15jährige Ralf Dahrendorf von der Gestapo in der elterlichen Wohnung im Berliner Stadtteil Buckow verhaftet. Die Geheime Staatspolizei hatte womöglich die Situation abgewartet. Sein Vater war bereits in Haft und seine Mutter im Kino, so dass die Abholung keine Schwierigkeiten machen würde. Zusammen mit seinem ein Jahr älteren Freund Edward Grosse, genannt Poldi, wurde er zunächst ins Polizeigefängnis in Frankfurt/Oder uns dann ins „Erweiterte Polizeigefängnis" im Lager Schwetig (heute Świecko) verfrachtet. Sie wurden Verhören unterzogen und blieben insgesamt zehn Tage in Einzelhaft (Dahrendorf 2002, S. 62–70; Meifort 2017, S. 31–37).

Dazu muss man wissen, dass Dahrendorfs Vater, der SPD-Politiker Gustav Dahrendorf, am 20. Oktober 1944 gemeinsam mit Julius Leber, Adolf Reichwein und Hermann Maaß wegen Landesverrats vor dem Volksgerichtshof unter Vorsitz des Gerichtspräsidenten Roland Freisler in Berlin angeklagt worden war. Während Leber, Reichwein und Maaß wegen ihrer Verbindung zu Wilhelm Leuschner und Carl Friedrich Goerdeler zum Tode verurteilt wurden, kam der Vater Dahrendorf mit sieben Jahren Zuchthaus wegen Mitwissenschaft davon.

Der Sohn Ralf hatte sich einer mit Widerstandsgedanken spielenden Gruppe mit der hochtrabenden Bezeichnung „Freiheitsverband Höherer Schüler Deutschlands" angeschlossen. Der verbotene Swing spielte eine Rolle, Flugblätter mit dem Titel „Macht dem Morden ein Ende!", die in den Stellungen von Flakhelfern verteilt wurden, und das Bewusstsein, dass das letzte Aufgebot des Volkssturms eine ziemlich lächerliche Angelegenheit sei. Man hatte Briefe, die Ralf mit seinem Freund Poldi geschrieben hatte, abgefangen und war auf wehrkraftzersetzenden „Defätismus" gestoßen.

Dreißig Jahre später begann Ralf Dahrendorf als Direktor der London School of Economics and Political Science seine Reith Lectures in der BBC, die unter der Überschrift „The New Liberty" standen, mit den Worten:

> „Der elementare Drang, frei zu sein, ist die treibende Kraft aller Freiheiten, ob alt oder neu. Diesen Drang braucht man kaum zu erklären, und mancher hat ihn in einer Weise erfahren, die er nicht vergisst. Ich sehe mich noch in meiner Zelle im Polizeigefängnis in Frankfurt an der Oder: es war November 1944 und ich war fünfzehneinhalb; (...) die zehn Tage Einzelhaft haben jenen fast klaustrophobischen Drang zur Freiheit in mir geweckt, den aus den

Eingeweiden kommenden Widerwillen gegen das Eingesperrtsein, sei es durch die persönliche Macht von Menschen oder durch die anonyme Macht von Organisationen." (Dahrendorf 2002, S. 72)

1957 erschien die Habilitationsschrift „Soziale Klassen und Klassenkonflikt in der industriellen Gesellschaft". Das war nach seiner 1952 publizierten philosophischen Dissertation „Marx in Perspektive. Die Idee des Gerechten im Denken von Karl Marx" das erste genuin soziologische Buch des 28-jährigen Dahrendorf. Im selben Jahr veröffentlichte der gleichaltrige Hans Magnus Enzensberger seinen ersten Gedichtband „Verteidigung der Wölfe", der zwei Jahre ältere Martin Walser seinen ersten Roman „Ehen in Philippsburg" und auch 1957 erlebte der 1928 geborenen Karlheinz Stockhausen seinen internationalen Durchbruch mit der Uraufführung des „Klavierstücks XI (Variable Musik)" in New York. Alle Debütanten konnte man zu den „angry young men" aus der Bundesrepublik zählen (Bude 1987).

Die Habilitation war eine Qualifikationsarbeit, die in einer akademischen Reihe eines Wissenschaftsverlags herauskam, aber Dahrendorf hatte den Grundgedanken schon in seiner ersten soziologischen Veröffentlichung unter dem Titel „Klassenstruktur und Klassenkonflikt in der entwickelten Industriegesellschaft" in den von Walter Dirks und Eugen Kogon herausgegebenen „Frankfurter Heften" dargelegt. Die „Zeitschrift für Politik und Kultur" war ein Organ des linken Spektrums mit beträchtlicher öffentlicher Resonanz.

Dahrendorf unterschied den Geschichtsphilosophen Marx von dem Soziologen Marx. Für den Geschichtsphilosophen war Klassenanalyse stets Klassenkampfanalyse auf der Linie einer geschichtlichen Notwendigkeit, die eines fernen Tages das Ende aller Klassenkämpfe herbeiführen würde. Wenn man diese Eschatologie einer kommunistischen Gesellschaft weglässt, war Marx ein Soziologe des Klassenkonflikts in der Industriegesellschaft mit einer konsequent durchdachten Politischen Ökonomie. Schon in der Französischen Revolution war eine bürgerliche gegen eine feudale Klasse mit der Vorstellung neuer Rechte gegen alte Privilegien aufgestanden. Die Industrielle Revolution hatten diesem Kampf insofern eine Basis gegeben, als jetzt die neuen Produktivkräfte der Dampfmaschine und der Fabrik den Produktionsverhältnissen der ständischen Vorrechte und der personalen Herrschaft den Boden entzogen hatten. Daraus schloss Dahrendorf: Die Unruhe, die den sozialen Wandel vorantreibt, entsteht aus dem Kampf zweier Klassen um die Herrschaft in den gesellschaftlichen Verhältnissen. Dabei kann es sogar geschehen, fügte Dahrendorf später unter Berufung auf Theodor Geigers Überlegen über die „Die Klassengesellschaft im Schmelztiegel" hinzu, dass eine Interessenverwandtschaft zwischen Kapital und Lohnarbeit entsteht, die beide jenen anderen Gruppen in der Gesellschaft gegenüberstellt, die keinen unmittelbaren Anteil an der Herstellung und dem Umsatz der materiellen Gütern haben (Dahrendorf 1959a, S. 92).

In seinen eigenen Worten: „Gesellschaftliche Veränderungen (sind) das Ergebnis von Auseinandersetzungen zwischen Gruppen (...), die ihre Kraft aus den obwaltenden sozialökonomischen Umständen beziehen (...). Immer kämpft eine Gruppe im Namen zukünftiger Möglichkeiten gegen eine andere, die vorhandene Strukturen verteidigt" (Dahrendorf 1957, S. 239).

1957 errang Konrad Adenauer mit dem Slogan „Keine Experimente" einen fulminanten Sieg bei den Bundestagswahlen, der die SPD tief traf und zu einem Umdenken zwang, was dann im Godesberger Programm seinen Niederschlag fand. Dahrendorf und seine Generation nahm den Sieg des Alten aus Rhöndorf, den sie als Abschluss der Konsolidierungsphase der Nachkriegsgesellschaft wahrnahm, zum Anlass die Stimme zu erheben und sich einzumischen. Mit der Formel „Integration durch Konflikt" hatte der 28-jährige Dahrendorf die Nase vorn.

„Was mich betrifft, so bin ich in Wahrheit immer achtundzwanzig gewesen und werde das wohl auch den Rest meiner Tage sein." So äußerte sich Dahrendorf in seinen Lebenserinnerungen, die er fast ein halbes Jahrhundert später veröffentlichte, über seinen energischen Zugriff auf die Welt (Dahrendorf 2002, S. 11–12). Warum gerade 28? Weil man dann nicht mehr 17 ist, also mehr Teenager, aber auch nicht mehr ein mitzwanziger Twen, aber eben noch nicht das dreißigste Lebensjahr erreicht hat, in den man, wie Ingeborg Bachmann in ihrer Geschichte über diesen Geburtstag schrieb, mit der bitteren Erkenntnis konfrontiert wird, dass von den tausendundeins Möglichkeiten, die man sich für sich vorstellen konnte, vielleicht schon tausend Möglichkeiten vertan und versäumt wurden.

Seinen Ruf als Konflikttheoretiker begründete Dahrendorf übrigens weniger mit seiner, wie er 1985 selbst bemerkte, „allzu rasch", nämlich angeblich in acht Wochen geschriebenen Habilitationsschrift (Meifort 2017, S. 74), die er für die Übersetzung ins Englische in ein komplett anderes und in der angloamerikanischen Industriesoziologie zum Klassiker aufgestiegenes Buch umarbeitete (Dahrendorf 1959b), sondern mit einem Aufsatz, der 1958 in Heft 2 und 3 der Kölner Zeitschrift für Soziologie und Sozialpsychologie erschien und dann 1959 als Buch in endlosen Auflagen veröffentlicht wurde: „Homo Sociologicus. Ein Versuch zur Geschichte, Bedeutung und Kritik der sozialen Rolle". Darin entwickelte er den Rollenbegriff als soziologischen Grundbegriff der Muss-, Soll- und Kann-Erwartungen an soziale Positionen und verband ihn zugleich mit einer liberalen Kritik an der „ärgerlichen Tatsache der Gesellschaft". Der Aufsatz entzündete eine intensive Fachdebatte,[1] vielleicht sogar die einzige nach 1945, die in der allgemeinen Öffentlichkeit nicht unbemerkt blieb, weil sie das Verhältnis von Individuum und Gesellschaft als Problematik des persönlichen Handlungs- und Erfahrungsraum begreifbar machte.

Den ersten publizistischen Erfolg verzeichnete Dahrendorf 1965 mit einer Artikelserie in „Die Zeit", die sich mit dem Programm einer „aktiven Bildungspolitik" beschäftigte und dann noch im selben Jahr als Buch mit dem provokativen Titel „Bildung ist Bürgerrecht" veröffentlicht wurde (Dahrendorf 1965). Anders als Georg Picht, der ein Jahr vorher ebenfalls in einer Artikelserie, in „Christ und Welt", „Die deutsche Bildungskatastrophe" an die Wand gemalt hatte, ging es Dahrendorf nicht um die wirtschaftliche Bedeutung von Bildung in einem rohstoffarmen Land. Bildung sollte vielmehr als fundamentales Recht begriffen werden, eben als Bürge-

---

[1] An dieser kontroversen Debatte haben sich Autorpersonen mit so unterschiedlichen theoretischen Perspektiven wie Friedrich H. Tenbruck, Helmuth Plessner, Heinrich Popitz, Dieter Claessens, Hans Peter Dreitzel, Uta Gerhardt, Frigga Haug oder Hans Joas beteiligt.

recht, das einem katholischen Mädchen aus einem bildungsarmen Elternhaus vom Lande genauso zusteht wie einem Jungen ohne Konfession aus einer sozialdemokratischen Arbeiterfamilie aus dem Ruhrgebiet. Bildung, insbesondere höhere Bildung ermöglicht die gesellschaftliche Teilhabe, indem sie den Einzelnen Lebenschancen eröffnet und sie als Staatsbürger in die Lage versetzt, mitzureden und mitzubestimmen und bei der Verhandlung der öffentlichen Angelegenheiten eine Rolle zu spielen.

Damit griff Dahrendorf ein Thema auf, das ihn schon als junger Mann in der Hamburger Zelle des SDS, des Sozialistischen Deutschen Studentenbundes beschäftigt hatte. Den Jungen, die auf den Flakgeschützen als die „letzten Helden des Führers" ihren Dienst getan hatten, standen die zehn Jahre älteren, von den Jungen so genannten „Offiziere", die den Krieg noch an der Front mitgemacht hatten, gegenüber. Zu denen gehörte Helmut Schmidt, von dem der junge Dahrendorf damals noch nicht wusste, dass dieser als junger Oberleutnant der Wehrmacht abgeordnet worden war, um von der Zuschauerbühne den Prozess gegen Dahrendorfs Vater vor dem Volksgerichtshof zu verfolgen. Die Jungen jedenfalls forderten 1948 den SDS auf, sich dafür einzusetzen, dass eine größere Zahl von Arbeiterkindern in einem einmaligen Akt ohne Abitur zur Universität zugelassen wird. Die sollten dazu beitragen, den Geist der Universität zu verändern, wo, wie es dann 1968 hieß, unter den Talaren der Muff von tausend Jahren hockte. Dazu waren die „Offiziere" naturgemäß nicht zu bewegen. Sechzehn Jahre später, 1964, war Dahrendorfs Tübinger Immatrikulationsfestrede über „Arbeiterkinder an deutschen Universitäten" der Auslöser für die in Baden-Württemberg von der CDU-Regierung unter dem Ministerpräsidenten Kurt-Georg Kiesinger eingeleiteten Bildungsreform.

Im Lichte dieser Vorgeschichte könnte man das ikonenhafte Bild von einer anscheinend spontanen Diskussion zwischen Rudi Dutschke und Ralf Dahrendorf am 30. Januar 1968 hoch auf einem Lautsprecherwagen sitzend am Rande des 19. Bundesparteitages der FDP vor mehreren tausend zumeist jungen Zuhörern vor der Freiburger Stadthalle[2] als Kontaktnahme über Grenzen zwischen einem Kriegskind und einen Schüler-Soldaten des Zweiten Weltkriegs verstehen. Jedenfalls wäre eine solches Zusammentreffen zwischen dem SDS-Mitglied Rudi Dutschke und dem ehemaligen Bundesvorsitzenden des SDS Helmut Schmidt nur schwer vorstellbar.

Mit der Reklamierung eines Bürgerrechts auf Bildung erweiterte Dahrendorf sein Nachkriegsnarrativ der bundesrepublikanischen Gesellschaft. Integration durch Konflikt würde dann gelingen, wenn die Bürgerrechte den universalistischen Horizont für das Ausfechten von Positionen und für das Aushandeln von Kompromissen bilden. Das hatte Dahrendorf von T. H. Marshall, dem renommierten Autor von „Citizenship and Social Class" gelernt, der 1952 bis 1954 der Betreuer seines Ph.D. an der London School of Economics and Political Science, kurz LSE war. Der Bürger wird erst Bürger durch soziale Anrechte, die seine Rechte auf Eigentum

---

[2]Karl Ulrich Mayer hat mich darauf aufmerksam gemacht, dass diese Schlüsselszene bei der Darstellung des öffentlichen Intellektuellen Dahrendorf nicht fehlen darf.

und Wahlbeteiligung ergänzen und vollenden. Der Bourgeois erhebt das Recht auf wirtschaftliche Freiheit, der Citoyen das Recht auf gesellschaftliche Gestaltung.

In den frühen sechziger Jahren entwickelte sich das Jungstar der deutschen Soziologie zum vielgefragten öffentlichen Professor (Meifort 2017, S. 97–145), der als Experte der Gesellschaft erkennbar Einfluss auf die Gesellschaft ausüben wollte. Als ein Intellektueller mit Mission veröffentlichte er in Zeitschriften fürs gebildete Publikum wie dem „Merkur", dem „Monat" oder den „Frankfurter Hefte". Seit 1963 zählte er zu den Autoren der „Zeit". Er verfasste Kommentare für Adolf Frisés vom Hessischen Rundfunk ausgestrahlte Sendung „Vom Geist der Zeit", wo er als frischer Geist neben Publizisten wie Karl Korn und Harry Pross, Schriftstellern wie Alfred Andersch und Horst Krüger und Hochschullehrern wie Alexander Mitscherlich und Ernst Bloch auf sich aufmerksam machte. Und gleich nach dem Sendestart des ZDFs trat er von 1963 bis 1965 alle vier Wochen am Samstagsabend als politischen Kommentator in Erscheinung.

Das hielt ihn aber nicht im Geringsten von seinen Forschungen ab. An seinem Tübinger Lehrstuhl kümmerten sich vor allem seine Assistenten Hansgert Peisert und Wolfgang Zapf um die Etablierung einer Empirischen Bildungsforschung und einer historisch vergleichenden Elitenforschung (Peisert und Dahrendorf 1967; Zapf 1966). Das erlaubte Dahrendorf mit der Autorität eines deutschen Professors und eines modernen angelsächsisch geschulten Sozialforschers aufzutreten. Er hatte zumeist theoretische Argumente und empirische Befunde zur Untermauerung seiner öffentlichen Einlassungen in petto und er bediente so die Binnenrationalität der Wissenschaft wie die kritische Rationalität einer öffentlichen Selbstverständigung über den Zustand der Bundesrepublik.

Diese Doppelstrategie gipfelte in dem ebenfalls 1965 vorgelegten großen Buch mit dem an Tocqueville erinnernden Titel „Gesellschaft und Demokratie in Deutschland", das heute als „Grundbuch des westdeutschen Identitätswandels" (Herbert 2002, S. 30) gilt. Dahrendorf zog darin die Summe seiner Überlegungen zur Notwendigkeit von Konflikten, zum Fortbestand von Klassen, zur Durchsetzung von Bürgerrechten, zu den Affekten von Eliten und zur politischen Verfassung der Freiheit – und zwar so, dass sie zu Elementen einer Gesellschaftsgeschichte der Verspätung, der Verzögerung und der Verstellung des deutschen Wegs in eine liberale Moderne wurden.

Dahrendorf skizzierte drei Etappen dieser Gleichzeitigkeit von Vorwärts- und Rückwärtsbewegungen: Der deutsche Weg in die Freiheit verlief über den Untertanen des Wilhelminischen Kaiserreichs, den Volksgenossen des Nationalsozialismus und den Staatsbürger der Bundesrepublik. Der Aufstieg des deutschen Reichs mit dem jungen fabeltierhaften Kaiser an der Spitze stand unter der ungeheuren Spannung zwischen disruptiver Industrialisierung und regressiver Feudalisierung. Die entlud sich nach dem Bürgerkrieg der Zwischenkriegszeit in einem modernistischen Furor völkischer Gleichheitssimulation unter der Hitlerjungen-Devise „Flink wie Windhunde, zäh wie Leder, hart wie Kruppstahl". Aber diese Nivellierung in der Schicksalsgemeinschaft des Volkes, so Dahrendorfs Pointe, bildete nach der „bedingungslosen Kapitulation" schließlich die Voraussetzung für die Akzeptanz eines sozialen Rechtsstaats mit erweiterten Bürgerrechten und liberalen Wirtschaftsverfassung, der die Grundlage für eine offene Gesellschaft schuf.

Das ganze Morden, die beiden Weltkriege und zuletzt der späte Kriegseinsatz der Flakhelfer-Generation hatte also einen Sinn, für den sich nach 1945 das Engagement lohnte: Dahrendorf schlug sich auf die Seite der neuen Kräfte, die die alten Verhältnisse aufbrechen und einer anderen Welt den Boden bereiten wollten. Im Vorwort zur zweiten Auflage seiner Dissertation über Marx bekannte er gegen den Zeitgeist der organisierten Freiheit: „Sozialliberale Politik muss vor allem liberal sein, denn die gleiche Freiheit ist vor allem Freiheit." (Dahrendorf 2002, S. 144)

Dahrendorf spielte eine maßgebliche Rolle bei der Gründung der Universität Konstanz, die ähnlich wie es Helmut Schelsky mit der Universität Bielefeld vorhatte, ein Ort feiner wissenschaftlicher Exzellenz sein sollte, er versuchte sich als Politiker in der FDP, war für ein Jahr Abgeordneter des Deutschen Bundestages und Parlamentarischer Staatssekretär im Auswärtigen Amt, für vier Jahre Mitglied der Kommission der Europäischen Gemeinschaft, zehn Jahre Direktor der LSE und zehn Jahre Warden des St. Antony's College in Oxford und erwarb 1988 zusätzlich zu seiner deutschen die englische Staatsbürgerschaft und erlebte 1993 die Ernennung zum Lord verbunden mit der Mitgliedschaft im „House of Lords" des britischen Parlaments.

Es erfüllte ihn offenbar nicht, nur den „Hofnarren der modernen Gesellschaft" (Dahrendorf 1966, S. 174) zu geben, der alles Unbezweifelbare anzweifelt, der das Selbstverständliche für erstaunlich hält und der die Autorität der Abhängigkeit überführt. Er strebte auch Positionen mit Einfluss an, in denen er mehr bewegen konnte als nur den Geist der Zeit. Trotzdem blieb Dahrendorf sein ganzes Leben lang ein journalistischer Kopf, der der Faszination des andern Tags gedruckten Worts mit dem eigenen Namen als Autor erlag und der von der Vorstellung nicht lassen konnte, durch Artikel, Aufsätze, Bücher, Vorträge und Interviews „einen profunden Einfluss auf die Welt und die Menschen auszuüben" (Dahrendorf 2002, S. 104). Es verging jedenfalls nach seiner eigenen Auskunft keine Woche, in der er nicht einen Artikel schrieb (Dahrendorf 2002, S. 113).

Die letzte Wendung seiner intellektuellen Zeugenschaft der europäischen Nachkriegsgeschichte nahm er in seinem 1992 auf Deutsch erschienenen und gegenüber der englischsprachigen Erstausgabe völlig umgearbeiteten Buch „Der moderne soziale Konflikt" (Dahrendorf 1992), in dem er seine Bilanz des 1989 zu Ende gegangenen 20. Jahrhunderts zog. Seine 1989 herausgekommenen „Betrachtungen über die Revolution in Europa" hatten schon gezeigt, dass er wie keiner sonst aus seiner Generation die Umbrüche in Osteuropa als Ausbrüche aus den geschlossenen Gesellschaften des real existierenden Sozialismus begriff, weshalb er Václav Havel oder Adam Michnik in ihren antitotalitären Affekten nur beipflichten konnte. Aber er erkannte auch zahlreiche Szenarios für Unruhe in den vom Kommunismus befreiten Regionen des Ostblocks, die alle aus der Idee der nationalen Selbstbestimmung erwachsen würden. Den Bedarf eines Gefühls der Zugehörigkeit für Menschen, die sich mit einem Mal in eine moderne Welt der Freiheit zum Konflikt geworfen sehen, dürfe man nicht unterschätzen (Dahrendorf 1990, S. 138–139).

Die Konsequenz bestand in einer wesentlichen Erweiterung des modernen Narrativs. Die Menschen suchen Optionen für ihr persönliches Leben, die auf dem Angebot von erschwinglichen Waren und auf der Erwerbbarkeit eines entsprechenden Einkommens beruhen. Aber, so fügt er 1992 mit Bezug auf Amartya Sens bahnbrechende Untersuchung über die Entstehung von Hungerkatastrophen hinzu, sie brauchen auch grundlegende Anrechte auf eine gesicherte Teilhabe unter Absehung von ihren materiellen Möglichkeiten. Eine Unwucht von privatem Reichtum und öffentlicher Armut hält eine Gesellschaft nicht lange aus. Es gibt einen ökonomischen Imperialismus, der nichts anderes als die Ausweitung des Angebots kennt, und gleichermaßen einen politischen Imperialismus, der alle Fragen von Angebot und Nachfrage als Anrechtsfragen zu definieren sucht.

Und trotzdem ist das nicht alles, was die Menschen bewegt. Dahrendorf führte in der Spätfassung seiner Politik der Freiheit die Bindungen ein, die den Menschen Halt und Sinn und das Empfinden, dazuzugehören und einen Platz im Ganzen zu haben, geben. Er nennt sie Ligaturen nach der lateinischen Vokabel ligare, die in den Wortbildungen Religion und Obligation wiederkehrt. Ligaturen sind verpflichtende Orientierungen, die die Menschen in die Lage versetzen, ihren Weg durch die bunte Welt der Optionen zu finden. Dieses Durkheimsche Motiv passt eigentlich nicht in Dahrendorfs liberales Weltbild. Das ist wie die Religion, der er als soziologischem Gegenstand immer aus dem Weg gegangen ist, doch Privatsache. Indes kommt man mit dieser Aufteilung zwischen privaten und öffentlichen Dingen Dahrendorfs später Einsicht zufolge in der unübersichtlichen modernen Welt von heute nicht mehr weiter. Einer öffentlichen Soziologie, die keinen Sinn für diesen Bedarf an Sinn hat, ist es womöglich wichtiger Recht zu haben als die Welt zu verstehen.

Literatur

Bude, Heinz. 1987. *Deutsche Karrieren. Lebenskonstruktionen sozialer Aufsteiger aus der Flakfhelfer-Generation*. Frankfurt a. M.: Suhrkamp.
Bude, Heinz. 1992. Die Soziologen der Bundesrepublik. *Merkur* 46(520): 569–580.
Dahrendorf, Ralf. 1957. *Soziale Klassen und Klassenkonflikt in der industriellen Gesellschaft*. Stuttgart: Ferdinand Enke.
Dahrendorf, Ralf. 1959a. *Sozialstruktur des Betriebes*. Wiesbaden: Gabler.
Dahrendorf, Ralf. 1959b. *Class and class conflict in industrial society*. London: Stanford University Press.
Dahrendorf, Ralf. 1965. *Bildung ist Bürgerrecht. Plädoyer für eine aktive Bildungspolitik*. Hamburg: Nannen-Verlag.
Dahrendorf, Ralf. 1966. Der Narr und die Gesellschaft (gesendet am 24. Februar 1963). In *Vom Geist der Zeit*, Hrsg. Adolf Frisé, 173–177. Gütersloh: Mohn.
Dahrendorf, Ralf. 1990. *Betrachtungen über die Revolution in Europa in einem Brief, der an einen Herrn in Warschau gerichtet ist*. Stuttgart: Deutsche Verlags-Anstalt.
Dahrendorf, Ralf. 1992. *Der moderne soziale Konflikt. Essay zur Politik der Freiheit*. Stuttgart: Deutsche Verlags-Anstalt.
Dahrendorf, Ralf. 2002. *Über Grenzen. Lebenserinnerungen*. München: C.H. Beck.
Habermas, Jürgen. 1990. Der Erste – Eine Laudatio. In *Die nachholende Revolution. Kleine politische Schriften VII*, 65–68. Frankfurt a. M.: Suhrkamp.
Habermas, Jürgen. 2009. Jahrgang 1929. *Frankfurt Allgemeine Zeitung*, 2. Mai.

Herbert, Ulrich. 2002. Liberalisierung als Lernprozess. Die Bundesrepublik in der deutschen Geschichte – eine Skizze. In *Wandlungsprozesse in Westdeutschland. Belastung, Integration, Liberalisierung 1945–1980*, Hrsg. Ulrich Herbert, 7–49. Göttingen: Wallstein.

Lepsius, M. Rainer. 1979. Die Entwicklung der Soziologie nach dem Zweiten Weltkrieg 1945 bis 1967. In *Deutsche Soziologie seit 1945. Entwicklungsrichtungen und Praxisbezug*, Hrsg. Günther Lüschen, 25–70. Köln: Westdeutscher Verlag.

Meifort, Franziska. 2017. *Ralf Dahrendorf. Eine Biografie*. München: C.H. Beck.

Peisert, Hansgert, und Ralf Dahrendorf, Hrsg. 1967. *Der vorzeitige Abgang vom Gymnasium. Studien und Materialien zum Schulerfolg an den Gymnasien in Baden-Württemberg*. Villingen: Neckar-Verlag.

Zapf, Wolfgang. 1966. *Wandlungen der deutschen Elite. Ein Zirkulationsmodell deutscher Führungsgruppen 1919–1961*. München: Piper.

Pierre Bourdieu als öffentlicher Intellektueller

Philipp Rhein, Alexander Lenger und Vincent Gengnagel

Inhalt

1 Die „Waffen der Wissenschaft" 127
2 Autonomie und Kampf 128
3 Realpolitik der Vernunft 129
4 Eingriff der Intellektuellen 129
5 Bourdieus Wirkung als öffentlicher Soziologe 131
6 Bourdieu als ideeller Gesamtintellektueller 132
Literatur 133

1 Die „Waffen der Wissenschaft"

„Soziologie ist ein Kampfsport" – so charakterisiert Pierre Bourdieu in einem Interview die Rolle seiner wissenschaftlichen Disziplin und reflektiert zugleich sein Selbstverständnis als Wissenschaftler (Carles 2008). In der gleichnamigen Filmdokumentation über den Soziologen wird Bourdieu als unermüdlicher Intellektueller gezeichnet, der in die Banlieues fährt und auf Demonstrationen zu sehen ist – ein

---

Der Beitrag basiert auf detaillierteren Ausführungen in Lenger/Rhein (2018).

P. Rhein (✉)
Institut für Soziologie, Eberhard-Karls-Universität Tübingen, Tübingen, Deutschland
E-Mail: philipp.rhein@uni-tuebingen.de

A. Lenger
Soziologie, Katholische Hochschule Freiburg, Freiburg im Breisgau, Deutschland
E-Mail: alexander.lenger@kh-freiburg.de

V. Gengnagel
Institut für Gesellschaftswissenschaften und Theologie, Europa-Universität Flensburg, Flensburg, Deutschland
E-Mail: vincent.gengnagel@uni-flensburg.de

öffentlich sichtbarer und engagierter Gesellschaftskritiker, der zwar immer Intellektueller geblieben ist, der aber als Soziologe realpolitisch in die Welt eingreift und an ihrer Veränderung mitwirkt. Er ermutigt Menschen, keine Scheu vor dem soziologischen Verstehen der Welt zu haben, die systematisch so eingerichtet ist, dass sie Inklusion und Exklusion, Wohlstand und Armut, Anerkennungen und Missachtungen produziert. An einer Stelle des Films verteidigt sich Bourdieu vor einem aufgebrachten Publikum in einem Pariser Banlieue und erklärt, dass sein Besuch den Zweck haben soll, ihnen die soziologischen „Waffen der Wissenschaft" (Bourdieu 2004, S. 17) an die Hand zu geben, um ihre Wut und Enttäuschung zielgerichteter zu politisieren. Indem Bourdieus Soziologie praxistheoretisch darüber aufklärt, wie Herrschaft und Ungleichheit zustande kommen, wird für ihn Kritik an bestehenden Machtverhältnissen zu einer Frage gesellschaftlicher Praxis. Sie stellt nicht nur einen sozialwissenschaftlichen Theoriebeitrag dar, sondern ist zugleich ein theoretisches Instrumentarium, mit dem auch eine „kollektive Selbstanalyse" für WissenschaftlerInnen möglich wird, „von der schließlich ein gemeinsames Handeln seinen Ausgang nehmen kann" (Bourdieu 1998, S. 15 f.). Damit ist die Forderung nach der realpolitischen Intervention der Intellektuellen in umkämpfte gesellschaftliche Felder bei Bourdieu schon vorweggenommen.

2 Autonomie und Kampf

Die Forderung nach einer öffentlichen Intervention der Soziologie leitet sich aus Bourdieus zentralem Theorieelement der Autonomie sozialer Felder ab. Damit adressiert Bourdieu unter dem Gesichtspunkt einer konflikttheoretischen Perspektive die Frage gesellschaftlicher Ordnungsbildung: Autonomie meint relative Eigenständigkeit der beständig zu erkämpfenden, legitimen Regeln für wissenschaftliche, künstlerische, journalistische etc. Praxis. Im Falle der Wissenschaft scheint dies zunächst zu implizieren, dass wissenschaftlicher Erkenntnisfortschritt in erster Linie durch eine größere Autonomie des wissenschaftlichen Feldes gewährleistet sei (Wehling 2014, S. 76). Jede Orientierung an Geldgewinn, politischer Macht oder Öffentlichkeitswirksamkeit führe demnach zu einer Verzerrung in der wissenschaftlichen Wahrheitsfindung. Entsprechend dieser Vorstellung wäre Erkenntnisfortschritt allein unter rein wissenschaftlichen Bewertungsprinzipien und durch die symbolischen Kämpfe im wissenschaftlichen Feld gewährleistet. Bourdieus Sozialtheorie geht es jedoch um die Offenlegung der sozialen Gebundenheit von Wissenschaft, d. h. um die erkenntnistheoretischen *und* sozialen Bedingungen wissenschaftlicher Wahrheitsproduktion. Soziale Konflikte und Konkurrenz spielen für ihn im gesamten gesellschaftlichen Universum – auch in der Wissenschaft – eine Rolle (Swartz 1997). Autonomie gibt den normativen Horizont für ein politisch zu verwirklichendes Projekt vor. Vorausgesetzt ist eine sozialtheoretische Perspektive angemessener wissenschaftlicher Selbstreflexion – die notwendigerweise eine kritische Selbstreflexion ist.

3 Realpolitik der Vernunft

Der Vernunftbegriff in Bourdieus Theoriearchitektur bezieht sich nicht auf die Subjektebene, sondern auf die historische Differenzierung sozialer Felder (Lenger und Rhein 2018). Für Bourdieu ist Vernunft eine historische Errungenschaft, ein Prozess, der sich in gesellschaftlichen Strukturen verdichtet. Als Wissenschaftsfeld hat sie eine Form angenommen, in der sie auch der Reflexion zugänglich ist – zumindest dem Prinzip nach. Bourdieu betont, dass eine teleologische Vorstellung von Vernunftentwicklung unsoziologisch ist, da die Genese sozialer Strukturen durch soziale Kämpfe bedingt ist und beständig Ungleichheiten und Machtverhältnisse produziert. Dennoch gibt er den Vernunftgedanken nicht endgültig auf, Vernunft verkörpert sich in Institutionen: „Für mich ist Vernunft eine historische Errungenschaft, wie die Sozialversicherung; sie ist das Ergebnis individueller [...] wie kollektiver Kämpfe." (Bourdieu und Schwibs 1985, S. 389)

Bourdieu sieht Vernunft nicht als Fähigkeit des menschlichen Geistes, sondern als gesellschaftspolitisches Projekt. Es sind die sozialen Strukturen, die die Möglichkeiten ‚vernünftigen' Handelns einschränken oder begünstigen. Es erweist sich daher lediglich eine „Realpolitik der Vernunft" als aussichtsreiche Praxis zu ihrer Verwirklichung (Bourdieu 1998, S. 60). Insofern begreift sich Bourdieu selbst als Aufklärer, der das Projekt einer emanzipierten Gesellschaft vorantreibt. Dieses Selbstverständnis speist sich „aus einer ungeschminkten, aber nicht enttäuschten Sicht" auf die Wissenschaft als Kampffeld, in dem am Ideal der „Gewährleistung eines freien Austauschs von Gedanken und Erkenntnissen" festgehalten werden muss (Bourdieu 1998, S. 58). Sein Programm zielt auf ein politisches Handeln, „ohne dabei zum Politiker zu werden" (Bourdieu 1998, S. 64). Diese realpolitischen Kämpfe um die wissenschaftliche Vernunft sind ein notwendiger Teil wissenschaftlicher Praxis. Wissenschaftliche Praxis hat entsprechend gleichzeitig eine politische und eine wissenschaftliche Seite. Eine öffentliche Soziologie im Anschluss an Bourdieu sensibilisiert also dafür, dass Soziologie einerseits stets die Regeln des wissenschaftlichen Feldes reproduziert oder modifiziert und dass diese Wissenschaftspraxis andererseits Auswirkungen auf die Gesellschaft hat, in der sie stattfindet.

4 Eingriff der Intellektuellen

Was die von Bourdieu inspirierte Soziologie – insbesondere eine öffentliche Soziologie – daher von anderen Wissenschaften unterscheidet, ist die kritisch-selbstreflexiv gewonnene Einsicht, dass sie sich von der Vorstellung einer objektiven Wahrheit emanzipieren muss, um die politischen Kämpfe um Wahrheitsmonopole in einem ersten Schritt beobachten und in einem zweiten Schritt wirksam in sie eingreifen zu können. Es geht Bourdieu um die radikale Einsicht, dass man sich auch als WissenschaftlerIn immer in einer spezifischen historischen Situation und sozialen Position befindet und dass die Rede von absoluter Wahrheit oder objektiver Vernunft „häufig genug nur professorales Gerede [ist] mit dem Ziel, ein partikulares Interesse als universelles zu setzen" (Bourdieu und Schwibs 1985, S. 389). Bourdieu weiß um die Widersprüchlichkeit zwischen Autonomie und Intervention. Er spricht daher von einer „paradoxen Synthese" von wissenschaftlicher Praxis und politischem Engagement (Bourdieu 1991, S. 46). „Autonomie ist mit der Ablehnung von Politik nicht identisch", sie ist der theoretisch gewonnene normative Horizont einer „antipolitischen Politik" (Bourdieu 1991, S. 44), die sich gerade durch den Unterschied zu den Regeln des Politikfeldes auszeichnet, die auf der impliziten Annahme gründen, dass nur BerufspolitikerInnen die Kompetenz besitzen, über Politik zu sprechen.

In besagtem Spannungsverhältnis haben sich insbesondere die wissenschaftlich, künstlerisch oder journalistisch tätigen Intellektuellen zu bewegen – all diejenigen also, die ihre soziale Existenz sozialen Feldern verdanken, „deren grundlegendes Gesetz die Ablehnung der dem politischen oder ökonomischen Feld eigenen Gesetzmäßigkeiten darstellt, die Ablehnung der von diesen Feldern anerkannten Zwecke und Werte wie Geld, Macht, Würden" (Bourdieu 1991, S. 45). Wissenschaftliches Kapital und intellektuelle Präsenz stellen in diesem Sinne eine Interventionsmacht dar (Hirschfeld und Gengnagel 2017), die selbst das Ergebnis eines gesellschaftlichen Differenzierungsprozesses ist. Für eine öffentliche Soziologie im Anschluss an Bourdieu bedeutet dies, dass sich SoziologInnen politisch engagieren, allerdings nicht als BerufspolitikerInnen, sondern eben als SoziologInnen. Statt der Monopolisierung berufspolitischer Kompetenz – im Namen ‚der Gesellschaft' bzw. ‚der Öffentlichkeit' Probleme zu lösen – geht es Bourdieu darum, gesellschaftspolitische Gestaltungskompetenz im Sinne der Öffentlichkeit zu demokratisieren: Intellektuelle – SoziologInnen, KünstlerInnen, JournalistInnen – wirken an der Schaffung sozialer Strukturen mit, die als historische Manifestationen von Vernunft zu begreifen sind (Swartz 2003). Dazu zählen nicht nur die Autonomie der Kunst, der Wissenschaft oder des Journalismus als relativ autonome Praxisfelder in der Gesellschaft, sondern insbesondere auch Institutionen und Strukturen, die demokratischere und humanere Bedingungen erwirken sollen, wie etwa die genannte Sozialversicherung, aber auch Gewerkschaften, genossenschaftliche Organisationen oder gemeinnützige Stiftungen (Bourdieu und Schwibs 1985, S. 389).

Entsprechend fordert Bourdieu den kollektiven Zusammenschluss der Intellektuellen (Lebaron 2007) – eine Forderung, die aus der Einsicht resultiert, „dass es möglich ist, aus der Kenntnis der Logik des Funktionierens der kulturellen Produktionsfelder ein realistisches Programm für ein kollektives Handeln der Intellektuellen abzuleiten" (Bourdieu 1999, S. 532). Der „kollektive Intellektuelle" bezeichnet in diesem Sinne – als Alternative zum intellektuellen Einzelkämpfer – weniger einen Zusammenschluss klassischer Intellektueller, sondern eine gemeinsam praktizierte „intellektuelle Militanz" (Lenoir 2006, S. 29).

5 Bourdieus Wirkung als öffentlicher Soziologe

Bourdieu selbst trat seit Mitte der 1980er-Jahre immer wieder für soziale und gewerkschaftliche Belange ein. Seine öffentliche Intervention als Intellektueller[1] stellt sich vor dem Hintergrund seiner Theoriekonstruktion nicht als Sonderfall eines engagierten Akademikers, sondern als praktische Konsequenz seiner Sozialtheorie dar. Damit ist nicht gesagt, dass Bourdieu die soziologisch-wissenschaftliche Analyse nicht etwa getrennt von politischen Anliegen sieht. Vielmehr ist für eine öffentliche Intervention immanent wichtig, dass die soziologische Arbeit nicht von politischen Anliegen bestimmt ist. Nur so lassen sich beispielsweise über Milieus der sozialen ‚Mitte' kritische Erkenntnisse gewinnen. Bourdieus Soziologie hält also die geeigneten theoretischen Instrumente für eine öffentliche Soziologie bereit, die fortlaufend sowohl die Zwänge des wissenschaftlichen Feldes als auch der Öffentlichkeit(en) soziologisch erfassen können muss.

Häufig wird zwischen einem ‚frühen' und einem ‚späten' Bourdieu unterschieden (Schultheis 2007): Zuerst habe er weitgehend wertneutral an der Weiterentwicklung methodologischer Fragen gearbeitet, während er dann in den 1990er-Jahren zunehmend parteiisch, moralisierend und gewerkschaftsnah geworden sei – sozusagen eine Bewegung „von der Bücherei auf die Straße" (Kauppi 2000, S. 7). Das stimmt insofern, als dass er in seinem auflagenstarken Spätwerk – insbesondere *Das Elend der Welt* (Bourdieu et al. 2005) und *Gegenfeuer. Wortmeldungen im Dienste des Widerstands gegen die neoliberale Invasion* (Bourdieu 2004) – seine Popularität dafür einsetzt, bildhafter und allgemein verständlicher auf soziale Ungleichheit hinzuweisen. Demgegenüber sind seine früheren Studien stärker damit befasst, innerakademische Positionierungen vorzunehmen und die Grundlagen seiner „Theorie der Praxis" (Bourdieu 2009) zu entwickeln.

Dennoch ist eine solche Entgegensetzung gefährlich (Kauppi 2000), weil sie zugleich das Frühwerk entpolitisiert und das Spätwerk vom Bild des ‚respektablen Soziologen' distanziert. Zwar interveniert der frühe Bourdieu weniger in der Arena der Politik, agiert aber dennoch in einem grundsätzlichen Sinne politisch: Sein soziologisches Handeln ist von Anfang an von einer intellektuellen Militanz (Lenoir 2006, S. 29) geprägt und richtet sich gegen die bestehenden Verhältnisse. Bourdieus analytische Gesellschaftsbeschreibung ist hierfür viel eher die Bedingung, als dass sie im Widerspruch dazu stünde. Soziologische Analyse und Aneignung von Interventionsmacht im Rahmen der „Realpolitik der Vernunft" bedingen sich gegenseitig. Beides ist letztlich Ausdruck einer herrschaftskritischen Einstellung, in der auch seine Sozialtheorie ihren Anteil hat: Sieht man Theoriebildung nicht losgelöst vom soziologischen Handeln (Brubaker 1993), dann zieht sich eine engagierte und den geltenden Ordnungen gegenüber kritische Haltung durch seine gesamte Biografie. Seine intellektuelle Laufbahn vom jungen Studenten der Philosophie zur weltweit bekannten öffentlichen Figur als kritischer Sozialwissenschaftler, von ihm selbst in

---

[1] Zur Rolle Bourdieus als öffentlicher Intellektueller siehe umfassend Swartz (1997, 2003); Hirschfeld und Gengnagel (2017).

Form eines „soziologischen Selbstversuchs" aufgearbeitet (Bourdieu 2002), ist gleichzeitig Ausdruck und Ursprung seiner theoretischen Konzepte.

Bourdieu erlangte sein akademisches Prestige dadurch, dass er eine Soziologie und Sozialforschung einfordert, die mit der elitären, abstrakt-scholastischen Sicht auf die Welt, wie sie die Wissenschaft der Nachkriegszeit dominiert, brechen soll. Über die Grenzen des Faches hinaus wird er durch Studien berühmt, die das Gleichheitsideal der französischen Republik mit sozialen Realitäten kontrastieren. Eine seiner ersten Studien in den 1960er-Jahren zeichnet die sozialen Umwälzungen durch die koloniale Herrschaft in Algerien nach und stellt gleichzeitig eine biografische Verarbeitung seiner Erfahrungen im Militärdienst der französischen Besatzer dar (Schultheis 2007). Der Öffentlichkeit wird er allerdings vor allem mit der Arbeit *Die feinen Unterschiede* (Bourdieu 1982) bekannt, in der er einem akademisch interessierten Publikum den Spiegel vorhält und ihm seine Verstrickung in bis in die Lebensstile verästelte Dimensionen sozialer Ungleichheit vor Augen führt. Ähnliches gelingt ihm mit *Homo Academicus* (Bourdieu 1988), wo er das sozialdemokratische Versprechen der Chancengleichheit mit dem strukturellen Elitismus des Bildungssystems konfrontiert.

Mit einer Reihe von Arbeiten stellt er immer wieder heraus, dass es sich bei der französischen Gesellschaft trotz der erfolgten ‚großen Revolution' um eine Klassengesellschaft handelt (Yair 2009), in der symbolische Güter wie Geschmack und Lebensstil stark monopolisiert sind. Das stellt Intellektuelle vor ein moralisches Problem, gilt doch dasselbe auch für den Zugang zur Wissenschaft, von der sie sich dennoch die Möglichkeit einer universellen Vernunft erhoffen. Deshalb muss auf die Notwendigkeit hingewiesen (und hingearbeitet!) werden, die sozialen Zugangsbedingungen zum akademischen Universum radikal zu ändern. Ebenso gilt es, sich beispielsweise den Realitäten in den Banlieues zu stellen und an der Entfremdung zwischen kritischer Wissenschaft und beherrschten sozialen Milieus zu arbeiten. Darin liegt für Bourdieu die grundlegendste moralische Aufgabe einer öffentlichen Soziologie.

6 Bourdieu als ideeller Gesamtintellektueller

Indem er so wiederholt die ‚idée républicaine' problematisiert, sorgt Pierre Bourdieu auch außeruniversitär für Gesprächsstoff und erarbeitet sich dabei einen Ruf, den er mit zunehmender Popularität für immer weiter gefasste Interventionen nutzen kann. Dabei kommen intellektuelle Theorie und Praxis biografisch zusammen: Zunehmende wissenschaftliche Autonomie bedeutet für ihn gerade nicht das Heraushalten aus anderen sozialen Kontexten, sondern die Chance, in sie als Wissenschaftler einzugreifen. Mit zunehmendem symbolischem Kapital sieht er sich so in der Lage und in der Pflicht, in einer breiteren Öffentlichkeit in den Kampf um das Universelle einzutreten. Gegen Ende des 20. Jahrhunderts bedeutet das für ihn vor allem, den populistischen Setzungen der wirtschaftsliberalen Elite eine sozialwissenschaftlich fundierte und in der Bildungselite anerkannte Warnung vor den Folgen von Privatisierung, Klassismus und Abbau von Sozialleistungen entgegenzusetzen. Entsprechend nutzte er sein beträchtliches öffentliches Gewicht zur Gründung der globalisierungskritischen Nichtregierungsorganisation ATTAC, die sich gegen die Privatisierung kollektiver Güter und die Deregulierung des Welthandels richtete. Spätestens mit der Etablierung der Zeitschrift *Liber/Raisons d'agir* und seiner noch einmal zunehmenden internationalen Bedeutung nach seinem Tod im Jahr 2002 steht der Name Bourdieu inzwischen weniger für das intellektuelle Vermächtnis eines einzelnen öffentlichen Soziologen – vielmehr bezeichnet er einen methodologischen und moralischen Imperativ für Netzwerke von kollektiven Intellektuellen.

Literatur

Bourdieu, Pierre. 1982. *Die feinen Unterschiede. Kritik der gesellschaftlichen Urteilskraft.* Frankfurt a. M.: Suhrkamp.
Bourdieu, Pierre. 1988. *Homo academicus.* Frankfurt a. M.: Suhrkamp.
Bourdieu, Pierre. 1991. *Die Intellektuellen und die Macht.* Hamburg: VSA.
Bourdieu, Pierre. 1998. *Vom Gebrauch der Wissenschaft. Für eine klinische Soziologie des wissenschaftlichen Feldes.* Konstanz: UVK.
Bourdieu, Pierre. 1999. *Die Regeln der Kunst.* Frankfurt a. M.: Suhrkamp.
Bourdieu, Pierre. 2002. Ein soziologischer Selbstversuch. Frankfurt a. M.: Suhrkamp.
Bourdieu, Pierre. 2004. *Gegenfeuer.* Konstanz: UVK.
Bourdieu, Pierre. 2009. *Entwurf einer Theorie der Praxis auf der ethnologischen Grundlage der kabylischen Gesellschaft,* 2. Aufl. Frankfurt a. M.: Suhrkamp.
Bourdieu, Pierre, Gabrielle Balazs, Stéphane Beaud, Sylvain Broccolichi, Patrick Champagne, Rosine Christin, Remi Lenoir, Francoise Ceuvrard, Michel Pialoux, Abdelmalek Sayad, Franz Schultheis, und Charles Soulié. 2005. *Das Elend der Welt, Gekürzte Studienausgabe.* Konstanz: UVK.
Bourdieu, Pierre, und Bernd Schwibs. 1985. Vernunft ist eine historische Errungenschaft, wie die Sozialversicherung. Bernd Schwibs im Gespräch mit Pierre Bourdieu. *Neue Sammlung* 25(3): 376–394.
Brubaker, Rogers. 1993. Social Theory as Habitus. In *Bourdieu. Critical perspectives*, Hrsg. Craig J. Calhoun, Edward LiPuma und Moishe Postone, 212–234. Chicago: University of Chicago Press.
Carles, Pierre. 2008. In *Soziologie ist ein Kampfsport. Pierre Bourdieu im Porträt. Kommentar, Interviews und Materialien*, Hrsg. Jakob Schrenk. Frankfurt a. M.: Suhrkamp.
Hirschfeld, Alexander, und Vincent Gengnagel. 2017. „Das können wir nicht durchgehen lassen". Zur gesellschaftlichen Resonanz kritischer Intervention. In *Macht in Wissenschaft und Gesellschaft. Diskurs- und feldanalytische Perspektiven*, Hrsg. Julian Hamann, Jens Maeße, Vincent Gengnagel und Alexander Hirschfeld, 425–452. Wiesbaden: Springer VS.
Kauppi, Niilo. 2000. The sociologist as moraliste: Pierre Bourdieu's practice of theory and the French intellectual tradition. *SubStance* 29(3): 7–21.
Lebaron, Frédéric. 2007. Pour un intellectuel collectif autonome international. *Savoir/Agir* 1:5–7.
Lenger, Alexander, und Philipp Rhein. 2018. *Die Wissenschaftssoziologie Pierre Bourdieus.* Wiesbaden: Springer VS.
Lenoir, Remi. 2006. Scientific habitus Pierre Bourdieu and the collective intellectual. *Theory, Culture & Society* 23(6): 25–43.
Schultheis, Franz. 2007. *Bourdieus Wege in die Soziologie. Genese und Dynamik einer reflexiven Sozialwissenschaft.* Konstanz: UVK.
Swartz, David L. 1997. *Culture and power. The sociology of Pierre Bourdieu.* Chicago: University of Chicago Press.

Swartz, David L. 2003. From critical sociology to public intellectual: Pierre Bourdieu and politics. *Theory and Society* 32:791–823.
Wehling, Peter. 2014. Reflexive Autonomie der Wissenschaft. Eine feldtheoretische Perspektive mit und gegen Pierre Bourdieu. In *Autonomie revisited. Beiträge zu einem umstrittenen Grundbegriff in Wissenschaft, Kunst und Politik*, Hrsg. Martina Franzen, Arlena Jung, David Kaldewey und Jasper Korte, 62–87. Weinheim: Beltz Juventa.
Yair, Gad. 2009. *Pierre Bourdieu. The last musketeer of the French Revolution*. Lanham: Lexington Books.

Theodor W. Adorno: Öffentliche Soziologie als demokratische Aufklärung

Stefan Müller-Doohm

Inhalt

1 Adorno als öffentlicher Remigrant 135
2 Adornos Radiosoziologie 137
3 Das Nachleben des Nationalsozialismus 138
4 Soziologie als subjektive Aufklärung 140
Literatur 141

1 Adorno als öffentlicher Remigrant

Nach fünfzehn Jahren der Emigration entschließt sich der als US-Amerikaner längst eingebürgerte Theodor W. Adorno, in das von Krieg zerstörte postfaschistische Deutschland zurückzukehren. Eine offizielle Einladung der Frankfurter Universität an den 1934 Vertriebenen lag nicht vor. Aber Max Horkheimer hatte ihn gebeten, seinen wieder eingerichteten Lehrstuhl für Philosophie und Soziologie zu vertreten. So begann Adorno ab Oktober 1949 an seiner ehemaligen Universität erneut Philosophie zu lehren und wirkte daran mit, das Institut für Sozialforschung wiederaufzubauen (Müller-Doohm 2003, S. 493 ff.). Gerade weil das geteilte Deutschland nunmehr eine marginale Position im weltpolitischen Machtgefüge einnahm, übte die ehemalige Heimat, in der er seine philosophischen Intentionen in deutscher Sprache ausdrücken konnte, für Adorno eine Anziehungskraft aus.

S. Müller-Doohm (✉)
Institut für Sozialwissenschaften, Carl von Ossietzky Universität Oldenburg, Oldenburg, Deutschland
E-Mail: stefan.mueller.doohm@uni-oldenburg.de

© Springer Fachmedien Wiesbaden GmbH, ein Teil von Springer Nature 2023
S. Selke et al. (Hrsg.), *Handbuch Öffentliche Soziologie*, Öffentliche Wissenschaft und gesellschaftlicher Wandel, https://doi.org/10.1007/978-3-658-16995-4_15

So wichtig für ihn Philosophie war und besonders die Absicht, mit ihr „etwas an den Phänomenen auszudrücken, was in ihrem bloßen Sosein, ihrer Positivität und Gegebenheit nicht sich erschöpft" (Adorno 1997j, S. 699) – sie war ihm doch nicht alles. Denn während der zurückliegenden amerikanischen Emigrationsjahre hatte Adorno an zahlreichen empirischen Forschungsprojekten mitgearbeitet, dessen berühmtestes, neben dem von dem österreichischen Emigranten Paul Lazarsfeld in New York geleiteten „Radio Research Project", die Studie zur „Authoritarian Personality" war, so dass Adorno über praktische Kenntnisse auf den Gebieten der Medien- und Vorurteilsforschung verfügte (vgl. Claussen 1999, S. 31; Ziege 2009, S. 136 ff.). Die Erfahrung mit der angloamerikanischen Kultur veranlasste ihn nicht nur, sich für demokratische Lebensformen einzusetzen, sondern auch zu lernen, „nicht länger Verhältnisse, die geworden, historisch entstanden waren wie die in Europa, für natürliche zu halten, ‚not to take things for granted'" (Adorno 1997l, S. 734). In den Vereinigten Staaten, so Adorno, sei er „von kulturgläubiger Naivetät befreit" worden und habe die Fähigkeit erworben, „Kultur von außen zu sehen" (Adorno 1997l, S. 734).

Diese und andere Perspektiven, die ihm die amerikanische Wissenschaftskultur eröffnet hatte, waren Voraussetzungen dafür, dass er im Laufe der späten fünfziger und sechziger Jahre zu einem der wichtigsten Vertreter der deutschen Soziologie avancieren konnte. So beschäftigte er sich gleich nach seiner Remigration mit durchaus praktischen Fragen wie der konzeptionellen Neugestaltung der politischen Bildung oder der Reform der Lehrerausbildung. Sein Interesse galt insbesondere dem Komplex Bildungskrise und Bildungsverfall, wozu er auf dem 14. Deutschen Soziologentag in Berlin 1959 seine Thesen über die „Theorie der Halbbildung" vortrug, die er wenig später in der Zeitschrift *Der Monat* veröffentlichte (Adorno 1997f). Adorno war dann seit der Tübinger Arbeitskonferenz zur „Logik der Sozialwissenschaften" im Jahr 1961 einer der Protagonisten des sogenannten Positivismusstreits (an dem neben ihm Karl Popper, Jürgen Habermas und Hans Albert beteiligt waren). Von 1963 bis 1968 war er Vorsitzender der Deutschen Gesellschaft für Soziologie und damit 1964 für den Heidelberger Soziologentag zum Thema „Max Weber und die Soziologie heute" sowie 1968 für den Frankfurter Kongress „Spätkapitalismus oder Industriegesellschaft?" verantwortlich.

Vor dem Hintergrund seiner in den USA erworbenen Kompetenzen verstand Adorno sich selbst als professioneller Soziologe und setzte sich als solcher früh schon für die empirische Sozialforschung als Korrektiv des in Deutschland obwaltenden geisteswissenschaftlichen Obskurantismus ein. Damit verfolgte er in erster Linie das pragmatische Ziel, die als provinziell wahrgenommene deutsche Nachkriegssoziologie an den internationalen Stand dieser Disziplin heranzuführen, von dem sie aufgrund ihrer Isolierung während der Jahre des Nazi-Regimes entkoppelt gewesen war. So erklärte er im Dezember 1951 in seinem Weinheimer Vortrag „Zur gegenwärtigen Stellung der empirischen Sozialforschung in Deutschland" (Adorno 1997c), dass die Methoden der exakten Datenerhebung und statistischen Auswertung nicht nur eine für die junge Republik nützliche demokratische Tendenz hätten, sondern in einem vom Krieg zerstörten Land von höchstem praktischem Wert seien.

2 Adornos Radiosoziologie

Bei diesem Plädoyer für eine praktisch nützliche Sozialforschung, die er gegen eine als reine Geisteswissenschaft missverstandene Soziologie abgrenzte, ließ es Adorno nicht bewenden. Kaum in Frankfurt eingetroffen, zögerte er nicht, sofort als Schriftsteller aktiv zu werden und einen brisanten Aufsatz über aktuelle Fragen der Zeit für die *Frankfurter Hefte* zu veröffentlichen, den er am 18. April 1950 unter dem Titel „Die auferstandene Kultur" (Adorno 1997a) auch im Rundfunk vortrug. Damit vermochte er sogleich, sich in einem bedeutenden Medium zu platzieren, das er für seine zukünftige publizistische Tätigkeit extensiv zu nutzen gedachte. Hier nun führte er am Mikrofon des Abendstudios des Hessischen Rundfunks aus: „Der Umgang mit Kultur im Nachkriegsdeutschland hat etwas von dem gefährlichen und zweideutigen Trost der Geborgenheit im Provinziellen" (Adorno 1997a, S. 465). Er knüpfte damit an die von Max Frisch ins Spiel gebrachte Formel der ‚Kultur als Alibi' an, als Deckmantel für den Mangel an politischem Bewusstsein. Adorno gedachte, nicht zuletzt mit Hilfe der Soziologie diesen Mangel zu bekämpfen.

Obwohl er in seinen in den USA entstandenen einflussreichen Studien über Struktur- und Funktionsbedingungen der Medien- und Kulturindustrie zu dem Ergebnis gekommen war, ihr Effekt sei manipulativ, ja generell antiaufklärerisch, nutzte er über fast drei Jahrzehnte hinweg Presse, Rundfunk und Fernsehen dazu, um für seine Mission soziologischer Aufklärung eine breite Öffentlichkeit zu finden. Gerade durch das damalige Leitmedium Radio konnte Adorno über die Fachgrenzen hinaus seinen „Wirkungskreis vervielfachen" (Schwarz 2011, S. 288), indem er durch rund 300 Rundfunkbeiträge bei westdeutschen HörerInnen bemerkenswert präsent war (Boll 2004). Die Themen seiner Beiträge und seiner Diskussionen etwa mit Ernst Bloch, Elias Canetti, Hans Magnus Enzensberger, Hans Georg Gadamer, Joachim Kaiser, Erika Mann, Herbert Marcuse, Karl Heinz Stockhausen und vielen anderen gingen zumeist auf seine eigenen Vorschläge zurück, die dann mit den Programmleitern festgelegt wurden, darunter Alfred Andersch, Adolf Frisé, Gerd Kadelbach, Horst Krüger, Helmut Lamprecht. So wandte er sich, unverwechselbar aufgrund seiner höchst individuellen Diktion und besonderen Sprechweise – „in mittlerer Tonlage, mit minimalen Schwankungen nach oben" (Reichert 2010, S. 455; vgl. auch Wysocki 2016) – an eine bundesweite Hörergemeinde. Zu seinem bemerkenswert breiten Themenrepertoire zählten etwa die Vergangenheitspolitik, die Gefährdung der Demokratie, der Antisemitismus und die Wirkung sozialer Vorurteile, die Erziehung zur Mündigkeit, die Entwicklung zeitgenössischer Kunst und Musik (Albrecht et al. 1999).

Als exemplarisch für Adornos Positionierung kann das von Horst Krüger moderierte, mehrfach als Wiederholung gesendete Gespräch mit Ernst Bloch im Abendstudio des Südwestfunks vom Frühjahr 1964 gelten. Während Bloch die Utopie durch Inhalte attraktiv zu machen versuchte und ihre positiven Momente akzentuierte, beharrte Adorno darauf, dass es keine substanziell fixierbare Zukunftsvision geben könne. Um der Utopie willen müsse man es sich verbieten, sich „von der Utopie ein Bild zu machen" (Adorno und Bloch 1964, S. 412): Sie stecke „wesentlich in der bestimmten Negation [...] dessen, was bloß ist, und das dadurch, daß es sich als ein Falsches konkretisiert, immer zugleich hinweist auf das, was sein soll" (Adorno und Bloch 1964; vgl. Schmid Noerr 2001). Auch im Rahmen eines der typischen Streitgespräche, die Adorno mit seinem Dauerkontrahenten Arnold Gehlen 1965 im Rundfunk führte, nutzte er die Gelegenheit, um mit der Direktheit des gesprochenen Wortes seine Weltsicht zu artikulieren: „Ich habe eine Vorstellung von objektivem Glück und objektiver Verzweiflung, und ich würde sagen, daß die Menschen so lange, wie man [...] ihnen nicht die ganze Verantwortung und Selbstbestimmung zumutet, daß solange auch ihr Wohlbefinden und ihr Glück in dieser Welt Schein ist. Und ein Schein, der eines Tages platzen wird. Und wenn er platzt, wird er entsetzliche Folgen haben" (Adorno und Gehlen 1965, S. 250).

In der Rolle des Medienpraktikers folgt der Medienkritiker Adorno seiner 1963 formulierten Maxime, dass das Publikum der Massenmedien durch Erziehung und Bildung durchaus das „Richtige wollen kann. Dazu müsste es gebracht werden, durch sich selbst und gegen sich selbst zugleich" (Adorno 1997i, S. 346). Seine wachsende Medienpräsenz trug wesentlich dazu bei, dass er seit den fünfziger Jahren als der Prototyp jenes öffentlichen Intellektuellen wahrgenommen wurde, der es riskierte, den Elfenbeinturm der reinen Wissenschaft zu verlassen, um die tabuisierten Themen im Land der Täter aufzugreifen. Ausdruck für diesen Mut, sich als Kritiker öffentlich zu exponieren, ist das schon 1951 formulierte Diktum, nach Auschwitz ein Gedicht zu schreiben, sei barbarisch (Adorno 1997b). Im gleichen Jahr erschien im Suhrkamp Verlag sein populärstes Buch, das Aphorismenwerk „Minima Moralia" (Adorno 1997d). Diese „Reflexionen aus dem beschädigten Leben", über die Jahre ein Bestseller, fanden schon bei Erscheinen über sechzig Besprechungen. Hier exponiert sich der Moralphilosoph als Gesellschaftskritiker, dessen paradoxe schriftstellerische Interventionen schockhaft die Gründe für die Unmöglichkeit eines verbindlichen moralischen Sollens vor Augen führen. Mit diesem Buch bringt sich Adorno als akribisch beobachtender Gegenwartsanalytiker, als Zeitkritiker ins Spiel, der das Übermächtige der Gesellschaftsstrukturen und das Fassadenhafte der menschlichen Beziehungen aufdeckt. Indem er die Finger in die Wunde legt, das Negative beim Namen nennt, evoziert er zugleich die Frage nach den Bedingungen des wahren Lebens – als „Spiegelschrift" des Gegenteils (Adorno 1997d, S. 283; Müller-Doohm und Ziegler 2008).

3 Das Nachleben des Nationalsozialismus

Adorno führte in mehrfacher Hinsicht eine Doppelexistenz. Zum einen überschritt er als akademischer Lehrer und Wissenschaftler die traditionellen Fächergrenzen zwischen Soziologie, Philosophie, Literatur- und Musikwissenschaft. Zum anderen verband er die professionelle Rolle des Sozialforschers und Gesellschaftstheoretikers mit der eines in der politischen Öffentlichkeit wirkenden Intellektuellen.

Auch Adornos Plädoyer für eine kritische Sozialforschung war von seinem Engagement für eine Soziologie als Aufklärungswissenschaft getragen. Ihm und Max Horkheimer war es zu verdanken, dass das im Oktober 1951 offiziell wiedereröffnete Institut für Sozialforschung schon im Frühjahr 1950 damit begonnen hatte, eine Pilotstudie über das geistig-politische Klima in den unmittelbaren Nachkriegsjahren durchzuführen. Bei diesem empirischen Projekt ging es darum, die manifesten Meinungen und latenten Einstellungen von Angehörigen einzelner sozialer Schichten zu weltanschaulichen und politischen Fragen in Erfahrung zu bringen. Aufgrund ihrer damals originellen Technik der Datenerhebung, die darin bestand, die Dynamik von Meinungsbildungsprozessen in Diskussionen von kleinen Gruppen zu erfassen, erhielt die Studie den Titel „Gruppenexperiment".

Für den wichtigsten Teilaspekt des Projekts, bei dem es um den Komplex von Schuld und Abwehr ging, war Adorno als Forschungsleiter zuständig (Adorno 1997e). Er wollte dem komplexen Zusammenhang auf den Grund gehen zwischen dem, was die Bevölkerung angesichts der alltäglichen Diskriminierungen der Juden während des Nazi-Regimes über deren spätere Vernichtung hätte wissen müssen, und dem, was sie – wohl wegen der Unfassbarkeit des Grauens – nachhaltig verleugnete. Bei seiner Analyse des Datenmaterials stieß Adorno auf einen spezifischen Abwehrmechanismus, der es erlaubte, eine Art Gleichgewicht zwischen dem schlechten Gewissen und dem Bedürfnis herzustellen, sich trotz der Nazivergangenheit zu Deutschland als einem Kollektiv zu bekennen. Als einen Ausdruck autoritärer Dispositionen dechiffrierte Adorno ein Deutungsmuster, wonach ‚die da oben', die Herrschaftsclique der Nazis, alle Schuld tragen sollten. Als die Gruppenstudie schließlich 1955 als Buch erschien, erwartete er von den Befunden aufklärende Effekte und konstatierte, dass die Zukunft der deutschen Demokratie von der Bereitschaft abhänge, sich der Vergangenheit zu stellen.

Dazu wollte Adorno selbst beitragen, indem er im Spätherbst 1959 auf einer Tagung des Koordinierungsrats für Christlich-Jüdische Zusammenarbeit einen Vortrag hielt, der sich mit der Frage beschäftigte „Was bedeutet: Aufarbeitung der Vergangenheit?" (Adorno 1997g). Spätestens mit den in diesem Vortrag entwickelten Thesen, die er zwei Jahre später durch seine öffentlichen Ausführungen über „Die Bekämpfung des Antisemitismus heute" (Adorno 1997h) und dann 1966 über „Erziehung nach Auschwitz" (Adorno 1997k) ergänzte, stand er im Rampenlicht der Öffentlichkeit. Gerade in einer Phase, in der sich angesichts erstarkender rechtsradikaler und antisemitischer Tendenzen sowie der Bildung einer Großen Koalition aus CDU/CSU und SPD die demokratisch-rechtsstaatliche Verfassung als stabile Basis des neuen sozialen Ordnungsgefüges bewähren musste, bot der Frankfurter Soziologe die Reputation seiner wissenschaftlichen Stellung auf, um nachdrücklich vor dem Alten im Neuen zu warnen: „Ich betrachte das Nachleben des Nationalsozialismus *in* der Demokratie als potenziell bedrohlicher denn das Nachleben faschistischer Tendenzen *gegen* die Demokratie" (Adorno 1997g, S. 555 f.; Hervorhebungen im Original).

Adorno stellte die provokante Frage, ob in Deutschland Demokratie mehr sei als eine importierte bzw. von den Siegermächten dekretierte Staatsform, die man akzeptiere, weil sie als politisches System funktioniere und zu wirtschaftlichem Wohlstand geführt habe. Die ökonomische Prosperität liefere die sekundäre Motivation, sich mit den Anforderungen der Demokratie zu arrangieren, und dieses Arrangement stelle zugleich einen Ausgleich für den beschädigten kollektiven Narzissmus dar. Schließlich wagte er die Spekulation, ob nicht die parlamentarische Demokratie als eine Manifestation von Macht wahrgenommen werde, was sie wiederum für den autoritätsgebundenen Charakter attraktiv mache. Diese opportunistische Haltung gegenüber der demokratischen Ordnung deutete Adorno als Zeichen dafür, dass Demokratie „nicht derart sich eingebürgert [hat], daß sie die Menschen wirklich als ihre eigene Sache erfahren, sich selbst als Subjekte der politischen Prozesse wissen. Sie wird als ein System unter anderen empfunden, so wie wenn man auf einer Musterkarte die Wahl hätte zwischen Kommunismus, Demokratie, Faschismus, Monarchie; nicht aber als identisch mit dem Volk selber, als Ausdruck seiner Mündigkeit" (Adorno 1997g, S. 559).

4   Soziologie als subjektive Aufklärung

Diese soziologische Diagnose über das fatale Zusammenspiel von historischer Blindheit, sozialen Anpassungszwängen und der Heteronomie des Subjekts variierte Adorno immer wieder in seinen Analysen. Als der Vergangenheitsdiskurs durch den Auschwitz-Prozess in Frankfurt und den Eichmann-Prozess in Israel in der ersten Hälfte der 1960er-Jahre höchst zögerlich anzulaufen begann, praktizierte Adorno Soziologie als Aufklärung, die an die Subjekte adressiert ist: „Aufarbeitung der Vergangenheit als Aufklärung ist wesentlich [...] Wendung aufs Subjekt, Verstärkung von dessen Selbstbewußtsein und damit auch von dessen Selbst" (Adorno 1997g, S. 571). Diese „Wendung aufs Subjekt" war die praktische Zielsetzung von Adornos Konzeption einer kritischen Soziologie. Aber er betonte, dass diese subjektive Aufklärung ihre Grenzen habe, denn das politisch gefährliche, faschistische Potenzial resultiere ursächlich aus den gesellschaftlichen Bedingungen, dem sozialen Druck und seiner „objektiven Gewalt". Gewiss, so seine Schlussfolgerung, die realen Konsequenzen der faschistischen Katastrophenpolitik seien präsent: „So vergessen aber sind Stalingrad und die Bombennächte trotz aller Verdrängung nicht, daß man den Zusammenhang zwischen einer Wiederbelebung der Politik, die es dahin brachte, und der Aussicht auf einen dritten Punischen Krieg nicht allen verständlich machen könnte" (Adorno 1997g, S. 572). Doch selbst wenn dies gelinge, bestünde die Gefahr fort. „Aufgearbeitet wäre die Vergangenheit erst dann, wenn die Ursachen des Vergangenen beseitigt wären" (Adorno 1997g).

Indem Adorno durch sein akademisches Wirken und als öffentlicher Intellektueller das Bewusstsein für die „Ursachen des Vergangenen" wachzuhalten versuchte, hatte er einen wesentlichen Anteil daran, dass ein Selbstverständigungsprozess über die Funktion der Demokratie und damit über die zweite, „intellektuelle Gründung der Bundesrepublik" (Albrecht et al. 1999) in Gang kam. So setzte sich die Einsicht durch, dass das System der Demokratie eine voraussetzungsvolle Form politischer Herrschaft sei, die der selbstbestimmten Einflussnahme mündiger Subjekte bedarf. Verbunden damit tauchte die Frage am Horizont auf, unter welchen gesellschaftlichen Bedingungen Demokratie in Westdeutschland Stabilität und Kontinuität erlangen könne.

Adornos Kritik galt dem indifferenten Verhältnis der deutschen Bevölkerung zur Politik, sie trug dazu bei, dass der normative Gehalt der demokratischen Verfassung überhaupt öffentlich thematisiert wurde. In seinen Interventionen verwies er darauf, dass Demokratie ohne die Partizipation ihrer BürgerInnen bloße Fassade bleibe. Für sein Demokratieverständnis war die Idee aufgeklärten und vernunftorientierten Handelns konstitutiv, deren praktischer Durchsetzung die Gesellschaftskritik dienen sollte. Kritik sei aller Demokratie wesentlich, diese werde geradezu durch Kritik definiert. Eine Bedingung für die Möglichkeit praktisch wirksamer Kritik aber sei die Freiheit als Selbstbestimmung des Handelns (Adorno 1997m). Rückblickend gesehen, beruht Adornos Wirkung als öffentlicher Soziologe darauf, dass er sich als Kritiker der sozialen Verhältnisse exponiert hat. Dabei war ihm Kritik immer auch eine an die Öffentlichkeit adressierte intellektuelle Praxis, die auf die Produktivkraft der Negation vertraut: „Widerstand gegen [...] alles bloß Gesetzte, das mit dem Dasein sich rechtfertigt" (Adorno 1997m, S. 785).

Literatur

Adorno, Theodor W. 1997a [1950]. Die auferstandene Kultur. In *Gesammelte Schriften 20.2*, Hrsg. Rolf Tiedemann, 453–464. Frankfurt a. M.: Suhrkamp.
Adorno, Theodor W. 1997b [1951]. Kulturkritik und Gesellschaft. In *Gesammelte Schriften 10.1*, Hrsg. Rolf Tiedemann, 11–30. Frankfurt a. M.: Suhrkamp.
Adorno, Theodor W. 1997c [1951]. Zur gegenwärtigen Stellung der empirischen Sozialforschung in Deutschland. In *Gesammelte Schriften 8*, Hrsg. Rolf Tiedemann, 478–493. Frankfurt a. M.: Suhrkamp.
Adorno, Theodor W. 1997d [1951]. Minima Moralia: Reflexionen aus dem beschädigten Leben. In *Gesammelte Schriften 4*, Hrsg. Rolf Tiedemann. Frankfurt a. M.: Suhrkamp.
Adorno, Theodor W. 1997e [1955]. Schuld und Abwehr. In *Gesammelte Schriften 9.1*, Hrsg. Rolf Tiedemann, 121–326. Frankfurt a. M.: Suhrkamp.
Adorno, Theodor W. 1997f [1959]. Theorie der Halbbildung. In *Gesammelte Schriften 8*, Hrsg. Rolf Tiedemann, 93–121. Frankfurt a. M.: Suhrkamp.
Adorno, Theodor W. 1997g [1959]. Was bedeutet: Aufarbeitung der Vergangenheit. In *Gesammelte Schriften 10.2*, Hrsg. Rolf Tiedemann, 555–572. Frankfurt a. M.: Suhrkamp.
Adorno, Theodor W. 1997h [1961]. Die Bekämpfung des Antisemitismus heute. In *Gesammelte Schriften 20.2*, Hrsg. Rolf Tiedemann, 360–383. Frankfurt a. M.: Suhrkamp.
Adorno, Theodor W. 1997i [1963]. Kann das Publikum wollen? In *Gesammelte Schriften 20.1*, Hrsg. Rolf Tiedemann, 342–347. Frankfurt a. M.: Suhrkamp.
Adorno, Theodor W. 1997j [1965]. Auf die Frage: Was ist deutsch. In *Gesammelte Schriften 10.2*, Hrsg. Rolf Tiedemann, 691–701. Frankfurt a. M.: Suhrkamp.
Adorno, Theodor W. 1997k [1966]. Erziehung nach Auschwitz. In *Gesammelte Schriften 10.2*, Hrsg. Rolf Tiedemann, 674–690. Frankfurt a. M.: Suhrkamp.
Adorno, Theodor W. 1997l [1969]. Wissenschaftliche Erfahrungen in Amerika. In *Gesammelte Schriften 10.2*, Hrsg. Rolf Tiedemann, 702–740. Frankfurt a. M.: Suhrkamp.
Adorno, Theodor W. 1997m [1969]. Kritik. In *Gesammelte Schriften 10.2*, Hrsg. Rolf von Tiedemann, 785–793. Frankfurt a. M.: Suhrkamp.
Adorno, Theodor W., und Ernst Bloch. 1964. Etwas fehlt. In *Praktische Philosophie*, Hrsg. Karl Otto Apel et al., 405–413. Frankfurt a. M.: Fischer.
Adorno, Theodor W., und Arnold Gehlen. 1965. Ist die Soziologie eine Wissenschaft vom Menschen? Ein Streitgespräch. In *Adornos Philosophie in Grundbegriffen*, Hrsg. Friedrich Grenz, 224–252. Frankfurt a. M.: Suhrkamp.

Albrecht, Clemens, et al. 1999. Die Massenmedien und die Frankfurter Schule. In *Die intellektuelle Gründung der Bundesrepublik. Eine Wirkungsgeschichte der Frankfurter Schule*, 203–246. Frankfurt a. M.: Campus.

Boll, Monika. 2004. *Nachtprogramm. Intellektuelle Gründungsdebatten in der frühen Bundesrepublik.* Münster: Lit.

Claussen, Detlev. 1999. Die amerikanische Erfahrung der Kritischen Theoretiker. *Hannoversche Schriften* 1:27–45. Frankfurt a. M.: Neue Kritik.

Müller-Doohm, Stefan. 2003. *Adorno. Eine Biographie*. Frankfurt a. M.: Suhrkamp.

Müller-Doohm, Stefan, und Christian Ziegler. 2008. Professionell Heimatloser – Theodor W. Adornos intellektuelle Praxis zwischen Kontemplation und Engagement. In *Fliegende Fische. Eine Soziologie des intellektuellen in 20 Porträts*, Hrsg. Thomas Jung und Stefan Müller-Doohm, 63–84. Frankfurt a. M.: Fischer.

Reichert, Klaus. 2010. Adorno und das Radio. *Sinn und Form* 4(62): 454–465.

Schmid Noerr, Gunzelin. 2001. Bloch und Adorno. *Zeitschrift für kritische Theorie* 13:25–56. Lüneburg: Zu Klampen.

Schwarz, Michael. 2011. ‚Er redet leicht, schreibt schwer'. Theodor W. Adorno am Mikrophon. *Zeithistorische Forschungen/Studies in Contemporary History* 8:286–294. Göttingen: Vandenhoeck & Ruprecht.

Wysocki, Gisela von. 2016. *Wiesengrund*. Berlin: Suhrkamp.

Ziege, Eva-Maria. 2009. *Antisemitismus und Gesellschaftstheorie. Die Frankfurter Schule im amerikanischen Exil*. Frankfurt a. M.: Suhrkamp.

Jürgen Habermas: Die diskursive Praxis bewusstmachender Kritik

Stefan Müller-Doohm

Inhalt

1	Philosophie und Soziologie	143
2	In der Rolle des öffentlichen Intellektuellen	146
3	Glaube und Wissen	147
4	Ein Plädoyer für die Selbstermächtigung der europäischen Bürger	148
5	Kommunikative Macht	149
	Literatur	150

1 Philosophie und Soziologie

Jürgen Habermas (geb. 1929) ist bis heute ein interdisziplinär denkender, fächerübergreifend forschender Sozialwissenschaftler. Zwar gilt ihm die Ausdifferenzierung zwischen den Fachdisziplinen als ein notwendiger wissenschaftsinterner Entwicklungsprozess; gleichwohl ist er davon überzeugt, dass die immer kleinteiligere Spezialisierung der Forschung auf Kosten wissenschaftlicher Erkenntnisqualität geht. Interdependenz ist die Voraussetzung dafür, die komplexen Zusammenhänge funktional ausdifferenzierter Gesellschaften und ihrer globalen Transformationen erkennen und analysieren zu können. Habermas hat seit nunmehr etwa sieben Jahrzehnten sowohl als Soziologe wie als Philosoph geforscht, gelehrt und publiziert. Die weltweite Rezeption und Wirkungsgeschichte seines über 40 Bände umfassenden Werks (Corchia et al. 2019) findet innerhalb einer Vielzahl von Disziplinen statt, von der Pädagogik und Psychologie über die Politik- und Rechtswissenschaft bis hin zur Religions- und Publizistikwissenschaft. Diese fächerübergreifende Ausstrahlung

S. Müller-Doohm (✉)
Institut für Sozialwissenschaften, Carl von Ossietzky Universität Oldenburg, Oldenburg, Deutschland
E-Mail: stefan.mueller-doohm@uni-oldenburg.de

dokumentiert die Position, die Habermas als öffentlicher Soziologe bzw. Gesellschaftstheoretiker einnimmt.

Versucht man eine grobe Bilanz des Gesamtwerks von Habermas, so wird evident, dass der Schwerpunkt auf der Philosophie und Soziologie liegt, die als wissenschaftliche Disziplinen jeweils spezifische Ziele verfolgen. Die Philosophie mit ihrem traditionellen Bezug zur Welt als Ganzem ist für ihn „Hüter der Rationalität" und hat als solche die Aufgabe, einen „komprehensiven" Begriff der Vernunft zu rehabilitieren (Habermas 2019, S. 559–589, 767–776; Habermas 2009, S. 58–80). Die von Habermas spätestens seit 1988 vertretene nachmetaphysische Philosophie respektiert erstens den Eigensinn und die Gleichwertigkeit von Wissenschaft, Recht, Kunst, die sich als eigenlogisch operierende Wertsphären in der Moderne ausdifferenziert haben. Zweitens trägt sie bei ihrem Vernunftbegriff der Unterscheidung zwischen der Logik von Fragen der Wahrheit, der Gerechtigkeit und des Geschmacks Rechnung. Drittens schließlich befreit sie sich davon, metaphysisch-spekulative Weltbilder zu entwerfen oder mit der Konzeption des Gerechten zugleich eine des Guten zu liefern zu können.

Soziologie hat Habermas in der Form empirischer Sozialforschung während seiner Assistentenjahre am Frankfurter Institut für Sozialforschung „on the job" gelernt und namentlich im Rahmen der Studie *Student und Politik* (Habermas et al. 1961) praktiziert. Soziologie interessiert Habermas, der zehn Jahre lang Direktor der sozialwissenschaftlichen Abteilung des Starnberger Max-Planck-Instituts zur Erforschung der Lebensbedingungen der wissenschaftlich-technischen Welt war, in erster Linie als Theorie des Sozialen (Müller-Doohm 2008, S. 65–119, 2014, S. 488–530). In den Sozialwissenschaften müsse Theoriebildung „an das vortheoretische Wissen der sozialwissenschaftlichen Laien, also an ihre Umgangssprache, methodisch anknüpfen" (Habermas 1981a (1977), S. 355). Durch diese Bezugnahme auf die Menschen, auf ihr lebensweltlich geprägtes Alltagsbewusstsein, erfüllt die Soziologie ihre kritische Aufklärungsfunktion. Aufklärung, die strukturelle Ursachen von gesellschaftlichen Krisentendenzen und Konflikten thematisiert, ist für Habermas von jeher Zielsetzung einer praktisch wirksamen Soziologie als „Oppositionswissenschaft", die sich, über das engere Fachpublikum hinaus, an die Öffentlichkeit aller BürgerInnen wendet (Habermas 1963, S. 215–230, insbesondere S. 228 f.). Am Anfang der wechselvollen Entwicklung seiner Sozialtheorie steht denn auch eine historische und begriffsgeschichtliche Studie zur Kategorie der Öffentlichkeit (Habermas 1962). So gelangt er schon in der formativen Phase seiner Theoriebildung ins Zentrum seiner philosophischen und sozialtheoretischen Interessen: Das ist die von kommunizierenden Handlungsakteuren gebildete Sphäre der Öffentlichkeit. Die Bedingung der Möglichkeit öffentlicher Kommunikation ist die Sprache; Sprache ist überhaupt das, so Habermas in seiner Frankfurter Antrittsvorlesung vom Sommer 1965, „was uns aus Natur heraushebt" (Habermas 1968, S. 163). So wie mit der Struktur der Sprache „Mündigkeit *für uns* gesetzt" ist (Habermas 1968, S. 163. Hervorhebung im Original), ist mit der historischen Konstitution von Öffentlichkeit – in der Folge der Trennung von Staat und Privatsphäre – der normative Sinn „der Selbstorganisation einer Gesellschaft" (Habermas 1990, S. 23) institutionalisiert.

Öffentlichkeit ist für Habermas der „Inbegriff derjenigen Kommunikationsbedingungen, unter denen eine diskursive Meinungs- und Willensbildung des Publikums von Staatsbürgern zustande kommen kann" (Habermas 1990, S. 38). Öffentlichkeit als Sphäre kollektiver Selbstverständigung speist sich aus der verständigungsorientierten Intersubjektivität. Intersubjektive Verständigung ist der entscheidende substanzielle Begriff, der nach dem „linguistic turn" an die Stelle der beiden älteren der Mündigkeit und (erkenntniskritischen) Reflexion getreten ist (Müller-Doohm und Zucca 2019, S. 26–52). Die pragmatischen Elemente des sprachlich vermittelten Handelns zu rekonstruieren, ist der archimedische Punkt der Sozialtheorie von Habermas, der zufolge der Lebensprozess der Gesellschaft ein durch Sprechakte bedingter Erzeugungsprozess ist. Dabei sind Sprechakte Handlungen, die vollzogen werden, indem man einen Satz äußert. Die besondere Eigenschaft dieser Sprachakte besteht in ihrer sozialen Bindungskraft.

Sozialtheorie ist für ihn das Resultat von Reflexions- und Lernprozessen, wissenschaftlicher Arbeit an einem offenen und fehlbaren Projekt, das im Lichte neuer geschichtlicher Erfahrungen und wissenschaftlicher Erkenntnisse stets weiterzuschreiben ist. Sozialtheorie verhält sich kritisch zu ihrem Gegenstand und ist verpflichtet, den Maßstab der Kritik offenzulegen und zu begründen. Der Maßstab, den Habermas für seine kritische Gesellschaftstheorie in Anspruch nimmt, ist ein von ihm im Hauptwerk von 1981 explizierter Begriff der kommunikativen Vernunft (Habermas 1981b, Bd. 1 und 2), den er gegenüber dem der instrumentellen Nützlichkeit abgrenzt. Auf kategorialer Ebene hat Habermas ein zweistufiges Konzept von Gesellschaft entwickelt, wonach Gesellschaften der Moderne als „systemisch stabilisierte Handlungszusammenhänge sozial integrierter Gruppen" (Habermas 1981b, Bd. 1, S. 228) definiert sind. Weil sich Habermas zufolge Gesellschaft durch kommunikatives Handeln konstituiert, ist ihr sprachlich vermittelte Verständigung, d. h. die Möglichkeit einer auf Argumente gestützten Begründung ihrer (einvernehmlichen) Ordnung, immer schon eingeschrieben.

So sehr die Grenzüberschreitung zwischen diesen Einzelwissenschaften für sein Verständnis von Philosophie und Soziologie selbstverständlich ist und er durch sein politisches Engagement auf dem Forum der politischen Öffentlichkeit den Rahmen rein akademischer Tätigkeit überschritten hat, so sehr legt er doch Wert darauf, zwischen der Rolle des Wissenschaftlers und der des öffentlichen Intellektuellen zu unterscheiden: „Was mich entsetzlich ärgert, was mich trifft, sind die Aggressionen von Leuten, die bei mir diese Rollendifferenzierung nicht sehen (...). Ich möchte vielmehr jede dieser Rollen so spielen, daß die jeweils anderen gleichzeitig sichtbar bleiben" (Habermas 1985, S. 205). Ob es Habermas im Laufe seines Jahrzehnte anhaltenden Engagements als öffentlicher Intellektueller immer gelungen ist, diese ‚Rollendifferenzierung' deutlich zu machen, kann rückblickend aus der Beobachterperspektive bezweifelt werden. Denn die Vielzahl seiner tagespolitischen Stellungnahmen und zeitdiagnostischen Analysen sind stets grundiert durch seine gesellschaftstheoretischen Überzeugungen wie etwa derjenigen, dass Demokratien nur funktionsfähig sind, wenn die Bedingung einer vitalen, politisch fungierenden Öffentlichkeit gegeben ist, wozu die Bereitschaft mündiger BürgerInnen gehört, sich an den Meinungs- und Willensbildungsprozessen aktiv und informiert zu beteiligen.

Habermas hat nicht nur als ein Herzstück seiner Sozialtheorie ein Modell diskursiver Vernunft entwickelt, sondern er ist zugleich Praktiker von Diskursivität. Er hat sich mit seiner Rede- und Schreibpraxis eingeschaltet, wenn immer er glaubte, seine Stimme erheben zu müssen, weil er demokratische Lebensformen gefährdet sah oder zu befürchten war, hinter das erreichte Niveau von Aufklärung und Freiheit zurückzufallen. Allein im *Merkur*, der renommierten *Zeitschrift für europäisches Denken*, hat Habermas im Zeitraum von 1954 bis 1991 über 45 Artikel veröffentlicht, thematisch reicht die Spannbreite von der „Dialektik der Rationalisierung" über den „sozialen Wandel akademischer Bildung" bis zu „Kulturkritik der Neokonservativen" oder die „Krise des Wohlfahrtstaates und die Erschöpfung utopischer Energien". Auch als Mitherausgeber der legendären Buchreihe *Theorie* des Suhrkamp Verlages, in der etwa 200 Titel erschienen sind, hat sich Habermas über 20 Jahre lang editorisch betätigt. So hat er als *public intellectual* über Jahrzehnte ideenpolitisch Einfluss ausgeübt und die politische Auseinandersetzung nicht gescheut (Yos 2019, S. 113–134; Stamm und Zimmermann 2008). In Zeitschriften, in Tages- und Wochenzeitungen oder in Vorträgen hat er vor großem Publikum Stellung bezogen und mit seinen Kritiken hitzige, sich zumeist über längere Zeiträume erstreckende Debatten ausgelöst. Solche öffentlichen Kontroversen sind deutliche Wegmarken in der Geschichte der Bonner wie der Berliner Republik.

2 In der Rolle des öffentlichen Intellektuellen

Mit seinen von Empörung getragenen Vorwürfen gegenüber Martin Heidegger von 1953 tritt Habermas auf der Bühne des öffentlich ausgetragenen Disputs erstmals publizistisch in Erscheinung. In den frühen 1960er-Jahren beteiligt er sich am Kampf um die Demokratisierung der Universitäten sowie unter anderem in Kontroversen mit Helmut Schelsky an der Umsetzung von Chancengleichheit im gesamten Bildungssystem. Während der weltweiten Studentenproteste hat sich Habermas in der doppelten Rolle des Interpreten der politischen, kulturellen und sozialen Ursachen der Oppositionsbewegung, ihrer Motive und Ziele exponiert, aber auch als interner Kritiker eines zum Selbstzweck gewordenen Aktionismus. Im Jahr des Deutschen Herbstes 1977, als man medienwirksam einen Kausalzusammenhang zwischen Terrorismus und kritischer Theorie herzustellen versucht, ist Habermas einer der wenigen Intellektuellen, die öffentlich gegen Diffamierungen dieser Art das Wort ergreifen. Anfang der achtziger Jahre erwägt die Regierung unter Helmut Schmidt, in der BRD Pershing-II-Raketen stationieren zu lassen; den massenhaften Widerstand gegen die sogenannte Nachrüstung und darüber hinaus die neuen Protestformen der sozialen Bewegungen deutet Habermas als legitimen Ausdruck „zivilen Ungehorsams". Mitte der achtziger Jahre entfacht er mit einer vehementen Kritik an der „Entsorgung der deutschen Vergangenheit" den Historikerstreit, in dessen Kontext gleichfalls seine Beiträge zur Diskussion über das Denkmal für die ermordeten Juden Europas von 1999 – für Habermas ein notwendiger symbolischer Ausdruck für den Zivilisationsbruch – zu sehen sind. In der Euphorie der deutschen Wiedervereinigung warnt er vor einem „DM-Nationalismus" und plädiert für einen Volksentscheid über eine neue Verfassung. In der von ihm in den 1990er-Jahren angestoßenen Asyldebatte löst er einen Streit über neuen Nationalismus und rechte Gewalt aus. Mit differenzierten Analysen zu beiden Irakkriegen sowie zum Kosovokrieg hat er dazu beigetragen, sich mit der Legitimität dieser militärischen Interventionen auseinanderzusetzen.

Die Debatten der folgenden Jahre, die mit seinem Namen verbunden sind, stehen bis heute im Zentrum des öffentlichen Interesses: zum einen jene über die Zukunft Europas und seine politische Ordnung; zum anderen die Kontroverse über die moralischen Dimensionen von Gentechnik und Embryonenforschung bzw. über Determinismus und Willensfreiheit; schließlich auch der Diskurs über die Rolle der Religion in der „postsäkularen Gesellschaft". Für diese (hier nur exemplarisch genannten) Debatten im Zeitraum von fast sieben Jahrzehnten war Habermas als öffentlicher Intellektueller einer der ausschlaggebenden Stichwortgeber. Nicht zuletzt durch seine Eingriffe haben sich die jeweiligen Kontroversen zu nachhaltigen Kommunikationsereignissen verdichtet.

3   Glaube und Wissen

In seiner Dankesrede bei der Entgegennahme des Friedenspreises des Deutschen Buchhandels im Oktober 2001 über *Glauben und Wissen* führt Habermas aus: Trotz der Gegensätzlichkeit von Offenbarung und Vernunft sind die Religionen, die einen Heilsweg anbieten und Erlösung versprechen, wichtige Impulsgeber für die ethische Selbstfindung sowie für jene moralischen Diskurse, durch die sich die Gegenwartsmoderne als Kommunikationsgemeinschaft über ihre internen normativen Verbindlichkeiten verständigt. Somit müssen die Artikulationen der Gläubigen als Beiträge innerhalb einer pluralen Öffentlichkeit ernst genommen werden. Das drückt sich in der Verpflichtung aufseiten der Gläubigen aus, die religiösen Überlieferungen und Glaubensgewissheiten im Medium einer säkularen Sprache zu äußern, zugleich aber auch der anderen Seite, sich vorbehaltlos diskursiver Erörterung der religiösen Überzeugungen als ethischen Lebensorientierungen zu öffnen. Im Idealfall verhält sich wiederum die nachmetaphysisch denkende Person „zur Religion lernbereit und agnostisch zugleich" (Habermas 2005, S. 149). Auch wenn sich der Gläubige als Teilnehmer am öffentlichen Meinungs- und Willensbildungsprozess nicht zuletzt auch von seinen religiösen Gewissheiten leiten lässt, so muss er respektieren, dass innerhalb der Sphäre institutionalisierter Politik, also in Parlamenten, Gerichten, Ministerien etc., nur säkular begründete Entscheidungen legitim sind.

In seinem bislang letzten großen Werk, das den Titel trägt *Auch eine Geschichte der Philosophie* (2019), steht erneut die Konstellation von Glauben (verstanden als ein Modus des Für-wahr-Haltens) und Wissen (verstanden als das Resultat von Begründungsprozessen) ganz im Vordergrund. Diese Konstellation – oder, bezogen auf die Position von Habermas: Koexistenz, – von Glauben und Wissen beleuchtet er unter dem leitenden Gesichtspunkt einer Genealogie dessen, was er „nachmetaphysisches Denken" nennt. In dieser Perspektive rekonstruiert er die Entkoppelung des Wissens vom Glauben und den damit einhergehenden Seitenwechsel, den die säkular denkende Philosophie vollzieht, indem sie sich von der Theologie emanzipiert. Der philosophische Diskurs der Moderne, der sich davon verabschiedet, ganze Weltbilder zu entwerfen, steht fortan im Zeichen der Frage, wo die theoretische und praktische Vernunft zu verorten ist. Die Reichweite und Grenze der Lösungsversuche – als Lernprozess gedeutet und Schritt für Schritt nachvollzogen – verweisen für Habermas auf eine (sprachpragmatische) Konzeption einer (detranszendentalisierten) Vernunft, die er als Praxis intersubjektiver Verständigung versteht. Sie operiert im Raum der Gründe – Gründe, die sich im Horizont der Lebenswelt vorfinden und im lebensweltlichen Kontext argumentativ entwickeln lassen.

4 Ein Plädoyer für die Selbstermächtigung der europäischen Bürger

Die Europäische Union ist seit den dramatischen Vorgängen von 1989 mit der Folge der deutschen Wiedervereinigung für Habermas zu einem beherrschenden politischen Thema geworden. Denn ihm war an zwei Dingen gelegen: Zum einen daran, dass das politisch und ökonomisch erstarkte Deutschland in einen supranationalen Zusammenhang integriert ist, um einem neuen Nationalismus – und sei es als Wirtschaftsnationalismus – von vornherein das Wasser abzugraben. Zum anderen gab es für ihn keinen Zweifel mehr, dass nur ein geeintes, außenpolitisch handlungsfähiges Europa in der Lage sein würde, sich in der multipolaren Weltgesellschaft zu behaupten, und zwar unter Berücksichtigung seiner vielfältigen Kulturen und seines genuinen wohlfahrtstaatlichen Gesellschaftsmodells.

Die von Habermas entwickelte Theorie einer transnationalen Demokratie einschließlich der Krisendiagnose und Hoffnungsperspektiven in Bezug auf die aktuelle Entwicklung der EU soll hier in groben Zügen dargestellt werden, denn sie geben ein plastisches Bild von Habermas' Praxis bewusst machender Kritik.

Normative Grundlage für Europa als republikanische Staatsbürgernation und Solidargemeinschaft muss Habermas eine Rechtsgemeinschaft sein, d. h. konkret eine rechtlich verbindliche, demokratisch zustande gekommene Verfassung. Denn die diskursiven Verfahren des Verfassungsstaates garantieren aufgrund ihrer demokratischen Legitimation einen ganz neuen sozialen Zusammenhalt, in dessen Verlauf sich eine europäische Identität herauszubilden vermag. Die neuartige, transnationale Demokratie, auf die die EU hinsteuern muss, ist eine Demokratie ohne Herkunftsgemeinschaft, denn es gibt kein europäisches Volk. Entsprechend kann der Patriotismus nur ein Verfassungspatriotismus sein, der sich auf die Idee der Menschenrechte bezieht und ausschließlich den demokratischen Gehalten jener noch zu schaffenden Verfassung gilt. Diese Verfassung, Grundlage einer postnationalen kollektiven Identität, spielt die selbe Rolle wie ehemals die Nationen.

Gleichzeitig mit der eigenen europäischen Verfassung, einschließlich Grundrechtscharta, fordert Habermas immer wieder die Konstitution einer europaweiten

Öffentlichkeit, um deren nationalstaatliche Fragmentierung zu überwinden. Er argumentiert, dass sich die nationalen Öffentlichkeiten füreinander öffnen sollen und eine transnationale Kommunikation hergestellt werden muss, die – getragen von grenzüberschreitenden Medien – die europäischen Themen öffentlich verhandeln, statt sie ausschließlich zur Sache einer exklusiven Expertokratie zu machen (Habermas 2011, S. 8).

Dass die Globalisierung unaufhaltsam voranschreitet, ist für Habermas ein irreversibler Prozess. Weil die Handlungsspielräume der Nationalstaaten angesichts dieser Globalisierung schrumpfen, muss einzelstaatliche Souveränität an die europäische Gemeinschaft abgegeben werden, einschließlich einer gemeinschaftlichen Kontrolle über die nationalen Haushalte (das umfasst auch die gemeinschaftliche Haftung für Staatsanleihen im Euroraum). Weil es keine territorialen Grenzen für ökologische, militärische und wirtschaftliche Risiken gibt, ist eine Politik, die sich gegen die fortschreitende Entsolidarisierung zwischen nationalen Bevölkerungen und innerhalb der jeweils eigenen Nationen wendet, notwendiger denn je. Im Rahmen der EU müssen supranationale Steuerungskapazitäten geschaffen werden, die den Mechanismen der kapitalistischen Weltökonomie gewachsen und ihrerseits legitimatorisch, d. h. demokratisch und rechtsstaatlich abgesichert sind. Bis in die jüngste Zeit hinein kritisiert Habermas die auf Kosten der Demokratie gehenden „funktionale(n) Imperative eines weltweit deregulierten Weltmarktes" (Habermas 2020, S. 18). Er konstatiert, dass ein globaler Kapitalismus einhergeht mit anwachsender sozialer Ungleichheit und Desintegration sowie mit fortschreitenden Umwelt- und Klimakrisen (Habermas 2019, S. 594–602, 788–807).

Habermas vertritt die Idee, dass die verfassungsgebende Gewalt in der EU von einem *pouvoir constituant mixte* ausgeht, das von der politischen Gemeinschaft der Mitgliedsstaaten als auch der Gemeinschaft der EU-BürgerInnen getragen wird. Dieser Gedanke einer „Souveränitätsteilung" zwischen Staats- und Volkssouveränität beinhaltet, dass die BürgerInnen in Europa eine Doppelrolle innehaben: Am politischen Legitimationsprozess nehmen sie einerseits als UnionsbürgerInnen, andererseits als BürgerInnen ihres Staates teil. Jenseits dessen hat Habermas Vorstellungen, die heute noch utopisch anmuten. Er imaginiert eine kosmopolitische Verbindung von WeltbürgerInnen, die über ihrer weltpolitischen Angelegenheit in einer Art Generalversammlung entscheiden sollen. Erneut käme den Menschen – nun allerdings allen Menschen – eine Doppelrolle zu: als Staats- und als WeltbürgerInnen. Seinem mit Rückgriff auf Kant entwickelten Konzept gibt er den Titel einer „Weltinnenpolitik" beziehungsweise einer „Weltgesellschaft ohne Weltregierung" (Habermas 2005, S. 324–365).

5 Kommunikative Macht

Habermas' intellektuelle Kritik, für die er stilistische Mittel wie Dramatisierungen, Polemiken und Ironie nutzt, sind philosophisch und soziologisch fundierte Stellungnahmen, mit denen er sich im Feld politischer Interessengegensätze verortet. So wie sein politisches Engagement sich aus dem Vertrauen in das emanzipatorische Potenzial demokratischer Institutionen speist, so setzt er auf kommunikative Macht, auf die von guten Argumenten getragene Einsichtsfähigkeit verständigungsorientiert handelnder Akteure. Um die in demokratischen Verfahren angelegte Vernunft analytisch freizulegen, bedarf es für ihn mehr als einer objektivierenden Beschreibung des Gegebenen aus der Beobachterperspektive. Vielmehr ist die Rekonstruktion jenes Raums der Gründe, in dem die kommunikative Alltagspraxis sich vollzieht, aus der Teilnehmerperspektive notwendig. In diesem „rekonstruktiven Verfahren" liegt seines Erachtens „der Mehrwert einer kritischen Gesellschaftstheorie gegenüber den Beschreibungen und Erklärungen der Soziologie" (Habermas 2020, S. 19).

Habermas praktiziert die Rolle des Intellektuellen als ein aktiver Bürger, der sich im Nebenberuf wie andere AktivbürgerInnen auch politisch engagiert. Was ihn zeit seines Lebens nicht losgelassen hat, ist die Angst vor dem Rückfall hinter die kulturellen Errungenschaften der demokratischen Moderne, die Angst, dass die politische Zäsur von 1945 zugunsten eines Normalitätsbewusstseins überspielt wird (vgl. Habermas 1995, S. 162). Die Wirkung seines Denkens verdankt sich letztendlich seiner schriftstellerischen Produktivität, der seit Jahrzehnten anhaltenden Vitalität des Starnberger Emeritus. Sie scheint so wenig zu erlahmen, wie seine Bücher bis heute Gegenstand öffentlicher Debatten sind. „Ganz unoriginell wünsche ich mir eine Geistesart", so Habermas in einem Interview aus dem Jahr 1998, „die gegen die Rhetorik des Hohen und des Tiefen misstrauisch wäre, eine Ästhetisierung des Politischen ablehnte, aber auf Grenzen der Trivialisierung achtete, sobald es um die Integrität und den Eigensinn intellektueller Erzeugnisse geht" (Habermas 2001, S. 24).

Literatur

Corchia, Luca, Stefan Müller-Doohm, und William Outhwaite, Hrsg. 2019. *Habermas gobal. Wirkungsgeschichte eines Werks.* Berlin: Suhrkamp.
Habermas, Jürgen. 1962. *Strukturwandel der Öffentlichkeit. Untersuchung zu einer Kategorie der bürgerlichen Gesellschaft.* Neuwied/Berlin: Luchterhand.
Habermas, Jürgen. 1963. *Theorie und Praxis, Sozialphilosophische Studien.* Neuwied/Berlin: Luchterhand.
Habermas, Jürgen. 1968. *Technik und Wissenschaft als ‚Ideologie'.* Frankfurt a. M.: Suhrkamp.
Habermas, Jürgen. 1981a (1977). Umgangssprache, Bildungssprache, Wissenschaftssprache. In: *Kleine Politische Schriften I–IV,* Hrsg. Jürgen Habermas, 340–363. Frankfurt a. M.: Suhrkamp.
Habermas, Jürgen. 1981b. *Theorie des kommunikativen Handelns,* Bd. 1 und 2. Frankfurt a. M.: Suhrkamp.
Habermas, Jürgen. 1985. *Die Neue Unübersichtlichkeit.* Frankfurt a. M.: Suhrkamp.
Habermas, Jürgen. 1988. *Nachmetaphysisches Denken. Philosophische Aufsätze.* Frankfurt a. M.: Suhrkamp.
Habermas, Jürgen. 1990. *Strukturwandel der Öffentlichkeit. Untersuchungen zu einer Kategorie der bürgerlichen Gesellschaft, Mit einem Vorwort zur Neuauflage.* Frankfurt a. M.: Suhrkamp.
Habermas, Jürgen. 1995. *Die Normalität einer Berliner Republik. Kleine Politische Schriften VIII.* Frankfurt a. M.: Suhrkamp.
Habermas, Jürgen. 2001. *Zeit der Übergänge. Kleine Politische Schriften IX.* Frankfurt a. M.: Suhrkamp.
Habermas, Jürgen. 2005. *Zwischen Naturalismus und Religion. Philosophische Aufsätze.* Frankfurt a. M.: Suhrkamp.

Habermas, Jürgen. 2009. *Kritik der Vernunft, Philosophische Texte.* Studienausgabe 5 Bde. Frankfurt a. M.: Suhrkamp.
Habermas, Jürgen. 2011. *Zur Verfassung Europas.* Frankfurt a. M.: Suhrkamp.
Habermas, Jürgen. 2019. *Auch eine Geschichte der Philosophie. Bd. II Vernünftige Freiheit. Spuren des Diskurses über Glauben und Wissen.* Berlin: Suhrkamp.
Habermas, Jürgen. 2020. Moralischer Universalismus in Zeiten politischer Regression. Jürgen Habermas im Gespräch über die Gegenwart und sein Lebenswerk. *Leviathan* 48(1): 1–22.
Habermas, Jürgen, et al. 1961. *Student und Politik. Eine soziologische Untersuchung zum politischen Bewusstsein Frankfurter Studenten.* Neuwied/Berlin: Luchterhand.
Müller-Doohm, Stefan. 2008. Jürgen Habermas: Leben, Werk, Wirkung. Frankfurt a. M.: Suhrkamp.
Müller-Doohm, Stefan. 2014. *Jürgen Habermas. Eine Biographie.* Berlin: Suhrkamp.
Müller-Doohm, Stefan, und Dorothee Zucca. 2019. Kommunikatives Handeln als gesellschaftliche Einheit. Thesen und Antithesen. In *Habermas Global. Wirkungsgeschichte eines Werks*, Hrsg. Luca Corchia, Stefan Müller-Doohm und William Outhwaite, 19–109. Berlin: Suhrkamp.
Stamm, Isabell, und Rene Zimmermann. 2008. Der Intellektuelle und seine Öffentlichkeit: Jürgen Habermas. In *Fliegende Fische. Eine Soziologie des Intellektuellen in 20 Porträts*, Hrsg. Thomas Jung und Stefan Müller-Doohm, 124–145. Frankfurt a. M.: Fischer.
Yos, Roman. 2019. Ein beunruhigender Geist: zur Rezeption früher Schriften von Jürgen Habermas. In *Habermas global*, Hrsg. Luca Corchia, Stefan Müller-Doohm und William Outhwaite, 113–134. Berlin: Suhrkamp.

Niklas Luhmann: Öffentliche Soziologie – systemtheoretisch beobachtet

Jasmin Siri

Inhalt

1 Niklas Luhmann als öffentlicher Soziologe? 153
2 Öffentliche Soziologie: Ein schillernder, unscharfer Begriff 154
3 Öffentlichkeit in systemtheoretischer Perspektive 155
4 Systemtheorie und öffentliche Soziologie 157
5 Wozu öffentliche Systemtheorie? 158
Literatur 159

1 Niklas Luhmann als öffentlicher Soziologe?

Wer an ‚Öffentliche Soziologie' denkt, denkt womöglich nicht zuallererst an Niklas Luhmann. Wiewohl vielen in der intellektuellen Szene Europas schon früh bekannt, pflegte Luhmann stets ein ‚low profile' seines öffentlichen Auftritts. Er gab sich vielmehr als ein emsiger und selbstgenügsamer Arbeiter: „Theorie der Gesellschaft – Laufzeit: 30 Jahre, Kosten: keine", so umschrieb er seine Forschungsperspektive. Mit einer Universität der Drittmittelakquise und Öffentlichkeitswirksamkeit zur Symbolisierung fremd- und selbstverordneter ‚Exzellenz' hätte er sicher gefremdelt. In seinen wenigen Fernsehinterviews bemüht er sich gar nicht erst darum, den Eindruck freier und gelöster Sprache zu vermitteln, es mag gar ein vorbereitetes Manuskript vor ihm liegen – in der Logik des TV-Mediums eigentlich unmöglich.

Luhmann trat vergleichsweise selten medial auf, hatte kein Interesse am Publizieren populärer Texte und scheint – glaubt man den Augenzeugenberichten von Studierenden und Schülern – auch als akademischer Lehrer kein Freund großer patriarchaler Gesten oder massenmedial anschlussfähiger Formeln gewesen zu sein. Soziologiegeschichtlich gesehen, und im innergenerationalen Vergleich, war Luh-

J. Siri (✉)
Ludwig-Maximilians-Universität München, München, Deutschland
E-Mail: jasmin.siri@soziologie.uni-muenchen.de

© Springer Fachmedien Wiesbaden GmbH, ein Teil von Springer Nature 2023
S. Selke et al. (Hrsg.), *Handbuch Öffentliche Soziologie*, Öffentliche Wissenschaft und gesellschaftlicher Wandel, https://doi.org/10.1007/978-3-658-16995-4_17

manns Zurückhaltung interessant, weil eher selten. Diesen Sachverhalt könnte man nun in psychoanalytischer Manier interpretieren – und damit zu dem beliebten Spiel beitragen, aus der Person das Werk erklären zu wollen. Beides aber entspräche der von Luhmann verachteten selbstreferenziellen Rede (Wissenschaftstratsch, Luhmann 1984, S. 7 f.) und soll ihm hier nicht angetan werden.

Im Folgenden werde ich mich daher nicht mit Luhmann und seiner Öffentlichkeitswirkung, sondern mit der Frage beschäftigen, wie ‚Öffentliche Soziologie' aus systemtheoretischer Perspektive gefasst werden könnte. In diesem Sinne liegt es nahe, Luhmanns Zurückhaltung gegenüber dem öffentlichen Auftritt aus der theoretischen Lage seines Werks heraus zu erklären. Aus Perspektive der Systemtheorie, so werde ich behaupten, scheint es um die Erfolgsaussichten öffentlichkeitswirksamer soziologischer Gestik, abseits der Pflege individueller Narzissmen und vereinzelter Erfolgsgeschichten populärer Anschlussfähigkeiten, nicht gut bestellt.

2 Öffentliche Soziologie: Ein schillernder, unscharfer Begriff

Systemtheoretisch mutet der Begriff einer ‚Öffentlichen Soziologie' eher seltsam, mindestens sperrig an. Aus differenzierungstheoretischer Perspektive ist weder der Begriff der Öffentlichkeit ein einfacher, noch ist die Vermittlung wissenschaftlichen Wissens in die gesellschaftliche Umwelt eine unkomplizierte Angelegenheit. Daher gilt es zunächst in den Blick zu nehmen, was ‚Öffentliche Soziologie' eigentlich beschreibt.

Für Michael Burawoy, den wohl wichtigsten Stichwortgeber der Diskussion über „Public Sociology", ist Öffentliche Soziologie eine partizipative Herausforderung: „the challenge of public sociology is to engage multiple publics in multiple ways" (Burawoy 2005, S. 4). Burawoy unterscheidet vier Dimensionen soziologischen Wissens (professionelles, kritisches, politikbezogenes und öffentliches) und fordert dazu auf, eine systematische Rückübersetzung von Fachwissen in öffentliche Kontexte zu unternehmen, Öffentlichkeit zu beteiligen und die Soziologie als eine moralische und politische Kraft zu entwerfen: „In times of market tyranny and state despotism, sociology – and in particular its public face – defends the interests of humanity" (Burawoy 2005, S. 24). Burawoy entwirft das Bild vom „Sociologist as partisan", der die Zivilgesellschaft und ‚das Soziale' an und für sich verteidigt, und beendet seinen programmatischen Text in dieser Sache mit einer beinahe religiösen Anrufung der Vereinigung der soziologischen Disziplin mit ‚der Öffentlichkeit': „I envision myriads of nodes, each forging collaborations of sociologists with their publics, flowing together into a single current. They will draw on a century of extensive research, elaborate theories, practical interventions, and critical thinking […]. Our angel of history will then spread her wings and soar above the storm." (Burawoy 2005, S. 25)

Es lässt sich nur mutmaßen, wie Luhmann einen solch emphatischen und ritterlichen Entwurf kommentiert hätte. Im Lichte seiner verschiedenen Interviews besehen hätte er vielleicht darauf hingewiesen, dass die Eigendynamiken von institutionalisierter Politik und kapitalistischer Warenform vor dem ritterlichen Soziologen, der in Verteidigung der Gesellschaft – ja was eigentlich? – schreibt, streitet oder redet, höchst wahrscheinlich nicht in die Knie gehen würden. Vermutlich hätte er darauf hingewiesen, dass die soziologische Erkenntnis, will sie etwa politisch wirksam sein, ihre Form unwiderruflich verändert und sich dann, dermaßen in ihrer Form verunsichert, eben jenen Logiken stellen muss, die sie zu beeinflussen gedenkt. Er hätte möglicherweise über die Theorie als „trojanisches Pferd" gesprochen, aber auch darüber, dass sie die Folgen ihrer Interventionen nicht kontrollieren kann (Luhmann 1996, S. 74).

Dass die politischen Folgen wissenschaftlicher Sätze sich eben nicht an wissenschaftliche Regeln halten, erlebte Luhmann einst selbst beim Problem, ein Parteiprogramm mit zu gestalten (Luhmann 1977). In seiner Reflexion über den Programmprozess verweist er darauf, wie komplex das Ineinanderwirken von politischen Programmsprachen und politischer Organisation sich gestaltet und wie voraussetzungsreich daher die Aufgabe ist, die Semantik politischer Organisationen zu verändern. Insofern konnte er sich in seiner politischen Abstinenz praktisch bestätigt fühlen: „Was ich dezidiert nicht habe [...], ist eine normative Vorstellung davon, wohin es gehen soll, um dann zu sagen: ‚Ihr müßtet [sic] eigentlich dorthin'. Das fehlt mir, allerdings. Ich fühle mich gar nicht als ein Schulmeister für die Gesellschaft oder als jemand, der es besser weiß, wohin es gehen soll, sondern höchstens als jemand, der beobachtet, wie Änderungen laufen und dann Defizienzen sieht, zum Beispiel Theorie-Defizienzen." (Luhmann 1996, S. 70)

3 Öffentlichkeit in systemtheoretischer Perspektive

Die Gesellschaft ist aus systemtheoretischer Perspektive ein umfassendes Sozialsystem. In ihm haben sich historisch Funktionssysteme wie zum Beispiel Wissenschaft, Religion und Politik ausdifferenziert, die jeweils nach eigener Logik ihres Feldes Kommunikationen wahrnehmen, ordnen und beantworten. „Diese einzelnen Teilsysteme aktualisieren Gesellschaft aus einem jeweils spezifischen Blickwinkel mit je spezifischen System/Umwelt-Perspektiven. So gehören Wirtschaftssystem und Erziehungssystem zur sozialen Umwelt des politischen Systems, und andererseits gehört das politische System zur Umwelt von Erziehung bzw. von Wirtschaft." (Luhmann 1981, S. 19)

Ist dieses System-Umwelt-Verhältnis nun das, wovon die Rede ist, wenn ‚Öffentlichkeit' angesprochen wird? Zwar haben die Systeme durchaus eine Vorstellung von ihrem ‚Außen', und komplexe Systeme fertigen für die Kommunikation mit der Umwelt sogar eigene Sprachregelungen und Sprechangebote an. In jeder System-Umwelt-Beziehung gibt es demnach eine Idee des Öffentlichen, die sich aber weniger emphatisch ausnimmt als jene einer ‚Civil Society', und die auch nicht auf politische Meinungs- und Kollektivbildung verweist.

Zudem stellt sich die Frage, woraus Öffentlichkeit gebildet wird. Aus Salons, Romanen und Zeitungen, könnte man mit Habermas (1990) antworten. Aus Menschen (bzw. BürgerInnen), lautet wohl die alltagsplausible Antwort, die dabei manchmal vergisst, wie viel Arbeit es ist, aus Menschen BürgerInnen ‚herzustellen'.

Aus systemtheoretischer Perspektive jedoch werden Menschen aus den Systemen fortgeschrittener Demokratien eher entlassen als eingebunden. Die Systeme sind gewissermaßen liberal: „Menschen, konkrete individuelle Personen nehmen an sozialen Systemen teil, gehen aber in keinem dieser Systeme und auch nicht in der Gesellschaft selbst ganz auf. Die Gesellschaft besteht nicht aus Menschen, sie besteht aus Kommunikationen zwischen Menschen. Es ist wichtig, diesen Ausgangspunkt festzuhalten. Er [...] bildet eine unerläßliche [sic] Voraussetzung für eine Analyse der Umweltbeziehungen des Gesellschaftssystems und seiner Teilsysteme." (Luhmann 2002, S. 20)

Es ist also festzustellen, dass es für jedes Funktionssystem so etwas wie eine Öffentlichkeit gibt, wenn damit Umweltbeziehungen gemeint sind. Öffentlichkeit wird aus systemtheoretischer Perspektive eher nicht aus Menschen – auch nicht aus BürgerInnen – bestehen. Und es wird offenbar wichtig sein, die systemischen Bezüge deutlich zu machen, in denen über eine Öffentlichkeit gesprochen wird. Denn nimmt man die Differenzierung sozialer Systeme ernst, so bedeutet dies auch, sich Gesellschaft dezentral vorzustellen: Eine Gesellschaft, die in Funktionssysteme gegliedert ist, verfügt über keine „Zentralorgane" (Luhmann 2002, S. 22), sie ist *„eine Gesellschaft ohne Spitze und ohne Zentrum. Die Gesellschaft ist in der Gesellschaft nicht nochmals durch ein eigenes, sozusagen genuin gesellschaftliches Teilsystem repräsentiert."* (Luhmann 2002, S. 22, Hervorhebung i. O.)

Wenn es in der funktional differenzierten Gesellschaft aber kein Teilsystem Gesellschaft gibt, dann gibt es auch keine ihr gegenüberstehende ‚Öffentlichkeit', keine allzuständige, zentrale Kommentatorenfunktion ‚der' Gesellschaft. Im Zuge funktionaler Differenzierung „ist eine Vielzahl von sozialen Systemen entstanden, die hohe Sensibilität für bestimmte Sachfragen mit Indifferenz für alles übrige [sic] verbinden. Das begrenzte Vermögen, sich an einer komplexen Umwelt zu orientieren, wird an verschiedenen Stellen auf verschiedene Weise eingesetzt, muß [sic] aber immer mit Unaufmerksamkeit in allen übrigen Hinsichten bezahlt werden." (Luhmann 2002, S. 21)

Öffentlichkeit ist also in einer funktional differenzierten Gesellschaft eine komplizierte Angelegenheit, da sie qua Selbstbeschreibung quer zu den Funktionssystemen abläuft. Der Wegfall der alten religiösen und ständischen Lösungen für die Symbolisierung von Einheit resultiert in der Erfindung einer Öffentlichkeit im Zivilen. Zugleich wird deren Macht durch funktionale Differenzierung und systemische Eigenlogiken zur Symbolik verdammt. Unter dem Begriff der ‚öffentlichen Meinung' wird seither versucht, das Verhältnis der Regierten zu den politischen Programmen der Regierung zu beschreiben: „Nachdem die sichtbare Hand des Monarchen zu zittern beginnt, sucht man eine neue Oberhoheit in einer nun unsichtbaren Hand, eben der öffentlichen Meinung." (Luhmann 2002, S. 278)

Öffentlichkeit kann mithin als eine Lösung des Problems beschrieben werden, dass die spezialisierten Funktionssysteme immer weniger Interesse an Repräsentationsfragen formulieren. Diese Öffentlichkeit ist insbesondere an das politische System gebunden, welchem die Herstellung kollektiv bindender Entscheidungen und die Symbolisierung von Kollektiven (Nassehi 2003) obliegt. Spricht man von ‚der' Öffentlichkeit im Singular, ist daher meist nicht die Öffentlichkeit der Kirche, einer Wissenschaftsdisziplin oder der Universität gemeint, sondern ein idealerweise repräsentatives Kollektiv, welches die Vielheit der Stimmen der Menschen bündeln und damit etwas ‚machen' soll. ‚Die Öffentlichkeit' wird angerufen, wenn Ungerechtigkeiten sichtbar gemacht werden sollen, politische Entscheidungen zu treffen sind oder in gesellschaftlichen Wertkonflikten ein – eben öffentliches – Exempel statuiert werden soll.

4 Systemtheorie und öffentliche Soziologie

Seit dem 19. Jahrhundert übernimmt die Öffentlichkeit „eine Komplementärfunktion im Verhältnis zu den politischen Wahlen" (Luhmann 2002, S. 281) – und ist dabei doch kein Aggregat individueller Ideen und Haltungen. Stets bedarf sie der Interpretation durch Massenmedien, Wissenschaft und jene, die als ‚Intellektuelle' bezeichnet werden, denn: „Entgegen allen Erwartungen der Tradition garantiert Öffentlichkeit kein validiertes und als solches bekanntes Wissen, geschweige denn eine Art Vernunftauslese. Vielmehr ist Öffentlichkeit geradezu ein Symbol für die durch Transparenz erzeugte Intransparenz." (Luhmann 2002, S. 285)

So gesehen wird es verständlich, wenn etwa MedienvertreterInnen darauf hoffen, ‚die Wissenschaft' möge ihnen öffentliche Themen so aufbereiten, dass „die durch Transparenz erzeugte Intransparenz" sich beherrschen lasse. Zugleich verändert sich wissenschaftliche Erkenntnis, wenn sie auf Massenmedien, aber auch auf Protestbewegungen und politische Organisationen trifft, die über einen anderen Zeithorizont, andere Fragestellungen und eine andere Idee des Publikums verfügen. Und die digitale Revolution prekarisiert die Idee der Öffentlichkeit im Singular ganz grundsätzlich, indem sie pluralisierte Publika offenlegt. Was hat dann aber Wissenschaft, was hat ein Funktionssystem auf der Suche nach wahrheitsfähigen Sätzen und Ideen, überhaupt von einer engeren Beziehung zur Öffentlichkeit?

Ute Volkmann beschreibt soziologische Gegenwartsdiagnosen als eine Hybridform, die sich sowohl an das Fach wie auch an ein breiteres Publikum wendet (Volkmann 2017). Als solche stelle sie einen Nutzen für (zivil-)gesellschaftliche Akteure bereit, ermögliche aber auch einen Mehrwert für das Fach, könne dieses sich doch „die Schnittstellenposition und das innovative Potenzial seiner Gegenwartsdiagnosen zunutze machen, um seine Legitimität als wissenschaftliche Disziplin zu stärken" (Volkmann 2017, S. 119). Gegenwartsdiagnosen können dann im besten Sinne eine Übersetzungsfunktion für Öffentlichkeiten erfüllen – wie auch eine Irritation für das eigene Fach darstellen, einen Beitrag „zur Reflexion disziplinärer Selbstreferenzialität" (Volkmann 2017, S. 124). Denkt man an die lebhaften Debatten über die „Risikogesellschaft" zurück, die sich als Reaktion auf Ulrich Becks zeitdiagnostisches Wirken entzündeten, so scheint diese Funktionszuschreibung sehr gut nachvollziehbar.

5 Wozu öffentliche Systemtheorie?

Dass Luhmanns Werk habituell wie theoretisch ungeeignet ist, um ritterliche Erzählungen zu produzieren, wurde bereits festgestellt. Hieraus scheint sich auch zu ergeben, dass Protestbewegungen, die Nebenfolgen funktionaler Differenzierung bearbeiten, häufig andere Reflexionstheorien wählen (zumal solche, die den Einfluss der AktivistInnen möglicherweise optimistischer berechnen). Publizistische Aktivitäten einer systemtheoretisch inspirierten Soziologie gibt es dennoch zu Genüge. Man denke nur an die systemtheoretisch inspirierten Kolumnenartikel in der *Frankfurter Allgemeinen Zeitung*, deren Herausgeber Jürgen Kaube selbst ein Luhmann-Schüler ist. André Kieserling, neben Boris Holzer und Gerald Wagner einer der Autoren der Kolumne „Soziale Systeme" in der *FAZ*[1], sorgt darüber hinaus für die öffentliche Sichtbarkeit des Luhmann'schen Wirkens und Werkes – so wurde aktuell der Luhmann'sche Zettelkasten in digitalisierter Form veröffentlicht (siehe Schmidt 2014).

Auch die medial vermittelten Diskussionen über Systemtheorie haben sich vom Listenformat des frühen Internet in die sozialen Medien von heute gerettet. Auf Twitter und Facebook finden sich systemtheoretisch interessierte Privatpersonen wie auch berufsförmig soziologisch Tätige regelmäßig zu Diskussionen und der – mal mehr und mal weniger freundlichen – Bewertung neuer Ideen zusammen. Der studentische Twitteraccount der „Ultras Niklas Luhmann", welcher unter der Beschreibung „Die schönste Theorie dieser Welt, schrieb ein Autor, der uns gefällt, linksluhmannianer*innen. autopoietisch und ♘" vielerlei Aktivitäten bis hin zum Live-Twittern über einschlägige Veranstaltungen verfolgt, lässt sich als ein Beispiel nennen.

Interessant ist auch, dass für die Neuauflage des *Kursbuch* mit Armin Nassehi ein einschlägiger Systemtheoretiker als Herausgeber angeworben wurde. Nassehi, für den deutschen Sprachraum wohl einer der ‚öffentlichsten', weil medienwirksamsten Soziologen (und als solcher im Jahr 2018 durch die Fachgesellschaft gewürdigt), kommentiert regelmäßig kulturelle und politische Debatten. Er beschreibt Luhmann als einen Repräsentanten kritischer Soziologie, wenn man unter Kritik verstehe, den Gegenstand der Kritik und seine Beschreibung ernst zu nehmen: Gehe es darum, „nach den Bedingungen der Möglichkeit des eigenen Denkens zu fragen", so sei Luhmann „ein außerordentlich kritischer Soziologe": „Der Gegenstand von Luhmanns Kritik ist vor allem die Soziologie selbst. Er kritisiert die Soziologie im Hinblick darauf, dass sie offenbar nicht angemessen beschreibt, was der Fall ist, und womöglich zu leichtfertig mit der Antwort umgeht, was der Fall sein soll." (Nassehi 2016, S. 208)

Für Nassehi hat die Soziologie die Aufgabe zu sagen, was der Fall ist, statt Lösungen zu simulieren: „Die Geschäftsgrundlage der Soziologie lautet, dass Verhalten, Handeln, Kommunikationsprozesse vor allem davon abhängen, was in be-

---

[1] Die Kolumnen finden sich gesammelt unter https://www.soziologie.uni-konstanz.de/holzer/kolumne-soziale-systeme/. Letzter Aufruf 07.04.2019.

stimmten sozialen Kontexten möglich und wahrscheinlich ist und was nicht. Insofern ist eigentlich Kritik dann altmodisch, wenn sie davon ausgeht, dass der Kritisierte anders könnte. Insofern müsste kritische Soziologie über die Grenzen der strategischen Möglichkeit klassischer Kritik aufklären." (Nassehi 2016, S. 209)

In theoretischen Debatten werden die Bedingungen der Möglichkeit systemtheoretischer Kritik seit einigen Jahren ebenfalls intensiv erörtert (Amstutz und Fischer-Lescano 2013; Scherr 2015; Möller und Siri 2016). Es scheint also durchaus eine Differenz zwischen der Selbstbeschreibung der Theorie und der öffentlichen Kommunikationsbereitschaft systemtheoretisch affizierter SoziologInnen zu bestehen.

Dies wiederum kann insofern kaum verwundern, als die Idee einer Übersetzung wissenschaftlichen Wissens in andere Kontexte systemtheoretisch sehr eingängig erscheint. Die Beobachtung von SprecherInnenpositionen, Systemgeschichten und der Historizität sozialer Systeme ist ein Beitrag, den systemtheoretische Soziologie in öffentlichen Debatten leisten kann – wenn sie denn möchte. Was die systemtheoretische Perspektive hingegen nicht leisten kann, ist eine Vereinfachung, die klare Verantwortliche – z. B. für systemische Fehlentwicklungen – benennt. Ihr Angebot besteht im Sichtbarmachen systemischer Eigenlogiken und Differenzierungsfolgen sowie in einer strategisch sinnvollen Selbstbescheidung der wissenschaftlichen Perspektive hinsichtlich ihrer Einflussmöglichkeiten und Wirkungszusammenhänge. SystemtheoretikerInnen würden dabei nicht darauf setzen, politische (oder religiöse, pädagogische usw.) Sätze zu sagen. Sondern versuchen, mit wissenschaftlichen Sätzen Anschlussfähigkeiten und Irritationen in gesellschaftlichen Feldern und öffentlichen Debatten zu erzeugen. Und das ist ja auch schon etwas.

Literatur

Amstutz, Marc, und Andreas Fischer-Lescano. 2013. *Kritische Systemtheorie. Zur Evolution einer normativen Theorie*. Bielefeld: transcript.
Burawoy, Michael. 2005. 2004 presidential address. For public sociology. *American Sociological Review* 70(February): 4–28.
Habermas, Jürgen. 1990 [1962]. Strukturwandel der Öffentlichkeit: Untersuchungen zu einer Kategorie der bürgerlichen Gesellschaft. In *Mit einem Vorwort zur Neuauflage 1990*. Frankfurt a. M.: Suhrkamp.
Luhmann, Niklas. 1977. Probleme eines Parteiprogramms. In *Freiheit und Sachzwang. Beiträge zu Ehren Helmut Schelskys*, Hrsg. Horst Baier, 167–182. Opladen: Westdeutscher Verlag.
Luhmann, Niklas. 1981. *Politische Theorie im Wohlfahrtsstaat*. München/Wien: Günter Olzog.
Luhmann, Niklas. 1984. *Soziale Systeme. Grundriß einer allgemeinen Theorie*. Frankfurt a. M.: Suhrkamp.
Luhmann, Niklas. 1996. *Protest. Systemtheorie und soziale Bewegungen*. Hrsg. und eingeleitet von Kai-Uwe Hellmann. Frankfurt a. M.: Suhrkamp.
Luhmann, Niklas. 2002. *Die Politik der Gesellschaft*. Frankfurt a. M.: Suhrkamp.
Möller, Kolja, und Jasmin Siri, Hrsg. 2016. *Systemtheorie und Gesellschaftskritik. Perspektiven der kritischen Systemtheorie*. Bielefeld: transcript.
Nassehi, Armin. 2003. Politik des Staates oder Politik der Gesellschaft? Kollektivität als Problemformel des Politischen. In *Das System der Politik*, Hrsg. S. Kai-Uwe Hellmann, 38–59. Opladen: Westdeutscher Verlag.

Nassehi, Armin. 2016. Systemtheorie und Kritik. In *Systemtheorie und Gesellschaftskritik. Perspektiven der kritischen Systemtheorie*, Hrsg. Kolja Möller und Jasmin Siri, 207–222. Bielefeld: transcript.

Scherr, Albert, Hrsg. 2015. *Systemtheorie und Differenzierungstheorie als Kritik. Perspektiven in Anschluss an Niklas Luhmann*. Weinheim: Beltz Juventa.

Schmidt, Johannes F. K. 2014. Der Nachlass Niklas Luhmanns – eine erste Sichtung: Zettelkasten und Manuskripte. *Soziale Systeme* 19(1): 167–183.

Volkmann, Ute. 2017. Gegenwartsdiagnose. Öffentlich und/oder Soziologie? In *Öffentliche Soziologie. Wissenschaft im Dialog mit der Gesellschaft*, Hrsg. Brigitte Aulenbacher et al.,119–132. Frankfurt a. M./New York: Campus.

Barbara Ehrenreich: Erfolgreiche öffentliche Soziologin ‚wider Willen'

Stefan Selke

Inhalt

1 Werdegang einer zurückhaltenden öffentlichen Soziologin 161
2 Erfolg durch eine besondere Form des Außendienstes 162
3 Journalismus zwischen öffentlicher Soziologie und Postdisziplinarität 164
4 Storytelling im Kontext des gesellschaftlichen Wandels 166
Literatur 167

1 Werdegang einer zurückhaltenden öffentlichen Soziologin

Die 1941 im Nordwesten der USA geborene Barbara Ehrenreich ist eine erfolgreiche disziplinäre Grenzgängerin *par excellence*. Nach einem naturwissenschaftlichen Studium (Chemie, Physik) sowie einer ebenfalls naturwissenschaftlichen Promotion (Zellbiologie) änderte Ehrenreich die Richtung ihrer beruflichen Ziele. Zusätzlich zu ersten journalistischen Arbeiten nahm sie Lehraufträge (z. B. zum Thema Essay-Schreiben) an. Schließlich entschloss Ehrenreich sich für eine Karriere als Journalistin und Sachbuchautorin. Keine einfache Entscheidung, wie sie rückblickend kommentiert: „A couple of years later I made the rash decision to quit my teaching job (...) and become a full-time writer. Financially rough times followed" (Ehrenreich 2020). Hinzu kam nach und nach eine Haltung als politische Aktivistin, der sich immer wieder aus persönlichen, teils sehr intimen Erfahrungen speiste. Einschneidende private Erlebnisse nutze Ehrenreich, um sie schreibend zu verarbeiten und damit öffentliche Debatten anzustoßen. „With the birth of my first child in 1970, I underwent a political, as well as a personal transformation" (Ehrenreich 2020). Ihre politische Positionierung wird auch durch den Vorsitz bei den „Democratic Socia-

S. Selke (✉)
Forschungsprofessur „Transformative und öffentliche Wissenschaft", Hochschule Furtwangen, Furtwangen, Deutschland
E-Mail: ses@hs-furtwangen.de

lists of America", einer linkssozialistischen Organisation, deutlich. Die erste Tochter Ehrenreichs erhielt den Namen ‚Rosa' nach Ehrenreichs Vorbildern Rosa Luxemburg und Rosa Parks.

Ehrenreich schreibt regelmäßig für bekannte US-amerikanische Leitmedien (z. B. *New York Times*, *The Atlantic Monthly*) und arbeitete einige Jahre als Kolumnistin bei der *Time*. Sie ist Gründungsmitglied, Beraterin und Vorstandsmitglied mehrerer Organisationen, die sich z. B. für die Rechte von Frauen einsetzen und spricht in dieser Rolle häufig auf Konferenzen. Ehrenreich unterscheidet auf ihrer Webseite drei Ebenen ihrer Arbeit: 1. Journalismus in der Form von Essays und Gastkommentaren zu sozialen Themen, 2. Buchprojekte und 3. Aktivismus für Themen wie Gesundheitsversorgung, Frieden, Frauenrechte und ökonomische Gerechtigkeit. Besonders in den 1970er-Jahren arbeitete Ehrenreich im Themenfeld der Gesundheitsforschung und machte sich politisch für die Interessen von Frauen stark. Besonders interessant ist hierbei ihre übergreifende Haltung. „I have never seen a conflict between journalism and activism" (Ehrenreich 2020), so Ehrenreich selbst, eine Haltung, die sie deutlich von den vielen Kritikern öffentlicher Soziologie unterscheidet, die entweder Angst vor Popularisierung oder vor der Verwässerung des Wertneutralitätsgebots durch Partisanentum haben (vgl. dazu ausführlich Selke 2020). Ehrenreich hingegen betont die *Gemeinsamkeiten* zwischen Wissenschaft und Journalismus sowie die Notwendigkeit moralischer Beteiligung und einer explizit ethischen Perspektive. Für ihre Arbeit beansprucht sie einen transformativen Charakter. „As a journalist, I search for the truth. But as a moral person, I am also obliged to do something about it" (Ehrenreich 2020). Im Spannungsfeld sehr heterogener Arbeitsformen und Themenfelder bezeichnet Ehrenreich sich selbst in Anlehnung an Norbert Elias als „myth buster by trade" (Billig 2018), als moderne Mythenjägerin. Diese Zuschreibung ermöglicht Flexibilität in der Selbstverortung und zugleich Anschlussfähigkeit an die Prämissen öffentlicher Soziologie. In der Nomenklatur von *For Public Sociology* (Burawoy 2005) nimmt Ehrenreich sicherlich eine Sonderstellung zwischen traditioneller und organischer öffentlicher Soziologie ein. Ihre Rolle als öffentliche Soziologin resultiert auch aus einer besonders intensiven Form investigativer Arbeit, die ethnographische Methoden nutzt und diese mit professionellem Storytelling („narrative non fiction") kombiniert. Weil sich die Arbeit Ehrenreichs inhaltlich zudem hauptsächlich um soziale Themen wie Ungerechtigkeit, Ungleichheit und Ideologiekritik dreht, kam sie in einem der zentralen Sammelbände der Debatte um öffentliche Soziologie (Clawson et al. 2007) nicht als kritische Journalistin, sondern – zu ihrer eigenen Überraschung – als *öffentliche Soziologin* zu Wort.

2 Erfolg durch eine besondere Form des Außendienstes

Bekannt wurde Barbara Ehrenreich einem breiten Publikum vor allem durch die Veröffentlichung des Buches *Nickel and Dimed: On (Not) Getting By in America* (Ehrenreich 2001a), das auf Deutsch unter dem Titel *Arbeit poor. Unterwegs in der Dienstleistungsgesellschaft* erschien (Ehrenreich 2001b). Im Vorwort zur englischsprachigen Originalausgabe schreibt die britische Journalistin und Bürgerrechtlerin Polly Toynbee (die selbst im Feld prekärer Arbeit in Großbritannien geforscht hatte), dass *Nickle and Dimed* ein Bild der USA „fernab von den oberflächlichen Ansichten Hollywoods" zeige. Den Lesenden verspricht sie, dass die dichten Beschreibungen Ehrenreichs im Gedächtnis haften bleiben würden, gerade weil im Text mehrere konzeptionelle Ebenen erfolgreich miteinander verbunden werden. „Ehrenreich is not just a brilliant reporter, but a sharp commentator on the social and economic peculiarities she uncovers." (Ehrenreich 2001a, S. ix)

Für *Nickel and Dimed* recherchierte Ehrenreich zwischen 1998 und 2000 im Niedriglohnsektor der USA. Sie nahm dabei eine verdeckte Rolle ein und ging temporär ganz darin auf. Im Kontext dieses freiwilligen „Realexperiments" wohnte sie in angemieteten und preisgünstigen Unterkünften und nahm die jeweils am höchsten vergütete und ungelernte Tätigkeit („entry-level-jobs") an, die sie in der Region bekommen konnte. Als Mitarbeiterin in Fast-Food-Restaurants, als Zimmermädchen in Motels, Hilfskraft im Altersheim sowie als Putzkraft erlebte sie in diesen Tätigkeiten hautnah, wie sich Alltag für „Erwerbsarme" bzw. „Working Poor" anfühlt. Mit „Working Poor" werden Menschen bezeichnet, die trotz Erwerbsarbeit (und teilweise mehreren Jobs gleichzeitig) als armutsgefährdet gelten. In einem Interview (Multinational Monitor 2001) erläutert Ehrenreich, dass die Grundidee dieses Experiments darin bestand herauszufinden, wie es betroffenen Menschen gelingt unter diesen Umständen finanziell über die Runden zu kommen. Neben der harten Arbeit bestand die größte Herausforderung letztlich darin, eine bezahlbare Unterkunft zu finden.

Dieser ‚Blick von unten' steht in der Tradition der großen Sozialreportage, die im „goldenen Zeitalter der Narrativität" (Agger 2007) innerhalb der Soziologie entstand und mit Namen wie z. B. Robert Ezra Park verbunden ist. Demnach sind die Geschichten immer da, wo man sich selbst befindet. „Why go to the North Pole or climb the Mount Everest for Adventure when we have Chicago" (Lindner 1990, S. 50) – diese Aussage bringt auch den Ansatz Barbara Ehrenreichs gut auf den Punkt. Ihre Arbeit ist eine Art „Soziologie im Außendienst" (Dellwing und Prus 2012), die Unsichtbares sichtbar und Unsagbares sagbar macht. „Barbara Ehrenreich's book is a gripping read because she takes us to forgotten places. She chronicles with a deadly accurate eye lives we see but rarely notice, people nearby yet invisible, silent cohorts on whom we depend for everything, but about whom we choose to know nothing. (...) Her work invites all middle class people to come with her on a journey into this other uncivilised world, not in the third world but here, swept beneath our carpets – a twenty-first-century life where things are not getting better." (Ehrenreich 2001a, S. xiv)

Es sind allerdings nicht allein die Methoden (Feldforschung, teilnehmende Beobachtung, Interviews), die die Arbeit Ehrenreichs trotz ihrer journalistischen Form in die Nähe der Soziologie rücken, sondern vor allem vergleichbare Kernfragen (Ehrenreich 2007). Damit sind Fragen gemeint, die genuin mit der Soziologie als kritischer, empirischer und analytischer Gesellschaftswissenschaft in Verbindung gebracht werden könnten: Wie bewahren wir unsere Menschlichkeit? Wie erzeugen wir anhaltende Bindungen angesichts von Systemdynamiken, die immer mehr auf

Kontrolle, Repression, Entfremdung und Isolation ausgelegt sind? Was bringt Menschen auseinander, was hält sie zusammen? Wie können wir den Kräften widerstehen, die uns auseinandertreiben?

An wesentlichen Stellen ihrer Arbeit geht Barbara Ehrenreich gleichwohl weiter, als dies üblicherweise SoziologInnen tun. Immer wieder gibt sie so gut wie jegliche Distanz auf. Ehrenreich nutzt die Kraft der Introspektion, mehr noch, sie ist massiv involviert. „Ich nehme das persönlich" schreibt sie zu Beginn ihres Buches *Natural Causes. Life, Death and the Illusion of Control*. Ausgehend von ihrer eigenen Brustkrebsdiagnose (und auf Basis ihrer Fachkenntnisse als Zellbiologin) beschäftigt sie sich mit den Paradoxien des menschlichen Immunsystems. „The timing of this forced review of my life could not have been more viciously appropriate, since I was in the midst of treatment for breast cancer and facing the possibility of a somewhat earlier death than I had expected." (Ehrenreich 2020) In ihrer Analyse entwickelt sie schließlich eine ausgefeilte Kritik am naiven Körperverständnis, das sowohl auf Kontrollillusionen als auch auf Gebrauchswertversprechen medizinischer und pharmazeutischer Technologien beruht. „There is nothing about ourselves that is not potentially subject to our control." (Ehrenreich 2018, S. XIII) Die Grundhaltung der konsequenten Demaskierung liebgewonnener Selbstverständlichkeiten auf der individuellen Ebene und einer gleichzeitigen Auffächerung gesellschaftlicher Folgen dieser Normalitätsfiktionen taucht im Werk Ehrenreichs regelmäßig wieder auf. Mit *Smile or Die* stellt sie sich der Doktrin oder Ideologie des positiven Denkens entgegen, diesem „happy feature of the American personality" (Ehrenreich 2009, S. 1). In bester soziologischer Manier zeigt sie die ökonomischen Marktinteressen hinter dem „business of positive ‚affect'" auf: „Positive thinking had become a business itself." (Ehrenreich 2009, S. 12) Lachen (oder Lächeln) als „Markttyrannei" zu enttarnen, ist ganz im Sinne von *For Public Sociology*.

3 Journalismus zwischen öffentlicher Soziologie und Postdisziplinarität

Vielleicht gelingt es Barbara Ehrenreich aufgrund ihrer ästhetisch anschlussfähigen Sprache mehr als WissenschaftlerInnen die Wissensasymmetrie zwischen ExpertInnen und Laien einzuebnen und den „understanding gap" narrativ zu schließen. Vor diesem Hintergrund betrachtet es Ehrenreich als persönliche Ehre und zugleich als Fortschritt, dass sie von den professionellen Hütern des Fachs Soziologie selbst als öffentliche Soziologin eingeordnet und honoriert wird. „Die Hinzunahme eines intellektuellen Außenseiters (…), jemand, dessen formale Ausbildung komplett naturwissenschaftlich war und der nun sowohl als Journalist als auch als Amateur-Sozialwissenschaftler arbeitet, ist das Signal einer neuen Offenheit und Großzügigkeit innerhalb der Disziplin." (Ehrenreich 2007, S. 231) Gleichzeitig beharrt sie auf ihrem Außenseiterstatus und weist auf einige zentrale Unterschiede zwischen Journalismus und Soziologie hin. SoziologInnen verfügen ihrer Ansicht nach über einen methodischen und standardisierten Zugang, während JournalistInnen eher über persönliche Arbeitsweisen und Erfahrungen verfügen – was bei dem hohen Anteil „introspektiver" Themen bei Ehrenreich jedenfalls gegeben ist. Im Kern sieht

Ehrenreich aber ein unterschiedlich ausgeprägtes Verhältnis zur Ressource Zeit. Während sich SoziologInnen über lange Zeiträume in ihre Büros zurückziehen können, bleiben JournalistInnen oftmals nur Tage oder wenige Wochen, um Material zu sammeln und in eine kommunikationsfähige Form zu verwandeln. „Es gibt niemals genügend Zeit, um nachzudenken." (Ehrenreich 2007, S. 232) Ehrenreich pflegt daher engen Kontakt zu WissenschaftlerInnen, um ihre eigene Arbeit mit Fakten und Hintergrundwissen aufzuwerten. Mindestens einmal pro Woche kontaktiert sie einen Sozialwissenschaftler, um ihren meinungsstarken Texten „einen Hauch von Legitimation" zu verschaffen. „Das ist eine reale Abhängigkeit", so Ehrenreich, denn ohne diese wissenschaftliche Rückbindung wäre es ihr nicht möglich, Fakten von Lügen zu trennen.

Aufruf zur Rückeroberung des Terrains
Besonders lehrreich ist die Arbeitsweise von Ehrenreich dort, wo sie SoziologInnen zur Rückeroberung des öffentlichen Terrains auffordert. Sie macht dies am Negativbeispiel eines Soziologen fest, mit dem sie in engem Kontakt steht (Ehrenreich 2007). Obwohl dieser festgestellt hatte, dass Medien ein umstrittenes Thema (Kriminalitätsdaten zu schwarzen Jugendlichen) offensichtlich überzogen und teils falsch darstellen und er in diesem Fall über eine qualifizierte Gegenexpertise verfügte, war er selbst nicht bereit, mit seiner Kompetenz (und seinen Fakten) an die Öffentlichkeit zu gehen: „Zu beschäftigt. Vielleicht in ein paar Wochen". Medien aber warten nicht, so Ehrenreich, bis Wissenschaftler endlich Zeit finden. Vor dem Hintergrund dieses prototypischen Beispiels fordert Ehrenreich daher Vertreter der soziologischen Disziplin dazu auf die eigenen Fachgebiete nachvollziehbarer darzustellen und die eigenen Kompetenzen auch aktiv den Öffentlichkeiten anzubieten. Ihr Appell lautet: „Nicht warten, bis ein Journalist anruft, selbst in die Schlacht ziehen!" (Ehrenreich 2007, S. 233). Sie macht Mut, das unendliche Reservoir empirischen Materials, das im Kontext der Soziologie entsteht, mit mehr Neugierde zu interpretieren und öffentlich zugänglicher zu machen.

Die Überflüssigkeit disziplinärer Grenzen
In der Soziologie erkennt Ehrenreich zudem eine Disziplin, der leider irgendwann einmal die „großen Fragen" ausgegangen sind. Und sie warnt vor der Gefahr, Soziologie immer häufiger bloß in Form von „Mikroprojekten" zu betreiben, die letztlich nur dazu dienen würden, individuelle Karrieren zu formen und gleichzeitig institutionelle Grenzen zu ziehen. Ihr Ratschlag an die Soziologie hat daher Sprengkraft: Will sich eine fragengetriebene Disziplin nicht komplett in Oberflächlichkeit verlieren, muss sie sich gerade auch anderen Disziplinen zuwenden. „Wenn Fragen die Forschung leiten, dann werden Forschende auch schon einmal in überraschende Richtungen getrieben." (Ehrenreich 2007, S. 236) Sie appelliert daher konsequent für eine neue Haltung, auch wenn dabei bekannte und liebgewonnene Grenzen verschwimmen. Statt Interdisziplinarität fordert sie Postdisziplinarität. „Ich spreche über die vollständige Missachtung disziplinärer Grenzen, die im frühen 20. Jahrhundert etabliert wurden", macht Ehrenreich deutlich (Ehrenreich 2007). Ohne die Bereitschaft zur Öffnung für neue Themenfelder, Disziplinen und Forschungsansätze keine tiefgreifenden Einsichten in die menschliche Verfasstheit, so ihr Fazit und Beitrag zur Revision der Soziologie.

4 Storytelling im Kontext des gesellschaftlichen Wandels

Das Gesamtwerk von Barbara Ehrenreich ist im Spannungsfeld zwischen Journalismus und „organischer" Soziologie zu verorten und kann daher folgerichtig (auch) als öffentliche Soziologie bezeichnet werden. Ehrenreichs Texte erzielen ausgeprägte Resonanz auf allen Ebenen – von der Ästhetik über die Kommunikation bis hin zur Dramaturgie. Immer wieder betonen Kritiker in zahlreichen Rezensionen die Fähigkeit Ehrenreichs „tiefe Wahrheiten" auf eine „zeitlose Art und Weise" zu erzählen und dabei ungewöhnlich spannend zu schreiben. „All this is usually dry stuff", so ein Kommentar zu den Recherchen in der Welt der „Working Poor", „but Barbara Ehrenreich's book is electrifying reading." (Ehrenreich 2001a, S. xiv) *The New Yorker* nennt sie „a veteran muckraker" (The New Yorker 2005) also eine äußerst erfahrende investigative Journalistin. Für ihre Arbeit gewann Ehrenreich zahlreiche Preise, z. B. den *National Magazine Award* für ihren Essay *Welcome to Cancerland: A mammogram leads to a cult of pink kitsch*. Auf der Grundlage eigener Erfahrungen beschreibt sie darin nicht nur den Kampf gegen Krebs, sondern auch den Kult um medizinische Diagnosen. 2018 gewann sie den Erasmus-Preis für *The Power of Investigative Journalism*. In der Begründung wird hervorgehoben, dass es Ehrenreich gelang Menschen „eine Stimme" zu geben, die sonst ungehört blieben. Zudem wird betont, dass sie in ihren Texten wissenschaftliche Analyse mit literarischer Eleganz sowie einem „trockenen Humor" als Stilmittel verbindet (Erasmusprijs 2018). In vielen Lobreden wird hervorgehoben, dass Ehrenreich originell, provokativ, leidenschaftlich und unterhaltsam zugleich ist. Ihre Texte berühren und entfalten dabei eine besondere Wirkung. „Reading Ehrenreich is good for the soul." (Ehrenreich 2020) Kritisiert wird hingegen, dass u. a. *Nickel and Dimed* einige bizarre und unappetitliche Szenen enthält (Churchill 2001). Zudem wird ihr vorgeworfen aus einer etablierten und privilegierten Position heraus mit eher voyeuristischem Interesse zu erkunden, wie die untere Hälfte der Bevölkerung lebt und letztlich ihre soziale Distanz nie vollständig aufzugeben (Malveaux 2002, S. 227). Gleichwohl wird selbst von KritikerInnen die Professionalität Ehrenreichs anerkannt, sich der eigenen Privilegien bewusst zu sein und methodisch damit umzugehen.

Aus der exzellenten Kombination von soziologisch informierter Ethnographie und politisch interessierter Gesellschaftsdiagnose lässt sich viel über das bislang noch nicht ausreichend ausgeschöpfte Potenzial öffentlicher Soziologie lernen. Einfach nur *For Public Sociology* von Michael Burawoy lesen, macht noch keine/n öffentlichen SoziologIn. Barbara Ehrenreich versteht sich explizit als disziplinäre Grenzgängerin mit Haltung. Anregungen dazu, wie sie dieses Grenzgängertum in die Praxis umsetzt, geben nicht nur ihre Texte und Bücher, sondern auch regelmäßige Interviews, die z. B. über *Youtube* aufrufbar sind. Auch auf ihrer persönlichen Website stehen diverse Videos bzw. Audiodateien zur Verfügung (Ehrenreich 2020). All diese multimodalen Produkte einer speziellen öffentlichen Soziologie machen deutlich, wie Publika intensiver (als bisher) erreicht werden können.

Von der kollektiven Ekstase über Fallstudien zum Prekariat bis zu feinsinnigen Betrachtungen „letzter Dinge" – das thematische Spektrum Barbara Ehrenreichs ist ein Kaleidoskop gesellschaftlicher Phänomene und des gesellschaftlichen Wandels.

Als professioneller „Storyteller" nutzt Ehrenreich immer wieder die „Leiter der Abstraktion": Nahansichten, Portraits und großformatige Panoramen, O-Töne aus dem „Feld" und präzise Analysen wechseln sich unbemerkt ab, ohne den Lese- und Gedankenfluss auch nur im Geringsten zu stören. Ehrenreichs Studien kombinieren historische Einordnungen, professionell recherchiertes Faktenwissen und einprägsame Geschichten. Als Ethnographin verbindet sie Augenschein und Analyse. Barbara Ehrenreich als öffentliche Soziologin zu würdigen, bedeutet gleichzeitig, sich die Ziele öffentlicher Soziologie erneut zu vergegenwärtigen. Öffentliche Soziologie analysiert gesellschaftlich relevante Themen der Zeit und fördert die Fähigkeit, öffentliche Debatten über diese Themen zu führen. Wenn Ehrenreich die Kosten des Wohlstands und der Verletzung humanitärer Werte einerseits sowie die Verheißungen der Hochtechnologie und die trügerische Traglast zivilisatorischer Errungenschaften anderseits präzise seziert und zugleich anklagend beschreibt, dann werden die Ziele öffentlicher Soziologie von einer bekennenden „Amateur-Soziologin" (Ehrenreich 2018, S. XII) auf einem derart hohem Niveau erreicht, an dem sich „professionelle" öffentliche Soziologen ein Beispiel nehmen könnten. Barbara Ehrenreich ist die produktive Mahnung daran, dass eine öffentliche Soziologie mit großer Reichweite möglich ist und dankbare Publika diese Mischung aus Fakten und Geschichten auch honorieren.

Literatur

Agger, Ben. 2007. *Public sociology. From social facts to literary acts.* Lanham: Rawman & Littlefield.
Billig, Susanne. 2018. Barbara Ehrenreich: „Wollen wir ewig leben?". Im Körper herrscht Ausnahmezustand. Deutschlandfunk Kultur. https://www.deutschlandfunkkultur.de/barbara-ehrenreich-wollen-wir-ewig-leben-im-koerper.950.de.html?dram:article_id=421593. Zugegriffen am 09.04.2020.
Burawoy, Michael. 2005. For public sociology. *American Sociological Review* 4:4–28.
Churchill, C. J. 2001. Book review: Nickel and Dimed: On (Not) getting By in America. *Humanity and Society* 25(2): 188–190.
Clawson, Dan, et al., Hrsg. 2007. *Public sociology. Fifteen eminent sociologists debate politics and the profession in the twenty-first century.* Berkely: University of California Press.
Dellwing, Michael, und Robert Prus. 2012. *Einführung in die interaktionistische Ethnografie. Soziologie im Außendienst.* Wiesbaden: VS.
Ehrenreich, Barbara. 2001a. *Nickel and dimed. On (Not) Getting By in America.* New York: Holt.
Ehrenreich, Barbara. 2001b. *Arbeit poor. Unterwegs in der Dienstleistungsgesellschaft.* München: Verlag Antje Kunstmann.
Ehrenreich, Barbara. 2007. A journalist's Plea. In *Public sociology. Fifteen eminent sociologists debate politics and the profession in the twenty-first century*, Hrsg. D. von Clawson et al., 231–238. Berkeley: University of California Press.
Ehrenreich, Barbara. 2009. *Smile or die. How positive thinking fooled America and the world.* London: Granta Books.
Ehrenreich, Barbara. 2018. *Natural causes. Life, death and the illusion of control.* London: Granta Books.
Ehrenreich, Barbara. 2020. About Barbara Ehrenreich. Website. https://www.barbaraehrenreich.com/landing-page/barbara-ehrenreich-about/. Zugegriffen am 09.04.2020.

Erasmusprijs. 2018. Barbara Ehrenreich. https://erasmusprijs.org/en/laureates/barbara-ehrenreich/. Zugegriffen am 09.04.2020.

Lindner, Ralf. 1990. *Die Entdeckung der Subkultur. Soziologie aus der Erfahrung der Reportage.* Frankfurt a. M.: Suhrkamp.

Malveaux, Julianne. 2002. Reviews of the book „Nickel and Dimed: On (Not) getting by in America" by Barbara Ehrenreich. *Feminist Economics* 8(2): 227.

Multinational Monitor. 2001. The view from below. How the U.S. Working poor don't get by. An interview with Barbara Ehrenreich (2001). *Multinational monitor* 22(10). https://www.multinationalmonitor.org/mm2001/102001/interview-ehrenreich.html. Zugegriffen am 09.04.2020.

Selke, Stefan. 2020. *Einladung zur öffentlichen Soziologie. Eine postdisziplinäre Passion.* Wiesbaden: Springer VS.

The New Yorker. 2005. Books Briefly Noted: Bait and Switch by Barbara Ehrenreich. https://en.wikipedia.org/wiki/Barbara_Ehrenreich#cite_note-3. Zugegriffen am 09.04.2020.

Michael Burawoy: „For Public Sociology" als Referenzdokument der Debatte um öffentliche Soziologie

Stefan Selke

Inhalt

1 Am Anfang war der Zweifel – Vom Wert biografischen Driftens 169
2 „Berkeley Sociology" als konzeptionelle Rahmung 170
3 Die „Coming-out-Party" öffentlicher Soziologie 171
4 Grundideen im Kontext von *For Public Sociology* 172
5 Botschaft auf Reisen – Öffentliche Soziologie zwischen Anspruch und Wirklichkeit 176
Literatur 178

1 Am Anfang war der Zweifel – Vom Wert biografischen Driftens

Der 1947 geborene Michael Burawoy studierte zunächst Mathematik (Cambridge, UK), später dann Soziologie (Sambia). An der University of Chicago schloss er anhand einer ethnografischen Arbeit über Industriearbeiter ein Soziologiestudium mit einem PhD ab. Seit 1988 ist Michael Burawoy Professor für Soziologie an der University of California (Berkeley). Neben seinen Arbeiten zur Industriesoziologie, zu Postkolonialismus und Sozialismus wurde er dem internationalen Publikum vor allem als wortgewaltiger Fürsprecher und globaler Handlungsreisender in Sachen öffentlicher Soziologie (Public Sociology) bekannt. Burawoy vertrat seine global einflussreichen Thesen aus einer privilegierten Sprecherposition heraus: Zwischen 2004 und 2005 war er der 95. Präsident der American Sociological Association (ASA) und zwischen 2010 und 2014 Präsident der International Sociological Association (ISA).

S. Selke
Forschungsprofessur "Transformative und öffentliche Wissenschaft", Hochschule Furtwangen, Furtwangen, Deutschland
E-Mail: ses@hs-furtwangen.de

© Springer Fachmedien Wiesbaden GmbH, ein Teil von Springer Nature 2023
S. Selke et al. (Hrsg.), *Handbuch Öffentliche Soziologie*, Öffentliche Wissenschaft und gesellschaftlicher Wandel, https://doi.org/10.1007/978-3-658-16995-4_20

Unterschiedliche Stationen seiner beruflichen Biografie brachten Burawoy mit stark voneinander abweichenden Perspektiven auf die Disziplin Soziologie in Berührung. Seine akademische Sozialisation und die Vermittlung einer soziologischen Fachkultur in Chicago bezeichnet er selbst als persönlichen Wendepunkt. „Wie man uns lehrte, bestand die Raison d'Être der Soziologie darin, mit anderen Soziologinnen und Soziologen zu sprechen, ein weitgehend interner Dialog mit dem Ziel, akademischen Ruhm zu erwerben, der erkennbar war an Veröffentlichungen in den wichtigsten wissenschaftlichen Zeitschriften, die nur von wenigen Soziologinnen und Soziologen gelesen wurden." (Burawoy 2015c, S. 26) Unter diesen Bedingungen war öffentliche Soziologie praktisch nur als Extraleistung umsetzbar. „Um als öffentlicher Soziologe anerkannt zu werden, war zunächst einmal wissenschaftliche Reputation erforderlich. Man musste sich sein Recht verdienen, ein öffentlicher Soziologe zu sein!" (a.a.O.). Erst in Südafrika entdeckte Burawoy eine alternative Perspektive auf das Fach. „Ich kehrte begeistert von dem, was ich gesehen hatte, nach Berkeley zurück und begriff, dass die Soziologie nicht auf wissenschaftliche Institutionen begrenzt werden sollte." (a.a.O., S. 27). Der Perspektivwechsel resultierte also einerseits aus biografischen Erlebnissen, andererseits aus dem Wechsel der institutionellen Rahmung. Das Konzept einer öffentlichen Soziologie reifte in der Folgezeit im Schnittpunkt beider Einflüsse weiter heran.

2 „Berkeley Sociology" als konzeptionelle Rahmung

Zusammen mit Jonathan Van Antwerpen griff Burawoy die Idee öffentlicher Soziologie erstmals systematisch auf (im Folgenden: Burawoy und Van Antwerpen 2001). Sie behaupteten, dass „Offenheit für Dialoge" und die „Reflexivität soziologischer Praxis" das lokale Markenzeichen ihrer Universität seien. Diese besondere „Sensitivität für das Außen" sei der für Berkeley typische Habitus. „Wenn das Engagement für eine praktizierte reflexive Soziologie ein wichtiges Element der Soziologie in Berkeley ist", so die beiden Autoren, „dann besteht das Gegenstück in einem unterschiedlichen Verständnis der Ziele und Publika der Soziologie. (...) Vor dem Hintergrund der streitsüchtigen Geschichte der Soziologie in Berkeley nennen wir diesen Ansatz: Public Sociology."[1] Die Idee öffentlicher Soziologie war für beide Autoren also zunächst eine Strategie, um weiteren akademischen Richtungsstreitigkeiten vor Ort aus dem Weg zu gehen. Vor diesem Hintergrund erklärten sie öffentliche Soziologie als „Orientierung in Richtung einer bestimmten Praxis der Soziologie". Damit hofften sie, dass möglichst viele Kolleginnen und Kollegen Lust auf genau diese Praxis bekommen. Unter „Praxis" verstanden sie in diesem Kontext drei Aspekte: Erstens eine Orientierung der Soziologie in Richtung solcher Probleme der

---

[1] Zur besseren Lesbarkeit, aber auch, um den Prämissen öffentlicher Soziologie selbst gerecht zu werden, wurden Original-Zitate ins Deutsche übersetzt.

Zeit, die mit den Werkzeugen der Sozialwissenschaften (ergänzt durch historische und komparative Perspektiven) adressiert werden können. Zweitens eine Soziologie, die sich als ihr Publikum nicht bloß andere Soziologen[2] aussucht, sondern auf eine breitere Diskursgemeinschaft abzielt. Und drittens den Auftrag, öffentliches Nachdenken über signifikante soziale Angelegenheiten mittels öffentlichkeitswirksamer Soziologie zu stimulieren. Dieser erste ‚Thesenanschlag' enthält bereits das später weltweit bekannte Vierfelder-Schema, das vier Subtypen der Soziologie (professionell, kritisch, angewandt und öffentlich) zueinander in Verbindung setzt.

3 Die „Coming-out-Party" öffentlicher Soziologie

Die eigentliche Wirkungsgeschichte öffentlicher Soziologie beginnt schließlich mit der von Michael Burawoy vorgetragenen Ansprache mit dem einprägsamen Titel *For Public Sociology* auf der Konferenz der American Sociology Association (ASA) 2004 – auch wenn es bereits im Vorfeld eine Kampagne und erste Veranstaltungen zum Thema öffentliche Soziologie gab. Weil 2004 das 100-jährige Bestehen der amerikanischen Fachgesellschaft für Soziologie gefeiert wurde und zudem weitere prominente Redner auftraten, die ebenfalls einen Beitrag zum ‚public turn' der Soziologie (also zur Öffnung des Fachs in Richtung Gesellschaft) leisteten, wirkte die „Presidential Address" Burawoys besonders nachhaltig. Sie wurde und wird als „tipping point" mit erheblicher und nachhaltiger Folgewirkung wahrgenommen.

Der Soziologe Burawoy (2005, S. 5 f.) selbst leitet seinen „Revitalisierungsversuch" der Soziologie aus der Wirkungsgeschichte des Faches her und bedient sich dabei auf der narrativen Ebene des Formats eines Heldenepos'. Dabei wird Soziologie zum missachteten und gestürzten ‚Helden' der Gesellschaft. Trotz der Versuche zahlreicher Gründerväter (und -mütter!), Pioniere und Grenzgänger muss der Disziplin Soziologie letztlich doch ein Hang zur Bewährung des *status quo* und damit auch zur Produktion „spezialisierten" Wissens und weniger zur Berücksichtigung „allgemeinen" Wissens attestiert werden. In seiner Rede (und seinen späteren, daran anknüpfenden Publikationen) stellt Burawoy sich selbst in die Traditionslinie des politischen Aktivismus' und sozialen Engagements. Für Burawoy besteht die Funktion öffentlicher Soziologie übergreifend im Partisanentum für das Soziale. Im Kern versucht er damit für eine „engagierte" Soziologie zu werben, die sich als Teil der Zivilgesellschaft begreift und eine Soziologie „für und mit dieser" betreiben sollte. Bündnisse zwischen verschiedenen Akteuren dienen in diesem Kontext dazu, die Zivilgesellschaft gegen Staatsdespotismus und Markttyrannei zu „verteidigen".

---

[2]In diesem Handbuchbeitrag geht es um öffentliche Soziologie. Um die Lesbarkeit des Textes auch für außerdisziplinäre Publika zu erleichtern, wird (außer in direkten Zitaten) darauf verzichtet, sowohl feminine als auch maskuline Form eines Substantivs zu verwenden. Sämtliche Ausführungen gelten selbstverständlich für *alle* Geschlechter.

For Public Sociology kann daher als Versuch verstanden werden, aus althergebrachten Denk- und Wahrnehmungsmustern auszubrechen und Soziologie innerhalb eines neuen, zeitgemäßen Rahmenkonzepts zu verwirklichen. Die grundlegende Herausforderung öffentlicher Soziologie besteht nach Burawoy darin, anschlussfähig zu den Praktiken derjenigen gesellschaftlichen Akteure zu werden, mit denen Soziologie „in Dialog" treten möchte. Öffentliche Soziologie zielt letztlich immer auf die Erzeugung von Debattenfähigkeit über gesellschaftlich relevante Themen ab. Umstritten ist jedoch, ob öffentliche Soziologie dabei einen normativen Standpunkt einnehmen sollte. Einerseits spricht sich Burawoy (2005, S. 8) ausdrücklich gegen eine normative Präferenz aus und leitet daraus die Möglichkeit verschiedener öffentlicher Soziologien ab. Andererseits steht der Verzicht auf einen normativen Standpunkt im Widerspruch zu der These, dass sich öffentliche Soziologie mit der Zivilgesellschaft „verbünden" solle (ausführlich: Selke 2020).

Sharon Hays würdigt die Veranstaltung, auf der *For Public Sociology* erstmals pathetisch verkündet wurde, insgesamt als „coming out party" öffentlicher Soziologie (Hays 2007, S. 80). Burawoys Rede gilt als Kernstück der o.g. ASA-Tagung. Viele der teilnehmenden Soziologen erinnern sich daran, dass es Burawoy gelang einen leidenschaftlichen Weckruf zur Revitalisierung der Soziologie zu verbreiten. Die Initiative *For Public Sociology* wurde von Kollegen als längst überfällig beurteilt und weitgehend wertgeschätzt, gleichwohl auch ausgiebig kritisiert.[3] „Für eine Disziplin, die unsicher über ihre eigene Ausrichtung ist," kommentieren Robert Zussmann und Joya Misra, „wurde Burawoys Ruf nach öffentlicher Soziologie zu einem Brennpunkt der Ausrichtungskämpfe über die Zukunft der Disziplin." (Zussmann und Misra 2007, S. 4). Tatsächlich versuchte Burawoy zwei Kunstgriffe gleichzeitig: Erstens die Erneuerung der Disziplin nach innen und zweitens deren Öffnung nach außen. *For Public Sociology* ist eine manifestartige Rede, die 11 Thesen zur öffentlichen Soziologie enthält. Die Rede gilt als zentrales Referenzdokument der zeitgenössischen Debatte über öffentliche Soziologie. Weil die Thesen in unterschiedlichen Mischungsverhältnissen und zugleich an zahlreichen Orten publiziert wurden, wird der Nachvollzug der inzwischen stark fragmentierten Debatte erheblich erschwert.

4 Grundideen im Kontext von *For Public Sociology*

Anhand des Vergleichs nationaler und historischer Kontexte sowie globaler Konstellationen, entfaltet Burawoy eine Systematik, die ganz allgemein gesprochen zur (Selbst-)Verortung von Soziologen in den konkreten Kontexten ihrer jeweiligen wissenschaftlichen Praktiken dient (Burawoy 2015a, S. 175). Öffentliche Soziologie kann als Effekt einer fortschreitenden funktionalen Differenzierung des Fachs selbst verstanden werden. Hieraus resultiert das Konzept innerakademischer Arbeitsteilung, das sich metaphorisch in den „vier Gesichtern" der Soziologie ausdrückt.

---

[3]Vgl. dazu auch Kap. ▶ „Revitalisierung öffentlicher Soziologie" in diesem Handbuch.

Akademische Arbeitsteilung

Diesen grundlegenden Gedanken innerdisziplinärer Arbeitsteilung nahm bereits C. Wright Mills vorweg, wenn er wie folgt fragt: „Wenn diese Analysen Teil einer bestimmten Arbeitsteilung sind, die insgesamt das Fundament der sozialwissenschaftlichen Forschung abgibt, wo sind dann die anderen Teile der Sozialwissenschaften, denen diese Analysen zugehören? Und welcher Art ist die ‚Teilung' die sich zu einem größeren Gesamtbild zusammenfügen lässt?" (Mills 1963, S. 120). Ein paar Jahrzehnte später buchstabiert Burawoy diese Idee mit dem Mut zur idealtypischen Vereinfachung in Form einer Kreuztabelle aus. Basierend auf der Frage *Sociology for whom?* erkennt er zwei idealtypische Adressaten soziologischen Wissens. „Reden wir nur mit uns selbst (dem akademischen Publikum)", fragt Burawoy, „oder richten wir uns auch an andere (ein außer-akademische Publikum)?" (Burawoy 2005, S. 10). Anhand der zweiten Leitfrage *Sociology for what?* unterscheidet Burawoy schließlich zwei Wissensformen, die ihm repräsentativ erscheinen. Einerseits *instrumentelles Wissen*, gut dafür geeignet, Mittel für einen bestimmten Zweck und für Problemlösungen zu finden. Andererseits *reflexives* Wissen, gut dafür geeignet, die Zwecke selbst zu diskutieren oder Prämissen für die Gesellschaft oder auch für das eigene Fach zu entwickeln. Aus der Kreuztabellierung beider Dimensionen – Publikumsorientierung (innen/außen) sowie dominanter Wissensform (instrumentell/reflexiv) – entstehen vier Subkulturen der Soziologie mit je eigener Binnensemantik, Binnenontologie und Binnenepistemologie (Urban 2015, S. 172). In dieser „Arena des Kampfes" (Burawoy 2015a, S. 32) repräsentiert öffentliche Soziologie dann letztlich eine spezifische Form soziologischer Arbeit in Abgrenzung zu den drei anderen Formen.

Die „vier Gesichter" der Soziologie

Unter *professioneller Soziologie* („professional sociology") versteht Burawoy den „fachlichen Kern" der Disziplin. Professionelle Soziologie produziert instrumentelles Wissen und richtet sich an innerakademische Publika. In der Sphäre professioneller Soziologie werden die wissenschaftlichen Methoden, Theorien und Standards der Disziplin her- und zur Verfügung gestellt. Professionelle Soziologie stellt nach Burawoy wahre und geprüfte Methoden, einen angestammten Wissenskorpus, essenzielle Orientierungsfragen und einen verlässlichen konzeptionellen Rahmen zur Verfügung. Burawoy (und andere), die einen „Ausverkauf" des Fachs durch öffentliche Soziologie befürchten, ordnen dem professionellen Gesicht der Soziologie daher die oberste Hierarchieebene zu, auch wenn immer wieder betont wird, dass alle Subtypen der Soziologie integrativ zusammenarbeiten sollten. Für Burawoy ist professionelle Soziologie unter dem Strich nicht weniger als das „Herz des Fachs" (Burawoy 2005, S. 15). Obwohl er einerseits für die Entgrenzung des Fachs eintritt, beharrt er andererseits auch darauf, „nicht gleichzeitig die Grundlagen in Frage stellen, auf denen es beruht" (Burawoy 2015b, S. 170). Wenn professionelle Soziologie, bildlich gesprochen das „Herz des Faches" darstellt, dann ist *kritische Soziologie* („critical sociology") das „Gewissen" oder „Bewusstsein" der Disziplin. Kritische Soziologie richtet sich ebenfalls an innerakademische Publika, erzeugt jedoch reflexives Wissen, mit dem Methoden, Theorien und Standards professioneller Soziologie hinterfragt werden. Kritische Soziologie wird von Burawoy als eine Art interne Kontrollinstanz der Disziplin verstanden. Professionelle und kritische Soziologie sind zusammengenommen die *internen* Gesichter des Fachs.

Ein externes Gesicht ist zunächst einmal die *beratende* bzw. *angewandte* Soziologe („policy sociology"), die instrumentelles Wissen für außerwissenschaftliche Publika produziert. Angewandte Soziologie führt Forschung durch, die von einem Auftraggeber außerhalb des akademischen Bereichs initiiert wurde. „Angewandte Soziologie ist Soziologie im Dienst eines Ziels, das von einem Auftraggeber definiert wurde." (Burawoy 2005, S. 9) Dieser Sub-Typ der Soziologie trägt idealerweise zu konkreten Problemlösungen bei oder legitimiert bereits bestehende Problemlösungen. Das zweite externe Gesicht ist schlussendlich die *öffentliche Soziologie* („public sociology"), die hier im Mittelpunkt der Betrachtung steht. Die Kombinatorik aus Wissensform und Publika ergibt sich anhand der Kreuztabelle wie folgt: Öffentliche Soziologie produziert reflexives Wissen für außer-akademische Publika. Im Gegensatz zur angewandten Soziologie existiert im Feld öffentlicher Soziologie kein (expliziter) Auftraggeber. Im Idealfall, so Burawoy, stellt sich der „Auftrag" im Dialog mit den außerakademischen Publika ein und ‚justiert' sich dann von selbst. Dieser Sub-Typ der Soziologie führt Dialoge mit Publika, öffentliche Soziologinnen und Soziologen sind dabei aktiv involviert. Öffentliche Soziologie tauscht sich im besten Fall dialogisch mit unterschiedlichen Öffentlichkeiten aus und meldet sich zu aktuellen gesellschaftlichen Themen und Debatten.

Traditionelle und organische öffentliche Soziologie
Der Austausch mit Öffentlichkeiten kann nach Burawoy zwei Formen annehmen, weil grundlegend die „Podest-Funktion" der *traditionellen* von der „Dialog-Funktion" *organischer* öffentlicher Soziologie unterschieden werden können – eine Unterscheidung, die von Paulo Freire und Antonio Gramsci eingeführt wurde.

Traditionelle öffentliche Soziologie nutzt (Massen-)Medien, um Öffentlichkeiten mit großer Reichweite zu adressieren. Traditionelle öffentliche Soziologen wenden sich mit der Haltung professioneller Soziologie und einer kommunikations- und transferorientierten Öffentlichkeitsstrategie an „schwache, passive, nationale und hegemoniale Öffentlichkeiten" (Burawoy 2015a, S. 171). Ihr Ziel besteht darin Debatten über die großen Fragen der Zeit zu initiieren und öffentlich auszutragen. Damit ist traditionelle öffentliche Soziologie insgesamt eine „vermittelte öffentliche Diskussion." (a.a.O., S. 38). Burawoy verortet diese Form öffentlicher Soziologie dort, wo Soziologen redaktionelle Beiträge für angesehene Zeitungen oder Artikel für das Feuilleton liefern. Dabei wird vorausgesetzt, dass die Publika bereits eine Affinität zu den angebotenen Inhalten aufweisen. Diese Form öffentlicher Soziologie ist Informationstransfer ohne Interaktion oder Partizipation. Folgerichtig spricht Burawoy deshalb vom Verhältnis zu einem „unsichtbaren" Publikum.

Organische öffentliche Soziologie zielt hingegen auf eine „unmittelbare Beziehung" zwischen Soziologie und Publikum, wobei im Idealfall Gespräche über unmittelbare Verbesserungen in konkreten Kontexten in Gang kommen (a.a.O.). Organische öffentliche Soziologie findet dort statt, wo ein naher oder direkter Kontakt mit bereits aktiven und lokalen Publika hergestellt werden kann, die oftmals die Rolle einer Gegenöffentlichkeit übernommen haben (a.a.O.). Organische öffentliche Soziologen suchen daher im besten Fall den Kontakt zu „ihren" Publika und beziehen diese (wo immer möglich) durch Dialoge ein. Zahlreiche Beispiele für organische öffentliche Soziologie finden sich in den Sammelbänden, die im Kontext der Debatte über *For Public Sociology* publiziert wurden (vgl. zur Übersicht Selke 2020). Organische öffentliche Soziologie kann als „Quelle praxisrelevanter Forschungsfragen" angesehen werden (Urban 2015, S. 233), weil im besten Fall ein „Forschungsdesign" verfolgt wird, in dem sich die „organische" Kooperationen zwischen Wissenschaft und Praxis niederschlägt. Die dabei verfolgte Strategie basiert auf dialogorientierten und gemeinsamen Lernprozessen mit außerwissenschaftlichen Akteuren (Selke 2015). Burawoy bezeichnet dies auch als multi-disziplinäre Kollaboration „an den Rändern" des Fachs. Wissenschaftler stehen dabei in einer umfassenden Rolle und als Persönlichkeit in direktem Kontakt mit Öffentlichkeiten, z. B. mit Arbeiterbewegungen, Gewerkschaften, Nachbarschaftsvereinen, Migrantengruppen, Glaubensgemeinschaften, Menschenrechtsorganisationen oder Armutsnetzwerken. Organische öffentliche Soziologie ist zusammenfassend ein Dialog mit „sichtbaren" Publika. Beide Formate sollen sich idealerweise komplementär zueinander verhalten (Burawoy 2005, S. 8).

Dialogkultur mit Wiedererkennungseffekten
Die Idee des Dialogs mit neuen Publika ist wohl das Kernstück von *For Public Sociology*. Dialoge dienen dazu, eine „öffentliche Debatte über Fragen von öffentlichem Interesse, über Ziele der Gesellschaft zu generieren" (Burawoy 2015c, S. 30). Öffentliche Soziologen sind daher Publizisten, die nicht einer Fachgemeinschaft, sondern einer Öffentlichkeit gegenüber verantwortlich sind. In jedem Fall sind die neu zu adressierenden Publika weit umfangreicher, als die innerdisziplinären Fachgemeinschaften. Öffentliche Soziologen sollten sich dabei auch auf unangenehme Publika einlassen, anstatt diese zu ignorieren. Öffentliche Soziologie beginnt letztlich bereits dort, wo die eigene Filterblase verlassen wird oder wo auch mit denen gesprochen wird, die man selbst nicht mag. Diese Dialoge schließen Gespräche mit indianischen Ureinwohnern genauso ein, wie Gespräche mit Bankern, Rockern oder Neonazis (diese Beispiele stammen aus Sammelbänden zur Debatte).

Weder Dialoge noch neue Publika sind jedoch für Burawoy Selbstzweck. Vielmehr sind sie Sinnbild eines Auftrages zur Reform der Soziologie, der sich zu Teilen auch aus der bewussten Rückbesinnung auf die Anfänge des Fachs ergibt. Damit ist die Idee verbunden, das Unsichtbare sichtbar zu machen, „die privaten Nöte öffentlich zu machen." (Burawoy 2005, S. 8). Im Idealfall entstünde dann eben eine „organische" Verbindung zwischen Wissenschaft und Praxis. Diese Programmatik trägt deutlich die Handschrift von C. Wright Mills, der bereits in den 1960er-Jahren einen ähnlichen Versuch zur Revitalisierung der Soziologie unternommen hatte. Im Unterschied zu Burawoy hielt Mills jedoch den professionellen Kern des Fachs durchaus für antastbar. Burawoy fügt der Prämisse des Publikumsbezugs schließlich noch eine weitere Facette hinzu. Publika sollten sich selbst *wiedererkennen* können, weil erst dieser Wiedererkennungseffekt die Grundlage für gemeinsame Arbeit an Transformationsprozessen bietet. Wiederkennbarkeit, so die These, steigert das

Verlangen nach Veränderungen. In der Figur der sich wiedererkennenden Publika und der Zweiteilung in ‚public-in-itself' und ‚public-for-itself' schwingt jedoch auch die marxistische Grundierung Burawoys deutlich mit, wie zahlreiche Kritiker betonen.

5 Botschaft auf Reisen – Öffentliche Soziologie zwischen Anspruch und Wirklichkeit

Aus *For Public Sociology* machte Burawoy (mit viel publizistischem Aufwand und auf der Basis zahlreicher Mehrfachverwertungen von Publikationen) eine Marke – ein Beispiel dafür, wie Branding in der Welt der etablierten Wissenschaft funktioniert. Es verwundert kaum, dass diese Marke weltweit weitgehend positiv aufgenommen und konsumiert wurde, ohne zahlreiche Alternativen ausreichend zu würdigen.

Schön früh erkannte Burawoy, dass er mit seinem Appell ein wichtiges Thema angesprochen hatte. „Wo immer ich war, der Aufruf für öffentliche Soziologie fand Resonanz vor den Zuhörern." (Burawoy 2005, S. 5) Dieser Resonanzraum für einen „public turn" war erstaunlich tief. Zahlreiche Symposien schlugen sich in Sonderausgaben von Zeitschriften nieder, z. B. *Social Problems*, *Social Forces*, *Critical Sociology* und *British Journal of Sociology*. Die Kolumne *Footnotes* zu Public Sociology im Newsletter der American Sociology Association (ASA), eine Webseite der ASA zu Public Sociology sowie die neue Zeitschrift *Contexts* sorgten für Nachdruck, wenngleich nicht immer mit Nachhaltigkeit. Zudem existieren mittlerweile Blogs, themenaffine Preise, Einführungsbücher sowie zahlreiche Sammelbände zu öffentlicher Soziologie, oft mit Beteiligung von Burawoy in der Form eines Vorwortes.

Unermüdlich tourt Burawoy um die Welt und führt An- und Aussprachen durch. Kritiker erkennen darin das Privileg eines etablierten Akademikers und werfen Burawoy eine besitzergreifende Haltung vor, weil er die Idee öffentlicher Soziologie für sich okkupiert. So ist beispielsweise Evelyn Nakano Glenn (die sich selbst nicht zur „Mainstream-Soziologie" rechnet) erschüttert darüber, woher Burawoy sich das Recht nimmt, die Grenzen des Fachs zu definieren. „Ist es Zufall, dass dieses Schema von einem amerikanischen, weißen, männlichen Soziologen entwickelt wurde, der eine feste Professur an einer der führenden Einrichtungen des Landes hat?" (Glenn 2007, S. 214)

Die globale Resonanz von Public Sociology und die unterschiedlichen Reaktionen auf Burawoys Appell machen auch deutlich, dass Soziologie starke regionale und kulturelle Unterschiede (in Selbstbildern und Praktiken) aufweist. Der große Verdienst Burawoys besteht jedoch darin, gerade diese Differenzen erstmals sichtbar und vergleichbar zu machen. Im Kern betrifft dies vor allem das Mischungsverhältnis zwischen theoretischen und praktischen Anteilen innerhalb der Disziplin Soziologie. Länder wie Indien, Russland oder Brasilien sind durch strukturell andere Problemlagen (Armut, Ausbeutung, Rassismus, Landlosigkeit etc.) gekennzeichnet. Dort ist es weit üblicher, dass Soziologen öffentlich Stellung beziehen – und dies nicht nur mit Seitenblick auf das Feuilleton. Im globalen Süden führt öffentliche Soziologie bereits seit langen eine vitale Existenz und gehört zum Standardrepertoire und zur Essenz des Fachs. Öffentliche Soziologen in diesen Ländern scheuen nicht davor zurück mit dem Charakter von Aktivisten in sozialen Minenfeldern zu arbeiten. Soziologen werden dort mit Selbstverständlichkeit die Aussage unterschreiben, dass jede Form von Soziologie politisch ist (Burawoy 2014, S. xvi). Öffentliche Soziologie bedeutet in diesen Feldern meist die „organische" Variante, d. h. die Haltung, sich in öffentliche Debatten einzumischen, ständige Verhandlungen zwischen dem akademischen und dem politischen Feld zu führen und dabei oftmals ein hohes persönliches Risiko einzugehen. Viele dieser öffentlichen Soziologen arbeiten nach der Methode der soziologischen Intervention, die von Alain Touraine bekannt gemacht wurde: Soziologen werden Teil sozialer Bewegungen, um deren Funktionsweise und Konflikte besser zu verstehen. Die Rolle des öffentlichen Soziologen als „beobachtenden" und zugleich „aktiv teilhabenden" Analytikers besteht in der Unterstützung der Selbstreflexion einer sozialen Bewegung. Burawoy berichtet davon, wie er in Südafrika ungläubiges Staunen erntete, als er den Öffentlichkeitsbezug der Soziologie betonte. „Was Anderes sollte Soziologie sein, wenn nicht das Engagement mit unterschiedlichen Publika über öffentliche Angelegenheiten", fasst er dieses Staunen zusammen. „Im globalen Süden hat Soziologie sehr oft diese starke öffentliche Präsenz." Damit spricht er einen wesentlichen Unterschied in der Perspektive an, die in ähnlicher Weise gerade auch für den deutschsprachigen Raum relevant ist. „Während wir in den Vereinigten Staaten über soziale Bewegungen theoretisieren, werden in Südafrika soziale Bewegungen gemacht!" (Burawoy 2005, S. 20).

Obwohl *For Public Sociology* eine „american invention" (Burawoy 2005, S. 20) ist, versucht Burawoy sein Konzept zu verallgemeinern und in Richtung einer *globalen* öffentlichen Soziologie zu erweitern. „Sie soll eine Soziologie *der* Welt, aber gleichzeitig auch eine Soziologie *in* der Welt und *für* die Welt sein." (Burawoy 2015d, S. 188). Öffentliche Soziologie muss schon allein deshalb „global" werden bzw. denken, weil die gegenwärtigen Krisen immer auch Krisen der Zivilisation insgesamt sind. Wir leben in turbulenten Zeiten, in denen sich Intellektuelle entscheiden müssen, ob sie die bestehende Ordnung legitimieren oder ob sie Alternativen anbieten können. Globale öffentliche Soziologie kann bedeuten die Forschungswerkzeuge der Soziologie und deren analytische Fähigkeiten dazu nutzen, die globale Zivilgesellschaft zu erreichen und sich in den Dienst transnationaler sozialer Bewegungen zu stellen. Die Bedeutung öffentlicher Soziologie begründet sich zudem darin, Akteure an dieser Analyse zu beteiligen und ins Spiel zu bringen, die bislang ausgeschlossen bzw. unsichtbar waren. Der normative Auftrag öffentlicher Soziologie besteht in der Sensibilisierung dafür, dass „die Anderen" ein integraler Teil unserer Lebenswelt sind, auch wenn sie unsichtbar sind. Kurz: Öffentliche Soziologie beginnt gerade dort, wo die Privilegierten bemerken, dass es Nicht-Privilegierte gibt. Im besten Fall kann es dann, so Hans-Jürgen Urban, zu einer produktiven „Dialektik zwischen dem Universellen und dem Regionalen" kommen. „Globale und öffentliche Soziologie durchdringen und brauchen einander: Während die öffentliche Soziologie die globale Soziologie analytisch erdet, zwingt die globale die öffentliche, den Blick über den Tellerrand der regionalen Gemeinschaften zu heben." (Urban 2015, S. 226)

Seine analytischen Kategorien betrachtet Burawoy zugleich als „soziale Produkte" und er gibt sich Rechenschaft darüber ab, dass diese sich auf die zukünftige Wahrnehmung der Soziologie sowie auf das zukünftige Selbstbild von Soziologen auswirken werden. Bemerkenswert ist vor diesem Hintergrund die vermeintliche Alternativlosigkeit der Debatte über öffentliche Soziologie, die kaum eine andere Referenz als *For Public Sociology* kennt. *For Public Sociology* ist zweifelsohne das zentrale Referenzdokument für die zeitgenössische Debatte zu öffentlicher Soziologie. Gleichwohl ist die enorme Resonanz auf die Programmatik Burawoys gerade kein Garant dafür, dass sich die Zukunft und Praxis öffentliche Soziologie mit elf Thesen erschöpfend und alternativlos behandeln lässt.

Literatur

Burawoy, Michael. 2005. For Public Sociology. *American Sociological Review* 4:4–28.
Burawoy, Michael. 2014. Foreword. In *The public sociology debate. Ethics and engagement*, x–xvii. Vancouver: UBC.
Burawoy, Michael. 2015a. Eine globale Soziologie von unten aufbauen. In *Public Sociology. Öffentliche Soziologie gegen Marktfundamentalismus und globale Ungleichheit*, Hrsg. Brigitte Aulenbacher und Klaus Dörre, 166–187. Weinheim: BeltzJuventa.
Burawoy, Michael. 2015b. Marxismus nach Polanyi. In *Public Sociology. Öffentliche Soziologie gegen Marktfundamentalismus und globale Ungleichheit*, Hrsg. Brigitte Aulenbacher und Klaus Dörre, 145–164. Weinheim: BeltzJuventa.
Burawoy, Michael. 2015c. *Public sociology. Öffentliche Soziologie gegen Marktfundamentalismus und globale Ungleichheit*. Weinheim/Basel: BeltzJuventa.
Burawoy, Michael. 2015d. Was tun angesichts einer Welt der Ungleichheit? In *Public Sociology. Öffentliche Soziologie gegen Marktfundamentalismus und globale Ungleichheit*, Hrsg. Brigitte Aulenbacher und Klaus Dörre, 188–220. Weinheim: Beltz Juventa.
Burawoy, Michael und Jonathan Van Antwerpen. 2001. Berkeley sociology. Past, present and future. https://publicsociology.berkeley.edu/intro/berkeleysociology/berkeleysociology.pdf. Zugegriffen am 24.10.2018.
Glenn, Evelyn Nakano. 2007. Whose public sociology? The subaltern speaks, but who is listening? In *Public sociology. Fifteen eminent sociologists debate politics and the profession in the twenty-first century*, Hrsg. Clawson et al., 213–230. Berkeley: University of California Press.
Hays, Sharon. 2007. Stalled at the Altar? Conflict, hierarchy, and compartmentalization in Burawoy's public sociology. In *Public sociology. Fifteen eminent sociologists debate politics and the profession in the twenty-first century*, Hrsg. Clawson et al., 79–90. Berkeley: University of California Press.
Mills, Wright C. 1963. *Kritik der soziologischen Denkweise*. Neuwied am Rhein: Luchterhand.
Selke, Stefan. 2015. Öffentliche Soziologie als Komplizenschaft. Vom disziplinären Bunker zum dialogischen Gesellschaftslabor. *Zeitschrift für Theoretische Soziologie* 4:179–207.
Selke, Stefan. 2020. *Einladung zur öffentlichen Soziologie. Eine postdisziplinäre Passion*. Wiesbaden: Springer VS.
Urban, Hans-Jürgen. 2015. Soziologie, Öffentlichkeit und Gewerkschaften. Versuch eines vorausschauenden Nachworts zu Michael Burawosys Public Sociology. In *Public sociology. Öffentliche Soziologie gegen Marktfundamentalismus und globale Ungleichheit*, Hrsg. Brigitte Aulenbacher und Klaus Dörre, 221–242. Weinheim/ Basel: BeltzJuventa.

Teil III
Lehre

Performatives Lernen

Robert Jende

Inhalt

1 Learning by Doing 181
2 Elemente einer performativen Lerntheorie 182
3 Gesellschaft erleben 184
4 Performative Kompetenz 188
Literatur 189

1 Learning by Doing

Lernen vollzieht sich nicht nur im Modus körpervergessener Aufmerksamkeit und Konzentration, sondern *multisensibel*, das heißt durch Gebrauch mehrerer Sinne gleichzeitig. Für öffentliche Soziologie ist performatives Lernen deshalb attraktiv, weil es innerhalb sozialer Kontexte stattfindet und sich in den Körper und öffentlichen Raum einschreibt. Überall kann gesellschaftlich relevantes Wissen ausagiert und eingespielt werden. Im performativen Lernen können auch Studierende auf die Herausforderungen menschlichen Zusammenlebens vorbereitet werden und eine „performative Kompetenz" (Düllo 2011, S. 542 ff.) im Umgang mit Öffentlichkeit(en) erwerben.

Menschen lernen, verändern sich, konstituieren ihr Selbst durch Handlungsvollzüge. Paradoxerweise liegt in der Wiederholung von Praktiken die Kraft der Transformation. Menschen lernen ihre Identität, ihr Wesen, ihr Geschlecht, ihre Umgangsformen usw., indem sie diese von Anfang an durch wiederholte Bewegungen im Ablauf der Zeit dem Körper einprägen. Wir setzen Handlung und die resultierende Wirkung in einen Zusammenhang und wissen aus der Erfahrung heraus, dass dieses geschieht, wenn ich jenes tue (Dewey 2000, S. 187) – zum Beispiel auf eine heiße

R. Jende
Fakultät für Angewandte Sozialwissenschaften, Hochschule München, München, Deutschland
E-Mail: robert.jende@hm.edu

Herdplatte fassen und dabei Schmerz empfinden. Diese Erfahrung wirkt auf mich zurück und ich ändere mein Verhalten.

Dieses einfache Prinzip des ‚Learning by Doing' findet Eingang in den pädagogischen Ansatz des performativen Lernens. In zahlreichen Bereichen, etwa beim Erwerb handwerklicher oder professionssportlicher Fertigkeiten, aber auch für die Selbstdarstellung bei politischer Überzeugungsarbeit sowie für unternehmerische Führungsqualitäten spielt performatives Lernen eine wesentliche Rolle. Menschen lernen hier wie da durch *rituelle Wiederholungen* rhythmisch, lautlich, räumlich, in leiblicher Ko-Präsenz (Fischer-Lichte 2012) sich in der Wirklichkeit zurechtzufinden und auf sie einen wirksamen Einfluss zu nehmen. Die *Pädagogik des Performativen* (Wulf und Zirfas 2007) begreift das Individuum als erlebendes, leidendes, emotionales und körperliches Subjekt. „Die Perspektive des Performativen rückt die Inszenierungs- und Aufführungspraktiken sozialen bzw. pädagogischen Handelns, deren wirklichkeitskonstitutive Prozesse sowie den Zusammenhang von körperlichem und sprachlichem Handeln, Macht und Kreativität in den Mittelpunkt" (Wulf und Zirfas 2007, S. 19). Darüber hinaus werden mehrere Sinne zugleich angesprochen und ganzheitliche Lernprozesse vollzogen. Auch die neurowissenschaftliche Lernforschung zeigt, dass *multisensorisches Lernen* zu nachhaltigeren Einprägungen führt. Die Idee des Habitus bei Bourdieu verweist ebenfalls auf diese Tatsache.

Wie aber kann ein Mensch soziologische Einsichten, die obendrein noch innerhalb der Disziplin stets diskursiv umstritten sind, performativ lernen? Schaut man in die aktuelle Fassung der Grundbegriffe der Soziologie, dann sind A wie Alltag und Arbeit vielleicht noch erfahrungsmäßig nachzuvollziehen; bei Begriffen wie soziales System, Lebensstil oder Kapitalismus wird es schon herausfordernder, ihre Bedeutung und Tragweite leiblich nachzuempfinden. In der Folge wird anhand verschiedener Beispiele gezeigt, was unter performativem Lernen zu verstehen ist und wie es produktiv in und für Öffentlichkeit Verwendung finden kann, so dass Soziologie in doppelter Hinsicht wirksam wird: nach Außen als Agentin zur allgemeinen Bewusstwerdung und Veränderung des gesellschaftlichen Lebens und nach Innen zur Befähigung von SoziologInnen, öffentlich wirksam in Erscheinung zu treten. Zunächst werden allerdings theoriegeschichtliche Anknüpfungspunkte einer performativen Lerntheorie skizziert. Abschließend wird eine *performative Kompetenz* für Öffentliche Soziologie dargestellt – sich souverän und wirksam in öffentliche Angelegenheiten einzumischen.

2 Elemente einer performativen Lerntheorie

Der Begriff des Performativen wurde erstmals von John L. Austin (1962) in seiner Vorlesung und späteren Publikation *How to do Things with Words* gebraucht. Performative Sprechakte sind Sätze, die mit ihrem Aussprechen eine neue oder andere Wirklichkeit konstituieren. Beispiele: Sie sind verhaftet! Hiermit erkläre ich Sie zu Mann und Frau! Performative Sprechakte können gelingen oder misslingen, d. h. wirksam eine ausgesprochene Wirklichkeit herstellen. Das Wesentliche der

Entdeckung liegt darin, dass performative Sätze Handlungen vollziehen. Der priesterliche Satz der Eheschließung verheiratet zwei Menschen nicht nur, sondern produziert zugleich eine Geschlechterordnung. Wir lernen aus solchen Sätzen, in welcher Welt wir leben und wie wir uns in ihr zurechtfinden können und gleichzeitig wird durch die Verwendung einer spezifischen Sprache Wirklichkeit konstituiert. Worte bezeichnen nicht nur die Welt, sondern sie stellen sie gleichsam her.

Zeitlich noch vor Austin, finden sich im amerikanischen Pragmatismus, vor allem bei John Dewey, wichtige Grundlagen performativen Lernens – auch wenn Performativitätstheorien nicht explizit darauf verweisen. *Erfahrungslernen* stand bei im Mittelpunkt der Persönlichkeitsentwicklung und des gesellschaftlichen Fortschritts. Zentral ist die lebensweltliche Verankerung des Lernstoffs, damit in konkreten Alltagssituationen Probleme gelöst werden können. Dewey wies auch auf das wesentliche Element des Spiels (Dewey 2000, S. 268 ff.) und die Bedeutung ästhetischer Erfahrung (Dewey 1988) für Lernprozesse hin. Spielerisch erlernen Kinder gesellschaftlich normierte Rollenerwartungen und spielen miteinander Theater. Damit bilden sie auch ihre Fantasie aus. Das Dasein als SpielerIn oder als KünstlerIn hat die Kraft, das eigene Gewordensein zu überschreiten und in ein lebendiges und aktives Verhältnis zur Mit-Welt zu treten und diese als veränderbar zu erleben. Dem Konzept performativen Lernens ist Selbst- und Umwelttransformation eingeschrieben.

Ein weiterer Zugang zu einer performativen Kulturbetrachtung findet sich mit der *performativen Ethnologie* sowie *Ritualtheorie* bei Victor Turner. Turner interessierte vor allem die wirklichkeitskonstituierende Kraft von Ritualen (Turner 1969). Rituale ähneln dem Spiel und der ästhetischen Erfahrung im Zeiterleben, der leiblichen Prägung und der Stabilisierung sowie Neuschöpfung von habituellen Strukturen und kollektivem Verhalten. Außerdem erschien ihm die ethnozentristische Deutung unbekannter Kulturen als wenig erkenntnisfördernd. Kultur solle nicht von außen betrachtet, sondern innerlich erlebbar werden. Die besonderen Praktiken und Rituale sollen mithilfe eines Bühnenstücks vollzogen und damit performativ erfahren werden (Turner 2009). Der Leib als emotionale und brüchige Ganzheit einer Person wird in eine andere Realität hineingesogen, die während der Aufführung geschaffen wird.

Mit dem *cultural* und *performative turn* der 1960er-Jahre rückte zudem das *Doing* von Kultur weiter ins Zentrum des Verstehens menschlichen Zusammenlebens. Was unter Kultur verstanden wird und Gesellschaft ausmacht, wird interaktiv in Echtzeit hergestellt, sowohl das Bestehende reproduzierend, als auch iterativ erneuernd. Damit rückt eine „performativ orientierte Kulturbetrachtung" ins Zentrum, um „kulturelle Ordnung durch eine *öffentliche Logik der Strukturierung im Vollzug*" zu erklären (Volbers 2014, S. 32). Wirklichkeit entsteht aus dem Vollzug von Handlungen, die auf sich selbst verweisen. „Was durch performative Akte hervorgebracht wird, entsteht erst, *indem* dieser Akt vollzogen wird" (Fischer-Lichte 2012, S. 42; Hervorh. im Orig.). Allerdings betritt das gesellschaftliche Subjekt immer eine Bühne, auf der die Kulissen bereits errichtet und die Akte eingespielt sind. So erlernt ein Schaffner die Rolle des Schaffners, indem er die für Schaffner typischen Bewegungen vollzieht und durch rhythmische, kontinuierliche, leibhafte Wiederholungen zunehmend zu einem solchen mit einem spezifischen emotionalen

Haushalt und entsprechenden alltäglichen Problemen wird. Eine rational organisierte Gesellschaft ist auf solche Rollenmuster angewiesen, die durch ein „‚re-enactment' und ein ‚re-experiencing' eines Repertoires von Bedeutungen, die bereits gesellschaftlich eingeführt sind" (Fischer-Lichte 2014, S. 39) weitergegeben werden, um eine stabile gesellschaftliche Ordnung und erwartbares Verhalten zu produzieren. Aus dieser Sicht leben wir in genau der Wirklichkeit, die wir mit unseren Darbietungen inszenieren und erlernen im Laufe des Lebens, diese Wirklichkeit zu reproduzieren.

Alle performativen Lernansätze eint ein konstruktivistischer Ansatz, bei dem davon ausgegangen wird, dass ‚Gesellschaft' oder ‚kulturelle Identität' ein emergentes Phänomen der wechselseitigen Herstellung von Weltbildern durch die Einübung leiblicher Praxisformationen ist. Der Körper wird zu einem Instrument der Erkenntnis durch Erfahrung und zum Kommunikationsmedium im sozialen Raum – das schließt Emotionen und Gefühle als Wissensbasis mit ein. (Inter-)subjektive Selbst und Fremderfahrungen gehen in das Körpergedächtnis ein. In Ergänzung zur Lektüre und kognitiven Erarbeitung einschlägigen soziologischen Basiswissens, kann performatives Lernen einerseits den Zugang zu unbekannten Denkweisen erleichtern und durch Erfahrung anschlussfähig machen, andererseits im öffentlichen Raum Verbreitung finden. Die folgenden, selbst in der Lehre erprobten Beispiele, sollen die theoretischen Grundlagen performativen Lernens veranschaulichen und einen Einblick in dessen Möglichkeiten bieten.

3 Gesellschaft erleben

3.1 Stadtpolitische Debatte als Rollenspiel

Das erste Beispiel verbindet den soziologischen Kanon System-, Rollen- und Habitustheorie mit einer stadtpolitischen Debatte, die in einem Rathaus einer Kleinstadt stattgefunden haben könnte. Die Studierenden waren dazu aufgefordert, in diesem Theaterspiel unterschiedliche Rollen einzunehmen. Dazu wurde im Seminarraum eine große Tafel gebildet, an der sich unterschiedlichste Akteure versammelten. Das Thema des Stücks war die geplante Errichtung von Windkrafträdern in der Region. Eine lokale Initiative hatte im öffentlichen Raum ein großes Plakat aufgestellt, um auf die Deformation des Waldblicks durch Windkrafträder hinzuweisen. Es stand also der politisch zu lösende Konflikt im Raum, entweder in der Region Windkraft zu nutzen oder die Ästhetik der Umgebung zu erhalten.

In der Lehrveranstaltung wurde dieses Szenario aufgegriffen und durchgespielt. Die ins Rathaus einberufene Versammlung setzte sich aus vier Personen der Bürgerinitiative „So nicht!", die sich für das Plakat im öffentlichen Raum verantwortlich zeichneten, einer Grünen-Politikerin, einem CDU-Politiker, der Ehegattin und des Juristen eines wohlhabenden Unternehmers, einem Makler, einem Bauleiter, einer Sachbearbeiterin vom Bauordnungsamt und einigen BeisitzerInnen zusammen. Die einzelnen Rollen wurden unter den Studierenden verteilt. Die Übrig gebliebenen bildeten in Form von TheaterkritikerInnen das Publikum. Alle sollten möglichst mit ihrer Rolle verwachsen sein.

In der Rollenübernahme sollen Rollenmuster ausagiert werden und der Bruch der eingenommenen Position mit der eigenen Person lässt die Wirkung des Habitus spürbar zutage treten. Das vor allem anfängliche Kichern und die nervöse Unsicherheit der Studierenden sind ausdrückliche körperliche Reaktionen, die die Lücke zwischen dem eigenen Habitus und der eingenommenen Rolle anzeigen. Die Wechselwirkung von Rolle und Habitus und damit von funktionaler Zugehörigkeit und persönlichem Verhaltensstil kann in dieser Weise im szenischen Spiel performativ herausgearbeitet und erfahren werden. Darüber hinaus wird in diesem Beispiel die Funktionsweise politischer Öffentlichkeiten performativ als Rollenhandeln in konstruierten Situationen nachvollzogen. Die Szenarien, die dafür gewählt werden können, sind so vielfältig wie die Wirklichkeit selbst.

Das mit Studierenden durchgeführte szenische Rollenspiel orientierte sich an der von Turner entwickelten Methode der *performativen Ethnologie* (s.o.). In diesem Falle wurde der kulturelle Kontext allerdings nicht verlassen, wobei lokale Praktiken der Stadtentwicklung wohl eher selten zum Standardrepertoire Studierender gehören. Nitsch und Scheller (2016, S. 126) beschreiben „szenisches Spiel als Lernform". Soziologische Kategorien wie Rolle, Habitus und Einsichten der Aufteilung der Gesellschaft in unterschiedliche Wert- und Interessensphären, die ihrerseits wiederum von funktionalen Sachzwängen abhängen, konnten in diesem Experiment am eigenen Leib erfahren und politische Entscheidungsprozesse durchgespielt werden. Das Beispiel ließe sich auch umgekehrt für Personen öffentlichen Lebens aufbereiten, um die Interessenlagen fremder Milieus kennenzulernen.

3.2 Partizipatives Felddrama

Ein anderes Beispiel liefert das Theaterkollektiv *gruppe tag* mit ihrer *szenischen Feldanalyse* „Die feinen Unterschiede", die im Rahmen des Philosophie-Performance-Festivals „Am Nerv der Demokratie" am 10.05.2019 in Leipzig inszeniert wurde. Klassenverhältnisse wurden durch die Anordnung der anwesenden Körper in einem Raum sichtbar gemacht. Die BesucherInnen betraten einen großen quadratischen Raum, der an den Ecken durch die Klassen ‚Prekariat', ‚Intellektuelle', ‚Bürgertum' und ‚Proletariat' abgesteckt war. Zunächst verorteten sich die Gäste selbst und nahmen an der Position der eigenen Selbsteinschätzung Platz, bevor das Spiel begann. Es wurden zwei Disziplinen durchgespielt: Kulturelles Kapital (KK) und Ökonomisches Kapital (ÖK). Die Skala der Selbstverortung reichte von 5 (sehr viel) bis −5 (sehr wenig). Die Teilnehmenden konnten sich in den Kategorien Zeit, Bildung, Herkunft (KK) und Erbe, Verdienst, Wohnen (ÖK) positionieren. In der Mitte, zwischen Intellektuelle/Bürgertum (oben) und Prekariat/Proletariat (unten) verlief eine unsichtbare Linie.

Über Lautsprecher wurden Fragen zu den einzelnen Kategorien gestellt und die eigenen Bewertungen auf der Skala eingetragen. Nach dieser groben Selbsteinschätzung folgten weitere Verfeinerungen, bis sich jede/r Einzelne in einem Bereich der

Vierfelder-Matrix an einer bestimmten Position wiederfand. Die Teilnehmenden konnten sich selbst dabei beobachten und erfahren, wo sich welche Person im Raum positionierte und wie groß die Unterschiede zwischen den einzelnen Biografien der BesucherInnen waren.

Zum Abschluss der szenischen Feldanalyse standen sich ‚Ober'- und ‚Unterschicht' konfrontativ gegenüber, durch eine Schnur am Boden voneinander getrennt. Die Moderatorin stellte Fragen zum Umgang mit Armut und Reichtum, zu Neid, Leistungsgerechtigkeit oder sozialer Spaltung, die von der jeweiligen Gruppe, nun als Klasse zusammengefasst, mit Ja oder Nein beantwortet werden sollten. Die Entscheidungen wurden zuvor vom Team des Theaterkollektivs in Sätze formuliert. Die zwei Gruppen begannen sich gegenseitig laut und nachdrücklich Sätze vorzulesen, die jeweils an einer gegenüberliegenden Leinwand projiziert waren. Daraus entstand ein Chor, der es ermöglichte, Klassenunterschiede leiblich zu erfahren und in eine politische Programmatik zu übersetzen. Mit dieser szenischen Feldanalyse wurde soziologische Theorie im öffentlichen Raum rückübersetzt in die real existierende soziale Ungleichheit und die einzelnen Positionen füreinander sensibilisiert beziehungsweise umgekehrt: die realen Verhältnisse sozialer Ungleichheit spiegelten die Systematisierung von Bourdieus Theorie in einem partizipativen Sozialdrama – ohne besonders dramatisch zu sein.

3.3 Selbsterfahrungsexperimente: Digitales Fasten

Wie wirkt sich technologischer Wandel auf das subjektive Verhalten und die eigenen Gewohnheiten aus? Diese Frage stand im Mittelpunkt eines Selbsterfahrungsexperiments, das sich Studierende unterziehen sollten. Die Aufgabe: der kompromisslose Verzicht auf digitale Technologien (internetfähige Kommunikationsgeräte, den Fernseher oder Musikabspielgeräte) für 24 Stunden und eine Selbstreflexion in Form eines zweiseitigen Essays. Ziel dieses erfahrungsbasierten Experiments war das leibhafte Begreifen gesellschaftlichen Wandels. Die Erfahrung über das eigene Verwoben-Sein in sowohl technologische als auch soziale Umwelten konnte im performativen Vollzug gewonnen werden. Die Erfahrung des ‚Entzugs' technologischer Errungenschaften wurde von einigen Studierenden als *Leiden* erfahren. Andere wiederum kamen zu umgekehrten Schlüssen – dem Leiden an der Vereinnahmung durch moderne Technologien. Insgesamt bewegten sich die Reflexionen zwischen Scheitern bei der Aufgabe, indem die technologische Askese nicht durchgehalten wurde und dem eigenen Wunsch, regelmäßig auf digitale Technologien zu verzichten.

Die Vor- und Nachteile der technischen Welt bildeten bei einer Anzahl von knapp 100 Berichten ein umfassendes Kaleidoskop möglicher Umgangsweisen mit dem Verlust einer zur zweiten Haut gewordenen Technologie. Die Perspektiven aus der Innenwelt junger Studierender boten einige Einsichten zur Wirkungsweise und Macht digitaler Medien. So sind die Essays auch interessante Forschungsmaterialien, die erst mit einer performativ ausgerichteten Pädagogik im Selbsterfahrungsexperiment entstehen konnten. Daraus lassen sich auch Deutungen ableiten, wie digitale Medien den öffentlichen Raum strukturieren, welche Rolle digitale Medien bei gesellschaftlichen Transformationen spielen und welchen Einfluss sie auf den Aufmerksamkeitshaushalt von NutzerInnen haben können. In anderen Selbsterfahrungsexperimenten kann zum Beispiel auch klimafreundliches Verhalten erprobt und leiblich erfahren werden. Durch die durchlebte Erfahrung kann eine ungeahnte Praxis zur lebensweltlichen Option werden.

3.4 Erlebte Transformationsprozesse: Vom Ritual zur Gemeinschaft

Dieses Beispiel ergab sich aus einer Kooperation mit den Münchner Kammerspielen beim *Kammercampus #11* zum Thema „Das Politische und die Kunst". Eingeladen war die *Burschenschaft Hysteria* aus Wien, die als Inszenierung einer reinen Frauenburschenschaft einen zweitägigen Workshop anbot. Zugelassen waren nur Personen weiblichen Geschlechts, was mich als Seminarleiter automatisch ausschloss, weshalb hier nur mittelbar berichtet werden kann. Erschwerend hinzu kommt der Umstand, dass alle Teilnehmerinnen zu Beginn des Workshops eine Verschwiegenheitserklärung unterschreiben mussten. Im Rahmen des Seminars sind allerdings Essays entstanden, die einen reflexiven Einblick in die Vergemeinschaftungsrituale von *Hysteria* geben.

Die Seminarteilnehmerinnen konnten den zuvor theoretisch erarbeiteten Gedanken von Transformationsprozessen durch performative Akte erleben, d. h. wie „Gemeinschaften durch den gemeinsamen Vollzug von Ritualen hervorgebracht werden" (Fischer-Lichte 2014, S. 86). Zunächst wurde die Weltanschauung der Burschenschaft referiert und ein gemeinsamer Gruß eingeübt. „‚Heil Hysteria' höre ich aus meiner Kehle und von den umstehenden Teilnehmerinnen. Selbst beim Schreiben dieser Zeilen empfinde ich wieder das damals durchlebte Gefühlschaos", berichtet eine Studentin in ihrem Essay. Dieses „Gefühlschaos" deutet auf eine *Schwellenerfahrung* im Sinne Turners (1969). Um in eine neue Gemeinschaft überzugehen, wurden die Teilnehmerinnen zunächst vom Rest des Seminares getrennt. Darauf folgten weitere Initiationsriten, wie die Regel, nur nach dem Aufstehen zu sprechen oder ein Menstruationsritual, bei dem roter Traubensaft in einen Fluss gegossen wurde. Einige Studentinnen berichteten von ihrem Unbehagen, das durch die Immersion in die rituelle Gemeinschaft entstand. So ergab sich im öffentlichen Raum ein Rollenkonflikt, während die Gruppe in Einheitskleidung durch die Innenstadt spazierte. Auf Nachfragen und irritierte Blicke äußerten einige, sie seien Teilnehmerinnen eines Soziologie-Seminars. Mit diesem Ausdruck der eigenen Verunsicherung traten sie in Distanz zur Vereinnahmung durch die Gemeinschaft. Dennoch konnten bewusstseinsverändernde Erfahrungen gemacht werden und Theorien des Performativen und des Rituals leibhaftig nachvollzogen werden. „Das teils schmerzhafte Durchleben vieler Schwellenmomente innerhalb dieser beiden Tage hat [...] dazu geführt, dass ich unwiderruflich mit neuen Augen auf meine Alltagswelt blicke. Nach diesem Erlebnis scheint zumindest für mich die soziale Ordnung nicht mehr dieselbe zu sein", berichtet eine Studentin. Im Fall des Workshops konnten lustvolle wie beängstigende Erfahrungen von totaler Vereinnahmung durch die Gemeinschaft erlebt werden. Darin liegt auch ein kritisches Potenzial gegenüber autoritären Systemen. *Hysteria* konnte zeigen, welche Inszenierungsweisen in selbstbezüglichen Praktiken, entsprechende Wirklichkeiten konstituieren. Andere Studentinnen bewegte ihre Erfahrung dazu, sich der Burschenschaft anzuschließen.

Das Durchleben neuartiger Erfahrungen führt zur Entfremdung vom Gewohnten und lässt einen anderen Blick auf das Selbstverständliche zu. Diese schmerzliche Distanzierung von der eigenen ‚Komfortzone' führt zu einer Perspektivänderung und einem fremd werden unhinterfragter Routinen. Zusammenhänge erscheinen in einem anderen Kontext, der wiederum zum Ausgangspunkt nachfolgender Erfahrungen wird. Performatives Lernen besitzt das Potenzial, körperlich und emotional die Konstituierung und Veränderbarkeit von Wirklichkeit zu demonstrieren. Aus solchen Erfahrungen kann sich auch die Fähigkeit herausbilden, Wirklichkeit aktiv mitzugestalten.

4 Performative Kompetenz

Für gewöhnlich verhält sich die Soziologie zur Bibliothek, wie die Kunst zum Museum. Die angedeuteten Theoriebezüge und Lehrstücke zeigen, dass dies keineswegs die einzige Möglichkeit der Wissensvermittlung und der Entfaltung soziologischer Wirksamkeit ist. Aus den skizzierten Beispielen zeigt sich der *doppelte Erkenntniswert performativen Lernens*. Auf der einen Seite kann ein spürbarer und transformierender Zugang zum inhaltlichen Stoff vermittelt werden, auf der anderen Seite können aus der Dokumentation erfahrungsbasierter Erkenntnisse soziologische Einsichten gewonnen werden. In der Präsentation der Ergebnisse werden Studierende, Öffentlichkeiten und Lehrende zu Ko-Produzenten soziologisch relevanten Wissens. In der performativen Lerngemeinschaft erfahren sich die Beteiligten als aktive Wissensproduzenten und gelangen zu verkörperten und persönlichkeitsbildenden Einsichten. Mit der Immersion in gesellschaftlich relevante Zusammenhänge geht es darum, „Ideen im sozialen Kontext zu entwickeln" (Fleming 2016, S. 38). ‚Gesellschaft' als szientisches Explanandum wird zu einem explorativen Erfahrungsraum. Ästhetische Erfahrung und Alltag werden miteinander verknüpft.

Wenn sich öffentliche Soziologie zur Aufgabe macht, gesellschaftliche Wirklichkeit nicht nur zu verstehen, sondern auch zu verändern, dann ist performatives Lernen ein solider Ansatz, spielerisch und dramatisch zugleich, auf gesellschaftliche Schieflagen indirekt einzuwirken. „Die Bedeutsamkeit des performativen Lernkonzepts liegt darin, dass Lernende nicht als passiv, sondern als aktive Gestaltende, und als dynamisch statt statisch wahrgenommen werden" (Fleming 2016, S. 44). Lernen wird zu einem aktiven Aneignungs- und Gestaltungsprozess. Das hinterlässt auch Spuren in der Öffentlichkeit, im Umgang mit Öffentlichkeiten von SoziologInnen und ermöglicht Studierenden, ihre Fähigkeiten im Auftritt und Dialog zu erweitern.

Die im Spiel und durch ästhetische Erfahrung gewonnenen Einsichten tragen dazu bei, „unsere Wahrnehmungsfähigkeit zu steigern und intensivere Erfahrung zu ermöglichen" (Fleming 2016, S. 41). Um Öffentlichkeiten zu erreichen, ist diese Form der Kommunikation möglicherweise ansprechender als traditionelle Vermittlungs- und Übersetzungsversuche durch Vorträge, Bücher oder Podiumsdiskussionen. Soziale Wirklichkeit kann produktiv nachvollzogen und damit als veränderbar erlebt werden, da stets der Aufführungscharakter von ‚Tatsachen' mitreflektiert wird. Damit entwickelt sich eine *performative Kompetenz*, die als *Fähigkeit zur kollaborativen Veränderung von Gesellschaft* genutzt werden kann. In welcher Gesellschaft Menschen leben wollen, hängt davon ab, welche Gesellschaft sie inszenieren und einspielen, also performativ erlernen.

Im Kontext akademischer Ausbildung hat performatives Lernen allerdings mit einigen Hürden zu rechnen. Zum einen beinhaltet das soziologische Curriculum nicht, Erfahrung mit der Welt zu machen, sondern ‚Gesellschaft' anhand von Beschreibungen anderer SoziologInnen zu begreifen, die wiederum das aufgefasste Wissen beurteilen. Prüfungen sind dann in schriftlicher oder mündlicher Form abzulegen. Eine ‚gelungene Performativitätsleistung' lässt sich für den Erwerb von Titeln und Zertifikaten nicht messen. In der Sphäre des Performativen gibt es kein richtig und falsch. Zum anderen sind Studierende oder auch andere vergesellschaftete Subjekte mit dem spielerischen und künstlerischen Umgang mit Wirklichkeit als ‚Erwachsene' wenig vertraut. Die einen können nicht aus ihrer Haut, andere wiederum trauen sich Experimente nicht zu, wiederum andere gehorchen und folgen Autoritäten. Für die Persönlichkeitsentwicklung, eine experimentelle Entwicklung gesellschaftlichen Zusammenlebens oder Öffentliche Soziologie mag performatives Lernen ein probater Ansatz sein, für die wissenschaftliche Reputation ist es bisweilen bedeutungslos.

Literatur

Austin, John L. 1962. *How to do things with words*. Oxford: Clarendon Press.
Dewey, John. 1988. *Kunst als Erfahrung*. Frankfurt a. M.: Suhrkamp.
Dewey, John. 2000. *Demokratie und Erziehung. Eine Einleitung in die philosophische Pädagogik*. Hrsg. Jürgen Oelkers. Weinheim/Basel: Beltz.
Düllo, Thomas. 2011. *Kultur als Transformation. Eine Kulturwissenschaft des Performativen und des Crossover*. Bielefeld: transcript.
Fischer-Lichte, Erika. 2012. *Performativität. Eine Einführung*. Bielefeld: transcript.
Fischer-Lichte, Erika. 2014. *Ästhetik des Performativen*. Berlin: Suhrkamp.
Fleming, Mike. 2016. Überlegungen zum Konzept performativen Lehrens und Lernens. In *Performatives Lehren, Lernen, Forschen. Performative Teaching, Learning, Research*, Hrsg. Susanne Even und Manfred Schewe, 27–46. Berlin/Strasburg/Milow: Schibri-Verlag.
Nitsch, Wolfgang, und Ingo Scheller. 2016. Forschendes Lernen mit Mitteln des szenischen Spiels als qualitative und aktivierende Sozial- und Bildungsforschung. In *Performatives Lehren, Lernen, Forschen. Performative Teaching, Learning, Research*, Hrsg. Susanne Even und Manfred Schewe, 126–147.

Turner, Victor. 1969. *The ritual process. Structure and anti-structure*. London: Routledge and Kegan Paul.

Turner, Victor. 2009. Dramatisches Ritual – Rituelles Drama. *Performative und reflexive Ethnologie*. In *Vom Ritual zum Theater. Der Ernst des menschlichen Spiels*, 140–169. Frankfurt a. M./New York: Campus.

Volbers, Jörg. 2014. *Performative Kultur. Eine Einführung*. Wiesbaden: Springer VS.

Wulf, Christoph, und Jörg Zirfas, Hrsg. 2007. *Pädagogik des Performativen. Theorien, Methoden, Perspektiven*. Weinheim/Basel: Beltz.

Barcamps und Public Sociology: eine sinnvolle Symbiose?

Kai-Uwe Hellmann

Inhalt

1 Öffentliche Soziologie nach Burawoy 191
2 Partizipation zum Prinzip erhoben: das Eventformat ‚Barcamp' 193
3 „No Spectators, Only Participants": Wie Barcamps Öffentliche Soziologie optimieren
    könnten 196
Literatur 198

1 Öffentliche Soziologie nach Burawoy

Die Erwartung, Gesellschaft durch Wissenschaft direkt zu informieren und vorhandene wissenschaftliche Expertise zum Wohle der Gesellschaft eigeninitiativ zum Einsatz zu bringen, liegt wohl bei keinem Fach so auf der Hand wie bei der Soziologie, die sich ja mit allem befasst, was Gesellschaft umfasst. Immerhin wird Soziologie als die Wissenschaft von der Gesellschaft definiert (Müller 2017). Begründet und genährt wurde eine solche Erwartungshaltung über Jahrzehnte hinweg durch Intellektuelle wie Émile Zola, Jean-Paul Sartre oder Jürgen Habermas (Kroll und Reitz 2013).[1]

---

[1]Im Falle von Deutschland gibt es eine ganze Reihe von Soziologen und Soziologinnen, die in der Öffentlichkeit große Aufmerksamkeit und Wirkung erfahren (haben), wie Ulrich Beck oder jüngst Andreas Reckwitz und Hartmut Rosa. Womöglich kann sogar von einer eigenen Soziologen-Gattung gesprochen werden, die ein spezielles Genre im Feuilleton bedient, insbesondere wenn es um soziologische Gegenwartsdiagnosen geht (vgl. Schimank und Volkmann 2007). Darüber hinaus geben zahlreiche Kollegen und Kolleginnen am laufenden Band Interviews und tragen dadurch zur öffentlichen Wahrnehmung der Soziologie bei. Soziologie ist öffentlich viel präsenter,

K.-U. Hellmann (✉)
Institut für Soziologie, TU Berlin, Berlin, Deutschland
E-Mail: kai-uwe.hellmann@campus.tu-berlin.de

Nicht zuletzt vor diesem Hintergrund ist einzuordnen, was Michael Burawoy (2005, 2015) als damaliger Vorsitzender der *American Sociological Association* anlässlich der Jahresversammlung 2004 in seiner Presidential Address einforderte: dass sich dieses Fach noch viel stärker engagieren und in öffentliche Belange einmischen müsse, ganz in der Tradition eines Karl Marx, Émile Durkheim, Max Weber und vieler anderer stehend, die Burawoy als Vorreiter einer Öffentlichen Soziologie für seine Mission reklamierte.

Burawoy leitete die besondere Aufgabenstellung der Öffentlichen Soziologie aus einem 4-Felder-Schema ab, das der Idee einer innerdisziplinären Arbeitsteilung folgt und auf zwei Unterscheidungen beruht, die er wiederum auf zwei Fragestellungen zurückführte: erstens die Fragestellung „Sociology for Whom?" und zweitens die Fragestellung „Sociology for What?". Bei der ersten Fragestellung unterscheidet er zwischen inner- und außerwissenschaftlichem Publikum („Academic Audience" und „Extra-Academic Audience"), bei der zweiten zwischen der regulären Anwendung und Durchführung von Wissenschaft („normal science"), für die Zielhorizont und Zwecksetzung als vorgegeben gelten und normale Wissensanwendung („Instrumental Knowledge") betrieben wird, einerseits, und einer Reflexion auf die Kontingenz eben dieses Zielhorizonts andererseits („Reflexive Knowledge"). Innerhalb dieses 4-Felder-Schemas verortet er die „Public Sociology" im Feld rechts unten, das durch die beiden Eigenschaften „Reflexive Knowledge" und „Extra-Academic Audience" bestimmt wird:

	Academic Audience	Extra-Academic Audience
Instrumental Knowledge	Professional Sociology	Policy Sociology
Reflexive Knowledge	Critical Sociology	Public Sociology

Mit anderen Worten zeichnet sich Öffentliche Soziologie dadurch aus, dass sie soziologische Expertise und Reflexionsvermögen, die zuvor wissenschaftsintern erarbeitet und angeeignet wurden, zu Gunsten der Zivilgesellschaft ins Spiel bringt und zu deren Vorteil einsetzt – nicht zufällig gezielt für solche Problemlagen sich engagierend, die andernfalls unbeachtet blieben oder sich kaum artikulieren können. Mit dem Anspruch der Öffentlichen Soziologie im Sinne Burawoys ist somit eine starke normative Komponente verbunden (Aulenbacher et al. 2017).

Es dürfte wenig überraschen, dass diese Konzeption von Anbeginn nicht nur Zu-, sondern auch Widerspruch erfuhr, sei es des normativen Anspruchs wegen, sei es weil das 4-Felder-Schema nicht recht zu überzeugen vermochte, vor allem nicht trennscharf genug sei (Brady 2004; Tittle 2004; McLaughlin et al. 2005; Scott 2005; Turner 2005). Wie auch immer man sich zu diesen Kritiken verhalten mag: Diskussionswürdig bleibt allemal, dass die Soziologie gegenüber der Gesellschaft Verantwortung trägt, und damit die Frage verbunden ist, wie und womit sie dieser Verantwortung am besten nachkommt. Hierbei ist keineswegs nur beiläufig zu klären, welche Mittel eingesetzt werden, um zwischen Soziologie und Gesellschaft

---

als man gemeinhin vielleicht annimmt, wohl weil kolportiert wird, sie hätte ihre eigentliche Hochzeit längst überschritten (hierzu Aulenbacher et al. 2017).

zu vermitteln. Alain Touraine (1976) etwa entwickelte hierfür eine spezielle „méthode de l'intervention sociologique", bei der bewusst Partei ergriffen und Stellung bezogen wird. Man sieht: Die Idee einer Öffentlichen Soziologie ist mitnichten neu.

Wobei schon die Frage nach geeigneten Verfahren und Vermittlungsformen folgenreich ist. So gibt es innerhalb des Wissenschaftsbetriebs u. a. die Trias Vorlesung, Seminar und Colloquium zur Wissensvermittlung. Doch ist damit keinesfalls schon entschieden, wie sich die Soziologie gegenüber der Öffentlichkeit am wirkungsvollsten mitteilt und öffnet, sie adressiert und involviert.

Ohne diese Vermittlungsmöglichkeiten hier im Einzelnen durchzuspielen, geht es im Folgenden um eine neuere Form von Veranstaltung, bei der die Integration und Partizipation des Publikums klar im Vordergrund stehen. Verbunden damit ist die Annahme, dass sich dieses Veranstaltungsformat in besonderem Maße dazu eignen könnte, Öffentliche Soziologie in ihrer Mission zu unterstützen.

2 Partizipation zum Prinzip erhoben: das Eventformat ‚Barcamp'

Die Entstehung des Eventformats ‚Barcamp'[2] wird auf den Internetpionier Tim O'Reilly zurückgeführt, der 2003 begann, die Creme de la Creme der EntwicklerInnen, ExpertInnen, FachjournalistInnen, ProgrammiererInnen, Start up-UnternehmerInnen und Vordenker der Internetszene aus San Francisco und dem Silicon Valley auf seine Farm in der San Francisco Bay Area persönlich einzuladen, um sich dort zwei Tage lang völlig offen über die Zukunft des Internets und verwandte Informations- und Kommunikationstechnologien auszutauschen. Es gab keinerlei vorab festgesetzte Tagesordnung. Vielmehr konnte jede/r ihre/seine Ideen, Projekte, Visionen spontan zur Diskussion stellen, und die TeilnehmerInnen verteilten sich dann je nach Interessenlage völlig ungezwungen auf die verschiedentlich angebotenen Sessions. Die Veranstaltung war dabei insgesamt wie ein Zeltlager organisiert: Man hockte ständig zusammen, diskutierte zusammen, aß zusammen, saß abends beim Lagerfeuer, übernachtete gemeinsam auf dem Grundstück von O'Reilly, viele in Zelten, und verbrachte einige höchst inspirierende, kreative, partizipative, selbstorganisierte Stunden miteinander (Hellmann 2012).

Im Jahre 2005 emanzipierte sich diese Eventform von ihrem Erfinder, wurde für jedermann geöffnet und demokratisiert und verbreitete sich von da an weltweit rasend schnell. Schon 2006 fanden auch in Deutschland die ersten Barcamps statt (Hellmann 2007). Seitdem gehören Barcamps zum festen Inventar der globalen Internetszene. Doch damit nicht genug, haben Barcamps in den letzten Jahren auch

---

[2]Die Legende besagt, dass diese Veranstaltungsform anfangs noch als *foo-camp* bezeichnet worden war, was als *Friends of O'Reilly-Camp* dechiffriert wurde. Später dann, nach der Ablösung von O'Reillys Initiative, wurde daraus *barcamp*, wobei *bar* in der Entwicklersprache „Leerstelle" meint, also durch alles von Interesse ersetzt werden kann, was soweit konsequent wäre, als Barcamps sich ja für alle nur erdenklichen Themen als Eventform anbieten.

Abb. 1 Auswahl von Themencamp-Logos aus den letzten Jahren. (Quelle: Eigene Darstellung)

fernab der Internetszene große Aufmerksamkeit und Anerkennung gefunden, wie Abb. 1 zeigt.

Inzwischen kann sogar davon gesprochen werden, dass Barcamps in der Mitte der Gesellschaft angekommen sind. Unverändert handelt es sich jedoch um eine Veranstaltungsform, die in besonderem Maße auf die diskursiv-kreative Kultur des Internets und seine Vorreiter bezogen ist. So stellen Innovationen und Phänomene der Web 2.0 Ära wie *Co-Creation, Crowdsourcing, Interactive Value, Open Innovation, Peer Production, Prosuming, Sharing Economy, Swarm Intelligence, User Generated Content, Wealth of Networks, Wikinomics* oder *Wisdom of the Crowd* durchweg Bestandteile eines gelungenen Barcamps dar und geben dieser Eventform einen spürbar unkonventionellen Anstrich. Nicht ohne Grund werden Barcamps auch als ‚unconferences' bezeichnet.

Entscheidend für diesen unkonventionellen Anstrich ist in erster Linie der ‚Oktolog' der Barcampkultur. Die spezifische Partizipationskultur von Barcamps drückt sich nämlich in acht Regeln aus, die den acht Regeln des Kinofilms ‚Fight Club' nachempfunden sind und deren Beachtung für die erfolgreiche Durchführung eines Barcamps durchaus ratsam erscheint. Die acht Regeln lauten: (1) Sprich über das Barcamp; (2) Blogge über das Barcamp; (3) Wenn Du präsentieren möchtest, stelle

Dich und Dein Thema kurz vor und schreibe beides auf eine Präsentationskarte (alle Karten werden dann auf einem einzigen Session Board befestigt); (4) Stell Dich nur mit drei Schlagwörtern vor (mach' Dich bekannt, aber nimm Dich nicht zu wichtig); (5) Es gibt so viele Präsentationen gleichzeitig, wie es Präsentationsräume gibt; (6) Es gibt keine vorher verabredeten Präsentationen und keine „Touristen" (die nur zuhören und nichts beitragen). Kurzum: „No spectators, only participants!"; (7) Präsentationen dauern so lange, wie sie müssen – oder bis sie sich mit dem nachfolgenden Präsentationsslot überschneiden; (8) Es wäre gut, wenn Du gleich bei Deiner ersten Barcamp-Teilnahme eine eigene Session halten würdest (trau' Dich, auch wenn es anfangs schwer fällt).

Beleuchtet man daraufhin den Wertekanon, der Barcamps einen allgemeinen Rahmen vorgibt, sind mehrere, miteinander verbundene Leitideen zu erwähnen, wie Diversität, Egalität, Informalität, Inklusivität, Kreativität, Partizipation und Selbstorganisation (Eberhardt und Hellmann 2015)

- *Diversität*: Um eine kreativ-partizipative Atmosphäre zu erzeugen, braucht es eine gewisse Diversität der TeilnehmerInnen. Es muss sichergestellt werden, dass die verbreitete Neigung zur Konformität und wechselseitigen Anpassung nicht allzu sehr zum Zuge kommt. Unterschiedliche Bewertungen von Ideen und Projekten benötigen unterschiedliche Kompetenzen und Perspektiven.
- *Egalität*: Der Umgang während eines Barcamps sollte möglichst heterarchisch erfolgen; Rangunterschiede werden zeitweilig suspendiert; die TeilnehmerInnen begegnen sich auf Augenhöhe. Jeder kann im Grunde alles äußern und mit jedem reden. Es wird konsequent „geduzt".
- *Informalität*: Barcamps favorisieren einen sehr persönlichen, direkten Umgangston, ein unvermitteltes Aufeinanderzugehen und Einanderansprechen, um den Fluss der Eindrücke und Ideen, aber auch Kritik und Problembewusstsein zu fördern, die für Kreativität und gemeinsames Lernen unverzichtbar sind. So werden Barcamps mitunter als fortlaufende „Kaffeepause", als „Feldlager" oder „Klassentreffen" bezeichnet.
- *Inklusivität*: Ferner ist für die Durchführung von Barcamps wichtig, dass prinzipiell jede/r Zugang erhält, jede/r sich eingeladen fühlen darf, und es sich um ein möglichst niederschwelliges Angebot zur aktiven Teilnahme handelt.
- *Kreativität*: Barcamps sind darauf explizit ausgelegt, Kreativität zu ermöglichen und zu fördern. Hemmschwellen des Sagbaren werden möglichst abgesenkt, um unterschiedlichste Ideen und Perspektiven ungehemmt vorbringen zu können.
- *Partizipation*: Ein Leitspruch von Barcamps lautet „No spectators, only participants!". Dabei kann im Prinzip jede/r teilnehmen, und dies impliziert immer aktives Engagement, möglichst durch eigene Äußerungen, Beiträge, Sessions, Themenvorschläge.
- *Selbstorganisation*: Zu Beginn von Barcamps wird immer wieder darauf hingewiesen: „Ihr seid das Barcamp!". Der Rahmen wird zwar bereitgestellt, aber die Inhalte und Sessiondynamik müssen von den TeilnehmerInnen gleich zu Beginn bzw. während eines Barcamps eingebracht werden, werden also nicht etwa durch die Barcampveranstalter vorab festgelegt, abgesprochen oder verantwortet.

Außerdem ist davon auszugehen, dass es neben den ursprünglichen Barcamps, die für alle möglichen Themen offen sind, die also keinerlei thematische Einschränkungen vornehmen, inzwischen auch Themencamps gibt, die in der Sache einen deutlich engeren Fokus setzen und häufig auf bestimmte Professionen, politische Initiativen oder Freizeitaktivitäten bezogen sind, sowie Corporate Camps, die von einzelnen Organisationen (Unternehmen, Verbände etc.) inhouse durchgeführt werden (Feldmann und Hellmann 2016). Dabei können Barcamps für eine Vielzahl von Anlässen herangezogen werden, etwa Brainstorming, Change Management, Kreativitätsprozesse, Kulturwandel, Marktforschung, Mediation, Networking, Open Innovation Projekte, Rekrutierung oder Socializing (Hellmann 2016). Auf die praktisch-konkrete Umsetzung von Barcamps soll hier nicht näher eingegangen werden (dazu ausführlicher Feldmann und Hellmann 2016).

3 „No Spectators, Only Participants": Wie Barcamps Öffentliche Soziologie optimieren könnten

Lässt man die kritischen Punkte, die der Burawoy-Initiative „Public Sociology" seit Jahren vorgehalten werden, einmal außen vor und konzentriert sich auf die Fragen der Erreichbarkeit der Zivilgesellschaft und der Vermittelbarkeit soziologischer Expertise ihr gegenüber, dürften vor allem zwei Aspekte besondere Herausforderungen bedeuten: *Inklusionsschwelle* und *Informationsasymmetrie*. Mit Inklusionsschwelle ist gemeint, dass die Einbindung der Zivilgesellschaft im Rahmen von Wissenschaft gewiss nicht selbstverständlich ist und allzu leicht fällt, da gerade Wissenschaft – dies führt sogleich auf den Aspekt der Informationsasymmetrie – dadurch charakterisiert werden kann, dass das Gefälle zwischen wissenschaftlichen ExpertInnen und nicht-wissenschaftlichen Laien im Vergleich der Funktionssysteme kaum größer sein kann (vgl. Luhmann 1981).[3] Insofern stellt sich die besonders dringliche Frage, welche Maßnahmen Öffentliche Soziologie ergreifen kann, um diese strukturell bedingte Informationsasymmetrie, die für jede Disziplin einerseits hochfunktional ist, weil nur so spezifisches Expertenwissen professionell akkumuliert werden kann, andererseits aber gerade deshalb Probleme der Erreichbarkeit und Vermittelbarkeit aufwirft, zu überwinden, ohne unproduktiv oder gar dysfunktional zu werden.

Genau an diesem Punkt kommen Barcamps ins Spiel. Denn dieses Eventformat zeichnet nun gerade aus, dass erstens die Zutrittsschwelle zur Teilnahme an Barcamps denkbar niedrig angelegt ist, Inklusion also überaus leicht gemacht wird, und

---

[3]Bemerkenswert ist in diesem Zusammenhang, dass die Studie von Burzan et al. 2008 für den Funktionsbereich ‚Wissenschaft' nicht einmal eine adäquate Publikumsrolle vorsieht, (Burzan et al. 2008, S. 32 f.).

zweitens durch das Prinzip der Partizipation die aktive Einbeziehung des Publikums Programm ist, indem die Initiative für Themenfindung, Themensetzung und Themenbehandlung in den einzelnen Sessions ganz auf Seiten der Teilnehmenden, also den ExpertInnen und Laien gleichermaßen liegt. Dies führt zwar nicht automatisch dazu, dass sich die ExpertInnen von Anbeginn so äußern mögen, dass sie sogleich verstanden werden. Überdies steht keineswegs fest, dass das Publikum sich angestrengt um angemessenes Verstehen bemüht, durch Konzentration und die Bereitschaft, Unverstandenes durch eine Vielzahl berechtigter Nachfragen öffentlich zu machen. Auch dies ist gewiss ein Lerneffekt, und dieser sollte sowohl von den ExpertInnen als auch den TeilnehmerInnen affirmativ-reflexiv akzeptiert werden (nicht jede/r WissenschaftlerIn eignet sich demnach für das Barcampformat, und ebenso wenig jede/r Wissenschafts-Interessierte). Dennoch bietet dieses Format aufgrund seiner Grundphilosophie, die im Kern auf die Partizipation aller bezogen ist, gute Voraussetzungen dafür, Öffentliche Soziologie zu mehr Geltung und Wirksamkeit zu verhelfen.

Was sich nun bei der Planung und Durchführung von Barcamps als überaus erfolgskritisch erwiesen hat, und dies dürfte auch auf Veranstaltungen zutreffen, die Soziologie öffentlich und für die Öffentlichkeit verfügbar machen wollen, ist nicht bloß die Moderation des Barcamptags selber (wobei eine längere Durchführungszeit durchaus größere Lernerfolge verspricht, im Sinne einer besseren Internalisierung der Barcampkultur), sondern auch die Vorbereitung desselben und die Einstimmung darauf. Eminent wichtig ist es etwa, sowohl die Auftraggeber, hier also die Soziologen und Soziologinnen, als auch die sonstigen Teilnehmer und Teilnehmerinnen frühzeitig auf den besonderen Veranstaltungs- und Verfahrensmodus von Barcamps einzuschwören. Wenn man nämlich erst am Tag eines Barcamps, wenn die Vorstellungs- und gleich danach die Vorschlagsrunde (‚Sessionpitch') vollzogen werden, ad hoc beginnt, an die direkte Verantwortung aller TeilnehmerInnen für das Gelingen eines Barcamps zu appellieren, ist es oft zu spät. Vielmehr sollte weit im Vorfeld sichergestellt werden, dass alle Beteiligten möglichst umfassend darüber informiert werden, was sie erwartet und worauf es im Wesentlichen ankommt: nämlich auf sie selber, auf ihr Engagement, ihre Initiative, ihre Bereitschaft, sich fortlaufend einzubringen, sei es anfangs schon mit möglichst offenherzigen Selbstdarstellungen bei der Vorstellungsrunde, sei es mit attraktiven Themenvorschlägen beim Sessionpitch oder später dann während jeder einzelnen Session durch rege Beteiligung und ungebrochenes Engagement. Fortlaufende Aktivität ist gefragt und gefordert, Passivität hingegen hat auf einem Barcamp nicht viel verloren. Insofern hängt die Erfolgschance von Barcamps, sofern sie etwa für Öffentliche Soziologie zum Einsatz kommen sollen, wesentlich davon ab, wie sich Vertreter oder Vertreterinnen dieser soziologischen Ausrichtung selbstkritisch mit sich selbst befassen und entsprechend diplomatisch, mit hinreichend interkultureller Kompetenz ausgestattet, sich ihrem zukünftigen Publikum zuwenden – wie auch dieses Publikum frühzeitig aufgefordert und vorbereitet werden sollte, sich mit den besonderen Bedingungen der Möglichkeit von (Öffentlicher) Soziologie zu befassen. Aus Sicht professioneller Barcamp-Organisatoren ist dies conditio sine qua non für den Erfolg von Barcamps.

Literatur

Aulenbacher, Brigitte, Michael Buroway, Klaus Dörre, und Johanna Sittel, Hrsg. 2017. *Öffentliche Soziologie. Wissenschaft im Dialog mit der Gesellschaft.* Frankfurt a. M./New York: Campus.

Brady, David. 2004. Why public sociology may fail. *Social Forces* 82(4): 1629–1638.

Buroway, Michael. 2005. For public sociology. *Soziale Welt* 56: 347–374.

Buroway, Michael. 2015. *Public Sociology. Öffentliche Soziologie gegen Marktfundamentalismus und globale Ungleichheit.* Weinheim/Basel: Beltz Juventa.

Burzan, Nicole, Brigitta Lökenhoff, Uwe Schimank, und Nadine Schöneck. 2008. *Das Publikum der Gesellschaft. Inklusionsverhältnisse und Inklusionsprobleme in Deutschland.* Wiesbaden: Verlag für Sozialwissenschaften.

Eberhardt, Tim, und Kai-Uwe Hellmann. 2015. Insights on Barcamps. Empirische Forschungsergebnisse zu einer noch jungen Eventform. In *Events und Emotionen. Stand und Perspektiven der Eventforschung*, Hrsg. C. Zanger, 239–263. Wiesbaden: Springer-Gabler.

Feldmann, Frank, und Kai-Uwe Hellmann. 2016. Partizipation zum Prinzip erhoben. Barcamps: ein vergleichsweise neues Veranstaltungsformat. In *Events. Partizipation statt Langeweil*, Hrsg. T. Knoll, 29–54. Wiesbaden: Springer.

Hellmann, Kai-Uwe. 2007. Die Barcamp Bewegung. Bericht über eine Serie von „Unconferences". *Forschungsjournal Neue Soziale Bewegungen* 20(4): 107–110.

Hellmann, Kai-Uwe. 2012. Barcamps als kommunikative Treffpunkte der Internetszene. In *Unter Piraten. Erkundungen in einer neuen politischen Arena*, Hrsg. C. Bieber und C. Leggewie, 127–136. Bielefeld: transcript.

Hellmann, Kai-Uwe. 2016. Barcamps: Vernetzung von Netzwerken. In *Netzwerkperspektiven – Made in Berlin! Auf der Suche nach wirksamer Koordination*, Hrsg. M. Schmidt und M. Tomenendal, 87–92. München/Mering: Rainer Hampp Verlag.

Kroll, Thomas, und Tilman Reitz, Hrsg. 2013. *Intellektuelle in der Bundesrepublik Deutschland. Verschiebungen im politischen Feld der 1960er und 1970er Jahre.* Göttingen: Vandenhoeck & Ruprecht.

Luhmann, Niklas. 1981. Unverständliche Wissenschaft. Probleme einer theorieeigenen Sprache. In *Soziologische Aufklärung. Bd. 3. Soziales System, Gesellschaft, Organisation*, Hrsg. N. Luhmann, 170–177. Opladen: Westdeutscher Verlag.

McLaughlin, Neil, Lisa Kowalchuk, und Kerry Turcotte. 2005. Why sociology does not need to be saved: Analytic reflections on public sociology. *The American Sociologist* 36(3/4): 133–151.

Müller, Hans-Peter. 2017. Die Grenzen der Soziologie. In *Öffentliche Soziologie. Wissenschaft im Dialog mit der Gesellschaft*, Hrsg. B. Aulenbacher, M. Buroway, K. Dörre und J. Sittel, 113–118. Frankfurt a. M./New York: Campus.

Schimank, Uwe, und Ute Volkmann, Hrsg. 2007. *Soziologische Gegenwartsdiagnosen I: Eine Bestandsaufnahme.* Wiesbaden: VS-Verlag.

Scott, John. 2005. Who will speak, and who will listen? Comments on Buroway and public sociology. *British Journal of Sociology* 56(3): 405–409.

Tittle, Charles R. 2004. The arrogance of public sociology. *Social Forces* 82(4): 1639–1643.

Touraine, Alain. 1976. *Was nützt die Soziologie?* Frankfurt a. M.: Suhrkamp.

Turner, Jonathan H. 2005. Is public sociology such a good idea? *The American Sociologist* 36(3/4): 27–45.

Offene Hochschulen, interdisziplinäre Lehre: Das Studium generale als Konzept und Instrument öffentlicher Wissenschaft

Andreas Hütig

Inhalt

1 Einleitung 199
2 Eine kurze Geschichte des Studium generale 200
3 Studium generale in der Gegenwart 203
4 Fazit 206
Literatur 207

1   Einleitung

Als *Studium generale* oder *Generale* werden Einrichtungen, Angebote oder Konzepte für Lehre und Wissenschaftskommunikation an Universitäten und Hochschulen bezeichnet, die über das Fachstudium hinaus inter- und transdisziplinäres Wissen vermitteln und Verbindungen zwischen Wissenschaft und Hochschule einerseits und Gesellschaft andererseits herstellen. Im Hintergrund stehen dabei zumeist Überzeugungen bzw. Diagnosen von einem dreifachen Bedarf: an Grundlagen-, Integrations- und Orientierungswissen innerhalb verschulter Studiengänge, an der Erarbeitung einer neuen Einheit der Wissenschaften oder der interdisziplinären Kommunikation angesichts von wachsender Spezialisierung sowie an einer Vermittlung wissenschaftlichen Wissens in einer zunehmend ausdifferenzierten und zumindest auch wissenschaftlich geprägten Gesellschaft mit heterogenen Öffentlichkeiten. Diese drei Aspekte sind systematisch und praktisch miteinander verbunden, werden aber unterschiedlich akzentuiert und umgesetzt, wobei die Kommunikation mit Öffentlichkeiten von einer früher marginalen in eine zunehmend wichtigere Position rückt. Andere Bezeichnungen für diese Angebote lauten Studium fundamentale, Studium integrale oder Studium universale.

A. Hütig (✉)
Studium generale, Johannes Gutenberg-Universität Mainz, Mainz, Deutschland
E-Mail: ahuetig@uni-mainz.de

Für eine öffentlich und dialogisch orientierte Wissenschaft mit einem Anspruch auf gesellschaftliche Relevanz stellen Angebote und Konzepte eines Studium generale eine Möglichkeit *jenseits* spezialisierter Fachausbildung dar. Innerhalb von Hochschulen ermöglichen sie Kommunikation, Kollaboration und Reflexion und wirken aus dem akademischen Raum hinaus in die Gesellschaft. Die Förderung einer Haltung der Offenheit, von Reflexion der eigenen wissenschaftlichen Sozialisation sowie der Kommunikationsbereitschaft anderen Disziplinen gegenüber und über die Wissenschaft hinaus kann als Kernstück interdisziplinärer Kompetenzen angesehen werden (Lerch 2017, S. 152–155). Interdisziplinäre und kollaborative Lehr-Lernszenarien[1] innerhalb eines Studium generale und damit verbundene öffentliche Veranstaltungen sind mögliche Formen, um diese Kompetenz zugleich zu schulen wie wirksam werden zu lassen. Sie sind zugleich ein Weg, etablierte Formate zur Adressierung neuer Publika zu nutzen.

2 Eine kurze Geschichte des Studium generale

2.1 Mittelalter und Neuzeit

Historisch meint die Bezeichnung *studium generale* im lateinischen Mittelalter zunächst – im Unterschied zu den *studium particulare* genannten Ordensstudienhäusern – Ausbildungsinstitutionen, die nicht auf eine religiöse Gemeinschaft oder Diözese, das Fach Theologie und den zukünftigen Klerus als Adressaten reduziert waren. Generalstudien sind solche, die alle Fächer einbeziehen, überregional Lehrende und Studierende rekrutieren und für ebensolche Berufe auf weithin anerkannte Weise qualifizieren (Papenkort 1993, S. 30–73). Im Verlauf der Universitätsgeschichte trat der Begriff gegenüber Ausdrücken wie *studia humanitatis* (oder *humaniora*) in den Hintergrund. Als Grundbildung, die zu weiteren Studien befähigen sollte, war dieses Studium der freien Künste keineswegs im strengen Sinne frei, sondern es wurde anhand vorgegebener Lehrbücher mit kanonischen Inhalten und in etablierten Formen unterrichtet und mit den Prüfungen *Bakkalaureus Artium* und *Magister Artium* abgeschlossen. Diese berechtigten grundständig selbst zur Lehre oder erlaubten die Fortführung des Studiums an den höheren Fakultäten – mit teils ungeklärtem Verhältnis der Artistenfakultät zu den anderen –, strebten also Wissenschaftlichkeit als Bildungsziel an.

Mit den Universitäts- und Bildungsreformen des frühen 19. Jahrhunderts wanderte diese Idee meistenteils in das humanistische Gymnasium aus. Im Zuge der Ausdifferenzierung der wissenschaftlichen Disziplinen behauptete und behielt die Philosophische Fakultät einerseits trotzdem die Zuständigkeit für allgemeine Studien und Abschlüsse, wie sich in der Verantwortung der Philosophischen Fakultät und der Verleihung des Grades „Dr. phil." auch für heute selbstständigere Fächer zeigt.

---

[1]Vgl. dazu Kap. ▶ „Kollaboratives Forschen" und ▶ „Forschendes Lernen als öffentliche Sozialforschung: Zum Konzept der öffentlichen Lehrforschung" in diesem Handbuch.

Andererseits wurde ab der zweiten Hälfte des 19. Jahrhunderts in den berufsqualifizierenden, technikorientierten Einrichtungen das Bedürfnis für allgemeinbildende Fächer in der Grundbildung der zukünftigen Ingenieure größer.

Schon in diesen grob skizzierten historischen Etappen zeigen sich also heterogene, aber miteinander verbundene Intentionen: Vorbereitung und Ergänzung der Fachausbildung mit berufsqualifizierenden Fähigkeiten, Vermittlung von Bildung und humanistischen Werten und Idealen, Suche nach einer integrativen Perspektive innerhalb der spezialisierten Fächer und – in kleineren Anteilen – Anbindung der wissenschaftlichen Einrichtungen an die sie umgebenden Gesellschaften.

2.2 Hochschulreformen im 20. Jahrhundert

Für die Zeit nach dem Zweiten Weltkrieg lassen sich mit Blick auf das Studium generale vier universitätsgeschichtliche Phasen identifizieren (Casale und Molzberger 2018, S. 123–124). Nach einer Etablierungsphase (bis ca. 1964) folgten der Ausbau der Universitäten (bis ca. 1977) und die Zeit der Massenuniversität (bis Mitte der 1990er) sowie Bologna-Reform und Umsetzung (bis heute). Debatten um das Studium generale wandelten sich mit diesen Phasen von einer vorrangig philosophischen und gesellschaftstheoretischen Diskussion über wissenschaftssystematische Fragen der Interdisziplinarität und der Wissenschaftsdidaktik, dann solchen der Allgemein- und Berufsbildung schließlich hin zu Forderungen einer Öffnung der Hochschulen und einer erneuten Reflexion über Ziele und Stellenwert von Bildung allgemein. Aufgrund der historischen Bedeutung und der Modellhaftigkeit lang bestehender Einrichtungen soll hier vor der Diskussion gegenwärtiger Entwicklungen und Bemühungen die Einsetzungsphase Mitte des 20. Jahrhunderts genauer dargestellt werden.

Studium generale nach 1945
Für den Neueinsatz des Studium generale ist die Wiedereröffnung der deutschen Universitäten nach 1945 zentral. Die eingangs genannten Aspekte – Orientierungswissen, Einheit der Wissenschaft, Vernetzung mit der Gesellschaft – sind auch hier zu finden, jedoch in unterschiedlichem Maße. Für die Reformbestrebungen sowohl aus den Kreisen deutscher Akademiker wie auch aus den Initiativen der Westmächte standen angesichts der Erfahrungen aus Weimar und der NS-Zeit der Zerfall der humanistischen Ideale und die Spezialisierung der Fächer in einem Zusammenhang, der als fatal diagnostiziert wurde. Auch aus Sicht gewerkschaftlicher und sozialdemokratischer Positionen wurde ein Studium generale empfohlen, das für die Wissenschaften synthetisierende Perspektiven eröffnen und für die Studierenden staatsbürgerlich, gesellschaftlich und persönlich erziehend wirken, dabei auch das Campusleben einbeziehen sollte. Die Bemühungen um integrative Zeitschriften, namentlich *Universitas* (seit 1946) und *Studium Generale* (1947–1971), speisten sich aus ähnlichen Überlegungen, wobei hier die Einheit der Wissenschaften im Vordergrund stand (Wolbring 2014, S. 332–334).

Einen Kristallisationspunkt markierte das einflussreiche „Blaue Gutachten" des durch den britischen Militärgouverneur einberufenen „Studienausschuss für Hochschulreform" vom April 1948. Es forderte neben der freien Zugänglichkeit, dem Kontakt zur Gesellschaft durch Hochschulräte und der Verbreiterung des Lehrkörpers die Einrichtung von *Studia generalia* als einen von vier Hauptpunkten (Philipps 1995). Zukünftige Akademiker, so die Argumentation, müssen aufgrund ihrer sozialen und politischen Stellung ein besonderes Wissen um gesellschaftliche Zusammenhänge haben, weshalb ein allgemeines, gemeinsam mit Vertretern der Studentenschaft, der Öffentlichkeit und Altakademikern erarbeitetes philosophisch-historisches und sozialwissenschaftliches Programm zum Studieneinstieg gefordert wurde. Die Bildungsziele insgesamt waren weniger individuell als politisch und staatsbürgerlich (Wolbring 2014, S. 320–321). Teils ausgehend von diesem Gutachten, teils initiiert durch andere Impulse wurden an deutschen Hochschulen *Studia generalia* gegründet bzw. eingerichtet und teils mit eigenen Ausstattungen versehen.[2]

Weitere Entwicklungen
Mit der Konsolidierung der Universitäten und der Ausdifferenzierung der Hochschullandschaft wurden auch die Studium-generale-Angebote vielfältiger, sowohl an einzelnen Standorten wie deutschlandweit. Die Debatten integrierten häufig neue, etwa gesellschaftskritische Perspektiven oder wurden mit Bezug auf neue Konzepte geführt, die als weniger traditionell galten, wie etwa Hochschul- oder Wissenschaftsdidaktik (Schaller 1977) oder Allgemeinbildung, Metawissen und Urteilskraft (Lohmann 1986).

Im weiteren Verlauf dieser Entwicklungen fallen verschiedene Aspekte ins Auge. Zum einen sind inneruniversitäre, auf kompensatorische oder optimierende Funktionen ausgerichtete Prozesse oder Institutionalisierungen zu nennen. Diese stehen häufig im Kontext von universitären Neugründungen oder Reformbestrebungen und integrieren fachübergreifende, verpflichtende Lehrveranstaltungen in die grundständigen Studiengänge.[3] In kleinerem Rahmen finden sich mittlerweile insbesondere an Hochschulen für angewandte Wissenschaften vergleichbare Einrichtungen; diese etablieren in berufsqualifizierenden und technischen Ausbildungsgängen verpflichtende oder optionale, kompetenzorientierte Lernszenarien aus einem Spektrum, das von Schlüsselqualifikationen bis hin zu Metalernen und kritischer Reflexion reicht

---

[2]Exemplarisch zu nennen: Universität Freiburg (Propädeutikum 1945, Studium generale seit 1949), Universität Mainz (Akademisches Propädeutikum 1948, Studium generale seit 1949), Technische Hochschule Fridericiana Karlsruhe (1949), Technische Universität Berlin (Humanistische Fakultät, 1946). Einen *Dies academicus* oder *universitatis* mit fachübergreifenden und teils öffentlichen Vorlesungen o. ä. gab es u. a. in Tübingen, Heidelberg, Köln, Münster, Würzburg, Frankfurt am Main und Göttingen. Besondere Einrichtungen mit Wohnheim-Charakter und eigenem Programm waren das Heidelberger Collegium Academicum (1945–1978) sowie das Leibniz Kolleg der Universität Tübingen (seit 1948).

[3]Beispiele: Studium fundamentale an der Universität Erfurt (Wiedereröffnung 1994), Leuphana Semester und Komplementärstudium an der Leuphana Universität Lüneburg (Neuausrichtung 2006/07).

(Huber 2016). Dabei können Ziele wie die letzteren mit ihren zweck- und ergebnisungebundenen Elementen in einer Spannung zu den Vorgaben einer strikten Studienorganisation stehen.

Zum anderen weitete sich die Idee fachübergreifender Vorlesungen und Vortragsreihen zu einer Wissenschaftskommunikation, die auch außerakademische Öffentlichkeiten adressiert und an hochschulexternen Orten stattfindet, oft unter besonderen Titeln wie „Mainzer Universitätsgespräche" (ab 1958), „Karlsruher Gespräche" (ab 1997) oder „Samstags-Uni" (Freiburg, ab 2006). Auch wenn öffentliche Veranstaltungen von Wissenschaftseinrichtungen eine lange Tradition haben, stand diese Entwicklung im Kontext des Vordringens neuer Paradigmen der Wissenschaftspopularisierung und Vorstellungen einer öffentlichen Wissenschaft (Bauernschmidt 2018).

3 Studium generale in der Gegenwart

3.1 Aktuelle Entwicklungen

Beide Tendenzen, die Ausweitung überfachlicher Studienanteile wie die Etablierung öffentlicher Vortragsreihen, sind auch in neueren Entwicklungen sowohl der Planung von Studiengängen- und Zusatzangeboten als auch in der externen Wissenschaftskommunikation präsent. Zum ersteren Bereich gehören neben den klassischen Soft Skills zunehmend auch Angebote der 21st Century Skills wie Critical Thinking oder Digital Citizenship und wissenschaftsnahe Formate aus dem Bereich Forschendes Lernen oder Service Learning. Bemerkenswert ist die Wiedereinführung von orientierenden Programmen für Studierende am Beginn ihrer Hochschul(aus)bildung, die in akademische Strukturen, Methoden und Haltungen eingeführt werden sollen. Derartige Programme reagieren weniger auf einen propädeutischen Bedarf, sondern adressieren das Problem, dass angesichts der Vielzahl von hoch spezialisierten Studiengängen eine Auswahl vor aller persönlichen Erfahrung nicht immer leicht ist.[4] Andernorts werden interdisziplinäre Zusatzprogramme angeboten, die den angelsächsischen Honors Tracks ähneln, etwa das Studienprogramm Q+ an der JGU Mainz.

Bei öffentlichen Vortragsreihen finden sich weiter die ‚klassischen' Themensetzungen zu interdisziplinären Schnittstellenthemen, von einem Team der zuständigen Einrichtung erarbeitet oder aus hochschulinternen Vorschlägen und strategischen Entscheidungen heraus formuliert. Daneben treten zunehmend breitenwirksame Themen und bekannte Personen aus Wissenschaft, Kultur und Politik etwa im Rahmen von (Stiftungs-) Gastprofessuren wie der Mercator-Professur an der Uni-

---

[4]Neben dem bereits genannten, eigenständigen Leibniz Kolleg und dem Aicher-Scholl-Kolleg der VHS Ulm bieten auch Hochschulen wie die Goethe-Universität Frankfurt am Main, die Universität Witten/Herdecke, die TU Berlin, die Universität Hamburg, die TU Kaiserslautern oder die TU München vergleichbare Programme an.

versität Duisburg-Essen (seit 1997) oder der Johannes Gutenberg-Stiftungsprofessur an der JGU Mainz (seit 2000). Zunehmend avancieren auch Wissenschaftsforschung und Wissenschaftskommunikation zu den Forschungsschwerpunkten der Leitungsprofessuren von Studia generalia (KIT, JGU Mainz) oder von ähnlich orientierten zentralen Instituten (Friedrich-Alexander-Universität Erlangen-Nürnberg), was angesichts der Relevanz von Wissenschaft und der Notwendigkeit einer Vernetzung von Wissenschaft und Öffentlichkeit eine passende Orientierung ist.

3.2 Aus der Praxis: Öffentliche Reihen und interdisziplinäre Lehre

Im Unterschied zu fach- oder forschungsintern orientierten akademischen Vorträgen und Vortragsreihen ist eine öffentliche Veranstaltung eines Studium generale von vorneherein an ein nicht nur akademisches Publikum adressiert. In der Regel sind solche Vorträge also gleichermaßen an ein hochschulinternes, jedoch fachfremdes Publikum und zugleich an ein hochschulexternes, nicht zwingend akademisch vorgebildetes oder mit aktuellen wissenschaftlichen Positionen und Methoden vertrautes Publikum gerichtet. Auch wenn bisher wenig zu dieser rein quantitativ durchaus erheblichen kommunikativen Gattung gearbeitet wurde, lässt sich als Besonderheiten dieses akademischen, aber öffentlich adressierten Vortrags zentral die Notwendigkeit einer differenzierten Übersetzungsleistung benennen. Daneben spielen Lösungs- und Orientierungsbedürfnisse seitens des Publikums, Trivialisierungsängste seitens der Vortragenden, thematische Moden sowie hochdiverse Assoziationsfelder und Vorwissensbestände eine Rolle (Prisching 2018).

In jedem Fall etabliert das Etikett Studium generale akademische Konnotationen und verweist auf einen Anspruch, der über andere Formen öffentlichen oder populären Wissenstransfers hinausgeht. Auf mindestens drei Ebenen ist eine Vernetzung von hochschulinternen und -externen Aspekten zu beobachten: auf der inhaltlichen, wenn Themen unterschiedlich akzentuiert und Fragen aus heterogenen Wissensbeständen aufkommen und beantwortet werden; auf der methodischen, wenn unterschiedliche Wissenschaften und lebensweltliche Perspektiven überlappende Probleme bearbeiten; auf der kommunikativ-sozialen, wenn in Vorträgen und Diskussionen Übersetzungsleistungen erbracht (oder verfehlt) werden und Dialoge in Gang kommen. Diese Vernetzung ist im besten Fall wechselseitig, weil auch Vortragende und Studierende so Einblick in divergierende lebensweltliche Themen und Orientierungsbedürfnisse anderer Bevölkerungsgruppen, in methodische Varianzen und in Kommunikationsformen von Wissenschaft bekommen.

In dieser Verknüpfung liegt dann auch der Mehrwert der Vorträge, wie sie für ein öffentliches Studium generale charakteristisch sind. Die typische Veranstaltung – Vortrag und anschließende Diskussion – besteht dabei zunächst in einer Vermittlung wissenschaftlichen Wissens, befördert aber idealerweise zugleich die Verbundenheit des Publikums mit ‚ihrer' regionalen Hochschule und die positive Haltung zur Wissenschaft insgesamt. Dialogische und reflexive Elemente kommen vereinzelt und je nach Setting ebenfalls zur Geltung. Damit werden die grob typisierenden historischen Unterscheidungen der Paradigmen von Wissenschaftskommunikation –

etwa Defizit-Modell, PUSH, Public Engagement (Bauer 2018, S. 30–31) – unterlaufen. Dessen ungeachtet zeigt die Praxis, dass die explizite Thematisierung von Wissenschaft als solcher ebenso wie die Fokussierung auf Theorie dem Publikumszuspruch eher abträglich ist. Besonders bei gesellschaftlich umstrittenen oder lebensweltlich anschlussfähigen Themen steigen Quantität und Intensität der Fragerunden und Diskussionen.

Aus der praktischen, alltagsethnografischen Erfahrung eines Teams, das teils seit mehr als zwanzig Jahren für ein Studium generale verantwortlich ist, lassen sich einige Heuristiken der Setzung von ansprechenden Themen und der Identifikation von geeigneten Personen formulieren. Für die Themenseite sind etwa wichtige innerwissenschaftliche wie öffentliche Debatten und aktuelle Forschungs- und Förderschwerpunkte von Einrichtungen und Institutionen relevant. Vortragende werden anhand individueller Projekte, Publikationen und Erfahrungen mit kommunikativen Formaten ausgewählt, in der Lehre verstärkt neue Lehr-Lernformen und aktivierende Didaktiken praktiziert. Essentiell ist neben vielfältigen Recherchestrategien eine reflexive Rückkopplung: Werden die Planungen mit der Erfahrung der durchgeführten Veranstaltung abgeglichen, entsteht ein praktisches Wissen, das sich durch teaminterne Kommunikation reflektieren und fokussieren lässt. Die Organisation solcher Veranstaltungen und Reihen profitiert heute überdies von der Verfügbarkeit von Informationen über praktizierte Wissenschaftskommunikation und von der Möglichkeit, auch mediale Anschauungen über potenzielle Vortragende etwa durch Videoplattformen oder Mediatheken zu gewinnen. Die Zunahme medialer Formate und Anfragen bewirkt jedoch auch eine Konzentration auf wenige, besonders in der Öffentlichkeit stehende Personen.

Der Einsatzpunkt des Studium generale in jüngerer Vergangenheit und Gegenwart war die teils propädeutische, aber v. a. fachübergreifende Lehre mit Blick für Einheit und Verantwortung der Wissenschaften. Die eben genannten etablierten Formate im Rahmen eines Studium generale lassen sich mit entsprechenden, zeitgenössisch reformulierten Zielen verbinden. Als Beispiel für eine Integration öffentlicher Vorträge in Angebote interdisziplinärer Lehre sollen hier die Exportmodule des Studium generale der JGU Mainz vorgestellt werden. Diese verknüpfen die öffentlichen, themengebundenen Reihen, die aus Vorträgen aus verschiedenen Disziplinen und Fächergruppen bestehen, mit interdisziplinär besetzten Begleitlehrveranstaltungen. In diesen werden die Vorträge sowohl inhaltlich wie mit Blick auf die performative, wissenschaftskommunikative und -reflexive Seite diskutiert und durch weitere Wissensbestände verschiedener disziplinärer Herkünfte, aber auch aus Kunst, Populärkultur und Lebenswelt angereichert bzw. fortgeführt.

Lernziele sind dabei inter- und transdisziplinäre Kompetenzen, methodische und analytische Fähigkeiten über die Fachkontexte hinaus, Grundlagen- und Orientierungswissen sowie problembezogenes und lösungsorientiertes Denken. Durch die Auseinandersetzung mit unterschiedlichen Wissensbeständen und mit Studierenden aus unterschiedlichen Fächergruppen, durch die Reflexion auf Herkunft, Grenzen, Kommunikation und Relevanz wissenschaftlicher Erkenntnisse werden soziale, personale, kommunikative, ethische und interkulturelle Kompetenzen befördert. Interdisziplinarität in diesem Sinn meint eine Haltung der Offenheit und der Reflexion der eigenen wissenschaftlichen Sozialisation; sie kann durch organisierte Kommunikationsformen und kooperative Projekte unterstützt und durch Erfahrungslernen und nicht-intendierte Lernprozesse befördert werden (Lerch 2017, S. 108–110, 152–155).

Diese Module werden seit 2009 als Pflicht- oder Wahlpflichtmodule in inzwischen 29 Bachelor- und Masterstudiengänge aller Fächergruppen exportiert; das entspricht ca. 10 % der Studiengänge der JGU. Haupthindernis einer Ausweitung ist die Ausrichtung von Instituten auf fachliche Inhalte und der Verzicht auf überfachliche und interdisziplinäre Angebote. Gelegentlich wird auch ein Unbehagen daran artikuliert, fachfremde Lehrende mit Ausbildungsanteilen des eigenen Studiengangs zu betrauen. Auf die Schwierigkeiten curricularer Einbindung außerfachlicher Angebote sei hingewiesen. Auf Bachelor-Niveau trägt das Modul den Titel „Interdisziplinarität" und ist stark an den jeweiligen Semesterthemen orientiert; auf Master-Niveau gibt es unter dem Titel „Wissenschaftsreflexion" vier thematische Schwerpunkte in Wissenschaftstheorie, Kulturreflexion, Ethik und Argumentation/Kommunikation. Eine punktuelle Beteiligung von weiteren Akteuren, beispielsweise von Mitgliedern eines Hospizvereins im Themenschwerpunkt „Tod und Sterben", oder (meist optionale) Exkursionen in Ausstellungen o. ä. reichern die Veranstaltungen an. Als Prüfungsleistung kommen neben wissenschaftlichen Essays auch praxisorientierte Projekte in Frage, die die ohnehin guten Ergebnisse studentischer Evaluationen nochmals verbessern (für empirische Daten aus einem Lehrprojekt Hütig und Schreiber 2019, S. 173–175).

4 Fazit

Öffentliche Soziologie, ob im Sinne Michael Burawoys (Burawoy 2015) oder anders gelagert, will mindestens Wissenschaft in Richtung Gesellschaft, Öffentlichkeit und Praxis öffnen, wenn nicht zudem Engagement auch bei WissenschaftlerInnen befördern, zur Reflexion fach- bzw. institutionsinterner und anderer Macht- und Dominanzordnungen beitragen und für neue Themen Öffentlichkeit erzeugen und Partei ergreifen. Diese Intentionen überschneiden sich in Teilen mit den Ideen und Zielen eines Studium generale, gleich ob bei diesen die Vermittlung wissenschaftlichen Wissens an interessierte Öffentlichkeiten im Vordergrund steht oder die Sensibilisierung von Studierenden für die Grenzen disziplinärer Herangehensweisen und für die Verantwortung wissenschaftlicher Expertise überhaupt. Dennoch bestehen in den real existierenden Varianten klare Unterschiede, insofern nur selten eine explizite Parteinahme vorgenommen wird. Diese Seite des Konzepts öffentlicher Soziologie ist aber ja selbst Gegenstand von Debatten (z. B. Prisching 2018, S. 152–154; Selke 2020, S. 94–183).

Daher ist die Institution Studium generale zwar vielfältig anschlussfähig an unterschiedliche Positionierungen einer öffentlichen Wissenschaft, sie ist aber nicht zwingend selbst immer schon eine Form dieses Engagements. Bei Etablierung oder Reflexion entsprechender Angebote sind zudem die Debatten um Modi von Wissensproduktion und Interdisziplinarität (Nowotny et al. 2003) zu bedenken, die aufgrund der traditionellen Ausrichtung eines Studium generale auf dieses Thema eine wichtige Hintergrundfolie bleiben. Dennoch können umgekehrt aus der öffentlichen Wissenschaft Impulse für ein nicht nur instruktives, Lernerfahrungen ermöglichendes und aktivierendes Studium generale erfolgen, kann zu weitergehenden Praxisprojekten motiviert und Engagement theoretisch unterstützt werden. Für das Studium generale an gegenwärtigen Hochschulen kann die Auseinandersetzung mit Konzepten öffentlicher Wissenschaft so ein wichtiger Anlass zu weiteren Reflexionen und ein Weg zur Vermeidung allzu akademischer oder beliebiger Selbstverständnisse sein.

Literatur

Bauer, Martin W. 2018. Kritische Betrachtungen zur Geschichte der Wissenschaftskommunikation. In *Forschungsfeld Wissenschaftskommunikation*, Hrsg. Heinz Bonfadelli et al., 17–39. Wiesbaden: Springer VS.

Bauernschmidt, Stefan. 2018. Öffentliche Wissenschaft, Wissenschaftskommunikation & Co. Zur Kartierung zentraler Begriffe in der Wissenschaftskommunikationswissenschaft. In *Öffentliche Gesellschaftswissenschaften. Grundlagen, Anwendungsfelder und neue Perspektiven*, Hrsg. Stefan Selke und Annette Treibel, 21–42. Wiesbaden: Springer VS.

Burawoy, Michael. 2015. *Public Sociology. Öffentliche Soziologie gegen Marktfundamentalismus und globale Ungleichheit*. Weinheim/München: Juventa.

Casale, Rita, und Gabriele Molzberger. 2018. Studium Generale in der BRD nach 1945. Zu Konstitution und Wandel universitärer Bildungsformate. *Erziehungswissenschaft* 29(56): 121–132.

Huber, Ludwig. 2016. „Studium Generale" oder „Schlüsselqualifikationen"? Ein Orientierungsversuch im Feld der Hochschulbildung. In *Bildung und Schlüsselqualifikationen. Zur Rolle der Schlüsselqualifikationen an den Universitäten*, Hrsg. Ursula Konnertz und Sibylle Mühleisen, 101–122. Frankfurt a. M.: Peter Lang.

Hütig, Andreas, und Benedikt Schreiber. 2019. Kompetenzförderung durch wissenschaftsjournalistisches Arbeiten – innovative Lehre und neue Prüfungsformen. *Das Hochschulwesen. Forum für Hochschulforschung, -praxis und -politik* 67(6): 171–176.

Lerch, Sebastian. 2017. *Interdisziplinäre Kompetenzen*. Münster/New York: Waxmann.

Lohmann, Ingrid. 1986. Allgemeinbildung – Metawissen – Urteilskraft. In *Allgemeine Bildung. Analysen zu ihrer Wirklichkeit, Versuche über ihre Zukunft*, Hrsg. Heinz-Elmar Tenorth, 215–230. Weinheim/München: Juventa.

Nowotny, Helga, Peter Scott, und Michael Gibbons. 2003. ‚Mode 2' revisited: The new production of knowledge. *Minerva* 41:179–194.

Papenkort, Ulrich. 1993. *„Studium generale". Geschichte und Gegenwart eines hochschulpädagogischen Schlagwortes*. Weinheim: Dt. Studien.

Philipps, David. 1995. *Pragmatismus und Idealismus. Das ‚Blaue Gutachten' und die britische Hochschulpolitik in Deutschland 1948*. Köln: Böhlau.

Prisching, Manfred. 2018. Vortragserfahrungen – über vertane Chancen der Öffentlichen Soziologie. In *Öffentliche Gesellschaftswissenschaften. Grundlagen, Anwendungsfelder und neue Perspektiven*, Hrsg. Stefan Selke und Annette Treibel, 147–167. Wiesbaden: Springer VS.

Schaller, Klaus. 1977. Studium Generale, Hochschuldidaktik und Interdisziplinarität in Forschung und Lehre. *Neue Sammlung* 17:478–501.

Selke, Stefan. 2020. *Einladung zur öffentlichen Soziologie. Eine postdisziplinäre Passion*. Wiesbaden: Springer VS.

Wolbring, Barbara. 2014. *Trümmerfeld der bürgerlichen Welt. Universität in den gesellschaftlichen Reformdiskursen der westlichen Besatzungszonen (1945–1949)*. Göttingen: Vandenhoeck & Ruprecht.

Forschendes Lernen als öffentliche Sozialforschung: Zum Konzept der öffentlichen Lehrforschung

Sabrina Zajak und Ines Gottschalk

Inhalt

1 Einleitung. Studierende in Forschung und Öffentlichkeit 209
2 Forschendes Lernen und öffentliche Soziologie gemeinsam neu denken: der Ansatz
   öffentlicher Lehrforschung 210
3 Varianten öffentlicher Lehrforschung 212
4 Innovationspotenzial und Limits öffentlicher Lehrforschung 216
Literatur 217

1 Einleitung. Studierende in Forschung und Öffentlichkeit

Öffentliche Soziologie ist in aller Munde: Auf internationalen Kongressen, Tagungen und in zahlreichen Publikationen (Aulenbacher et al. 2017; Burawoy 2015; Damitz 2013; Selke 2020) wird über das Verhältnis von Wissenschaft und Praxis und die gesellschaftliche Relevanz von Forschung diskutiert. Diese Debatte ist nicht neu und wird immer wieder geführt. Die Soziologie als Gesellschaftswissenschaft hatte von Anbeginn an auch immer gesellschaftsgestaltenden Anspruch (Bauman und May 2001). Dennoch findet man Ansätze zur Umsetzung einer öffentlichen Soziologie in der Lehre kaum. Das ist insbesondere für die neueren Ansätze des Forschenden Lernens erstaunlich, denn es geht auch in der Lehrforschung um „die Gewinnung von auch für Dritte interessante [...] Erkenntnisse" (Huber 2009, S. 10). Warum es über das hier präsentierte Projekt „Öffentliche Sozialforschung: Engage-

---

S. Zajak (✉)
Institut für Soziale Bewegungen, Ruhr-Universität Bochum, Bochum, Deutschland
E-Mail: sabrina.zajak@rub.de

I. Gottschalk (✉)
Lehrstuhl für Sozialtheorie und Sozialpsychologie, Ruhr-Universität Bochum, Bochum, Deutschland
E-Mail: ines.gottschalk@rub.de

ment in der Ruhr-Metropole" hinaus keine uns bekannten Ansätze und Konzepte einer öffentlichen Lehrforschung gibt, darüber kann lediglich spekuliert werden. Ein Grund liegt unserer Meinung und eigener Erfahrung nach an dem noch immer sehr stark hierarchischen und vermachteten Wissenschaftssystem, indem Studierende weder als Forschende, noch als Personen, die auch eine öffentliche Debatte mitgestalten könnten, ernsthaft in Betracht gezogen werden.

Dieser Artikel fokussiert die Rolle von Studierenden und zwar in doppelter Hinsicht. Erstens in ihrer Rolle als Forschende, die selbst aktiv Forschung betreiben und an größeren Forschungsprojekten beteiligt werden und diese mitgestalten können. Zweitens in ihrer Rolle als öffentliche Kommunikatoren, die lernen, ihre ‚Untersuchungssubjekte' an ihrer eigenen Forschung teilhaben zu lassen und dabei praxisnahes und gesellschaftsrelevantes Wissen produzieren. Kommen beide Aspekte zusammen, sprechen wir von öffentlicher Lehrforschung.

Im Folgenden stellen wir zwei verschiedene Ansätze für öffentliche Lehrforschung vor, die den Bezug zur Öffentlichkeit und Praxis unterschiedlich ausgestalten. Dabei unterscheiden wir dialogorientierte von (selbst-)transformativer Lehrforschung. Diese beiden Ansätze haben wir in dem Projekt „Öffentliche Sozialforschung: Engagement in der Ruhr-Metropole", welches an der Ruhr-Universität Bochum als von inSTUDIESplus gefördertes Lehrforschungsprojekt (2016–2018) mit Masterstudierenden und Bachelorstudierenden der Sozialwissenschaften durchgeführt wurde, entwickelt (https://engagementforschung.blogs.ruhr-uni-bochum.de/).

Wir zeigen anhand unserer beiden Beispiele, dass man in verschiedenen Phasen des Forschungsprozesses das Verhältnis zwischen Lehrenden, Studierenden und spezifischer Öffentlichkeit durchaus unterschiedlich ausbuchstabieren kann. Damit geht die Verbindung von Ansätzen der öffentlichen Soziologie mit Lehrforschungsformaten über ein Verständnis des Austausches mit der Öffentlichkeit als Wissenschaftskommunikation hinaus. Dazu beschreiben wir zunächst die Idee von öffentlicher Lehrforschung, bevor wir anschließend auf die beiden Beispiele genauer eingehen. In einem abschließenden Vergleich erläutern wir die jeweiligen Vor- und Nachteile für die Lehrforschung und diskutieren im Fazit Innovationspotenzial und Limitationen öffentlicher Lehrforschung für den wissenschaftlichen und öffentlichen Erkenntnisgewinn sowie als Lern-, Erfahrungs- und Qualifikationsraum für Studierende.

2 Forschendes Lernen und öffentliche Soziologie gemeinsam neu denken: der Ansatz öffentlicher Lehrforschung

Ziel Forschenden Lernens ist es, Studierenden eine aktive Teilhabe an der Gestaltung von Forschungsprojekten zu ermöglichen. Sie sollen dabei an den verschiedenen Phasen der Entwicklung der Fragestellungen und Hypothesen, des methodischen Vorgehens bis hin zur Darstellung der Ergebnisse involviert werden und nicht nur Forschen lernen, sondern auch weitere Kompetenzen wie Präsentationsfähigkeit,

Teamkompetenzen oder Kommunikationsfähigkeit erwerben (Huber 2009). Der Kompetenzgewinn des Studierenden steht damit im Vordergrund. Ob die Ergebnisse tatsächlich in irgendeiner Weise für die Praxis relevant sind, spielt dabei eine nachgeordnete Rolle, da die Studierenden in erster Linie die Kommunikationssituation erfahren und managen sollen.

Den relevanten Öffentlichkeiten kommt im Rahmen der Entwicklung des Forschungsprozesses keine Funktion zu. Das ist der zentrale Unterschied zwischen Forschendem Lernen und dem Konzept der öffentlichen Lehrforschung. Letztere verbindet die Einbeziehung von Studierenden in den gesamten Forschungsprozess mit einer Öffentlichkeitsorientierung in den verschiedenen Forschungsphasen. Öffentliche Lehrforschung ist somit auch eine Form des „doing public sociology". Zentral ist, dass öffentliche Soziologie nicht (nur) darin besteht, Pressemitteilungen oder Zeitungsartikel zu verfassen. Vielmehr geht es um „den direkten, lokalen Dialog mit einem interessierten Publikum" (Lessenich und Neckel 2012).

Für öffentliche Lehrforschungsprojekte gilt es also insbesondere zwei Aspekte zu berücksichtigen. Erstens, muss klargestellt werden, wer die Öffentlichkeiten bzw. das interessierte oder adressierte Publikum ist. Zweitens muss die Form des Dialogs in den verschiedenen Forschungsschritten konzeptualisiert werden. Lessenich und Neckel (2012) betonen beispielsweise die dialogische, interaktive und transformative Produktion wissenschaftlichen Wissens. Dabei geht es nicht einfach nur um die Kommunikation von Forschungsergebnissen in den öffentlichen Raum, z. B. durch Podiumsdiskussionen oder andere öffentliche Veranstaltungen. Es geht auch um die Möglichkeit der Teilhabe von und des Austauschs mit Interessierten, Adressierten und Beforschten.

Konkret unterscheiden sich die von uns hier vorgeschlagenen öffentlichen Lehrforschungsformate in der Art und Weise, wie die Rolle nicht-wissenschaftlicher AkteurInnen (a) im *Wissensgenerierungsprozess* und (b) im *Wissensdiffusionsprozess* definiert wird, sowie (c) durch den grundlegenden *Mechanismus*, mittels dessen Öffentlichkeitswirksamkeit erzeugt werden soll. Denn eine Öffentlichkeitorientierung ist niemals Selbstzweck. Der normative Anspruch ist „die Rückkehr der Soziologie in die Gesellschaft", wie es Urban (2015, S. 223) am Beispiel von Gewerkschaften zu veranschaulichen versucht. Er betont, dass eine praxisorientierte Sozialwissenschaft durch kritische Reflexion auch wichtige Impulse für gewerkschaftliche Erneuerung und strategischer Ausrichtung liefern könne. Dementsprechend stehen häufig eher linke und aktivistische Projekte und soziale Bewegungen im Vordergrund dieser Forschung (Eversberg et al. 2017; Teune und Ullrich 2018). Obwohl Bewegungen und Zivilgesellschaft den entscheidenden Bezugsrahmen darstellen, bleiben jedoch Theorien aus der Bewegungsforschung unberücksichtigt (Neidhardt 2017). Die hier vorgestellten Beispiele beziehen sich alle auf den Bereich bürgerschaftliches Engagement und fallen somit ebenfalls in den Bereich Zivilgesellschaft. Engagementforschung erachten wir allerdings aufgrund ihres Praxisbezugs auf der einen sowie dem Wunsch nach Handlungsempfehlungen der Praxis auf der anderen Seite als ein geeignetes Anwendungsfeld für öffentliche Soziologie (Unzicker und Hessler 2012).

3 Varianten öffentlicher Lehrforschung

Wir werden im Folgenden die beiden Konzepte der *dialogorientierten* und der *(selbst-)transformativen öffentlichen Lehrforschung* erläutern und darstellen, wie diese mit PraktikerInnen und Öffentlichkeit in den verschiedenen Phasen im Forschungsprozess ausgestaltet werden können.

3.1 Dialogorientierte öffentliche Lehrforschung

Eine Möglichkeit der Gestaltung des Lehrenden-Studierenden-Öffentlichkeits-Verhältnisses bezeichnen wir als *dialogorientierte öffentliche Lehrforschung*. Der Dialog in Form des gegenseitigen Austauschens und des reziproken Lernens findet dabei in unterschiedlichem Umfang in den einzelnen Forschungsschritten statt. Die Rollenverteilung zwischen Forschenden und Beforschten bleibt allerdings bestehen und es sind letztendlich die Forschenden (DozentInnen und Studierende), die die finalen Entscheidungen über den Forschungsprozess treffen. Es werden allerdings dialogorientierte Öffentlichkeitselemente in den verschiedenen Phasen des Forschungsprozesses eingebaut. In unserem Fall setzen wir dies in Form von sog. Engagementworkshops, partizipativer Forschung, sowie Veröffentlichungen im online Blog- und Sammelbandformat um. Konkret lässt sich der Prozess wie folgt darstellen:

Für das Projekt wurde ein *Thema* ausgewählt, welches nach dem Sommer der Migration 2015 in Deutschland von hoher gesellschaftspolitischer Relevanz war. Es war uns klar, dass dieses Thema auch auf lokaler Ebene in Bochum von Bedeutung für Stadt, Verwaltung, Medien und zivilgesellschaftliche Organisationen sowie einzelnen HelferInnen sein würde. Für die *Entwicklung der Fragestellung und des methodischen Designs* sollten neben den Studierenden auch die Engagierten selbst eingebunden werden. Deshalb luden wir Engagierte im Juni 2016 zu unserem *ersten Engagement-Workshop* ein. Ziel des Workshops war es, gemeinsame Lernprozesse zwischen Wissenschaft, Studierenden und Praxis anzuregen. An dem Workshop nahmen neben den Studierenden und Engagierten auch DoktorandInnen und WissenschaftlerInnen der RUB teil. Es fand ein Austausch statt, wie über Engagement gesprochen und wie es erforscht werden sollte und den Engagierten selbst wurde die Möglichkeit gegeben Forschungsbedarfe aus ihrer Sicht einzubringen.

Die zentralen Erkenntnisse sind anschließend unmittelbar in den weiteren Forschungsprozess, insbesondere in die *Entwicklung von Fragestellungen sowie quantitativen Fragebögen und qualitativen Interviewleitfäden* eingeflossen. In diesem Sinne wird auf die kritische Kompetenz von „Laiensoziologinnen" (Singe und Sittel 2017, S. 191–192) zurückgegriffen, um den gegenwärtigen Kenntnisstand zu verbessern. Konkret artikulierten die Engagierten beispielsweise die Notwendigkeit der Erforschung des Verhältnisses von Zivilgesellschaft und Behörden und die Erarbeitung von Handlungsempfehlungen. Auffallend war außerdem, dass insbesondere das

Thema Datenschutz Diskussionsbedarf erzeugte. Hier ließen sich Aha-Effekte auf Seiten der Studierenden beobachten. Das wichtige Thema Datenschutzrichtlinien und Einverständniserklärungen finden Studierende im Seminar eher technisch langweilig. Dies ist aus Sicht der Befragten durchaus nicht so, die klar mitbestimmen möchten, was mit ihren Informationen geschieht und wie stark der Text anonymisiert werden soll. Diesem Thema kommt zudem vor dem Hintergrund der Hilfe von Geflüchteten, die zum damaligen Zeitpunkt zum Teil noch keinen geklärten Aufenthaltsstatus hatten, besondere Relevanz zu.

Der Workshop diente den Engagierten auch dazu, für ihr Engagement zu werben. Da die soziale Bewegungsforschung oftmals mit partizipativen Elementen einhergeht (Kemmis et al. 2013; Reason und Bradbury 2013), war ein Engagement der Studierenden in der Flüchtlingshilfe parallel zum Forschungsprozess durchaus auch intendiert. Außerdem konnten die Studierenden Kontakte für Interviews knüpfen. Der Austausch mit den Engagierten hatte somit auch eine Auswirkung auf den *Datengenerierungsprozess*. Das im Seminar und in dem Workshop Gelernte half den Studierenden auch, die in den Interviews gewonnenen Informationen zu sortieren und zu bearbeiten.

Ende Januar 2017 kam es dann zum Ende der zweiten Seminarhälfte zum *zweiten Engagement-Workshop*. Neben den Studierenden und Engagierten sowie der interessierten Öffentlichkeit wurden außerdem Personen aus der Stadtverwaltung und ein Verwaltungswissenschaftler eingeladen, da der Umgang Behörden-Zivilgesellschaft (das ‚Verwaltungschaos') ein wichtiges Anliegen der Engagierten im ersten Workshop war und dementsprechend sich dem auch viele Handlungsempfehlungen der Studierenden widmeten. Die Engagierten hatten hier die Gelegenheit, die Ergebnisse der Studierenden zu kommentieren. Somit konnten wir auf Grundlage des Dialogs mit der Wissenschaft und der Praxis verschiedene Öffentlichkeiten erreichen und den Input der Engagierten in die Überarbeitung der Texte mit aufnehmen. Diese Texte wurden auf dem *Projektblog* (https://engagementforschung.blogs.ruhr-uni-bochum.de/), sowie in einem Sammelband publiziert (für eine ausführlichere Darstellung des Begleitprozesses vgl. Zajak und Gottschalk 2018; Ruppel und Gottschalk 2018; Gottschalk und Ruppel 2019).

3.2 (Selbst-)transformatives Forschen

Eine weitere Form der öffentlichen Lehrforschung ist das *(selbst-)transformative Forschen*, (für eine ausführlichere Diskussion des Beitrags zur Bewegungsforschung sowie zur Darstellung der methodischen und didaktischen Umsetzung vgl. Zajak 2018).

Im Gegensatz zur dialogorientierten Variante ‚beforschen' Studierende soziale Bewegungen nicht, sondern führen ein *Selbstexperiment* durch bei dem der/die Forschende selbst seine/ihre Alltagshandlungen über einen gewissen Zeitraum zu transformieren sucht. Das (selbst-)transformative Selbstexperiment weist viele Gemeinsamkeiten mit partizipativer, aktionsorientierter Forschung (PAF) auf. Ähnlich wie in der PAF verschmelzen Forschungssubjekt und -objekt in einer Person und die/der Forschende wird selbst zur aktiv-handelnden Person. Neues Wissen wird auf nicht-hierarchische Weise und in Interaktion mit anderen generiert. Kontinuierlicher Wandel eigener Verhaltensweisen bilden den Kern der Wissensproduktion durch Reflexion. Gleichzeitig ist ein solches Selbstexperiment transformativ, da es eine Form der Selbstermächtigung (,empowermen') und das Erfahren eigener, individueller und kollektiver politischer Gestaltungsmacht auf Seite der Forschenden impliziert. Studierende (re-)konstruieren sich neu als akademisches und politisches Subjekt.

Empirischer Gegenstand der im Rahmen der ein- und zweisemestrigen Lehrforschungsprojekte von den Studierenden durchgeführten Selbstexperimente waren praxisorientierte soziale Bewegungen, die von dem Wunsch angetrieben werden, breiten sozialen und politischen Wandel über Verhaltensänderungen zu erreichen (Yates 2015). Die Studierenden versuchten in zwei- bis sechswöchigen Experimenten, ihr Handeln zu transformieren. Gewählte Handlungspraktiken waren zero waste, zero plastic und zero social media, wobei die beiden erst genannten mit einem do-it-yourself-Lifestyle einhergehen.

Den Kern des Selbstexperiments bildet die kontinuierliche Reflexion von Forschenden über ihre eigenen Handlungen, in erster Linie über ihre gesellschaftliche Rolle als politisches Subjekt. Im Verlauf des Selbstexperiments beobachten sich Forschende selbst bei der Wahl verschiedener Wissenskonstruktionspraktiken und in Interaktion mit anderen. Sie transformieren dieses Wissen in eigenes Handeln, womit es erfahrbar gemacht wird. Diese Erfahrungen erweitern letztlich den Horizont der Forschenden und ermöglichen verstehendes Erklären auf einer sehr grundlegenden Ebene. Gleichzeitig basiert diese Form der Wissensproduktion nicht auf Ausbeutungsverhältnissen und Machtasymmetrien, sondern auf gleichberechtigtem Dialog mit anderen.

Dies geschieht nicht über die öffentliche Bereitstellung von Forschungsergebnissen, sondern durch den gegenseitigen Austausch. Anders als bei der dialogorientierten Variante teilen die Studierenden/Forschenden/Aktiven, gelebte Erfahrungen mit den AktivistInnen und lernen von ihnen, ohne eine dominante Position in der Ko-Produktion von Wissen einzunehmen.

Da die Forschenden selbst zu AktivistInnen werden und während ihres Experiments immer wieder zwischen Reflexions- und Aktionsphasen hin und her wechseln, wird die Unterscheidung sowohl zwischen Forschung und aktivistischer Praxis als auch zwischen Wissensgenerierungs- und Wissensdiffusionsphasen in einem zu durchlaufenden Forschungszyklus radikal aufgelöst. Dementsprechend liegt dem Selbstexperiment weniger Vorstrukturierung durch die Lehrenden zugrunde. Die Studierenden/Forschenden werden mit dem entwickelten *Reflexions-Aktions-Zyklus* (Zajak 2018) bei der Wahl und Transformation ihrer Handlungspraktiken begleitet. Dabei zählt das Wechselspiel von Aktion und Reaktion auch als Kernelement partizipatorisch-aktiver Forschung im Allgemeinen (Starodub 2018).

3.3 Dialogorientierte und (selbst-)transformative Forschung im Vergleich

Im Folgenden sollen nun die beiden vorgestellten Ansätze im Hinblick auf die Rollen und Subjektkonstruktion von WissenschaftlerInnen und PraktikerInnen verglichen werden.

Gemein ist zunächst beiden Ansätzen, dass sie verschiedenen Stimmen, die sonst nicht am Forschungsprozess mitwirken, Gehör verschaffen. Den Studierenden kommt dabei in beiden Ansätzen die Dreifachrolle des Lernenden, des Forschenden und des Aktiven zu. Das impliziert ein *Wissenschaftsverständnis* in dessen Fokus die gemeinsame Wissensproduktion steht, bei der Forschende und Beforschte, je nach Phase unterschiedlich ausgeprägt, zusammen an der Erkenntnisgenerierung arbeiten. Der/die Forschende kommuniziert dabei sowohl *in* als auch *mit* verschiedenen Öffentlichkeiten und leistet somit einen kontinuierlichen Beitrag zum öffentlichen Diskurs. Die Vorgehensweise steht damit in der langen Tradition von Forschungsansätzen, die versuchen, aus den hierarchischen und standardisierten Wissensproduktionen, die die Wissenschaft dominieren, auszubrechen, indem die privilegierte WissenschaftlerInnenposition in partizipativen und handlungsorientierten Forschungsansätzen aufgelöst wird (Kemmis et al. 2013; Reason und Bradbury 2013; Starodub 2018). Beide tragen zu einer Enthierarchisierung der Wissenschaft bei, in der verschiedene Wissensbestände ernst genommen und ‚auf Augenhöhe' diskutiert werden. Wissenschaftliche Gesellschaftskritik und Alltagskritik werden miteinander verbunden.

Allerdings gibt es auch grundlegende Unterschiede zwischen den Ansätzen, in Hinblick darauf wie der Forschungsprozess konstruiert wird, wie Wissen generell konstruiert und wie mit verschiedenen „Öffentlichkeiten" umgegangen wird. Diese Unterschiede liegen in den verschiedenen Rollen bzw. Subjektkonstruktionen der Studierenden als Forschenden begründet.

Im *dialogorientierten Forschen* sind Studierende in erster Linie Studierende und ForscherInnen in einer Person. Dass Studierende als Forschende auch im untersuchten Engagement- oder Bewegungsfeld aktiv partizipieren ist möglich, aber keine notwendige Bedingung. Ziel ist es, den Studierenden neue Möglichkeiten der Wissensaneignung und des Wissenstransfers in konkreter Interaktion mit der lokalen Zivilgesellschaft zu ermöglichen. Letztlich bestimmt aber der Forschende (StudentIn mit Unterstützung der DozentInnen) den Forschungsprozess und legt fest, wer relevantes Praxiswissen besitzt und wer als ausgewählte Öffentlichkeit fungiert.

Dies ist grundlegend anders im *(selbst-)transformativen Forschen*, bei dem die Grenzen zwischen Forschenden und Aktiven aufgehoben werden. Das experimentelle Design ermöglicht eine Entgrenzung in der Person des Studierenden. Der Empowerment-Effekt auf den Studierenden ist ungleich größer. Es transformiert Studierende in ein politisches, gesellschaftsgestaltendes Subjekt, welches neue Möglichkeiten der gesellschaftspolitischen Gestaltung für sich und andere erschließt.

4 Innovationspotenzial und Limits öffentlicher Lehrforschung

Öffentliche Lehrforschung besitzt enorme Potenziale für die universitäre Lehre und die Erzeugung eines wissenschaftlichen und öffentlichen Beitrags, denen jedoch insbesondere als Lern-, Erfahrungs- und Qualifikationsraum für Studierende auch Grenzen gesetzt sind.

Der *öffentliche Beitrag* wird neben der Bereitstellung der Ergebnisse in erster Linie in Kommunikations- und Interaktionssituationen mit verschiedenen Öffentlichkeiten erzeugt. Dabei gilt es zu bedenken, dass es sich hier um ‚small publics' in spezifischen lokalen Settings handelt und nicht um die Beeinflussung breiterer nationaler Debatten, da große Öffentlichkeiten von Studierenden strukturell sehr schwierig zu erreichen sind. Gleichzeitig ist die Beziehung zur Öffentlichkeit ein wechselseitiger Prozess, bei dem einerseits Expertise eingespeist, andererseits aber auch ein *wissenschaftlicher Beitrag* erzeugt wird. Neidhard (2017) kritisierte unlängst die öffentliche Soziologie für ihren Mangel an theoretischer Einbettung, denn häufig bleibe unklar, wie die angenommene Kompetenz der Nicht-WissenschaftlerInnen zu Theorieentwicklung beitragen kann. Dieser Brückenschlag in die Wissenschaft stellt insbesondere Studierende vor große Herausforderungen und ist u. E. nur durch gute Vermittlung des Forschungsfeldes und der Zusammenhänge zur Praxis durch die DozentInnen zu leisten.

(Selbst-)transformatives Forschen eröffnet auch hier spannende, neue Erkenntnishorizonte. Es bietet Zugänge zur Erforschung von kulturellem und sozialem Wandel, die sonst nicht zur Verfügung stehen, da ein/eine ForscherIn selten dabei ist, wenn es zu sozialen Konflikten über Handlungspraktiken kommt. Diese Begegnungen sind jedoch entscheidend für den Wissenstransfer und gegenseitiges Lernen. Erkenntnisse über diese Mikro-Kosmen gesellschaftlichen Wandels fehlen in der Forschung weitestgehend. Gleichzeitig ist das Selbstexperiment auch eine Form der sozialen Intervention, die Mikrotransformationen im Feld bewirken kann, da dabei Dritte immer wieder mit den neuen Handlungspraxen konfrontiert werden, was entweder zu einer gesellschaftlichen Verbreitung der Handlungen führen kann.

Problematisch bleibt es, dass insbesondere Studierenden der „Erkenntnisvorteil der Distanz" (Neidhardt 2017, S. 311) verloren gehen kann, wenn sie sich sehr mit dem Thema identifizieren und dann nicht mehr in der Lage sind, das Thema in größere gesellschaftliche Zusammenhänge einzubetten und zu Grunde liegende Herrschaftszusammenhänge sichtbar zu machen. Von Seiten der Lehrenden muss hier u. E. immer wieder zu Reflexionsprozessen angeregt werden.

Schlussendlich wird öffentliche Sozialforschung zu einem Erfahrungsraum, in dem sich die *Subjekt- und Kompetenzbildung der Studierenden* vollzieht. Es ist ein adäquater Ansatz, um einige der Ziele, die im Forschenden Lernen angestrebt werden, umzusetzen. So stärkt es die Selbstermächtigung der Studierenden und schafft die Grundlage, reflexive Handlungskompetenz und ihre zukünftige berufliche Praxis kritisch zu reflektieren und weiterzuentwickeln. Gleichzeitig trägt die gemeinsame Planung und Umsetzung öffentlichkeitswirksamer Ergebnispräsentationen, wie die der Blogeinträge und der Workshops, zur Entfaltung von organisatorischen wie publikatorischen Kompetenzen bei. Zugleich werden durch begrenzte institutionelle Mittel und durch den zu organisierenden Einbezug der Öffentlichkeit und begrenzte Zeitressourcen der Studierenden auch didaktisch zu lösende Herausforderungen deutlich (Ruppel und Gottschalk 2018; Gottschalk und Ruppel 2019). Öffentliche Lehrforschung ist somit ein anspruchsvolles Format, welches nicht nur öffentlichen und gesellschaftspolitischen Nutzen hat, sondern auch Kompetenzen der Studierenden fördert. Dabei gilt es allerdings, den notwendigen Ressourcenaufwand für alle Beteiligten nicht zu unterschätzen.

Literatur

Aulenbacher, Brigitte, Michael Burawoy, Klaus Dörre, und Johanna Sittel, Hrsg. 2017. *Öffentliche Soziologie: Wissenschaft im Dialog mit der Gesellschaft*. Frankfurt a. M.: Campus Verlag.
Bauman, Zygmunt, und Tim May. 2001. *Thinking sociologically*. Hoboken: Blackwell Publishers.
Burawoy, Michael. 2015. *Public Sociology. Öffentliche Soziologie gegen Marktfundamentalismus und globale Ungleichheit*. Weinheim/Basel: Berlitz Juventa.
Damitz, Ralf M. 2013. Öffentliche Soziologie. *Soziologische Revue* 36(3): 251–262.
Eversberg, Dennis, Steffen Liebig, Matthias Schmelzer, und Nina Treu. 2017. Public Sociology in der Bewegungsforschung. In *Öffentliche Soziologie. Wissenschaft im Dialog mit der Gesellschaft*, Hrsg. Brigitte Aulenbacher et al., 133–145. Frankfurt a. M.: Campus.
Gottschalk, Ines, und Paul Sebastian Ruppel. 2019. Funktionen des Schreibens im Forschenden Lernen. Ein Systematisierungsversuch am Beispiel eines schreibintensiven sozialwissenschaftlichen Lehrforschungsprojekts. *Neues Handbuch Hochschullehre* 92:65–94.
Huber, Ludwig. 2009. Warum Forschendes Lernen nötig und möglich ist. In *Forschendes Lernen im Studium. Aktuelle Konzepte und Erfahrungen*, Hrsg. Ludwig Huber et al., 9–3. Bielefeld: UVW, Webler.
Kemmis, Stephen, Robin McTaggart, und Rhonda Nixon. 2013. *The action research planner: Doing critical participatory action research*. Luxemburg: Springer Science & Business Media.
Lessenich, Stephan, und Sighard Neckel. 2012. DGS goes public! *Soziologie* 41:317–319.
Neidhardt, Friedhelm. 2017. „Public Sociology" – Burawoy-Hype und linkes Projekt. *Berliner Journal für Soziologie* 27(2): 303–317.
Reason, Peter, und Hilary Bradbury, Hrsg. 2013. *The SAGE handbook of action research: Participative inquiry and practice*. London: Sage.
Ruppel, Paul Sebastian, und Ines Gottschalk. 2018. Kooperative Prozesse qualitativen Forschens im Rahmen eines interdisziplinären sozialwissenschaftlichen Studiums. In *Forschendes Lernen – The wider view*, Hrsg. Nils Neuber et al. Münster: WTM, Verlag für wissenschaftliche Texte und Medien.
Selke, Stefan. 2020. *Einladung zur öffentlichen Soziologie. Eine postdisziplinäre Passion*. Wiesbaden: Springer VS.
Singe, Ingo, und Johanna Sittel. 2017. Prekarität im Dialog: Arbeitssoziologie als organische öffentliche Soziologie. In *Öffentliche Soziologie. Wissenschaft im Dialog mit der Gesellschaft*, Hrsg. Brigitte Aulenbache et al., 189–200. Frankfurt a. M.: Campus.
Starodub, Alissa. 2018. Horizontal participatory research action: Refugee solidarity in the border zone. *Area*. https://doi.org/10.1111/area.12454.
Teune, Simon, und Peter Ullrich. 2018. Protestforschung mit politischem Auftrag. *Forschungsjournal Soziale Bewegungen* 31(1–2): 418.
Unzicker, Kai, und Gudrun Hessler, Hrsg. 2012. *Öffentliche Sozialforschung und Verantwortung für die Praxis. Zum Verhältnis von Sozialforschung, Praxis und Öffentlichkeit*. Wiesbaden: Springer VS.

Urban, Hans-Jürgen. 2015. Soziologie, Öffentlichkeit und Gewerkschaften. Versuch eines vorausschauenden Nachworts zu Michael Burawoys Public Sociology. In *Public Sociology. Öffentliche Soziologie gegen Marktfundamentalismus und globale Ungleichheit*, Hrsg. M. Burawoy, 221–242. Weinheim: Beltz Juventa.

Yates, Luke. 2015. Rethinking prefiguration: Alternatives, micropolitics and goals in social movements. *Social Movement Studies* 14(1): 1–21.

Zajak, Sabrina. 2018. Engagiert, politisch, präfigurativ – Das Selbstexperiment als transformative Bewegungsforschung. *Forschungsjournal Soziale Bewegungen* 30(4): 98–105.

Zajak, Sabrina, und Ines Gottschalk, Hrsg. 2018. *Flüchtlingshilfe als neues Engagementfeld. Chancen und Herausforderungen des Engagements für Geflüchtete*. Baden-Baden: Nomos.

Service Learning

Karsten Altenschmidt und Glaucia Peres da Silva

Inhalt

1 Einleitung und Orientierung 219
2 Herkunft und Verbreitung 220
3 Kriterien und Formen 221
4 Wirkung und Kritik 222
5 Service Learning im Kontext öffentlicher Soziologie 223
6 Service Learning und öffentliche Soziologie am Beispiel 223
7 Fazit 225
Literatur 225

1 Einleitung und Orientierung

Öffentliche Soziologie, die sich an der einschlägigen US-amerikanischen Literatur orientiert, thematisiert Service Learning als prototypische *Praxis*form öffentlicher Soziologie in der Lehre. Service Learning ist ein Ansatz, der institutionell verankertes Lernen (Learning) und gesellschaftliches Engagement (Community Service) verknüpft. Mit Service Learning wird daher zumeist die doppelte Zielsetzung verbunden, die akademische Lehre durch gesellschaftlichen Problembezug zu stärken *und* das gesellschaftliche Zusammenleben durch die Lehre zu unterstützen. Vor diesem Hintergrund versteht sich Service Learning zugleich als ein spezielles Format des Lernens aus der Erfahrung einer gemeinnützigen Tätigkeit und als eine Form

---

K. Altenschmidt (✉)
UNIAKTIV – Zentrum für gesellschaftliches Lernen und soziale Verantwortung, Universität Duisburg-Essen, Essen, Deutschland
E-Mail: karsten.altenschmidt@uni-due.de

G. P. da Silva
Überfachliche Bildung und berufliche Orientierung, Universität Tübingen, Tübingen, Deutschland
E-Mail: glaucia.peres-da-silva@uni-tuebingen.de

gesellschaftlichen Engagements im Rahmen der Lehre. Der Anspruch, beide Zielebenen mit geeigneten Methoden und Formen in die Balance zu bringen, kennzeichnet Service Learning grundlegend.

2 Herkunft und Verbreitung

In den Vereinigten Staaten von Amerika kam Service Learning (bzw. US-amerikanisch: *service-learning)* in den 1960er-Jahren auf. Zunächst wurde Service Learning durch Initiativen, dann seit den 1980ern zunehmend durch Schul- wie Hochschulprojekte und nicht zuletzt durch staatliche Förderung vorangetrieben. Daher sind Idee und Ansatz weit verbreitet. Entsprechende Formate finden sich an mindestens zwei Dritteln der (traditionell eng mit der regionalen Wirtschaft verzahnten) Community Colleges. Auf Ebene der Colleges und Universitäten bündelt und unterstützt das *Campus Compact Netzwerk* (www.compact.org) national Service Learning Aktivitäten mit 26 regionalen bzw. bundesstaatlichen Vertretungen. Jenseits der USA lassen sich Beispiele für Service Learning an Hochschulen auf allen Kontinenten finden, die verschiedene Netzwerke institutionalisiert haben (z. B. Service-Learning Asia Network – SLAN; Centro Latinoamericano de Aprendizaje y Servicio Solidaro – CLAYSS). In Europa ist Service Learning in unterschiedlichem Ausmaß institutionalisiert. Hier haben insbesondere Initiativen bzw. Hochschulen in Irland, Großbritannien und Deutschland die Einführung und Erprobung von Service Learning vorangetrieben; befördert durch diverse EU-Projekte (insbes. www.europeengage.org; www.slihe.eu) hat sich Service Learning an europäischen Universitäten weiter verbreitet. 2018 gründete sich die *European Association for Service Learning in Higher Education* (https://www.eoslhe.eu/easlhe/).

In Deutschland wurden Idee und Begrifflichkeit zum Beginn des neuen Jahrtausends übernommen. Aktuell sind etwa vierzig der staatlichen deutschen Universitäten und (Fach)Hochschulen auf Leitungsebene Mitglied im einschlägigen Netzwerk *Bildung durch Verantwortung e.V.* (www.bildung-durch-verantwortung.de). Deutlich mehr als 20 % der deutschen Hochschulen dürften über eigene Angebote bzw. Programme zu Service Learning verfügen, wobei sich der Institutionalisierungsgrad mitunter beträchtlich unterscheidet. Die Bandbreite reicht von Einzelveranstaltungen, die sich in ihrer didaktischen Ausgestaltung an Service Learning orientieren, bis hin zu Universitäten, die Service Learning programmatisch in ihre Lehrstrategie integriert bzw. zentrale Koordinationsstellen zur Entwicklung und Unterstützung von Service Learning Formaten implementiert haben (insbes. Mannheim, Kassel, Duisburg-Essen).

Die Verbreitung im deutschen Hochschulwesen wurde wesentlich durch das wiederholte Engagement von Stiftungen und in geringerem Ausmaß durch politische Förderung, aber auch durch die zunehmende Eigeninitiative einzelner Hochschulen (insbes. Mannheim, Duisburg-Essen, Würzburg, in Folge die Mitgliedshochschulen des Netzwerks: Bildung durch Verantwortung) befördert.

3 Kriterien und Formen

Mittlerweile hat sich ein zwar von der US-amerikanischen Tradition wesentlich beeinflusstes, aber in seiner Rezeption und Konzeption eigenständiges deutschsprachiges Feld herausgebildet. So wurde 2018 ein eigenständiger Referenzrahmen durch die Redaktionsgruppe *Qualität des Hochschulnetzwerks* erarbeitet, der zehn Dimensionen für gelingendes Service Learning beschreibt (Tab. 1).

Als allgemeiner Ansatz variiert Service Learning in seiner Umsetzung beträchtlich und kann gut in Fachdisziplinen und Studienphasen eingepasst werden. Eine ausgearbeitete Typologie unterschiedlicher Formen ist bislang desiderat. Service Learning Veranstaltungen lassen sich jedoch unterscheiden hinsichtlich ihrer:

- fachlichen bzw. überfachlichen Anlage;
- Lernzielfokussierung bzw. -priorisierung, (insbes. akademische Fachlichkeit, Berufsfähigkeit, allgemeine Schlüsselkompetenzen);
- methodischen Anlage des Engagements, insbes. Projektmethode vs. (Einzel-) Engagement;

Tab. 1 Qualitätskriterien Service Learning der „Redaktionsgruppe Qualität", Hochschulnetzwerk Bildung durch Verantwortung e. V. (Hochschulnetzwerk Bildung durch Verantwortung/Redaktionsgruppe Qualität 2019)

Qualitätskriterium	Beschreibung
Gesellschaftlicher Bedarf	Projekte und Maßnahmen entstehen aus realen gesellschaftlichen Problemen und Aufgaben und zielen auf einen konkreten Nutzen für den Einzelnen, eine Gruppe oder die Gesellschaft ab.
Definierte Ziele	Alle Beteiligten definieren gemeinsame Ziele, auf die kooperativ hingearbeitet wird und die zum Abschluss auf ihre Erreichung hin überprüft werden.
Service Learning ist Bestandteil des Studiums	Service Learning ist strukturell und inhaltlich in das Studium eingebunden und mit den Lernzielen des Studiums verknüpft.
Kompetenzerwerb der Studierenden	Studierende erwerben im Service Learning je nach inhaltlicher und didaktischer Gestaltung durch die Lehrenden und Non-Profit-Organisationen persönliche, soziale, fachliche und berufliche Kompetenzen.
Lernen in fremden Lebenswelten	Studierende lernen und handeln außerhalb des eigenen Hochschul- und Studienkosmos.
Kooperation der Beteiligten	Alle Beteiligten wirken gemeinsam an der Planung, Vorbereitung und Ausgestaltung von Service Learning mit.
Reflexion	Die Beteiligten reflektieren fachlich und wissenschaftlich angeleitet ihre Erfahrungen im Service Learning.
Begleitung der Studierenden	Studierende werden bei der Planung und Durchführung von Service-Learning-Projekten unterstützt und begleitet.
Evaluation und Qualitätsentwicklung	Service-Learning-Projekte beinhalten Maßnahmen zur Evaluation, insbesondere zur Qualitätssicherung und -entwicklung.
Anerkennung und Würdigung	Das Engagement und die Leistungen der beteiligten Akteure werden im Service Learning und insbesondere zum Abschluss anerkannt und gewürdigt.

- die Leistungen bzw. Kontaktflächen zu den betroffenen Communities, insbesondere direkte, nicht-direkte und indirekte Services (Jacoby 2015, S. 21).

Ein im vorliegenden Kontext wesentliches Unterscheidungsmerkmal betrifft den Stellenwert studentischer forschender Tätigkeit. Service Learning ermöglicht es im Sinne von Community-based (participatory) Research, Forschung *für* und mitunter auch gemeinsam *mit* zivilgesellschaftlichen Akteuren in die Lehre zu integrieren und entsprechende Grundlagen und Methodiken entlang der Durchführung zu vermitteln (Altenschmidt und Stark 2016). Damit ist Service Learning auch anschlussfähig an Lehrforschungsprojekte und Konzepte wie *forschendes Lernen*.[1]

4 Wirkung und Kritik

Die systematische Beforschung von Service Learning im deutschsprachigen Raum blieb bislang hinter der operativen Umsetzung und Verbreitung zurück. Dies gilt sowohl für eine wissenschaftliche Wirkungsforschung als auch für konzeptionelle sowie hochschul- und gesellschaftspolitische Perspektiven. Einige (wenige) Untersuchungen liegen bislang vorwiegend aus erziehungswissenschaftlicher bzw. lernpsychologischer Perspektive vor und betrachten die Wirkungen spezieller Service Learning Settings auf Studierende (Überblick in: Hofer 2019). Die Befunde scheinen allerdings zu uneinheitlich, die untersuchten Settings zu wenig repräsentativ, um daraus mehr als Einzelfallaussagen zur Wirksamkeit spezifischer Service Learning Settings abzuleiten. Hier besteht Handlungsbedarf, zumal für SoziologInnen, da auch die soziologisch spannenden Dimensionen der Auswirkungen von Service Learning auf zivilgesellschaftliche Akteure und Strukturen und der möglichen Wechselwirkungen zwischen Zivilgesellschaft, Service Learning und Lehrenden, Fachkultur, Hochschulstrukturen bislang weitestgehend unbeachtet geblieben sind.

Dem steht eine Vielzahl gut dokumentierter Praxisbeispiele gegenüber (z. B. auf www.campus-vor-ort.de), die zugleich verdeutlichen, wie heterogen Service Learning als Phänomen an Universitäten und Hochschulen – fachlich und überfachlich – umgesetzt wird. Die Verbreitung und Akzeptanz von Service Learning in Deutschland ist auch dadurch zu erklären, dass sich viele und vielfältige, teils unterschiedliche Zielstellungen und konzeptionelle Arrangements als Service Learning fassen lassen; und dass Service Learning als allgemeiner konzeptioneller Rahmen verstanden werden kann, der hochschuldidaktisch (z. B. Projektlernen, Erfahrungslernen), wissenschaftstheoretisch (Co-Kreation von Wissen, Mode-2 Wissenschaft, Reallabore), sozialpolitisch (Empowerment, regionale Engagementförderung), und hochschulpolitisch (Bologna, Dritte Mission, gesellschaftlicher Transfer) an aktuelle Debatten anschlussfähig ist.

---

[1] Vgl. dazu auch Kap. ▶ „Forschendes Lernen als öffentliche Sozialforschung: Zum Konzept der öffentlichen Lehrforschung" in diesem Handbuch.

5 Service Learning im Kontext öffentlicher Soziologie

Die Umsetzung von Service Learning Projekten in der Soziologie stößt häufig auf Missverständnisse. Die aktuelle Debatte zur öffentlichen Soziologie bietet eine Möglichkeit, Ansätze des Service Learning anzuwenden, um das Konzept einer Soziologie für die Öffentlichkeit den Studierenden näher zu bringen. Dafür wird eine Öffnung in der Fachkultur und der curricularen Strukturen erforderlich, da solche Unternehmungen zwischen den institutionalisierten Feldern der professionellen, der angewandten und der kritischen Soziologie stehen (vgl. Burawoy 2005).

Selke (2012) spricht für die Erweiterung der disziplinären Grenzen in fünf Dimensionen: (a) in der Definition der Relevanz der Fragestellungen, (b) in Bezug auf die Neutralität der ForscherInnen, (c) in der Beziehung zu den Medien, (d) in den Publikationsformaten und (e) in der Selbstverständlichkeit des Berufs. Dabei sollten die soziologischen Fragestellungen soziale Themen adressieren, die auch für die Öffentlichkeit relevant sind und disziplinübergreifende Zusammenarbeit benötigen. In diesem Zusammenhang müssen die eigenen normativen Ansichten transparent gemacht werden, um sich gegen interessengeleitete Informationen zu positionieren, zugleich aber die wissenschaftlichen Regeln zu beachten. Dies impliziert zudem das Lernen, sich in den Medien auszudrücken, damit das in der Forschung generierte Wissen richtig übertragen wird – sei es durch die Formulierung gehaltvoller Statements in journalistischen Interviews, sei es in der eigenen Produktion in Blogs oder anderen Formaten, die Fachfremden zugänglich sind. Als Folge wird der/die Soziologe/in eine öffentliche Person.

6 Service Learning und öffentliche Soziologie am Beispiel

Dass ein solches Projekt gelingen kann, zeigt das von Glaucia Peres da Silva und Laurens Lauer geleitete *Lab Duisburg-Marxloh* im Institut für Soziologie der Universität Duisburg-Essen. Ausgehend von der öffentlichen Wahrnehmung und Beschreibung des Duisburger Stadtteils Marxloh als „Problemviertel", der bislang jedoch wenig Beachtung in der soziologischen Forschung fand, wurden Lehrforschungsprojekte und außercurriculare Angebote für Masterstudierende als Service Learning Ansatz konzipiert. Dabei geht es um die Adressierung realer gesellschaftlicher Probleme, die den Studierenden zugleich gestattet, eine wissenschaftliche Studie durchzuführen.

Von Sommersemester 2017 bis Wintersemester 2017/18 untersuchten die Studierenden im Lehrforschungsprojekt „Hochzeitsmodegeschäft in Marxloh" die Hochzeitsmeile in Duisburg-Marxloh, eine überregional bekannte Ansammlung von rund 114 Brautmodengeschäften, die vorwiegend von türkischstämmigen Geschäftsmenschen betrieben werden. Bundesweit bekannt wurde sie nach der Kampagne „Made in Marxloh", die während der RUHR.2010 Kulturhauptstadt Europas 100 Bräute auf die Autobahn A40 gebracht hat. Ihre Schaufenster dienten auch als Kulissen für den Besuch [1] von Angela Merkel (im Jahr 2015) und Frank-Walter Steinmeier (im Jahr 2018) in Duisburg, was ihren symbolischen Wert für den Stadtteil zeigt.

Leitende Fragestellung war die Möglichkeit der Entstehung einer florierenden Wirtschaft in einem benachteiligten Gebiet. Von Wintersemester 2018/19 bis Sommersemester 2019 konzentrierten sich die Studierenden auf die Analyse der (Re)Produktion des Images von Marxloh im Lehrforschungsprojekt „Duisburg-Marxloh: Die Herstellung eines Problemviertels". Dabei ging es um die Analyse der Berichterstattung und der Narrative von politischen AkteurInnen und VertreterInnen der Zivilgesellschaft über den Stadtteil, der häufig als „No-Go-Area" genannt wird. Parallel dazu entwickelten zwei Gruppen von Studierenden ihre Forschungsprojekte „Müllproblematik in den Straßen Marxlohs" und „Religiöser Pluralismus in Duisburg-Marxloh" im Sommersemester 2018 und Sommersemester 2019 als außercurriculare Aktivität, die mit Workshops von Gästen bereichert wurde.

Im Unterschied zu typischen Lehrforschungsprojekten wurde den Studierenden lediglich das Thema des Projekts von den ProjektleiterInnen vorgegeben. Von Beginn an wurden sie vor die Herausforderung gestellt, ihr eigenes Forschungsinteresse und durchführbares Forschungsprojekt von Grund auf selbst zu entwickeln. Dies beinhaltete die theoretische Erschließung des Gegenstandes, seine Zerlegung und Problematisierung, die Ableitung einer Forschungsfrage sowie die Wahl geeigneter Methoden und die empirische Erhebung, also Kompetenzen, die eigenständiges, nicht ausschließlich weisungsgebundenes Arbeiten voraussetzen. Bei den außercurricularen Projekten definierten die Studierenden selbst das Thema des Forschungsprojekts. Die LeiterInnen der Projekte begleiteten die Studierenden bei der Entwicklung, Durchführung und Auswertung eigener Forschungsprojekte zu Marxloh und unterstützten sie bei der Aufbereitung und Vermittlung der Inhalte. Auf diese Weise entwickelten die TeilnehmerInnen persönliche, soziale, fachliche und berufliche Kompetenzen, die klassische Lehrveranstaltungsformate nicht in gleicher Weise fördern können.

Der regelmäßige Besuch des Stadtteils sowie die Durchführung von Interviews mit relevanten AkteurInnen forderte die Studierenden zudem, über den Forschungsprozess und ihre Rolle im untersuchten Kontext nachzudenken. Fragen bezüglich des Beitrags soziologischer Forschung zu Entwicklungen in Marxloh, der Grenzen zwischen dem, was zur Forschung gehört oder nicht, und der ethischen Arbeit, wurden häufig in den Gruppen reflektiert. Das Verständnis für die Neutralität der Forschung gewann bei den Feldeinsätzen eine andere Qualität, denn die Studierenden wurden auch als AkteurInnen im Feld betrachtet und mit Situationen konfrontiert, die sie forderten, ihre eigene Vorstellung von wissenschaftlicher Objektivität zu hinterfragen.

Die Projekte wurden regelmäßig evaluiert, damit die Qualität der Lehrangebote und der durchgeführten Forschungsprojekte gesichert wird. Dazu zählten Evaluationsbögen des Zentrums für Hochschulqualitätsentwicklung, die zentral ausgewertet wurden, Feedbackrunden mit den Studierenden nach jedem Meilenstein im Projekt sowie informelle Gespräche mit den relevanten AkteurInnen in Duisburg-Marxloh.

Die Anerkennung und Würdigung der studentischen Leistungen in diesen Projekten erfolgten in öffentlichen Abschlussveranstaltungen. Die Ergebnisse der Lehrforschungsprojekte wurden in kurzen Vorträgen gemäß üblicher Kongressvorgaben im Rahmen des Soziologischen Kolloquiums des Instituts für Soziologie präsentiert.

Im Publikum waren WissenschaftlerInnen, AkteurInnen des Forschungsfeldes, der Presse und andere Interessierte. Bei der Abschlussveranstaltung des Lehrforschungsprojekts „Hochzeitsmodegeschäft in Marxloh" wurde die Arbeit der Studierenden mit der Einladung von einem externen Forscher von RWI-Leibniz Institut gewürdigt, Dr. Uwe Neumann, der einige Forschungen zu Marxloh durchgeführt hat. Berichte über das Lehrforschungsprojekt wurde in der lokalen Presse (WAZ, Rheinische Post) und in den Kommunikationskanälen der Universität Duisburg-Essen (Akduell – Rybicki 2018, Homepage der Universität und des Instituts für Soziologie) veröffentlicht. Im Anschluss dazu wurde das Projekt im Runden Tisch Marxloh präsentiert und diskutiert, wobei die Rolle der LeiterInnen und Studierenden als öffentliche Persönlichkeiten betont wurde.

Die Ergebnisse der außercurricularen Aktivitäten wurden auf dem 7. Studentischen Soziologiekongress in der Ruhr-Universität Bochum als Vortrag und Poster präsentiert, was die wissenschaftliche Qualität der studentischen Arbeit würdigt. In Planung ist zudem die öffentliche Präsentation der Ergebnisse dieser Forschungsprojekte in einer öffentlichen Veranstaltung außerhalb der Universität. In Vorbereitung steht außerdem die Veröffentlichung der Ergebnisse der studentischen Forschungen von beiden Lehrforschungsprojekten und des Labs. Mit Beiträgen der ExpertInnen, die bei unseren Workshops mitgewirkt haben, entsteht ein Sammelband zu Marxloh. Zu den neuen Formaten der Veröffentlichung der Ergebnisse zählen die Blogbeiträge (https://labmarxloh.blog/), die in einer zugänglichen Sprache für ein fachfremdes Publikum geschrieben wird.

7 Fazit

Das Beispiel zeigt, dass der konzeptionelle Rahmen von Service Learning mit der Programmatik öffentlicher Soziologie gut vereinbar ist. Aspekte der Hochschuldidaktik, des wissenschaftlich-theoretischen Wissens und des sozialpolitischen Engagements in der Lehre werden im und außerhalb des Seminarraums miteinander kombiniert, um die Studierenden zu öffentlichen Akteuren vor Ort zu machen. Zugleich wird deutlich, dass die angemessene Umsetzung von Service Learning-Formaten eine anspruchsvolle Aufgabe darstellt, die in besonderer Weise Engagement und planvolles Vorgehen der Lehrenden erfordert. Wenn das gelingt, kann Service Learning dazu beitragen, die gesellschaftliche Verantwortung der Universitäten zu unterstützen, Studierende zu motivieren und die Soziologie für ein fachfremdes Publikum in der Öffentlichkeit zu öffnen.

Literatur

Altenschmidt, Karsten, und Wolfgang Stark, Hrsg. 2016. *Forschen und lehren mit der Gesellschaft. Community Based Research und Service Learning an Hochschulen.* Wiesbaden: Springer VS.
Burawoy, Michael. 2005. For public sociology. *Soziale Welt* 56:347–374.

Hochschulnetzwerk Bildung durch Verantwortung/Redaktionsgruppe Qualität. 2019. 10 Qualitätskriterien als Referenzrahmen für gelungenes Service Learning. Lizenziert unter CC BY SA 4.0. https://www.bildung-durch-verantwortung.de/wp-content/uploads/2019/03/Qualitaetskriterien_HBdV_2019.pdf. Zugegriffen am 01.07.2019.

Hofer, Manfred. 2019. Service Learning und Entwicklung Studierender. In *Handbuch Entwicklungs- und Erziehungspsychologie*, Hrsg. Kracke Bärbel und Noack Peter, 459–477. Berlin/Heidelberg: Springer Reference Psychologie.

Jacoby, Barbara. 2015. *Service-learning essentials. Questions, answers, and lessons learned*. San Francisco: Jossey-Bass.

Rybicki, Britta. 2018. Marxloh entscheidet, wie das Brautpaar aussieht. Akduell. Studentische Monatszeitung für Duisburg, Essen und das Ruhrgebiet. https://www.akduell.de/home/wissenschaft/marxloh-entscheidet-wie-das-brautpaar-aussieht. Zugegriffen am 08.06.2020.

Selke, Stefan. 2012. Soziologie für die Öffentlichkeit – Resonanzräume fragmentierter Publika. *Soziologie* 41(4): 398–421.

Teil IV
Forschung

Partizipative Forschung

Hella von Unger

Inhalt

1 Einleitung: Wieso partizipativ?...... 229
2 Was ist partizipative Forschung?...... 230
3 Beteiligung von Co-Forschenden...... 231
4 Befähigungs- und Ermächtigungsprozesse...... 232
5 Doppelte Zielsetzung: Verstehen *und* verändern...... 232
6 Anwendungsbereiche und empirische Studien...... 233
7 Schlussbemerkung...... 234
Literatur...... 235

1 Einleitung: Wieso partizipativ?

In der partizipativen Forschung wirken soziale Akteure aus dem Forschungsfeld als Co-Forschende und PartnerInnen im Forschungsprozess mit: Sie sind an der Planung und Umsetzung der Studie von der Themenwahl bis zur Veröffentlichung und Nutzung der Ergebnisse beteiligt. Diese Form der Zusammenarbeit wird gewählt, um lebensweltlich relevante Anliegen aufzugreifen und partnerschaftlich Wissen zu generieren, mit dem Veränderungen angestoßen werden können. Schon die Grundlegung des Action Research-Ansatzes bei Kurt Lewin (1946), ein wesentlicher Ausgangspunkt der partizipativen Forschung, war ein Plädoyer für eine Sozialwissenschaft, die sich systematisch bemüht, über den wissenschaftlichen Fachdiskurs hinaus in die Gesellschaft hinein zu wirken und Lösungen für drängende soziale Probleme zu finden. Bezogen auf aktuelle Debatten zum Verhältnis von Soziologie und Öffentlichkeit schlägt die partizipative Forschung vor, die fundamentalen Fragen „Sociology for Whom?" (Buraway 2005, S. 10) und „Sociology for What?"

H. von Unger (✉)
Ludwig-Maximilians-Universität München, München, Deutschland
E-Mail: unger@lmu.de

(ibid. S. 11) mit einer radikalen Öffnung des Forschungsprozesses zu beantworten: nicht erst bei der Kommunikation von Ergebnissen, sondern bereits zu Beginn des Forschungsprozesses werden die Grenzen des Fachdiskurses überschritten, um partnerschaftlich Wissen zu generieren und gesellschaftliche Entwicklungen zu beeinflussen.

Dabei wird die Zusammenarbeit insbesondere mit marginalisierten Gruppen und Einrichtungen der Zivilgesellschaft gesucht.[1] Sozial benachteiligte Gruppen sind oft ‚Objekte' der Sozialforschung, selten jedoch ‚NutznießerInnen' ihrer Ergebnisse. Diese Gruppen werden nun mit mehr Mitbestimmungs- und Gestaltungsmöglichkeiten an Prozessen der Wissensgenerierung beteiligt, um ihre Perspektiven angemessen zu berücksichtigen und zivilgesellschaftliche Strukturen auf- und auszubauen. Die Forschung ist insofern *partizipativ*, als sie PartnerInnen aus den Untersuchungsfeldern möglichst gleichberechtigt am Forschungsprozess *beteiligt* und damit insgesamt darauf zielt, die *gesellschaftliche Teilhabe* der benachteiligten Gruppen zu fördern. Partizipative Forschung ist also explizit ein wertebasiertes Unterfangen, das mit normativen Setzungen wie dem Streben nach sozialer Gerechtigkeit, der Förderung von Demokratie, dem Abbau sozialer und gesundheitlicher Ungleichheit und der Wahrung von Menschenrechten einhergeht.

2   Was ist partizipative Forschung?

Partizipative Forschung ist ein „Forschungsstil" (Bergold und Thomas 2012, Abs. 2), der international weit verbreitet ist und verschiedene Varianten umfasst, wie z. B. Participatory Action Research, Action Science, Community-Based Participatory Research, Collaborative Ethnography, Emancipatory Research, Inklusive Forschung und viele mehr. Die Varianten dieses Forschungsstils unterscheiden sich im Hinblick darauf, in welchen Anwendungskontexten welche PartnerInnen in welcher Weise und zu welchem Zweck zusammenarbeiten. Auch die disziplinären Verortungen, theoretischen Bezüge und methodischen Verfahren variieren. Während im angloamerikanischen Sprachraum teilweise der Begriff ‚Action Research' als Oberbegriff verwendet wird (Reason und Bradbury 2001), wird hier der Begriff der partizipativen Forschung als Sammelkategorie gewählt. Dies geschieht zum einen in kritischer Würdigung der besonderen historischen Entwicklung der Aktions- und Handlungsforschung im deutschsprachigen Raum (Altrichter und Gstettner 1993), zum anderen im Anschluss an die Weiterentwicklungen partizipativer Methodologien in der internationalen Diskussion (von Unger 2014, S. 13 ff.).

Partizipative Forschung zeichnet sich nach dem hier vertretenen Verständnis durch drei zentrale Merkmale aus: Partner/innen aus dem Forschungsfeld sind erstens als Co-Forschende mit Entscheidungsmacht an allen Phasen des Forschungs-

---

[1]Verschiedene Ansätze partizipativer Forschung setzen hier unterschiedliche Akzente – die Zusammenarbeit mit marginalisierten Gruppen ist vor allem für Participatory Action Research (Fine und Torre 2008) und community-basierte partizipative Forschung (Israel et al. 2018) unerlässlich.

prozesses beteiligt (sie entscheiden also mit, um welches Thema es geht und wie geforscht wird); zweitens sind individuelle und kollektive Befähigungs- und Ermächtigungsprozesse vorgesehen (was auch als „Empowerment" bezeichnet wird); drittens wird grundsätzlich die doppelte Zielsetzung verfolgt, soziale Wirklichkeit zu verstehen und zu verändern. Diese Punkte werden im Folgenden genauer ausgeführt.

3 Beteiligung von Co-Forschenden

Soziale Akteure als Co-Forschende zu begreifen bedeutet nicht nur, deren Teilnahme an Forschungsprozessen zu ermöglichen. Vielmehr geht es darum, auch ihre *Teilhabe an Entscheidungsprozessen*, die das Studiendesign und das gemeinsame Vorgehen betreffen, sicherzustellen. Da selten alle Mitglieder einer Organisation, Gemeinschaft, Lebens- oder Arbeitswelt gleichermaßen in diesem Sinne involviert werden können, kommt unterschiedlichen Formen der Beteiligung und damit auch Prozessen der Information, Einbeziehung und Anhörung ein zentraler Stellenwert zu.

In Anlehnung an ein Modell der Bürgerbeteiligung von Sherry Arnstein aus den 1960er-Jahren werden von Michael Wright und Kolleginnen verschiedene Stufen der Partizipation unterschieden: Instrumentalisierung (1) und Anweisung (2) sollten als Formen von Nicht- oder Scheinpartizipation vermieden werden; zu den Vorstufen der Partizipation zählen Information (3), Anhörung (4) und Einbeziehung (5); ‚wirkliche' Partizipation, die (in sukzessiv zunehmenden Maße) mit Mitentscheidungs- und Einflussmöglichkeiten einhergeht, umfasst die Stufen Mitbestimmung (6), teilweise Entscheidungskompetenz (7) und Entscheidungsmacht (8); wohingegen Selbstorganisation (9) als die letzte und höchste Stufe über Partizipation im engeren Sinne – also die projektbezogene Zusammenarbeit selbst – hinausweist (von Unger 2014, S. 38–41).

Die konkrete Ausgestaltung der Beteiligung an den einzelnen Phasen des Forschungsprozesses nimmt unterschiedliche Formen an und kann im Ausmaß fluktuieren (von Unger 2012). Andrea Cornwall und Rachel Jewkes (1995, S. 1668) sprechen in dieser Hinsicht von der Möglichkeit eines „zig-zag pathway with greater or less participation at different stages". Entscheidend ist allerdings, dass bereits zu Beginn, d. h. bei der Planung der Forschung, Praxis- oder Community-PartnerInnen möglichst gleichberechtigt beteiligt sind, um sicherzustellen, dass bei der Themenfindung und Zielsetzung nicht nur wissenschaftliche Interessen, sondern vor allem auch die Anliegen der Lebenswelt-ExpertInnen berücksichtigt werden. Beteiligung bedeutet in der Regel zudem, dass Co-Forschende am Forschungsprozess selbst mitwirken, d. h. dass sie Daten erheben, auswerten und an Veröffentlichungen beteiligt sind.

Methodisch ist die partizipative Forschung im Hinblick auf die verwendeten empirischen Verfahren grundsätzlich sowohl für qualitative als auch für quantitative Methoden der Sozialforschung offen. Es werden allerdings solche Verfahren bevorzugt, die für die nicht-wissenschaftlichen PartnerInnen nachvollziehbar sind und ggf. mit einem überschaubaren Schulungsaufwand von ihnen selbst angewendet werden können. Visuelle, performative und kunstbasierte Verfahren (wie Photovoice,

Mapping-Verfahren oder Digital Storytelling) spielen hier eine größere Rolle als in anderen Ansätzen der akademischen empirischen Sozialforschung.

4 Befähigungs- und Ermächtigungsprozesse

Die PartnerInnen sollen aus dieser Zusammenarbeit gestärkt hervorgehen. Um das zu ermöglichen, sind Befähigungs- und Ermächtigungsprozesse vorgesehen. Partizipative Forschung basiert auf einer Grundhaltung, die sich durch die Wertschätzung der Wissensbestände, Ressourcen und Kompetenzen von alltagsweltlichen Akteuren auszeichnet und zu einer Weiterentwicklung derselben beitragen will. Schulungen, Trainings, Fort- und Weiterbildungen (z. B. die methodische Ausbildung von ‚Peer Researchers') sind daher ein integraler Bestandteil partizipativen Forschens. Die Befähigungs- und Ermächtigungsprozesse finden allerdings nicht nur in Schulungen statt, sondern vor allem im Zuge eines iterativen Forschungsprozesses, der Handeln und Reflexion verknüpft. In der englischsprachigen Diskussion bezeichnen ‚Co-Learning', ‚Capacity-Building' und ‚Empowerment' jene Prozesse, die zu der individuellen und kollektiven (Selbst-)Befähigung und Ermächtigung der Beteiligten beitragen (sollen) (Israel et al. 2018).

Der Begriff ‚Empowerment' stammt ursprünglich aus der Gemeindepsychologie und bezeichnet einen Prozess, infolgedessen Personen, Organisationen und Gemeinschaften mehr Kontrolle über ihr Leben erlangen (Rappaport 1981). Erst durch ‚ermächtigende' Prozesse können Beteiligungschancen so genutzt werden, dass sie sich nicht instrumentalisierend und manipulativ auswirken, sondern tatsächlich mehr gesellschaftliche Teilhabe befördern (Wallerstein 2006). Nicht zu unterschätzen sind auch die Lernprozesse, die akademische WissenschaftlerInnen selbst durchlaufen müssen, um zu einer partizipativen Zusammenarbeit befähigt zu werden. Hier spielt die kritische Reflexion der eigenen Privilegien und Vorannahmen eine zentrale Rolle, denn auch aufseiten der Sozialwissenschaften und der beteiligten WissenschaftlerInnen sind transformative Prozesse der ‚Demokratisierung' und einer stärker dialogischen Ausrichtung erforderlich (Cataldi 2014).

5 Doppelte Zielsetzung: Verstehen *und* verändern

Partizipative Forschung zeichnet sich durch die doppelte Zielsetzung aus, soziale Wirklichkeit nicht nur verstehen, sondern auch verändern zu wollen. Im Unterschied zu anderen Formen der akademischen Forschung soll also nicht nur „knowledge for understanding", sondern auch „knowledge for action" generiert werden (Cornwall und Jewkes 1995, S. 1667).

Alltagsweltliche Theorien und Wissensbestände der Akteure werden als Ausgangspunkt genommen und in Auseinandersetzung mit empirischen Daten weiterentwickelt. Partizipative Theoriebildung zeichnet sich nach Victor Friedman und Tim Rogers (2009, S. 35 ff.) dadurch aus, dass sie sensibel an die Deutungen der beteiligten Akteure anschließt, aber über diese hinausgeht und Aspekte einschließt, die für die Akteure zuvor nicht erkennbar waren. Die gemeinsam erarbeitete Theorie transformiert also die bisherigen Sichtweisen aller beteiligten Akteure. Verfahren zur Entwicklung einer ‚lokalen Theorie' legen einen Fokus auf die Explikation von implizitem Wissen und auf die Beschreibung vermuteter Wirkungswege, die anschließend überprüft werden (Wright et al. 2010).

Die Generierung von Wissen geschieht mit der Zielsetzung, den Status Quo zu verändern, wobei die Reichweite der angestrebten Veränderungen durchaus variiert. So unterscheidet beispielsweise Giorgina Doná (2007, S. 215f.) „programmatische" und „transformative" Ansätze der Beteiligung in der partizipativen Fluchtforschung. Programmatische Beteiligung bezieht sich demnach auf die projektbezogene Zusammenarbeit mit eher pragmatischen Zielen (z. B. kann im Kontext der Fluchtforschung ein Ziel lauten, die Situation von Geflüchteten in Massenunterbringungslagern zu verbessern), während sich transformative Formen der Beteiligung auf längere Zeiträume beziehen und auch stärker visionäre, grundlegend macht- und gesellschaftskritische Ziele verfolgen können (z. B. das Ziel, solche Lager ganz abzuschaffen).

Im Hinblick auf die Konzeptualisierung von Veränderung und Transformation stellt sich die Frage nach den akteurs- und handlungstheoretischen Grundlagen der partizipativen Forschung. Hilary Bradbury und Peter Reason (2001) verweisen in diesem Zusammenhang auf die struktur- und praxistheoretischen Überlegungen von Pierre Bourdieu und Anthony Giddens. Auch partizipativ Forschende sind in die alltägliche Reproduktion sozialer Ungleichheit verwickelt – unabhängig von ihren Intentionen. Wenn soziale Unterschiede quasi ‚unter die Haut' gehen und von einer rekursiven Wechselbeziehung zwischen sozialen Strukturen und sozialem Handeln auszugehen ist, lassen sich über partizipative Forschung sowohl die Beharrungskräfte und Trägheitsmomente des Sozialen als auch die Veränderungspotenziale von Akteuren besser verstehen.

6 Anwendungsbereiche und empirische Studien

Die Felder, in denen partizipative Forschung zur Anwendung kommt, sind vielfältig. Besonders geeignet sind solche, in denen zivilgesellschaftliche Akteure, helfende Professionen und benachteiligte Gruppen und Gemeinschaften bereits Ansätze einer partizipativen Alltagspraxis entwickelt haben, an die eine partizipative Forschungspraxis anknüpfen kann. So ist z. B. gut belegt, dass partizipative Forschung im Gesundheitsbereich erfolgreich umgesetzt werden kann (Wallerstein 2006). Eine Studie mit sozial benachteiligten Frauen, die in unterversorgten ländlichen Gebieten der USA an Brustkrebs erkrankt sind, zeigt beispielsweise mithilfe eines Photovoice-Verfahrens, bei dem Fotos von Alltagsgegenständen den Ausgangspunkt für kollektive Reflexionsprozesse darstellen, wie relevante Forschungsergebnisse erarbeitet und in anschlussfähige politische Forderungen überführt werden können, um die gesundheitliche Versorgung zu verbessern (López et al. 2005).

Allerdings wird auch in Feldern, die sich gerade nicht durch eine partizipative Praxis auszeichnen, in denen aber der Handlungsbedarf besonders groß ist, partizipativ geforscht. Ein Beispiel für ein solches Anwendungsfeld ist die Migrationsforschung mit Geflüchteten, wo auch forschungsethisch argumentiert wird, dass Geflüchtete als PartnerInnen einbezogen werden sollten, um sicherzustellen, dass die Forschung nicht nur wissenschaftliche Ziele verfolgt, sondern auch für die Gruppe der Geflüchteten einen praktischen Nutzen anstrebt (Block et al. 2012; Jacobsen und Landau 2003). Erstaunlicherweise ist es sogar in Gefängnissen gelungen, partizipativ zu forschen, z. B. zu den Auswirkungen von Bildungsprogrammen in US-amerikanischen Frauengefängnissen: Mithilfe von Archivforschung, Dokumenten-Analysen, qualitativen Interviews, Fokusgruppen und einer quantitativen Längsschnitt-Analyse der ‚Rückfälle' konnten die inhaftierten Co-Forscherinnen zusammen mit akademischen WissenschaftlerInnen die positiven Auswirkungen von College-Programmen in Gefängnissen überzeugend nachweisen (Fine und Torre 2008).

An diesem Beispiel zeigen sich allerdings auch die Grenzen der partizipativen Forschung bezüglich der Zielsetzung, soziale Wirklichkeit zu verändern. Die politische und institutionelle Umsetzung von Ergebnissen, Lösungsansätzen und Forderungen entzieht sich in der Regel der Kontrolle derer, die in partizipativen Projekten mitwirken. Sie erfordert zudem längere Zeiträume und lässt sich in den seltensten Fällen in kurzen Projektzeiträumen erreichen. Im Hinblick auf das erklärte Ziel, soziale Wirklichkeit zu verändern, muss daher der Trägheit sozialer Strukturen, der Komplexität sozialen Wandels und der Widerstandskraft etablierter Machtverhältnisse Rechnung getragen werden.

7 Schlussbemerkung

Partizipative Forschung ist nicht immer möglich und auch nicht in jedem Fall – also weder bei jeder Forschungsfrage noch in jedem Forschungsfeld – angemessen. Partizipative Ansätze sind vor allem dann angezeigt, wenn PartnerInnen in den Lebenswelten an einer Zusammenarbeit interessiert sind, ein Handlungs- und Forschungsbedarf besteht und geeignete Partnerschaften auf- oder besser: ausgebaut werden können. Hinsichtlich des methodischen Vorgehens und der Theoriebildung sind ihr Grenzen gesetzt, zugleich eröffnet sie in beiderlei Hinsicht besondere Möglichkeiten. Forschungspraktisch ist partizipative Forschung ein voraussetzungsvoller Ansatz, der nur gelingen kann, wenn akademische Forschende ein Feld bereits gut kennen und vorgängige Vertrauensbeziehungen bestehen. Grundsätzlich stellen die ungleichen strukturellen Voraussetzungen der beteiligten PartnerInnen im Sinne einer gleichberechtigten Teilhabe in der forschenden Zusammenarbeit eine zentrale Herausforderung dieses Ansatzes dar.

Zu den Stärken und Vorzügen zählt, dass es dank partizipativer Forschung teilweise möglich ist, auch mit Gruppen und Gemeinschaften zusammenzuarbeiten, die für andere Formen der Forschung nur schwer ‚erreichbar' sind. Co-ForscherInnen verfügen über Wissensbestände, Fähigkeiten und Kontakte, die die Forschung in vielfältiger Hinsicht bereichern können. Die Infragestellung und Durchkreuzung der in der akademischen Forschung häufig anzutreffenden Konstruktion von Teilnehmenden als ‚andere' („othering") stellt insbesondere in der Forschung mit marginalisierten Gruppen eine entscheidende Bereicherung dar. Da die partizipative Forschung in ihrem Vorgehen berücksichtigt, dass alle Beteiligten von der Zusammenarbeit profitieren (sollen), ist diese Form der Zusammenarbeit auch für Praxis- und Community-Partner/innen interessant. Dies wiederum kann auch aus wissenschaftlicher Perspektive als Vorteil gedeutet werden: Die Forschung hat im Sinne einer Öffentlichen Soziologie über die Grenzen des Wissenschaftssystems hinaus Relevanz, indem sie eine gesellschaftliche Praxiswirkung entfaltet und die Dissemination und Verwertung von Projektergebnissen bereits in den Forschungsprozess integriert.

Norman Denzin und Yvonna Lincoln beschreiben die Hinwendung zu „social justice methodologies" (2011, S. ix) als die zeitgemäße und konsequente Weiterentwicklung qualitativer Sozialforschung. Auch andere SoziologInnen fordern eine politisch und gesellschaftlich engagierte Forschung, die die politisch-normative Enthaltsamkeit und die selbstauferlegten Restriktionen der klassisch akademischen Forschung überwindet: „Over the last few decades, there has been an increasing awareness of and growing commitment to research that can challenge traditional restrictions on knowledge construction and bridge research and activism." (Abraham und Purkayastha 2012, S. 125) Vor diesem Hintergrund stellt die partizipative Forschung auch und gerade für die Soziologie ein vielversprechendes und ausbaufähiges Feld dar.

Literatur

Abraham, M., und B. Purkayastha. 2012. Making a difference: Linking research and action in practice, pedagogy, and policy for social justice: Introduction. *Current Sociology* 60(2): 123–141.

Altrichter, H., und P. Gstettner. 1993. Aktionsforschung – ein abgeschlossenes Kapitel in der Geschichte der deutschen Sozialwissenschaft? *Sozialwissenschaftliche Literatur-Rundschau* 16(26): 67–83.

Bergold, J., und S. Thomas. 2012. Partizipative Forschungsmethoden: Ein methodischer Ansatz in Bewegung. *Forum Qualitative Sozialforschung* 13(1) Art. 30. http://nbn-resolving.de/urn:nbn:de:0114-fqs1201302. Zugegriffen am 29.01.2018.

Block, K., Warr, D., Gibbs, L., und E. Riggs. 2012. Addressing ethical and methodological challenges in research with refugee-background young people: Reflections from the field. *Journal of Refugee Studies* 26(1): 69–87.

Bradbury, H., und P. Reason. 2001. Conclusion: Broadening the bandwidth of validity: Issues and choice-points for improving the quality of action research. In *Handbook of action research*, Hrsg. P. Reason und H. Bradbury, 447–455. London: Sage.

Burawoy, M. 2005. For public sociology. *American Sociological Review* 70:4–28.

Cataldi, S. 2014. Public Sociology and participatory approaches: Towards a democratization of social research? *Qualitative Sociology Review* 10(4): 152–172.

Cornwall, A., und R. Jewkes. 1995. What is participatory research? *Social Science & Medicine* 41 (12): 1667–1676.

Denzin, N. K., und Y. S. Lincoln. 2011. Preface. In *The Sage handbook of qualitative research*, Hrsg. N. K. Denzin und Y. S. Lincoln, 4. Aufl., ix–xvi. Thousand Oaks: Sage.

Doná, G. 2007. The microphysics of participation in refugee research. *Journal of Refugee Studies* 20(2): 210–229.

Fine, M., und M. E. Torre. 2008. Theorizing Audience, Products and Provocation. In *The Sage handbook of action research*, Hrsg. P. Reason und H. Bradbury, 2. Aufl., 407–419. Los Angeles: Sage.

Friedmann, V. J., und T. Rogers. 2009. There is nothing so theoretical as good action research. *Action Research* 7(1): 31–47.

Israel, B., A. Schulz, E. Parker, A. Becker, A. Allen, R. Guzman, und R. Lichtenstein. 2018. Critical issues in developing and following community-based participatory research principles. In *Community-based participatory research for health*, Hrsg. N. Wallerstein, B. Duran, J. Oetzel und M. Minkler, 31–46. San Francisco: Jossey-Bass.

Jacobsen, K. und L. Landau. 2003. The dual imperative in refugee research: Some methodological and ethical considerations in social science research on forced migration. *Disasters* 27(3): 185–206.

Lewin, K. 1946. Action research and minority problems. In *Resolving social conflicts*, Hrsg. K. Lewin und G. W. Lewin, 201–216. New York: Harper & Brothers.

López, E. D. S., E. Eng, E. Randall-David, und N. Robinson. 2005. Quality-of-life concerns of African American breast cancer survivors within rural North Carolina: Blending the techniques of photovoice and grounded theory. *Qualitative Health Research* 15(1): 99–115.

Rappaport, J. 1981. In praise of paradox: A social policy of empowerment over prevention. *American Journal of Community Psychology* 9:1–25.

Reason, P., und H. Bradbury. 2001. Introduction: Inquiry and participation in search of a world worthy of human aspiration. In *Handbook of action research*, Hrsg. P. Reason und H. Bradbury, 1. Aufl., 1–14. London: Sage.

Unger, H. von. 2012. *Partizipative Gesundheitsforschung: Wer partizipiert woran?* Forum Qualitative Sozialforschung 13(1), Art. 7. http://nbn-resolving.de/urn:nbn:de:0114-fqs120176. Zugegriffen am 01.05.2019.

Unger, H. von. 2014. *Partizipative Forschung. Einführung in die Forschungspraxis*. Wiesbaden: Springer VS.

Wallerstein, N. 2006. *What is the evidence on effectiveness of empowerment to improve health?* Copenhagen: WHO Regional Office for Europe's Health Evidence Network (HEN). www.euro.who.int/__data/assets/pdf_file/0010/74656/E88086.pdf. Zugegriffen am 29.01.2018.

Wright, M. T., H. von Unger, und M. Block. 2010. Lokales Wissen, lokale Theorie und lokale Evidenz für die Gesundheitsförderung und Prävention. In *Partizipative Qualitätsentwicklung in der Gesundheitsförderung und Prävention*, Hrsg. M. T. Wright, 53–74. Bern: Huber.

Kollaboratives Forschen

Tanja Bogusz

Inhalt

1 Einleitung: Warum „Kollaboration"? 237
2 Gesellschaftspolitische Transformationen wissenschaftlicher Repräsentation 239
3 Kooperation oder Kollaboration? Sozial- und Kulturanthropologie 240
4 Übersetzung von Akteurskompetenzen: STS 241
5 Kollaboratives Forschen und „Ko-Laboration" 241
6 Fazit 243
Literatur 244

1 Einleitung: Warum „Kollaboration"?

Der Zusammenhang von öffentlicher Soziologie und Forschung adressiert zwei Problemkomplexe: einerseits geht es um die Integration soziologischer Perspektiven in vielfältige gesellschaftliche Betätigungsfelder, andererseits um die methodologischen Voraussetzungen dieser Integration. Zugleich wird an der Schnittstelle von öffentlicher Soziologie und Forschung auch eine alte Gegensatzspannung innerhalb des Faches offenkundig, das sich seit seiner Entstehung zwischen wissenschaftlicher Tatsachenbeschreibung einerseits und Gesellschaftskritik andererseits bewegt hat. Die durch Michael Burawoy angestoßene Debatte um eine „public sociology" steht auf der Seite der Gesellschaftskritik und formuliert den politischen Auftrag an das Fach, „humanitäre Interessen zu verteidigen" (Burawoy 2005, S. 24). Typisch für diesen Ansatz ist die Abwesenheit einer empirisch orientierten Forschungsmetho-

T. Bogusz (✉)
Fachbereich Gesellschaftswissenschaften Fachgebiet Soziologie sozialer Disparitäten, Universität Kassel, Kassel, Deutschland
E-Mail: bogusz@uni-kassel.de

© Springer Fachmedien Wiesbaden GmbH, ein Teil von Springer Nature 2023
S. Selke et al. (Hrsg.), *Handbuch Öffentliche Soziologie*, Öffentliche Wissenschaft und gesellschaftlicher Wandel, https://doi.org/10.1007/978-3-658-16995-4_28

dologie und konkreter Forschungsfelder (Calhoun 2005, S. 358), die durch ein politisch-normativ aufgeladenes soziologisches Professionsethos und das Bestreben kompensiert wird, soziologisches Wissen in einen Zustand der „öffentlichen Repräsentation" zu überführen.

Forschungspraktische Ansätze öffentlicher Sozialwissenschaften wurden in den vergangenen dreißig Jahren hingegen intensiv in der Kultur- und Sozialanthropologie, sowie den *Science and Technology Studies* (STS) diskutiert. Die „kritischen" Sozialwissenschaften kamen dabei nicht gut weg (Latour 2004). Unter dem Eindruck der Globalisierung und der postkolonialen Debatten wurden ihre geopolitischen und epistemischen Begrenzungen offenkundig. Auch stellte sich die Frage, wie die neuen technologischen und gesellschaftspolitischen Herausforderungen sowohl inter- als auch transdisziplinär bearbeitet werden können. Neben interdisziplinären Kooperationen, die auf tradierten und vergleichsweise homogenen disziplinären Wissensformen aufbauen, hat in diesen Debatten seit geraumer Zeit das Konzept des „kollaborativen Forschens" von sich reden gemacht. Der Unterschied zwischen „public sociology" und Kollaboration lässt sich auf die knappe Formel bringen: Zusammenarbeit statt Repräsentation. Es handelt sich um einen Vorgang der Übersetzung, der nicht erst bei der Veröffentlichung bereits verfertigten soziologischen Wissens, sondern wesentlich früher, d. h. im Prozess der Problematisierung selbst einsetzt. Zwischen diesen beiden Polen bewegt sich die „öffentliche Gesellschaftswissenschaft". Diese strebt die Zusammenarbeit mit solchen außerwissenschaftlichen Akteuren an, die genuin soziologische Expertise aufsuchen und integrieren wollen (Selke und Treibel 2017). Das Konzept der „Kollaboration" verbindet demgegenüber Gemeinschaft, Arbeit und Labor im Sinne inter- und transdisziplinären wechselseitigen Lernens, dessen Ausgang ungewiss ist (Niewöhner 2016, S. 2). In diesem Zusammenhang hat Richard Sennett auf die notwendige soziale und epistemische Heterogenität einer solchen Zusammenarbeit hingewiesen (Sennett 2012). Eine kollaborative „öffentliche Soziologie" nimmt diese Heterogenität zur Kenntnis. Sie ist an einem soziologischen Experimentalismus angelehnt, der die Soziologie als Expertin für ein Erfahrungswissen adressiert, das soziologische und anthropologische Methodologien verbindet (Bogusz 2018b; Bogusz und Keck 2020). Statt von „öffentlicher Soziologie" spreche ich daher von „öffentlichen Sozialwissenschaften".

Der folgende Beitrag startet mit einigen zeitdiagnostischen Schlaglichtern auf die gesellschaftspolitischen Transformationen (sozial)wissenschaftlicher Repräsentationen von Öffentlichkeit der letzten vierzig Jahre. Anschließend werden die darauf reagierenden Debatten innerhalb der Kultur- und Sozialanthropologie skizziert, die für die Entstehung des kollaborativen Forschungsansatzes relevant waren. Im dritten Teil wird die Integration von Akteurskompetenzen in den *Science and Technology Studies* (STS) und ihre Kritik an der akademisch-professionellen Soziologie diskutiert. Im vierten Teil folgt eine Erläuterung und Differenzierung der drei Modi „Kooperation" von „Ko-Laboration" und „Kollaboration". Im Fazit werden die Unterschiede zwischen „public sociology" und kollaborativer Forschung zusammenfassend aufgegriffen.

2 Gesellschaftspolitische Transformationen wissenschaftlicher Repräsentation

Umwelt- und Technologierisiken, Globalisierung und Digitalisierung trugen zum Ende des zwanzigsten Jahrhunderts in Teilen der Sozialwissenschaften zu einem Überdenken tradierter Wissensbestände, dem Interventionsspektrum sozialwissenschaftlicher Reflexionen, sowie allgemeiner organisatorischer und disziplinärer Ordnungen bei (Beck 1986; Bogusz 2018a). Zur Untersuchung ihrer heterogenen Zusammensetzung und der Entstehung neuer transnationaler hybrider Strukturen bedurfte es nunmehr problembezogener interdisziplinärer Kompetenzen jenseits der klassischen akademischen Arbeitsteilung. Helga Nowotny und Kollegen haben daraus die These abgeleitet, dass hier eine „Ko-Evolution" von Wissenschaft und Gesellschaft zu beobachten sei. Wissenschaft könne daher nicht mehr im „Modus 1"-Verfahren disziplinärer Problementwicklung operieren; vielmehr bedürfe es einer „Modus 2-Wissenschaft", die Inter- und Transdisziplinarität zum Gebot der Stunde mache (Nowotny et al. 2014). Diese These wurde teils begeistert aufgenommen, musste sich jedoch auch die Kritik gefallen lassen, dass „Modus 2" weder für alle Wissenschaften gleichermaßen, noch für jede Problembearbeitung gültig sei (Krücken 2003). Für die Sozialwissenschaften stellte sich die Frage, welche konkreten forschungspraktischen Konsequenzen für „Modus 2" zu erwarten sind (Barry und Born 2014) und welche Form sozialwissenschaftliche Expertise zur Lösung öffentlicher Probleme annehmen sollte (Collins und Evans 2002).

Deutlich wurde in diesen Debatten, dass die Bearbeitung öffentlicher Probleme historischer, materialer und praktischer Reflexionen bedurfte. Zu dieser Einsicht trugen innerhalb der Soziologie zwei Phänomene bei: die Herausbildung und akademische Institutionalisierung inter- und transdisziplinärer „studies", die sich um öffentliche Probleme versammelten. Und zweitens zwei wissenschaftstheoretische „Wenden", die freilich nie die ganze Disziplin erfassten, doch von großem Einfluss waren und sind: der „practice turn" und der „pragmatic turn" (Schatzki et al. 2001; Marres 2007). Die zweite Renaissance des klassischen Pragmatismus betonte soziale Akteurskompetenzen zur Gestaltung von Gesellschaft im Sinne eines „demokratischen Experimentalismus" (Dewey 1996). Hier wurde die Frage der Öffentlichkeit nicht auf der Ebene öffentlicher sozialwissenschaftlicher Repräsentation reflektiert, sondern mit Bezug auf die kollektive Verwaltung von Ungewissheit mit den Mitteln der Kritik und der Rechtfertigung (Boltanski und Thévenot 2007). Dies wirkte angesichts der aktuellen Gesellschaftsentwicklungen und der ihr eingeschriebenen neuen Ungewissheiten unmittelbar plausibel. Die methodologische Reflexion von Akteurskompetenzen warf folglich die Frage nach Stellung und Funktion der Sozialwissenschaften im Kontext ergebnisoffener gesellschaftlicher Gestaltungsprozesse auf. Statt kritisches Deutungspotenzial zur professionsethischen Voraussetzung soziologischer Analysen zu machen, wurde dieses in Wissenschaft und Gesellschaft selbst aufgesucht. In diesem Zusammenhang hat sich insbesondere im englischen Sprachraum der Begriff der „Kollaboration" Gehör verschafft. Er reflektiert eine inter- und transdisziplinäre Verschmelzung zwischen Soziologie, Anthropologie und den *Science and Technology Studies* (Fitzgerald und Callard 2015).

3 Kooperation oder Kollaboration? Sozial- und Kulturanthropologie

Das Konzept der Kollaboration entsprang Ende des zwanzigsten Jahrhunderts aus der angloamerikanischen „public anthropology" (Lassiter 2005). In der Sozial- und Kulturanthropologie steht er für einen Zugriff auf öffentliche Probleme, der aus jahrzehntelangen konfliktreichen Auseinandersetzungen um die Beziehung von Wissenschaft und Gesellschaft erwachsen ist. „Kollaboration" ist auf der forschungspraktischen Ebene schon immer Teil des ethnologisch-ethnografischen Alltagsgeschäftes gewesen (Niewöhner 2017). Im Unterschied zu den quantitativen Methoden, aber auch dem häufig eingesetzten Interview beruhen Ethnografien auf einer zeitintensiven Interaktion mit Akteuren und Gesellschaften, die nicht nur ihr Einverständnis, sondern ihre Bereitschaft erfordert, sich bis zu einem gewissen Grad auf sozialwissenschaftliche Beobachtungen und Reflexionsweisen einzulassen.

Fachgeschichtlich war das nicht immer unproblematisch. Die Geschichte der Sozial- und Kulturanthropologie ist untrennbar mit der von Terror und Gewalt durchzogenen Kolonialgeschichte verbunden. Die Untersuchung vormoderner Gesellschaften war zwischen der Wende zum zwanzigsten Jahrhundert bis in die späten 1980er-Jahre nur auf der Basis kolonial geprägter Infrastrukturen möglich (Descola 2013). Daran konnten auch die fast durchweg humanistischen Ansprüche westlicher Ethnologinnen und Ethnologen und ihre Versuche, jene radikale sozioökonomische und politische Ungleichheit aufzulösen – exemplarisch hierfür steht die von Claude Lévi-Strauss entwickelte „Strukturale Anthropologie" – nichts ändern. Erst die weltweit einsetzenden Befreiungskriege und anschließenden Dekolonialisierungsprozesse seit Anfang der 1960er-Jahre erschütterten mit einiger Verzögerung auch die epistemischen Grundlagen sozialanthropologischer Repräsentationen über nichtwestliche Gesellschaften. Exemplarisch dafür steht bis heute die sogenannte „Writing Culture"-Debatte (Clifford und Marcus 1986), die sich als fundamentale „Krise der ethnografischen Repräsentation" der Kolonialwissenschaft Ethnologie entpuppte (Fuchs und Berg 1993). Plötzlich sprachen die Subalternen nicht nur selbst (Fanon 1981; Spivak 1988; Baldwin 1990), sondern wurden auch von einer breiteren Öffentlichkeit gehört. Kritisiert wurden die asymmetrische Deutungsmacht westlicher EthnologInnen, die Frage der Autorschaft ethnologischer Erkenntnis, die Problematik der Schriftlastigkeit westlicher Wissensformen, sowie die spezifischen politischen Problemkonstellationen im globalen Süden, die in den großen ethnografischen Narrativen nur untergeordnete Rollen spielten. Die Debatte um die epistemischen Mitspracherechte in sozialwissenschaftlichen Darstellungen machte klar: Ethnografische Forschung kann sich nicht naiv auf die Idee einer bloßen „Repräsentation von Beobachtungen" zurückziehen. Wollte sie keine Kolonialwissenschaft mehr sein, musste sie über reine Wissensvermittlung hinausgreifen. Statt um Repräsentation ging es nunmehr um die Integration heterogener Wissensformen und um die Frage, wie sie zu gewährleisten wäre – eine Frage, die zwar mit einer anderen Stoßrichtung, auch die *Science and Technology Studies* bewegte.[1]

---

[1]Einige BegründerInnen der STS, wie Karin Knorr-Cetina und Bruno Latour hatten einen sozial- und kulturanthropologischen Hintergrund.

4　Übersetzung von Akteurskompetenzen: STS

Für die erste Generation von STS-ForscherInnen, die sich fast zeitgleich zur „Writing Culture"-Debatte in den 1980er-Jahren an Universitäten in den USA, Großbritannien und Frankreich etablierte, stellte sich das Problem der Integration heterogener Wissensformen in erster Linie auf der Ebene der Methodologie. Denn die Erforschung von Wissenschaft und Technologie war von einer Unzufriedenheit mit den tradierten soziologischen Methoden geprägt, die Materialitäten und nichtmenschliche Beiträger zu sozialen Prozessen weitgehend ausgeschlossen hatten (Marres 2012). Insbesondere die Akteur-Netzwerk-Theorie (ANT) versuchte dieser Schieflage gerecht zu werden (Sismondo 2007) . Ihre Studien soziotechnischer Kontroversen gingen davon aus, dass den in ihnen wirkenden sozialen Akteuren Reflexivität und gesellschaftliches Gestaltungspotenzial zuzugestehen sei – dies galt auch für VertreterInnen naturwissenschaftlicher Denkstile, denen die „public sociology" ein rein instrumentelles, nicht-reflexives Denken unterstellt (Burawoy 2005, S. 22). Dieses Zugeständnis ist – wie auch im Pragmatismus und in der Kritik an tradierten ethnografischen Repräsentationen – eine Kernvoraussetzung für kollaboratives Forschen auf Augenhöhe. So bemerkt Michel Callon in seiner frühen Studie über eine soziotechnische Kontroverse beim französischen Elektrizitätsanbieter EDF und dem Automobilkonzern Renault: „In diesem wichtigen Kampf verbinden sich die Akteure als Techniker und als Soziologen, um ihre jeweilige Konstruktion der Wirklichkeit mit Hilfe ihrer entsprechenden Problemdefinitionen und mobilisierten Ressourcen durchzusetzen" (Callon 1981, S. 393, meine Übersetzung). Nur weil die Ingenieure über implizite Wissenskompetenzen um den sozialen Kontext der von ihnen erdachten Maschinen und Apparaturen verfügen, kommen sie zu Problemdefinitionen, die prinzipiell anschlussfähig sind an soziologische Problematisierungen. Genau hier findet sich der Einsatzpunkt für inter- und transdisziplinäre Forschung und Kollaboration.

5　Kollaboratives Forschen und „Ko-Laboration"

Aus den skizzierten Forschungsansätzen in Soziologie, Anthropologie und den STS lässt sich kollaboratives Forschen folgendermaßen definieren: Eine kollaborative Heuristik geht im Sinne John Deweys von einem gesellschaftstheoretischen Evolutionismus aus, der auf drei Prämissen beruht: Problematisierung, Lernen und Neuentdeckung (Dewey 2008). Kollaboration meint folglich eine kollektive Intervention heterogener Teilnehmer zur Lösung eines geteilten Problems. Sie geht zugleich davon aus, dass sozialwissenschaftliches Wissen Gesellschaft mitgestaltet – und deshalb niemals „unschuldig" oder „naiv" in Gesellschaft(en) interveniert (Bourdieu et al. 1991; Law und Urry 2004). Kollaboration beruht auf den Kriterien der Reflexivität, der Strukturationsfähigkeit und der Revisionsoffenheit (Bogusz und Reinhart 2017). Sie ist reflexiv, weil sie die Fähigkeit erfordert, sich die Weltzugänge der Partnerinnen und Partner insoweit zu eigen zu machen, dass sie wechselseitige Anpassungsleistungen ermöglicht, die für gelingende Zusammenarbeit unabdinglich ist. Sie ist strukturationsfähig, weil die beteiligten Akteure davon ausgehen müssen, dass die Zusammenarbeit zur Lösung eines öffentlichen Problems beiträgt und eine solche Lösung organisatorisch und strukturell auf Dauer zu stellen vermag. Schließlich muss sie in zweierlei Hinsicht revisionsoffen sein: Zum einen kann das Ergebnis kollaborativer Forschung nicht vorweggenommen werden. Auch wenn sie zweckgebunden ist, muss sie sich angesichts der heterogenen *common-sense*-Vorstellungen der Beteiligten überraschen und irritieren lassen können. Erst in diesem Sinne kann auch ihre Reflexivität ganz entfaltet werden. Zum anderen können neue und unvorhergesehene Entwicklungen soziale Krisen herbeiführen, welche die etablierte Struktur infrage stellt. Kollaborative Forschung geht nicht apriorisch oder deduktiv – z. B. ausgehend von einer politisch-normativen Position, oder einer spezifischen Gesellschaftstheorie vor, sondern explorativ und operational. Revisionsoffenheit garantiert, dass kollaboratives Forschen im Kern ein experimentalistischer Vorgang bleibt.

Ergänzend dazu schlägt Jörg Niewöhner vor, „Ko-Laboration" als maßgeblich interdisziplinäres Projekt zwischen Sozial-, Natur- und Technikwissenschaften zu verorten. Das bedeutet jedoch keine Rückkehr zur „Modus-1" Kooperationswissenschaft. Niewöhner spricht im Kontext der Infrastrukturforschung vielmehr von einem gemeinsamen „Arbeiten in einem Third Space, d. h. das gemeinsame Arbeiten an einer geteilten und gemeinsam entwickelten Fragestellung. Wissenschaftsforschung wird [...] in ko-laborative Beziehungen in Forschungsfeldern gezogen, die gerade massiven Infrastrukturwandel durchlaufen. In solchen Forschungskontexten können Forschende fast nie unbeteiligte Beobachtende bleiben, sondern sind fast immer angehalten, sich aktiv in die Entwicklung einzubringen. Die Entwicklung und Pflege von Infrastrukturen wird damit zu einer geteilten Praxis zwischen verschiedenen communities of practice" (Niewöhner 2014, S. 350).[2] Dies entspricht dem in den STS verfolgten Anspruch nach einer Sozialwissenschaft, die sich in konkreten gesellschaftlichen Problemzonen aktiv um Lösungsansätze bemüht.

Aus einer experimentalistischen Perspektive lassen sich die Trennlinien zwischen Kooperation, Kollaboration und Ko-Laboration folgendermaßen zusammenfassen: Das klassische Kooperationsprinzip beruht auf der Idee einer Zusammenarbeit als „Mode-1-Wissenschaft" mit dem Ziel, andere Disziplinen oder Akteursgruppen sozialwissenschaftliches Wissen als strukturationsfähige Serviceleistung anzubieten. Reflexivität ist hier nur in geringem Maße von Bedeutung, weil traditionelle Disziplingrenzen in solchen Kontexten meist ebenso unangetastet bleiben wie die soziokulturellen Grenzen zwischen beteiligten Akteursgruppen. Am anderen Ende des Spektrums lässt sich der Modus der „Ko-Laboration" verorten: Hier ist nicht in erster Linie Strukturationsfähigkeit zum Zwecke einer öffentlichen Problemlösung gefragt, sondern die Schärfung reflexiver Interaktionen zwischen Disziplinen, deren Ausgang nicht nur revisionsoffen, sondern mehr noch, *ergebnisoffen* und geschützt vor öffentlichen, oder gar politischen Interessen sein muss. Heterogene Kooperation

---

[2]Der Begriff des „Third Space" bezieht sich auf Marcus 2010. Der Begriff „communities of practice" stammt von Lave und Wenger 1991.

oder Kollaboration verbindet hingegen Reflexivität mit Strukturationsfähigkeit und Revisonsoffenheit. Im Unterschied zur Ko-Laboration strebt sie an, methodologische Anschlüsse zwischen unterschiedlichen Problembestimmungen herauszuarbeiten und in problemlösende Forschungspraxis zu übersetzen:

Modi der Zusammenarbeit/Kriterien / Kriterien	Kooperation	Kollaboration	Ko-Laboration
Reflexivität	(X)	X	X
Strukturationsfähigkeit	X	X	(X)
Revisionsoffenheit		X	X

6 Fazit

Statt der von der „public sociology" verfolgten Idee einer verbesserten *Wissensvermittlung* stellt sich im Kontext der Debatten um „kollaborative" oder auch „kolaborative" Forschung die Frage, wie heterogene Akteure sich über öffentliche Problembestimmungen verständigen und *zusammenarbeiten*. Diese Akteure können, wie in der interdisziplinären Forschung, unterschiedlichen Disziplinen angehören, oder, wie in der transdisziplinären Forschung, wissenschaftliche und zivilgesellschaftliche Akteure versammeln. Erst, wenn dieser Verständigungsprozess als geteilte Erkenntniserfahrung vollzogen wurde, können sich SozialwissenschaftlerInnen der Voraussetzungen und Bedingungen vergewissern, unter denen sich sozialwissenschaftliches Wissen in inter- und transdisziplinäre Kontexte *übersetzen und integrieren* lässt. Der Unterschied zwischen Wissens-Vermittlung (public sociology) und Übersetzung (Kollaboration) ist entscheidend. Es geht weniger um Deutungsperformanz, als um die Reflexion der epistemischen, heuristischen, materialen und strukturellen Differenzen der Beteiligten und um eine praxeologisch orientierte Suche nach wechselseitigen Anschlüssen *trotz* dieser Differenzen.

Bei der Versammlung heterogener Akteure sind Prüfungssituationen unvermeidbar. Damit aus ihnen heterogene Kooperation bzw. Kollaboration hervorgehen kann, bedarf es nicht nur kompetenter TeilnehmerInnen an der Bearbeitung öffentlicher Probleme. Es bedarf auch einer öffentlichen Sozialwissenschaft, die sich als Expertin für Übersetzungen jener unterschiedlichen Epistemologien und Modi der Problembearbeitung versteht und nicht als „Repräsentantin" einer speziellen Akteursgruppe. Eine solche Sozialwissenschaft verfährt experimentalistisch und revisionsoffen. Als ko-laborative interdisziplinäre Partnerin beteiligt sie sich an der Entwicklung „dritter Wissensräume" und an der Erfindung entsprechender Formate, die sich auf die Fortentwicklung methodologischer Konzepte der Übersetzung konzentrieren. Im Modus der Kollaboration unterstützt sie darüber hinaus die Öffnung dieser Wissensräume in transdisziplinäre Kontexte, fragt nach ihrer gesellschaftlichen Strukturationsfähigkeit und beteiligt sich an der dauerhaften Etablierung der daraus hervorgehenden sozialen Kollektive.

Literatur

Baldwin, James. 1990. *The fire next time*. London: Penguin Classics.
Barry, Andrew, und Georgina Born, Hrsg. 2014. *Interdisciplinarity. Reconfigurations of the social and the natural sciences*. London: Routledge.
Beck, Ulrich. 1986. *Risikogesellschaft. Auf dem Weg in eine andere Moderne*. Frankfurt a. M.: Suhrkamp.
Bogusz, Tanja. 2018a. Ende des methodologischen Nationalismus? Soziologie und Anthropologie im Zeitalter der Globalisierung. *Soziologie* 2:143–156.
Bogusz, Tanja. 2018b. *Experimentalismus und Soziologie. Von der Krisen- zur Erfahrungswissenschaft*. Frankfurt a. M./New York: Campus (i.E.).
Bogusz, Tanja, und Frédéric Keck. 2020. Silent spring in Europe calls for a new social ecology. In *Somatosphere*, 29.04.2020. http://somatosphere.net/2020/silent-spring-in-europe.html/. Zugegriffen am 30.4.2020.
Bogusz, Tanja, und Martin Reinhart. 2017. Öffentliche Soziologie als experimentalistische Kollaboration. Zum Verhältnis von sozialwissenschaftlicher Theorie und Methode im Kontext disruptiven sozialen Wandels. In *Öffentliche Gesellschaftswissenschaften*, Hrsg. Stefan Selke und Annette Treibel-Illian, 345–359. Wiesbaden: Springer VS.
Boltanski, L., und L. Thévenot. 2007. *Über die Rechtfertigung. Eine Soziologie der kritischen Urteilskraft*. Hamburg: Hamburger Edition.
Bourdieu, Pierre, Jean-Claude Chamboderon, und Jean-Claude Passeron. 1991. *Soziologie als Beruf. Wissenschaftstheoretische Voraussetzungen soziologischer Erkenntnis*. Berlin: De Gruyter.
Burawoy, Michael. 2005. For public sociology. *American Sociological Review* 70:4–28.
Calhoun, Craig. 2005. The promise of public sociology. *British Journal of Sociology* 56(3): 355–363.
Callon, Michel. 1981. Pour une sociologie des controverses technologiques. *Fundamenta Scientiae* 12:381–399.
Clifford, James, und George E. Marcus, Hrsg. 1986. *Writing culture: The poetics and politics of ethnography*. Berkeley/Los Angeles/London: University of California Press.
Collins, Harry M., und Robert Evans. 2002. The third wave of science studies. Studies of expertise and experience. *Social Studies of Science* 32(2): 235–296.
Descola, Philippe. 2013. Wahlverwandtschaften. Antrittsvorlesung am Lehrstuhl für die Anthropologie der Natur, Collège de France, 29.März 2001. *Mittelweg 36* 22(5): 4–26.
Dewey, John. 1996. *Die Öffentlichkeit und ihre Probleme*. Bodenheim: Philo.
Dewey, John. 2008. *Logik. Die Theorie der Forschung*. Frankfurt a. M.: Suhrkamp.
Fanon, Frantz. 1981. *Die Verdammten dieser Erde*. Frankfurt a. M.: Suhrkamp.
Fitzgerald, Des, und Felicity Callard. 2015. Social science and neuroscience beyond interdisciplinarity. Experimental entanglements. *Theory, Culture & Society* 32/1: 3–32.
Fuchs, Martin, und Eberhard Berg, Hrsg. 1993. *Kultur, Soziale Praxis, Text. Die Krise der ethnographischen Repräsentation*. Frankfurt a. M.: Suhrkamp.
Krücken, Georg. 2003. Rezension zu Helga Nowotny, Peter Scott, Michael Gibbons: Re-thinking science. Knowledge and the public in an age of uncertainty. Polity Press, Oxford 2001. *Die Hochschule* 1:237–241.
Lassiter, Eric. 2005. Collaborative ethnography and public anthropology. *Current Anthropology* 46 (1): 83–106.
Latour, Bruno. 2004. Why has critique run out of steam? From matters of fact to matters of concern. *Critical Inquiry* 30:225–248.
Lave, Jean, und Etienne Wenger. 1991. *Situated learning: Legitimate peripheral participation*. Cambridge: Cambridge University Press.
Law, John, und John Urry. 2004. Enacting the social. *Economy and Society* 33(3): 390–410.
Marcus, George E. 2010. Contemporary fieldwork aesthetics in art and anthropology: Experiments in collaboration and intervention. *Visual Anthropology* 23:263–277.
Marres, Noortje. 2007. The issue deserves more credit: Pragmatist contributions to the study of public involvement in controversy. *Social Studies of Science* 37(5): 749–780.

Marres, Noortje. 2012. *Material participation. Technology, the environment and everyday publics.* London: Palgrave MacMillian.

Niewöhner, Jörg. 2014. Perspektiven der Infrastrukturforschung: care-ful, relational, ko-laborativ. In *Schlüsselwerke der Science and Technology Studies*, Hrsg. Diana Lengersdorfer und Matthias Wieser, 341–352. Wiesbaden: Springer VS.

Niewöhner, Jörg. 2016. Co-laborative anthropology: Crafting reflexivities experimentally, veröffentlicht in finnischer Sprache. In *Etnologinen tulkinta ja analyysi. Kohti avoimempaa tutkimusprosessia*, Hrsg. Jukka Jouhki und Tytti Steel, 81–124. Helsinki: Ethnos.

Niewöhner, Jörg. 2017. *Ethnographische Ko-Laboration in der Mensch-Umwelt Forschung.* Unveröffentlichtes Working paper.

Nowotny, Helga, Peter Scott, und Michael Gibbons. 2014. *Wissen und Öffentlichkeit in einem Zeitalter der Ungewißheit.* Velbrück: Weilerwist.

Schatzki, Theodore R., Karin Knorr-Cetina, und Eike von Savigny, Hrsg. 2001. *The practice turn in contemporary theory.* London: Routledge.

Selke, Stefan, und Annette Treibel. 2017. Relevanz und Dilemmata Öffentlicher Gesellschaftswissenschaften. In *Öffentliche Gesellschaftswissenschaften*, Hrsg. Stefan Selke und Annette Treibel-Illian, 1–17. Wiesbaden: Springer VS.

Sennett, Richard. 2012. *Together. The rituals, pleasures and politics of cooperation.* London: Penguin Books.

Sismondo, Sergio. 2007. Science and technology studies and an engaged program. In *The handbook of science and technology studies*, Hrsg. Ed Hackett, Olga Amsterdamska, Michael Lynch und Judy Wajcman, 13–32. Cambridge, MA: MIT Press.

Spivak, Gayatri. 1988. *Can the Subaltern speak?* Basingstoke: Macmillan.

Reallabore – Transformationsräume Öffentlicher Soziologie

Stefan Böschen

Inhalt

1 Transformation und die Ausweitung von Praktiken des Experimentierens 247
2 Analytischer Vorläufer: Realexperimente 248
3 Mainstreaming experimenteller Praktiken: Reallabore 249
4 Reallabore als Orte transdisziplinärer Wissenskonstruktion 250
5 Reallaborentwicklung als Chance und Problem Öffentlicher Soziologie 251
Literatur 252

1 Transformation und die Ausweitung von Praktiken des Experimentierens

Die Einrichtung von Reallaboren stellt in wissenspolitischer Hinsicht die bisher ambitionierteste Form der Expansion von Praktiken des Experimentierens in Gesellschaften dar. Da solche Praktiken nicht nur innerhalb der Wissenschaft eine erstaunliche Vielfalt aufweisen (z. B. Heidelberger und Steinle 1998), sondern mehr noch geradezu allgegenwärtig in der Gesellschaft sind (Krohn 2007; Böschen et al. 2017), wird unter den Vorzeichen einer ‚Großen Transformation' der Einrichtung von Reallaboren eine besondere Bedeutung beigemessen. Der WBGU ermutigte in seinem exponierten Transformationsgutachten die Gemeinden: „Kommunen sollten generell mehr Mut für ambitionierte Experimente mit Signalwirkung aufbringen" (WBGU 2011, S. 316). In einem jüngeren Jahresgutachten plädiert der WBGU gar für die Idee von „50 globalen urbanen Reallaboren auf 50 Jahre" (WGBU 2016, S. 36), um transformativer Forschung einen stabilen Rahmen zu geben. In „Reallaboren" (MWK 2013) sollen AkteurInnen von Wissenschaft und Zivilgesellschaft

---

S. Böschen (✉)
Human Technology Center (HumTec), RWTH Aachen, Aachen, Deutschland
E-Mail: stefan.boeschen@humtec.rwth-aachen.de

kooperieren, um experimentell neue Ansätze nachhaltigen Handelns hervorzubringen und so Transformationsprozesse zu gestalten.

Reallabore als Orte methodischen Experimentierens sind bisher aber alles andere als selbstverständlich, aus mindestens zwei Gründen. Erstens beruhte traditionell der kognitive Erfolg von Wissenschaft gerade auf Praktiken der Distanzierung und Neuordnung von Dingen im Labor (Knorr-Cetina 1988). Darunter fallen das methodische Vorgehen (idealtypisch verdichtet im Laborexperiment) sowie eine wertneutrale Selbstwahrnehmung (idealtypisch verdichtet in einer universalistischen Orientierung). Die soziale Entwicklungsdynamik von Wissenschaft beruhte auf der Entfaltung als einem geschlossenen und expansiven System (Kritik bei Latour 2000). Zweitens finden sich Kooperationen zwischen Wissenschaft und Zivilgesellschaft bisher allenfalls in Ausnahmefällen. Trotz einiger wegweisender Ansätze zeigt sich eine Fülle von Herausforderungen, weil die Ressourcen sehr ungleich verteilt sind, die Erwartungen oft nicht zueinander passen, Vertrauen eher brüchig denn selbstverständlich ist und sich die Frage stellt, wann und, wenn ja, in welcher Form Partizipation überhaupt einen sinnvollen Ansatz darstellt (Hurlbert und Gupta 2015).

Vor diesem Hintergrund stellt die Einrichtung und das Unterhalten von Reallaboren keine Selbstverständlichkeit, sondern vielmehr einen höchst anspruchsvollen sozialen wie auch epistemischen Prozess dar. Einen Prozess zudem, der mit der Debatte um eine Öffentliche Soziologie als Parteinahme für eine intakte Zivilgesellschaft korrespondiert (Burawoy 2015; Überblick: Selke und Treibel 2018). Für die Öffentliche Soziologie kann die konstruktive Begleitung von Reallaboren gleichsam als ‚Lackmustest' einer gelungenen Neuausrichtung der Soziologie auf die wissenschaftliche Bearbeitung von Transformationsprozessen angesehen werden (Bogusz und Reinhart 2018). Um dies zu erläutern, dazu werden im Folgenden vier Schritte dargestellt. Erstens wird das Konzept der Realexperimente als analytischer Vorläufer des Ansatzes von Reallaboren skizziert. Zweitens wird das Konzept Reallabor knapp vorgestellt und drittens auf Besonderheiten der Wissensproduktion in Reallaboren spezifisch eingegangen. Viertens wird in einem Fazit Reallaborentwicklung als Herausforderung für Öffentliche Soziologie skizziert.

2 Analytischer Vorläufer: Realexperimente

Nun wird die Ordnung experimenteller Praktiken in der Gesellschaft schon länger unter dem Topos Realexperimente thematisiert (Krohn und Weyer 1989; Groß et al. 2005; Krohn 2007; Groß 2010). Dabei wurden nicht nur die unterschiedlichen Anlässe für Realexperimente herausgestellt, sondern zugleich ein Deutungsrahmen für die Charakterisierung solcher Prozesse vorgestellt. Die Idee besteht darin, Realexperimente als gezieltes Organisieren von Prozessen der Wissensproduktion zu verstehen, die dem Modell rekursiven Lernens folgen (Groß et al. 2005, S. 21). Entscheidend für dieses Modell ist, dass Überraschungen in neue Umgangsformen mit einem gewählten Wirklichkeitsausschnitt übersetzt werden. Solche Anpassungen von Lernstrategien stellen das Ergebnis von Prozessen des Wissens- wie Interessensabgleichs dar, welche durch deutungsbedürftige Irritationen freigesetzt werden. Dieser deutend-intervenierende Umgang mit spezifischen sozio-ökologischen Handlungsräumen ermöglicht nicht nur einen gezielten Erfahrungsaufbau, sondern ebenso die Sicherung von Handlungsfähigkeit. Jedoch bringt das Modell drei nicht unwesentliche modelltheoretische Probleme mit sich.

Erstens ist im Konzept Realexperiment keine genuine Stopp-Regel eingebaut. Die Anwendung bestimmter Technologien realexperimentell zu betrachten, könnte mitunter zynisch wirken. Etwa, weil deren ‚Katastrophenpotenzial' zu groß ist, wie bei der Atomtechnik. Aufgrund der Reichweite bzw. Eingriffstiefe solcher Technologien gibt es einen besonderen politischen Legitimationsbedarf. Was sind also die Kriterien für die Entscheidung, in ein Realexperiment einzusteigen, und wer entscheidet? Realexperimentelle Strategien anzuwenden, muss als grundsätzlich zustimmungspflichtig betrachtet werden (Wehling 2011). *Zweitens* orientieren sich die VertreterInnen dieses Konzepts bisher an räumlich gut eingrenzbaren Modellfällen (z. B. Abfalldeponien, Seen, Renaturierungen) (Groß et al. 2005; Lindenmayer 2009; Groß 2010). In solchen Fällen werden üblicherweise die institutionellen Rahmenbedingungen erst gar nicht thematisch. Das verstellt tendenziell aber den Blick auf die jeweiligen gesellschaftlichen Rahmenbedingungen. Kommt es zu Veränderungen durch Experimente, dann müssen diese Randbedingungen zum Gegenstand politisch-öffentlicher Aushandlungsprozesse gemacht und dort auch legitimiert werden (Böschen 2013). *Drittens* stellt die Fokussierung auf Überraschungen als Anlass für Lernen eine nicht unerhebliche Einschränkung dar. Denn alle Formen von Lernen, die sich nicht an der Enttäuschung von Erwartungswerten entzünden, werden zunächst nicht betrachtet, z. B. Lernen aus Erfolgen mittels Imitation. Das grenzt den Optionenraum des Lernens und Bearbeitens von Nichtwissen von vornherein ein (Wehling 2011, S. 544). Manche Ergebnisse von Realexperimenten lassen sich zudem nicht umstandslos direkt auf das Experiment zurechnen (z. B. Fernwirkungen) und damit als Überraschungen deuten; gleichwohl sind sie aber für das Realexperiment relevant.

In diesen Überlegungen zeigen sich Problemstellungen, die ebenso für die Entwicklung von Reallaboren bedeutsam sind. Reallabore weisen wie Realexperimente und im Gegensatz zu typischen Laborsituationen offene Grenzen auf. Grenzen sind nicht allein physisch gesetzt, sondern werden im Wesentlichen symbolisch und institutionell konstituiert. Zugleich können Reallabore die genannten Probleme von Realexperimenten teilweise umgehen, denn ihr Start wird typischerweise explizit vereinbart.

3 Mainstreaming experimenteller Praktiken: Reallabore

Seit den ersten Ideen zur Realisierung von Reallaboren haben sich in der Zwischenzeit nicht nur eine ganze Reihe von Initiativen zur Förderung, sondern auch konkrete Formen von Reallaboren national und international etabliert (z. B. MWK 2013; Schneidewind und Singer-Brodowski 2014; Evans und Kavonen 2014; Schäpke et al. 2017; Beecroft und Parodi 2016; GAIA 2018; Defila und DiGiulio 2018;

Engels et al. 2019). Mit dem Begriff gehen eine große Anzahl verwandter Begriffe einher wie etwa Living Labs, Urban Labs, Transition Experiments, Social Innovation Labs und viele andere (Schäpke et al. 2017, S. 29), die im Einzelnen auch nicht unbedingt trennscharf sind. Reallabore versammeln eine große Bandbreite unterschiedlicher Aktivitäten. Gemeinsam ist diesen, dass dabei Probleme experimentell aufgegriffen und mittels kollaborativem Handeln (Wissens-)Lösungen erarbeitet werden. Insbesondere Urban Labs erhalten eine exponierte Bedeutung, weil hier nicht nur räumlich ein klarer Fokus definiert wird, sondern zugleich über Planungsstäbe in Verwaltungen hierarchische Handlungskoordination erleichtert wird, über spezifische Milieus zivilgesellschaftlicher AkteurInnen neue Optionen eher ins Spiel gebracht werden können und schließlich Ressourcen generell leichter mobilisiert werden können (WBGU 2016; Evans und Kavonen 2014; Voytenko et al. 2016; Reinermann und Behr 2017).

Reallabore integrieren eine Reihe bisher unverbundener Forschungsstränge. Gleichwohl gibt es schon Ansätze für eine übergreifende Definition. Nach Schäpke et al. (2017) sind Reallabore durch ihren Beitrag zu Transformationsprozessen, den Rückgriff auf Realexperimente als Forschungsmethode, die transdisziplinäre Zusammenarbeit als Forschungsmodus sowie das Bündel von Langfristigkeit, Skalier- und Transferierbarkeit charakterisiert. In anderen Arbeiten werden noch spezifische normative Wertungen stärker akzentuiert, wie etwa die „normative Orientierung an Nachhaltigkeit" oder „zivilgesellschaftliche Orientierung" (Beecroft und Parodi 2016, S. 7). So stellt die Ko-Produktion modellfähigen Gestaltungswissens durch transdisziplinäre Transformations- bzw. Nachhaltigkeitsforschung an einem festen Ort ein Grundmerkmal von Reallaboren dar.

Reallabore sind vielfach Ergebnis forschungspolitischer Ambitionen. Dabei müssen forschungspraktische und methodologische Erwägungen gezielt soziale und kulturelle Relevanzen berücksichtigen. So hielt die Expertenkommission für das baden-württembergische Bildungsministerium folgende sechs Aspekte für die Gestaltung eines Reallabors fest: Ko-Design und Ko-Produktion des Forschungsprozesses mit der Zivilgesellschaft, transdisziplinäres Prozessverständnis der AkteurInnen, langfristige Begleitung und Anlage des Forschungsdesigns, breites disziplinäres Spektrum, kontinuierliche methodische Reflexion und schließlich eine Begleitforschung durch Institutionen, die Erfahrung mit transdisziplinären Forschungsprozessen haben (MWK 2013, S. 30). Hierbei wurde ein besonderer Wert auf die systematische Begleitaktivität gelegt, um nicht nur die epistemische Qualität solcher Prozesse sicherzustellen, sondern auch die Chance auf Generalisierbarkeit der jeweils gefundenen Einzelergebnisse in Reallaboren zu erhöhen.

4 Reallabore als Orte transdisziplinärer Wissenskonstruktion

Reallabore lassen sich als sozio-techno-ökologische Räume begreifen, in denen heterogene soziale und wissenschaftliche Wissenssysteme verknüpft werden können. Anspruchspositionen der beteiligten AkteurInnen treffen zusammen, verschiedene Wissensquellen sind zwar zugänglich, zugleich aber auch vermischt mit differenten Wert- und Interessenspositionen. Deshalb entstehen nicht selten komplexe soziale Settings mit schwer zu entziffernden Mustern der Mobilisierung und Rechtfertigung von Wissen. Entsprechend vielfältig und anspruchsvoll ist die Methodendiskussion dazu (z. B. Engels und Walz 2018; Defila und Di Giulio 2018). Eine grundsätzliche Schwierigkeit besteht darin, Wissen nicht allein für die praktischen Anforderungen im ausgesuchten Handlungsraum zu produzieren. Vielmehr muss ein solches Wissen (zumindest wenn dies als Modellwissen für die Übertragung auf andere Sozialräume genutzt werden soll) eine angebbare epistemische Qualität aufweisen. Wie lässt sich ein solches Wissen nach epistemischen Maßstäben als sozial robustes Wissen ausweisen? Das ist nicht trivial. Nützlichkeit und Verlässlichkeit des Wissens müssen von vornherein sichergestellt werden, und können doch zugleich erst im Prozess der Transformation durch experimentelles Handeln festgestellt werden. Von daher stellt die doppelte Sicherung der transdisziplinären Struktur von Wissen und Prozess eine zentrale Aufgabe in Reallaboren dar, um Verlässlichkeitskriterien des Wissens von Menschen vor Ort wie ebenso von WissenschaftlerInnen zu bestimmen und einzulösen.

Reallabore können bei aller Offenheit dennoch einen institutionell gesicherten Modus kollektiver Wissensproduktion ermöglichen. Wichtig sind dabei institutionell festgelegte Muster der Wissenserzeugung eines sozio-techno-ökologischen Raumes, um systematisch Überraschungen hervorzubringen und mittels ihnen lernen zu können. Unterbelichtet ist bisher das notwendige Setzen institutioneller Rahmenbedingungen, um die inhärent politische Qualität dieser Aktivität zu adressieren. Rechtfertigungsmuster unterschiedlicher gesellschaftlicher Sphären treffen aufeinander und müssen produktiv verarbeitet werden. Welche sozialen Settings sind geeignet, die Qualität der ausgetauschten Argumente zu befördern, eigennutzbezogene Interessen so weit als nötig zu begrenzen? Welche Problemstellungen können überhaupt sinnvoll als Reallabor behandelt werden? Da es sich bei der Einrichtung von Reallaboren um einen Akt der Veränderung kollektiver Ordnung handelt, müssen die politischen Rahmenbedingungen sehr genau geprüft werden. Zugleich ergibt sich aus diesem Umstand eine wichtige Aufgabe für Öffentliche Soziologie.

5 Reallaborentwicklung als Chance und Problem Öffentlicher Soziologie

Öffentliche Soziologie nimmt, zumal in Deutschland, wo die Verteidigung eindeutig getrennter Handlungsdomänen und reiner, eindeutig bestimmter Formen (wie z. B. das Objektive Wissen; ExpertInnen versus Laien) eine lang anhaltende Tradition hat, eine prekäre Position ein. Schon innerhalb der Debatte um Öffentliche Soziologie zeigen sich ganz unterschiedliche Strategien der Positionierung, welche sich danach unterscheiden, wie sie das Verhältnis zur akademischen Mutterdisziplin setzen (Burawoy 2005; Brewer 2013). Öffentliche Soziologie, und damit: Soziologie, werden durch Ideen und Perspektiven einer großen Transformation offenkundig in ihrem Selbstverständnis herausgefordert. Denn Fragen der Überschreitung disziplinärer Grenzen und ihrer klaren Adressierbarkeit als Wissensproduzenten werden virulent und Probleme von disziplinärer Differenz im Verbund mit interdisziplinärer Verknüpfung zeigen sich.

Auf der einen Seite eröffnet die Reallaborforschung ein fruchtbares Terrain für das Überwinden konventioneller Zuschreibungen und das Entdecken neuer Aufgaben für die Öffentliche Soziologie. Die Reallaborforschung ist – man könnte pointiert sagen: in Komplizenschaft mit der Öffentlichen Soziologie – in einem *statu nascendi*. Entsprechend schließen Schäpke et al. ihre Studie damit, den Reallabor-Forschenden zu empfehlen, „ihren Gestaltungsspielraum zu nutzen, um unterschiedliche Ausgestaltungen und Kombinationen der Charakteristika explizit zu testen und zu vergleichen" (Schäpke et al. 2017, S. 50). Auf der anderen Seite vermag die Öffentliche Soziologie auch für die Reallaborforschung eine sehr wichtige Aufgabe einzunehmen. Sie kann ‚technokratisch-solutionistische' Verkürzungen im Ansatz sichtbar machen und gezielt die Kontextualisierung und das Up-Scaling von Reallaboren zum Gegenstand einer kritisch-relationalen Analyse machen (Burawoy 2015).

Vor diesem Hintergrund zeigen sich bei der Verknüpfung beider Stränge von Forschung für die Öffentliche Soziologie insbesondere folgende drei Aufgaben: Erstens sollte sie an der Ko-Forschung in Reallaboren teilhaben und dabei insbesondere die Sensibilität für soziale Faktoren des Wandels schärfen wie auch Fragen epistemischer Qualität des erzeugten Transformationswissens beantworten. Zweitens sollte Öffentliche Soziologie der Analyse von Prozessen sowie ihrer Gestaltung einen zentralen Stellenwert einräumen und drittens schließlich die Übertragungsfrage des Modellwissens auf andere soziale Räume in den Blick nehmen. Welche Kopplungen und unerwünschte Nebenfolgen in der sozialen wie naturräumlichen Umwelt ergeben sich durch Reallabore, ihre Generalisierung und Skalierung? Diese Aufgaben angehend kann Öffentliche Soziologie den theoretischen und empirischen Reichtum der Soziologie für die Analyse und konkrete Gestaltung von Transformationsprozessen zur Geltung bringen. Reallaborforschung und Öffentliche Soziologie ergänzen sich wechselseitig auf eine überraschend wegweisende Art.

Literatur

Beecroft, Richard, und Oliver Parodi. 2016. Reallabore als Orte der Nachhaltigkeitsforschung und Transformation. *Technikfolgenabschätzung – Theorie und Praxis (TATuP)* 25(3): 4–51.

Bogusz, Tanja, und Martin Reinhart. 2018. Öffentliche Soziologie als experimentalistische Kollaboration. Zum Verhältnis von Theorie und Methode im Kontext disruptiven Wandels. In *Öffentliche Gesellschaftswissenschaften. Grundlagen, Anwendungsfelder und neue Perspektiven*, Hrsg. Stefan Selke und Annette Treibel, 345–359. Berlin: Springer VS.

Böschen, Stefan. 2013. Modes of constructing evidence: Sustainable development as social experimentation – The cases of chemical regulations and climate change politics. *Nature and Culture* 8(1): 74–96.

Böschen, Stefan, Michael Groß, und Wolfgang Krohn, Hrsg. 2017. *Experimentelle Gesellschaft. Das Experiment als wissensgesellschaftliches Dispositiv*. Baden-Baden: Nomos/Sigma (Reihe Gesellschaft – Technik – Umwelt, Neue Folge 19).

Brewer, John. 2013. *The public value of social sciences. An interpretative essay.* London: Bloomsbury.
Burawoy, Michael. 2005. For public sociology. *American Sociological Review* 70:4–28.
Burawoy, Michael. 2015. *Public Sociology. Öffentliche Soziologie gegen Marktfundamentalismus und globale Ungleichheit.* Weinheim/Basel: Beltz Juventa.
Defila, Rico, und Antonietta Di Giulio, Hrsg. 2018. *Transdisziplinär und transformativ forschen. Eine Methodensammlung.* Berlin: Springer VS.
Engels, Anita, und Kerstin Walz. 2018. Dealing with multi-perspectivity in real-world laboratories. Experiences from the transdisciplinary research project urban transformation laboratories. *GAIA* 27(1): 39–45.
Engels, Franziska, Alexander Wentland, und Sebastian Pfotenhauer. 2019. Testing future societies? Developing a framework for test beds and living labs as instruments of innovation governance. *Research Policy* 48(9): 103826.
Evans, James, und Andrew Karvonen. 2014. Give me a laboratory and I will lower your carbon footprint! Urban laboratories and the governance of low-carbon futures. *International Journal of Urban and Regional Research* 38(2): 413–430.
GAIA. 2018. Labs in the real-world. *GAIA* 27/S1(2018): 1–104.
Groß, Matthias. 2010. *Ignorance and surprise: Science, society, and ecological design.* Cambridge, MA: MIT Press.
Groß, Matthias, Holger Hoffmann-Riem, und Wolfgang Krohn. 2005. *Realexperimente. Ökologische Gestaltungsprozesse in der Wissensgesellschaft.* Bielefeld: transcript.
Heidelberger, M., und F. Steinle, Hrsg. 1998. *Experimental essays: Versuche zum Experiment.* Baden-Baden: Nomos.
Hurlbert, Margot, und Joyeeta Gupta. 2015. The split ladder of participation: A diagnostic, strategic, and evaluation tool to assess when participation is necessary. *Environmental Science and Policy* 50:100–113.
Knorr-Cetina, Karin. 1988. Das naturwissenschaftliche Labor als Ort der „Verdichtung" von Gesellschaft. *Zeitschrift für Soziologie* 17:85–101.
Krohn, Wolfgang. 2007. Realexperimente – Die Modernisierung der ‚offenen Gesellschaft' durch experimentelle Forschung. *Erwägen Wissen Ethik* 18(3): 343–356.
Krohn, Wolfgang, und Johannes Weyer. 1989. Gesellschaft als Labor: Die Erzeugung sozialer Risiken durch experimentelle Forschung. *Soziale Welt* 40(3): 349–373.
Latour, Bruno. 2000. *Die Hoffnung der Pandora. Untersuchungen zur Wirklichkeit der Wissenschaft.* Frankfurt a. M.: Suhrkamp.
Lindenmayer, D. 2009. *Large-scale landscape experiments: Lessons from Tumut.* Cambridge: Cambridge University Press.
MWK (Ministerium für Wissenschaft, Forschung und Bildung Baden-Württemberg). 2013. *Wissenschaft für Nachhaltigkeit: Herausforderung und Chance für das baden-württembergische Wissenschaftssystem.* Stuttgart: MWK.
Reinermann, Julia-Lena, und Friederike Behr, Hrsg. 2017. *Die Experimentalstadt: Kreativität und die kulturelle Dimension der Nachhaltigen Entwicklung.* Wiesbaden: Springer VS.
Schäpke, Niko, Franziska Stelzer, Matthias Bergmann, Mandy Singer-Brodowski, Matthias Wanner, Guido Caniglia, und Daniel J. Lang. 2017. *Reallabore im Kontext transformativer Forschung. Ansatzpunkte zur Konzeption und Einbettung in den internationalen Forschungsstand.* (No. 1/2017) Leuphana Universität Lüneburg: Institut für Ethik und Transdisziplinäre Nachhaltigkeitsforschung.
Schneidewind, Uwe, und Mandy Singer-Brodowski. 2014. *Transformative Wissenschaft. Klimawandel im deutschen Wissenschafts- und Hochschulsystem,* 2., verb. Aufl. Marburg: Metropolis.
Selke, Stefan, und Annette Treibel, Hrsg. 2018. *Öffentliche Gesellschaftswissenschaften. Grundlagen, Anwendungsfelder und neue Perspektiven.* Berlin: Springer VS.
Voytenko, Yuliya, Kes McCormick, James Evans, und Gabriele Schliwa. 2016. Urban living labs for sustainability and low carbon cities in Europe: Towards a research agenda. *Journal of Cleaner Production* 123:45–54.

WBGU (Wissenschaftlicher Beirat der Bundesregierung Globale Umweltveränderungen). 2011. *Welt im Wandel. Gesellschaftsvertrag für eine Große Transformation.* Berlin: WGBU.

WBGU (Wissenschaftlicher Beirat der Bundesregierung Globale Umweltveränderungen). 2016. *Der Umzug der Menschheit: die transformative Kraft der Städte.* Berlin: WBGU.

Wehling, Peter. 2011. Vom Risikokalkül zur Governance des Nichtwissens. Öffentliche Wahrnehmung und soziologische Deutung von Umweltgefährdungen. In *Handbuch Umweltsoziologie*, Hrsg. Matthias Groß, 529–548. Wiesbaden: VS Verlag für Sozialwissenschaften.

Citizen Sciences als Format Öffentlicher Gesellschaftswissenschaften

Claudia Göbel

Inhalt

1 Statt einer Einleitung: Impressionen zu Citizen Sciences 255
2 Grundverständnis von Citizen Sciences 256
3 Partizipative Gesellschaftswissenschaften 257
4 Fünf Spielarten partizipativer Forschung 259
5 Fazit: Gelegenheiten zur Mitgestaltung Öffentlicher Gesellschaftswissenschaften 262
Literatur 263

1   Statt einer Einleitung: Impressionen zu Citizen Sciences

„Die Neuvermessung des Landlebens im 21. Jahrhundert. Die Landinventur ist eine digitale Plattform, um gemeinsam mit den Menschen vor Ort eine Bestandsaufnahme der Dörfer zu machen. Jeder kann mitmachen – allein, mit anderen, der gesamten Gemeinde oder Region. Dorf auswählen und loslegen." – Startseite des Landinventur-Projekts (Landinventur 2020)

„Von März bis Oktober treffen sich die Mitglieder des AK(Arbeitskreises) Wersau von 10 Uhr bis 15 Uhr jeden Samstag auf dem ehemaligen Burggelände. Jeder Interessierte ist herzlich willkommen einfach und unkompliziert dazu zustoßen. Es gibt die unterschiedlichsten Tätigkeitsbereiche wie zum Beispiel: Archäologische Ausgrabung vor Ort, Funde reinigen –, Funde sortieren, Geländepflege (Rasen mähen), Kindergrabungsfeld betreuen (auch Kinder/Jugendliche ab 10 Jahren können mithelfen), Quellenforschung." – Regelmäßiger Grabungstreff auf der Schloßmühle in Reilingen (Burg-Wersau 2020)

Diese Einladungen geben einen ersten Einblick in das Spektrum von Vorhaben der *Citizen Sciences* bzw. *Bürgerwissenschaften* mit Bezug zu Gesellschaftswissenschaften. Der vorliegende Beitrag erkundet diesen vielgestaltigen Ansatz partizipativer Forschung, der sich im Werden befindet und offen ist für Mitgestaltung. Er gibt

---

C. Göbel (✉)
Institut für Hochschulforschung (HoF) an der Martin-Luther-Universität Halle-Wittenberg, Lutherstadt Wittenberg, Deutschland
E-Mail: claudia.goebel@hof.uni-halle.de

einen einführenden Überblick über wichtige Praxisformen, Diskussionsthemen sowie Orte der Debatte mit Schwerpunkt auf Gesellschaftswissenschaften (im Sinne von Sozial- und Geisteswissenschaften verstanden).[1] Im Kontext *Öffentlicher Soziologie* ist die Etablierung von Citizen Sciences relevant, weil hier Beziehungen zwischen Wissenschaften und Öffentlichkeiten neu ausgelotet werden. Im Mittelpunkt steht dabei die Frage, wer berechtigterweise wissenschaftliches Wissen herstellen darf: In welcher Form können und dürfen Menschen an Forschung mitwirken, die nicht beruflich in der Wissenschaft tätig sind (Dickel und Franzen 2015)? Als eine solche Form dialogischer Wissens*produktion* (die auf vielfältige Weise auch auf dialogische Wissenschafts*kommunikation* angewiesen ist, sich aber nicht in ihr erschöpft) bieten sich für Citizen Sciences zahlreiche Anknüpfungspunkte zu Diskussionen um *Öffentliche Gesellschaftswissenschaften*. Blickt man beispielsweise anhand der drei Dimensionen Öffentlicher Wissenschaften nach Selke (2020) auf Citizen Sciences, trifft man auf eine Vielzahl *authentischer Persönlichkeiten* (erste Dimension) aus Wissenschaft, Politik und Zivilgesellschaft, die aus Überzeugung für eine Öffnung und Demokratisierung von Forschung eintreten. Auch die Berufung auf *transformative Wissenschaftsnarrative* (zweite Dimension) ist mit häufigen Bezügen auf Nachhaltigkeit und Open Science in den Citizen Sciences ausgeprägt. Welche *kollaborativen Wissenspraktiken* (dritte Dimension) hier zur Anwendung kommen, inwiefern diese alternative kulturelle Positionen von Wissen ermöglichen und damit Ausgangspunkte für Öffentliche Wissenschaften darstellen, ist Gegenstand der folgenden Abschnitte.

2 Grundverständnis von Citizen Sciences

Citizen Sciences etabliert sich derzeit als Begriff, der sehr allgemein auf Partizipation von nicht-professionellen WissenschaftlerInnen an Forschungsaktivitäten bezogen ist und dabei eine Vielzahl von Ansätzen einschließt. Strasser et al. (2019) fassen das von einigen Gründungsfiguren der Citizen-Sciences-Bewegung in den USA und Europa propagierte Konzept zusammen als „the many ways in which members of the public have engaged and continue to engage in the production of scientific knowledge" (Strasser et al. 2019, S. 66). Hierbei sind so unterschiedliche Forschungstätigkeiten angesprochen wie Datenerhebungen (*sensing*), Datenanalyse (*analysing*), Selbstbeobachtung und Berichterstattung darüber (*self-reporting*), Basteln und Herstellen (*making*) sowie Bereitstellen ungenutzter Rechnerkapazitäten für verteiltes Rechnen (*computing*). Unter Öffentlichkeit werden meist Personen verstanden, die nicht von Berufs wegen wissenschaftlich zu dem behandelten Thema arbeiten. Sie nennen sich z. B. Amateur-AstronomInnen, HobbyornithologInnen, Co-ForscherInnen, (Bio-)Hacker oder Community Scientists.

---

[1]Zur Vielzahl partizipativer Forschungspraktiken gesellt sich außerdem die Reflexion über Citizen Sciences. Die fachlichen Diskussionen sind vielstimmig und greifen als zentrale Herausforderung immer auch Fragen zu Gebrauch und Grenzen des Begriffs auf.

Die Beteiligung sog. *Citizen Scientists* an Forschungsaufgaben wird wiederum als mehr oder weniger tief konzeptualisiert, d. h. mit unterschiedlichen Graden an Entscheidungsmacht verbunden, und an unterschiedliche Schritte im Forschungsprozess gebunden. Beispielsweise unterscheidet eine häufig genutzte Typologie (Shirk et al. 2012) zwischen der Zuarbeit durch Freiwillige zu einem von BerufswissenschaftlerInnen gesteuerten Forschungsprojekt (*contributory projects*), der Beteiligung von Co-Forschenden an der Entscheidung über einige Schritte einer Forschungsaktivität, z. B. die Eingrenzung des erforschten Gegenstandsbereichs (*collaborative projects*) oder der gemeinsamen Gestaltung des Gesamtprojektes (*co-created projects*). Die Extrempunkte dieses Spektrums der Aufgabenverteilung werden auf der einen Seite von Citizen Sciences markiert, die in Eigenregie von zivilgesellschaftlichen Gruppen ohne die Beteiligung von BerufswissenschaftlerInnen (*collegial projects*) durchgeführt werden. Auf der anderen Seite findet sich Forschung, die bei akademischen WissenschaftlerInnen beauftragt wird (*contractual projects*) – beispielsweise von AnwohnerInnen, von durch Umweltverschmutzung betroffen sind.

Als Abgrenzung zu anderen Tätigkeiten am Schnittpunkt zwischen Wissenschaft und ihren Öffentlichkeiten lassen sich für diese Formen von Citizen Sciences ihren Zielen nach zwei gemeinsame Merkmale ausmachen: Zum einen wollen sie über die Vermittlung von Forschung in der Wissenschafts*kommunikation* hinausgehen. Zum anderen unterscheiden sich Citizen Sciences von Wissenschafts*politik*, da zwar die Themen einzelner Forschungsprojekte gemeinsam von BerufswissenschaftlerInnen und Co-Forschenden bestimmt werden können, nicht aber ganze forschungspolitische Programme. Außerdem soll die eigentliche Arbeit im Forschen bestehen, nicht in der gemeinsamen Entscheidungsfindung über Forschungsagenden, wie dies beispielsweise bei Bürgerkonferenzen zu Themen wie dem Umgang mit Nanotechnologie der Fall ist. Weiterhin bestehen Überlappungen, Anknüpfungspunkte und fließende Übergänge zu einer Vielzahl von Ansätzen, die das Verhältnis von Wissenschaft und Öffentlichkeiten behandeln. Für Citizen Sciences in den Geistes- und Sozialwissenschaften in Deutschland sind hier besonders *Crowdsourcing*, *Open Science*, *Reallabore* und *transformative Wissenschaft* sowie *Wissenschaftsläden* relevant (Göbel et al. 2020).

3 Partizipative Gesellschaftswissenschaften

Auf den ersten Blick wirkt das Feld der Citizen Sciences stark von den Naturwissenschaften dominiert. So verzeichnen einschlägige Plattformen,[2] die Citizen-Sciences-Aktivitäten öffentlich vorstellen und um Teilnehmende werben, die Mehrheit der Projekte in Feldern der Lebenswissenschaften und anderen Naturwissenschaften

---

[2] Beispiele sind http://www.buergerschaffenwissen.de in Deutschland, http://www.citizen-science.at in Österreich, https://scistarter.org/ mit Schwerpunkt auf die USA und https://www.zooniverse.org/ für online Projekte.

(Pettibone et al. 2017). Aktivitäten im Bereich der Gesellschaftswissenschaften sind deutlich weniger präsent. Dies zeigt sich auch in einer Analyse der Publikationsmuster von Citizen Sciences (Kullenberg und Kasperowski 2016). Woran liegt das?

Einerseits trifft man sich schlicht an anderen Orten. Ehrenamtliche und partizipativ angelegte Forschung findet sich bereits in vielen Anwendungs- und Forschungsfeldern der Gesellschaftswissenschaften. In den Sozialwissenschaften ist die Auseinandersetzung mit Methoden, Erkenntnispotenzialen und Grenzen partizipativer Forschungsdesigns fest etabliert, z. B. in einzelnen Fachgebieten, wie der Human-Geographie, der *partizipativen Aktionsforschung* in den Gesundheitswissenschaften, der sozialen Arbeit, Entwicklungszusammenarbeit oder der *transdisziplinären Forschung*. Ebenso hat in den Geisteswissenschaften die Arbeit von lokalen Museen und Archiven, Heimat- und Geschichtsvereinen und Amateur-ArchäologInnen Tradition. Daher ist die Bandbreite an Aktivitäten enorm und die Landschaft von Orten der Debatte sehr reichhaltig.[3] Die Fachcommunities sind inner- und außerwissenschaftlich organisiert. Beispielsweise finden sich im Bereich der partizipativen Geisteswissenschaften auch oft zivilgesellschaftliche Initiativen (Oswald und Smolarski 2016). PraktikerInnen innerhalb und außerhalb von Hochschulen verstehen sich in erster Linie als FachexpertInnen und Engagierte; die Bezeichnung Citizen Scientists ist entweder unbekannt, kaum gebräuchlich oder wird als vereinnahmend zurückgewiesen (vgl. Eitzel et al. 2017).

Andererseits liegt der geringe Umfang *dediziert* gesellschaftswissenschaftlicher Citizen Sciences darin begründet, dass Ansätze wie *Citizen Social Science* respektive *Citizen Humanities* erst seit einigen Jahren auftreten. Auch in diesen Feldern findet sich eine kontributive Ausprägung, die sich auf die Sammlung von Beobachtungsdaten alltäglicher Aktivitäten konzentriert. Freiwillige werden als „FeldforscherInnen ihres eigenen Lebens" (Purdam 2014) beschrieben, die man primär zu Zwecken der wissenschaftlichen Erkenntnisgewinnung mobilisiert, z. B. durch Beobachtungen zum Betteln im öffentlichen Raum. Solche Formen des Einsatzes von Freiwilligen sind auch im Sektor des Kulturerbes – u. a. Museen, Bibliotheken, Archive und Galerien – prominent, wo Crowdsourcing häufig zum Verschlagworten von Mediendateien (z. B. Videos oder Bilder), Transkribieren von handschriftlichen Quellen oder Kuratieren von Onlinesammlungen eingesetzt wird (Oswald 2014).

Daneben sind auch ko-kreative Ansätze präsent, die auf Beteiligung in verschiedenen Phasen von Forschungsprojekten setzen und neben wissenschaftlicher Erkenntnis auch auf Selbstwirksamkeit und Beiträge zu gesellschaftlichen Herausforderungen zielen (Mayer et al. 2018). Angelehnt an Konzepte wie *Open Science* und *Datenaktivismus*, werden hier beispielsweise Fragen von *Empowerment* durch selbstgenerierte Daten, Verbindungen zu offenen Verwaltungsdaten sowie Nachnut-

---

[3]Die Diversität ihrer inhaltlichen Schwerpunkte sowie der Ausrichtung auf lokale bis internationale Fachöffentlichkeiten illustrieren die kursorischen Beispiele der Publikationsreihe *Beiträge zur Heimatkunde der Städte Löhne und Bad Oeynhausen* (Heimatverein der Stadt Löhne e.V. et al. o. J.), die Fachgesellschaft *International Federation for Public History* sowie das bereits in dritter Auflage erscheinenden *SAGE Handbook of Action Research* (Bradbury 2015) mit Beiträgen aus aller Welt.

zung und Zugänglichkeit von Daten und Methoden auch für zivilgesellschaftliche AkteurInnen thematisiert. Kontributive und ko-kreative Formen von Beteiligung werden mitunter auch im Format der *Pop-Up-Experimente* der *Computational Social Sciences* verbunden (Sagarra et al. 2016). Beispielsweise wurden in Barcelona in einer Reihe von Reallaboren Forschungsfragen und experimentelle Setups zu Themen der Stadtentwicklung partizipativ entwickelt, die dann in Verhaltensexperimenten zum Crowdsourcing von Daten durch eine große Anzahl an Menschen im öffentlichen Raum untersucht wurden. Darüber hinaus werden in der *Personal Health Science* (Heyen et al. 2019) Fragen von Gesundheit und personalisierten Gesundheitsdaten in Zusammenarbeit mit Betroffenenbearbeitet.

Solche Ansätze und ihre VertreterInnen sind stärker in Gruppen von Citizen-Sciences-PraktikerInnen eingebunden, die sich seit einigen Jahren etablieren. Orte der Debatte und Begegnung finden sich zum einen um nationale Projekt-Plattformen herum – in Deutschland sind das die jährliche Konferenz der Plattform *BürgerSchaffenWissen.de*, die dort unterhaltenen Arbeitsgruppen und Weiterbildungsformate. Zum anderen trifft man sich in europäischen Netzwerken rund um den Dachverband der *European Citizen Science Association* sowie diversen internationalen Konstellationen. Als Publikationsorgan besteht die Online-Open-Access-Zeitschrift *Citizen Science: Theory and Practice*, die von der US-amerikanischen Citizen-Sciences-Community getragen wird, aber viele internationale Anschlüsse verzeichnet (Vohland et al. 2021).

4 Fünf Spielarten partizipativer Forschung

Das Feld partizipativer Gesellschaftswissenschaften stellt sich äußerst vielgestaltig dar und es herrscht Uneinigkeit in Bezug auf den Begriff Citizen Sciences. Um Anknüpfungspunkte zwischen Citizen Sciences und Öffentlichen Wissenschaften zu klären, stellt sich zunächst die Frage nach den kulturellen Positionen von Wissen, die in den hier beschriebenen kollaborativen Wissenspraktiken Ausdruck finden. Dazu lassen sich fünf idealtypische Spielarten von partizipativer Forschung hinsichtlich ihres Verständnisses von Teilhabe unterscheiden.

4.1 Kapazitätserweiterung mit Hilfe der Crowd

In dieser Spielart, die unter der expliziten Bezeichnung als Citizen Sciences am bekanntesten ist, wird Partizipation als Werkzeug eingesetzt, um die Forschungsarbeit von BerufswissenschaftlerInnen auszuweiten. Dabei geht es u. a. um die Gewinnung von mehr Daten (z. B. durch großflächigere Erhebungen) oder besserer Daten (z. B. durch höhere Auflösung). Auch Proben (z. B. Ausgrabungsstücke) können so gewonnen werden. Daneben werden Citizen Sciences auch in der Analyse von Daten eingesetzt (z. B. durch Transkription handschriftlicher Texte) oder für das Trainieren von Algorithmen (z. B. im Klassifizieren von Objekten auf der Basis eingesandter Bilder). Außerdem kann Infrastruktur (z. B. Rechenkapazität) für die

Durchführung akademischer Forschung bereitgestellt werden. In solchen Projekten übernehmen engagierte Freiwillige Tätigkeiten, die sonst von BerufswissenschaftlerInnen durchgeführt werden. Die ausgelagerten Arbeitsschritte sind oft kleinteilig, stellen nur einen Bruchteil des gesamten Forschungsprozesses dar und sind darauf ausgelegt, von einer großen Anzahl von Freiwilligen abgearbeitet zu werden. Aus diesen Gründen besitzen solche Ansätze eine Nähe zum sog. Crowdsourcing. Die beteiligten BerufswissenschaftlerInnen kontrollieren den Prozess und verwerten die Ergebnisse.

4.2 Wissenschaftsvermittlung durch Selbermachen

Hierbei wird partizipative Forschung in schulischen und außerschulischen Bildungsaktivitäten eingesetzt, um Wissen und Fähigkeiten zu Forschungsthemen und -prozessen zu vermitteln. Diese Spielart zielt darauf ab, die Auseinandersetzung mit Wissenschaft über das eigene Tun zu fördern und dabei Qualifikationen auszubilden. Außerdem soll auf diesem Wege Legitimation für Wissenschaft erzeugt werden und nicht zuletzt Akzeptanz für wissenschaftsnahe Berufe, insbesondere in den Bereichen der Mathematik, Informatik, Naturwissenschaften und Technik (MINT). Teilnehmende werden in einer solchen Perspektive als Lernende verstanden, die zu Einblicken in die Welt der Wissenschaft angeleitet werden. Dies geschieht durch (ehemalige) professionelle WissenschaftlerInnen oder VermittlerInnen, z. B. im Schulunterricht, in Kinderunis, an Museen oder anderen außerschulischen Lernorten. Zentral dabei ist die Idee des *Selbermachens*, das mehr oder weniger emanzipatorisch angelegt sein kann: beispielsweise als *Wissenschaft zum Anfassen*, die existierende Wissensstände spielerisch vermittelt; oder als *Do-it-Yourself*-Variante, die oft mit dem Anspruch auf unabhängige Forschung und Selbstermächtigung durch kritische Aneignung antritt.

4.3 Kontrastfolie für akademische Wissenschaft

In dieser dritten Spielart wird weniger mit der englischen Bezeichnung Citizen Sciences als mit dem deutschen Terminus der *Amateurwissenschaft* operiert. Letztere, so ein zentrales Argument zur Positionierung dieses Ansatzes, stelle auf gewisse Weise Wissenschaft in ihrer Reinform als Tätigkeit aus Leidenschaft und bürgerschaftlichem Engagement dar (Finke 2014). Die professionelle Forschung an akademischen Einrichtungen habe sich heute aufgrund von Bürokratisierung und Ökonomisierung weit von diesem Ideal fortentwickelt. Vor diesem Hintergrund wird eine unabhängige, nicht durch Institutionen vereinnahmte Amateurwissenschaft als Ausgangspunkt für freiere, lebensnähere und lokalere Forschung gesehen. AmateurwissenschaftlerInnen werden hier als ExpertInnen mit vielseitigem Wissen und mitunter reicher Erfahrung im Forschen positioniert, die wertvolle Beiträge zur Entwicklung von Gesellschaft und Wissenschaft leisten.

4.4 Erweiterung des Gegenstandsbereichs von Wissenschaft

Noch einen Schritt weiter in ihrem kritischen Anspruch gegenüber Wissenschaft geht die Interpretation der *Community Sciences*. Unter Bezug auf soziale Bewegungen nimmt sie Ansätze partizipativer Wissenschaft in den Blick, die die Grenzen von dem verschieben, was zum Gegenstand von Forschung gemacht wird. Wichtiger Ausgangspunkt sind hier Ungleichheiten, Ausschlüsse und Nebenfolgen, welche durch die ungleich verteilten Chancen entstehen, von wissenschaftlichem Wissen und neuen Technologien zu profitieren. Von Community Sciences wird gesprochen, wenn zivilgesellschaftliche Gruppen aus Situationen der Marginalisierung heraus an der Erforschung der sie betreffenden Phänomene mitwirken oder mithilfe der Werkzeuge der Wissenschaft erfolgreich Proteste organisieren. Dann wird nicht nur der Gegenstandsbereich von Wissenschaft erweitert, sondern es werden auch ihre Machtverhältnisse verschoben. In einem solchen Verständnis können die Beteiligten als TrägerInnen transformativen Wissens und AgentInnen des Wandels betrachtet werden.

4.5 Gesellschaftliche Transformationskraft

Speisten sich die beiden vorherigen Perspektiven zu einem großen Teil aus Aktivitäten der Zivilgesellschaft, richtet die fünfte Interpretation partizipativer Forschung den Blick wieder in die Kernbereiche akademischer Wissenschaft. Diesmal sind es ihre Einrichtungen – Hochschulen und außeruniversitäre Forschungsinstitute – die hinsichtlich ihres gesellschaftlichen Nutzens diskutiert werden. Sie bieten Infrastrukturen mit dem Potenzial, zu gesellschaftlichen Transformationen beizutragen.[4] Gegenüber der Orientierung an einer oft international organisierten wissenschaftlichen Fachcommunity wird mit dieser Spielart der Citizen Sciences der lokalen Umgebung der jeweiligen Einrichtung besondere Bedeutung beigemessen. Dabei findet partizipative Forschung oft im Rahmen von Programmen statt, wie z. B. der „*Dritten Mission*" von Hochschulen (u. a. Wissenstransfer und Kontakte zur Zivilgesellschaft) oder *Service Learning* (Studierende arbeiten in Praxisprojekten mit externen Partnern zusammen). In dieser Sichtweise erscheinen die Beteiligten als Anspruchsgruppen der jeweiligen wissenschaftlichen Einrichtung, welche je nach Ansatz unterschiedliche Gelegenheiten für Information, Interaktion und Mitbestimmung haben. Beispiele sind dementsprechend aus den anderen vier Spielarten denkbar.

---

[4]Für wissenschaftliche Service-Einrichtungen, wie Museen, Bibliotheken und Archive, werden mögliche Beiträge zu *Open Science* diskutiert, insbesondere bezüglich *Open Access* und *Open Data*.

5 Fazit: Gelegenheiten zur Mitgestaltung Öffentlicher Gesellschaftswissenschaften

Die vorgestellten Spielarten partizipativer Forschung sind jeweils mit Potenzialen und Schwierigkeiten als Kandidaten für Öffentliche Wissenschaften verbunden. Mögliche Ausgangspunkte für die Entwicklung alternativer kultureller Positionen von Wissen finden sich hier bezüglich unterschiedlicher Aspekte von Wissenschaft:

(1) Ausführung von *Forschungstätigkeiten* durch BerufswissenschaftlerInnen oder Freiwillige,
(2) Wissenschafts*vermittlung*, deren Methoden und Themen,
(3) *Arbeitsbedingungen* als Berufs- oder Amateur-WissenschaftlerIn, z. B. Aufgaben, Regeln, Freiheiten, Ressourcen,
(4) wissenschaftliches *Wissen* und dessen legitime Inhalte, Herstellungs- und Verwertungskontexte,
(5) wissenschaftliche *Einrichtungen* und deren gesellschaftlicher Nutzen.

Diese Ausgangspunkte sind auch und gerade für gesellschaftswissenschaftliche Forschung relevant, die das Verständnis von und den Umgang mit der Gegenwart, Vergangenheit und Zukunft von Zusammenleben und Kultur prägt. Ob sich tatsächlich neue Konstellationen von Expertise und Zusammenarbeit zwischen professionellen und nicht-professionellen Forschenden herausbilden, wird auf der Basis von Empirie zu bewerten sein. Dabei ist wahrscheinlich, dass die Praxis zwischen Emanzipation und Vereinnahmung oszilliert.

Was lässt sich auf dieser Basis über das Verhältnis von Citizen Sciences und Öffentlichen Wissenschaften sagen? Einerseits werden Citizen Sciences meist synonym mit der ersten Spielart partizipativer Forschung gebraucht, die hauptsächlich in den Naturwissenschaften auftritt und kleinteilige datenverarbeitende Forschungspraktiken betont. Lässt man sich auf diese Definition ein, ist das Potenzial, in der Praxis eine Form Öffentlicher Wissenschaften vorzufinden, wohl gering. So wird kritisiert, diese Form von Citizen Sciences sei kaum ein transformativer Ansatz, sondern reproduziere zumeist die etablierten hierarchischen Strukturen zwischen berufsmäßigen ExpertInnen und Nichtprofessionellen (Mahr und Dickel 2019). Andererseits werden weitere Spielarten partizipativer Forschung mit größeren transformativen Potenzialen vom übergreifenden Begriff Citizen Sciences mitgemeint. Dies geschieht, obwohl diese anderen Ansätze auf einschlägigen Plattformen unterrepräsentiert sind und teilweise von PraktikerInnen zurückgewiesen werden. Hier zeigt sich Citizen Sciences als umstrittener Begriff. Die darin zum Ausdruck kommende Uneinigkeit, Offenheit und Unabgeschlossenheit bietet, so möchte dieser Beitrag vorschlagen, Gelegenheiten und Räume zur Mitgestaltung von Citizen Sciences als Öffentliche Wissenschaften. Denn in der Formung dieses Ansatzes partizipativer Forschung werden Beziehungen zwischen Wissenschaften und Öffentlichkeiten ausgehandelt und ausprobiert.

So findet sich jenseits der Auseinandersetzungen um die (legitime) Reichweite des Begriffs eine Reihe offener Fragen dazu, wie partizipative Forschung gedacht, gemacht, bewertet und gefördert werden kann. Wie können die Qualität von Forschung bei Vergrößerung des Kreises der Beitragenden sichergestellt und Beiträge von Freiwilligen auf angemessene Weise anerkannt werden? Wie ist damit umzugehen, dass die Mehrheit der Teilnehmenden an Citizen-Sciences-Aktivitäten wissenschaftlich vorgebildet, gut situiert, älter und weiß ist? Lässt sich Forschung mit großen Datenmengen und künstlicher Intelligenz mit mehr Offenheit für vielfältigere Wissensformen verbinden?

Beiträge zu solchen Fragen entstehen u. a. in der Ausgestaltung konkreter Projekte, der Entwicklung von Konzepten sowie der Einrichtung von Orten für Begegnungen und Debatten. Aus dieser Perspektive erscheint die Frage nach Citizen Sciences als Öffentliche Wissenschaften auch als eine der Mitgestaltung. Es ist gut vorstellbar, dass gerade die Verbindung von Praxis und Theorie, diversen Disziplinen sowie verschiedenen Spielarten partizipativer Forschung hier spannende Beiträge liefern kann.

Literatur

Bradbury, Hilary, Hrsg. 2015. *The SAGE Handbook of Action Research*. London: SAGE Publications.
Burg-Wersau. 2020. Aktiv mitmachen? Jeder ist willkommen. https://burg-wersau.de/aktiv-mitmachen/. Zugegriffen am 14.12.2020.
Dickel, Sascha, und Martina Franzen. 2015. Digitale Inklusion: Zur sozialen Öffnung des Wissenschaftssystems/Digital inclusion: The social implications of open science. *Zeitschrift für Soziologie* 44(5). https://doi.org/10.1515/zfsoz-2015-0503
Eitzel, M. V., Jessica L. Cappadonna, Chris Santos-Lang, Ruth Ellen Duerr, Arika Virapongse, Sarah Elizabeth West, Christopher Conrad Maximillian Kyba, Anne Bowser, Caren Beth Cooper, Andrea Sforzi, Anya Nova Metcalfe, Edward S. Harris, Martin Thiel, Mordechai Haklay, Lesandro Ponciano, Joseph Roche, Luigi Ceccaroni, Fraser Mark Shilling, Daniel Dörler, Florian Heigl, Tim Kiessling, Brittany Y. Davis, und Qijun Jiang. 2017. Citizen science terminology matters: Exploring key terms. *Citizen Science: Theory and Practice* 2(1). https://doi.org/10.5334/cstp.96
Finke, Peter. 2014. *Citizen Science: Das unterschätzte Wissen der Laien*. München: Oekom.
Göbel, Claudia, Justus Henke, Sylvi Mauermeister, und Verena Plümpe. 2020. *Citizen Science jenseits von MINT: Bürgerforschung in den Geistes- und Sozialwissenschaften*. Lutherstadt Wittenberg: Institut für Hochschulforschung an der Martin-Luther-Universität Halle-Wittenberg (HoF).
Heimatverein der Stadt Löhne e.V., Arbeitskreis für Heimatpflege der Stadt Bad Oeynhausen e.V., Stadtarchiv Löhne, und Stadtarchiv Bad Oeynhausen, Hrsg. o.J. *Beiträge zur Heimatkunde der Städte Löhne und Bad Oeynhausen*. Bielefeld: Bielefelder Verlag für Regionalgeschichte.
Heyen, Nils B., Sascha Dickel, und Anne Brüninghaus, Hrsg. 2019. *Personal Health Science: Persönliches Gesundheitswissen zwischen Selbstsorge und Bürgerforschung*. Wiesbaden: Springer VS.
Kullenberg, Christopher, und Dick Kasperowski. 2016. What is citizen science? – A scientometric meta-analysis. *PLoS One* 11(1): e0147152.
Landinventur. 2020. https://landinventur.de/. Zugegriffen am 14.12.2020.
Mahr, Dana, und Sascha Dickel. 2019. Citizen science beyond invited participation: nineteenth century amateur naturalists, epistemic autonomy, and big data approaches avant la lettre. *naturalists, epistemic autonomy, and big data approaches avant la lettre* 41(4): 41.

Mayer, Katja, Barbara Kieslinger, und Teresa Schäfer. 2018. Open and participatory citizen social science for evidence-based decision making. *Proceedings of the 4th Austrian Citizen Science Conference*. Salzburg, Österreich.

Oswald, Kristin. 2014. Citizen humanities. https://kristinoswald.hypotheses.org/1486. Zugegriffen am 14.12.2020.

Oswald, Kristin, und René Smolarski, Hrsg. 2016. *Bürger Künste Wissenschaft: Citizen Science in Kultur und Geisteswissenschaften*. Gutenberg: Computus Druck Satz & Verlag.

Pettibone, Lisa, Katrin Vohland, und David Ziegler. 2017. Understanding the (inter)disciplinary and institutional diversity of citizen science: A survey of current practice in Germany and Austria. *PLoS One* 12(6): e0178778.

Purdam, Kingsley. 2014. Citizen social science and citizen data?: Methodological and ethical challenges for social research. *Current Sociology* 62(3): 374–392. https://doi.org/10.1177/0011392114527997

Sagarra, Oleguer, Mario Gutiérrez-Roig, Isabelle Bonhoure, und Josep Perelló. 2016. Citizen science practices for computational social science research: The conceptualization of pop-up experiments. *Frontiers in Physics* 3:93. https://doi.org/10.3389/fphy.2015.00093

Selke, Stefan. 2020. *Einladung zur öffentlichen Soziologie: Eine postdisziplinäre Passion*. Wiesbaden: Springer Fachmedien.

Shirk, J. L., H. L. Ballard, C. C. Wilderman, T. Phillips, A. Wiggins, R. Jordan, E. McCallie, M. Minarchek, B. V. Lewenstein, M. E. Krasny, und R. Bonney. 2012. Public participation in scientific research: A framework for deliberate design. *Ecology and Society* 17(2): 29. https://doi.org/10.5751/ES-04705-170229

Strasser, Bruno J., Jérôme Baudry, Dana Mahr, Gabriela Sanchez, und Elise Tancoigne. 2019. „Citizen science"? Rethinking science and public participation. *Science & Technology Studies* 32(2): 52–76. https://doi.org/10.23987/sts.60425

Vohland, Katrin, Claudia Göbel, Bálint Balázs, Eglė Butkevičienė, Maria Daskolia, Barbora Duzi, Susanne Hecker, Marina Manzoni, und Sven Schade. 2021. Citizen science in Europe. In *The science of citizen science*, Hrsg. Katrin Vohland, Anne Land, Luigi Ceccaroni, Rob Lemmens, Josep Perelló, Marisa Ponti, Roeland Samson und Katherin Wagenknecht. [S.l.]: Cham: Springer Nature.

Teil V

Präsentationsformate

Wissenstransfer in Öffentlichkeiten

Von monologischer Wissensverbreitung zum dialogischen Wissens(aus)tausch

Stefan Selke

Inhalt

1 Wissenstransfer als kulturelle Pflichtaufgabe?! 267
2 Grundlagen des Wissenstransfers 268
3 Praxisperspektiven auf Transfer 270
4 Klassische Transferkonzepte 273
5 Reformierte Transferkonzepte 275
6 Ausblick: Transferstrategien und -kompetenz im Kontext der Third Mission 280
Literatur 283

1 Wissenstransfer als kulturelle Pflichtaufgabe?!

Wissenstransfer gilt als zentrale Öffnungsstrategie von Hochschulen und Forschungseinrichtungen. Dennoch gilt die Öffnung der Wissenschaften häufig als „Notprogramm". An Umschreibungen dafür mangelt es nicht.[1] Auch für den Wortführer der *Public Sociology*-Bewegung, Michael Burawoy, ist die „Splendid Isolation" Ausgangspunkt für die Revitalisierung der Soziologie (Burawoy 2005, S. 27). Allerdings zeigen sich auch im Feld der Soziologie Diskrepanzen zwischen rhetorischen Absichtsbekundungen und tatsächlichem Transferhandeln (Froese et al. 2016, S. 135 ff.). Vor diesem Hintergrund bietet die Debatte um *Public Sociology* erstens ein differenziertes Verständnis pluraler, fragmentierter und zunehmend auch

---

[1] Zygmunt Bauman sieht selbsterrichtete „Barrieren" oder gar „Barrikaden" zwischen Wissenschaft und Gesellschaft, Richard Sennett kritisiert „Gedankenfestungen", Christoph Antweiler wünscht sich eine Wissenschaft jenseits des „Kokons" und John Brewer rät gar zum Verlassen der „disziplinären Bunker" (vgl. Selke 2020, S. 39 ff.).

S. Selke (✉)
Public Science Lab, Hochschule Furtwangen, Furtwangen, Deutschland
E-Mail: ses@hs-furtwangen.de

kritischer (oder gar antagonistischer) Öffentlichkeiten, zweitens Hinweise auf die Relevanz reflexiver Wissensformen, sowie drittens Kriterien für die öffentliche Anschlussfähigkeit von Wissen.

2 Grundlagen des Wissenstransfers

Als Transfer wird übergreifend die Verbreitung von aktuellem *wissenschaftlichem* Wissen in *praktische* Handlungsfelder bezeichnet. Wissenstransfer erfolgt zwischen Hochschulen, Forschungseinrichtungen und Wirtschaftsunternehmen sowie relevanten Öffentlichkeiten und der Zivilgesellschaft.

2.1 Relevanz des Wissenstransfers

Die Relevanz von Wissenstransfer gilt als unumstritten. Wissenstransfer steigert einerseits den Wert von Forschungsprogrammen, erhöht die Sichtbarkeit von Wissensquellen, intensiviert die Beziehungen zwischen Hochschulen und ihren außerakademischen Partnern und fördert den Einsatz technologischer und sozialer Innovationen (Battistella et al. 2016). Die Relevanz zeigt sich ebenfalls im politisch-normativen Postulat zunehmender Erwünschtheit der Partizipation von BürgerInnen in Forschungskontexten. Diese inzwischen fest im Wissenschaftssystem etablierte Haltung wurde durch zahlreiche Manifeste zur Implementierung des Transfergedankens vorbereitet. Wissenstransfer steht in der Tradition der britischen Initiative *Public Understanding of Science* (PUS), bei der es in den 1980er-Jahren darum ging, Wissenschafts- und Technikakzeptanz zu steigern. Das PUSH-Memorandum (*Public Understanding of Science and Humanties*) war 1999 hingegen der Versuch, mehr Anreize für Wissenschaftstransfer zu geben.[2]

2.2 Wissensformen und Wissensdiffusion

Wissenstransfer bezieht sich auf unterschiedliche Wissensformen. Zunächst bietet sich ein Rückgriff auf die Unterscheidung zwischen instrumentellen und reflexiven Wissensformen an, für die sich auch Michael Burawoy stark macht.[3]

---

[2] Vgl. https://www.stifterverband.org/ueber-uns/geschichte-des-stifterverbandes/push-memorandum. In diesem Kontext wurde auch „Wissenschaft im Dialog" gegründet, um Ideen zu fördern und Aktivitäten zu koordinieren. Vgl.: https://www.wissenschaft-im-dialog.de (12.03.2021) Trotz zahlreicher Initiativen ist das Engagement für Wissenstransfer bislang nicht wie erhofft gestiegen (Lugger 2020, S. 139 f.).

[3] Vgl. dazu auch den Beitrag Kap. ▶ „Michael Burawoy: „For Public Sociology" als Referenzdokument der Debatte um öffentliche Soziologie" des Autors in diesem Handbuch.

Zu diesen beiden Wissensformen gesellt sich zunehmend Transformationswissen, das kontext- und akteursabhängig erzeugt wird und in der konkreten Umgestaltung von Alltags- und Lebenswelten Anwendung findet (vgl. Schneidewind und Singer-Brodowski 2014; Schneidewind 2019).[4] Wissenstransfer stellt sich als ein dynamischer und iterativer Prozess dar, bei dem es mehr um Wissens*integration* und Wissens*synthese* geht, als um die monodirektionale Verbreitung von Forschungsergebnissen. Tatsächlich wird Wissen eher über komplexe und kontingente *Diffusionsprozesse* transferiert, die sich meist naiven Instrumentalisierungswünschen entziehen. Während der 1980er- und 1990er-Jahre versuchte die sog. Verwendungsforschung die Relevanz sozialwissenschaftlichen Wissens *explizit* nachzuweisen (Beck und Bonß 1989). Hierbei konnte gezeigt werden, dass Wissen eher *implizit* wirksam wird: Verwendung von Wissen durch dessen Verwandlung. Durch die Dynamik, Intransparenz und Komplexität von Informationsökologien ist ein einfacher ‚Austausch' von Wissen eine realitätsfremde Vorstellung. Eine direkte Anwendung von Forschungsergebnissen zur Verbesserung von Politik und Praxis ist eine Idealvorstellung, wenn nicht gar eine Illusion – was überzeugend auch der Wissenstransfer während der Corona-Pandemie demonstrierte.

Dieser Befund ist gerade für öffentliche Soziologie von Bedeutung: Wenn es keinen Brennpunkt zwischen soziologischer Wissensproduktion und der öffentlichen Wahrnehmung dieses Wissens gibt, der strategisch fokussiert werden könnte, kann *Wissenstransfer in Öffentlichkeiten* nicht länger als Akt der ‚Umsetzung' von Forschungsergebnissen in die Praxis gedacht werden, sondern muss in Zukunft konsequent dialogisch gedacht werden.

2.3 Ziele und Herausforderungen des Wissenstransfers

Wissenstransfer wird zunehmend eingefordert, wofür mehrere Gründe geltend gemacht werden: Einerseits soll Wissenstransfer als Garant gegen Marktversagen dienen. Andererseits soll die Selbstbefähigung von Personen(gruppen), d. h. deren Urteilskraft und Demokratiefähigkeit, gesteigert werden. Wissenstransfer soll – idealerweise – kritisches Denken fördern und zur Überwindung von Denkschablonen sowie zur Abgrenzung von Autoritäten beitragen. Wissenstransfer gilt weiterhin als maßgebliche Voraussetzungen für Neuerungen jeder Art und als Schlüsselfaktor für die Wettbewerbsfähigkeit des Innovations- und Wissenschaftssystems sowie als Grundlage nachhaltiger Gesellschaftsgestaltung. Kurz: Wissenstransfer ist die Grundlage dafür, aus Wissen auch Handeln zu machen.

---

[4]Wissensformen lassen sich alternativ auch in Beschreibungs- und Erklärungswissen, Vorhersagewissen und Interventionswissen einteilen.

3 Praxisperspektiven auf Transfer

Wissenstransfer ermöglicht die Transformation von Forschungsergebnissen in praxisorientiertes Wissen (Froese et al. 2016, S. 256 f.). Auch wenn sich die Sphären der Erkenntnisproduktion und Erkenntnisverwertung immer häufiger überlappen, können dabei idealtypisch unterschiedliche Verweisungsverhältnisses zwischen Wissenschaft und Praxis unterschieden werden.[5] Auch das Vier-Felder-Schema Burawoys (2015) unterscheidet verschiedene Schnittstellen zwischen Wissenschaft und Praxis.

3.1 Wissenstransfer als Wissens(aus)tausch

Entweder betonen Transfermodelle eine *Logistik-* oder eine *Lern*komponente. Beim *instrumentell-technischen Ansatz* wird Wissenstransfer hauptsächlich als Logistikproblem verstanden, also als effiziente Wissensverbreitung. Der Transfer wird als *vertikal* angenommen, weil Wissen ‚von oben herab' und auf direktem Weg zielgerichtet zur Anwendung gebracht wird. Diesem (verkürzten) Transferverständnis lässt sich ein (differenziertes) *konstruktivistisches Wissensmanagement* gegenüberstellen, das im Wissenstransfer vor allem individuelle und kollektive Lernherausforderungen erkennt. Während die meisten Transferarten instrumentell, zweckrational und monodirektional sind, lebt *Wissenstransfer* vom dialogischen Austausch zwischen menschlichen Akteuren.[6] Wissenstransfer geht dabei deutlich über die kommunikative Vermittlung von Informationen hinaus. Wissen, Methoden oder Technologien werden im Zielkontext adaptiert, transformiert und nutzbar gemacht, wobei allerdings je nach Zielperson oder Zielkontext unterschiedliche Relevanzhorizonte berücksichtigt werden müssen. Diese Form des Transfers wird als *horizontal* empfunden, weil Wissen quer zu Anwendungsfeldern *verarbeitet* wird. Wird Wissen hingegen von oben herab *verbreitet*, wird kaum neues Wissen entstehen.

Neuere Ansätze gehen davon aus, dass das Innovationspotenzial dann besonders hoch ist, wenn ein Prozess des Wissenstausches zwischen den beteiligten Akteuren stattfindet. Inzwischen zielt auch die PUSH-2.0-Bewegung stärker auf einen *Dialog* zwischen Wissenschaft und Öffentlichkeit ab, anstatt nur monologischen *Transfer* von Informationen zu fördern (Schnurr und Mäder 2020). Weil Wissenstransfer prozesshaft und interaktiv angelegt ist, wäre *Wissens(aus)tausch* eigentlich der

---

[5] Bolte unterscheidet eine naive, eine dezisionistische, eine technokratische, eine humanistische und eine pragmatische Form der Wechselbeziehung zwischen Wissenschaft und Praxis (vgl. Bolte 2009).

[6] Eine genuine Form des Wissenstransfers ist daher die *Personalmobilität*, d. h. der Wechsel von Mitarbeitern wissenschaftlicher Forschungseinrichtungen in die Industrie (oder umgekehrt). Letztendlich findet Wissenstransfer immer auch in personalisierter Form statt, z. B. durch die Absolventen von Studiengängen, aber auch durch Initiativen von Intermediären (Verbände, Stiftungen, Vereine, Ministerien, Wirtschaftsfördergesellschaften).

bessere Begriff.[7] Damit könnte auch der inflationären Nutzung des Begriffs Wissenstransfer (der schleichend an Prägnanz verliert) ein Riegel vorgeschoben werden. Zudem entspräche diese Auffassung von Wissenstransfer den Forderungen „organischer" öffentlicher Soziologie nach kollaborativen Formen der Wissensproduktion und Dialogen mit außerwissenschaftlichen Publika. Im aktuellen Diskurs wird in diesem Sinne unter *Responsivität* die sich gegenseitig beeinflussende Wechselwirkung zwischen Wissenschaft und Praxis verstanden (Matthies et al. 2015).

3.2 Erfolgskriterien für Wissenstransfer

Die Transferpraxis von Wissenschaft bezieht sich auf heterogene Zielgruppen und Teilöffentlichkeiten. Wissenstransfer kann sich an Politik und Verwaltung, Wirtschaft und Unternehmen, Zivilgesellschaft, Bürger und/oder die Medien richten.[8] Der Radius von Wissenstransfer ist damit eindeutig größer als jener von *Public Sociology* im Sinne von Burawoy, dessen Adressat primär die Zivilgesellschaft ist. Trotz der Relevanz des persönlichen Engagements wirkt sich vor allem die Organisationsform und -kultur erkennbar auf das Transferverständnis von Forschenden (insbesondere der nächsten akademischen Generation) aus.

Wissenstransfer entzieht sich größtenteils direkter Analysierbarkeit und Reflexion. Der mit Wissenstransfer verbundene Kompetenzerwerb erfolgt tendenziell in unstrukturierten, persönlichen Kommunikationsakten, wobei die Rollen der Transferpartner je nach Transfersituation wechseln können (Thiel 2002). Weil zwischen Anspruch und Ergebnis oftmals kein direkter (kausaler) Zusammenhang herstellbar ist, Wissenstransfer nur schwer reproduzierbar scheint und Effekte des Wissenstransfers erst mit Zeitverzögerung abzuschätzen sind, kommt es typischerweise zu Akzeptanzverlusten.

Wesentliche Voraussetzung für einen erfolgreichen Wissenstransfer ist eine ernsthafte Beteiligung *außerwissenschaftlicher* Akteure an Forschungsprozessen, die Adaption wissenschaftlichen Wissens sowie Kapazitätsentwicklung im Rahmen eines interaktiven und partizipativen Prozesses. Wissenstransfer erfordert die Bereitschaft zur Relativierung wissenschaftlicher Wissensbestände und wissenschaftlicher Rationalität. Dies setzt die Anerkennung komplementärer Wissensbestände und Erkenntnisformen voraus. *Transdisziplinäre* Ansätze des interaktiven Wissenstransfers sind darauf ausgerichtet, traditionelle Barrieren zwischen Disziplinen und Institutionen zu überwinden und damit zu einer Öffnung des Verhältnisses zwischen Wissenschaft und Praxis beizutragen.

---

[7]Eine weitere Unterscheidung wäre die zwischen einem linearen Prozess sowie einem rekursiven Prozess des Wissenstransfers (Froese et al. 2016, S. 76).

[8]Je größer und heterogener eine Gruppe von Adressaten ist, desto weniger spezifisch kann Wissenstransfer erfolgen. Umgekehrt wird der Wissenstransfer spezifischer, je kleiner und heterogener die Zielgruppe erscheint (Froese et al. 2016, S. 38 ff.).

Neben symmetrischen Dialogverhältnissen hängt der Erfolg von Wissenstransfer auch davon ab, ob und wie leicht das transferierte Wissen kulturell an individuelle und lokale Vernetzungskontexte anschlussfähig ist. Zugänglichkeit, Verständlichkeit, Resonanzfähigkeit und Responsivität sind zugleich zentrale Erfolgskriterien von Wissenstransfer (Lugger 2020) und öffentlicher Soziologie (vgl. Selke 2020, S. 387 ff.), denn die Artikulierbarkeit des Wissens hat einen hohen Einfluss auf dessen Vermittelbarkeit. Dabei gilt die Regel, dass *deklaratives* Wissen im Vergleich zu *prozeduralem* Wissen einfacherer transferierbar ist. Während unter *Technologietransfer* die Weitergabe technischen Wissens in Produktionsprozessen oder in Form von Produkten verstanden wird, ist erfolgreicher *Wissenstransfer* mehr als nur Ergebnissicherung oder öffentliche Ergebnispräsentation. Wissenstransfer besteht nicht nur in der Übertragung von Wissen, sondern vor allem in der effektiven (Um-)Nutzung von Wissen innerhalb neuer gesellschaftlicher Kontexte (Russegger 2019, S. 16 f.). Kurz: Wissenstransfer ist dann erfolgreich, wenn wissenschaftliches Wissen in der Gesellschaft als öffentliches Gut ankommt. Die entscheidende Differenzierung für Transferleistungen ist daher jene zwischen interner *Wissenschaftsentwicklung* und externer *Gesellschaftsentwicklung*.

3.3 Pathologien im Kontext von Wissenstransfer

Die Motivation zu Wissenstransfer leitet sich meist von der Zielsetzung einer Forschungsorganisation ab, innerhalb derer wissenschaftliches Wissen produziert wird. Wissenstransfer erzeugt allerdings nicht automatisch direkt nutzbares Wissen. Die Theorie-Praxis-Kluft wird im ungünstigsten Fall vergrößert, weil sich Forschungsergebnisse nicht monodirektional und unverzerrt in die Praxis übertragen lassen. Auf dem Weg in die Öffentlichkeit verlieren Fachinformationen zudem oft an Qualität. Widerstände von Gegenexperten und informierten Laien erzeugen Aushandlungskonflikte, anstatt die Kooperationsbereitschaft für Lösungen zu steigern. Im schlimmsten Fall steht sogar der Vorwurf der Popularisierung oder einer öffentlichen Nicht-Wissenschaft im Raum (vgl. Schader-Stiftung 2016a, b; Selke 2020, S. 354 ff.). Gerade *wertebasierte* Forschungsfelder – von Energiegewinnung über Migration bis zur Impfung im Kontext der Corona-Pandemie – liefern hierfür zahlreiche Beispiele.

Während Wissenstransfer die individuelle und organisationale Reputation bei *wissenschaftsexternen* Zielgruppen erhöht, kann sich erkennbares öffentliches Engagement innerhalb der *wissenschaftsinternen* disziplinären Bezugsgruppe eher negativ auswirken. Zunehmend werden zudem *Transferleistungen* innerhalb metrischer akademischer Kulturen quantifizierbar und vergleichbar gemacht, um Handlungs- und Erwartungssicherheit zu schaffen. Nicht-messbare Transferleistungen werden hingegen eher als Nebentätigkeiten oder Passion oder Residuum abgewertet (Selke 2020, S. 384). In diesem Spannungsfeld zwischen institutionalisiertem Zwang und biografischem Risiko steht die Vereinbarkeit zwischen autonomer Forschung und öffentlichem Wissenstransfer permanent auf dem Prüfstand – ebenso, wie öffentliche Soziologie. Gerade in der Soziologie existieren Grenzen des Wissenstransfers, weil die Notwendigkeit zu außerakademischen Aktivitäten innerhalb des innerakademischen Sozialisationsprozesses nur unzureichend vermittelt (oder gar davon abgeraten) wird (Froese et al. 2016, S. 118).

4 Klassische Transferkonzepte

Im Folgenden werden Transfermodelle mit dem Ziel verglichen, mehr Gestaltungsspielräume für gesellschaftliche Transformationen unter der Beteiligung der Zivilgesellschaft zu eröffnen, wie dies auch innerhalb der Programmatik öffentlicher Soziologie angedacht ist.

4.1 Technologietransfer, Dissemination und Implementierung

Häufig wird vor allem *Technologietransfer* als alleiniger Transfermodus bevorzugt. Technologietransfer ist eine genuine Domäne der Ingenieur- und Naturwissenschaften und soll zur planvollen Diffusion von Technologien beitragen. Der Transferprozess findet meist zwischen Hochschulen, Forschungseinrichtungen, ErfinderInnen, Unternehmen bzw. Industriepartnern in der Form von Patenten, Lizenzvergaben oder gütergebundenen Technologien statt, mittels derer sich Forschungsergebnisse primär ökonomisch verwerten lassen (Bagdassarov 2012). Eine weitere Form des Technologietransfers sind Ausgründungen, d. h. Unternehmen, Unternehmensbeteiligungen oder sog. Spin-offs, die von Wissenschaftlern auf Basis ihrer Forschungsaktivitäten etabliert werden (Bagdassarov 2012).[9]

Technologiegetriebene Transferaktivitäten sind Ausdruck eines Top-down-Ansatzes, bei dem davon ausgegangen wird, dass neues Wissen ausschließlich im Bereich der Forschung entsteht, über professionelle Intermediäre an Wissensempfänger gelangt und innerhalb unternehmerischer Kontexte verwertet werden kann. Diese Form des Transfers wird daher oft als *indirekt* bezeichnet. Gemeinwohlorientierung wird nur selten angestrebt.

Dieses Transfermodell schließt auch die *Dissemination* von Forschungsergebnissen mit ein. Darunter wird die gezielte *Verteilung* von Informationen und Interventionsmaterialien an ein bestimmtes Publikum zu einem definierten Zweck ver-

---

[9] Häufig werden die Begriffe *Erkenntnistransfer* und *Technologietransfer* synonym verwendet, wenngleich Erkenntnistransfer eigentlich weiter zu fassen ist und sowohl den Transfer von Technologien in industrielle Anwendungen als auch den Transfer von Erkenntnissen geistes- oder sozialwissenschaftlicher Forschung in die Gesellschaft einschließt (Piller und Hilgers 2013, S. 19 ff.). Von *Innovationstransfer* kann gesprochen werden, wenn sich bei der Suche nach innovativen Lösungen Institutionen und Forschungseinrichtungen zunehmend für Experten aus anderen Bereichen öffnen und diese bei der Suche einbeziehen. Ganz allgemein wird darunter der Diffusionsprozess, also die Verbreitung von Innovationen innerhalb der Bevölkerung verstanden. Beim *Rationalisierungstransfer* steht die rationalisierende Anpassung von Orten, Unternehmen oder Infrastrukturen im Mittelpunkt.

standen, z. B. Publikationen in wissenschaftlichen Fachzeitschriften oder die Weitergabe des Wissens auf Fachtagungen. Zu neueren Methoden der Steigerung von Transferkapazitäten zählen u. a. Open Innovation Plattformen, Problemkonferenzen, Matchpanel zur Verbesserung des Networkings bei Veranstaltungen oder Crowdfunding für Start-ups und Seedingphasen junger Unternehmen.

Auch innerhalb der Sozialwissenschaften konnten sich einige praktische Formen des Transfers bzw. der Dissemination etablieren. Hierzu gehören neben Publikationen auch Beratungsleistungen (z. B. in der Form von Gutachten oder Expertisen), Informationsleistungen (z. B. Datenbanken, Download- sowie Recherchediensten, Software), Qualifizierungsleistungen (z. B. Weiterbildungs- und Personalentwicklung), Vernetzungsleistungen (z. B. Austauschprogramme) sowie öffentlichkeitswirksame Beiträge in den Medien (Froese et al. 2016, S. 39) – ganz im Sinne der „traditionellen" öffentlichen Soziologie bei Burawoy.

Implementation fokussiert hingegen auf die *Anwendung* von Strategien zur Änderung von Praxismustern in einem definierten Setting. Dissemination und Implementation verstehen sich als *Überbrückungsstrategien*, um Lücken zwischen Forschung und Praxis zu schließen. Bei dieser Form des Wissenstransfers wird allerdings beim Empfänger in erheblichem Umfang Fach-, Produkt- oder Marktwissen vorausgesetzt, um den Wert des Transfers überhaupt abschätzen zu können. Klassischer Transfer setzt daher kodifizierte Ergebnisse der akademischen Forschung und einen institutionalisierten und monodirektionalen Transferprozess voraus. Diese Voraussetzungen schaffen zwar Erwartungssicherheit, sind aber für die Zielerreichung innerhalb von Nebenfolgengesellschaften immer häufiger unterkomplex bis unangemessen. Publikationen an außerakademischen Orten sowie Dialoge mit außerakademischen Publika, für die ja gerade eine öffentliche Soziologie eintritt, bleiben bei diesem Transfermodell meist unberücksichtigt.

4.2 Wissenschaftskommunikation

Eine etablierte Form des Wissenstransfers ist Wissenschaftskommunikation. Unter dem Begriff versammeln sich einerseits intra-, inter- und extrawissenschaftliche Kommunikationsformen. Andererseits gibt es zahlreiche Überlappungen mit Formen der Wissenschaftspopularisierung, die hauptsächlich der *Akzeptanzbeschaffung* dient (vgl. Bauernschmidt 2018). Wissenschaftskommunikation bietet die Möglichkeit, Erfahrungen zu teilen und somit die Kluft zwischen Wissenschaft und Öffentlichkeit zu schließen (Weitze und Heckl 2016). Dazu gehören alle Formen der Kommunikation, die auf wissenschaftliches Wissen oder wissenschaftliche Arbeit ausgerichtet sind (Bonfandelli 2017). Wissenschaftskommunikation umfasst zunehmend auch die Nutzung digitaler Sozialer Medien (z. B. Collaborative Projects, Blogs und Microblogs, Content Communities, Soziale Netzwerke, Podcasts). Allerdings ist der Versuch von Institutionen, sich im Internet zu präsentieren, sehr durch Selbstmarketing motiviert (Robertson-von Trotha und Morcillo 2018, S. 48). Wissenschaftskommunikation dient mehrheitlich dazu, Wissenschaft für Öffentlichkeiten verständlich zu machen, Leistungen der jeweiligen wissenschaftlichen Einrichtung herauszuheben sowie wissenschaftlichen Nachwuchs zu fördern (Weitze und Heckl 2016, S. 1 f.).

Grundsätzlich wird dabei zwischen *interner* und *externer* Wissenschaftskommunikation unterschieden. Interne Wissenschaftskommunikation zielt auf Binnenkommunikation unter WissenschaftlerInnen ab, externe auf einen Austausch zwischen Wissenschaft und Gesellschaft. Je nachdem, welche Konzeption von Wissenschaft vorausgesetzt wird, unterscheidet sich auch die Form der Wissenschaftskommunikation und damit die Art und Weise der Öffnung von Wissenschaft (Bonfandelli 2017, S. 85). Beim *Elfenbeinturm-Konzept* liegt der Fokus auf interner Wissenschaftskommunikation, Öffentlichkeit spielt kaum eine Rolle. Grundlage ist das sog. Defizit-Modell: Wissenstransfer wird als notwendige Reaktion auf Wissensasymmetrien verstanden, wobei nur einen ausgezeichneten Personenkreis – den WissenschaftlerInnen – die exklusive Erzeugung wissenschaftlichen Wissens anvertraut wird. Auf Basis wissenschaftlicher Expertise werden abgesicherte Fakten schließlich an ein passives und uninformiertes öffentliches Publikum vermittelt. Diese Form des Wissenstransfers tritt hierarchisch und *erziehend* auf. Das *Glashaus-Konzept* setzt hingegen bei der mangelnden Transparenz der Wissenschaft in der Öffentlichkeit an und rückt externen Wissenstransfer deutlicher in den Mittelpunkt – wenngleich das Defizit-Modell weitgehend unhinterfragt bleibt. Diese Form des Wissenstransfers ist tendenziell *aufklärend*. Massenmedien und Wissenschaftsjournalismus helfen als Intermediäre mit, den ‚Wissensstand' der Öffentlichkeit zu erhöhen, um die Akzeptanz neuer Technologien oder Prozesse (z. B. im Kontext der Corona-Impfungen) zu steigern. Beim *Marktplatz-Konzept* wird schließlich die Öffentlichkeit als gleichberechtigter Partner der Wissenschaft ernstgenommen. Außerakademischen Publika werden aktivere Rollen zugeschrieben. Der Wissenstransfer stimuliert Grundsatzfragen und wertebasierte Entscheidungen.[10]

Übergreifend stellt sich die Frage, ob und wie stark sich WissenschaftlerInnen selbst als WissenschaftskommunikatorInnen engagieren (wollen). Zentrale Anreize dafür sind Imagepflege, Nachwuchsrekrutierung sowie Ressourcen- und Akzeptanzbeschaffung für die eigenen Forschungsthemen. Einerseits können WissenschaftlerInnen als PopularisiererInnen in eigener Sache agieren, aber auch als ExpertInnen oder BeraterInnen für plurale Öffentlichkeiten. Vor allem aber können WissenschaftlerInnen selbst entscheiden, ob sie Kommunikationsakte selbst gestalten oder an Kommunikationsverantwortliche delegieren.

5   Reformierte Transferkonzepte

Die zunehmende Bedeutung von Wissenstransfer brachte zahlreiche reformierte Transfermodelle hervor, die sich weniger auf instrumentelle Nutzeneffekte als vielmehr auf die dialogische Reflexion gesellschaftlicher Werte fokussieren. Neben der

---

[10] Diese Form des Wissenstransfers ist am ehesten dialogisch angelegt und entspricht damit öffentlicher Soziologie als „Komplizenschaft" (Selke 2015).

Pluralität von Akteuren und Positionen ist *Ergebnisoffenheit* ein wesentliches Merkmal dieser Dialoge (Ober 2018). Die Legitimation reflexiver und transformativer Formen des Wissenstransfers leitet sich daraus ab, dass das Modell der geschlossenen wissenschaftlichen Gemeinschaft mit der Herausbildung der modernen Wissens- und Dienstleistungsgesellschaft zunehmend obsolet wurde. Immer deutlicher müssen sich Hochschulen und wissenschaftliche Einrichtungen zusätzlichen gesellschaftlichen Erwartungen stellen und außerwissenschaftliche bzw. öffentliche Kontexte berücksichtigen (Baecker 2007). Ein weiterer Grund für die Rekonzeptionalisierung von Wissenstransfer sind die veränderten Produktionsverhältnisse wissenschaftlichen Wissens. Wissensproduktion erfolgt nicht mehr ausschließlich in nationaler, innerakademischer, hierarchischer und monodisziplinärer Form, sondern zunehmend globalisiert, grenzüberschreitend, kollaborativ und transdisziplinär. Zudem verschwimmen die Grenzen zwischen Forschung an Universitäten und Hochschulen, Forschung in Unternehmen sowie Forschung durch Produktions- und Dienstleistungsunternehmen (Fassler 2019, S. 23 f.).

5.1 Vom messbaren Nutzen zum öffentlichen Wert wissenschaftlichen Wissens

Anders als Technologietransfer zieht Wissenstransfer nicht zwangsläufig einen ökonomischen Nutzen nach sich, sondern kann als *öffentlicher Wert* betrachtet werden. Die zentrale Herausforderung von Wissenstransfer besteht deshalb darin, verkürzte Wirkungsdefinitionen zu überwinden. Dies gilt gerade auch für (öffentliche) Soziologie, für die sich klassische Formen der Wirkungsmessung als unpassend erweisen (Selke 2020, S. 355 ff.). Wirkungsdefinitionen, die Soziologie rein *instrumentell* betrachten, laufen Gefahr, lediglich auf unscharfe Effekte oder positive Beiträge jenseits des akademischen Feldes Bezug zu nehmen. Auch ein *konzeptionelles* Wirkungsverständnis greift zu kurz. Zwar trägt öffentliche Soziologie dazu bei, gesellschaftliche Prozesse einzuordnen und Debatten zu initiieren (oder zumindest zu rahmen). Andere Disziplinen tun dies allerdings auch. Ein *normatives* Wirkungsverständnis, das Soziologie als Kompetenz-Katalysator („capacity building") versteht, setzt zunächst einen Konsens über notwendige Kompetenzen innerhalb einer Gesellschaft voraus. Das üblicherweise von Forschungsfördergesellschaften bevorzugte *enge* Verständnis von Wirkung („impact") ist für Sozialwissenschaften insgesamt unangemessen. Ein zeitgemäßes Wirkungsverständnis nimmt stattdessen den gesamtgesellschaftlichen Nutzen der Sozialwissenschaften („value-for-society" bzw. „public value") in den Blick. So erschöpft sich auch die Wirkung öffentlicher Soziologie nicht ausschließlich in einem *direkten* Nutzen, sondern weist vielmehr *indirekte* Wirkungsaspekte auf. Weil damit auch Bezugnahmen auf Werte verbunden sind, erhöht sich bei diesem Transfer- und Wirkungsverständnis allerdings auch das Dissensrisiko.

Vor diesem Hintergrund tritt John Brewer dafür ein, *heterogene Formen des Wissenstransfers* als *gleichwertig* anzuerkennen (Brewer 2013, S. 90). Wissenstransfer im Kontext der Sozialwissenschaften bedeutet übergreifend, in Ermangelung greifbarer Produkte Erkenntnisse eher auf dem Wege des Dialogs zu erzeugen. Allerdings bleibt der normative Wert der Sozialwissenschaften bei der üblichen ‚Einpreisung' von Wissen im Kontext von Transferstrategien vollkommen unberücksichtigt. Es ist unmittelbar nachvollziehbar, dass sich der *Nachweis eines indirekten normativen Werts* sehr viel schwieriger gestaltet, als der *Nachweis instrumenteller Nutzenaspekte*. Letztendlich lassen sich die Sozialwissenschaften selbst als öffentlicher Wert bzw. öffentliches Gut auffassen (Brewer 2013, S. 142). Daraus resultiert im besten Fall ein gemeinsam geteiltes Verständnis über Fragen zur gesellschaftlichen Transformation auf der Basis eines tiefgreifenden Verständnisses sozialer Probleme, sowie die kollektive Fähigkeit, Transformationsprozesse nicht nur zu erklären, sondern auch gemeinsam zu gestalten. Kurz: Der Wert der Sozialwissenschaften besteht in *öffentlichem Wissen mit Transformationspotenzial*. Wissenstransfer ist eine Möglichkeit, den eigenen Gestaltungsspielraum zu erkennen und auch zu nutzen. Daraus folgt eine *emanzipierende* Wirkung: Der Transfer sozialwissenschaftlichen Wissens erzeugt einen öffentlichen Wert, wenn Menschen sich als Agenten des Wandels erkennen und entsprechend zu handeln. Es ist genau dieser Wiedererkennungseffekt neuer Publika, den auch Michael Burawoy ins Zentrum von *For Public Sociology* rückte (2005, S. 8).

5.2 Barrieren im Prozess des Wissenstransfers

Gerade wegen der strukturellen Schwierigkeiten, die mit der Wirkungsfrage verbunden sind, besteht beim Wissenstransfer die Gefahr zahlreicher Korrumpierungs- und Kommodifizierungseffekte. Auf der individuellen Ebene werden immer wieder Entscheidungen zum eigenen Rollenverständnis, zum Habitus und zur Haltung entlang von Karrierepfaden eingefordert. Letztlich kann das Vier-Felder-Schema Burawoys[11] auch als *Anleitung zur Selbstverortung im Kontext des Wissenstransfers* verstanden werden. Jenseits dieser individuellen und biografischen Dimensionen, die mit Ängsten vor Reputationsverlust verbunden sind, stehen strukturelle Barrieren (Hierarchien, Spezialisierung, Zentralisierung) des akademischen Systems erfolgreichem Wissenstransfer entgegen. Dazu gehören auch funktionale, geografische und organisatorische Hindernisse. Wissenstransfer kann nur dann gelingen, wenn zwischen den Transferpartnern Vertrauen herrscht, ein Resonanzverhältnis hergestellt werden kann und kulturelle Distanzen sowie Werte- und Wissensdistanzen minimiert werden (Battistella et al. 2016).

Erfolgreiche Transferkompetenzen werden eher unsystematisch erworben und lassen sich innerhalb der etablierten akademischen Anerkennungssysteme nicht sichtbar machen. Wenn Forschende selbst Kompetenzen im Bereich Wissenstransfer

---

[11] Zur Erläuterung des Vier-Felder-Schemas und der damit verbundenen Differenzierungen und Formen akademischer Arbeitsteilung siehe auch den Beitrag Kap. ▶ „Michael Burawoy: „For Public Sociology" als Referenzdokument der Debatte um öffentliche Soziologie" des Autors in diesem Handbuch.

erwerben, kann dies weitreichende Gratifikationskrisen nach sich ziehen. Grundsätzlich führt eine engagierte Praxis des Wissenstransfers zu diversen Zeit- und Ressourcenkonflikten und vor allem zu einem Zielkonflikt zwischen Engagement und Karriere (vgl. Battistella et al. 2016; Selke 2020, S. 128 ff.). Während (quantifizierbare) *Forschungsexzellenz* nahezu omnipräsent eingefordert und belohnt wird, bleibt (qualitativ engagierte) *Transferexzellenz* noch immer dem Zufall überlassen.

5.3 Wissenstransfer im Kontext transformativer Wissenschaft

Bereits in den 1990er-Jahren deutete sich an, dass Wahrheitsfindung sowohl vielstimmig als auch öffentlicher werden würde. *Transformativer Wissenstransfer* setzt neue Methoden und Kooperationsverhältnisse zwischen Wissenschaft und Öffentlichkeit entlang einer idealtypisch gedachten *Wertschöpfungskette des Wissens* voraus:[12] Erstens die *Ko-Definition* von Problemen bzw. *Ko-Design* von Forschung, zweitens gemeinsames Handeln vor Ort durch *Ko-Praxis* in Verbindung mit der *Ko-Produktion Wissen*, drittens eine öffentliche *Ko-Präsentation* von Lernprozessen sowie schließlich die *Ko-Transformation* von Gesellschaft durch individuelle und institutionelle Verantwortungsübernahme.

Begriffe wie „Interactive Knowledge Translation", „Co-production of knowledge" oder „Nexus-Theorien" sind Kennzeichen eines zunehmenden Bedeutungs- und Bewusstseinswandel im Bereich von Wissenstransfer. Hierbei sind eine Auflösung von Grenzen, neue Zuständigkeiten für Erkenntnisgewinn, heterodoxe Modi der Erkenntnisproduktion sowie systematische Reinstitutionalisierungen der Wissensproduktion und -umsetzung zu beobachten. Wissenstransfer wird in neue, progressive Wissenschaftsnarrative eingebunden (Selke 2020, S. 344; Schneidewind 2019). Dabei geht es darum, auf das Partizipationsverlangen relevanter Öffentlichkeiten einzugehen und *Veränderungs- bzw. Ziel*wissen anstatt *Orientierungs- bzw. System*wissen zu produzieren. Kollaborative Forschungsaktivitäten werden daher zu einem zentralen konzeptionellen Element von Wissenstransfer.[13]

Ziel progressiver Spielarten von Wissenstransfer ist es, entlang der Wertschöpfungskette der Wissensproduktion den Validierungsradius von Wissen und damit dessen soziale Robustheit zu erhöhen. Dies ist notwendig, weil Wissen immer häufiger im Kontext seiner Anwendung erzeugt wird. Zentrale Problem-, Frage- und Themenstellungen werden vom gesellschaftlichen Kontext mitformuliert, anstatt ausschließlich von WissenschaftlerInnen aus den Kerninstitutionen der Forschung definiert zu werden. Zahlreiche Forschungsgebiete entstehen geradezu als Reaktion auf gesellschaftliche Probleme und Praxisfelder. Der Anwendungskontext bildet somit den Bezugspunkt dieser Forschung. Weil es dabei zur Multiplikation mitwirkender Institutionen und Akteure kommt, nimmt die Bedeutung sozialer Robustheit von Wissen zu. Wissen wird erst dann sozial robust, wenn bei dessen

---

[12] Vgl. ausführlich (Selke 2020, S. 307 ff.).

[13] Vgl. dazu den Beitrag Kap. ▶ „Kollaboratives Forschen" in diesem Handbuch.

Produktion Belange, Interessen und Bedürfnisse von Laien, AnwenderInnen, PatientInnen etc. nicht nur bei der Prioritätensetzung beachtet, sondern wenn außerwissenschaftliche Akteure auch auf die Definition von Forschungsthemen Einfluss genommen haben. Werden BürgerInnen lediglich ex-post in Forschungsprozesse einbezogen, bleibt eine wichtige Chance in Richtung einer gesellschaftlichen Transformation ungenutzt (Ober 2018).

5.4 Von öffentlicher Soziologie zu öffentlichen Wissenschaften

Wissenschaftskommunikation ist im Kern Öffentlichkeitsarbeit. Öffentlichkeitsarbeit wird stellvertretend von KommunikationsspezialistInnen *für* WissenschaftlerInnen gemacht, während öffentliche Wissenschaft *von* WissenschaftlerInnen selbst betrieben wird. Wissenschaftskommunikation erfordert eine *passive* Zuliefererrolle von WissenschaftlerInnen. Wissenstransfer im Format öffentlicher Wissenschaft fordert hingegen eine *aktive* Rolle von WissenschaftlerInnen sowie eine explizit dialogische Haltung ein, die sich gerade nicht delegieren lässt. Während Wissenschaftskommunikation konzeptionell den *klassischen* Transferansatz repräsentiert, ist öffentliche Wissenschaft Ausdruck eines *reformierten* Transferkonzepts.

Auch die Idee zu öffentlicher Wissenschaft reicht dabei bis in die 1960er-Jahre zurück (vgl. ausführlich Bauernschmidt 2018, S. 28 ff.; Robertson-von Trotha und Morcillo 2018).[14] Vor diesem Hintergrund setzte sich langsam eine *prozess*orientierte anstatt einer *ergebnis*orientierten Kommunikation durch. Öffentliche Wissenschaft wurde zu einer interdisziplinären und dialogorientierten Kommunikationsform und einem zeitgemäßen Modus von Wissenstransfer an zahlreichen neuen öffentlichen Schnittstellen (Science Center, Science Slams, Zivilgesellschaft, Gewerkschaften, Erwachsenenbildung).

Öffentliche Wissenschaft tritt für die Sensibilisierung der Forschenden gegenüber heterogenen Öffentlichkeiten ein, fördert die Produktion von allgemein verständlichen Inhalten mit bildendem Charakter und steht für die kritische Rezeption von Wissenschaft und Meinungsbildung. Vor allem aber distanziert sich öffentliche Wissenschaft von reinen PR-Strategien (vgl. Robertson-von Trotha und Morcillo 2018). Transformative Formen des Wissenstransfers erzeugen gleichwohl neue Spannungsfelder: Der Idee der Wissenschaftsfreiheit steht zunehmend die Forderung gegenüber, dass BürgerInnen selbst entscheiden können, was für sie (und das Gemeinwohl) das Beste ist. Anstatt affirmative Technologieoffenheit und -akzeptanz zu fördern (wie im Fall der etablierten Wissenschaftskommunikation oder Wissenschafts-PR) widmet sich öffentliche Wissenschaft gerade explizit *gegenaffirmativen* Diskursen über Werte und Ziele.

---

[14] Auch öffentliche Wissenschaft ist ein Erbe der PUS-Initiative, des PUSH Memorandum sowie der Initiativen zur Steigerung der Scientific Literacy von Bürgern. Eine detaillierte Übersicht zu Initiativen zur Steigerung des Wissenstransfers findet sich bei Bauernschmidt (2018, S. 22 ff.).

Trotz zahlreicher Initiativen – insbesondere auch von Stiftungen als außerwissenschaftlichen Intermediären[15] – ist der Begriff öffentliche Wissenschaft im Wissenschaftssystem noch nicht ausreichend verankert. Außerakademische Leistungen, die im Kontext öffentlicher Wissenschaft erbracht werden, sind bislang nicht Teil des innerakademischen Anerkennungssystems. Gleichwohl ist öffentliche Wissenschaft herausfordernd, weil damit ein selbstreflexiver, verantwortungsvoller und nachhaltiger Wissenstransfer einhergeht und wissenschaftliche Fragestellungen stärker als bisher gesellschaftliche Problemdefinitionen widerspiegeln (Robertson-von Trotha und Morcillo 2018, S. 43). Allerdings sind Wissenschaftskommunikation und öffentliche Wissenschaft kein Antagonismus, sondern eher komplementär zu verstehen. Öffentliche Wissenschaft wird (in Deutschland) an Universitäten u. a. im Rahmen des Studium Generale oder im Kontext einzelner Forschungsprojekte praktiziert.[16] Gleichzeitig fehlt es an einer erkennbaren Institutionalisierung öffentlicher Wissenschaft an Forschungseinrichtungen und Universitäten. Bislang befasst sich außerhalb von Einzelinitiativen[17] keine etablierte Wissenschaftsdisziplin mit dem fachüber-greifenden Charakter öffentlicher Wissenschaft.[18]

6 Ausblick: Transferstrategien und -kompetenz im Kontext der Third Mission

Wird Wissenstransfer über einzelne Maßnahmen hinaus systematisiert und institutionalisiert, kann von Transfer*strategien* gesprochen werden. Transferstrategien sind der Versuch, Zielrichtung, Wirkung und Nachhaltigkeit von Wissenstransfer zu steigern. Dabei wird anerkannt, dass in einer immer komplexeren Informations- und Wissensgesellschaft Transfer nicht nur eine elementare Säule der *Kommunikation*, sondern auch der *Kooperation* mit Öffentlichkeiten darstellt. Eine besonders prominente Reaktion auf die gesteigerte Relevanz von Wissenstransfer ist hierbei die Programmatik *Third Mission*.[19] Hochschulen betrachten es zunehmend als ihre soziale Mission, neben Lehre und Forschung auch ihrer gesellschaftlichen Verantwortung als Bildungsorte gerecht zu werden. In einem zeitgemäßen Verständnis sind Hochschulen weit mehr als reine Lehr- und Forschungsanstalten. Kernidee der Third Mission ist die engmaschige Verzahnung und der wechselseitige Austausch zwi-

---

[15] So z. B. das Themenjahr „Öffentliche Wissenschaft" (2015) der Schader-Stiftung (Schader-Stiftung 2016a, b).

[16] Vgl. dazu den Beitrag von Andreas Hütig über das Studium Generale in diesem Handbuch.

[17] So richtete etwa die Hochschule Furtwangen von 2015 bis 2022 eine Forschungsprofessur zum Thema „Transformative und öffentliche Wissenschaft" sowie das „Public Science Lab" (www.public-science-lab.de) ein.

[18] Vgl.: „Eine Wissenschaft über die Öffentliche Wissenschaft ist deshalb auch jenseits der Erarbeitung theoretischer Modelle eine wichtige Voraussetzung für eine effiziente, unabhängige, allgemeinnützliche und erlernbare Öffentliche Wissenschaft." (Robertson-von Trotha und Morcillo 2018, S. 58).

[19] Synonyme für Third Mission sind Community Engagement oder gesellschaftliches Engagement.

schen Hochschule und Praxisfeldern (Baecker 2007). Einerseits werden innovative Forschungsleistungen in Wirtschaft und Öffentlichkeit transferiert, andererseits haben die pluralen Öffentlichkeiten von Hochschulen direkt oder indirekt Einfluss auf Ziele und Ausrichtung von Lehre und Forschung. Aufgrund der zunehmenden Diversität und Heterogenität außerakademischer Zielgruppenidentifikation müssen *disziplinübergreifende* und *transökonomische* Transfermodelle neu gedacht und schließlich in einen zeitgenössischen und innovativen Anwendungsbezug gebracht werden (Russegger 2019).

Zur Third Mission kursieren eine Reihe von Manifesten, die meist die *Relevanz dialogischen Wissenstransfers* betonen. Die dritte Mission der Hochschulen kommt einer Ausweitung des Aktivitätsradius gleich, wobei zu den klassischen Strategien des Techniktransfers in unterschiedlich komplexen Mischungsverhältnissen Formen des gesellschaftlichen, kulturellen, politischen und sozialen Engagements in der jeweiligen Hochschulregion kommen. Idealerweise sollte das Engagement der Hochschulen zur Weiterentwicklung der Region führen, deren Bedürfnisse setzt wiederum Impulse für die Strategieentwicklung der jeweiligen Hochschule. Erst durch diese „absorptive Kapazität" und eine progressive Arbeitsteilung der Akteure werden nachhaltige Innovationsprozesse angestoßen (Fritsch 2009). Die Third Mission erschließt somit neue Leistungsbereiche für Hochschulen.

Eine erfolgreiche Third Mission setzt jedoch neue Wissenschaftsperspektiven und ein neues Wissenschaftsethos voraus. Vor allem gilt, dass Third Mission sich nicht in Technologietransfer erschöpfen sollte. Vielmehr bildet Wissenstransfer ein eigenständiges Kompetenzfeld ab. Die Third Mission weitet zudem das bisherige *Verständnis von außerhochschulischer Umwelt* erkennbar aus und hat gleichermaßen einen Effekt für Hochschulen und Umwelt (Roessler et al. 2015). Wissen wird nicht nur intern produziert und weitergegeben (Transfer), vielmehr wird es in kollaborativen Prozessen auch situationsspezifisch und öffentlich angewandt (Third Mission). Bislang unterscheiden sich Hochschulen in ihren Strategien zur Third Mission stark. Das Spektrum reicht von Forschungs- über Patent-, auf die Zivilgesellschaft fokussierte Kooperations-, Weiterbildungs- bis hin zu (regionalen) Vernetzungs- und zivilgesellschaftlichen Engagementstrategien (Fritsch 2009).

Im Kontext der Third Mission sind Gratifikationskrisen ebenfalls wahrscheinlich. Einerseits wird die soziale Mission von Hochschulen – deren gesellschaftliche Rolle und Verantwortung – betont und eingefordert. Andererseits bleibt offen, wie diese Transferleistungen genau erbracht werden sollen, ohne sie als lästige und kontraproduktive Zusatzaufgabe zu empfinden (Battistella et al. 2016). Bislang gibt es kaum eine angemessene und institutionalisierte Form der Wertschätzung für Wissenstransfer im Kontext der dritten Mission. Wissenstransfer ist bislang kein selbstverständlicher und transparenter Bestandteil sowohl des Leistungsspektrums wie auch der Anerkennungskultur von Hochschulen. Wer engagiert Wissenstransfer in Öffentlichkeiten betreibt, befindet sich damit in einer ähnlichen Ausgangslage wie öffentliche SoziologInnen, deren Praxis sich oftmals als „brotlose Kunst und Karrierekiller" (Selke 2020, S. 139 ff.) erweist. Oder anders: Öffentliche Wissenschaft ist eigentlich die professionelle Verknüpfung von Forschung und Tranfer – wenngleich diese Form moderner Wissenschaft hat in der Alma Mater selten einen Platz findet.

Trotz zahlreicher Leitbilder klafft zwischen der öffentlichen Außendarstellung von Hochschulen (Formalstruktur) und deren Transferpraxis (Aktivstruktur) häufig eine Lücke. Auch deshalb, weil sie veralteten Vorstellungen von Wissenschaft und Transfer anhängen. Zudem müssen Hochschulleitungen verstärkt mit äußeren Sachzwängen (z. B. Budgetkürzungen, Rückgang von Studierendenzahlen) umgehen, schaffen dies jedoch häufig nur, indem sie sich überhöhten Symboliken (z. B. Exzellenz, Internationalität, Verantwortung) hingeben. Doch gerade die Betonung von Internationalität geht oftmals auf Kosten regionaler und lokaler Maßstäbe, Erwartungen und Problemstellungen. Zudem verhindert das zunehmende Eindringen des Marktes in die Hochschulen mit allen damit verbundenen Folgen gesellschaftliches Engagement tendenziell eher, anstatt es zu fördern. Im Mittelpunkt der Third Mission sollte jedoch die Fähigkeit von Hochschulen stehen, sensibel für deren gesellschaftliche Verantwortung zu werden und die Fühler in die (je regionalen) Öffentlichkeiten auszustrecken. Es besteht also noch viel Entwicklungsbedarf, damit aus Hochschulen „engagierte Hochschulen" (vgl. HRK 2014) werden und Korrumpierungseffekte im Kontext der Ökonomisierung des Bildungssystems vermieden werden.

Im Kontext des klassischen Technologietransfers werden Hochschulen „ein Mittel für die Zwecke anderer", wie Burawoy kritisiert (2015). Er weist darauf hin, dass Wissen zunehmend zu einer fiktiven Ware wird und von einem öffentlichen Gut in marktfähiges Kapital umgewandelt wird. Kommodifizierung von Wissen bedeutet dabei für Burawoy schlicht die Vorherrschaft des Außerakademischen im Gewand der Ökonomie. Die Vermarktung von Wissen ist auch deshalb problematisch, weil einerseits Steuergelder in das Bildungs- und Forschungssystem fließen, andererseits aber kein öffentlicher Nutzen als Rückfluss von Ressourcen nachweisbar ist. In der Folge, so Burawoys Diagnose, werde sich der Charakter von Hochschulen spürbar wandeln.

Gerade die Debatte um öffentliche Soziologie kann Impulse zur Einordnung und Förderung der Third Mission leisten. Denn das zentrale Kennzeichen des Wandels von Hochschulen, die ihren öffentlichen Auftrag aus dem Blick verlieren, ist nach Burawoy die zunehmende Dominanz instrumentellen Wissens und die gleichzeitige „Opferung" des reflexiven Wissens (Burawoy 2015, S. 110). Instrumentelles Wissen lässt sich schlicht leichter ökonomisieren. Auch die Vorherrschaft von Ausbildung („instruction") gegenüber Bildung („teaching") zeigt, dass Hochschulen ihrer sozialen Mission nur ansatzweise gerecht werden. In den reflexiven Wissensformen öffentlicher Soziologie erkennt Michael Burawoy das Potenzial, kollektives Bewusstsein dafür zu entwickeln, dass es auch um einen *längerfristigen Wert* des Wissens gehen müsse und nicht allein um eine *kurzfristige Verwertbarkeit*. Das reflexive Wissen der öffentlichen Soziologie diene dazu, außerwissenschaftliche Akteure in Debatten einzubeziehen und somit neue soziale Arenen zu schaffen. John Brewer betont die Notwendigkeit, „öffentliches Wissen" in die Hochschulen und damit in die Gesellschaft „einzubauen". Gerade den Sozialwissenschaften weist er die Rolle zu, Hochschulen neu zu definieren, um sie vor der neoliberalen Vereinnahmung durch Wirtschaft und Politik zu schützen (Brewer 2013, S. 148). Martha Nussbaum weist den Geistes- und Sozialwissenschaften ebenfalls eine Schutzfunktion zu, wenn sie darauf aufmerksam macht, dass die zentrale Aufgabe von Hochschulen darin bestehe, kompetente und selbstbewusste demokratische BürgerInnen auszubilden und diese gegen antidemokratische Interessen abzusichern (Nussbaum 2011). Diese Form gesellschaftlichen Engagements funktioniert nur, wenn Hochschulen sich als kritische Öffentlichkeit und nicht als Ort des akademischen Kapitalismus (Münch 2011) verstehen. Michael Burawoy wiederum erkennt darin die eigentliche „Berufung" von Hochschulen (Burawoy 2015, S. 109).

Noch ist zwischen dem klassischen Transfer und dem (Aus)Tausch von Wissen bzw. dialogischer Wissensproduktion viel Begriffs- und Überzeugungsarbeit zu leisten, um Wissenstransfer im Kontext der Third Mission angemessen zu verstehen und zu operationalisieren. Zielführender wäre es, zwischen Wissens*integration* bei der Produktion von Wissen, Wissens*mobilisierung* beim Transfer und Wissens*austausch* im Anwendungsbezug zu unterscheiden, jeweils individuelle Ermöglichungsstrukturen vor Ort (z. B. Kompetenzzentren für Third Mission) zu schaffen, sowie authentische Erfolgsbedingungen festzulegen. Hochschulen könnten den institutionellen Rahmen für Dialoge in Form lokaler und regionaler Mikropolitik gestalten. Diese könnten im Kontext bürgernaher Wissenschaft („public scholarship") oder in der Form zivilgesellschaftlichen Engagements („civic engagement") stattfinden. Damit dies gelingt, braucht es zeitgenössische Governance-Strategien, die selbstkritisch zwischen Wunsch- und Realbild von Hochschulen unterscheiden.

Wissenstransfer, der sowohl den Wandel wissenschaftlicher Wissensproduktion als auch den Wandel von Gesellschaft beachtet, meint also insgesamt die *zweckfreie* Öffnung von Wissenschaft in Richtung Gesellschaft *jenseits* instrumenteller Nutzenorientierung. Wissenstransfer meint die Steigerung des öffentlichen Werts wissenschaftlichen Wissens. Wissenstransfer bedeutet auch, dass Hochschulen zukünftig verantwortungsvolle *Inkubatoren* kritischer Gemeinschaften werden, die ernsthaft an der großen Transformation der Gesellschaft und am Zivilisationswandel arbeiten. Hier zeigt sich allerdings die Begrenztheit öffentlicher Soziologie in der Gefolgschaft Michael Burawoys.[20] Denn gerade *For Public Sociology* ist der Prototyp einer Negativabgrenzung gegenüber Staat und Wirtschaft. Eine erfolgreiche Third Mission braucht hingegen neue Allianzen, anstatt alte Feinde.

Literatur

Baecker, Dirk. 2007. *Studien zur nächsten Gesellschaft*. Frankfurt a. M.: Suhrkamp.
Bagdassarov, Annett. 2012. *Wissens- und Technologietransfer an Universitäten. Interne und externe Gestaltungsansätze am Beispiel der Technologietransfer GmbH*. Wiesbaden: Springer Gabler.

---

[20] Zu alternativen Auffassungen öffentlicher Soziologie, vgl. (Selke 2020, S. 144 ff.).

Battistella, Cinzia, Alberto De Toni, und Roberto Pillon. 2016. Inter-organisational technology/ knowledge transfer: A framework from critical literature review. *Journal of Technology Transfer* 41:1195–1234.

Bauernschmidt, Stefan. 2018. Öffentliche Wissenschaft, Wissenschaftskommunikation & Co.: Zur Kartierung zentraler Begriffe in der Wissenschaftskommunikationswissenschaft. In *Öffentliche Gesellschaftswissenschaften. Grundlagen, Anwendungsfelder und neue Perspektiven*, Hrsg. Stefan Selke und Annette Treibel, 21–42. Wiesbaden: Springer VS.

Beck, Ulrich, und Wolfgang Bonß. 1989. Verwissenschaftlichung ohne Aufklärung? Zum Strukturwandel von Sozialwissenschaften und Praxis. In *Weder Sozialtechnologie noch Aufklärung. Analysen zur Verwendung sozialwissenschaftlichen Wissens*, Hrsg. Ulrich Beck und Wolfgang Bonß, 7–45. Frankfurt a. M.: Suhrkamp.

Bolte, Karl Martin. 2009. Wissenschaft und Praxis. Möglichkeiten ihres Verhältnisses zueinander. In *In diesem Geschäft gibt es keine Mathematik*, Hrsg. Schader-Stiftung, 28–41. Darmstadt: Schader-Stiftung.

Bonfandelli, Heinz. 2017. Handlungstheoretische Perspektiven auf die Wissenschaftskommunikation. In *Forschungsfeld Wissenschaftskommunikation*, Hrsg. Birte Fähnrich, Corinna Lüthje, Jutta Milde, Markus Rhomberg und Mike S. Schäfer, 83–105. Wiesbaden: Springer Fachmedien.

Brewer, John. 2013. *The public value of social sciences*. London: Bloomsbury.

Burawoy, Michael. 2005. For public sociology. *American Sociological Review* 4:4–28.

Burawoy, Michael. 2015. Zur Neudefinition der öffentlichen Universität: Globale und nationale Kontexte. In *Public Sociology. Öffentliche Soziologie gegen Marktfundamentalismus und globale Ungleichheit*, Hrsg. Brigitte Aulenbacher und Klaus Dörre, 93–109. Weinheim: Beltz Juventa.

Fassler, Manfred. 2019. Transfer: Umsteigen oder Verändern, oder doch Entwerfen? In *Wissenstransfer gestalten. Werkzeuge, Formate, Potenziale*, Hrsg. Wissenstransferzentrum Ost, 23–26. Wien: facultas.

Fritsch, Michael. 2009. Was können Hochschulen zur regionalen Entwicklung beitragen? *die hochschule* 1:39–52.

Froese, Anna, Dagmar Simon, und Julia Böttcher. 2016. *Sozialwissenschaften und Gesellschaft. Neue Verortungen von Wissenstransfer*. Bielefeld: transcript.

HRK. 2014. *Die engagierten Hochschulen. Forschungsstark, praxisnah und gesellschaftlich aktiv*. Bonn: Hochschulrektorenkonferenz.

Lugger, Beatrice. 2020. Verständlichkeit ist nur der Anfang. In *Wissenschaft und Gesellschaft. Ein vertrauensvoller Dialog*, Hrsg. Johannes Schnurr und Alexander Mäder, 139–150. Berlin: Springer.

Matthies, Hildegard, Dagmar Simon, und Marc Torka, Hrsg. 2015. *Die Responsivität der Wissenschaft. Wissenschaftliches Handeln in Zeiten neuer Wissenschaftspolitik*. Bielefeld: transcript.

Nussbaum, Martha. 2011. *Not for profit. Why democracy needs the humanities*. Princeton: Princeton University Press.

Ober, Steffi. 2018. Öffentliche Wissenschaft. Forschung und Innnovation (FuI) partizipativ gestalten. In *Öffentliche Gesellschaftswissenschaften. Grundlagen, Anwendungsfelder und neue Perspektiven*, Hrsg. Stefan Selke und Annette Treibel, 375–388. Wiesbaden: Springer VS.

Piller, Frank, und Dennis Hilgers. 2013. Technologietransfer – Bedeutung und Herausforderungen. In *Praxishandbuch Technologietransfer*, Hrsg. Frank Piller und Dennis Hilgers. Düsseldorf: Symposion Publishing.

Robertson-von Trotha, Caroline, und Jesús Munioz Morcillo. 2018. Öffentliche Wissenschaft. Von ‚Scientific Literacy' zu ‚Participatory Culture'. In *Öffentliche Gesellschaftswissenschaften. Grundlagen, Anwendungsfelder und neue Perspektiven*, Hrsg. Stefan Selke und Annette Treibel, 43–60. Wiesbaden: Springer VS.

Roessler, Isabel, Sindy Duong, und Cort-Dennis Hachmeister. 2015. Welche Missionen haben Hochschulen? Third Mission als Leitung der Fachhochschulen für die und mit der Gesellschaft.

Gütersloh. CHE Arbeitspapier. https://www.che.de/wp-content/uploads/upload/CHE_AP_182_Third_Mission_an_Fachhochschulen.pdf. Zugegriffen am 15.05.2020.

Russegger, Georg. 2019. Dimensionen des Wissenstransfers. In *Wissenstransfer gestalten. Werkzeuge, Formate, Potenziale*, Hrsg. Wissenstransferzentrum Ost, 16–18. Wien: facultas.

Schader-Stiftung, Hrsg. 2016a. *Öffentliche Wissenschaft. Großer Konvent der Schader-Stiftung. Dokumentation der Jahrestagung am 20. November 2015*. Darmstadt: Schader-Stiftung.

Schader-Stiftung, Hrsg. 2016b. *Öffentliche Wissenschaft. Schader-Dialog. Magazin der Schader-Stiftung zwischen Gesellschaftswissenschaften und Praxis*, Heft 1.

Schneidewind, Uwe. 2019. *Die Große Transformation. Eine Einführung in die Kunst gesellschaftlichen Wandels*. Frankfurt a. M.: Fischer.

Schneidewind, Uwe, und Mandy Singer-Brodowski. 2014. *Transformative Wissenschaft. Klimawandel im deutschen Wissenschafts- und Hochschulsystem*. Marburg: Metropolis.

Schnurr, Johannes, und Alexander Mäder, Hrsg. 2020. *Wissenschaft und Gesellschaft. Ein vertrauensvoller Dialog*. Berlin: Springer.

Selke, Stefan. 2015. Öffentliche Soziologie als Komplizenschaft. Vom disziplinären Bunker zum dialogischen Gesellschaftslabor. *Zeitschrift für Theoretische Soziologie* 4:179–207.

Selke, Stefan. 2020. *Einladung zur öffentlichen Soziologie. Eine postdisziplinäre Passion*. Wiesbaden: Springer VS.

Thiel, Michael. 2002. *Wissenstransfer in komplexen Organisationen. Effizienz durch Wiederverwendung von Wissen und Best Practices*. Wiesbaden: Deutscher Universitätsverlag.

Weitze, Marc-Denise, und Wolfgang Heckl. 2016. *Wissenschaftskommunikation. Schlüsselideen, Akteure, Fallbeispiele*. Berlin: Springer Spektrum.

Soziologische Aufklärung: Über Bücher, Lektoren und Verlage

Oliver Römer

Inhalt

1 Einleitung: Wissenschaftsgeschichte als Verlagsgeschichte 287
2 Das westdeutsche Verlagswesen vor und um 1968 289
3 Lektoren und Verleger als Produzenten öffentlicher Wissenschaft 291
Literatur 295

1 Einleitung: Wissenschaftsgeschichte als Verlagsgeschichte

Versteht man die Soziologie als eine öffentliche Wissenschaft, die in eine Art Dauergespräch mit sozialen Bewegungen verstrickt bleibt, stellt sich ganz unmittelbar die Frage, wofür und für wen denn genau Soziologie als öffentliche Soziologie zu betreiben sei. An welche Öffentlichkeit wendet sie sich überhaupt? Antworten verspricht ein Forschungsprogramm, das etwa vor einem halben Jahrhundert wohl noch fester Bestandteil der Literatursoziologie gewesen wäre, inzwischen aber längst in die Kultur-, Literatur-, Medien-, Buch- und Geschichtswissenschaften ausgelagert worden ist. In all diesen Disziplinen ist inzwischen ein verstärktes wissenschaftsgeschichtliches Interesse an der Erforschung von Verlagen und ihrer Geschichte zu beobachten, das Überschneidungen mit den Fragestellungen der öffentlichen Soziologie aufweist: Statt wissenschaftliche Disziplinen als weitgehend geschlossene diskursive Universen aufeinander bezogener Autorschaften zu verstehen, rückt eine „Geschichte der Rezeption" (Benjamin 1937, S. 101) in den Mittel-

---

„Die *Enzyklopädie* duldet – strenggenommen – überhaupt keine Auslassung."
  Diderot und d'Alembert (1765, S. 27)

O. Römer (✉)
Insitut für Soziologie, Georg-August-Universität, Göttingen, Deutschland
E-Mail: oliver.roemer@sowi.uni-goettingen.de

© Springer Fachmedien Wiesbaden GmbH, ein Teil von Springer Nature 2023
S. Selke et al. (Hrsg.), *Handbuch Öffentliche Soziologie*, Öffentliche Wissenschaft und gesellschaftlicher Wandel, https://doi.org/10.1007/978-3-658-16995-4_33

punkt, die historisch-gesellschaftliche Voraussetzungen und Aneignungsweisen wissenschaftlich-intellektueller Produkte thematisiert.

Ausgangspunkt hierfür ist die Erkenntnis, dass sich die Ergebnisse wissenschaftlicher Arbeit nicht nur gegenüber einer akademischen Gemeinschaft, sondern als Publikationen auch auf einem allgemeinen literarischen Markt zu bewähren haben. Von hoher Relevanz ist dies insbesondere für die verlegerische Situation im deutschsprachigen Raum, wo sich – anders als etwa in den USA und in Großbritannien – bereits im 19. Jahrhundert Universitätsverlage zu unternehmerisch betriebenen Wissenschafts- und Fachverlagen entwickelten (vgl. Wittmann 1991, S. 245). Eine eindeutige Trennung von wissenschaftlichem und allgemeinem Buchmarkt kann damit weder für das 19. noch für das 20. Jahrhundert unterstellt werden. Vielmehr zielen unterschiedliche verlegerische Formate ganz bewusst auf Überschneidungszonen „*fachmännischen* und *populären* Wissens" (Fleck 1935, S. 148) – angefangen vom bereits um die Jahrhundertwende weit verbreiteten Kulturbuch bis hin zum modernen wissenschaftlichen Taschenbuch (vgl. Römer 2018). Verlegerische Strategien vollziehen so nicht nur Entwicklungen in den Wissenschaften nach oder helfen dabei, wissenschaftliche Erkenntnisse zu ‚popularisieren'. Vielmehr tragen sie aktiv zur Konstitution oder Auflösung (inter-)disziplinärer Grenz- und Binnenbeziehungen bei und regulieren überdies den Austausch zwischen Wissenschaft und Gesellschaft.

Betreibt man also – wie hier vorgeschlagen – eine Wissenschaftsgeschichtsschreibung unter verlegerischen Gesichtspunkten, dann ergibt sich eine folgenreiche Perspektivverschiebung für die bisher dominanten Formen der Selbsthistorisierung in den Geistes- und Sozialwissenschaften: Die unterschwellig dem romantischen ‚Geniegedanken' verhaftete Idee souveräner Autorschaft in den Wissenschaften findet sich infrage gestellt. Gerade das historische Selbstbild der Soziologie wird durch einen Kanon von ‚Klassikern' bestimmt, die in den Rang eines „epistemische[n] Individuum [s]" (Bourdieu 1988, S. 62) erhoben und zu Verkörperungen der wissenschaftlichen Standards promoviert werden. Vergessen wird dabei in der Regel, dass die Genesis eines ‚Klassikers' stets das Resultat seiner (zeitgenössischen) Rezeption ist, die neben wissenschaftsimmanenten Entwicklungen in hohem Maße von verlegerischen Entscheidungen (z. B. Werk- und Gesamtausgaben) abhängt – „das Schicksal eines Autors" ist und bleibt im Wesentlichen also „das seiner Werke" (Günther Busch, zit. n. Negt 1989, S. 221).

Fragt man vor diesem Hintergrund nach einem Subjekt der Wissenschaftsentwicklung, stößt man unweigerlich auf ein komplexes Geflecht aus Lektoren, Verlegern und Herausgebern, die im Bewusstsein wissenschaftlicher Disziplinen nur wenig präsent sind. Sie treten faktisch als „Vermittler zwischen dem Autor und dem literarisch und wissenschaftlich gebildeten Publikum" auf (Preuß 1989, S. 171). Eine vergleichbar konstitutive Rolle spielt in den Naturwissenschaften das kulturabhängige, apparative Erkennen für die Faktenkonstruktion, das in den *Science und Technology Studies* adressiert wird. Im modernen, arbeitsteiligen wissenschaftlichen Produktionsprozess sind sie damit jene Schicht von „soziologischen Bauern und Arbeiter[n]" (Platt 2015, S. 150), die aus der ‚offiziellen' Geschichtsschreibung wissenschaftlicher Disziplinen systematisch ausgeschlossen bleiben. Sie entgegen den eingespielten Praktiken ihrer Exklusion miteinzubeziehen, bedeutet folglich, die Historiografie von Wissenschaft für eine Kultur- und Sozialgeschichtsschreibung zu öffnen, die das für die öffentliche Soziologie zentrale Verhältnis von Wissenschaft und Gesellschaft in den Mittelpunkt stellt.

2 Das westdeutsche Verlagswesen vor und um 1968

Rückt man die Frage nach verlegerischen Überschneidungszonen von Wissenschaft und Öffentlichkeit in den Mittelpunkt, dann erscheinen die 1960er-Jahre als eine Art *Sattelzeit* (Reinhart Kosselleck), in der unterschiedliche, zum Teil widersprüchliche Entwicklungstendenzen zusammenliefen. Einerseits finden sich in dieser Phase bereits die historischen Anfänge jener Konzentrationstendenzen, die das wissenschaftliche Verlagswesen in Gestalt großer Publikationsplattformen (De Gruyter, Springer) gegenwärtig prägen (vgl. Volkmann 2016). Andererseits zeichneten sich gerade die 1960er-Jahre durch eine verlegerische Offenheit für neue literarische Genres aus, zu denen auch die Soziologie zu zählen ist. Galt sie in der Weimarer Republik noch als Nebenfach und Bildungswissenschaft, die „keine praktischen gesellschaftlichen Interessen" (Stölting 1986, S. 21) zu befriedigen vermag, so änderte sich diese Situation spätestens Anfang der 1960er-Jahre aus historisch und soziologisch nachvollziehbaren Gründen grundlegend.

Bereits in der direkten Folge des Zweiten Weltkriegs entstand ein „nachholende[s] Lesebedürfnis" (Sonnenberg 2016, S. 20), das zunächst von größtenteils unter alliierter Schirmherrschaft herausgegebenen kulturpolitischen Zeitschriften, schließlich von günstigen Paperback-Ausgaben wissenschaftlicher, politischer und literarischer Beiträge zum Zeitgeschehen gedeckt wurde. Auf diesem Wege sollten insbesondere die „Interessen bildungsbeflissener und aufstiegsorientierter Menschen mit schmaler Geldbörse" (Schildt, Siegfried 2009, S. 114) befriedigt werden. Das Verlangen nach Information und politisch-moralischer Orientierung ist dabei als eine Reaktion auf die kulturellen Mangelerscheinungen in Folge des Nationalsozialismus zu deuten, die mit dem erzwungenen Exil der meisten bedeutenden Intellektuellen und Wissenschaftler sowie dem hiermit verbundenen Funktionsverlust der deutschen Universität als Ort bürgerlicher Bildung korrespondierten. Die Krise der nach dem Zweiten Weltkrieg zwar wieder schnell eröffneten, aber zu einem Ort der Bildungsdisziplin mit „unpolitische[r] und konservative[r] Grundstimmung" (ebd., S. 42) mutierten Hochschulen manifestierte sich im Misstrauen gegenüber etablierten und traditionell ‚sinnstiftenden' Disziplinen wie Philosophie oder Theologie. Konnte diese Skepsis in den ersten Nachkriegsjahren mit neuen literarischen und philosophischen Moden wie dem aus Frankreich ‚importierten' und für die deutschen Verhältnisse zurechtgeschnittenen Existenzialismus noch phasenweise kaschiert werden, wurde spätestens in den 1950er-Jahren deutlich, dass eine Entschlüsselung des „gesellschaftlichen Charakter[s] der Konfliktlagen" (Neidhardt 1976, S. 427) der westdeutschen Nachkriegswirklichkeit so kaum zu leisten war: Weder auf die damals intensiv erörterte deutsche ‚Schuldfrage' noch auf die alltäglichen Probleme einer von den unmittelbaren Kriegsfolgen gezeichneten Gesellschaft wurden befriedigende Antworten gegeben. Und genau diese Situation lieferte der Soziologie, die spätestens in den 1950er-Jahren sowohl im kulturkritischen Feuilleton als auch an den Hochschulen allmählich Fuß fassen konnte, ihre historische Chance.

Zu einer nachhaltigen Institutionalisierung an westdeutschen Hochschulen kam es allerdings erst im Zuge der Bildungsexpansion der 1960er-Jahre. Die damaligen Hochschulreformen stellten die Hierarchie und die Struktur der an den Universitäten vertretenen Fächer endgültig infrage und öffneten sie für Trends, die in Publikumsverlagen zum Teil bereits angekommen waren: Soziologie, Linguistik, Marxismus, Strukturalismus und Psychoanalyse, seit den 1970er-Jahren auch Kybernetik und Systemtheorie wirbelten in der Folge das Tableau der traditionellen Geisteswissenschaften gleich mehrfach durcheinander. Umgekehrt eröffnete der Ausbau der Hochschulen zu ‚Massenuniversitäten' zusehends einen neuen Markt für wissenschaftliche Einführungen, Handbücher, Seminarreader, wissenschaftliche Text- und Taschenbücher mit nun teilweise hohen fünfstelligen Auflagezahlen.

Die Gründung von Reformuniversitäten und Fachbereichen, verbunden mit einem bis heute einzigartigen Ausbau der Sozialwissenschaften, korrespondierte also mit einer Neuordnung von Disziplingrenzen und Schwerpunktsetzungen im Verlagswesen, die für mindestens noch eine weitere gesellschaftliche Entwicklungstendenz in der jungen Bundesrepublik von Bedeutung war. Die zentralen Lektoratsposten der wichtigen westdeutschen Publikumsverlage wurden vielfach mit jungen linken, zum Teil marxistisch orientierten Intellektuellen besetzt. Mit Günther Busch (Suhrkamp), Walter Boehlich (Suhrkamp), Fritz J. Raddatz (Rowohlt) und Frank Benseler (Luchterhand) tauchten seit den späten 1950er-Jahren Namen an neuralgischen Punkten des westdeutschen Verlagswesens auf, die wenig später auch im Zusammenhang der außerparlamentarischen Opposition ein Begriff werden sollten. Dass sie ihre berufliche Existenz in Verlagen fanden, ist kein Zufall gewesen: Ihre akademischen Karriereaussichten waren angesichts der personellen Engpässe an den Hochschulen verschwindend gering. Das Verbot der KPD, das Bad Godesberger Programm der SPD und der Ausschluss des SDS aus der Partei besiegelten ferner die politische Heimatlosigkeit einer ganzen Generation junger ‚nonkonformistischer Intellektueller' (Alex Demirovic) und erschwerten deren berufliche Laufbahn im Rahmen von politischen Parteien und Gewerkschaften erheblich. Mit dem Ausweichen auf die von direktem staatlich-politischem Einfluss relativ unabhängigen Kulturapparate begann – streng genommen – jener ‚lange Marsch durch die Institutionen' (Rudi Dutschke), der insgesamt kennzeichnend werden sollte für das außerparlamentarische Wirken der ‚Neuen Linken' in der Bundesrepublik. Das in Teilen progressive Verlagswesen, in dem eine grundlegende Offenheit für neue literarische Strömungen und Orientierungen (wie etwa die Gruppe 47) sowie neue verlegerische Formen (Taschenbuch, neue literarische und wissenschaftliche Zeitschriftenformate) vorherrschte, avancierte zu einem zentralen Schauplatz linker intellektueller Praxis. Die wohlwollende Schirmherrschaft einer älteren Generation liberaler Verleger wie Siegfried Unseld (Suhrkamp), Gottfried Fischer-Behrmann (S. Fischer), Heinrich Ledig-Rowohlt (Rowohlt) oder Eduard Reifferscheid (Luchterhand) ermöglichte bereits auf dem Höhepunkt der gesellschaftspolitischen ‚Restauration' der Adenauer-Regierung literarische und politische Experimente. Zweifelsohne bereitete dieses Verlagswesen jenen geistigen Nährboden, auf dem Hochschulprotestbewegung und außerparlamentarische Opposition überhaupt erst gedeihen konnten.

Wird die Epochenzäsur ,1968' inzwischen mit einer ,exzessiven' Kultur des Lesens (Felsch 2015) identifiziert, erscheint es einleuchtend, die Wurzeln dieser ,lesenden Revolte' im aufbrechenden Verlagswesen der Bundesrepublik zu suchen. Die mit der westdeutschen Studentenbewegung untrennbar verbundene Wiederentdeckung und Neuerschließung von durch den Nationalsozialismus unterbrochenen oder vertriebenen intellektuellen Traditionen (beispielsweise der frühen kritischen Theorie) sorgte nicht zuletzt für eine Aufwertung der Soziologie zum nahezu exklusiven Medium der Kultur- und Sozialkritik sowie des öffentlich-intellektuellen Engagements.

3 Lektoren und Verleger als Produzenten öffentlicher Wissenschaft

Versucht man den Beitrag zu ermessen, den das Verlagswesen zur Konstitution der Geistes- und Sozialwissenschaften in der Bundesrepublik geleistet hat, so sind die in den 1950er-Jahren in Mode gekommenen Taschenbuchreihenformate ein guter Indikator. Bereits in der ersten Hälfte dieses Jahrzehnts wurden die *Deutsche Enzyklopädie* des Rowohlt-Verlages (*rde*) und die vom S. Fischer-Verlag verantwortete Serie *Bücher des Wissens* ins Leben gerufen. Dass beide Reihen jeweils mit dem Anspruch antraten, eine Enzyklopädie des Wissens zur Verfügung zu stellen, erklärt sich nicht zuletzt aus der bereits erwähnten Krise der Universitäten und der Geisteswissenschaften in der Nachkriegszeit. Die systematische Sammlung und Erfassung von gegenwärtig (noch) relevantem Wissen versprachen Halt und Orientierung in einer Zeit, welche die bereits in der ersten Jahrhunderthälfte ins Rutschen geratenen Gewissheiten des deutschen Bildungsbürgertums endgültig erschütterte.

In der Form der Enzyklopädie reflektierte sich einerseits ein Rückgriff auf eine bewährte Methode wissenschaftlicher Sammlung, die „seit Beginn des Buchdrucks ein Hauptgeschäft für Autoren und Verleger, Zeichner und Stecher" war (Schneider 2013, S. 15). Andererseits sind gerade die Fischer- und die Rowohlt-Enzyklopädien Paradebeispiele für die vorsichtige Annäherung eines in seinem Selbstverständnis immer noch bildungsbürgerlich orientierten Verlagswesens an ein neues ,Massenpublikum' für literarische Produkte, welches sich durch die Taschenbuchproduktion nach amerikanischem Vorbild konstituierte. Mit der Neuvermessung wissenschaftlicher Disziplinen verband sich auch eine Restrukturierung von Resorts und Arbeitsteilungsformen in den großen Publikumsverlagen. Die Suche nach neuen Absatzchancen brachte neue literarische Genres und Formate hervor. Insofern sie einen Publikumserfolg garantierten, verband sich wenigstens für eine gewisse Zeit das kommerzielle Interesse von Publikumsverlagen mit dem kulturpolitischen Engagement liberaler Verleger und linker Lektoren. Das in hoher Auflage rasch produzierte Taschenbuch ersetzte die in der Spätphase der Weimarer Republik und in der unmittelbaren Nachkriegszeit verbreitete Broschüre binnen weniger Jahre fast völlig, weil es gelang, im Medium des Taschenbuchs zu außerordentlich günstigen Konditionen wissenschaftliche und literarische Beiträge zum Zeitgeschehen zu versammeln. Damit veränderte sich zugleich die Funktion der Enzyklopädie: Entgegen der auf geistige Orientierung und Konservierung von klassischem Bildungswissen bedachten Enzyklopädien der unmittelbaren Nachkriegszeit näherte sie sich mehr und mehr der kritischen Stoßrichtung der französischen Enzyklopädisten des 18. Jahrhunderts an.

Bestes Beispiel hierfür ist die zwischen 1963 und 1979 unter Leitung von Günther Busch in insgesamt 1000 Bänden aufgelegte *edition suhrkamp* (*es*). Mit einem günstigen Preis von anfangs 3 DM pro Band und dem regelmäßigen Erscheinen von insgesamt vier auflagenstarken Bänden pro Monat zielte die *es* von Beginn an auf ein Lesepublikum, das unter anderem durch die Fischer- und Rowohlt-Enzyklopädien bereits an das Taschenbuch gewöhnt war. Der Versuch, sich optisch von anderen Reihen dieses Formats mit einer streng sachlich gehaltenen Aufmachung zu unterscheiden, die erst in der chronologischen Aneinanderreihung der einzelnen Bände ihr buntes Regenbogendesign offenbart, entpuppt sich rückblickend nicht nur als ein kluger Marketingschachzug: Die in der *es* versammelten Beiträge grenzten sich in ihrer politischen Stoßrichtung auch inhaltlich von den auf bürgerliche Selbstbesinnung ausgelegten Bände in *rde*-Reihe klar ab. Die Bücher versprachen eine „Aufklärung über gesamtgesellschaftliche Zusammenhänge" (Michalski 2015, S. 22), deren Fundament die Soziologie lieferte.

Gleichwohl zeichnete sich die *edition suhrkamp* dadurch aus, dass sie literarische, geistes- und sozialwissenschaftliche Beiträge zum Zeitgeschehen gleichgewichtig versammelte. Wenn es eine große Leistung der französischen Enzyklopädisten gewesen war, auf die Wertigkeit von handwerklichen und technischen Errungenschaften gegenüber den sich immer stärker ausdifferenzierenden Wissenschaften hingewiesen zu haben, so stellte die *es* insofern den „Versuch einer Enzyklopädie moderner Aufklärung" (Negt 1989, S. 208) dar, als sie im Gegensatz zur *rde*-Reihe und zur Fischer-Enzyklopädie die Disziplingrenzen innerhalb der Geistes- und Sozialwissenschaften sowie die Trennung von Literatur und Wissenschaft nicht nur rekonstruierte, sondern zugleich in Gestalt einer elaborierten Zeitkritik aus ihren Angeln hob. Dass die Reihe einen regelrechten „Sog der Theoretisierung" (Habermas 1989, S. 4) entfaltete, ist nur im Hinblick auf die westdeutsche Studentenbewegung zu verstehen, die sich – unter anderem angeregt von der *es* – in offensiver politischer Weise kritisch auf die universitäre und gesellschaftliche Wirklichkeit der Bundesrepublik zu beziehen begann. Theorie, spätestens durch die ebenfalls vom Suhrkamp-Verlag seit Anfang der 1970er verantworteten Reihen *Theorie I* und *Theorie II* in den Rang eines eigenen literarischen Genres erhoben, kann also tatsächlich als ein ‚Taschenbuchphänomen' (Felsch 2015) dechiffriert werden, das sich neben und gegen den Kanon der Geisteswissenschaften in und außerhalb westdeutscher Universitäten zur Geltung brachte.

Falsch verstandene Professionalisierung? Die Entwicklung der deutschsprachigen Soziologie im Spiegel des Verlagswesens

Die Tätigkeit von Verlegern und Lektoren muss als ein wichtiger Beitrag zur Institutionalisierung, Transformation sowie zur gesellschaftlichen Vermittlung der Geistes- und Sozialwissenschaften in der Bundesrepublik begriffen werden. Die in der historischen Rückschau oftmals beschworene ‚Suhrkamp-Kultur' (Georges Steiner) wurde durch eine in mehreren Publikumsverlagen wirksame Allianz von Wissenschaft, intellektueller Kultur und politischer Öffentlichkeit getragen, in der die Soziologie eine zentrale Rolle spielte. Dass etwa der Luchterhand-Verlag schon im Jahre 1957 ein eigenständiges soziologisches Lektorat einführte, war Ausdruck jener kulturpolitischen Sprengkraft, die unter anderem der Verleger Eduard Reifferscheid jener neuen Wissenschaft beimaß. So übernahm die Buchreihe *Soziologische Texte* (ST) – verantwortet vom Luchterhand-Lektor Frank Benseler und zwischen 1959 und 1976 von Friedrich Fürstenberg und Heinz Maus herausgegeben – jene Funktion für die sich herausbildende akademische Soziologie in der Bundesrepublik, die die *es* für die Geistes- und Sozialwissenschaften insgesamt innehaben sollte. In einem vergleichsweise preisgünstigen Zwitterformat zwischen Taschen- und gebundenem Buch stellte die Reihe anfangs zum Preis von 10 DM pro Band Quellentexte, Monografien und Reader zur Verfügung – Formate, die, wie die beiden Herausgeber in ihrem fast jedem Band der Reihe vorangestellten Vorwort betonten, „Information und Heranführen an soziologische Interpretationsweise" ermöglichen, darüber hinaus aber auch den Soziologen zu einer „problembewußten, verantwortlichen Stellungnahme" auffordern sollten (vgl. Römer 2015). Neben Max Weber, Karl Mannheim, Talcott Parsons, George Herbert Mead und den ersten brauchbaren Übersetzungen Émile Durkheims erschienen hier von Beginn an auch Bücher marxistischer Autoren wie Georg Lukács, Paul A. Baran und Wolfgang Abendroth. Den durchschlagendsten Erfolg lieferte 1965 *Der Eindimensionale Mensch*, Herbert Marcuses kulturkritische Programmschrift, die zum zentralen Referenztext der westdeutschen Studentenbewegung wurde. Die Entstehungsgeschichte der Reihe präsentiert ein Kaleidoskop deutscher Verlags- und Soziologiegeschichte im 20. Jahrhundert: Bereits in der unmittelbaren Nachkriegszeit unterbreitete Heinz Maus gleich mehreren Wissenschaftsverlagen den Vorschlag einer Soziologiereihe, die nach dem Vorbild der zwischen 1908 und 1928 erschienenen *Philosophisch-soziologischen Bücherei* aktuelle deutschsprachige und internationale Monografien zur Soziologie zusammenführen sollte. Ging es in der Zwischenkriegszeit noch darum, „in einem kritischen Zeitpunkte der Wissenschaftsgeschichte" das „gemeinsame Feld" einer „in Deutschland noch nicht vorhandenen Disziplin zu versammeln" (von Wiese 1921, S. 76), so sah sich die von einem „antiideologischen Realitätsbedürfnis" (Bude und Neidhardt 1998, S. 407) getragene westdeutsche Nachkriegssoziologie mit einer Fülle von praktischen Problemen konfrontiert, die sie durch *„unmittelbare empirische Sozialforschung"* (König 1955, S. 2) kleinzuarbeiten versuchte.

In einer Situation, in der die Soziologie in Deutschland in Bewegung geraten war und sich unter amerikanischem Einfluss auf den Weg zu einer empirisch orientierten Einzelwissenschaft machte, zielte die *ST*-Reihe auf eine Vermittlung zwischen der auf geistige Synthese gerichteten Wissenschaftskultur der Weimarer Soziologie sowie einer anwendungsorientierten, modernen Sozialforschung und bezog ferner die aus der akademischen Soziologie bis dahin ausgegrenzte Marx'sche Tradition mit ein. Übersetzungen wichtiger außerdeutscher Beiträge sollten helfen, die durch den Nationalsozialismus bedingte und lange noch nicht aufgeholte Rückständigkeit des Faches zu überwinden, und zugleich geeignete Materialien für den expandierenden soziologischen Unterricht zur Verfügung stellen.

Schon Mitte der 1970er-Jahren wurde die Reihe als Folge einer verfehlten Verlagspolitik und einer allgemeinen ‚Krise der Soziologie' (Alvin Gouldner) eingestellt. Trotz eines fortschreitenden institutionellen Ausbaus der Disziplin manifestierte sich in dieser Phase der Eindruck, dass die Soziologie nur wenig zu den drängenden gesellschaftlichen Fragen beizutragen wusste. Das Fach hatte sich zunehmend von der zerfallenden Protestbewegung entfremdet. Den sich in rivalisierenden ‚Schulen' und ‚Richtungen' abzeichnenden Segregationstendenzen begegnete die westdeutsche Soziologie mit einem ‚Professionalisierungsprogramm', das (wissenschafts-)politische Konflikte etwa auf der Ebene von ‚Theorievergleichen' versachlichen sollte. Das richtete den Blick des Faches in der Folge weniger auf die Fragen der Gesellschaft als auf die ‚selbstinduzierten Eigenprobleme' einer Wissenschaftsdisziplin. Im Fokus soziologischer Kontroversen standen fortan die typisch-programmatischen Fragen einer ‚wachsenden Disziplin', die sich angesichts der Ausdifferenzierung von Theoriesprachen, Methodologien und Anwendungsfeldern mit internen ‚Professionalisierungsproblemen' konfrontiert sah. Unter Preisgabe ihrer gesellschaftlichen und wissenschaftlichen Orientierungsfunktion, die auf dem Höhepunkt der Studentenbewegung zumindest kurzzeitig auch eine sozialkritische Funktion gewesen sein mag, versuchte sich die westdeutsche Soziologie fortan möglichst reibungslos in das System universitärer Einzelwissenschaften einzugliedern. Dass sie dadurch bis heute mit den ganz gewöhnlichen Problemen anderer Geistes- und Sozialwissenschaften zu kämpfen hat, zeigt ihre aktuelle verlegerische Situation: Im Zeichen wissenschaftlicher Professionalisierung haben spezialisierte Handbücher, Sammelbände und Zeitschriften längst die Oberhand über die orientierende Monografie gewonnen. Während die Kanonisierung ganzer sozialwissenschaftlicher Arbeitsbereiche in ‚standardisierten' Handbuchformaten geleistet wird und ein auf Zeitfragen aufgerichtetes Gespräch zwischen Soziologie und Gesellschaft in soziologischen Zeitdiagnosen ein eigenes Medium findet, fehlt es aktuell an Formaten, die analog zum Theoriegenre der 1960er-Jahre beide Diskussionsfelder miteinander verknüpfen könnten. Diese durchaus problematische Entwicklung zeigt sich auch in einer zunehmenden Konzentration der fachsoziologischen Diskussion in einem einzig und allein auf innerakademische Qualitätssicherung bedachten Wissenschaftsverlagswesen. Wo der kulturpolitische Mehrwert und der kommerzielle Publikumserfolg nichts mehr zählen und eine auf Drittmittel und Druckkostenzuschüsse ausgerichtete „Projektforschung" (Hagner 2015, S. 173) Bücher subventioniert, die kaum noch Leser finden, werden weder Verleger noch Lektoren gebraucht. An die Geistes- und Sozialwissenschaften herangetragene wissenschaftspolitische Forderungen nach öffentlicher Sichtbarkeit und interdisziplinärer Anschlussfähigkeit werden vor diesem Hintergrund als Folgeerscheinungen einer falsch verstandenen wissenschaftlichen Professionalisierung interpretierbar, die nicht zuletzt historisch gewachsene Formen der Arbeits- und Gewaltenteilung zwischen Wissenschaft und Publikumsverlagen um den Preis der drohenden intellektuellen Selbstisolierung ganzer Disziplinen zu zerstören droht.

Literatur

Benjamin, Walter. 1937 [1963]. Eduard Fuchs, der Sammler und der Historiker. In *Das Kunstwerk im Zeitalter seiner technischen Reproduzierbarkeit. Drei Studien zur Kunstsoziologie*, 95–156. Frankfurt a. M.: Suhrkamp.
Bourdieu, Pierre. 1988. *Homo Academicus*. Frankfurt a. M.: Suhrkamp.
Bude, Heinz, und Friedhelm Neidhardt. 1998. Nachwort – Die Professionalisierung der deutschen Nachkriegssoziologie. In *Soziologie als Beruf. Erinnerungen westdeutscher Hochschulprofessoren der Nachkriegsgeneration*, Hrsg. Karl Martin Bolte und Friedhelm Neidhardt, 406–418. Baden-Baden: Nomos.
Diderot, Denis, und Jean-Baptiste le Rond d'Alembert. 1765 [1972]. Prospekt der Enzyklopädie. In *Artikel aus der von Diderot und d'Alembert herausgegebenen Enzyklopädie*, Hrsg. Manfred Naumann, 23–44. Leipzig: Reclam.
Felsch, Philipp. 2015. *Der lange Sommer der Theorie. Geschichte einer Revolte. 1960–1990*. München: C.H. Beck.
Fleck, Ludwik. 1935 [1980]. *Entstehung und Entwicklung einer wissenschaftlichen Tatsache. Einführung in die Lehre vom Denkstil und Denkkollektiv*. Frankfurt a. M.: Suhrkamp.
Habermas, Jürgen. 1989. Über Titel, Texte und Termine oder Wie man den Zeitgeist reflektiert. In *Der Autor der nicht schreibt. Versuche über den Büchermacher und das Buch*, Hrsg. Rebekka Habermas und Walter H. Pehle, 3–6. Frankfurt a. M.: Fischer.
Hagner, Michael. 2015. *Zur Sache des Buches*. Göttingen: Wallstein.
König, René. 1955. Vorbemerkung des Herausgebers zum Jahrgang VII. *Kölner Zeitschrift für Soziologie und Sozialpsychologie* 7:1–5.
Michalski, Claudia. 2015. Aufklärung und Kritik. Die edition suhrkamp und das geisteswissenschaftliche Taschenbuch. In *Bleiwüste und Bilderflut. Geschichten um das geisteswissenschaftliche Buch*, Hrsg. Caspar Hirschi und Carlos Spoerhase, 22–36. Wiesbaden: Harrassowitz.
Negt, Oskar. 1989. Als Zöllner in Großverlagen. In *Der Autor der nicht schreibt. Versuche über den Büchermacher und das Buch*, Hrsg. Rebekka Habermas und Walter H. Pehle, 201–236. Frankfurt a. M.: Fischer.
Neidhardt, Friedhelm. 1976. Identitäts- und Vermittlungsprobleme der Soziologie. Über den Zustand der Soziologielehre an Universitäten. In *Zwischenbilanz der Soziologie. Verhandlungen des 17. Soziologentages*, Hrsg. M. Rainer Lepsius, 426–452. Stuttgart: Enke.
Platt, Jennifer. 2015. Biographie in der Soziologiegeschichte. In *Soziologiegeschichte. Wege und Ziele*, Hrsg. Christian Dayé und Stephan Moebius, 149–191. Berlin: Suhrkamp.
Preuß, Ulrich K. 1989. Der Humankapitalist. Mutmaßungen über den Beruf des Lektors. In *Der Autor der nicht schreibt. Versuche über den Büchermacher und das Buch*, Hrsg. Rebekka Habermas und Walter H. Pehle, 169–181. Frankfurt a. M.: Fischer.
Römer, Oliver. 2015. Die Edition ‚Soziologische Texte'. Ein Beitrag zu einer Geschichte der Soziologie unter verlegerischen Gesichtspunkten. In *Zyklos 2. Jahrbuch für Theorie und Geschichte der Soziologie*, Hrsg. Martin Endreß et al., 223–264. Wiesbaden: Springer VS.
Römer, Oliver. 2018. Die Entwicklung der Soziologie im Spiegel des wissenschaftlichen Verlagswesens. In *Handbuch Geschichte der deutschsprachigen Soziologie, Band 1: Geschichte der Soziologie im deutschsprachigen Raum*, Hrsg. Stephan Moebius und Andrea Ploder, 477–502. Wiesbaden: Springer VS.
Schildt, Axel, und Detlef Siegfried. 2009. *Deutsche Kulturgeschichte. Die Bundesrepublik – 1945 bis zur Gegenwart*. München: Hanser.
Schneider, Johannes Ulrich. 2013. *Die Erfindung des allgemeinen Wissens. Enzyklopädisches Schreiben im Zeitalter der Aufklärung*. Berlin: Akademie.
Sonnenberg, Uwe. 2016. *Von Marx zum Maulwurf. Linker Buchhandel in Westdeutschland in den 1970er Jahren*. Göttingen: Wallstein.

Stölting, Erhard. 1986. *Akademische Soziologie in der Weimarer Republik*. Berlin: Duncker & Humblot.
Volkmann, U. 2016. Soziologieverlage im Zeitalter der Digitalisierung. *Soziologie* 45:5–19.
Wiese, von L. 1921[2017]. Zur Einführung: Die gegenwärtigen Aufgaben einer deutschen Zeitschrift für Soziologie. *Kölner Zeitschrift für Soziologie und Sozialpsychologie* 69(Supplement 1): 75–80.
Wittmann, Reinhard. 1991. *Geschichte des deutschen Buchhandels*. München: C.H. Beck.

Präsentation in digitalen Medien: Wissenschaftsblogs

Michael Meyen

Inhalt

1 Bloggen und öffentliche Soziologie 297
2 Strukturwandel der Öffentlichkeit 299
3 Wissenschaftliche Blogs und die Reputationslogik des Feldes 300
4 Fazit 302
Literatur 302

1   Bloggen und öffentliche Soziologie

Auf den ersten Blick sind digitale Medien und öffentliche Soziologie siamesische Zwillinge. Als Michael Burawoy 2004 vor der American Sociological Association sein Vier-Felder-Schema der soziologischen Arbeit ausbreitete (Burawoy 2005), wurde „Blog" in der englischsprachigen Welt „Wort des Jahres" – gekürt vom Wörterbuchverlag Merriam-Webster und seinerzeit definiert als „a Web site that contains an online personal journal with reflections, comments, and often hyperlinks provided by the writer" (Pfanzelter 2013, S. 13). Der Präsident der größten soziologischen Berufsvereinigung der Welt fordert seine Kolleginnen und Kollegen auf, mit der Gesellschaft zu sprechen und dabei vor allem denen zuzuhören, die oft unsichtbar bleiben (etwa der Arbeiterbewegung oder Nachbarschafts-, Schicksals-, Menschenrechts- und anderen oft lokalen Gemeinschaften; Burawoy 2005, S. 7 f.). Im gleichen historischen Augenblick entsteht ein Kommunikationskanal, der es der Wissenschaft erlaubt, über Bestseller und Leitmedien hinauszugehen („traditionelle öffentliche Soziologie") und selbst Gegenöffentlichkeit zu werden (eines der Merkmale „organischer öffentlicher Soziologie"; Burawoy 2005, S. 7).

M. Meyen (✉)
IfKW, LMU München, München, Deutschland
E-Mail: michael.meyen@ifkw.lmu.de

Wer damals an einen Triumphmarsch der bloggenden SoziologInnen glaubte, ist anderthalb Jahrzehnte später ernüchtert. Die Wissenschafts-Blogosphäre ist nach wie vor eher klein und wird von den Naturwissenschaften dominiert sowie (zumindest in Deutschland) von zwei kommerziellen Anbietern (von Scilogs aus dem Holtzbrinck-Verlag sowie von Burdas ScienceBlogs, vgl. König 2015; Fischer 2012; Zickgraf 2010). Wenn sich Geistes- und SozialwissenschaftlerInnen mit diesem Thema beschäftigen, dann sind dies vor allem Historiker (etwa im Blogportal Hypotheses, das von der Max Weber Stiftung unterstützt wird) – und Skeptiker. Immer wieder zitiert wird zum Beispiel Valentin Groebner, der 2013 in der *Frankfurter Allgemeinen Zeitung* den Angriff auf die „Lesezeit", die Beschleunigung sowie den „Zwang zur Selbstdarstellung" im Internet beklagte und „Netzunabhängigkeit" zum wichtigsten Kriterium für „nachhaltige Wissenschaft" machte (im Sinne von „Fertiges, Konzentriertes, Abgeschlossenes"; Groebner 2013). Die Vorbehalte aus wissenschaftlicher Sicht, auf den Punkt gebracht von Mareike König (2015, S. 61): „Qualitätssicherung, Archivierung, Zitierbarkeit und Auffindbarkeit" im „Dickicht des World Wide Web".

Dieser Beitrag nimmt solche Zweifel ernst, wirbt aber trotzdem für das Bloggen auch und gerade in der Wissenschaft – und das keineswegs nur, weil es sich hier um eine neue „Form des Wissenstransfers" handeln könnte oder gar um ein Synonym für „digital scholarship" (Hecker-Stampehl 2013, S. 38). Auf eine Formel gebracht: Wer öffentliche Soziologie sagt, muss auch Bloggen sagen. Michael Burawoy selbst hat dies eher vorsichtig getan. In der „Presidential Address" von 2004 gibt es erst ganz am Schluss einen entsprechenden Hinweis (auf einer Stufe mit „awards" und „course syllabi for public sociology"; Burawoy 2005, S. 25) – mit Folgen für die Forschungspraxis. Friedhelm Neidhardt jedenfalls wunderte sich ein gutes Dutzend Jahre später, dass die „öffentliche Soziologie" (oder zumindest das, was sich von ihr in zwei zentralen Büchern kondensiert hat) „große Teile der Öffentlichkeit" ausblendet („nämlich die Massenmedien" und ‚social media'), und vermisste außerdem „Informationen über die Erfahrungen, die öffentliche Soziologen und Soziologinnen (...) im Feld gemacht haben und machen" (Neidhardt 2017, S. 311, 315). Blogs sind neben anderen Social-Media-Plattformen, Vorträgen, Demonstrationen usw. eine Möglichkeit, solche Erfahrungen anderen zugänglich zu machen und das für alle sichtbar zu praktizieren, was Burawoy (2015, S. 66) für die „Kerntätigkeit der öffentlichen Soziologie" hält: den „Dialog zwischen Soziologinnen und Soziologen und ihren Öffentlichkeiten".

Dies gilt auch deshalb, weil der „entfesselte Kapitalismus" (eine der Triebfedern des Projekts „öffentliche Soziologie"; Burawoy 2005, S. 4; vgl. Neidhardt 2017, S. 304) auch in Deutschland längst die Massenmedien erreicht und so auch das dem Diktat der Aufmerksamkeitsökonomie unterworfen hat, was Michael Burawoy „traditionelle öffentliche Soziologie" nennt (Meyen 2018). Dieser Beitrag sieht wissenschaftliche Blogs mit Ulrich Beck (2017) als Nebenfolgenöffentlichkeiten, als Teil des Kampfes um Definitionsmacht und damit als zentrales Tool für all das, was sich öffentliche Soziologie auf ihre Fahnen geschrieben hat: „a dialogue, a process of mutual education (...) to make visible the invisible, to make the private public, to validate these organic connections as part of our sociological life" (Burawoy 2005, S. 8).

2 Strukturwandel der Öffentlichkeit

Die Zulassung kommerzieller Rundfunkveranstalter ab den 1980er-Jahren sowie der Siegeszug von Internet und Social Media haben die Öffentlichkeit in Deutschland und damit den Raum für „öffentliche Soziologie" erheblich verändert. Erstens orientieren sich heute auch die Leitmedien am Prinzip der Reichweitenmaximierung. Medienrealität wird das, was größtmögliche Aufmerksamkeit verspricht – und nicht das, was eine normative Perspektive als Aufgabe des Journalismus definiert (Informationen bereitstellen, die wir Bürgerinnen und Bürger brauchen, die Mächtigen kritisieren, die Mächtigen kontrollieren und so Orientierung und Meinungsbildung ermöglichen) oder was öffentliche Soziologinnen und Soziologen für relevant halten (Karidi 2017). „Traditionelle öffentliche Soziologie" kann diese Plattformen in der Regel nur noch nutzen, wenn sie dem Imperativ des Marktes folgt und sich damit selbst ad absurdum führt.

Zweitens reagieren Wirtschaft und Politik auf den Wandel der Medienlogik, rüsten ihre PR-Apparate auf und sorgen auch sonst auf allen Ebenen dafür, dass ihre Ziele öffentlich legitimiert oder wenigstens nicht öffentlich kritisiert werden (etwa über telegenes Spitzenpersonal, medientaugliche Projekte, Events und Gebäude oder über PR-Bewusstsein beim Personal, Meyen 2018). Dazu gehört drittens, dass die Politik und ihre Helfer in der Wissenschaft gegen „Fake News" wettern, gegen „asoziale Medien, Hate Speech, Verschwörungstheorien, Medienfeinde" (Meyen 2019, S. 81) – um alternative Deutungen zu delegitimieren, die heute genauso zugänglich sind wie die offiziellen und dem professionellen Journalismus so nicht nur sein Informations- und Deutungsmonopol genommen haben, sondern auch das Wahrheitsregime westlicher Gesellschaften auf den Prüfstand stellen (Meyen 2019, S. 79 f.).

Ulrich Beck (2017) hat für dieses Nebeneinander von traditionellen Massenmedien und neuen Kommunikationskanälen die Begriffe Fortschritts- und Nebenfolgenöffentlichkeiten vorgeschlagen und dazu aufgerufen, die Definitionsmachtverhältnisse zu reformieren. Vorbei die Zeit, so hoffte Beck, in der die Mächtigen bestimmen konnten, was wir wissen dürfen und was nicht, weil sie Zugriff hatten auf die Massenmedien, direkt oder indirekt. Weil sie Öffentlichkeit gezielt herstellen, zulassen, unterdrücken konnten. Und weil sie, in der Sprache von Beck, globale Risiken gegeneinander ausspielen. Der Finanzmarkt ist wichtiger als das Klima, der Terrorismus wichtiger als Transparenz im Netz. Regierungen und nationale Apparate, sagt Beck, haben ein Interesse an Relativierung und Unsichtbarkeit, weil globale Risiken nicht nur unser Leben und unsere Selbstbestimmung bedrohen, sondern auch die „Autorität und Souveränität" des Nationalstaats. „Das impliziert: Die Politik der Unsichtbarkeit ist eine erstklassige Strategie zur Stabilisierung staatlicher Autorität und zur Reproduktion der sozialen und politischen Ordnung, für die es darauf ankommt, die Existenz globaler Risiken" zu leugnen (Beck 2017, S. 133 f.; vgl. Meyen 2019, S. 80).

Für Ulrich Beck sind die alten Massenmedien „die Welt der Nationen". Eine Welt der Fortschrittsöffentlichkeiten, in denen darüber debattiert werde, wie die „goods" verteilt werden (Einkommen, Ausbildung, medizinische Versorgung, Sozialleistungen). „Der Modus dieser national organisierten, öffentlichen Form medialer Macht ist exklusiv, das heißt: Man stellt sie gezielt her, man kann sie zulassen, unterdrücken usw." Bei dem, was Beck Nebenfolgenöffentlichkeiten nennt, geht das nicht. Dort wird über die Risiken diskutiert, über „kulturabhängig wahrgenommene Normverletzungen, die vom Mainstream der national organisierten Fortschrittsöffentlichkeit produziert und weitgehend ignoriert werden. Dabei handelt es sich nicht nur um einen Themenwechsel, sondern auch um einen Formenwechsel von Öffentlichkeit. Die Nebenfolgenöffentlichkeit kann nicht ohne Weiteres von den Mächtigen gesteuert werden. Sie stellt sich gegen eine risikovergessene Fortschrittskoalition, bestehend aus Experten, Industrie, Staat, Parteien und etablierten Massenmedien. Nebenfolgenöffentlichkeiten entstehen ungeplant, gegen den hegemonialen Fortschrittsdiskurs, und sind entsprechend schwer kontrollierbar" (Beck 2017, S. 172 f.).

In diesem Kampf um Deutungshoheit sind die Sozialwissenschaften nicht Beobachter, sondern Teilnehmer – egal ob man sich selbst eher der „öffentlichen Soziologie" zuordnet oder einem der anderen Felder von Burawoys Matrix. Wer Ideen und Diskurse produziert, will ‚mitmischen'. Die Öffentlichkeit (oder: „die Politik"), sagt Geoffroy de Lagasniere (2018, S. 102), „ist immer schon da", wenn wir anfangen zu forschen – in den Gegenständen, in den Untersuchungsdesigns, in unseren Interpretationen. Wenn man mit Chantal Mouffe (2018, S. 33) davon ausgeht, dass Gesellschaften „diskursiv konstruiert" werden, und nach dem Beitrag fragt, den die Sozialwissenschaften hier leisten (können), dann macht es gerade für öffentliche Soziologinnen und Soziologen wenig Sinn, ihre Beiträge in Sammelbänden oder Fachzeitschriften zu verstecken oder darauf zu hoffen, dass sie von den Wächtern der Fortschrittsöffentlichkeiten entdeckt werden. Im Einzelfall mag es zwar gelingen, mit Journalistinnen und Journalisten zusammenzuarbeiten und so die Gatekeeper zu gewinnen, die zwischen „uns" (der „öffentlichen Soziologie") und den „vielen anderen Publika" stehen (Burawoy 2005, S. 25), das ändert aber nichts an den strukturellen Grenzen, die eine kommerz- und machtorientierte Fortschrittsöffentlichkeit allen Ideen setzt, die genau solche Strukturen kritisieren und verändern wollen.

3 Wissenschaftliche Blogs und die Reputationslogik des Feldes

Den wichtigsten Einwand gegen diese Argumentation liefert Michael Burawoy (2005, S. 18) selbst. Die Disziplin wird nicht nur in den USA von der professionellen und der angewandten Soziologie dominiert – von Ausrichtungen, die entweder Karrieren versprechen oder Forschungsmittel und so auch die Reputationslogik definieren, nach der das wissenschaftliche Feld im Moment funktioniert. Auf den

Punkt gebracht: Blogbeiträge existieren nach dieser Logik nicht – weder in Publikationslisten noch als Beitrag zum wissenschaftlichen Kapital oder als Pluspunkt bei Förderanträgen (Fahrmeir 2013). Noch weiter zugespitzt: Wissenschaftliches Bloggen ist ein „zeitfressendes Monster" (Zeit, die fehlt, um die Reputationslogik zu bedienen), gar nicht so selten auch ein Spiel mit dem „Wohlwollen" der Kolleginnen und Kollegen (erst recht, wenn diese persönlich erwähnt werden; Scheloske 2012, S. 272 f.) sowie ein Angriff auf ein Wissenschaftsverständnis, das von den Naturwissenschaften am Machtpol des Feldes bestimmt wird und zu dem nicht zuletzt der Verzicht auf Subjektivität gehört.

Das Format Blog verlangt geradezu das Gegenteil. Hier tritt die Wissenschaftlerin „als Person in Erscheinung" und präsentiert Wissenschaft „als Produkt menschlichen Handelns" (Fischer 2012, S. 260). Wer den engen Raum seiner (Sub-)Disziplin verlässt, wird „anfechtbarer" und lässt die „Mauern zwischen Experten und Laien bröckeln" (Zickgraf 2010). Für den Historiker Jan Hecker-Stampehl (2013, S. 40) ist genau das eine Stärke wissenschaftlicher Blogs. Hier werde schließlich „nur transparenter gehandhabt, was doch ohnehin spätestens seit der Konstruktivismus-Debatte und den Debatten um die Geschichtswissenschaft in der Postmoderne klargeworden ist: Wir (…) haben hochgradig subjektiv geprägte Zugänge zu unseren Themen". Die Vorteile des Formats Blog, die Hecker-Stampehl (2013, S. 39, 41, 44, 46) nennt, könnten aus einem Lehrbuch für öffentliche Soziologie stammen: Kommunikation jenseits von Spezialistenzirkeln, Gedanken teilen, „den Lese- und Konsumgewohnheiten" der Menschen entgegenkommen, „Expertise und Hintergrundwissen in die öffentliche Debatte einbringen, für die dem Journalismus meist die Zeit oder die Perspektive fehlen", und (vielleicht am wichtigsten) Wissenschaft zu einem „offenen Atelier" machen – zu einem Ort, zu dem jede und jeder Zugang hat und selbst sehen kann, welche „methodischen Stolpersteine" es zum Beispiel gibt oder vor welchen „arbeitstechnischen Herausforderungen" Forscherinnen und Forscher stehen.

Wenn Soziologinnen und Soziologen, die sich Burawoys Projekt verschrieben haben, bloggen, dann geht es darum, das Schlagwort „öffentliche Soziologie" mit Leben zu füllen und zugleich „die Beziehung zwischen Wissenschaft und Öffentlichkeit neu zu bestimmen" (König 2015, S. 61). Marc Scheloske, der ein „Büro für (digitale) Wissenschaftskommunikation" betreibt, hat von einer „Revolution" gesprochen und von einer „Ausweitung der akademischen Schreibzone" (Scheloske 2012, S. 267). Bloggen heißt sich „austauschen, sich positionieren und vernetzen" sowie „kreativ" sein dürfen – „jenseits der Grenzen der kanonisierten wissenschaftlichen Textgenres" (oft eine „Befreiung"; König 2015, S. 59). Bloggerinnen und Blogger helfen dabei zuerst sich selbst. Sie sind gezwungen, ihre Gedanken zu ordnen (weil Unbekannte mitlesen könnten), produzieren einen „digitalen Zettelkasten mit Archivfunktion" und können trotz eher kleiner Kommentarzahlen darauf hoffen, dass selbst „Unfertiges oder Fragmente" im Dialog weiterentwickelt werden (König 2015, S. 59, 63). Blogs erzeugen eine „akademische Identität", zielen auf die „Entmachtung der Gatekeeper und Professoren" sowie auf öffentliche Debatten und erzeugen so gewissermaßen nebenbei frei nach Marshall McLuhan („Das Medium ist die Botschaft") ein Bild von Wissenschaft, das dem Ideal von Michael Burawoy entspricht: „offen und im Dialog, mit Raum für verschiedene Praktiken und der akzeptierten Möglichkeit, sich zu irren" (König 2015, S. 66, 70).

Das Risiko ist trotzdem groß. Bloggen bedeutet zumindest potenziell Peer-Review in der größtmöglichen Öffentlichkeit. Und „Bloggen kostet Zeit" (König 2015, S. 70) – bei denen, die schreiben, und bei denen, die lesen (müssen) (Groebner 2013). Mareike König, die die Hypotheses-Redaktion leitet, hat selbst für kleinere Beiträge „mindestens drei Stunden" veranschlagt und außerdem empfohlen, wenigstens einen Beitrag pro Woche zu publizieren (König 2015, S. 70). Neben den schon genannten Vorteilen, der „Bringschuld" gegenüber einer Öffentlichkeit, die Wissenschaft finanziert und auch sonst mit den „Kosten und Risiken" leben muss, die jede Forschung produziert (Fischer 2012, S. 260), sowie dem Spaß und dem Trainingseffekt, den das Schreiben und das Gestalten mit sich bringen, verweist König auf „unvorhersehbare" Folgen des Bloggens: „Kontakte zu Forschenden, die man im analogen Leben nicht kennen gelernt hätte, Einladungen zu Konferenzen, Austausch und Zusammenarbeit" oder die „Aufforderung einen Blogbeitrag auszuarbeiten und dann in einer Fachzeitschrift zu veröffentlichen" (König 2015, S. 72). Der Autor dieses Beitrags kann all dies aus eigener Erfahrung bestätigen und nur dazu auffordern, das zusammenzubringen, was zusammengehört: Bloggen und öffentliche Soziologie. Dies gilt auch deshalb, weil Blogs Themen eine Bühne bieten, die im akademischen Diskurs ausgeblendet werden, und diesen Diskurs so differenzieren und bereichern können.

4 Fazit

Die Investition in Blogs lohnt sich auch für Wissenschaftlerinnen und Wissenschaftler – obwohl Publikationen in Plattformen ohne Peer Review und jenseits der tradierten Textformen „in gedruckter Literatur" im Moment noch eher selten zitiert werden (König 2015, S. 69) und auch sonst wenig zum wissenschaftlichen Kapital beizutragen scheinen. Blogs helfen, eine akademische Identität aufzubauen und Wissenschaft in der Gesellschaft zu verankern. Für organische öffentliche Soziologie gilt dies in besonderem Maße. Blogs sind eine Herausforderung für die Machtstrukturen im wissenschaftlichen Feld und in der Gesellschaft sowie ein Kommunikationskanal, über den sich all das umsetzen lässt, was Michael Burawoy (2005, 2015) in seinen programmatischen Schriften entwickelt hat.

Literatur

Beck, Ulrich. 2017. *Die Metamorphose der Welt*. Berlin: Suhrkamp.
Burawoy, Michael. 2005. For Public Sociology. 2004 Presidential Address. *American Sociological Review* 70:4–28.
Burawoy, Michael. 2015. *Public Sociology. Öffentliche Soziologie gegen Marktfundamentalismus und globale Ungleichheit*, Hrsg. von Brigitte Aulenbacher und Klaus Dörre mit einem Nachwort von Hans-Jürgen Urban. Weinheim/Basel: Beltz Juventa.

Fahrmeir, Andreas. 2013. Bloggen und Open Peer Review in der Geschichtswissenschaft: Chance oder Sackgasse? In *historyblogosphere. Bloggen in den Geschichtswissenschaften*, Hrsg. Peter Haber und Eva Pfanzelter, 23–35. München: Oldenbourg.

Fischer, Lars. 2012. Wissenschaftsblogs – Kulturraum mit eigenen Regeln. In *Handbuch Wissenschaftskommunikation*, Hrsg. Beatrice Dernbach, Christian Kleinert und Herbert Münder, 259–266. Wiesbaden: Springer VS.

Groebner, Valentin. 2013. Muss ich das lesen? Ja, das hier schon. *Frankfurter Allgemeine Zeitung*, 6. Februar, N5.

Hecker-Stampehl, Jan. 2013. Bloggen in der Geschichtswissenschaft als Form des Wissenstransfers. In *historyblogosphere. Bloggen in den Geschichtswissenschaften*, Hrsg. Peter Haber und Eva Pfanzelter, 37–50. München: Oldenbourg.

Karidi, Maria. 2017. *Medienlogik im Wandel. Wie sich verändernde Akteur-Struktur-Dynamiken in den Inhalten der Nachrichtenmedien widerspiegeln*. Wiesbaden: Springer VS.

König, Mareike. 2015. Herausforderung für unsere Wissenschaftskultur: Weblogs in den Geisteswissenschaften. In *Digital Humanities. Praktiken der Digitalisierung, der Dissemination und der Selbstreflexivität*, Hrsg. Wolfgang Schmale, 57–74. Stuttgart: Franz Steiner.

Lagasniere, Geoffrey de. 2018. *Denken in einer schlechten Welt*. Berlin: Matthes & Seitz.

Meyen, Michael. 2018. *Breaking News: Die Welt im Ausnahmezustand. Wie uns die Medien regieren*. Frankfurt a. M.: Westend.

Meyen, Michael. 2019. Die Definitionsmacht der Kommunikationswissenschaft. *Medien & Kommunikationswissenschaft* 67:77–87.

Mouffe, Chantal. 2018. *Für einen linken Populismus*. Berlin: Suhrkamp.

Neidhardt, Friedhelm. 2017. „Public Sociology" – Burawoy-Hype und linkes Projekt. *Berliner Journal für Soziologie* 27:303–317.

Pfanzelter, Eva. 2013. Einleitung. In *historyblogosphere. Bloggen in den Geschichtswissenschaften*, Hrsg. Peter Haber und Eva Pfanzelter, 13–21. München: Oldenbourg.

Scheloske, Marc. 2012. Bloggende Wissenschaftler – Pioniere der Wissenschaftskommunikation 2.0. In *Handbuch Wissenschaftskommunikation*, Hrsg. Beatrice Dernbach, Christian Kleinert und Herbert Münder, 267–274. Wiesbaden: Springer VS.

Zickgraf, Arnd. 2010. Wissenschaftsblogs: Die Hintertür zur Forschung. *Zeit Online*, 18. Januar. https://www.zeit.de/wissen/2010-01/wisssenschafts-blogger. Zugegriffen am 12.02.2019.

Öffentliche Vorträge: Ansprüche, Probleme, Chancen

Manfred Prisching

Inhalt

1 Einleitung 305
2 Situationen, Genres, Textsorten 306
3 Das Orientierungsbedürfnis der Öffentlichkeit 307
4 Die Anschlussfähigkeit von Wissensbeständen 308
5 Typische Komplikationen bei Vorträgen 309
6 Die Einmaligkeit des öffentlichen Vortrags 311
Literatur 312

1 Einleitung

Ein Großteil der Überlegungen zur Öffentlichkeitswirkung der Soziologie setzt an der falschen Stelle an, nämlich beim internen Betrieb der wissenschaftlichen Disziplin: Wie bringt man Zeitungen dazu, über wissenschaftliche Konferenzen oder Publikationen zu berichten? Wie kommt man zu Interviews, Talkshows, Auftritten? Ein spezifischer soziologischer Bias kommt beim Blick auf das Öffentliche zuweilen auch ins Spiel, nämlich das unter dem Titel der „Gesellschaftskritik" vorgetragene Anliegen, aktivengagiert an der „Weltverbesserung" zu arbeiten (Burawoy 2005, 2015). Häufig wird jedoch ein quantitativ gar nicht so gering zu veranschlagendes Genre der allgemeinen Kommunikation zwischen Wissenschaft und Öffentlichkeit, für welches die Terminologie (öffentliche Wissenschaft, Wissenschaftskommunikation, Public Understanding of Science, Wissenschaftspopularisierung und dergleichen) noch nicht ganz feststeht (Bauernschmidt 2018; Brewer 2013; Faulstich 2006; Gregory und Miller 1998; Weingart 2005), vernachlässigt: die *Vorträge*, die sich nicht an ein internes (fachspezifisches, akademisches) Publikum richten, sondern an Publika verschiedener Art, mit verschiedenen Vorkenntnissen, Interessen und Erwartungshaltungen, in ganz unterschiedlichen

M. Prisching (✉)
Institut für Soziologie, Universität Graz, Graz, Österreich
E-Mail: manfred.prisching@uni-graz.at

Situationen. Einer solchen Vielfalt im Zuge einer verständlichen Vermittlung Rechnung zu tragen, ohne die Darbietung banal werden zu lassen, ist eine Herausforderung besonderer Art (vgl. auch Prisching 2015, 2017, 2018).

2 Situationen, Genres, Textsorten

Alle generellen Ratschläge zur *Public Sociology*-Diskussion sind unangemessen, wenn sie nicht den unterschiedlichen Situationen und Adressaten, in denen bzw. für die Informationsvermittlung stattfindet, Rechnung tragen. Das gilt schon für den Print-Bereich: Zeitschriften wie *Merkur* oder *Lettre International* vertragen eine gewisse denkerische „Esoterik", mit essayistischem Zungenschlag, und das *Kursbuch* versucht, „wissenschaftlich-quirlig" zu werden; aber Äußerungen in einem handfesten *Business-Journal für Gewerbetreibende* oder im *Newsletter der Versicherungswirtschaft* müssen wesentlich „geerdeter" sein.

Ähnliche Unterschiede gelten auch für öffentliche Vorträge. Es gibt Workshops für ManagerInnen von Banken, Vorträge für KirchenmitarbeiterInnen, die Sommerschule in einem Bildungshaus, die „theoretische Begleitveranstaltung" für eine Museumsausstellung, die Zwanzigjahresfeier einer Behindertenhilfeorganisation, einen kommunal organisierten Jahresauftakt-Festvortrag für geladene Gäste, eine öffentliche Ringvorlesung über Terror. *Es gibt ihn nicht, den öffentlichen Vortrag.* Vielmehr gibt es ein ganzes Repertoire von Kommunikationsgelegenheiten, für die unterschiedliche Spielregeln und Gebräuche gelten.

In *wissenssoziologischer* Perspektive heißt das: Die soziale Welt wird überwiegend in kommunikativen Handlungen geschaffen, verändert und gedeutet (Schütz und Luckmann 2003; Knoblauch 2016). Dabei müssen unterschiedliche Wissensbestände, Erfahrungshintergründe, Wirklichkeitsansichten und Erwartungshaltungen so weit synchronisiert werden, dass Verstehen (einigermaßen) stattfinden kann. Dieses „proto-soziologische" Prinzip gilt auch für den handfesten Vortrag: Man muss als Vortragender in Rechnung stellen, dass ZuhörerInnen versuchen, Äußerungen des Vortragenden ununterbrochen mit ihren Wissensbeständen in Verbindung zu bringen, die Informationen an die richtigen Stellen ihres Gedächtnisuniversums zu verfrachten, das Gehörte mit eigenen Gedanken zu ergänzen oder zu extrapolieren – und was letzten Endes dabei herauskommt, ist schwer vorherzusagen. Öffentliche Vorträge bedürfen deshalb einer besonderen vorgängigen Reflexion, um eine gelingende Vermittlung soziologischer Erkenntnisse wahrscheinlich zu machen. Zwei Aspekte sind dabei von besonderer Bedeutung.

Übersetzungsarbeit: Wenn man solche Auftritte als Nebensächlichkeiten absolviert, sie als Fingerübungen betrachtet, deren dilettantische Adressaten man mit ein paar Trivialitäten abspeisen kann, werden Vorträge nicht gelingen. Dann muss man sich nicht wundern, wenn man nicht mehr eingeladen wird. In mancher Hinsicht sind öffentliche Vorträge eine größere Herausforderung als wissenschaftliche Vorträge. Bei Letzteren befindet man sich auf vertrautem Gelände, auch was die vermutete oder zumutbare Kompetenz der ZuhörerInnen betrifft; es gibt verwendbare Formate; man hat Erfahrungen mit gewissen Standards. Bei den öffentlichen Vorträgen sind zunächst die Publika und ihre Interessen zu reflektieren, dann beginnt erst die Arbeit an der „Übersetzung": in Sprache, Bild, Aufbau, Anekdoten, Grafik, Metaphorik, Stories. Und mit den Methoden der multimedialen Welt stehen wir erst am Anfang.

Trivialisierungsangst: SoziologInnen sprechen meist kompliziert. Es wird befürchtet, jede Art von Vermittlungsbemühung an „Normalmenschen" müsse mit unzulässigen Vereinfachungen verbunden werden. In Anbetracht dieser Trivialisierungsangst (Hitzler 2012) scheinen Soziologinnen und Soziologen hilfloser zu sein als Weltraumforscher und Mathematiker, Mediziner und Archäologen – was sonderbar ist, denn schließlich sollten gerade die Ersteren über die Kommunikationspraxis der Menschen Bescheid wissen (Reichertz 2010). Aber da die Soziologie mit den Suggestionen des szientistisch-positivistischen Standardmodells von Wissenschaft nicht „mithalten" kann (und soll), ist das soziologische Personal möglicherweise so verunsichert über den eigenen Status im Konzert der Wissenschaften, dass es sich vor dem Anschein ängstigt, es hätte ohnehin nur *common sense* anzubieten. Doch die allzu schnelle Unterschätzung der eigenen Kommunikationsfähigkeit verrät auch „Kleingeistigkeit" (Selke und Treibel 2018, S. 13). Auch Trivialitäten lassen sich der Unverständlichkeit annähern, wenn man sich bemüht. Läge allerdings in der Tat weitverbreitete Artikulationsschwäche vor, wäre es für die Reputation der Disziplin ohnehin besser, wenn sich die meisten SoziologInnen der Öffentlichkeit fernhalten. Das hindert nicht ihren Neid auf jene Fachzugehörigen, die es vermögen, ein öffentliches Publikum anzusprechen: ‚Simplifizierer', ‚Schwätzer', ‚Journalisten' – jedenfalls keine ‚echten' Wissenschaftler.

3 Das Orientierungsbedürfnis der Öffentlichkeit

Die Öffentlichkeit, der man im wirklichen Leben bei Vorträgen begegnet, ersehnt keine „geistigen SozialarbeiterInnen". Sie will wissen, was los ist – „da draußen" in der Wildnis sozialer „Unübersichtlichkeit".

Aufmerksamkeit für die Nachfrageseite: Die einschlägige Diskussion ist weitgehend davon geprägt, dass Überlegungen angestellt werden, wie Soziologinnen und Soziologen *ihre* Themen oder Erkenntnisse der Öffentlichkeit, den Medien oder den Politikern „hineindrücken" können; selten wird überlegt, was die Öffentlichkeit von den SozialwissenschaftlerInnen wollen könnte. In solcher Selbstbezogenheit scheint alles wichtig, was die Soziologie produziert. Kritische Selbstreflexion würde freilich die Frage stellen: Was könnten SoziologInnen liefern, was für die Menschen draußen „interessant" ist (ohne dass man ihnen gleich vorneweg ein „falsches Bewusstsein" unterstellt)? In diesem Sinne braucht die Soziologie einen „relevance turn" (Gans 2010, S. 103), mit präzisen, harten, manchmal statistischen, manchmal ethnografischen, narrativen oder gar anekdotischen Studien konkreter Verhältnisse.

Selbstverständigungsbedarf: Die Mehrzahl der Menschen ist nicht aufklärungsbedürftig hinsichtlich repressiver Sachverhalte ihres Lebens, sie will vielmehr angesichts einer unverstehbar gewordenen Gesellschaft wissen, was los ist. Sie hat immer stärker den Eindruck, dass diese Gesellschaft eine unübersichtliche, desorientierte, verunsicherte, turbulente, erodierende, „flüssige" Gesellschaft (Bauman

2000) ist. Treffend ist Heinz Budes Wort vom „rumorenden Selbstverständigungsbedarf" in dieser Gesellschaft (Bude 2005, S. 375). Das gilt wohl auch für die Soziologie. Lübbe: Orientierungsproblem. Habermas: Unübersichtlichkeit. Bauman: Flüchtigkeit. Beck: Risiko. Berger: Unbehagen. Bude: Angst. Rosa: Resonanzproblem. Darum geht es. Da die Soziologie seinerzeit als *Krisenwissenschaft* gegründet wurde, kann es aus der Sicht der „Leute" (Vobruba 2009) nicht ganz abwegig sein, sich die Spätmoderne und ihre Krisen im Makro, Meso- und Mikrobereich erklären lassen zu wollen. Der erlebbare Alltag ist nicht mehr selbstverständlich, sondern deutungsbedürftig. Deshalb besteht hohe Nachfrage nach *allgemeiner* und *spezieller Zeitdiagnose*. Das sind Fragen wie zum Beispiel: Wird es mit der Familie weiter bergab gehen? Warum diese Welle von Korruptionsfällen? Sind die Ausländer wirklich alle kriminell? Es sind Themen, bei denen die Soziologenschaft nicht selten die Nase rümpft – unpräzise Frage, vorurteilsbeladen, spekulativ statt akademisch. Aber wenn man die Gesellschaft als unübersichtliche beschreibt, sollte man auch zu ihrer partiellen *Übersichtlichwerdung* so gut wie möglich beitragen.

Nützlichkeit, Aktualität, Unterhaltung: Das Publikum öffentlicher Vorträge hegt (1) meist die Erwartung, dass es etwas *Nützliches* zu hören bekommt – über Stadtentwicklung oder Krankenhausmanagement. Woher kommt der Stress? Wie lebt man im hohen Alter? Man muss solche Utilitätserwartungen nicht eng bedienen, aber Überlegungen, inwieweit ein Beitrag zu besserem Lebens-, Berufs- oder Weltverständnis verhelfen kann, sind nicht überflüssig. Andere Vorträge greifen (2) *Aktualitäten* auf: Frauen werden belästigt. Populismus wächst. Es ist erfreulich, wenn der Verdacht entsteht, dass SoziologInnen zur Klärung solcher Entwicklungen beitragen können. Schließlich kann Wissenschaft auch (3) zur gehobenen *Unterhaltung* dienen, oft als historische Soziologie: Wie entstehen Imperien – und wie gehen sie unter? Was können wir von der indianischen Königstochter Pocahontas lernen? Auch Festvorträge, die zur Emeritierung von Gelehrten, zu Preisverleihungen oder zur Eröffnung von Festspielen gehalten werden, mögen dieser Kategorie zugeschlagen werden.

Interne und öffentliche Themen: Öffentliche Soziologie ist nicht „theory-driven", sondern „topic-driven" (Gans 2010, S. 100). Es gibt Insider-Themen: Für feinsinnige Unterschiede im Begriff des „Systems" zwischen Talcott Parsons und Niklas Luhmann braucht man kein Massenpublikum zu suchen. Warum sollten sich normale Menschen mit diesem Problem beschäftigen? Auch wer nur über Bruno Latour sprechen will und sonst über die Gesellschaft nicht viel weiß, für den ist der Markt für Vortragsaktivitäten ziemlich beschränkt. Man muss auch die Themenbehandlung unterscheiden: Es kann etwa sehr attraktiv sein, über Visualisierung oder Bildinterpretation zu sprechen, besonders anhand von Beispielen; aber nicht über die methodologischen Feinheiten von „iconic turns".

4 Die Anschlussfähigkeit von Wissensbeständen

Es ist eine interessante Begegnung: spezialisierte WissenschaftlerInnen, uninformierte, halbinformierte und gebildete Menschen im Publikum; das Ganze innerhalb eines bestimmten „Rahmens", der die Interaktionsmöglichkeiten und Interaktionen prägt. NichtsozialwissenschaftlerInnen prüfen wissenschaftliche Äußerungen nicht an anderen „Texten", sondern an ihren *Erfahrungswelten*. Sie haben ihre soziale Wirklichkeit im Blick. Alle Menschen, die in dieser Gesellschaft leben müssen, betreiben so etwas wie „mundane" Soziologie, wie es Hans-Georg Soeffner (2010) nennt, weil sie schließlich in diesem „Untersuchungsobjekt" tagtäglich leben müssen, und deshalb berufen sie sich auf lebensnahe Einzelfälle: „Bei meinen Enkeln in der Schule ist es ganz anders …". Da ist es nicht immer einfach, einen empirisch-statistischen Befund gegen eine Einzelerfahrung zu verteidigen.

Wenn die Kommunikation gelingen soll, muss man die vorhandenen Wissensgerüste reflektieren und respektieren. Freilich kommt es bei diesen Versuchen der ZuhörerInnen, *Anschlussfähigkeit* dingfest zu machen, nicht selten zu *selektiver oder verzerrter Rezeption*. Oft wird ein Nebensatz aufgeschnappt und in der Folge als wichtige Aussage des Vortrags interpretiert, einfach weil er in die eigene Urteils- oder Vorurteilswelt passt. Der Sinn eines Vortrags wird gemeinsam in den Köpfen von Sender und Empfänger produziert. Das gilt es zu *antizipieren*: beim Vortrag über „Vorbilder" auf einer Fortbildungsveranstaltung für Lehrerinnen und Lehrer oder beim Vortrag über „Compliance-Verpflichtungen" für Aufsichtsratsmitglieder. Der professionelle Kontext prägt oft die Sicht: Beim Vortrag über den Begriff des „Risikos" für das Führungspersonal einer Versicherungsgesellschaft liegt das Interesse nicht bei theoretischen Begriffsbestimmungen des Risikos, sondern bei der handfesten Frage, was der Wandel von Risiken für das Versicherungsgeschäft und die Alltagsarbeit bedeutet. Wenn man über aktuelle und absehbare Migrationsprozesse spricht, dann denken LehrerInnen über ihre Probleme in der Schulklasse, Vorstandsmitglieder einer Bank spielen mit dem Gedanken, ob sie in Islamic Banking einsteigen sollten, und die VertreterInnen eines Schuhhandelskonzerns überlegen, was dies für ihre „Billigschiene" bei den Schuhgeschäften bedeutet.

Die Diversität unterschiedlicher Publika: Die jeweiligen Zuhörerinnen und Zuhörer interpretieren nach ihrem Vorverständnis und Interesse. Herbert Gans schränkt das in Frage kommende Publikum von vornherein auf das „(college) educated public" ein (Gans 2010, S. 98), aber diese Reduzierung entspricht nicht der Wirklichkeit. Die ZuhörerInnen aktivieren aber jeweils andere Assoziationsfelder, sie verstehen Theorien, Symbole und Metaphern unterschiedlich, je nach dem sozialen Standort (Mannheim 1964). Und doch gäbe keine Gesellschaft, wenn nicht das *Gemeinsame* vorhanden wäre, jene Alltagshermeneutik (Soeffner 2004), die eine kollektive Welt konstituiert. Bei jedem öffentlichen Vortrag sitzen einem „Fremde" gegenüber.

5 Typische Komplikationen bei Vorträgen

In mancher Hinsicht treten bei öffentlichen Vorträgen größere Schwierigkeiten auf als bei Vorträgen im wissenschaftlichen Bereich, bei denen der Kontext erwartbarer und das Format einheitlicher ist.

Die Schwierigkeit der Aussagenbeurteilung: Soziologie bleibt häufig (aus grundsätzlichen Erwägungen) hinter den Präzisionserwartungen des Publikums zurück.

Naturwissenschaftliche Disziplinen können mit festen „Gesetzmäßigkeiten" punkten, teilweise auch, so wie die technischen Wissenschaften, ein verwertbares, nützliches, verkaufbares Produkt vorweisen. SoziologInnen haben es mit historisch einzigartigen Situationen, zahlreichen Kausalverknüpfungen und vielen Unsicherheiten zu tun (Streeck 2012, S. 132). Kaum ist es möglich, aus bisherigen Fällen heraus präzise Generalisierungen vorzunehmen: Inwieweit kann man aus analysierten Beispielen (des arabischen Frühlings) den Ablauf der nächsten „Revolution" voraussagen? Wie genau lassen sich Radikalisierungsprozesse von Terroristen beschreiben? Viele empirische erhärtete Tatsachen sind derart zum Allgemeingut geworden, dass sie trivial wirken: Frauen verdienen vergleichsweise weniger als Männer; und Kinder aus unteren sozialen Schichten haben es im Bildungsverlauf schwerer – das reißt keinen mehr vom Sessel. Eine mit Details nicht vertraute Öffentlichkeit kann den Eindruck gewinnen, dass diese Expertinnen und Experten nichts wirklich Spannendes anzubieten haben.

Das sozialtherapeutische Verlangen: Man kann die schönsten Analysen dieses oder jenes Problems vortragen – meist bricht prompt das „Lösungsbedürfnis" des Publikums durch. Gerade wenn die Darstellung überzeugend war, kann man mit der Frage rechnen: Was soll man tun? Eine erste Antwort wäre der Verweis auf die Wertfreiheit des Wissenschaftlers: Man sei nur für die Analyse zuständig, während die Politik für die Therapie sorgen muss. Zweitens kann man mehrere Optionen oder Szenarien darstellen, über die jeder einzelne, die Gemeinschaft oder die Politik zu entscheiden haben werde. Drittens kann man von der einen in die andere Rolle springen: Als WissenschaftlerIn sei man zwar nur für die Analyse zuständig, aber als StaatsbürgerIn mit persönlicher Meinung könne man diese zu Gehör bringen. Einen Schritt weiter geht, viertens, der Anspruch, sich als Experte (angesichts langjähriger Beschäftigung mit dem Thema) eine erhöhte Urteilskraft zuzuschreiben, allerdings unter Deutlichmachung einer Grenze, an welcher der wissenschaftliche „Kern" überschritten wird.

Die futurologische Versuchung: Wenn man über gesellschaftliche Trends Auskunft gibt, drängt sich einem öffentlichen Publikum die naheliegende Frage auf: Wie geht das weiter? Wo führt dies hin? – Sind in der Jahrhundertmitte wirklich alle unsere Arbeitsplätze verschwunden? Löst sich die herkömmliche Familie gänzlich auf? Wird Europa in der zweiten Jahrhunderthälfte ein „muslimischer Kontinent"? – In manchen Fällen kann man tentative Prognosen stellen; das ist bei der „Trägheit" demografischer Entwicklungen über einige Jahrzehnte möglich: Die Geburtenrate der europäischen Länder wird sich nicht plötzlich beleben. In anderen Fällen wird man schon innerhalb des nächsten Jahrzehnts die Antwort verweigern müssen: Ob die Europäische Union sich in Richtung auf eine Freihandelszone rückentwickelt oder in Richtung auf Staatlichkeit verdichtet, wissen wir nicht. Da oder dort wird man sich am Rande der Wissenschaftlichkeit ein Stück weit in die Zukunft vorantasten können, im Sinne von „pragmatischen Säkularvisionen" (Schnettler 2004, S. 256). Manchmal genügen allerdings analytische Hinweise: Wann wird die Armut beseitigt werden? Gar nicht, solange man an der üblichen Definition (Prozentsatz des Durchschnittseinkommens in einer nicht vollständig egalitären Gesellschaft) festhält.

Holzhammertheorien: Die Menschen haben ihre „Privattheorien", diese sind häufig pragmatisch, manchmal skurril. Manchmal ist man mit *Verschwörungstheo-*

rien konfrontiert: Die Amerikaner haben das Chaos in Nordafrika bewusst angestrebt, um Europa zu schwächen. Einwendungen oder alternative Erklärungen werden mit Resistenz beantwortet; jeder Einwand ist integrierbar. Gegenläufige Argumente verstärken die eigene Theorie, weil sie erst recht Beweis für die Hinterhältigkeit der apostrophierten Akteure sind. Des weiteren gibt es für SoziologInnen schwer verdauliche großformatige *Wertpostulate:* An allen Defiziten der Spätmoderne ist eigentlich der „Verfall der Werte" schuld, wir müssen uns also wieder „besinnen", auf mehr Religion oder mehr Menschlichkeit. Es ist in solchen Fällen nicht einfach, die Sache, von der gesprochen wird, überhaupt dingfest zu machen: Welche Werte sind verfallen? Sind nicht auch Werte im Aufstieg? War die Dorfgemeinschaft vor hundert Jahren wirklich so freundlich und harmonisch, dass wir dorthin zurückwollen? Und wie „erzeugt" man mehr Menschlichkeit? – Es gibt schließlich *Partikulärtherapien:* Zins – oder Geld – müssten abgeschafft werden, dort ist die Wurzel allen Übels zu finden; und alles muss sich fortan am Gemeinwohl statt am Profit orientieren: Tauschkreise, dörfliche Reziprozität. Da mag ein Zuhörer sogar böse werden, wenn er die Rückfrage nicht beantworten kann, wie man nach Abschaffung des Geldes für das Samsung Smartphone bezahlen soll.

„*Horizont" als Vortragsvoraussetzung:* Man muss gewärtig sein, dass bei öffentlichen Vorträgen die Themen ausfransen. Es gibt Leute, die bei jeder Gelegenheit *ihre* Theorie oder Frage anbringen wollen, auch wenn sie nur lose mit dem Vortragsthema verknüpft ist. Vortragende sollten deshalb eine gewisse Allgemeinbildung aufweisen und über aktuelle Ereignisse auf dem Laufenden sein. Fragesteller im Publikum kommen von der Pensionsfrage zur Familienentwicklung, von der Stressgesellschaft zur Einschätzung von „slow food", vom Aufstieg des Folklore-Stils zu den ökonomischen Chancen ländlicher Räume. Es macht einen schlechten Eindruck, wenn der Vortragende bei allen solchen „Ausuferungen" nur zu sagen hat, dass dies nicht sein Thema sei. Man sollte also in vielen Bereichen der Soziologie am Laufenden sein, auch wenn man in ihnen nichts Originelles publiziert hat, und man sollte an der Berichterstattung von Qualitätszeitungen interessiert sein.

6 Die Einmaligkeit des öffentlichen Vortrags

Auch wenn man wiederholt mit einem ähnlichen Thema (und Inhalt) auftritt, ist doch jeder öffentliche Vortrag einmalig und unwiederholbar. Denn er ist eine *Performance* (Peters 2011). Im Unterschied zu einem Text oder einem künstlerischen Artefakt erfolgen die Erzeugung des „Produktes" (durch den Akteur, Künstler, Rhetor) und die Rezeption durch das Publikum innerhalb eines Ereignisses, durch *Ko-Präsenz* und (in einem gewissen Maße) durch *Ko-Produktion*. Der Vortrag „entsteht" (in seiner Aussage, seiner Wirkung, seinen Folgen, seiner Interaktivität) im Rahmen der Veranstaltung. Manchmal sind „Stimmungslagen" nicht erklärbar.

Der Vortrag ist ein *Aushandlungsprozess*. Schon während des Vortrages gibt es Reaktionen des Publikums, die eine gewisse Wirkung auf den Vortragenden aufweisen können („sichtbares" Interesse oder Desinteresse, heftiges oder nachdenkliches Nicken, wiederholtes Stirnrunzeln, Einschlafen). Die meist anschließende

Diskussion regelt und entwickelt soziale Beziehungen. Mitglieder des Publikums haben die Option von *exit* oder *voice* (Hirschman 1974). Sie können schon während des Vortrags den Raum verlassen, leise oder laut, oder sie können in der Diskussion Kritik äußern, konstruktiv oder aggressiv. Es gibt Fragesteller, die ihr eigenes Wissen unter Beweis stellen wollen, allenfalls unter Bezugnahme auf ein soeben gelesenes Buch. Zuweilen hängt der Diskussionsverlauf von der ersten Wortmeldung ab, an die sich *Freerider* anhängen.

Vortragsinszenierungen haben einen flüchtigen Charakter, das Produkt ist mit dem Ende der Veranstaltung „aufgelöst" – doch die „Nachrede" bleibt. Eine zusätzliche Schwierigkeit tritt auf: Zuweilen wird der Vortrag heutzutage in einem anderen kommunikativen Produkt, einem Video, dokumentiert, dergestalt dauerhaft gemacht und allenfalls in das Netz gestellt. Eine aktuelle Vortrags- und Diskussionssituation ist aber andersgeartet als ein „Film". Eigentlich müsste man bei filmischen Aufzeichnungen eine unterschiedliche Kommunikationslogik in Rechnung stellen. Bei spontanen Äußerungen muss deshalb mitbedacht werden, dass sie so geartet sind, dass sie auch außerhalb der konkreten Situation nicht missverstanden werden können.

Literatur

Bauernschmidt, Stefan. 2018. Öffentliche Wissenschaft, Wissenschaftskommunikation & Co. Zur Kartierung zentraler Begriffe in der Wissenschaftskommunikationswissenschaft. In *Öffentliche Gesellschaftswissenschaften. Grundlagen, Anwendungsfelder und neue Perspektiven*, Hrsg. Stefan Selke und Annette Treibel, 21–42. Wiesbaden: Springer Fachmedien Wiesbaden.
Bauman, Zygmunt. 2000. *Liquid Modernity*. Cambridge: Polity Press.
Brewer, John D. 2013. *The public value of the social sciences. An interpretative essay*. London: Bloomsbury.
Bude, Heinz. 2005. Kommentar zu Michael Burawoy: Auf der Suche nach einer öffentlichen Soziologie. *Soziale Welt* 56(4): 375–380.
Burawoy, Michael. 2005. For public sociology. *Soziale Welt* 56(4): 347–374.
Burawoy, Michael, Hrsg. 2015. *Public Sociology. Öffentliche Soziologie gegen Marktfundamentalismus und globale Ungleichheit*. Weinheim/Basel: Beltz Juventa.
Faulstich, Peter. 2006. *Öffentliche Wissenschaft. Neue Perspektiven der Vermittlung in der wissenschaftlichen Weiterbildung*. Bielefeld: transcript.
Gans, Herbert J. 2010. Public ethnography: Ethnography as public sociology. *Qualitative Sociology* 33: 97–104.
Gregory, Jane, und Steve Miller. 1998. *Science in public. Communication, culture, and credibility*. New York: Plenum Press.
Hirschman, Albert O. 1974. *Abwanderung und Widerspruch. Reaktionen auf Leistungsabfall bei Unternehmungen, Organisationen und Staaten*. Tübingen: Mohr.
Hitzler, Ronald. 2012. Wie viel Popularisierung verträgt die Soziologie? *Soziologie* 41(4): 393–397.
Knoblauch, Hubert. 2016. *Die kommunikative Konstruktion der Wirklichkeit*. Wiesbaden: Springer.
Mannheim, Karl. 1964. *Wissenssoziologie. Auswahl aus dem Werk*. Berlin: Luchterhand.
Peters, Sibylle. 2011. *Der Vortrag als Performance*. Berlin: De Gruyter.
Prisching, Manfred. 2015. Wissens- und Deutungsprobleme beim öffentlichen Vortrag. In *Hermeneutik als Lebenspraxis. Ein Vorschlag von Hans-Georg Soeffner*, Hrsg. Ronald Hitzler, 214–230. Weinheim: Beltz Juventa.

Prisching, Manfred. 2017. Sich selbst beobachten. Das Fallbeispiel des öffentlichen Vortrags. In *Theoretische Einsichten. Im Kontext empirischer Arbeit*, Hrsg. Nicole Burzan und Ronald Hitzler, 53–74. Wiesbaden: Springer.

Prisching, Manfred. 2018. Vortragserfahrungen – über vertane Chancen der öffentlichen Soziologie. In *Öffentliche Gesellschaftswissenschaften. Grundlagen, Anwendungsfelder und neue Perspektiven*, Hrsg. Stefan Selke und Annette Treibel, 147–167. Wiesbaden: Springer.

Reichertz, Jo. 2010. *Kommunikationsmacht. Was ist Kommunikation und was vermag sie? Und weshalb vermag sie das?* Wiesbaden: VS Verlag für Sozialwissenschaften.

Schnettler, Bernt. 2004. *Zukunftsvisionen. Transzendenzerfahrung und Alltagswelt*. Konstanz/Berlin: UVK.

Schütz, Alfred, und Thomas Luckmann. 2003. *Strukturen der Lebenswelt*. Stuttgart: UVK.

Selke, Stefan, und Annette Treibel. 2018. Relevanz und Dilemmata öffentlicher Gesellschaftswissenschaften. In *Öffentliche Gesellschaftswissenschaften. Grundlagen, Anwendungsfelder und neue Perspektiven*, Hrsg. Stefan Selke und Annette Treibel, 1–17. Wiesbaden: Springer.

Soeffner, Hans-Georg. 2004. *Auslegung des Alltags – der Alltag der Auslegung. Zur wissenssoziologischen Konzeption einer sozialwissenschaftlichen Hermeneutik*, 2. Aufl. Konstanz: UVK.

Soeffner, Hans-Georg. 2010. Das Präsentische. Über Symbole und Rituale. In *Mensch – Gruppe – Gesellschaft. Von bunten Wiesen und deren Gärtnerinnen und Gärtnern*, Hrsg. Christian Brünner et al., 2 Bände, 457–472. Wien/Graz: Neuer Wissenschaftlicher.

Streeck, Wolfgang. 2012. Der öffentliche Auftrag der Soziologie. *Leviathan* 40(1): 129–147.

Vobruba, Georg. 2009. *Die Gesellschaft der Leute. Kritik und Gestaltung der sozialen Verhältnisse*. Wiesbaden: VS Verlag für Sozialwissenschaften.

Weingart, Peter. 2005. *Die Wissenschaft der Öffentlichkeit. Essays zum Verhältnis von Wissenschaft, Medien und Öffentlichkeit*. Weilerswist: Velbrück Wissenschaft.

Narrative öffentliche Soziologie als Prosa der Existenz: Auf dem Weg zu einer komplementären Forschungspraxis

Stefan Selke

Inhalt

1 Das Potenzial narrativer öffentlicher Soziologie 315
2 Einnahme der narrativen Perspektive im Kontext öffentlicher Soziologie 316
3 Vom Fiasko der Stimmlosigkeit zum Schreiben mit Stimme 318
4 Wiederentdeckung des Narrativen als Re-Vitalisierung 318
5 Einige Prämissen narrativer öffentlicher Soziologie 319
6 Fiktionales Schreiben als neue soziale Forschungspraxis 322
7 Rückeroberung des Terrains 324
Literatur 325

1 Das Potenzial narrativer öffentlicher Soziologie

Das Potenzial von Geschichten ist über alle Fächergrenzen hinweg weitgehend unbestritten. Die Fähigkeit des Erzählens bzw. des (assoziativen) Austausches von Geschichten grenzt Menschen deutlich von Maschinen ab. Geschichten bilden Inseln in der biografischen Lebenszeit, zugleich schaffen sie Anknüpfungspunkte für das Selbstverständnis von Gesellschaften. In diesem Sinne sind Erzählungen eine herausgehobene Verbindung zwischen Individuum und Gesellschaftsstruktur. Aber können, dürfen und wollen Soziologen[1] Geschichten erzählen?

---

[1]In diesem Handbuchbeitrag geht es um öffentliche Soziologie. Um die Lesbarkeit des Textes auch für außerdisziplinäre Publika zu erleichtern, wird (außer in direkten Zitaten) darauf verzichtet, sowohl feminine als auch maskuline Form eines Substantivs zu verwenden. Sämtliche Ausführungen gelten selbstverständlich für *alle* Geschlechter.

S. Selke (✉)
Forschungsprofessur „Transformative und öffentliche Wissenschaft", Hochschule Furtwangen, Furtwangen, Deutschland
E-Mail: ses@hs-furtwangen.de

© Springer Fachmedien Wiesbaden GmbH, ein Teil von Springer Nature 2023
S. Selke et al. (Hrsg.), *Handbuch Öffentliche Soziologie*, Öffentliche Wissenschaft und gesellschaftlicher Wandel, https://doi.org/10.1007/978-3-658-16995-4_36

Die universelle und evolutionäre Basis des Geschichtenerzählens wurde inzwischen gut erforscht. In Geschichten zu denken bedeutet: Die Suche nach Ursache-Wirkungszusammenhängen, nach Sinn in Handlungen, nach Strategien und möglichen Lebensszenarien. Geschichten bilden typische Ereignisverläufe ab. Sie bilden entweder eine Rahmenordnung zur Einordnung von Situationen oder eine Sammlung von Assoziationen, aus denen sich selbst wieder eine Rahmenordnung ergibt. In modernen Gesellschaften steigen der Wert von Erzählungen sowie das Bedürfnis nach Erzählungen, weil sie dazu beitragen, Komplexität zu reduzieren.

Denn Geschichten dienen dazu, ein tieferes Verständnis für das eigene Leben zu wecken, Botschaften verständlicher zu machen und Argumenten gegenüber zugänglicher zu werden. Menschliche Erfahrungen werden in Erzählungen ‚umgemünzt'. Geschichten sind die Basis für bedeutungsvolle Kommunikation mit signifikanten Anderen und für soziale Integrität. Sie reduzieren Komplexität und erzeugen Engagement-Verhältnisse mit unterschiedlichen Publika. Kurz: „We're hardwired for story." (Hart 2011, S. 8) Es ist daher naheliegend, dass sich öffentliche Soziologie nicht nur analytisch mit Geschichten auseinandersetzt, sondern im Sinne einer „narrativen Kooperation" selbst Geschichtenerzählen praktiziert.

2 Einnahme der narrativen Perspektive im Kontext öffentlicher Soziologie

Beim Konzept der „narrativen Kooperation" wird davon ausgegangen, dass Narrative sich für eine alternative Repräsentation wissenschaftlicher Inhalte eignen, weil sie Lernprozesse stimulieren und zu intellektuellen Dynamiken führen. Unter Narrativität wird dabei die Tatsache verstanden, dass Schreiben eine Praxis und das je persönliche Produkt eines Autors ist. Narrativität bedeutet Schreiben unter Anwesenheit eines Autors („author-present writing"). Eine Perspektivwechsel in Richtung narrativer Soziologie setzt übergreifend voraus, sich selbst als Autor zu entdecken, eine Haltung der ethischen Beteiligung einzunehmen sowie empathische Nähe zum eigenen Publikum zu entwickeln.

Zusammengenommen entsteht derart eine neue Form des Schreibens in der Wissenschaft. Die narrative Form öffentlicher Soziologie ist kreativ, emotional und integrativ zugleich. Im besten Fall werden Narrative zu einem probaten Format öffentlicher Soziologie, mit dem dann tatsächlich auch neue Publika erreicht werden können, anstatt nur in rhetorischen Absichtsbekundungen (bei gleichzeitiger Verhaltensstarre) stecken zu bleiben.

Letztlich geht die narrative Perspektivenwahl davon aus, *Teil des eigenen Publikums* zu sein. Schreiben als kreativer Aneignungsprozess ist daher keine neutrale Repräsentation der Wirklichkeit, sondern das genaue Gegenteil distanzierter Wissensdemonstration. Auf diese Weise lassen sich (zeitlich, sozial, räumlich) erweiterte Dialoge mit Öffentlichkeiten – ganz im Sinne der Prämissen von *For Public Sociology* (Burawoy 2005) führen.[2] Narrative öffentliche Soziologie grenzt sich dadurch von anderen Textformaten (z. B. im Journalismus, Marketing) ab, dass gerade *nicht* auf wissenschaftliche Analyse („reflexives Wissen") verzichtet wird. Vor diesem Hintergrund gibt es *keinen* unauflösbaren Primärwiderspruch zwischen Wissenschaftlichkeit und Erzählbarkeit. „Sociological novel writing is a distinct approach for doing and writing academic." (Watson 2016, S. 3 f.) Trotz zahlreicher Befürchtungen (Trivialisierungsangst, Popularisierungsverdacht) ist mit narrativer Soziologie kein ‚Kollaps' der Wissenschaftlichkeit verbunden. Gleichwohl ordnet sich die wissenschaftliche Analyse bei diesem Zugang zu öffentlicher Soziologie der narrativen Form weitgehend unter. Es kommt vielmehr darauf an, *wie* soziologisches Wissen in Narrationen integriert wird. Um dies zu bewerkstelligen, lässt sich von zahlreichen ästhetischen und literarischen Techniken lernen.

Gerade das Verhältnis von Soziologie und Literatur wurde immer wieder neu verhandelt. In historischer Perspektive wurde Soziologie vielfach als Überlappung von Wissenschaft und Literatur betrachtet, woran der Klassiker *Die Drei Kulturen* erinnert (Lepenies 1985). Befürworter narrativer Soziologie plädieren inzwischen dafür, wieder bewusst an diesen Überlappungsbereich anzuschließen und die Eigenqualität einer erzählenden Soziologie zu betonen. „If sociology's narrativity is rejected in favor of an image of sociology of representation, we necessarily freeze the present world into place. Social facts become our social fate" (Agger 2007, S. 246). John Brewer skizziert für die *New Social Public Sciences* eine alternative Wissenschaftsauffassung, die sich als anschlussfähig für narrative öffentliche Soziologie erweist. Unter Wissenschaftsdistanz („science-rejectionism") versteht er tendenziell gegen-affirmative Positionen, die sich an humanistischen und literarischen Traditionslinien ausrichten (Brewer 2013). Richard Sennett geht hingegen noch einen Schritt weiter und plädiert dafür, Soziologie *als* Literatur aufzufassen und Schreiben als Handwerk ernst zu nehmen. Schreiben sollte zudem als (sozialer) Prozess aufgefasst und nicht bloß mit dem Ergebnis, dem fertigen Text, in Verbindung gebracht werden (Sennett 2009).

Zusammengefasst: Narrative öffentliche Soziologie ist die Verbindung wissenschaftlicher *Reflexivität*, literarischer *Ästhetik* und publikumswirksamer *Dramaturgie* mit dem Ziel *effektive* Inhalte und *affektive* Zugänge für außerwissenschaftliche Publika resonanzfähig zu verbinden (ausführlich: Selke 2020). Narratives Schreiben und öffentliche Soziologie verweisen im Idealfall wechselseitig aufeinander „Good sociological writing, or public sociology, admits that it tells a story, invites other stories and addresses social important public issues " (Agger 2007, S. 256). Um zu einer narrativen Soziologie zu gelangen, muss jedoch zunächst die eigene Stimme (wieder) entdeckt werden.

---

[2]Vgl. dazu auch Kap. ▶ „Michael Burawoy: „For Public Sociology" als Referenzdokument der Debatte um öffentliche Soziologie" in diesem Handbuch.

3 Vom Fiasko der Stimmlosigkeit zum Schreiben mit Stimme

Öffentliche Soziologie stellt sich die Aufgabe, soziologisches Wissen „in leicht verständliche Worte" zu übersetzen (Burawoy 2015, S. 9). Die Sprache der Soziologie – zwischen wissenschaftlicher Fachsprache und Alltagsidiom – steht seit den Anfangstagen des Fachs zur Diskussion. Bereits Max Weber kritisierte das Übermaß an soziologischen Abstraktionen, die eher hinderlich sind, wenn es darum geht, die Facetten des wirklichen Lebens einzufangen. Zygmunt Baumann sieht in akademischen Sprachspielen selbst errichtete „Barrieren" zwischen Disziplin und Gesellschaft (Baumann 2014). Auch wenn immer wieder auf die Notwendigkeit des wissenschaftlichen Jargons als Mittel der Kommunikation unter Fachleuten abgehoben wird, steht gerade die Soziologie unter Verdacht durch die Verwendung eines ausgewählten Vokabulars Unverständlichkeit zu erzeugen. „Theoretische Glasperlenspiele und Sophismen sind grundsätzlich für die Öffentlichkeit ungeeignet" (Prisching 2018, S. 159). Schreiben im Rahmen des akademischen Qualifikationsprozesses („writing for tenure") gerät immer mehr zur Produktion innerakademischer Überbietungsgesten mit dem Ziel des Statuserwerbs. Bei öffentlicher Soziologie steht hingegen die Anstrengung um die Gunst eines außerakademischen Publikums im Mittelpunkt (Agger 2007, S. 253; Selke 2020, S. 513 ff.). Eine narrative Perspektive resultiert dabei aus einer alternativen Haltung. Der Imperativ narrativer öffentlicher Soziologie findet sich schon im Klassiker *The Sociological Imagination*: „Um die akademische Prosa zu überwinden, muss man erst die akademische Pose ablegen" (Mills 1963, S. 274). Gleichwohl ist dies bei näherem Hinsehen kein essenzieller Konflikt. Auch wenn die meisten soziologischen Texte stilistisch eher zurückhaltend und stimmlos geschrieben sind, liegen unterschwellig oftmals Narration zugrunde. Soziologen erzählen Geschichten so, als wären sie keine Geschichtenerzähler. Um das Geschichtenerzählen als legitime Praxis öffentlicher Soziologie wieder mehr in den Mittelpunkt zu rücken, hilft daher eine Rückblende auf eine Zeit, in der innerhalb der Soziologie gut und gerne Geschichten erzählt wurden.

4 Wiederentdeckung des Narrativen als Re-Vitalisierung

Die „goldene Ära" einer erzählenden Soziologie wird meist mit der *Chicago School of Sociology* gleichgesetzt (Capetti 1993). Viele der in diesem Kontext entstandenen und heute noch berühmten Feldstudien gingen von Robert Ezra Park, dem „captain of inquiry", aus. Für Park lag der öffentliche Auftrag der Soziologie darin, die kulturellen und sozialen Umwälzungen der Zeit aufzugreifen und nachvollziehbar zu machen – „life as it is lived". Zur Erhellung der öffentlichen Meinung nutzte er als ehemaliger Journalist eine reportageartige, narrative Form der Soziologie. Neben Park können viele weitere Klassiker aus dem „goldenen Zeitalter" der Narrativität zur Anschauung genutzt werden. Auch für die zeitgenössische Soziologie finden sich Vorbilder, etwa die Studien Barbara Ehrenreichs[3] zu *Working Poor* oder Loïc Waquants *Body and Soul*.

Allerdings hielt das Hochgefühl der geschichtenerzählenden Soziologie nicht lange an. Der kurzen Phase der „Narrativisierung" der Disziplin folgte eine folgenreiche Phase der „De-Narrativisierung", in der die Fähigkeit des Erzählens zugunsten anderer Darstellungsformen an Bedeutung verlor. Ben Agger macht dies an der Zunahme von Sprachspielen, den Trend in Richtung positivistischen Schreibens sowie einem Ersatz von Argumentationsgängen durch Darstellungen über methodisches Vorgehen fest (Agger 2007, S. 238). Statt „Eigenes" und die „eigene Stimme" in den Text einzubringen, fand disziplinübergreifend ein schleichender Prozess des Verlusts von Stimme und Persönlichkeit statt. Die Soziologie verlor sowohl ihren kritischen Impetus als auch ihre Anschlussfähigkeit an die Öffentlichkeit. Unter der Tarnkappe der Objektivität ging das narrative Element verloren. Die Norm des stimmlosen Schreibens wurde innerhalb einer mehr und mehr standardisierten akademischen Sozialisation zunehmend unkritisch an die nächste akademische Generation weitergegeben.

Öffentliche Soziologie wird auch vor diesem Hintergrund oftmals als Re-Vitalisierung der Disziplin aufgefasst (Burawoy 2005). Narrative Soziologie ist eine zeitgenössische Form der „Re-Narrativisierung" der Disziplin, geprägt durch den Bedeutungszuwachs verschiedener narrativer Elemente in soziologischen Texten, oft in Verbindung mit Multimodalität, also der Wissenspräsentation in unterschiedlichen (ggf. nicht-textgebundenen) Formaten. Auch wenn sich hierin nicht die Mehrheitssoziologie abbildet, werden gegenwärtig an den Schnittstellen zur Ethnografie, zum Journalismus und zur Literatur Formate des soziologischen Erzählens wiederbelebt. Das mögliche Spektrum umfasst Essays wie Reportagen, reicht von Leit- über Groß- bis hin zu Gegenerzählungen, nutzt Portraits, Vignetten, Blogs und Gastkommentare und integriert auch fiktionales Schreiben. Die Gemeinsamkeit aller Formaten besteht darin, dass die Stimme des soziologischen Autors wieder deutlich zu hören ist.

5 Einige Prämissen narrativer öffentlicher Soziologie

Narrative öffentliche Soziologie stellt eine alternative *kulturelle Position von Wissen* durch die Verbindung von Reflexion und Narration sowie einer bewussten Wahl des Publikums außerhalb der Wissenschaft her. Damit werden asymmetrische Machtverhältnisse zwischen „Experten" und „Laien" reduziert oder gar vermieden. Die Kombination aus wissenschaftlicher Sprecherposition und soziologischer Sprache ist problematisch, wenn „von einem Podest herab" gesprochen und das Publikum „herablassend" behandelt wird. Dieses Verständnis von Schreiben ist nicht angemessen, wenn es um außerwissenschaftliche Publika geht (Sennett 2009, S. 78).

---

[3]Vgl. dazu Kap. ▶ „Barbara Ehrenreich: Erfolgreiche öffentliche Soziologin ‚wider Willen'" in diesem Handbuch.

Narrative öffentliche Soziologie verbindet stattdessen wissenschaftliche Analyse unter Rückgriff auf das „instrumentelle" Wissen des Fachs mit publikumswirksamer Ästhetik und Dramaturgie. Auch Geschichten werfen „professionelle" soziologische Fragen auf. Die „professionelle" Soziologie ist der Steinbruch, aus dem das analytische Rohmaterial für öffentliche Soziologie stammt (Gans 2009, S. 126). Weil Geschichten sowohl rezeptive als auch produktive Formen des Lesens zulassen, verdoppeln sich auf diese Weise die Rezeptionsmöglichkeiten soziologischer Inhalte. Soziologisch informierte Narrative erzeugen damit eine grundlegend andere kulturelle Position von Wissen sowie ein erweitertes Verständnis von Wissens- und Erkenntnisformen („sozial robustes Wissen"). Damit trägt narrative öffentliche Soziologie dazu bei, Wissen zu erzeugen, das hilft, die Welt zu verstehen und besser in ihr zu leben (Orientierungswissen). Einige der zentralen Voraussetzungen werden im Folgenden skizziert.

Jargonfreiheit
Eine erzählende Soziologie sollte „short on method and long on narrative" sein (Agger 2007, S. 260). Die wesentlichen Prämissen narrativer Soziologie sind deshalb verständliche Sprache und Multimodalität. Obwohl er von vielen zeitgenössischen Fachkollegen für seine besonders anschlussfähige Sprache abgelehnt wurde, zeigt das Beispiel C. Wright Mills, wie das große Publikum mit einer klaren, bildhaften Sprache erreicht werden kann. Wie kaum ein anderer Soziologe kritisierte Mills die negativen Effekte einer „schwülstigen und langatmigen Prosa" (Mills 1963, S. 272). Verständlichkeit, Einfachheit und Überzeugungskraft von Sprache können daher gar nicht überbetont werden. „If you haven't said it clearly, in language that your mother can understand", so Sharon Hays, „then you haven't said it at all" (Hays 2007, S. 84). Und Zygmunt Baumann weist vehement auf die destruktive Wirkung soziologischer Fachsprache und mögliche Konsequenzen hin. „I completely stopped using sociological jargon because that jargon has been invented especially to keep the entry to sociology as closed as possible, to break communication and to set boundaries" (Baumann 2014, S. 59). Statt „ausgetrockneter" Worte empfiehlt er „saftige" Worte, die die Imagination der Zuhörer fördern (Baumann 2014, S. 97). Auch Herbert Gans widmet sich intensiv der Bedeutung verständlichen Schreibens. „Scientists' taboos against addressing the general public must be overcome" (Gans 2002).

Verständlichkeit bedeutet primär Jargonfreiheit. Öffentliche Soziologie benötigt daher alternative Formen des Schreibens: „writing plainly, clearly and well" (Brewer 2013, S. 187). Für Norval Glenn ist „klare Sprache" ganz eindeutig ein zentrales Kriterium „guter" Soziologie, die emphatisch auf ihr Publikum reagiert und „Posieren" vermeidet. Verständlichkeit kann aber auch bedeuten, Informationen über mehrere Medien gleichzeitig zu verbreiten. Multimedialität nutzt neben Fachartikeln weitere Präsentationsformate, z. B. Blogs, Zeitungsartikel, Radiofeature, filmische Dokumentationen oder gar Romane. Für jedes *mögliche* Publikum kann ein *passendes* Format genutzt werden. Kurz: Multimedialität ist die hohe Kunst öffentlicher Soziologie.

Narrative Repräsentativität
Narrative sind nicht zwangsläufig unwissenschaftlich. Der Unterstellung rein anekdotischer Evidenz lässt sich entgegnen, dass Geschichten narrative Repräsentativität beinhalten bzw. erzeugen. Im besten Fall kommt es zwischen den geschilderten Figuren in einer Erzählung und den Lesenden zur „radikalen Induktion", einer sprunghaften Übertragung von Erfahrungen. Die Figuren einer Geschichte sind im Prinzip genauso dafür geeignet symbolische Resonanz zu erzeugen wie Statistiken. Wie bei den Stimmen eines Orchesters kann narrative Soziologie im Zusammenspiel unterschiedlicher Stimmen („Polyvokalität") in einem Text ein Gesamt(klang)bild erzeugen, bei dem die Summe der Stimmen mehr bedeutet, als jede für sich. Zusammenfassen, kürzen und verdichten sind daher zentrale Elemente narrativer Soziologie, allesamt nah an literarischen Techniken (Watson 2016, S. 12).

Relevanz und Resonanz
Ein zentrales Erfolgskriterium des Erzählens ist eine für das jeweilige Publikum passende Verbindung zwischen individuellen Erfahrungen und der eigenen Epoche. Herbert Gans forderte daher einen „relevance turn". Öffentliche Soziologie sollte weniger theoriegetrieben („theory-driven") und dafür mehr themengetrieben („topic-driven") sein, um sich mit wirklich bedeutsamen Fragen zu beschäftigen (Gans 2009, S. 126). Letztlich forderte bereits C. Wright Mills diesen Perspektivwechsel ein, der in der Hinwendung zum größeren Publikum und der Abwendung von akademischen Fachleuten besteht, „welche ihre wissenschaftliche Vornehmheit darin sehen, dass ihre Arbeit des allgemeinen geistigen Interesses entbehrt" (Mills 1963, S. 14). Richard Sennett erinnert daran, dass nicht alles, was Soziologen wichtig erscheint auch interessant für die Öffentlichkeit sein muss (Sennett 2009, S. 69).

Narrative Soziologie steigert die Resonanzfähigkeit zwischen Autoren und Lesenden. „Good stories resonate" (Leavy 2013, S. 33). Erzählende öffentliche Soziologie wird dann zu einem Resonanzraum, wenn außerwissenschaftliche Publika Zugang zu eleganter Wissenschaft finden, die Komplexität erhält und dennoch Verständlichkeit ermöglicht. Resonanzfähigkeit in außerwissenschaftlichen Bezirken, d. h. kommunikative, ästhetische, kognitive und dramaturgische Anschlussfähigkeit soziologischer Texte ist keine „Ursünde" der Sozialwissenschaft, sondern sollte gelehrt, gefördert und gewürdigt werden. Im besten Fall erzeugt ein soziologisches Narrativ eine Form der Resonanz mit Lesenden, die weit über eine Belehrung oder Überbrückung des „understanding gaps" hinausgeht.

Schlussendlich: Reichweite
Anders als fachspezifische Publikationsorgane, die sich durch eine formatspezifische beschränkte Reichweite auszeichnen, kann narrative öffentliche Soziologie die Reichweite soziologischer Inhalte und Perspektiven massiv steigern. Narrative Soziologie verbindet Forschungen und Publikationen mit einprägsamer Ästhetik für neue, außerwissenschaftliche Publika. Durch cross-mediale und multimodale Präsentationsformate werden Reichweite und Anschlussfähigkeit erhöht. Hierbei ent-

stehen alternative Kriterien für fachliche Reputation. Wenig entscheidend dabei ist, ob der Absender reichweitenstarker Narrative *als* „Soziologe" erkennbar ist, solange eine Geschichte zugleich über Gesellschaft reflektiert und von Soziologen erzählt wird.

6 Fiktionales Schreiben als neue soziale Forschungspraxis

Während sich soziologisch informierte narrative Formate auf empirische Daten beziehen und anhand der Sortierung und Auswahl der Daten z. B. Idealtypen beschreiben („Casting"), gehen fiktionale Texte (Romane, Kurzgeschichten etc.) noch einen Schritt weiter – sie ‚erfinden' die Charaktere der Erzählhandlung („Crafting"). Gerade fiktionale Welten verweisen auf das herrschende Gesellschaftsverständnis. Lesende unterstellen, dass eine fiktionale Welt (in den Worten Baudrillards) das „Simulakrum" der realen Welt ist, in der wir leben. Durch die geschickte Auswahl empirischer Daten aus der sozialen Wirklichkeit und deren Import in fiktionale Welten werden diese in eine Referenz auf die Gegenwartsgesellschaft verwandelt. Soziologisch informiertes fiktionales Schreiben ist daher nichts anderes als die Fiktionalisierung empirischer Beobachtungen sowie eigener Erfahrungen. Diese Art der Reflexivität kann als ein weiteres Format öffentlicher Soziologie angesehen werden. Im Sinne von Ludwig Wittgenstein entsteht dabei eine *soziale Poetik*, deren Leistung darin begründet ist, dasjenige, was stets wie selbstverständlich vor Augen ist, wieder beobachtungsfähig zu machen – eine Prosa der Existenz. „Fiction-based research is a strategy for illuminating the particulars of daily life, and thus applying focused reflection and analysis on what otherwise escapes our attention" (Leavy 2013, S. 43). Der viel beschworene ‚soziologische Blick' kann beim fiktionalen Schreiben voll zur Geltung kommen.

Vorbilder
Fiktionale Erzählungen sind legitime Werkzeuge der Sozialforschung. Im Kontext einer neuen sozialen Forschungspraxis erweitern sie das Methodenrepertoire der qualitativen Sozialforschung. Fiktionen enthalten ein selten bewusst genutztes Potenzial. Fiktionale Texte sind ein Beispiel für die Methodenvielfalt narrativen Schreibens. Im anglo-amerikanischen Raum gibt es erste Soziologen, die sich zutrauen, soziologische Romane oder Kurzgeschichten („sociological novels") zu verfassen.

Aber bereits Klassiker der Soziologie experimentierten mit fiktionalen Formaten. Gabriel Tarde schrieb 1904 *Fragment d'Histoire Future*, ein Buch, das zum Genre Science-Fiction zählt. Neben historischen Erzählungen stammen weitere Vorbilder aus der Ethnopoesie (z. B. Hubert Fichte) und der ethnografischen Schreibtradition, wobei „dichte" Beschreibungen (Clifford Geertz), subjektive Erfahrungen und wissenschaftliche Reflexion idealtypisch verbinden. Selbst in den Naturwissenschaften wurden fiktionale Erzählungen erfolgreich erprobt. Die Biologin und Wissenschaftsautorin Rachel Carson stellte ihrem Sachbuch über die Zerstörung der Natur durch Pestizide die fiktionale Erzählung *Der stumme Frühling* voran. Das Zukunftsmärchen *A Fable for Tomorrow* verdichtete die wissenschaftlichen Fakten und erzeugte weltweite Resonanz. Und die feministische Ethnografie lehrt, wie durch Fiktion Wahrheitsansprüche verschlüsselt dargestellt werden und wie fiktionales Schreiben durch die Rhetorik der Imagination als ‚schützende Zuflucht' genutzt werden kann. Wenn fiktionales Schreiben also ein Tabubruch ist, dann ein äußerst produktiver und hilfreicher.

Fiction Based Research als öffentliche Soziologie
Fiction Based Research ist ein emergentes Forschungs- und Diskursfeld, fiktionales Schreiben eine wertvolle und kreative Ausdrucksform öffentlicher Soziologie. Fiktionale Narrative dienen als Vehikel für öffentliche Debatten und sie fördern öffentliches Engagement. „Novel writing is a viable and valuable direction which specifically allows sociologists the space to re/create issues and worlds that affect and can reach their publics" (Watson 2016, S. 5). Fiktionales Schreiben sollte sich daher innerhalb der Soziologie vermehrt als komplementäre und legitime Erweiterung klassischer Forschungs- und Schreibmethoden etablieren. Und ebenfalls gelehrt und gefördert werden.

Fiktionale Texte passen sehr gut in den Orientierungsrahmen öffentlicher Soziologie, weil sie das zentrale Kriterium der Zugänglichkeit zu Fachwissen besonders gut erfüllen. Gegenüber nicht-fiktionalen Erzählungen verfügen sie zudem über einen zusätzlichen Freiheitsgrad – die Möglichkeit zur intentionalen Dramaturgie. Über die dramaturgische Anordnung, den Spannungsbogen und die Zuspitzung der Charaktere lässt sich die Resonanzerfahrung nochmals steigern. Fiktionale Erzählungen bieten weiterhin Zugang zu ansonsten unbekannten Lebenswelten, egal ob diese in der Vergangenheit, der Gegenwart oder der Zukunft liegen. Sie bieten die Möglichkeit, ‚fremdes Leben' zu reflektieren und zu verstehen und sie sind damit Zeugnisse einer emotional aufgeladenen Wahrheit. „Fiction is engaged" (Leavy 2013, S. 20).

Soziologische Narrative repräsentieren insgesamt eine alternative Form von Realismus, die im Bereich von Storytelling als „emotionale Wahrheit" bekannt ist (Hart 2011, S. 224). Der Wirklichkeits- und Objektivitätsbezug kann auch als „erzählerische Wahrheit" (Selke 2020, S. 283 ff.) bezeichnet werden. Vor diesem Hintergrund greift die Unterscheidung von Subjektivität und Objektivität bzw. von Fiktionalität und Faktualität zu kurz. Denn dabei wird übersehen, dass wissenschaftliches Schreiben immer schon an narrative Formen gebunden war und selbst niemals vollständig objektiv sein kann.

Narratives und insbesondere fiktionales Schreiben ist insgesamt eine innovative Forschungspraxis, die reziproke Engagement-Verhältnisse erzeugt und kollektive Lernprozesse ermöglicht. Damit werden zentrale Prämissen öffentlicher Soziologie *praktisch* umgesetzt. Forschende erhöhen durch die verbesserte Zugänglichkeit ihrer Texte die Reichweite soziologischen Wissen. Dem Engagement des Forschenden steht dabei das reziproke Engagement des Lesenden gegenüber. Lesende werden immersiv an den Fakten und – bei Nutzung von Online-Publikationskanälen wie etwa Blog – auch beteiligt. Im besten Fall wird damit eine transformierende Wirkung erzeugt. Narrative Texte sind bewährte pädagogische Werkzeuge zum „Teilen von Wissen". Bei näherem Hinsehen gibt es kaum prinzipielle Unterschiede zwischen fiktional arbeitenden Schriftstellern und narrativ arbeitenden Sozialwissenschaftler.

„It is not as if fiction writers created fantasies and researchers recorded facts" (Leavy 2013, S. 21). Soziologisch grundierte fiktionale Erzählungen sind eine innovative, zeitgemäße und komplementäre Methode öffentlicher Soziologie. Fiktionales Schreiben kann als Erweiterung dessen angesehen werden, was Sozialwissenschaftler sowieso schon machen.

7 Rückeroberung des Terrains

Übergreifend lässt sich mittels narrativer öffentlicher Soziologie der ästhetische, kommunikative und dramaturgische Rückstand der Soziologie aufholen. Die narrative Perspektive holt die Kreativität wieder zurück in die Soziologie. Geschichten erwecken soziologische Analysen zum Leben. Sie überbrücken durch ihre Eigenschaften die Distanz zwischen Individuum und Gesellschaft und die Distanz zwischen Text und Leser. Sie bauen Brücken von der Ebene des Partikularen zur Ebene des Universellen (Geertz), vom Singulären zum gesellschaftlichen Orientierungsrahmen (Sennett), von den „private troubles" zu den „public issues" (Mills). Aus wissenssoziologischer Perspektive kann narratives Schreiben als gleichberechtigte Form integrativer Wissensproduktion betrachtet werden, die Praktiken qualitativer Sozialforschung und künstlerischer Forschung vereint.

Forschen allein reicht heutzutage nicht mehr aus. Die Idee, Wissenschaft bestünde darin, ‚Ergebnisse' zu erzeugen, greift in einer mitsprechenden und mitdenkenden Gesellschaft zunehmend zu kurz. Was fehlt, ist das expressive Moment, das Ergebnissen eine Form mitgibt, die schließlich auch über die Form der öffentlichen Debatte entscheidet. Das traditionelle Ergebnis von Sozialforschung besteht in Berichten, die sich jargonhafter Sprache bedienen, sich ausschließlich an Experten richten und damit eine kulturelle Position festlegen, die Zugänglichkeit, Verständlichkeit und Reichweite eingeschränkt. Narrationen erzeugen hingegen eine öffentlich anschlussfähige kulturelle Position von Wissen. Erst damit steigt die Chance neue Publika zu erreichen. Durch die Anwendung literarischer Techniken ermöglichen soziologische Narrationen ein reichhaltigeres, holistischeres Bild der Lebenswelt und menschlicher Erfahrungen. Aus forschungsethischer Sicht genügen Erzählungen dem Kriterium, Vielschichtigkeit und Mehrdimensionalität menschlicher Existenz adäquat abzubilden. In anderen Worten: In den Charakteren und deren Handlungen bildet sich anschaulich ab, was ansonsten theoretisch diskutiert wird.

Narrative Soziologie stellt zusammenfassend eine innovative, praktische Form öffentlicher Soziologie dar, die wesentlich zur Rückbindung von Wissenschaft an die Gesellschaft beiträgt. Ohne Rückbindung an eine Gesellschaft, *in* der Wissenschaftler arbeiten und *über* die gerade Soziologen forschen, fehlt Wissen jegliche Pointe. Geschichten sind zur Steigerung des eigenen akademischen Status in selbstreferenziellen Wissenschaftszirkeln ungeeignet. Sie sind jedoch in mehrfacher Hinsicht als Werkzeug öffentlicher Soziologie zu begrüßen. Bestandsaufnahmen von Gesellschaften und das Stillen des Realitätshungers gehören zur Kernkompetenz von

Soziologen. Aber die öffentlich anschlussfähige Verarbeitung prägender und spannender Zeiten, die Analyse von Umbrüchen, neuen Wirklichkeitserfahrungen und existenziellen Dringlichkeiten wird oft genug und ohne Not Journalisten, Schriftstellern und Künstlern überlassen. Es wäre eine lohnenswerte Aufgabe für öffentliche Soziologen, durch die Nutzung narrativer Formate, wieder zu den genuin nachgefragten „Ethnologen des Inlands" und Experten für die Demaskierung von Selbstverständlichkeiten zu werden, die sie einmal waren.

Literatur

Agger, Ben. 2007. *Public sociology. From social facts to literary acts*. Lanham: Rawman & Littlefield.
Baumann, Zygmunt. 2014. *What use is sociology? Conversations with Michael-Hviid Jacobsen and Keith Tester*. Cambridge: Polity.
Brewer, John. 2013. *The public value of social sciences*. London: Bloomsbury.
Burawoy, Michael. 2005. For public sociology. *American Sociological Review* 4:4–28.
Burawoy, Michael. 2015. *Public Sociology. Öffentliche Soziologie gegen Marktfundamentalismus und globale Ungleichheit*. Weinheim/Basel: BeltzJuventa.
Capetti, Carla. 1993. *Writing Chicago. Modernism, ethnography and the novel*. New York: Columbio University Press.
Gans, Herbert. 2002. More of us should become public sociologists. *Footnotes* (Juli/August). http://www.asanet.org/footnotes/julyaugust02/fn10.html. Zugegriffen am 23.09.2015.
Gans, Herbert. 2009. A sociology for public sociology: Some needed changes for creating public sociology. In *The handbook of public sociology*, Hrsg. Vincent Jeffries, 123–134. Lanham: Rawman & Littlefield.
Hart, Jack. 2011. *Storycraft. The complete guide to writing narrative nonfiction*. Chicago: University of Chicago Press.
Hays, Sharon. 2007. Stalled at the Altar? Conflict, hierarchy, and compartmentalization in Burawoy's public sociology. In *Public sociology. Fifteen eminent sociologists debate politics and the profession in the twenty-first century*, Hrsg. Clawson et al., 79–90. Berkeley: University of California Press.
Leavy, Patricia. 2013. *Fiction as a research practice. Short stories, novellas, and novels*. Walnut Creek: Left Coast Press.
Lepenies, Wolf. 1985. *Die drei Kulturen. Soziologie zwischen Literatur und Wissenschaft*. München: Hanser.
Mills, Wright C. 1963. *Kritik der soziologischen Denkweise*. Neuwied am Rhein: Luchterhand.
Prisching, Manfred. 2018. Vortragserfahrungen. Über eine Variante Öffentlicher Soziologie. In *Öffentliche Gesellschaftswissenschaften zwischen Kommunikation und Dialog*, Hrsg. Stefan Selke und Annette Treibel, 147–167. Wiesbaden: Springer VS.
Selke, Stefan. 2020. *Einladung zur öffentlichen Soziologie. Eine postdisziplinäre Passion*. Wiesbaden: Springer VS.
Sennett, Richard. 2009. *How I write: Sociology as literature*. Münster: Rhema.
Watson, Ashleigh. 2016. Directions for public sociology: Novel writing as a creative approach. *Cultural Sociology* 4:431–447.

Visualisierung als öffentliche Soziologie

Gerald Beck

Inhalt

1 Wie eine Textwissenschaft Bilder entdeckt 327
2 Bilder öffentlicher Soziologie zwischen Wissensproduktion und (Re-)Präsentation 328
3 Visualisierungen gestalten 332
4 Fazit: Die Frage ist nicht mehr *ob*, sondern *wie* Soziologie Visualisierungen nutzt 334
Literatur 334

1 Wie eine Textwissenschaft Bilder entdeckt

In den letzten Jahren erfreuen sich Bilder in der Soziologie verstärkter Aufmerksamkeit (Burri 2009). Insbesondere zwei Strömungen sind dabei besonders produktiv. Zum einen die in den vergangenen zehn Jahren neu etablierte „Visuelle Wissenssoziologie" (Raab 2008) und zum anderen die Verwendung von Bildern als Daten im Rahmen der visuellen Soziologie.[1] Letztere hat insbesondere durch die Ausbreitung von Digitalkameras und die damit verbundenen Aufnahmemöglichkeiten einen enormen Schub erlangt. Von diesen beiden Strömungen nur am Rande beachtet hat sich zudem die Verwendung von Bildern als Medium der Wissenschaftskommunikation[2] in der Soziologie allgemein etabliert. Diese soll im Zentrum dieses Beitrags stehen. Die Soziologie verwendet Bilder, um ihre Ergebnisse darzustellen und zu erarbeiten. Aus der Wissenschaftsforschung ist bekannt, dass Bilder nicht nur zur Kommunikation von und über Ergebnisse verwendet werden, sondern auch als

---

[1]Für einen Überblick über Visuelle Soziologie siehe den Band von Douglas Harper (2012).
[2]Der Begriff „Wissenschaftskommunikation" ist sehr unscharf und müsste genauer verortet werden. Für den Zweck dieses Kapitels begnügen wir uns aber mit dem unkommentierten Begriff.

G. Beck (✉)
Fakultät für angewandte Sozialwissenschaften, Hochschule München, München, Deutschland
E-Mail: gerald.beck@hm.edu

Medium in die Wissensproduktion selbst eingreifen (Amann und Knorr-Cetina 1988).

Aus der Perspektive der reflexiven Moderne (Beck et al. 1997a) und auch vor dem Hintergrund der Diagnose eines Wandels im Selbstverständnis der Wissenschaft hin zu einer Modus 2 Wissenschaft, die der Gesellschaft gegenüber rechenschaftspflichtig ist und zudem anwendungsorientiert, sozial verteilt und transdisziplinär funktioniert (Nowotny et al. 2003), tragen Bilder zu einer Öffnung der Wissenschaft gegenüber diversen Zielgruppen bei (Beck 2013). In der Kombination der genannten drei Aspekte von Visualisierung in der Wissenschaft (ubiquitäre Verwendung, Einfluss auf die Wissensproduktion, Beitrag zur Öffnung der Wissenschaft) wird die Relevanz der Beschäftigung mit der Verwendung von Bildern in der Soziologie deutlich.

Dieser Beitrag gibt einen Überblick darüber, wie in der Soziologie visualisiert wird und welche Rolle die so erzeugten Visualisierungen[3] sowohl in Wissensproduktion als auch in der Kommunikation von und über soziologischem Wissen spielen.

Im folgenden zweiten Abschnitt wird das Verhältnis von Visualisierung und Wissensproduktion aus der Perspektive der Science & Technology Studies dargestellt und die Folgen für die Sozialwissenschaften skizziert. Im Anschluss werden Beispiele für Visualisierungen der Soziologie diskutiert und im Spannungsfeld von Präsentation-Repräsentation-Wissensproduktion verortet. Im letzten Abschnitt wird detaillierter auf den Gestaltungsprozess von Visualisierungen eingegangen und dieser als inter- bzw. transdisziplinäre Herausforderung für öffentliche Soziologie thematisiert.

2 Bilder öffentlicher Soziologie zwischen Wissensproduktion und (Re-)Präsentation

2.1 Visualisierung und Wissensproduktion

In einem ethnografischen Bericht über die wissenschaftlichen Praktiken von BodenkundlerInnen beschreibt Bruno Latour die transformativen Schritte im Forschungsprozess von den ersten Beobachtungen im Urwald Brasiliens über Kartierungen, Bodenproben, deren Kategorisierungen anhand von Farbmustern, bis hin zur Verschriftlichung eines Forschungsberichts in einem Labor in Paris (Latour 1996). In diesem Bericht wird deutlich, wie eng Visualisierung mit der Produktion von wissenschaftlichem Wissen verknüpft ist. In den Naturwissenschaften hat die Verwendung von Bildern eine lange Tradition und die „fixation of (visual) evidence"

---

[3]Hier wird der Begriff „Visualisierung" für visuelle Repräsentationen verwendet, da er offener ist, als der Bildbegriff. Wie in den Beispielen im dritten Abschnitt deutlich wird, zählen dazu unterschiedlichste Formate, in denen nicht-textliche Zeichen gegenüber textlichen dominieren. Der Visualisierungsbegriff umfasst also nicht nur Fotografien und Filme, sondern auch Informationsgrafiken, Diagramme, Poster, Logos von Projekten usw.

(Amann und Knorr-Cetina 1988) gehört zu den Standards des wissenschaftlichen Arbeitens. Der Großteil der vorhandenen Studien zur Rolle von Bildern in der Wissensproduktion stammt, entsprechend der Ursprünge der Science & Technology Studies (STS), aus den Naturwissenschaften (vgl. u. a. Burri 2008 oder Latour 1986). Jedoch wurden in den letzten Jahren auch vereinzelte Versuche unternommen, aus einer STS Perspektive ebenfalls die Sozialwissenschaften (Camic et al. 2011) und deren Visualisierungen zu untersuchen sowie ihre Rolle im Forschungsprozess zu beschreiben (Beck 2013; Guggenheim 2015; Mayer 2011).

Für die Netzwerkforschung beschreibt Katja Mayer, wie Bilder nicht nur zur visuellen Fixierung des wissenschaftlichen Beweises (Amann und Knorr-Cetina 1988) sondern auch als Argument und vor allen Dingen als Werkzeug eingesetzt werden (Mayer 2011). Sie beschreibt eindrücklich, wie in Teambesprechungen in Projekten der Netzwerkforschung Visualisierungen diskutiert und anhand von Ausdrucken der Bilder argumentiert wird. Dabei erarbeiten sich die Forscherinnen neue Perspektiven auf ihre Daten und eignen sich diese beispielsweise durch Zeigen mit den Fingern auf bestimmte Bereiche der Visualisierung auch körperlich an (Mayer 2011).

Auch in der Arbeit mit audiovisuellen Daten stellt sich das Problem, wie diese in soziologischen Publikationen repräsentiert werden können. René Tuma (2017) zeigt in diesem Zusammenhang, wie sogenannte „Interpretations-Bilder" nicht nur als Präsentationsmedium dienen, sondern ihre Gestaltung Teil der Wissensproduktion wird. So würden Bilder nachträglich bearbeitet, um für die Veröffentlichung Details hervorzuheben und Unschärfen zu beseitigen. In dieser Selektionsarbeit sieht Wilke hingegen keineswegs eine Schwäche, sondern zeigt vielmehr, wie im Gestaltungsprozess der Interpretations-Bilder der Blick der Forschenden auf die Untersuchungsgegenstände und die eigenen Interpretationen geschärft wird (Wilke 2018).

Michael Guggenheim (2015) kritisiert den Umgang mit Bildern am Beispiel der Visuellen Soziologie. Diese zöge sich auf das Argument zurück, dass Objektivität dadurch entstehen könne, wenn wenig Einfluss auf die Aufnahme von Fotografien genommen würde. Zudem würde im Diskurs um Bilder in der Soziologie das Medium Text von jeglicher Schuld an interpretativer Flexibilität freigesprochen, andere Medien wie etwa Bilder jedoch nicht (Guggenheim 2015, S. 350). Demgegenüber schlägt er einen symmetrischen Zugang zu Medien mit Hilfe des Begriffs der Übersetzung vor.

2.2 Making Things Public – Visualisierung in der Wissenschaftskommunikation öffentlicher Soziologie

Die Soziologie nutzt Bilder in der Wissenschaftskommunikation in unterschiedlichsten Formaten. Der Soziologe Karl Martin Bolte hatte immer den Anspruch, Soziologie auch außerhalb der Disziplin sichtbar und verständlich zu machen. So ist es nicht überraschend, dass eine der bekanntesten Visualisierungen in der deutschsprachigen Soziologie von ihm stammt: die „Bolte-Zwiebel". Es handelt sich dabei um eine Darstellung der Sozialstruktur der Bundesrepublik Deutschland. Karl Martin Bolte selbst verweist auf die Abbildung folgendermaßen: „In Figur 10 ist versucht worden, den heutigen Statusaufbau unserer Gesellschaft so zu skizzieren, wie er aus den in Kapitel V referierten Untersuchungsergebnissen u. E. abzuleiten ist" (Bolte 1967). Diese Formulierung zeigt sehr viel Bescheidenheit und Reflexivität im Umgang mit Visualisierungen (z. B. „versucht, zu skizzieren" anstatt „zeigt"). Gleichzeitig stößt die Visualisierung aber auch das Tor zu damals völlig neuen Zugängen (Milieustudien, Lebensstile) zu Sozialstruktur auf und lässt Bilder wie die nivellierte Mittelstandsgesellschaft von Schelsky hinter sich. Die Visualisierung lädt Betrachtende zudem dazu ein, sich in der Gesellschaft zu verorten (ähnlich wie neuere Darstellungen wie z. B. Sinus Milieus).

Statistiken aus der empirischen Sozialforschung werden häufig in Diagrammen visualisiert. Hier kommt es darauf an, empirische Daten möglichst exakt zu visualisieren, ohne deren Unschärfen verschwinden zu lassen. Edward Tufte hat gezeigt, wie ästhetischer Anspruch und Exaktheit der Abbildung sich nicht widersprechen, sondern sogar unterstützen (Tufte 2006). Aus Tuftes Perspektive heraus stellt sich die Unterscheidung zwischen Präsentation und Repräsentation noch einmal neu. Daston und Galison (2007, S. 438) verstehen unter Repräsentation die naturgetreue Abbildung, unter Präsentation die Abbildung als „Verschmelzung von Künstlerischem und Natürlichem" (Daston und Galison 2007, S. 438). Nach Daston und Gallison erhält die Form der Präsentation zunehmend mehr Aufmerksamkeit in der Wissenschaft und steht damit auch für eine Öffnung der Wissenschaften gegenüber neuen Öffentlichkeiten (vgl. Modus 2 Wissenschaft). Dabei stellen Visualisierungen Schnittstellen dar, „die Anschlussfähigkeit zwischen Wissenschaft und Öffentlichkeit herstellen können und einen Austausch in beide Richtungen ermöglichen sollen" (Beck 2013, S. 45). Diese Schnittstellenfunktion kann auch mit dem Begriff des „Boundary Objects" beschrieben werden. Das Konzept zielt auf Objekte, die Kooperation ohne Konsens ermöglichen. Boundary Objects zeichnen sich durch drei Charakteristika aus: interpretative Flexibilität, Materialität und infrastrukturelle Bestimmtheit sowie das Potenzial der Standardisierung und Skalierung. Bezogen auf Visualisierungen bedeutet das, dass sie als Kommunikation zwischen Disziplinen und über die wissenschaftliche Community hinaus ermöglichen können. Sie sind interpretierbar ohne zu determinieren und sie fördern Anschlusskommunikation (Star und Griesemer 1989).

Statistiken können eben nicht nur in Balken und Linien visualisiert werden. So gibt es beispielsweise einige Projekte zur Visualisierung von globalen Ungleichheitsdaten, die den Globus auf Basis von Daten neu berechnen und dabei Weltkarten entstehen lassen, in denen die Flächen der Länder die jeweiligen Daten repräsentieren oder zusätzliche Informationsschichten einfügen.[4] Ähnlich gelagert sind Weltkarten, die den eurozentrischen Blick überwinden, indem sie andere Kontinente im Zentrum abbilden.

Je weiter sich die Zielgruppe der Visualisierung von der eigenen Disziplin zur weiteren wissenschaftlichen Community hin zu (imaginierten) Öffentlichkeiten

---

[4]https://worldmapper.org/oder https://world-processor.com/.

(Nowotny 2004) verschiebt, desto mehr Assoziationsarbeit müssen Visualisierungen leisten. Komplexe Theorien werden beispielsweise mit Schaubildern erklärt, um sie in interdisziplinären Zusammenhängen anschlussfähig und diskutabel zu machen. So z. B. die Theorie Transformativer Sozialer Innovationen (TSI), die sich zwar hauptsächlich soziologischen Theorien, wie der Strukturationstheorie von Giddens oder der Akteur-Netzwerk-Theorie bedient, aber auch Anleihen aus der Pädagogik und Politikwissenschaft nimmt (vgl. Haxeltine et al. 2016).

Noch weiter in Richtung Wissenschaftskommunikation gehen Projektlogos, Veranstaltungsplakate und Projektbroschüren. Sie werden mittlerweile sogar meist von Projektträgern gefordert. Auch hier lässt sich beobachten, dass, falls sich die Beteiligten auf einen intensiven Austausch einlassen, die Arbeit an den Materialien gleichzeitig zur Öffentlichkeitsarbeit und zur Identitätsbildung der Projekte beiträgt. Im ‚Antragsprosa' kann noch viel formuliert und vage umschrieben werden. Aber auf ein paar Absätzen und Abbildungen in einem Projektflyer muss das Vorhaben so verdichtet werden, dass sich alle Beteiligten darin wiederfinden. Die Kooperation mit DesignerInnen trägt somit zur semantischen Verdichtung bei und regt durch Visualisierung gleichzeitig assoziative Prozesse an.

Die bisher genannten Beispiele bleiben noch sehr in einer klassischen Form der Wissenschaftskommunikation verhaftet. Die Wissenschaft forscht und kommuniziert dann Ergebnisse in eine Öffentlichkeit, die diese aufnimmt. Dass der Weg selten geradlinig ist, zeigt beispielsweise die Verwendungsforschung der Soziologie (Beck und Bonß 1989). Im Folgenden wird mit der Kartierung von Kontroversen noch eine Form der Visualisierung angesprochen, die dezidiert ein dialogisches und multiperspektivisches Angebot macht.

Die in diesem Abschnitt angesprochenen Versuche ‚Dinge öffentlich zu machen', können in direkter Linie mit zwei Meilensteinen der öffentlichen Soziologie gebracht werden. Charles Wright Mills verknüpft mit „Soziologischer Fantasie" eng die Fähigkeit, persönliche Schwierigkeiten mit öffentlichen Angelegenheiten zu verknüpfen (Mills 2016, S. 30). Diese Aufgabe ist gleichzeitig eine Kritik an einer „Wissenschaft, die sich mehr um sich selbst kümmert als um die gesellschaftlich relevanten Fragen ihrer Zeit" (Lessenich 2016, S. 18).

Diesen Faden nimmt knapp 50 Jahre später Michael Burawoy in seiner Rede vor der American Sociological Association wieder auf und verstärkt das Argument noch einmal. Für ihn ist die Aufgabe der Soziologie nicht nur, die Verbindungen von privaten Problemen und öffentlichen Angelegenheiten aufzuzeigen, sondern die Verbindungen sogar herzustellen. Die Soziologie habe die Aufgabe, das erarbeitete Wissen wieder denjenigen zur Verfügung zu stellen, von denen die Soziologie es hat und damit deren individuelle Probleme als öffentliche Angelegenheiten politisch bearbeitbar zu machen (Burawoy 2005, S. 5). Damit bringt er eine moralische und politische Komponente in die Arbeit der Soziologie. Gleichzeitig stellen sich aber auch ganz praktische Fragen: wie bekommen wir das Wissen denn am besten dorthin, wo es herkommt? Oder etwas weniger als Einbahnstraßenkommunikation formuliert: mit welchen Mitteln kann die Soziologie in Austausch mit Öffentlichkeiten treten? Die Antwort auf die Frage bleibt Burawoy schuldig.

Eine Form, in der die Soziologie versucht, Wissen zu teilen, sind Visualisierungen. Seit einigen Jahren gibt es im Kontext der Science & Technology Studies Versuche, wissenschaftliche Kontroversen als Kartierungen visuell aufzubereiten und damit der öffentlichen Debatte zugänglich zu machen (Venturini 2010, 2012). Die Inhalte der Kartierungen werden mit sozialwissenschaftlichen Methoden gewonnen. Die Visualisierungen selbst werden allerdings in interdisziplinären Kooperationen von Sozialwissenschaften, Design, Kunst, Informatik etc. gestaltet.[5] Ziel der Kartierungen ist es, ein besseres Verständnis für komplexe Kontroversen zu ermöglichen, als dies klassische Tools wie beispielsweise Risikobewertungen tun. Im Sinne von Mills und Burawoy werden also persönliche Schwierigkeiten – beispielsweise konkrete Ernährungsfragen – in größere Zusammenhänge gestellt. So soll es möglich werden, informierte Entscheidungen unter den Bedingungen von Ungewissheit treffen zu können (vgl. Beck und Kropp 2011). Die Methode kann in unterschiedlichsten Feldern genutzt werden, beispielsweise in Planungskontroversen in der Stadtentwicklung und Architektur (Yaneva 2011) sowohl zur Unterstützung von Beteiligungsverfahren als auch zur Entscheidungsfindung. Die Ursprünge der Methode liegen in der Ingenieursausbildung an der École de Mines. Dort etablierte Bruno Latour bereits in den 1990er-Jahren Kurse zur Kartierung von Kontroversen, um den Studierenden die soziale Situiertheit von Technikentwicklung vor Augen zu führen, ohne ihnen den Begriffskanon der Akteur-Netzwerk Theorie zuzumuten (Venturini 2010). Kontroversen werden in dieser Perspektive nicht als ärgerliche Zwischenphase bis zur endgültigen wissenschaftlichen Klärung betrachtet, sondern „sie ermöglichen dem Sozialen, sich zu etablieren" (Latour 2007, S. 48).

Derzeit wird in der Soziologie mit weiteren Formen der Visualisierung experimentiert. Beispielsweise mit Comics (WBGU 2013) oder in Kooperationen mit Theater (Bude et al. 2011), Fotografie (Beck et al. 1997a), Museen oder Filmen. Die Intention ist immer, über gesellschaftliche Zusammenhänge aufzuklären. Inwiefern diese Versuche eher belehrend oder eher dialogisch aufgebaut sind, hat viel mit den Gestaltungsprozessen der Visualisierungen selbst zu tun.

3   Visualisierungen gestalten

„Wo sind die Visualisierungswerkzeuge, mit denen sich die widersprüchliche und kontroverse Natur von uns angehenden Sachen repräsentieren lässt?" (Latour 2009, S. 373). Bruno Latour richtet diese Herausforderung an DesignerInnen. Allerdings stellt sich die Frage in gleicher Weise den Sozialwissenschaften. Denn auch für diese gilt, wie oben gezeigt, dass visuelle Repräsentationen entscheidende Mittel der Wissensproduktion und Wissensverbreitung sind (Pauwels 2008, S. 147). Alle Beteiligten bräuchten hierfür jedoch visuelle Kompetenz. Diejenigen, die Visualisierungen als Forschende herstellen (alleine oder in transdisziplinären Kooperationen)

---

[5]Einen Überblick gibt der Katalog zu der von Bruno Latour und Peter Weibel am ZKM Karlsruhe kuratierten Ausstellung „Making Things Public" (Latour und Weibel 2005).

sollten sich im Gestaltungsprozess vergegenwärtigen, wie Visualisierungen Wissen beeinflussen, Debatten rahmen, öffnen oder schließen können. Auf der anderen Seite müssten auch Betrachtende darin geschult sein, Visualisierungen als hergestellte Artefakte und nicht als objektives Abbild irgendeiner Realität wahrzunehmen (Beck 2013, S. 77).

Luc Pauwels (2008) entwickelte ein Modell für visuelle Kompetenz, dass Bezugsobjekt, Produktionsprozess und Verwendung von Visualisierungen mit den für die jeweilige Phase notwendigen Kompetenzen in Bezug setzt. Für die Soziologie übersetzt kann festgehalten werden, dass Bezugsobjekte von Visualisierungen der Soziologie selten mit dem menschlichen Auge direkt erkennbar sind. Sozialstruktur, Kommunikation, Interaktion und soziale Rollen sind nicht direkt sichtbar, sondern müssen über (visuelle) Beschreibungen sichtbar gemacht werden. Deshalb stellt sich die Frage, welches soziologische Wissen wie sichtbar gemacht werden kann in besonderer Weise. Pauwels zweiter Punkt zu visueller Kompetenz „Representational production process" (Pauwels 2008, S. 151) zielt auf Entscheidungen und Überlegungen im Visualisierungsprozess. Auf soziologische Visualisierungen bezogen stellen sich beispielsweise Fragen nach dem Umgang mit Unschärfe oder Nicht-Gezeigtem sowie Fragen der Bildsprache und Designkompetenzen (Beck 2013, S. 194 ff.).

In seinem letzten Punkt geht es Pauwels um die Funktionen, Zielgruppen und Verwendungen von Visualisierungen. Wie wissenschaftliche Texte werden auch Visualisierungen zuerst innerhalb der Wissenschaft bewertet – und sei es im Team der Forschenden selbst. Die nächste Frage, die sich stellt, ist, welche Gruppen jenseits der Gruppe der Forschenden wie mit der Visualisierung in Berührung kommen sollen. Ist die Visualisierung eher dazu geeignet, Debatten anzuregen oder eher dazu, Beweise zu führen? Gibt es Möglichkeiten der Interaktion, wie es teilweise bei den angesprochenen Kartierungen von Kontroversen der Fall ist? Die kritische Beschäftigung mit diesen Fragen kann zumindest als eine reflexive Qualitätssicherung für Visualisierungen soziologischen Wissens verstanden werden.

Wenn die Soziologie im Sinne von Burawoy und Latour gesellschaftliche Herausforderungen oder ‚Dinge von Belang' öffentlich machen will, um Debatten darüber zu ermöglichen, dann sollte die Soziologie sich um visuelle Kompetenz bemühen. Das muss nicht bedeuten, dass im Soziologiestudium in Zukunft visuelle Gestaltung gelehrt wird. Allerdings wäre es durchaus angebracht, das Thema Visualisierung stärker im Curriculum (z. B. in Kursen zu wissenschaftlichem Arbeiten) zu verankern und Studierende im Verlauf des Studiums auf vielfältige Weise mit Visualisierungen experimentieren zu lassen.

Ein weiterer Baustein zur Förderung visueller Kompetenz sind Kooperationen mit gestaltenden Disziplinen (Beck 2013, S. 200). Diese Zusammenarbeit müsste aber darüber hinausgehen, einfach nur die eigenen Ergebnisse hübsch präsentieren zu können. Wenn Sozialwissenschaften und Design es schaffen, sich in Visualisierungsprojekten gleichberechtigt zu begegnen, dann können Visualisierungen entstehen, die selbst Beitrag zur Wissensproduktion öffentlicher Sozialwissenschaften werden (Beck 2013, S. 146).

4 Fazit: Die Frage ist nicht mehr *ob*, sondern *wie* Soziologie Visualisierungen nutzt

Einerseits erlebt das Bild in der Soziologie in letzter Zeit erhöhte Aufmerksamkeit. Sowohl als gesellschaftliches Phänomen als auch als interpretierbares Datum. Doch die Verwendung von Bildern in der soziologischen Wissenschaftskommunikation, also der eigenen visuellen Kultur, ist weiterhin ein Feld, in dem noch viel Forschungsbedarf besteht. Visualisierungen sind auch in der Soziologie nicht mehr die Ausnahme, sondern die Regel. Das bedeutet aber gleichzeitig, dass die Soziologie mit den eigenen Visualisierungen sehr behutsam umgehen sollte. Wie oben beschrieben, sind Visualisierungen auch Teil der Wissensproduktion und können damit eine zentrale Stellung im Forschungsprozess einnehmen. Visualisierung sollte nicht nur ‚Wissenstransfer' zum Ziel haben, sondern soziologische Arbeit so (re-)präsentieren, dass sie in unterschiedlichen gesellschaftlichen Gruppen sichtbar und anschlussfähig wird.

Literatur

Amann, Klaus, und Karin Knorr-Cetina. 1988. The fixation of (visual) evidence. *Human Studies* 11(2/3): 133–169.
Beck, Gerald. 2013. *Sichtbare Soziologie. Visualisierung Und Wissenschaftskommunikation in Der Zweiten Moderne*. Bielefeld: transcript.
Beck, Gerald, und Cordula Kropp. 2011. Infrastructures of risk: A mapping approach towards controversies on risks. *Journal of Risk Research* 14(1): 1–16.
Beck, Ulrich, et al. 1997a. *Reflexive Modernisierung. Eine Kontroverse*. Frankfurt a. M.: Suhrkamp.
Beck, Ulrich, et al. 1997b. *Eigenes Leben: Ausflüge in Die Unbekannte Gesellschaft, in Der Wir Leben*. München: C.H. Beck.
Beck, Ulrich, und Wolfgang Bonß. 1989. *Weder Sozialtechnologie noch Aufklärung? Analysen zur Verwendung sozialwissenschaftlichen Wissens*. Frankfurt a. M.: Suhrkamp.
Bolte, Karl Martin, Hrsg. 1967. *Deutsche Gesellschaft Im Wandel*. Opladen: Leske.
Bude, Heinz, et al., Hrsg. 2011. *Überleben Im Umbruch. Am Beispiel Wittenberge: Ansichten Einer Fragmentierten Gesellschaft*. Hamburg: Hamburger Edition.
Burawoy, Michael. 2005. For public sociology. 2004 presidential address. *American Sociological Review* 70:4–28.
Burri, Regula Valérie. 2008. *Doing Images: Zur Praxis Medizinischer Bilder*. Bielefeld: transcript.
Burri, Regula Valérie. 2009. Aktuelle Perspektiven Soziologischer Bildforschung. Zum Visual Turn in der Soziologie. *Soziologie* 38(1): 24–39.
Camic, Charles, et al., Hrsg. 2011. *Social knowledge in the making*. Chicago: The University of Chicago Press.
Daston, Lorraine, und Peter Galison. 2007. *Objektivität*. Frankfurt a. M.: Suhrkamp.
Guggenheim, Michael. 2015. The media of sociology: Tight or loose translations. *The British Journal of Sociology* 66(2): 345–372.
Harper, Douglas. 2012. *Visual sociology*. London: Routledge.
Haxeltine, Alex, et al. 2016. Transformative Social Innovation Theory. Transit Wp3 Deliverable D3.3 – „a Second Prototype of Tsi Theory".
Latour, Bruno. 1986. Visualisation and cognition: Drawing things together. *Knowledge and Society Studies in the Sociology of Culture Past and Present* 6:1–40.

Latour, Bruno. 1996. Der „pedologen-Faden" Von Boa Vista – Eine Photo-Philosophische Montage. In *Der Berliner Schlüssel: Erkundungen Eines Liebhabers Der Wissenschaften*, 191–249. Berlin: Akademie.

Latour, Bruno. 2007. *Eine Neue Soziologie Für Eine Neue Gesellschaft*. Frankfurt a. M.: Suhrkamp.

Latour, Bruno. 2009. Ein Vorsichtiger Prometheus? Einige Schritte hin zu einer Philosophie des Designs, unter besonderer Berücksichtigung Von Peter Sloterdijk. In *Die Vermessung des Ungeheuren: Philosophie Nach Peter Sloterdijk*, Hrsg. M. Jongen et al., 357–374. Paderborn: Fink (Wilhelm).

Latour, Bruno, und Peter Weibel, Hrsg. 2005. *Making things public: Atmospheres of democracy*. Cambridge, MA: MIT Press.

Lessenich, Stephan. 2016. Soziologische Phantasie, Gestern Und Heute. In *Charles Wright Mills: Soziologische Phantasie*, Hrsg. Stephan Lessenich, 7–21. Wiesbaden: Springer VS.

Mayer, Katja. 2011. Scientific images? How touching! *STI Studies* 7(1): 29–45.

Mills, C. Wright. 2016. *Soziologische Phantasie*. Wiesbaden: Springer VS.

Nowotny, Helga. 2004. Der Imaginierte Dialog Zwischen Wissenschaft Und Öffentlichkeit. Von Imaginierten Laien Zur Sozialen Robustheit Von Wissen. In *Imaginierte Laien. Die Macht Der Vorstellung in Wissenschaftlichen Expertisen*, Hrsg. Priska Gisler et al., 173–195. Weilerswist: Velbrueck.

Nowotny, Helga, et al. 2003. ‚Mode 2' revisited. The new production of knowledge. *Minerva* 41(3): 179–194.

Pauwels, Luc. 2008. An integrated model for conceptualising visual competence in scientific research and communication. *Visual Studies* 23(2): 147–161.

Raab, Jürgen. 2008. *Visuelle Wissenssoziologie*. Konstanz: UVK Univ.-Verl. Konstanz.

Star, Susan Leigh, und James R. Griesemer. 1989. Institutional ecology, ‚translations' and boundary objects: Amateurs and professionals in Berkeley's museum of vertebrate zoology, 1907–39. *Social Studies of Science* 19(3): 387–420.

Tufte, Edward R. 2006. *Beautiful evidence*. Cheshire: Graphics Press.

Tuma, René 2017. *Videoprofis im Alltag. Die kommunikative Vielfalt der Videoanalyse*. Wiesbaden: VS Verlag.

Venturini, Tommaso. 2010. Diving in Magma: How to explore controversies with actor-network theory. *Public Understanding of Science* 19(3): 258–273.

Venturini, Tommaso. 2012. Building on faults: How to represent controversies with digital methods. *Public Understanding of Science* 21(7): 796–812.

WBGU. 2013. *The great transformation. Climate – Can we beat the heat?* Berlin: WBGU.

Wilke, René. 2018. Das Interpretations-Bild. Über Repräsentation Audio-Visueller Forschungsdaten in Soziologischen Publikationen. In *Handbuch Qualitative Videoanalyse*, Hrsg. Christine Moritz und Michael Corsten, 485–500. Wiesbaden: Springer VS.

Yaneva, Albena. 2011. *Mapping controversies in architecture*. Burlington: Ashgate.

Teil VI
Doing Public Sociology

Öffentliche Soziologie: Marienthal, Wittenberge und gegenwärtige Konstellationen

Heinz Bude, Anna Eckert und Inga Haese

Inhalt

1 „Marienthal" als auktoriale Konstellation 340
2 „Wittenberge" als umstrittene Konstellation 343
3 „Neulandgewinner" in Ostdeutschland als emanzipative Konstellation 346
Literatur 348

Wir beschäftigen uns hier mit drei Beispielen öffentlicher Sozialforschung, die eine Gesellschaft am Nullpunkt, eine im Zustand des Auseinanderfallens und eine in der Wiederaufrichtung zeigen. Am Anfang steht die berühmte „Marienthal"-Studie aus den frühen 1930er-Jahren, die heute als Aufnahme einer Welt am Vorabend des Nationalsozialismus gelesen wird. Dann wird das „Wittenberge"-Projekt aus dem ersten Jahrzehnt des 21. Jahrhunderts herangezogen, das die ostdeutsche Gesellschaft im Zustand vollständiger Ernüchterung erfasst. Und schließlich wird über das seit 2013 laufende Projekt „Neulandgewinner" der Robert Bosch Stiftung berichtet, das eine Gesellschaft im Prozess der Neukonstitution verfolgt.

Es geht uns unter dem Aspekt der öffentlichen Soziologie um bestimmte Veränderungen im Verhältnis zwischen Forschenden, Beforschten und der jeweils adressierten Öffentlichkeit, das wir als auktorial, umstritten und emanzipativ kennzeichnen. „Marienthal" führt eine „müde Gemeinschaft" vor Augen, die vom Zustand der Arbeitslosigkeit beherrscht wird. Die Studie ist in der Soziologie zur Chiffre einer empirischen Sozialforschung geworden, die ihrem Gegenstand nah ist und ein kollektives soziales Schicksal fühlbar macht. „Wittenberge" erkundet

H. Bude (✉) · I. Haese
Universität Kassel, Kassel, Deutschland
E-Mail: bude@uni-kassel.de; haese@uni-kassel.de

A. Eckert
Thünen-Institut für Regionalentwicklung e.V., Kritzow, Deutschland
E-Mail: eckert@thuenen-institut.de

© Springer Fachmedien Wiesbaden GmbH, ein Teil von Springer Nature 2023
S. Selke et al. (Hrsg.), *Handbuch Öffentliche Soziologie*, Öffentliche Wissenschaft und gesellschaftlicher Wandel, https://doi.org/10.1007/978-3-658-16995-4_38

eine Gesellschaft, die im Zuge eines doppelten Systemwechsels von Sozialismus zu Kapitalismus und von einem industriellen zu einem postindustriellen Regime den Boden des Selbstverständlichen verloren hat und in der vorangehende, zurückgebliebene und übergangene Gruppen in einem kleinstädtischen Kosmos um Geltung kämpfen. In Wittenberge mussten sich die Sozialforscher:innen ihren Gegenstand allerdings erst erarbeiten, weil nicht von Anfang an klar war, was die Stadt bewegt. Schließlich stellen die auf dem Wege einer auffindenden Förderung zu Tage gebrachten „Neulandgewinner" sich selbst als Autor:innen eines eigenen Lebens in der ostdeutschen Teilgesellschaft dar. Bei den „Neulandgewinnern" trafen die soziologischen Beobachter:innen auf Menschen, die mit neuen Lebensformen in einer werdenden Gesellschaft experimentierten.

Es geht uns hier jeweils um den Blick, den die Forschenden auf die Beforschten werfen, wie diese auf jene zurückschauen und welche Rolle das öffentliche Publikum in der gesamten Konstellation spielt. Es ist wie beim Theater, wo die Regie annimmt, die Fäden in der Hand zu halten, sich dann aber zeigt, dass das Spiel auf der Bühne ganz eigenen Regeln der Anziehung und Abstoßung folgt – und dass das Publikum von Anfang an Teil der Aufführung ist.

Man darf freilich nicht vergessen, dass zahlreiche soziologische Untersuchungen Auftragsforschungen sind. Allein schon deshalb, weil die Mittel für die Forschung von irgendwem zur Verfügung gestellt werden müssen. Die Aufträge werden nicht unbedingt von privaten Unternehmen erteilt, sondern vielfach von politischen Parteien, gemeinwohlverpflichteten Stiftungen, öffentlichen Verwaltungen, Ministerien, Verbänden oder privaten Mäzenen. Die Auftraggeber:innen legen erstens die für sie relevanten Themen fest; sie nehmen zweitens Einfluss darauf, wie sich die Forschung ihrem Gegenstand nähern soll; und sie bestimmen drittens auch, in welche Öffentlichkeiten und auf welche Weise die Forschung über ihre Forschungsergebnisse Bericht erstattet.

1 „Marienthal" als auktoriale Konstellation

Im Fall von Marienthal bildet Wien um das Jahr 1930 den Ausgangspunkt der erstaunlichen Studie „Die Arbeitslosen von Marienthal. Ein soziographischer Versuch über die Wirkungen langandauernder Arbeitslosigkeit". Die Autor:innen Marie Jahoda (1907–2001), Paul Felix Lazarsfeld (1901–1976) und Hans Zeisel (1905–1992) waren mit Charlotte und Karl Bühler am Psychologischen Institut der dortigen Universität assoziiert. Die Untersuchung stieß Otto Bauer an, Begründer des Austromarxismus und eine zentrale Figur der österreichischen Sozialdemokratie. Er nannte Lazarsfeld nicht nur das Thema – geplant war ursprünglich eine Forschung zum Freizeitzuwachs der Arbeiter:innen – sondern auch das Forschungsfeld vor den Toren Wiens. Das Budget stellte sodann die Arbeiterkammer für Wien und Niederösterreich sowie die US-amerikanische Rockefeller Stiftung zur Verfügung, deren Gelder für Österreich die Bühlers verwalteten (Kurz 2016, S. 116–119; Jahoda et al. 1975, S. 9–12, 143). Damit war der politische Auftrag der Untersuchung von Anfang an klar.

Lazarsfeld war in Mathematik promoviert worden und verfügte über einschlägige Kenntnisse und Fertigkeiten in der Statistik. Er gründete 1930 die Wirtschaftspsychologische Forschungsstelle und übernahm als Dreißigjähriger die Leitung der Forschungen in Marienthal. Marie Jahoda hatte ihr Studium der Psychologie 1926 begonnen und promovierte zu dieser Zeit bei Charlotte Bühler. Jahoda war es, die die Forschungsergebnisse nach gemeinsamen Diskussionen verschriftlichte. Sie wurde später vielfach als Soziologin bezeichnet, verstand sich selbst jedoch als Sozialpsychologin (Fleck 1998, S. 258–264). Hans Zeisel war Jurist und Staatswissenschaftler, er war hauptsächlich für die fotografische Dokumentation in Marienthal sowie den Anhang der Studie zuständig (AGSO 2021). Die Forschenden teilten im Übrigen neben der institutionellen Anbindung auch die politische Sozialisation. Lazarsfeld und Jahoda waren bereits als Jugendliche in sozialistischen Gruppen aktiv und später Mitglieder der Sozialdemokratischen Arbeiterpartei Österreichs, Zeisel schrieb für eine Arbeiterzeitung.

Marienthal, ein südöstlich von Wien gelegener Ortsteil von Gramatneusiedl, galt als arbeiterliche Mustersiedlung. Die 1500 Einwohner:innen verfügten über eine Arbeiterbühne, Sportvereine, ein Fabrikgasthaus, ein Fabrikkrankenhaus, eine Badeanstalt und einen Montessori-Kindergarten. Der Zusammenbruch der ansässigen Textilindustrie betraf drei Viertel der Haushalte, die mit einem Mal aus der Welt gefallen waren (Jahoda et al. 1975, S. 39). Zwar gab es eine dürftige Arbeitslosenversicherung, aber schnell herrschte Not, nicht nur psychische, sondern regelrechte Hungersnot.

Die Forschungsgruppe kombinierte Methoden von Befragung, Beobachtung und Statistik mit Beziehungs- und Stilanalysen der Entwicklungspsychologin Charlotte Bühler.[1] Die Soziografie[2] beinhaltete die Notwendigkeit, theoretische Überlegungen und systematische, empirische Beobachtungen zu verbinden. Sie verknüpfte Daten aus „natürlichen Quellen", wie die Notationen der Bibliotheksbesuche, die Buchhaltung des Konsumvereins und die Aufzeichnungen über die Wahlbeteiligung, mit erhobenen Daten, etwa der Messung der Gehgeschwindigkeit, und deuteten diese im Zusammenhang mit der einfühlenden Beschreibung von Einzelfällen. Durch die Untersuchung wissen wir, dass die Theatervereinigung zerfiel, sich der Kindergarten auflöste und der öffentliche Park verwahrloste. Wir wissen von der allgemeinen Verlangsamung, der Schrumpfung des Lebensraums und wie sich eine Atmosphäre der Hoffnungslosigkeit in dem Fabrikdorf am Fluss ausbreitete.

Die Ergebnisse trug ein Team von mitunter 15 bis 17 Personen zusammen, das Basismaterial erhob Lotte Danziger im Winter 1931/32 in einer sechswöchigen Feldforschung. Die gesamte Feldphase umfasste sechs Monate. Dabei boten die Forscher:innen Nähkurse an und übernahmen Aufgaben in Erziehungs- und medizinischer Beratung. Man war also vor Ort präsent, aber man versuchte sich trotzdem

---

[1] Christian Fleck vermutet, dass sich Lazarsfeld auch durch die amerikanische Middletown-Studie beeinflussen ließ (Fleck 1998, S. 270).
[2] Der Begriff geht auf Ferdinand Tönnies zurück, der ihn von dem niederländischen Soziologen Rudolf Steinmetz übernommen hatte.

bedeckt zu halten. Zugespitzt könnte man sagen, die Sozialforschung wurde als Sozialarbeit kaschiert – so jedenfalls die Deutung von Reinhard Müller (ORF 2021). Die Forschenden „hielten es für unmöglich, diese Menschen, denen die Arbeitslosigkeit eine derartig unmittelbare und schreckliche Erfahrung bedeutete, wissen zu lassen, dass ihr Elend den Gegenstand unserer Untersuchung bilden sollte", sagte Jahoda rückblickend (1994, S. 262). Hier wird eine asymmetrische Haltung zwischen Forschenden und Beforschten mit sozialmoralischer Rücksichtnahme gerechtfertigt. Das ändert aber nichts an der auktorialen Form der Wissenserzeugung, die ein Interesse an einem Austausch mit den Beforschten auf Augenhöhe nicht kannte.

Welche Öffentlichkeit aber suchten die Forschenden und welche erreichten sie? Das Schockerlebnis massenhafter Entlassungen führte nicht, so das zentrale Ergebnis der Studie, zu rebellischem Aufruhr, sondern hinterließ eine „müde Gemeinschaft". Die Soziografie führte also den Nachweis, dass langanhaltende Arbeitslosigkeit das Proletariat pulverisiert (Jahoda 1980, S. 55, Jahoda 1997, S. 112). Dieses Ergebnis musste die Erwartugnen sozialistischer Politiker:innen sowie der Auftraggeber enttäuschen (Kurz 2016, S. 119), war aber so schlagend, dass man die Augen davor nicht verschließen konnte. Für die Forschenden erklärte dieser Befund die Enttäuschung ihrer Hoffnungen auf eine neue sozialistische Zeit im Gefolge der russischen Oktoberrevolution. Lazarsfeld erinnerte sich später an ein damaliges Bonmot, dass die heraufziehende Revolution vor allem Nationalökonomen brauche, dass die siegreiche Revolution sich auf Ingenieure stütze und dass die verlorene Revolution aus den jungen gläubigen Marxisten Sozialpsychologen gemacht habe (Jahoda et al. 1975, S. 13).

Eine breite öffentliche Wirkung war der Studie zur Zeit ihrer Veröffentlichung jedoch verwehrt. Jahoda, Lazarsfeld und Zeisel waren keine bekannten Wissenschaftler:innen. Auf der Erstausgabe stand die Wirtschaftspsychologische Forschungsstelle als Herausgeberin, die Namen Jahoda und Zeisel galten dem Verlag als zu jüdisch. Zwar waren sie Intellektuelle im Sinne Daniel Bells als „someone who understands something of the details of politics, and is interested in its everyday working" (Bell zit. n. Neun 2014, S. 18), ihnen fehlte jedoch die Deutungsmacht, die ihrer Stimme in der Zeit extremistischer Zuspitzung Gehör verschafft hätte.

Heute gilt die Studie als Klassiker der empirischen Sozialforschung. Gründe dafür sind das Thema Arbeitslosigkeit, der Methodenmix und der bis heute gut verständliche, reportagenhafte Stil Jahodas (Fleck 1998, S. 258). Der Erfolg setzte freilich erst mit den deutschen Neuauflagen 1960 und 1975 sowie der amerikanischen 1971 bzw. englischen Ausgabe 1972 ein. Eine steigende Arbeitslosigkeit in den 1970er- und 80er-Jahren brachte die Untersuchung zurück auf die Agenda. Die Studie wurde ein Longseller,[3] Gegenstand von Seminaren und Lexikoneinträgen der Soziologie, Psychologie, Sozialen Arbeit und der Kulturanthropologie. In unterschiedlichen Ländern fanden Folgestudien nach ähnlichem Design statt.

---

[3] Von der violetten Suhrkamp-Ausgabe wurden seit 1975 immerhin 66000 Exemplare verkauft (Auskunft Suhrkamp Feb. 2021).

Es ist für den Gegenstand bezeichnend, dass wir heute eine Studie in den Gründungskanon öffentlicher Soziologie aufnehmen, deren Autor:innen weder ein soziologisches Selbstverständnis hatten, noch den öffentlichen Diskurs zur Zeit ihrer Publikation prägen konnten. Weil dieser judenfeindlich, nationalsozialistisch und anti-sozialdemokratisch war, erlangte die Studie erst nach dem Fall des faschistischen Europas öffentliche Aufmerksamkeit und konnte trotz ihrer wenig erhebenden Botschaft posthum zu dem richtungsweisenden Werk werden, das seinen Weg an jede deutschsprachige Hochschule fand. Ausgehend von dieser ersten großen Studie entwickelte insbesondere Lazarsfeld ab 1933 in den Vereinigten Staaten die Grundlagen für die empirische Massenkommunikations- und Wahlforschung und Jahoda widmete sich immer wieder dem Thema Arbeitslosigkeit und ihren sozialpsychologischen Folgen.

2 „Wittenberge" als umstrittene Konstellation

Im Jahr 2007 startete das Forschungsprojekt „Social Capital – ÜberLeben im Umbruch europäischer Gesellschaften", beauftragt vom Bundesministerium für Bildung und Forschung.[4] Das spezielle Förderungsprogramm des Ministeriums sah Wissenschaft im gesellschaftlichen Dialog vor. Nach der „Vereinigungskrise" (Jürgen Kocka) Mitte der 1990er-Jahre erhob sich die Frage, was für eine Gesellschaft sich im Osten Deutschlands herausgebildet hatte. Die zwischen Berlin und Hamburg an der neu gebauten ICE-Trasse gelegene Kleinstadt Wittenberge schien als deindustrialisierter, geschrumpfter Ort paradigmatisch für die Transformationsgesellschaft jenseits der sozialistischen Industriemoderne (Land 2003). Ethnolog:innen und Soziolog:innen verlegten ihren Lebensmittelpunkt nach Wittenberge, Theaterautor:innen und Performancekünstler:innen kamen zu lebensnahen Recherchen in die Stadt. Ganz im Gegensatz zu den Forscher:innen von Marienthal machten sich die Forscher:innen von Wittenberge gezielt sichtbar: Das Forschungsprojekt bezog ein Büro mitten in der Stadt, stellte eine ortsansässige Bürokraft ein und ließ sich durch eine offene Tür und gardinenlose Fenster beim Forschen über die Schulter schauen. Die teilnehmenden Beobachtungen von bis zu 15 Wissenschaftler:innen und verschiedenen Gastwissenschaftler:innen umfassten das gesamte öffentliche Leben: von der Lebensmitteltafel über Vereinssitzungen, Gottesdiensten oder Public-Viewings, von Sportereignissen bis hin zu Stadtverordneten- und Ausschussversammlungen der Bürger:innenschaft.[5] Forschende suchten den

---

[4] Nachzulesen sind Erkenntnisse des Wittenberge-Projekts in drei Sammelbänden sowie drei Monographien (Bude et al. 2011; Thomas 2011; Willisch 2012; Scholl 2015; Haese 2016; Eckert 2018). Außerdem gab es einen Dokumentarfilm über das Projekt von Johanna Malchow, diverse Radio-Features und begleitende Zeitungsberichte, drei wissenschaftliche Tagungen und eine Tagung mit Akteur:innen der Stadt Pirmasens.

[5] Im Forschungsverbund gab es fünf wissenschaftliche Teilprojekte, vier Theaterautor:innen im Umfeld des Maxim Gorki Theaters Berlin sowie freischaffende Performance- und Künstler:innengruppen.

Dialog mit dem Bürgermeister, dem Pfarrer und wichtigen lokalen Unternehmer:innen. Das Forschungsprojekt wurde von Beginn an als ein Akteur in der städtischen Öffentlichkeit wahrgenommen und wollte durchaus als solcher gelten. Man wollte eine öffentliche Wissenschaft praktizieren, die eine Debatte nicht nur über, sondern mit den Leuten sucht.[6] Diese partizipative Haltung gilt inzwischen als Idealbild eines „gemeinsamen Forschens" (z. B. Helfrich und Euler 2017). Forschung im Dialog will den Gegenstand selbst als interpretative Hervorbringung von Forscher:innen und Beforschten verstehen.

Die Bereitschaft der Wittenberger:innen war im Einzelnen groß, den Wissenschaftler:innen ihre Lebenswelten zu öffnen und sie teilhaben zu lassen, doch die öffentliche Antwort von Lokalpresse und Bürgermeisteramt war skeptisch bis ablehnend. Die ablehnende Haltung trat insbesondere im Gefolge einer überregionalen Berichterstattung über die Forschungsaktivitäten offen zu Tage. Anstatt auf den angebotenen Dialog mit den Forscher:innen einzugehen, beäugte die lokale Öffentlichkeit den Forschungsverbund. Es ging mit einem Mal nicht mehr ums gemeinsame Verstehen, sondern um die ungleich verteilte Macht zur Interpretation. Forschung, Kunst und Theater wurden als Repräsentant:innen einer fremden, durch staatliche Mittel alimentierten Macht hinterfragt. Die strukturelle Ungerechtigkeit der öffentlichen Mittelverteilung und die Chancenungleichheit zwischen Ost- und Westdeutschland schienen sich für die lokale Öffentlichkeit in der Vorstellung zu verdichten, das Forschungsprojekt mache die ohnehin Strauchelnden im Osten mit Geldern der Allgemeinheit zu Objekten des voyeuristischen Elendstourismus – so ließ sich die Haltung von Journalist:innen der Lokalzeitung zusammenfassen. Die Finanzierung aus Mitteln eines Bundesministeriums erwies sich als Gipfel der Provokation für Zeitung und Bürger:innenschaft: Die Fördersumme von 1,5 Millionen Euro solle doch besser in die Wirtschaftsförderung gehen als für eine überflüssige Forschung verschwendet zu werden.

Das Vorhaben, den Beforschten ihre eigenen Erzählungen in Form von Aufführungen und Installationen widerzuspiegeln, wurde im Laufe der Forschung nicht nur irritiert, sondern umgekehrt: In dem Moment, in dem der Forschungsverbund eine soziale Fragmentierung der deindustrialisierten Stadt konstatierte – was in einem ausführlichen Beitrag für das ZEIT-Magazin (Nr. 10/2010) mit glänzenden Bildern ästhetisiert wurde – regte sich in Wittenberge ein rebellisches „Wir", das sich in Form eines offenen Briefes aus der Feder unterschiedlicher städtischer Akteur:innen an „das Projekt" wendete und für alle Wittenberger:innen zu sprechen vorgab. Mehr noch, nach dem Erscheinen des ZEIT-Magazins taten sich Wittenberger:innen zusammen und riefen zu einer öffentlichen Demonstration „gegen das Projekt" auf. „Die Stadt wurde gleichzeitig zum Objekt, Akteur und Publikum seiner Beschreibung" (Dietzsch 2011, S. 204). Die Subjektwerdung des Forschungsfeldes durch Protest entpuppte sich als nicht-intendierte Folge eines dialogisch angesetzten

---

[6]Neben der Methode der teilnehmenden Beobachtung wurden in den Forschungsprojekten Interviews mit Bewohner:innen und städtischen Akteur:innen geführt – und schließlich von Theaterschaffenden szenisch bearbeitet.

Forschungsvorhabens. In Gayatri Chakravorty Spivaks (2008) Worten: Die Subalternen konnten durchaus sprechen. Und zwar von sich aus und gegen die Anderen.

Als das Andere und Fremde in der städtischen Öffentlichkeit verlor „das Projekt" seine dialogische Naivität. Den Forschenden wurde von den Beforschten entgegengehalten, dass unter dem Deckmantel des gemeinsamen Verstehens ein Kampf um Interpretationshoheiten ausgefochten wurde. Auch die Forschung, die so tut, als würde sie *mit* den Beforschten und nicht *über* sie reden, wurde durch die Anrufung einer Öffentlichkeit durch die Beforschten zur Reflexion ihrer eigenen Position gezwungen. Sozialwissenschaftliche Forschung ist eine Praxis, die jenseits des Labors, wie auch jede andere soziale Praxis, nicht mehr nach den Regeln der Forschung funktioniert. Das heißt nicht, dass sie nichts Wissenswertes zu Tage fördert – nur kann dieses Wissen selbst wieder bestritten und als das Wissen der Anderen abgelehnt werden.

Insgesamt lässt sich festhalten, dass aus der dialogischen Konstellation zwischen Forschenden und Beforschten in Wittenberge eine öffentliche Soziologie entstanden ist, die diverse Publika bedient: Erstens gab es die dezidierte, aber kontroverse lokale Berichterstattung über das Forschungsprojekt und seine Forschungsbotschaften. Zweitens gab es eine überregionale Öffentlichkeit, die etwa durch das ZEIT-Magazin, aber auch durch Radiofeatures und andere Beiträge über das Projekt informiert wurde. Und drittens gab es eine stadtbürgerliche Öffentlichkeit, welche das Forschungsprojekt durch Veranstaltungen vor Ort direkt ansprach.

Eine Etappe im Kampf der Interpretationen bildete eine Ansprache des Projektleiters bei einer Veranstaltung in der örtlichen Kirche. Er bot dem Publikum die Interpretation eines definitiven Endes der Wende und des Beginns einer Zeit jenseits des gemeinsamen Schicksals an: Nach den Forschungen des „Projekts" hätten die Leute von Wittenberge sowohl die Enttäuschung ihrer großen Erwartungen als auch das lange Warten auf eine andere Lösung hinter sich gelassen. Man mache Inventur und richte sich auf eine ungewisse Zukunft ohne industriellen Kern und ohne volkssolidarischen Rahmen ein. Er diagnostizierte eine fragmentierte Gesellschaft und einen Unmut mit dem System wohlfahrtsstaatlicher Verliererabfindungen.

Diese Botschaft stieß auf ein geteiltes Echo: Es gab den Pfarrer als Sprecher eines anderen Aufbruchs, der endlich mit den renaturierten Baulücken und dem Leerstand leben und nach Maßgabe einer ökologischen Ökonomie neu beginnen wollte. Es gab aber auch eine Gruppe von „neuen Selbstständigen" und „alten Kadern" um den Bürgermeister, die an dem Projekt eines großgewerblichen Standorts an der Elbe festhalten wollten und schließlich die Protagonist:innen eines flexiblen Berufspendlertums nach Hamburg und Berlin sowie der Beschäftigten beim großen Ausbesserungswerk der Deutschen Bahn, die sich alle längst auf eine subjektive Lebensführung des sukzessiven Statuserwerbs eingestellt hatten – und nicht zu vergessen die Virtuosen des prekären Überlebens, die nach wie vor auf ihre lebenspraktische Cleverness vertrauten. Das „Forschungsprojekt" konnte diese verschiedenen Gruppen identifizieren, aber keine zusammenführende Übersetzung zustande bringen.

Welche Erregung die öffentliche Wissenschaft auch ein Jahr nach Ende des Projektes noch in der Stadt hervorrief, konnten Studierende einer Hochschule erleben, die von einer der Wissenschaftlerinnen bei einer Exkursion durch den Ort geführt wurden. Der Vorsitzende des örtlichen Wirtschaftsverbandes baute sich vor der Gruppe auf und machte seinem Ärger Luft, wie schlimm „das Forschungsprojekt" für das Ansehen der Stadt gewesen sei und wozu jetzt wieder der wissenschaftliche Nachwuchs in die Stadt gekarrt würde. Der beforschte Gegenstand hat also ein Gedächtnis. Er beobachtet während der Forschung nicht nur zurück, er zieht im Nachhinein noch zur Rechenschaft und macht Forschung dadurch zu einer politischen Angelegenheit. Rückblickend brachte das „Wittenberge"-Projekt die spezifischen Transformationsbedingungen in Kleinstädten und Forschungen in „Ordinary Cities" (Robinson 2006) zurück aufs Tableau.

3 „Neulandgewinner" in Ostdeutschland als emanzipative Konstellation

Die dritte Studie, die wir als Beispiel öffentlicher Wissenschaft heranziehen, ist eine Evaluation. Ausgangspunkt war der Wunsch der Robert Bosch Stiftung, ihr Förderprogramm „Neulandgewinner" wissenschaftlich begleiten und bewerten zu lassen. Durch das Programm förderten die Robert Bosch Stiftung und das Thünen-Institut für Regionalentwicklung ab 2013 rund 100 Personen und ihre Teams, die in entlegenen, ländlichen Räumen Ostdeutschlands ihre auf Teilhabe und Gemeinwohl bezogenen Ideen umsetzen (Frech et al. 2017). Ein kleines Team wertete Anträge aus, erhob Interviews und beobachtete in Projekten vor Ort.

Die Forschungsfrage bezog sich auf die Wirkung, die das Förderprogramm auf die Neulandgewinner:innen sowie deren gesellschaftliches Umfeld hatte. Es zeigte sich ein eigenes Milieu kreativer, selbsttätiger, innovativer und gemeinwohlorientierter Akteur:innen, die sich untereinander vernetzt haben und sich gegenseitig unterstützen (Bude et al. 2020, S. 260–267; Frech et al. 2017). Mit eigenen Festivals, einem Verein, überregionalen Werkstätten und sogar einer Zeitschrift haben sich diese zivilgesellschaftlichen Akteur:innen einen Resonanzraum geschaffen, der einer Beforschung wie in Wittenberge gar nicht mehr bedarf. Denn sie schaffen all das, was sich eine „Wissenschaft im Dialog" vorgenommen hat, auch allein: In der Konstitution ihres eigenen Artikulationsraumes sorgen Neulandgewinner:innen für ihre Autonomieerfahrung selbst. Sie machen Nicht-Sichtbares sichtbar, wie Jahoda 1986 das Ziel der Sozialwissenschaften formulierte (Jahoda zit. n. Fleck 1998, S. 279), und sie machen sich für sich selbst erkennbar. Dazu brauchen sie keine Soziolog:innen – sie suchen von sich aus nach Bündnispartner:innen, gleichen ihre Selbstdarstellungen mit den Profilen von Geldgeber:innen ab, entwerfen Kommunikationsstrategien und stellen sich dabei die soziologischen Fragen selbst.

Beispielhaft für diese Einsicht ist der Besuch bei einem Kollektiv um eine Neulandgewinnerin. Dieses Projekt baut als Verein Obst und Gemüse auf einem ehemaligen Biobauernhof an und vertreibt diese Lebensmittel in der Region. Das Evaluationsteam wird ohne jeden Vorbehalt empfangen. Man freut sich offensichtlich auf die Gespräche, weil man sich davon einen Gewinn für die eigene Selbstverständigung und Projektbewerbung verspricht. Man kann darin die geradezu umgekehrte Haltung wie in Wittenberge erkennen. Man hofft weder auf die Hebammenkünste einer dialogischen Forschung noch fürchtet man eine Enteignung ihres lokalen Wissens. Die Beforschten erklären vielmehr ihre selbstgewählten Begriffe, ihre theoretischen Hintergründe, sie demonstrieren bereitwillig ihre Praktiken, und all das geschieht im Rahmen von Erklärungen, Darstellungen und Rechtfertigungen, bei der die Forscher:innen mehr oder minder zu Zuschauer:innen gemacht werden. Das sei aber eine schöne Formulierung, wird auf eine Deutung aus der Evaluationsgruppe erwidert, mit der man etwas anfangen könne. Die Evaluierenden, die das Projekt im Sinne der fördernden Stiftung bewerten sollen, werden zu Zeugen einer Selbstbewertung nach den Maßstäben, denen sich die Geförderten selbst unterwerfen, und nicht umgekehrt.

Wenn das „Schicksal der Soziologie" nach Michael Burawoy (2017) „in den Händen der Zivilgesellschaft" liegt, dann haben wir es bei solchen Projekten wie den „Neulandgewinnern" zugespitzt mit einer praktisch gewordenen öffentlichen Soziologie zu tun, die die soziologische Übersetzungsleistung selbst bewerkstelligt. Diese Akteur:innen produzieren ihr eigenes, soziologisches Wissen und die akademischen Soziolog:innen autorisieren dieses Wissen nicht mehr, sondern werden im besten Fall dazu eingeladen, der Autorisierung dieses Wissens beizuwohnen.

Hatten Ulrich Beck und Wolfgang Bonß in dem DFG Schwerpunktprogramm „Verwendung sozialwissenschaftlicher Ergebnisse" Mitte der 1980er-Jahre noch das Verschwinden des soziologischen Wissens im Alltagsdiskurs der Leute als Kriterium seiner erfolgreichen Verwendung „jenseits von Sozialtechnologie und Aufklärung" (Beck und Bonß 1994) angesehen, so haben wir es hier mit seiner Wiederkehr als Mittel der Selbstreflexion, der Werbung und als Medium der Milieubefestigung zu tun. Wir finden nämlich in Ostdeutschland heute einen ganz anderen Resonanzraum als noch 2007 vor. Die Akteur:innen in Ostdeutschland lassen sich nicht nur *nicht mehr* beobachten, sie haben sich eigene Artikulationsräume geschaffen und beanspruchen eine Emanzipation von der Fremdautorisierung, etwa durch Stiftungen aus dem Westen.

Für eine öffentliche Soziologie, die nicht einfach nur Zuschauerin ihrer eignen Inanspruchnahme sein will, ergibt sich daraus die Frage, wie sie ihre Identität durch Differenz zu ihrer Veralltäglichung behaupten kann. Die Milieubildung der transformativen „Neulandgewinner" hat sich selbst wiederum in Abgrenzung zu ihrem identitären Gegenmilieu stabilisiert. Von außen gesehen stellt sich die ostdeutsche Zivilgesellschaft als gespalten zwischen einer weltoffen-pluralistischen und einer territorial-kommunitaristischen Fraktion dar, aber vereint in der Reklamierung einer eigenen ostdeutschen Erfahrungsweise. In der klaren Kante gegen rechts steckt gleichwohl das Problem, wie man die Entstehung eines „Aufruhrs von rechts" in der ostdeutschen Teilgesellschaft verstehen soll. Eine öffentliche Soziologie, die sich als Stichwortgeberin für Prozesse der gesellschaftlichen Selbstverständigung verstehen will, kann sich von keiner dieser beiden Parteien in Anspruch nehmen lassen. Sie muss mit den Leuten über den Grund dieses Streits ins Gespräch kommen und sich mit ihren stellvertretenden Deutungen als eine Stimme in der vielstimmigen Öffentlichkeit zu Gehör bringen.

Fazit

Wir haben anhand von drei Beispielen Konstellationen öffentlicher Soziologie beschrieben: vom auktorialen Beforschtwerden über das eigensinnige Eingreifen in den Prozess des öffentlichen Beforschtwerdens bis hin zur Erzeugung einer eigenen Öffentlichkeit durch die Beforschten. Die verdeckte Forschung der Sozialpsycholog:innen in Marienthal brachte bahnbrechende Erkenntnisse, die bis heute eine wissenschaftliche Öffentlichkeit begeistern, aber an ihrer bevormundenden Haltung kranken. Der öffentliche Dialog in Wittenberge brachte über einen Streit der Interpretationen zwischen Beforschten und Forschenden eine Kontroverse in Gang und erzeugte ein Echo in vielfältigen Medien, gerade weil die Beforschten dem Blick der Forschenden eine andere Perspektive entgegensetzten. Die Beobachteten erwirkten eine Reziprozität des Betrachtens, allerdings ohne die Möglichkeit, der wissenschaftlichen Wirkmächtigkeit auf gleicher Ebene entgegenzutreten. In der dritten Konstellation schließlich sind die Beforschten emanzipiert. Diese Konstellation weist auf eine aktuelle Problematik öffentlicher Soziologie hin, die sich nicht auf eine geklärte Position der Wissenschaft in der spätmodernen Gesellschaft berufen kann, sondern den Nachteil und den Nutzen ihrer Wissenschaftlichkeit unter öffentlicher Beobachtung selbst unter Beweis stellen muss.

Literatur

AGSO. 2021. http://agso.uni-graz.at/marienthal/studie/00.htm#genese. Zugegriffen am 23.02.2021.

Aulenbacher, Brigitte, Michael Burawoy, Klaus Dörre, und Johanna Sittel. 2017. Zur Einführung: Soziologie und Öffentlichkeit im Krisendiskurs. In *Öffentliche Soziologie. Wissenschaft im Dialog mit der Gesellschaft*, Hrsg. Brigitte Aulenbacher, Michael Burawoy, Klaus Dörre und Johanna Sittel, 11–30. Frankfurt a. M.: Suhrkamp.

Beck, Ulrich, und Wolfgang Bonß, Hrsg. 1994. *Weder Sozialtechnologie noch Aufklärung? Analysen zur Verwendung sozialwissenschaftlichen Wissens*. Frankfurt a. M.: Suhrkamp.

Bude, Heinz, Thomas Medicus, und Andreas Willisch, Hrsg. 2011. *ÜberLeben im Umbruch. Am Beispiel Wittenberge: Ansichten einer fragmentierten Gesellschaft*. Hamburg: Hamburger Edition.

Bude, Heinz, Anna Eckert, und Inga Haese. 2020. Verlorener Boden, gewonnenes Land. Zivilgesellschaftliche Rekonstruktionen in Ostdeutschland. In *Jahrbuch Deutsche Einheit 2020*, Hrsg. Marcus Böick, Konstantin Goschler und Ralph Jessen, 251–270. Berlin: Ch. Links.

Burawoy, Michael. 2017. Die Zukunft der Soziologie. In *Öffentliche Soziologie. Wissenschaft im Dialog mit der Gesellschaft*, Hrsg. Brigitte Aulenbacher, Michael Burawoy, Klaus Dörre und Johanna Sittel, 99–112. Frankfurt a. M.: Suhrkamp.

Dietzsch, Ina. 2011. Öffentliche Wissenschaft. In *ÜberLeben im Umbruch. Am Beispiel Wittenberge: Ansichten einer fragmentierten Gesellschaft*, Hrsg. Heinz Bude, Thomas Medicus und Andreas Willisch, 198–206. Hamburg: Hamburger Edition.

Eckert, Anna. 2018. *Respektabler Alltag. Eine Ethnographie von Erwerbslosigkeit*. Berlin: Panama.

Fleck, Christian. 1998. Marie Jahoda. Lebensnähe der Forschung und Anwendung in der wirklichen Welt. In *Frauen in der Soziologie*, Hrsg. Claudia Honegger und Theresa Wobbe, 258–285. München: C.H. Beck.

Frech, Siri, Babette Scurell, und Andreas Willisch. 2017. *Neuland gewinnen. Die Zukunft in Ostdeutschland gestalten*. Berlin: Ch. Links.

Haese, Inga. 2016. *Stadt und Charisma: Eine akteurszentrierte Studie in Zeiten der Schrumpfung*. Wiesbaden: VS Verlag für Sozialwissenschaften.

Helfrich, Silke, und Johannes Euler. 2017. Vom mit und für zum durch: Zum Verhältnis vom Forschen und Beforschtwerden sowie zur Erforschung von Commons. In *Öffentliche Soziologie. Wissenschaft im Dialog mit der Gesellschaft*, Hrsg. Brigitte Aulenbacher, Michael Burawoy, Klaus Dörre und Johanna Sittel, 146–164. Frankfurt a. M.: Suhrkamp.

Jahoda, Marie. 1980. *Psychische Auswirkungen der Arbeitslosigkeit*. In Sozialwissenschaftliche Informationen für Unterricht und Studium. Jg. 9(2): 54–60. Stuttgart: Ernst Klett.

Jahoda, Marie. 1994. *Sozialpsychologie der Politik und Kultur*. Ausgewählte Schriften. Hrsg. v. Christian Fleck. Graz/Wien: Nausner & Nausner.

Jahoda, Marie. 1997. ‚Ich habe die Welt nicht verändert'. *Lebenserinnerungen einer Pionierin der Sozialforschung* (Hrsg. Steffani Engler und Brigitte Hasenjürgens, 101–169). Frankfurt a. M./ New York: Campus.

Jahoda, Marie, Paul Lazarsfeld, und Hans Zeisel. 1975 [1933]. *Die Arbeitslosen von Marienthal. Ein soziographischer Versuch*. Frankfurt a. M.: Suhrkamp.

Kocka, Jürgen. 1995. *Vereinigungskrise. Zur Geschichte der Gegenwart*. Göttingen: Vandenhoeck & Ruprecht.

Kurz, Karin. 2016. Marie Lazarsfeld-Jahoda/Hans Zeisel: Die Arbeitslosen von Marienthal. Ein soziographischer Versuch über die Wirkungen langdauernder Arbeitslosigkeit. Mit einem Anhang zur Geschichte der Soziographie. In *Klassiker der Sozialwissenschaften*, Hrsg. Samuel Salzborn, 116–120. Wiesbaden: Springer VS.

Land, Rainer. 2003. Ostdeutschland – fragmentierte Entwicklung. *Berliner Debatte Initial* 14(6): 76–95.

Müller, Reinhard. 2008. *Marienthal: das Dorf – die Arbeitslosen – die Studie*. Innsbruck: Studien Verlag.

Neun, Oliver. 2014. *Daniel Bell und der Kreis der „New York Intellectuals". Frühe amerikanische öffentliche Soziologie*. Wiesbaden: Springer VS.

ORF. 2021. https://oe1.orf.at/pdf/04_Fragen_und_Antworten.pdf. Zugegriffen am 18.02.2021.

Robinson, Jennifer. 2006. *Ordinary Cities. Between modernity and development*. London: Routledge.

Scholl, Dominik. 2015. *Arbeit anders denken. Ethnografische Perspektiven auf Narrative der Arbeit*. Berlin: Panama.

Spivak, Gayatri Chakravorty. 2008. *Can the Subaltern Speak? Postkolonialität und subalterne Artikulation*. Berlin/Wien: Turia + Kant.

Thomas, Michael, Hrsg. 2011. *Transformation moderner Gesellschaften und Überleben in alten Regionen. Debatten und Deutungen*. Münster: LIT.

Willisch, Andreas, Hrsg. 2012. *Wittenberge ist überall. Überleben in schrumpfenden Regionen*. Berlin: Ch. Links.

Öffentliche Soziologie und gesellschaftliches „Soziologisieren"

Thomas Scheffer und Robert Schmidt

Inhalt

1	Einleitung	351
2	Publikumswirksame Soziologie und allgemeines Soziologisieren	352
3	Soziologisieren: eine Begriffsbestimmung	354
4	Konflikte als Einsatzbereiche der *Public Sociology*	355
5	Ausblick: Gesellschaftliches Soziologisieren und die Fortbildung soziologischer Kapazitäten	360
Literatur		361

1   Einleitung

Ob die SchülerInnen von „Fridays4Future", die „Gelbwesten" an den französischen Autobahnen, die FriedensaktivistInnen in der Türkei, die HausbesetzerInnen in den Metropolen – sie alle führen politische Kämpfe und üben sich dabei im Soziologisieren. Die Bewegungen führen vor, wie sich Sachprobleme mit Bezug auf ihre Gesellschaft artikulieren und bearbeiten lassen. Es scheint als würde heute die Soziologie weniger durch FachvertreterInnen, als vielmehr in diesen Protesten relevant gemacht. Im Folgenden wollen wir die verbreitete Praxis des Soziologisierens auf die andauernde, fachinterne Debatte um die „public sociology" bzw. die öffentliche Soziologie beziehen.

T. Scheffer
Institut für Soziologie, Goethe-Universität Frankfurt am Main, Frankfurt am Main, Deutschland
E-Mail: scheffer@soz.uni-frankfurt.de

R. Schmidt (✉)
Professur für Prozessorientierte Soziologie, Katholische Universität Eichstätt-Ingolstadt, Eichstätt, Deutschland
E-Mail: rschmidt@ku.de

Wir skizzieren hierzu unser Verständnis von öffentlicher Soziologie als einer Strategie des Einschleusens soziologischen Wissens in gesellschaftliche Debatten. Wir begründen so unser Verständnis öffentlicher Soziologie als ein In-Beziehung-Setzen von fachlichem und allgemeinem Soziologisieren (1). Im Anschluss bestimmen wir dieses allgemeine Soziologisieren und seine verschiedenen Varianten (2). Schließlich erläutern wir, wie Verfahren von *Public Sociology* das allgemeine Soziologisieren in Konflikten nutzen und weiterführen können (3). Abschließend plädieren wir für eine Weiterentwicklung des öffentlichen Soziologisierens, dem angesichts „existentieller Probleme" (Scheffer 2018) und der Kultivierung von Problembearbeitungskapazitäten große Bedeutung zukommt (4).

2 Publikumswirksame Soziologie und allgemeines Soziologisieren

Ausgangspunkt der Debatte um eine *Public Sociology* war Michael Burawoys (2005) Aufforderung zu einer Reflexion des Verhältnisses von Soziologie und Öffentlichkeit. In der deutschen Soziologie hat diese Aufforderung ein geteiltes Echo hervorgerufen. In der Mehrzahl der Debattenbeiträge wurde Burawoys Initiative als Appell gelesen, soziologisches Wissen stärker in die Öffentlichkeit zu tragen und auf breitere Publika auszurichten. Öffentliche Soziologie wurde so als Extra-Leistung interpretiert (Hitzler 2012). Das Fach sah sich aufgefordert, im Wettbewerb mit anderen Instanzen ihre öffentliche Resonanz zu stärken. Diskutiert wurden verschiedene Strategien: die Übersetzung soziologischer Forschungsergebnisse für Massenmedien,[1] die Erschließung neuer Öffentlichkeiten (Selke 2012), eine Steigerung der Praxisrelevanz soziologischer Forschung und die verstärkte Medienpräsenz von FachvertreterInnen (Treibel 2012). Sympathisierende Debattenbeiträge erinnerten daran, dass gerade medienöffentlich bekannte SoziologInnen im Fach allzu leicht eine Stigmatisierung erfahren (Neun 2013, S. 17).[2] Außerdem verstärkt die Popularität zugleich das Problem der Heteronomisierung des Fachs (Bourdieu 1992). Die fachinternen Positionskämpfe nutzen Medienpräsenz als symbolisches Kapital.

Wir wollen der skizzierten Rezeption der Initiative von Michael Burawoy in der deutschen Soziologie eine alternative Lesart des Verhältnisses von Soziologie und Öffentlichkeit gegenüberstellen. Dazu rücken wir *das allgemeine Soziologisieren* in den Mittelpunkt unserer Überlegungen: – als „gesellschaftliche Seite der Soziologie" (Lessenich und Neckel 2012, S. 318) und als ihr verallgemeinertes, kultiviertes Vermögen. Davon ausgehend lässt sich Öffentliche Soziologie als eine Bemühung verstehen, fachliches und allgemeines Soziologisieren zueinander in Beziehung zu

---

[1] Neun (2013) fordert, dass bereits das Soziologiestudium auf diese Stoßrichtung vorbereiten müsse.

[2] Hier ist die Karriere von Ulrich Beck exemplarisch. Beck wirkte als Soziologe, vor allem mit seinem Erfolgsbuch „Risikogesellschaft" (1986). Er warb für neue Sichtweisen in Fragen der Ökologie, der sozialen Ungleichheit und der Globalisierung und manövrierte sich damit, so die Rekapitulation, im Fach in eine prekäre Stellung. Erst durch den Rückimport aus dem Ausland avancierte er zum zeitgenössischen Klassiker in der deutschen Soziologie (Hitzler 2005).

setzen. öffentliche Soziologie ist dann nicht einfach eine publikumswirksame Soziologie, sondern eine reflexive Soziologie der verteilten und aufeinander verwiesenen Formen des Soziologisierens in der existenziell infrage gestellten Gegenwartsgesellschaft.

2.1 Nicht nur SoziologInnen soziologisieren

Wir verstehen das Soziologisieren als einen *modus operandi*, eine Verfahrensweise sich mit drängenden Fragen auseinanderzusetzen. Das Soziologisieren ordnet Probleme (z. B. Armut, Wohnungsnot, Rassismus, Ressourcenknappheit, etc.) als gesellschaftliche Phänomene ein, also als Ausdruck umfassender sozialer Wechselwirkungen. Das Soziologisieren ist damit nicht einfach etwas, was SoziologInnen tun (vgl. Mills 1959), sondern Teil des kulturellen Repertoires der Gesellschaftsmitglieder (Sacks 1992).[3]

Hinweise auf ein solches allgemeines Soziologisieren und auf dessen Beziehungen zur disziplinären Soziologie finden sich bei Simmel, Weber und Bourdieu.

Simmel (1992) betont, dass Soziologie nicht etwa durch eine auf das Soziale angewandte Anschauung möglich wird, sondern auf der synthetisierenden Funktion der Vergesellschaftung selbst basiert. Durch sie ordnen Gesellschaftsmitglieder singuläre Phänomene ein/zu. Dieses Ein- und Zuordnen ist zugleich Bezugspunkt alltäglicher Kritik (Boltanski 2010) und Reflexion. Simmels Soziologie schließt an dieses allgemeine Soziologisieren an und treibt sie unter dem Gesichtspunkt der Wechselwirkung weiter (Simmel 1992, S. 8). Für Weber steht das Soziologisieren in einem engen Zusammenhang mit einem die Moderne kennzeichnenden Prozess der Rationalisierung. Dieser intellektualistische Weltbezug bildet zum einen eine Voraussetzung dafür, dass sich die „Wissenschaft als Beruf" (Weber 2006) innerhalb des sozialen Gesamtlebens mit eigenen Spezialisierungen herausbilden kann; zum anderen knüpfen insbesondere SozialwissenschaftlerInnen immer auch an die Kulturtechniken des Fragens, Berechnens und Argumentierens an. Für Weber ist das moderne Weltverhältnis vom Ausgreifen des wissenschaftlichen Räsonierens geprägt. Ein allgemeines Soziologisieren ist auch für das Forschungsprogramm zentral, das Bourdieu, Chamboredon und Passeron in „Soziologie als Beruf" (1991) ausgearbeitet haben. Allerdings konstituiert und emanzipiert sich die Soziologie immer neu im Bruch mit der „Spontansoziologie" (Bourdieu et al. 1991, S. 24 ff.). Alltägliches Soziologisieren lässt es gegenüber der professionellen Soziologie (vgl. auch Stebbins et al. 1978) an methodisch-begrifflicher Strenge vermissen.

---

[3]Die Ethnomethodologie kann als radikal-empirische Bewegung gelesen werden, die vor der „Soziologie der Kritik" (Boltanski 2010) nicht nur das Kritisieren, sondern das Knowhow der Leute analysiert. Das Soziologisieren lässt sich so als ein Können der Gesellschaftsmitglieder erheben. Teil einer solchen Erhebung wären auch die Verkürzungen und Ausstiege aus dem Soziologisieren.

2.2 Soziologisieren als kulturelles Knowhow

Für Goffmans Rahmenanalyse wie für die Ethnomethodologie (EM) hat das allgemeine Soziologisieren einen stärker fundierenden, ja erklärenden Status. So verortet Goffman das allgemeine Soziologisieren im Interaktionsgeschehen. Die Interagierenden verfügen über dieses *Knowhow* im Sinne von Takt und Gespür. Angesichts sozialer Situationen beantworten sie Rahmungsfragen ad hoc: „Was geht hier eigentlich vor?" Goffmans Rahmenanalyse fasst dieses Soziologisieren als kulturell ausgebildeten Sinn.[4] Das allgemeine Soziologisieren ist durch ein hoch differenziertes Rahmungswissen – zur Wahrnehmung, Typisierung, Deutung – gekennzeichnet: ein auf anwesende Andere gerichtetes Sensorium in natürlicher Einstellung. Goffmans Innovation besteht darin, die soziologische Alltagskompetenz der „kleinen Leute" (de Certeau 1988) für den Nachvollzug der vielfältigen Interaktionsgeschehnisse zu mobilisieren. Die EM begreift, wie Goffman, die Gesellschaftsmitglieder als soziologisch kompetent. Es gibt demnach keinen grundlegenden Unterschied zwischen den Analysen der *natives* und denen der SoziologInnen. Die EM findet keine Kräfte, Widersprüche, Paradoxien, die im Rücken der AkteurInnen wirken – und nur von SoziologInnen erkannt werden können. Vielmehr findet sie eine Reihe praktischer Probleme inklusive der Methoden der Mitglieder, diese gemeinsam sequenziell kleinzuarbeiten. Die soziale Praxis reformuliert die EM als lokale Hervorbringung, die entlang von Ethnomethoden und ihren Maximen immer neu vollziehbar wird.

Die Zuschreibungen soziologisierender Kompetenz durch die alten und neuen Klassiker unseres Faches verweisen auf eine doppelte Bewegung: vom Fach als Reflexionsinstanz zu den Leuten; von den Leuten zur Reflexion sozialer Praxis. Welche Rolle spielt die angedeutete Verteilung von soziologischem Knowhow nun für eine öffentliche Soziologie?

3 Soziologisieren: eine Begriffsbestimmung

Um diese Frage zu beantworten, sollten wir zunächst das „Soziologisieren" begrifflich fassen. Ein zu weites Verständnis setzt es leicht mit dem angewandten Orientierungswissen der Gesellschaftsmitglieder gleich, wie dies Goffman tut. Nicht jede soziale Interaktion leistet schon ein Soziologisieren. Ein zu enges Verständnis, wiederum, setzt das Soziologisieren mit den Aktivitäten professioneller SoziologInnen gleich. Eine Bestimmung des Soziologisierens jenseits von Inflationierung und Monopolisierung umfasst diese vier Komponenten: (1) das Aufwerfen von Fragen und Problemen als gesellschaftlich relevant,[5] (2) das Herleiten solcher Fragen und

---

[4]Goffman (1963) weist darauf hin, dass deviantes Verhalten als soziologische Inkompetenz verstanden werden kann – und dass es eine Präferenz gibt, diese Inkompetenz zu psychologisieren.

[5]Im Soziologisieren werden die Phänomene, Gegenstände und Angelegenheiten also nicht primär als psychisch, genetisch oder biologisch konstituierte vorgestellt.

Probleme aus ihrer Vergesellschaftung und sozialen Relation, (3) das Sondieren des gegenwärtig gesellschaftlich Möglichen hinsichtlich dieser Fragen und Probleme,[6] (4) die Reflexion all dieser Aspekte mit Bezug auf die eigene gesellschaftliche Position.

Treten diese vier Bestandteile auf, sprechen wir von umfassendem Soziologisieren, wobei offenbleibt, zu welchem Zweck dieses unternommen wird. Ein allgemeines wie fachliches Soziologisieren ist hinsichtlich der genannten Komponenten häufig nicht nur unvollständig, sondern auch umstritten und umkämpft.

Auf dieser Grundlage lassen sich weitere Unterscheidungen treffen: Das fachliche Soziologisieren pflegt eine andere Öffentlichkeit als das allgemeine Soziologisieren. Es gruppiert sich mit anderen Anderen um eine ‚Angelegenheit'.[7] Derlei wird in je eigenen Arenen ausgetragen: im Privaten, in halb-öffentlichen Räumen, in Episoden synthetischer Kopräsenz, auf urbanen Plätzen, in programmierten Verfahren, in massenmedialen Debatten. Mit den Arenen verschiebt sich der Einbezug der gemeinten und erreichten Anderen und das, was sich voraussetzen und abschätzen lässt. Das Soziologisieren pflegt derart verschiedene „recipient-designs" (Sacks 1992). Das fachliche Soziologisieren setzt auf Fachöffentlichkeiten; das allgemeine Soziologisieren orientiert sich stärker situativ. Letzteres gewinnt Freiheitsräume im Vortasten; ersteres bewährt Konzepte qua wechselseitiger Disziplinierung. All diese Unterschiede schließen die Zirkulation von Konzepten, Begriffen und Methoden nicht aus. Es fänden sich, könnte man diese en Detail nachverfolgen, wohl Anleihen, Übernahmen und Fortführungen vom fachlichen zum allgemeinen Soziologisieren und umgekehrt.

Je nach *adressierten und adressierbaren Publika* variieren die Formate des Soziologisierens entsprechend. So muss ein soziologischer Fachaufsatz nicht erst noch die Relevanz des Faches Soziologie begründen; das allgemeine Soziologisieren muss sich dagegen gegen andere – persönliche, machtpolitische etc. – Einordnungen, ja „Götter" (Weber 2006), verteidigen. Im letzteren Fall wird das Soziologisieren begründungsbedürftig, insofern es alltäglich mit anderen Bezügen konkurriert: dem Psychologisieren, Politisieren etc. Diese Konkurrenz bleibt dem fachlichen Soziologisieren erspart, es sei denn, es findet sich in wenig toleranten trans- und interdisziplinären Verbünden wieder.

4 Konflikte als Einsatzbereiche der *Public Sociology*

Konflikte werden in der fachlichen Soziologie systematisch unterschätzt – theoretisch, insofern die Konfliktsoziologie hinter strukturalen, funktionalen und interpretativen Gleichgewichtsansätzen zurücksteht; analytisch, insofern das praktische

---

[6]Möglichkeiten erweisen sich – anhand von drängenden gesellschaftlichen Problemstellungen und Prüfungen – als relativ beschränkt, bedingt oder gar blockiert.

[7]Diese Überlegungen zum öffentlichen Soziologisieren beziehen sich auf eine praxeologische Konzeption des Öffentlichen (Schmidt 2012, S. 237 ff.). In diesem Verständnis bezeichnet das Öffentliche nicht eine – etwa von einer Privatsphäre zu unterscheidende – besondere gesellschaftliche Sphäre, sondern ein grundlegendes Merkmal von Sozialität.

Wissen der Gesellschaftsmitglieder vornehmlich mit Bezug auf Tradierungen und Routinen konzipiert wird; empirisch, insofern Kämpfe und Konflikte nur selten als Rahmen für Datenerhebungen gewählt werden. In diesen drei Hinsichten gilt es, Konflikte als Arenen einer *Public Sociology* relevant zu machen.

Konflikte liefern „diagnostic events" (Moore 1987), in denen Vergesellschaftungen im Sinne der Kreuzung sozialer Kräfte und Relevanzen vor Augen geführt werden. Sie laden zum Soziologisieren ein, weil Angelegenheiten zugeschrieben, gewichtet und kontextualisiert werden. Sie laden außerdem zum Austausch, ja zur Verschränkung von professionellem und allgemeinem Soziologisieren ein. Wir möchten hierzu drei epistemisch-politische Motive für eine *Public Sociology* vorstellen und anhand ihrer Bezüge zu den Konflikten unterscheiden:

- eine *Dissident Sociology*, die die gesellschaftlichen Tendenzen und Maximen der Konfliktaustragung (etwa in gegenwärtigen Diskurs- und Debattenräumen) skeptisch-transformativ untersucht und reflektiert;
- eine *Embedded Sociology*, die die ‚hitzige' Konfliktaustragung (in politischen Protestereignissen, auf umkämpften Plätzen etc.) am eigenen Leib durchlebt, um hieraus Lehren hinsichtlich situativer Dynamiken und praktischer Anforderungen zu ziehen;
- eine *Partisan Sociology*, die eine politische Sache strategisch (etwa in politischen Verfahren und rechtlichen Prozessen) vorantreibt und aus den Widerständen epistemisch-transformative Lehren zieht.

In allen drei Varianten verschwimmen die Grenzen zwischen dem allgemeinen und professionellen Soziologisieren. In allen drei Varianten verspricht der Übergang und Austausch zwischen den Modi epistemischen und transformativen Gewinn. Wir skizzieren hierzu drei Konflikt-Fälle.

4.1 Dissident Sociology: der Fall Horst Köhler

Ein dissidentes Soziologisieren bewegt sich auf oder jenseits der Grenze eines öffentlich-abgesteckten, gleichsam ideologisch-fundierten Möglichkeitsraums. Die soziologischen Beiträge sind dann diagnostische Markierungen der bedingten Kapazitäten der öffentlichen Debatte. Dieses verbreitete Format einer *Public Sociology* findet sich überall dort, wo eine unhinterfragte gesellschaftliche Präferenzstruktur identifiziert und für Erklärungen mobilisiert wird. Ein Beispiel wäre hier die Analyse einer Debatte um die Legitimation militärischer Angriffe anhand von Äußerungen des früheren Bundespräsidenten Horst Köhler (Scheffer 2013).

Das Soziologisieren produziert hier eine Mischung aus Indifferenz und Systemkritik, indem es sich einerseits zur Frage der Legitimität militärischer Interventionen enthält und andererseits die öffentliche Verurteilung von Köhlers Aussagen kritisch nachvollzieht. Interessant ist an diesem Fall, dass sich in der analytischen Rekonstruktion im Sinne einer Soziologie der Kritik ein dissidentes Soziologisieren der Members zeigt. Letztere nutzen gleich mehrere Methoden der interpretativen Sozialforschung:

(1) Journalisten behandeln die Rücktrittserklärung von Horst Köhler als vielsagendes Dokument. Sie bemühen eine *hermeneutische Sequenzanalyse*. Die Sprechhandlungen werden als Spuren seiner inneren Verfasstheit interpretiert. Der „subjektiv gemeinte Sinn" wird durch Hinzuziehung von Bildaufnahmen herausgearbeitet: die Rede voller Andeutungen, der Auftritt des Ehepaars, der Abgang Hand in Hand, etc. Diagnostiziert wird eine tiefe persönliche Kränkung im Lichte seiner gesellschaftlichen Position.
(2) Blogger diskutieren die Fairness des Interviews, indem sie dieses *konversationsanalytisch* entlang der Turnpaare von Frage/Antwort nachvollziehen. Köhler hatte seine umstrittenen Aussagen zu Auslandseinsätzen der Bundeswehr in einem Interview auf dem Rückflug von Afghanistan getroffen. Die analysierenden Blogger fragen nach: Wie kam es zu der Antwort; welche Frage führte dorthin? Die offene Frageform, die Gesprächsatmosphäre, die Bestärkungen des Fragestellers und die ausbleibenden Nachfragen bieten empirische Bezüge, um Köhlers Antworten als co-produziert zu entschuldigen.
(3) Im Weiteren unternehmen Blogger und FriedensaktivistInnen ausgreifende *Prozessanalysen* zur Relevanzkarriere von Köhlers Aussage vom Interviewmoment bis zum Rücktrittsanlass. So rekonstruiert www.charta.de wie die umstrittene und inkriminierte Aussage als Zitat erst zögerlich in den Fokus der öffentlichen Meinung geriet. Der Nachvollzug fokussiert auf die Rolle der etablierten Medien in der Debattenformierung. Sie zeigten ‚Beißhemmungen' angesichts Köhlers Sonderstatus als Bundespräsident.

Das allgemeine Soziologisieren mobilisiert hier interpretative Methoden, um anhand des verfügbaren Diskursmaterials die Widerstände gegen Köhlers Rücktritt zu erklären. Wer stellte sich quer? Die dissidenten BloggerInnen nehmen, jenseits von Psychologisierungen, eine Einordnung der Affäre in den deutschen Kriegsdiskurs vor. Sie leisten eine gesellschaftspolitisch-historische Rekonstruktion im Sinne einer ‚Normalisierung des Krieges' oder ‚Militarisierung'. Allerdings bleiben auch sie auf die Frage des Rücktritts fokussiert, die erst die Gelegenheit für die verschiedenen Formen des Soziologisierens bot.

Die Rekonstruktion des Soziologisierens markiert eine Variante von *Public Sociology*: Im allgemeinen Soziologisieren lassen sich durchaus kunstfertige Aneignungen fachlicher Ressourcen identifizieren. Die ProtagonistInnen der Debatte erweisen sich als soziologisch kundig; sie verfügen über ausgefeilte Methoden gesellschaftlicher Selbstbeobachtung. Zugleich zeigt sich aber auch die Bedingtheit und Halbwertszeit ihrer Aufmerksamkeit, wo sie im Rücktritt ihren Abschluss finden. Es gerät aus dem Blick, wie die umstrittenen Aussagen zum Kriegsgrund normalisiert und später etwa auch den Verteidigungsminister sagbar wurden.

4.2 Embedded Sociology: *live*Soziologie auf umkämpften Plätzen

*live*Soziologie ist ein experimentelles *Public-Sociology*-Format. Die beteiligten FachsoziologInnen (hier: die beiden Autoren) mobilisieren nicht nur eigene Fachkenntnisse, sondern Aspekte des allgemeinen ‚ad hoc' Soziologisierens. Sie richten sich damit auf verdichtete politische Proteste: Straßendemos, Blockaden, Auseinandersetzungen.

Die liveSoziologen bewegen sich mitten durchs Geschehen. Sie besprechen dabei, stimmlich aufgekratzt wie Fußballreporter, die Ereignisse als soziale Phänomene, an denen sie selbst teilhaben. Die beiden, ausgestattet mit Headsets, kommentieren das Geschehen ad hoc und alternierend in Sicht- und Hörweite zu ihrem zugeschalteten Publikum. Es kommen andere TeilnehmerInnen zu Wort, werden in Gespräche verwickelt oder nutzen offensiv die Gelegenheit. Die liveSoziologInnen entwickeln soziologische Einordnungen gemeinsam stimmlich-körperlich. Ihre Kommentare werfen neue Fragen und Themen auf, die ihnen hier und jetzt in den Sinn kommen: die Anzeichen sich anbahnender Konfrontation, die Rhythmen der Gewaltausübung, die Formationen der Konfrontation, die polizeiliche Herstellung von Bedrohlichkeit etc.

In der *live*Soziologie wird entgegen gängiger Standards der Disziplin soziologisiert. Sie ist *embedded*, verzichtet auf raumzeitliche Distanzierungen. *live*SoziologInnen reagieren unmittelbar dialogisch. Sie setzen sich ihrem Gegenstand aus. Sie präsentieren keine Erkenntnis, sondern spekulieren und streiten. Die *live*Soziologie ist zugleich Medienexperiment: Die Stimmen (in Rhythmus, Tempo, Intonation, Tonalität, etc.) verraten mehr, als gesagt wird. Durch sie hindurch entfalten sich situative Energien und Spannungen.

*live*Soziologie-Einsätze haben wir in zwei performativen Formaten realisiert: Ein erstes Experiment fand am 1. Mai 2010 in Berlin Kreuzberg im Rahmen einer Kunst-Performance in Zusammenarbeit mit dem Hebbel Theater und der israelischen Performance-Gruppe *Public Movement*[8] statt. In einer zweiten Variante waren wir zur Walpurgisnacht 2012 im Berliner Wedding und im Mauerpark sowie zum 1. Mai 2012 in Kreuzberg jeweils als Reporter für den Westdeutschen Rundfunk[9] unterwegs. Die Einsätze waren durch unterschiedliche Formen des soziologischen Kommentierens gekennzeichnet: (1) Im ersten Experiment haben wir für ein co-präsentes Publikum kommentiert. Die MitläuferInnen hatten die Anschauung an Ort und Stelle. (2) Im zweiten Einsatz haben wir für ein im Sendegebiet zugeschaltetes Radiopublikum kommentiert. Hier mussten wir das Kommentierte näherbringen, dass sich über die Tonspur nur sehr eingeschränkt vermittelt.

*live*Soziologie changiert so zwischen *thick and thin publics* (Burawoy 2005, S. 7). Sie bearbeitet mal eine involvierte, lokale (Gegen-)Öffentlichkeit und mal ein ent-

---

[8] www.kultiversum.de/Schauspiel-Themen-Personen/Erster-Mai-Berlin-Kreuzberg-Performance-Public-Movement.html.

[9] www.wdr.de/unternehmen/presselounge/pressemitteilungen/2012/04/20120420_mai_festspiele.phtml.

ferntes massenmediales Publikum. Trotz dieser Unterschiede weisen die *live*Soziologie Einsätze Gemeinsamkeiten auf: Als *live*Soziologen befinden wir uns im Geschehen und versuchen, die Ereignisse zugleich füreinander und für ein interessiertes Publikum *soziologisch* zu erschließen. Die Live-Kommentare sind Versuche, das Gewimmel auf Begriffe zu bringen, die fragile Ordnung auf der Höhe des Geschehens zu erfassen. Unsere Versuche konkurrierten dabei mit anderen Perspektiven: mit einer Erinnerungskultur, symbolischen Aufladungen, politischen Lagern, juristischen Einordnungen. In dieser Konkurrenzsituation wird *live*Soziologie zur *Public Sociology*. Bestenfalls wirkt sie horizonterweiternd, irritierend, verstörend, überraschend.

Die *live*SoziologInnen setzen sich aus. Weil Distanzen aufgehoben sind, müssen sie immer wieder neu errungen werden. Situative Distanzierungen sind nötig, um nicht vom Ereignisstrom mitgerissen zu werden. Gleichwohl bleiben diese prekär: Teilnehmende taxieren uns als Partei im Geschehen bzw. im Rahmen der politischen Ordnung als Freund oder Feind.[10]

4.3 Partisan Sociology: Angelegenheiten vorantreiben

Eine dritte Variante bezieht sich auf Traditionen und Formen engagierter aktivistischer Soziologie, modifiziert diese aber in zwei Hinsichten: zum einen, indem es vor allem die Gesellschaftsmitglieder sind, die, indem sie eine Angelegenheit vorantreiben, Erfahrungen gesellschaftlich-struktureller Dynamiken und Widerstände machen; zum anderen, indem wir nahelegen, diese Erfahrungen auch für die professionelle Soziologie nutzbar zu machen. Hier positionieren sich SoziologInnen bevorzugt in „frontline communities", etwa in „‚vorderster Front' gegen die imperiale Lebensweise" (I.L.A. Kollektiv 2019, S. 81).

Partisan Sociology untersucht etwa wie Protestierende mit Hilfe von Smartphones audiovisuelle *accounts* der Protestereignisse produzieren und per aktivistischen *accounting* neue analytische Möglichkeiten – z. B. als Gegenüberwachung polizeilicher Maßnahmen – entwickeln (Schmidt und Wiesse o. J.). Andere Formen von *Partisan Sociology* knüpfen an die Krisenexperimente von Harold Garfinkel an. Die SoziologIn inszeniert selbst irritierende, mit Normalitäten brechende Erfahrungen und macht an den Reaktionen latente gesellschaftliche Strukturen sichtbar. Die „breaching experiments" gewinnen hier eine stärker inhaltliche Stoßrichtung. Sie richten sich auf politische Fragen. Indem bestimmte Fragen forciert werden, geht die SoziologIn Konfrontationen wie Bündnisse ein.

Derlei lässt sich für die Lehre nutzen. Im Seminar zur politischen Ethnografie sind Studierende aufgefordert, sich für hochschulpolitische Belange einzusetzen: für die

---

[10]TeilnehmerInnen bemerken unsere Headsets; sie taxieren uns: „Seid ihr Bullen?", „Sozialarbeiter?", „Für welchen Sender?" Solche Fragen sind freundlich oder feindlich getönt, je nach unterstellter Parteilichkeit. *live*Soziologen erscheinen als abwegig oder als Variante des Demo-Tourismus.

Einführung rein vegetarischer Mensen oder für den Klimanotstand an der Universität. Sie werden gebeten, sich kommunalpolitisch einzusetzen: etwa für den Internetzugang für Flüchtlinge oder für ein generelles Pestizidverbot auf öffentlich verpachteten Flächen. Diese Interventionen werden dann soziologisch protokolliert: Das heißt, sowohl die Bemühungen wie die Widerstände stiften soziologische Fallstudien. Die Frage, die diese Realexperimente immer wieder neu aufwerfen: Was erfordert ein gesellschaftlicher Wandel? Welche Rolle spielt dabei das Soziologisieren, also die Gesellschaftlichkeit der aufgeworfenen Fragen und präferierten Antworten?

In diesem Sinne ließe sich *Partisan Sociology* auch auf die genannten Fälle einer *Public Sociology* anwenden. Vorstellbar wäre z. B. der engagierte Eingriff in die Köhler-Debatte, der zugleich den Debattenzuschnitt durchkreuzt oder Interventionen im Rahmen der 1. Mai-Kundgebungen, die anhand experimenteller Widerstandsformen mit den Ritualisierungen ‚spielen', d. h. auch die politische Auszehrung und Entleerung bestimmter Demonstrationsweisen herausarbeiten. In solchen Realexperimenten würden wiederum Engagement und Soziologisieren wechselwirken. *Partisan Sociology* richtet Lernwerkstätten des Gesellschaftlichen ein und exploriert einen gegenwärtigen „Möglichkeitssinn" (Robert Musil).

Die engagierten und sich in Konflikte involvierenden SoziologInnen nutzen die Erfahrungen, die ihr Engagement stiftet. Sie lernen etwas über die Funktionsweisen des jeweils angerufenen und herausgeforderten Apparats (d. h. den Gremien, Verfahren, Öffentlichkeiten, Verwaltungen und ihrer Bearbeitungsweisen, Zurichtungen und Bedingtheiten). Sie treffen auf die Widerstände bereits etablierter apparativer Problem-Lösungszusammenhänge.

5 Ausblick: Gesellschaftliches Soziologisieren und die Fortbildung soziologischer Kapazitäten

Die skizzierten, mehr oder weniger involvierten Varianten eines öffentlichen Soziologisierens zielen auf Irritation und politische Involvierung angesichts auch für die SoziologInnen bedrohliche Entwicklungen. Sie wollen produktive Rückkopplungen mit dem fachlichen Soziologisieren auslösen und auf diese Weise zur Entwicklung fachlicher Kapazitäten beitragen. Dies wird dort besonders relevant, wo existenzielle Probleme das fachliche Soziologisieren herausfordern und an seine Kapazitätsgrenzen treiben (Scheffer und Schmidt 2019). In unserem Verständnis kann *Public Sociology* vermittels des allgemeinen Soziologisierens das Fach gegenwartsangemessen erneuern.

Häufig wird erst und gerade durch das soziologisierende Verfechten von Anliegen die Gesellschaftlichkeit der Themen, Probleme, Fragen und ‚Sachverhalte' sichtbar und analytisch zugänglich. Das Soziologisieren steht dabei in Konkurrenz mit anderen Weltdeutungen und Einordnungen. Es ist hier, wo die Triftigkeit und Relevanz von Soziologie je nach ihrem Gegenstand selbst zur Debatte steht. Das Fach lernt anhand der Konflikte, wo diese auch als analytische Bewährungsproben angenommen werden. Letztere fordern insbesondere das problemvergessene fachliche Soziologisieren heraus, dass die drängenden Probleme zusehends gezwungen zurück- und verdrängt. Sie erneuern die Soziologie als relevante gesellschaftliche Kapazität der Problembearbeitung und ihrer (Selbst-)Kritik.

Literatur

Beck, Ulrich. 1986. *Risikogesellschaft. Auf dem Weg in eine andere Moderne*. Frankfurt a. M.: Suhrkamp.
Boltanski, Luc. 2010. *Soziologie und Sozialkritik*. Frankfurt a. M.: Campus.
Bourdieu, Pierre. 1992. *Homo Academicus*. Frankfurt a. M.: Suhrkamp.
Bourdieu, Pierre, Jean-Claude Chamboredon, und Jean-Claude Passeron. 1991. *Soziologie als Beruf. Wissenschaftstheoretische Voraussetzungen soziologischer Erkenntnis*. Berlin/New York: De Gruyter.
Burawoy, Michael. 2005. For public sociology. *American Sociological Review* 70:4–28.
Certeau, de Michel. 1988. *Kunst des Handelns*. Berlin: Merve.
Goffman, Erving. 1963. *Behavior in public places. Notes on the social organization of gatherings*. New York: Anchor.
Hitzler, Ronald. 2005. Ulrich Beck. In *Aktuelle Theorien der Soziologie. Von Shmuel N. Eisenstadt bis zur Postmoderne*, Hrsg. D. Kaesler, 267–285. München: Beck.
Hitzler, Ronald. 2012. Wie viel Popularisierung verträgt die Soziologie? *Soziologie* 4:393–397.
I.L.A. Kollektiv, Hrsg. 2019. *Das gute Leben für alle. Wege in die solidarische Lebensweise*. München: oekom.
Lessenich, Stephan, und Sighard Neckel. 2012. DGS goes public! *Soziologie* 3:317–319.
Mills, C. Wright. 1959. *The sociological imagination*. New York: Oxford University Press.
Moore, Sally F. 1987. Explaining the present: theoretical dilemmas in processual ethnography. *American Ethnologist* 14(4): 727–736.
Neun, Oliver. 2013. Der erste Schritt ist nicht genug. Die Rolle der Deutschen Gesellschaft für Soziologie bei der Etablierung einer öffentlichen Soziologie. *Soziologie* 1:16–24.
Sacks, Harvey. 1992. *Lectures on conversation. 2. Band* (. Hrsg. G. Jefferson with introductions by E. A. Schegloff) Oxford: Blackwell.
Scheffer, Thomas. 2013. Ethnomethodologie mit Durkheim. Sequenz- und Kulturanalysen zum Fall Köhler. In *Durkheim: Zwischen Soziologie und Ethnologie*, Hrsg. T. Bogusz und H. Delitz, 179–199. Frankfurt a. M.: Campus.
Scheffer, Thomas. 2018. Spielarten der Trans-Sequentialität. Zur Gegenwartsdiagnostik gesellschaftlicher Problembearbeitungskapazitäten entwickelt aus Ethnographien staatlicher Verfahren. In *Materialität der Kooperation. Reihe „Medien der Kooperation"*, Hrsg. Gießmann Sebastian und Tobias Röhl. Wiesbaden: Springer VS.
Scheffer, Thomas, und Robert Schmidt. 2019. Für eine multi-paradigmatische Soziologie in Zeiten existentieller Probleme. *Zeitschrift Soziologie. Forum der Deutschen Gesellschaft für Soziologie* 48(2): 153–173.
Schmidt, Robert. 2012. *Soziologie der Praktiken. Konzeptionelle Studien und empirische Analysen*. Berlin: Suhrkamp.
Schmidt, Robert, und Basil Wiesse. (o. J.). Online-Teilnehmer*innenvideo – ein neuer Datentyp für die interpretative Sozialforschung? *Erscheint in FQS, Forum Qualitative Sozialforschung* 48(2): 153–173.
Selke, Stefan. 2012. Soziologie für die Öffentlichkeit – Resonanzräume fragmentierter Publika. *Soziologie* 4:400–410.
Simmel, Georg. 1992 [1908]. *Soziologie. Untersuchungen über die Formen der Vergesellschaftung*. Frankfurt a. M.: Suhrkamp.

Stebbins, Robert. A, Robert Althauser, Everett C. Hughes, Constance Perin, David Riesmann, und Peter H. Rossi. 1978. Toward Amateur Sociology: A Proposal for the Profession. *The American Sociologist* 13(4): 239–252.
Treibel, Annette. 2012. Soziologie für die Öffentlichkeit – eine Ermunterung angesichts emotionaler, politischer und struktureller Barrieren. *Soziologie* 4:411–412.
Weber, Max. 2006 [1919]. *Wissenschaft als Beruf*. Stuttgart: Reclam.

Konvivialismus als öffentliche Soziologie

Frank Adloff

Inhalt

1 Einleitung 363
2 Öffentliche Soziologie als kollektiver Prozess 364
3 Konvivialität und Konvivialismus 366
4 Normativität und ein positives Leitbild 367
5 Konvivialistische Politik und Internationalisierung 369
Literatur 371

1 Einleitung

Dass die Welt sich in einer krisenhaften Situation befindet, ist mittlerweile ein Allgemeinplatz. Die für den Kampf gegen den Klimawandel dringend gebotene globale Kooperation stagniert seit Jahren; große Teile Afrikas werden von Kriegen, korrupten Regierungen, Hunger und Vertreibung zerrüttet; die sozialen Ungleichheiten wachsen in vielen Ländern dramatisch und die Wirtschafts-, Staatsverschuldungs- und Finanzkrise von 2008 ist längst noch nicht überwunden, während sich schon die nächste große Depression im Zuge der Corona-Pandemie abzeichnet. Und während wir Zeugen von Flucht, Terrorismus, Bürger- und ethnischen Kriegen sind, ist Europa zutiefst gespalten, ist das Projekt Demokratie vielerorts auf entkernte formale Prozeduren geschrumpft und wird von rechts angegriffen. 30 Jahre nach Ende des Kalten Krieges und der Systemkonkurrenz von Kapitalismus und real existierendem Sozialismus kann von einem „Ende der Geschichte" (Francis Fukuyama), der Vervollkommnung von Demokratie und Menschenrechten, keine Rede sein.

F. Adloff (✉)
Universität Hamburg, Hamburg, Deutschland
E-Mail: frank.adloff@uni-hamburg.de

In dieser Situation hat eine Gruppe von hauptsächlich französischen Wissenschaftlerinnen und Intellektuellen im Jahr 2013 ein Manifest herausgegeben, das von Umkehr und einer positiven Vision des Zusammenlebens spricht: das konvivialistische Manifest.[1] Im Jahr 2020 ist sodann ein zweites konvivialistisches Manifest erschienen. Der Begriff des Konvivialismus (con-vivere, lat.: zusammenleben) soll anzeigen, dass es darauf ankomme, eine neue gemeinsam geteilte Philosophie und praktische Formen des friedlichen Miteinanders zu entwickeln. Die beiden Manifeste wollen deutlich machen, dass eine andere Welt möglich – denn es gibt schon viele Formen konvivialen Zusammenlebens –, aber auch absolut notwendig ist. Dies kann nur gelingen, so die Überzeugung der Verfasserinnen und Verfasser, wenn es gelingt, gängige Begrifflichkeiten, soziale Selbstverständlichkeiten und hergebrachte Theorien kritisch zu befragen und zu verändern. Der Konvivialismus transformiert so den französischen Ausdruck der *convivialité*, der vor allem eine gelebte Praxis des Miteinanders in akzeptierter Differenz meint, in einen theoretisierbaren „Ismus".

2 Öffentliche Soziologie als kollektiver Prozess

Die Besonderheit des ersten konvivialistischen Manifests besteht darin, dass eine große Gruppe von rund 40 Wissenschaftlerinnen und Wissenschaftlern ganz unterschiedlicher politischer Überzeugungen die Fehlentwicklungen zeitgenössischer Gesellschaften benennt und eine Gegenvision entwickelt. In einem kollektiven Prozess des Schreibens und Kommentierens wurden die durchaus vorhandenen Differenzen zwischen den beteiligten Personen zurückgestellt, um eine gemeinsame Minimaldefinition einer notwendigen konvivialistischen Transformation möglich zu machen.

Das Manifest identifiziert zwei Hauptursachen aktueller gesellschaftlicher Krisentendenzen: den Primat des utilitaristischen Denkens und Handelns und die Verabsolutierung des Glaubens an die positive Wirkung wirtschaftlichen Wachstums. Zum anderen wird diesen Entwicklungen eine positive Vision des guten Lebens entgegengestellt: Es gehe zuallererst darum, auf die Qualität sozialer Beziehungen und der Beziehung zur Natur zu achten.

Mitgewirkt haben bekannte WissenschaftlerInnen und Intellektuelle wie Alain Caillé, Ève Chiapello, Susan George, Serge Latouche, Chantal Mouffe und Edgar Morin. Auf theoretischer Ebene strebt der Konvivialismus sehr ambitioniert eine Synthese verschiedener politischer Ideologien an: von Liberalismus, Sozialismus, Kommunismus und Anarchismus. Politisch reicht das Spektrum der Manifestantinnen und Manifestanten vom Linkskatholizismus über sozialistische und heterodoxökonomische Perspektiven zu Mitgliedern von Attac und Intellektuellen aus dem

---

[1]Das Manifest ist im September 2014 in deutscher Übersetzung beim transcript Verlag erschienen (vgl. Les Convivialistes 2014). Auf www.diekonvivialisten.de finden sich weitere Informationen zum Manifest, und es besteht die Möglichkeit, es kostenfrei herunterzuladen. Siehe auch den Kommentarband zum Manifest hg. von Adloff und Heins (2015). Im Herbst 2020 ist das zweite konvivialistische Manifest auf Deutsch erschienen, ebenfalls im transcript Verlag.

Umfeld des Poststrukturalismus. Zu den ersten Unterzeichnern zählten auch international einflussreiche öffentliche Intellektuelle wie Jeffrey Alexander, Luc Boltanski, Axel Honneth oder Hans Joas. Darüber hinaus, und dies ist für die Frage nach einer politischen Wirkung des Texts besonders relevant, wurde das Manifest auch von vielen zivilgesellschaftlichen Organisationen und Initiativen in Frankreich diskutiert und unterzeichnet. Die wichtigste Entwicklung in der französischen Zivilgesellschaft war dabei die Überwindung von lange bestehenden inhaltlichen Differenzen, indem sich eine Vielzahl von Organisationen auf eine gemeinsame konvivialistische Perspektive einigen konnte. Möglich wurde dies dadurch, dass unter den Erstunterzeichnenden des Manifests sich viele Personen finden, die entweder aus politischen Praxiszusammenhängen kommen (etwa attac) oder als Wissenschaftler einen engen Kontakt zu bestimmten zivilgesellschaftlichen Initiativen und Organisationen pflegen (etwa auch zu Akteuren der *degrowth*-Bewegung).

Man kann die Entstehungsgeschichte des Manifests unter den Aspekten Schließung und Öffnung betrachten. Zunächst wurde der Grundstein auf einem Kolloquium in Japan im Jahr 2010 gelegt, bei dem eine kleine Gruppe von Initiatoren (zuvorderst sind zu nennen: Alain Caillé, Marc Humbert, Serge Latouche und Patrick Viveret) die Möglichkeiten eines Manifests diskutierte und sich – bezugnehmend auf Ivan Illichs Konzept der *conviviality* – darauf einigte, den Begriff des Konvivialismus zu prägen. Alle Teilnehmer konnten jeweils schon auf viele Jahre der politischen Interventionen in den öffentlichen Raum zurückblicken. Nun entschlossen sie sich, gemeinsam in Form eines kollektiv verfassten Manifests aufzutreten. Der Soziologe Alain Caillé war schließlich derjenige, der im Jahr 2011 eine Vorversion des Manifests formulierte und publizierte, welche wiederum von dem erwähnten größeren Kreis von 40 Personen intensiv diskutiert und überarbeitet wurde, bis das Manifest 2013 erschien, erstunterzeichnet von 64 Personen.

Die Wahl des Genres des Manifests macht dabei auch deutlich, dass sich hier Wissenschaftlerinnen und Wissenschaftler an die Öffentlichkeit richten und eine unkonventionelle Kommunikationsform verwenden, die sich von den üblichen Kommunikationsformen der Wissenschaft unterscheidet. In Manifesten geht es darum, etwas pointiert auszudrücken, affektiv zu rahmen und mit einem Appell zu versehen (Klatt und Lorenz 2011). Man versucht, bestehende Selbstverständlichkeiten in Frage zu stellen, einen Konsens der politischen Eliten oder öffentlichen Meinung aufzubrechen und vorgebliche Sachzwänge in Frage zu stellen. Ein Manifest will dabei nicht allein kognitiv überzeugen, sondern auch gesellschaftliche Prozesse anstoßen und unterstützen. Dabei zehrt das Manifest allerdings vom symbolischen Kapital der Manifestanten – je höher ihre Expertise, wissenschaftliche und intellektuelle Reputation ausfällt, umso größer das Gewicht eines Manifests im öffentlichen Raum. Die große Anzahl an konvivialistischen Manifestantinnen und Manifestanten soll dabei auch deutlich machen, dass sich möglichst viele Menschen an der Fortschreibung des Manifests in Theorie und Praxis beteiligen mögen.

Übersetzungen des Textes und Debatten rund um das Manifest gibt es mittlerweile auf Deutsch, Englisch, Italienisch, Spanisch, Portugiesisch und Japanisch. In Deutschland wurde die Übersetzung und Publikation des Manifests maßgeblich vom Duisburger Käte Hamburger Kolleg „Global Cooperation Research" und vom

Bielefelder transcript Verlag unterstützt. Die mediale Resonanz war verhältnismäßig gut: In der taz und der ZEIT erschienen kurze wohlwollende Besprechungen, und der Debattenband schaffte es im Jahr 2016 in die Sachbuchbestenliste von SZ und NDR.

3 Konvivialität und Konvivialismus

Die Begriffe der Konvivialität und des Konvivialismus zeigen an, dass der Mensch ein soziales Wesen ist, das als solches von anderen Menschen abhängig ist. Der Untertitel des französischen Originals lautet denn auch in Anspielung auf die amerikanische Unabhängigkeitserklärung „Declaration d'interdépendance". Es geht mithin um die Frage, wie wir eigentlich miteinander leben wollen: Die Qualität der sozialen Beziehungen, die des größeren Miteinanders und die Frage, wie wir Gesellschaft politisch organisieren, stehen im Zentrum der Betrachtung. Dabei werden soziale Beziehungen nicht nur als Mittel zum Zweck, sondern vor allem auch als Selbstzweck angesehen. Der Konvivialismus ist eine dezidiert anti-utilitaristische intellektuelle Strömung, die den Menschen weniger in seinem Verlangen zu nehmen, sondern in seiner Fähigkeit und seinem Bedürfnis, anderen etwas zu geben und sich miteinander zu verbinden, charakterisiert sieht (Caillé 2014; Adloff 2018). Alain Caillé ist zugleich auch der geistige Kopf der sog. M.A.U.S.S.-Bewegung („Mouvement Anti-Utilitariste dans les Sciences Sociales" bzw. „Anti-utilitaristische Bewegung in den Sozialwissenschaften"). In der *Revue du MAUSS* wird Marcel Mauss' Gabentheorie vorangetrieben und der Bezug auf Mauss zugleich dazu genutzt, eine handlungstheoretische Alternative zu existierenden soziologischen Paradigmen aufzubauen.

Das Manifest sucht eine „Alternative, die nicht länger glauben oder uns einreden will, dass ein unendliches Wirtschaftswachstum noch immer eine Antwort auf alle unsere Probleme sein könnte" (Les Convivialistes 2014, S. 77). Die Nähe zu Debatten um *décroissance* bzw. *degrowth* ist hier also offenkundig. Das Manifest versucht darüber hinaus Prinzipien einer neuen konvivialen Ordnung zu formulieren und stellt an zentraler Stelle (Les Convivialistes 2014, S. 61) heraus: „Die einzige legitime Politik ist diejenige, die sich auf das Prinzip einer gemeinsamen Menschheit, einer gemeinsamen Sozialität, der Individuation und der Konfliktbeherrschung beruft." Der konvivialistische „Test", wenn man dies so nennen will, besteht also darin, soziale und politische Organisationsweisen auf vier Fragen hin abzuklopfen:

a) Wird das Prinzip einer gemeinsamen Menschheit und gleicher Menschenwürde beachtet, oder stellen sich einige Gruppen über andere und externalisieren in ihrem Handeln negative Folgen?
b) Wird das Prinzip der gemeinsamen Sozialität realisiert, das darauf beruht, dass unser größter Schatz in der Qualität sozialer Beziehungen liegt?

Diesen eher kommunitären Perspektiven stehen zwei eher dissoziierende und individuierende Prinzipien gegenüber:

c) Wird das Prinzip der Individuation beachtet, d. h., dass wir uns alle voneinander unterscheiden, dass wir in unserer Individualität anerkannt und geachtet werden wollen?
d) Werden schließlich Konflikte einerseits zugelassen und andererseits aber auch so beherrscht, dass sie nicht eskalieren?

Diese vier Prinzipien können auf eine Vielzahl von moralischen, politischen, ökologischen und ökonomischen Fragen bezogen werden. Ziel ist (wie bei *degrowth* auch) eine Politik des Maßhaltens, der Selbstbegrenzung (gerade mit Blick auf die ökologische Frage) und des kulturellen Wandels. Das Manifest setzt nicht auf bessere „Zukunftstechnologien" oder sozialtechnologische „Lösungen", sondern auf kontroverse politische Debatten.

Aus den oben genannten Prinzipien ergeben sich drei globale politische Maximen (Caillé 2011): 1. Es ist im Namen einer gemeinsamen Menschheit und Sozialität ein Kampf gegen die Maßlosigkeit zu führen, konkret: gegen extreme Armut und extremen Reichtum. 2. Zwischen den Nationen sollte ein Maximum an Pluralismus und an Gleichheit bestehen. Momentan tritt der Westen als ein kultureller Hegemon in Erscheinung, er nutzt nicht nur ungleiche Tauschbeziehungen etwa bei der Ausbeutung von Rohstoffen aus, sondern versteht sich auch in den Entwicklungsbeziehungen weiterhin als derjenige, der den anderen etwas gibt (Geld, Technik, Waffen, Bildung, Demokratie, Literatur etc.). Wechselseitige Anerkennung kann es jedoch nur geben, wenn niemand sich zum allein Gebenden aufschwingt, sondern sich die Positionen des Gebens und Nehmens gegenseitig abwechseln. 3. Konvivialität braucht die Autonomie der Gesellschaft, die sich durch zivilgesellschaftliche Assoziationen und Selbstorganisation realisiert. Reformen müssen damit auch grundlegend auf die Neujustierung des Verhältnisses von Staat, Wirtschaft und Zivilgesellschaft abzielen.

4 Normativität und ein positives Leitbild

Das Manifest begreift sich als ein Gesprächsangebot, als ein Startpunkt für Debatten, nicht als Endpunkt. Es ist als eine Einladung aufzufassen, über ein Leben nach dem neo-liberalen Finanzkapitalismus nachzudenken. Dabei sind positive konviviale Leitbilder für die nächsten Jahrzehnte gefragt, und das Manifest betont m. E. zurecht, dass wir ein neues attraktives Konzept des Zusammenlebens benötigen, das man anthropologisch in einer Theorie der Gabe verankern kann (Caillé 2008). Damit ist die Frage verknüpft, ob der Begriff der Konvivialität eine gesellschaftspolitische Resonanz entfalten kann. Sind hierfür maßgebliche Gruppen zu gewinnen, etwa Teile der Mittelschichten?

Das Manifest bietet keine in sich geschlossenen und konkreten Lösungen gesellschaftlicher Probleme an. Es kommuniziert vielmehr eine recht allgemeine alternative Sicht und Haltung. Die Haltung der Konvivialität möchte positiv-affektiv überzeugend sein, Möglichkeitsräume und Wege aus der Erschöpfung utopischer Energien (Habermas 1985) eröffnen. Dies erscheint mir ein entscheidender Vorteil gegenüber Begriffen wie *décroissance, degrowth* oder Postwachstum und Wachstumsrücknahme zu sein, die versuchen, den bislang positiv besetzten Begriff des Wachstums mit einem negativen Vorzeichen zu versehen.

Während die ‚traditionelle' kritische Theorie den Schwerpunkt auf die Analyse der strukturellen Ursachen von sozialem Leiden konzentriert, versucht der Konvivialismus alternative Möglichkeiten der Organisation des Zusammenlebens zu beleuchten und normativ positiv auszuzeichnen. Damit steht der Konvivialismus für das Bemühen einer empirischen Identifizierung und Aufhellung von Alternativen sozialer Organisation, die einstweilen noch einen experimentellen Charakter zeigen.[2]

So gesehen lässt sich dann aus konvivialistischer Sicht danach fahnden, welche gesellschaftlichen Akteure die aktuellen Gefährdungen (zuvorderst: soziale Ungleichheiten und Klimawandel) mit einer konvivialen Gesellschaftstransformation beantworten wollen. Immer mehr Menschen sind bspw. der Ansicht, dass materieller Wohlstand und die Vorstellung vom guten Leben zu entkoppeln sind. Dies kommt einer kulturellen Revolte gleich, da es um die Entwicklung radikal neuer Sinnbezüge geht. Diese Sinnbezüge werden jedoch nicht von außen durch philosophische oder soziologische Theoretiker an die Gesellschaften herangetragen; sie existieren schon allenthalben. Praktisch wird diese neue Form von Konvivialität in einer Vielzahl von sozialen Konstellationen gelebt: in hunderttausenden von assoziativen Projekten der Zivilgesellschaft weltweit, im freiwilligen Engagement, in der solidarischen Ökonomie, in Kommunen, Kooperativen und Genossenschaften, im moralischen Konsum, in NGOs, in Peer-to-Peer-Netzwerken, Wikipedia, sozialen Bewegungen, Fair Trade, Menschenrechtsbewegungen, Natur- und Tierschutzorganisationen, zivilem Ungehorsam und vielem mehr. Der konviviale, unentgeltliche und freie Austausch unter den Menschen und mit der Natur kann als Basis einer konvivialistischen sozialen Ordnung gelten, die sich abgrenzt von einer utilitären, materiell und quantitativ-monetär definierten Version von Wohlstand und gutem Leben (Adloff 2018).

Wenn man in diesen Feldern wegweisende Ideen und wertvolle soziale Experimente erblickt, dann nur, weil man mit der Problembeschreibung dieser Initiativen übereinstimmt und selbst den Standpunkt der Wertneutralität partiell verlassen hat. Soziologinnen und Soziologen, die sich an der Suche nach dem richtigen Leben (z. B. Konvivialität) im falschen (etwa „Wachstumsreligion", verallgemeinerter Utilitarismus und Kapitalismus) beteiligen wollen, müssen wohl oder übel normativ Farbe bekennen und sich auf die Seite der Lebensformen stellen, die ihrer Meinung nach das größte Problemlösungspotenzial haben. Ob sie es tatsächlich haben, wird sich erst in der Zukunft (im Futur II) erwiesen haben. Oder anders formuliert, man sollte denen zu mehr Gehör verhelfen, die die Dinge schon jetzt so „betrachten, wie sie vom Standpunkt der Erlösung aus sich darstelltten" (Adorno 1994, S. 333).

---

[2]Vor allem der amerikanische Pragmatismus, insbesondere John Dewey, hat demokratietheoretisch auf die zentrale Bedeutung einer experimentellen Einstellung bei der Reorganisation des Sozialen hingewiesen. Dazu auch Honneth (2015) und Adloff (2016).

Das Manifest greift also schon vorhandene gesellschaftliche Standpunkte auf, verstärkt sie wie durch einen Lautsprecher und integriert sie durch das Verfassen einer konvivialistischen Gesamtperspektive. Es soll als Sprachrohr, Katalysator, aber auch Transformator bestehender sozialer Bewegungen und intellektueller Strömungen fungieren. Die Problematik besteht nun freilich darin, dass das Manifest nicht in einem realen demokratischen Prozess zustande gekommen ist. Letztlich sprechen einige Intellektuelle für andere Akteure, allerdings nicht aus der Haltung heraus, die Realität besser einschätzen zu können als andere Leute oder über eine intellektuelle Überlegenheit zu verfügen. Es geht vielmehr darum, die Funktion des Intellektuellen auszuüben, Ideen kohärent und pointiert für andere zu formulieren und in den gesellschaftspolitischen Diskurs einzuspeisen. Wissenschaft steht nicht über der Zivilgesellschaft, sie geht aber auch nicht in Zivilgesellschaft auf. Das Manifest setzt auf Responsivität gegenüber bestimmten Gruppen sozialer Transformation (sichergestellt auch durch die Vernetzung der Unterzeichner/innen mit außerwissenschaftlichen Akteuren), ohne die Grenzen zwischen Wissenschaft, Politik und Zivilgesellschaft gänzlich einzureißen.

5 Konvivialistische Politik und Internationalisierung

Welche konkreten politischen Schritte wären für den Weg in die konviviale Postwachstumsgesellschaft zu fordern? Diese Frage haben sich auch die französischen Konvivialisten im Jahr vor der französischen Präsidentschaftswahl gestellt und unter der Federführung von Alain Caillé den Text „Éléments d'une politique convivialiste" (2016) verfasst. Alle Autoren und Autorinnen haben jeweils drei konkrete politische Forderungen aufgestellt, die ihrer Meinung nach den Weg in eine konvivialistische Gesellschaft ebnen könnten. Dabei kreisen die politischen Forderungen der Konvivialisten um Fragen der Bildung, der Ökonomie, des Strafvollzugs, der Ökologie, der Demokratie und der Zukunft Europas.

Im Folgenden sollen einige Forderungen genannt werden, die auf eine Postwachstumsgesellschaft abzielen. Dabei besteht eine Spannung zwischen der Abkehr vom Wirtschaftswachstum und der Notwendigkeit, das materielle Niveau der unterprivilegierten Schichten anzuheben. Ein konvivialistisches Programm muss nämlich versuchen, die ökonomische, soziale und ökologische Frage zusammenzudenken und diese Dimensionen nicht gegeneinander auszuspielen.

Die breit ansetzenden politischen Vorschläge des Textes aus dem Jahr 2016 kreisen um die Grundidee, die Abhängigkeit der Bürger/innen von Märkten abzumildern bzw. alternative Formen des Marktes zu etablieren. Dazu braucht es einen funktionierenden öffentlichen Sektor sowie neue Formen der Kooperation zwischen Unternehmen, der öffentlichen Hand und zivilgesellschaftlichen bzw. Nonprofit-Organisationen. Gemeingüter sollten nicht privatisiert werden, die *économie sociale et solidaire* gilt es zu verteidigen und zu fördern, Komplementärwährungen sind zu unterstützen. Konsumgüter brauchen eine längere Haltbarkeit, ein Leben ohne Autos muss möglich gemacht werden, und schließlich muss die Abhängigkeit nicht nur von Märkten, sondern auch vom Geld verringert werden (*démarchandisation et dé-*

monétarisation). Die Externalisierung von negativen Effekten, die mit Marktprozessen einhergeht, ist zu problematisieren; es braucht alternative Kennziffern und neue qualitative Parameter zur Beurteilung der Ökonomie (jenseits des BIP).

Ein großes Handlungsfeld wird in der Bekämpfung sozialer Ungleichheiten gesehen: Zuvorderst sind Steuerschlupflöcher und Steueroasen abzuschaffen. Steuern sollten wieder einen stärker progressiven Verlauf nehmen, Erbschafts- und Vermögenssteuern sind zentral für die Eindämmung sozialer Ungleichheiten. Flankiert werden sollen diese Maßnahmen durch die Einführung eines bedingungslosen Grundeinkommens. Die Arbeitszeit ist deutlich zu verkürzen, und Einkommen sind nach oben zu begrenzen.

Als ein Ansatzpunkt für gesellschaftliche Transformationen gilt zudem die Veränderung des Verständnisses von Unternehmen (ähnlich wie in der deutschsprachigen Gemeinwohlökonomie). Ihnen kommt nicht nur die Aufgabe zu, rentabel zu sein, sie sollten auch Gemeinwohlaspekte berücksichtigen und weniger als privatwirtschaftliche denn als gemeinwirtschaftliche Unternehmen verstanden werden, die darauf hinarbeiten, gemeinsame Werte zu erzeugen, die über das Monetäre hinausweisen.

Frankreich sollte aus konvivialistischer Sicht zudem aus fossilen und nuklearen Brennstoffen aussteigen, stattdessen wäre auf diversifizierte, erneuerbare Energien und genossenschaftliche Anbieterstrukturen zu setzen. Massentierhaltung und industrielle Landwirtschaft sind zugunsten von lokalen Anbieterstrukturen und ökologischer Landwirtschaft zurückzudrängen. Man sieht an dieser Auswahl von Forderungen: Es gäbe hinreichend viele konkrete politische Schritte, die man aus Sicht einer konvivialen Gesellschaft experimentell zivilgesellschaftlich und politisch reformorientiert gehen könnte.

Wie schon erwähnt, hat der Konvivialismus in den letzten Jahren auch einige Resonanz außerhalb Frankreichs erfahren. Doch da das Manifest und vor allem die später formulierten politischen Vorschläge sich hauptsächlich an die französische Gesellschaft richten, kam in den letzten Jahren die Frage auf, inwieweit sich der Konvivialismus nicht stärker international vernetzen und weiterentwickeln müsste. Dieser Prozess wurde Anfang des Jahres 2019 angestoßen. Im Jahr 2020 ist ein zweites konvivialistisches Manifest erschienen (Konvivialistische Internationale 2020), das zwei neue Prinzipien einführt (jegliche Form menschlicher Hybris ist abzulehnen sowie das Prinzip der gemeinsamen Natürlichkeit von Mensch und Natur). Es reagiert zudem auf aktuelle politische Entwicklungen (etwa das Erstarken illiberaler Regime und Politiken), ist in seinen politischen Vorschlägen internationaler ausgerichtet und wesentlich konkreter – und es ist in einem internationalen Konsultationsprozess entstanden.

Der Untertitel des zweiten Manifests lautet: Für eine post-neoliberale Welt. Herausgestellt wird, dass es darauf ankommt, auch international das bisher dominierende utilitaristische und neoliberale Denken zu brechen und eine Gegenhegemonie der Konvivialität aufzubauen. Dazu braucht es nicht modernisierungstheoretische Universalien, sondern pluriversale Leitideen des guten Lebens und eine Stärkung schon vorhandener Praktiken in gesellschaftlichen Nischen. Darüber hinaus ist aus Sicht des Konvivialismus die transnationale Vernetzung der Sozialwissenschaften entscheidend, um sich für politische Reformen international einsetzen zu können, die eine Transformation hin zu konvivialen Gesellschaften mitermöglichen. Auch die Sozialwissenschaften können also zu diesen Projekten beitragen, wie das Beispiel des Konvivialismus belegt. Darüber hinaus liegt es auch in ihrer Pflicht, sich an der Suche nach neuen Formen der Konvivialität zwischen Menschen sowie Mensch und Natur zu beteiligen. Denn nach Auffassung der Konvivialisten ist eine professionelle und spezialisierte Sozialwissenschaft nicht genug. Zur Aufgabe von SozialwissenschaftlerInnen gehört es auch, ihr professionelles Wissen und ihre normative Haltung in die öffentlichen Debatten einzubringen, um den aktuellen gesellschaftlichen Fehlentwicklungen etwas entgegenzusetzen. So muss aus konvivialistischer Sicht Soziologie immer auch öffentliche Soziologie sein.

Literatur

Adloff, Frank. 2016. *Gifts of cooperation, Mauss and pragmatism*. London: Routledge.
Adloff, Frank. 2018. *Politik der Gabe. Für ein anderes Zusammenleben*. Hamburg: Edition Nautilus.
Adloff, Frank, und Volker Heins, Hrsg. 2015. *Konvivialismus. Eine Debatte*. Bielefeld: transcript.
Adorno, Theodor W. 1994. *Minima Moralia. Reflexionen aus dem beschädigten Leben*. Frankfurt a. M.: Suhrkamp.
Caillé, Alain. 2008 [2000]. *Anthropologie der Gabe*. Frankfurt/New York: Campus.
Caillé, Alain und Les Convivialistes. 2016. *Éléments d'une politique convivialiste*. Lormont: Le Bord de L'eau.
Caillé, Alain. 2011. *Pour un manifeste du convivialisme*. Lormont: Le Bord de l'eau.
Caillé, Alain. 2014. *Anti-utilitarisme et paradigme du don. Pour quoi?* Lormont: Le Bord de L'eau.
Convivialistes, Les. 2014. *Das konvivialistische Manifest. Für eine neue Kunst des Zusammenlebens*, Hrsg. Frank Adloff und Claus Leggewie. Bielefeld: transcript. www.diekonvivialisten. de. Zugegriffen am 16.07.2020.
Habermas, Jürgen. 1985. Die Neue Unübersichtlichkeit. Die Krise des Wohlfahrtsstaates und die Erschöpfung utopischer Energien. *Merkur* 39(431): 1–14.
Honneth, Axel. 2015. *Die Idee des Sozialismus*. Berlin: Suhrkamp.
Klatt, Johann, und Robert Lorenz. 2011. Politische Manifeste. Randnotizen der Geschichte oder Wegbereiter sozialen Wandels? In *Manifeste. Geschichte und Gegenwart des politischen Appells*, Hrsg. Johann Klatt und Robert Lorenz, 7–45. Bielefeld: transcript.
Konvivialistische Internationale. 2020. *Das zweite konvivialistische Manifest. Für eine post-neoliberale Welt*. Bielefeld: transcript.

Vom Hidden Champion zum gesellschaftlichen Akteur

Fragen des industriellen Mittelstands an eine öffentliche Soziologie

Andreas Rade

Inhalt

1 Klassische Aushandlungsprozesse stoßen an Grenzen 373
2 Der industrielle Mittelstand mischt sich ein 374
3 Öffentliche Soziologie als Beratung 376
4 Öffentliche Soziologie als Abbild 377
5 Öffentliche Soziologie und konkrete Ansatzpunkte 379
6 Fazit: Smith hatte zwei Hände 383
Literatur 384

1 Klassische Aushandlungsprozesse stoßen an Grenzen

Das Verhältnis von Industrie, Politik und Gesellschaft ist stark davon geprägt, dass die jeweiligen Sichtweisen und Handlungslogiken schwer zusammenzuführen sind. Das Gefühl eines konstruktiven Austausches dürfte jeweils nicht das prägende Bild sein. Die Welt des industriellen Mittelstandes hat daraus lange den Schluss gezogen, die politische Bühne zu meiden. Das hat sich in den letzten Jahren zunehmend verändert, insbesondere weil Themen wie der Klimawandel, die Globalisierung oder die Digitalisierung das unternehmerische Handeln unmittelbar betreffen und nicht mit den klassischen Prozessen des Interessenausgleichs bzw. der Sozialpartnerschaft zu lösen sind. Tarifverhandlungen oder der Austausch mit den Betriebsräten und Beschäftigen sind eingeübte Prozesse. Das Streiten für günstige ökonomische Rahmenbedingungen etwa in der Steuer- oder Arbeitsmarktpolitik wurde eher den

---

Der Autor Andreas Rade war zum Zeitpunkt der Erstellung des Textes Geschäftsführer im Hauptstadtbüro des Verbandes Deutscher Maschinen- und Anlagenbau (VDMA). Der Text ist die persönliche Meinung des Autors.

A. Rade (✉)
VDMA Hauptstadtbüro Berlin, Berlin, Deutschland

Spitzenverbänden oder den großen Konzernen überlassen. Sich in andere Themen und gesellschaftliche Gruppen hinein zu öffnen, heißt auch, diese besser verstehen zu müssen und eine *Dialogebene* herzustellen.

2 Der industrielle Mittelstand mischt sich ein

Der Maschinen- und Anlagenbau gehört sicher nicht zu den Industriezweigen, die in der Vergangenheit im Fokus öffentlicher Kontroversen standen. Hier tummeln sich die regional stark verankerten ‚Hidden Champions', die meist in ihrem Segment Technologieführer sind und weltweit ihre Märkte sehr erfolgreich bedienen. Der hier dargelegte Blick auf die über 3200 (häufig mittelständischen und meist familiengeführten) Mitgliedsunternehmen des Verbandes Deutscher Maschinen- und Anlagenbau (VDMA), ist damit auch ein Blick auf das deutsche Erfolgsmodell unter dem Eindruck der Transformation und neuer Rahmenbedingungen.

Mit gut 1,3 Mio. Beschäftigten sind die Maschinenbauunternehmen Deutschlands größter industrieller Arbeitgeber. Eine überdurchschnittliche Ausbildungsquote ist eines der Mittel gegen den drohenden Fachkräftemangel, aber auch Zeichen unternehmerischer Verantwortung. Fast 90 Prozent der Unternehmen beschäftigten weniger als 250 Mitarbeitende, viele finden sich jenseits der großen Städte. Über 80 Prozent der Produktion gehen ins Ausland, über die Hälfte davon ins außereuropäische Ausland. Der Maschinenbau versteht sich daher berechtigterweise als ‚Ausrüster der Welt', ganz vorne liegen neben dem europäischen Binnenmarkt die Zielmärkte USA und China. Der Begriff Industrie 4.0 wurde aus dem Maschinenbau heraus auf der Hannover-Messe 2011 geprägt und steht seither weltweit für die digitalisierte industrielle Produktion.

Hinter diesen ökonomischen Eckdaten und Begrifflichkeiten stecken konkrete soziale Realitäten und Erfahrungswelten der Unternehmen und der im Maschinenbau beschäftigten Menschen. Die großen Debatten der Zeit sind hier sehr real, häufig Chance und Bedrohung zugleich. Die Transformation in eine klimaneutrale Welt lässt auch im Maschinenbau bisherige Geschäftsmodelle zerplatzen. Wer den Weg nicht rechtzeitig in Produktionsprozesse und Produkte übertragen hat, wird absehbar vom Markt verschwinden. Gleichzeitig ist es in Summe der Maschinenbau, der mit seiner technologischen Lösungskompetenz enorme Chancen hat. Der Konflikt zwischen den USA und China ist hingegen eine Konfrontation zwischen den beiden größten Absatzmärkten und damit eine große Bedrohung. Der Brexit oder die Konflikte zwischen Brüssel mit Ungarn bzw. Polen werden als Verunsicherung über die Stabilität des Heimatmarktes wahrgenommen. Die Corona-Krise hat Lieferketten zerbrechen und die Auftragseingänge einstürzen lassen. Pandemiebedingte Einreisebeschränkungen bedeuteten im Maschinenbau, laufende Verträge nicht erfüllen und neue nicht abschließen zu können. Das Ausrufen einer digitalen Revolution muss in den Unternehmen im konkreten Arbeitsprozess abgebildet werden. Das Thema Weiterbildung bzw. Qualifizierung ‚on-the-job' müssen an die Erfordernisse angepasst werden.

Das Modell der ‚Hidden Champions' ist vor diesem Hintergrund an ein kommunikatives Ende gekommen. Während die Soziologie scheinbar noch widerstreitend ihre Öffentlichkeit(en) debattiert, hat sich der industrielle Mittelstand auf den Weg der *sichtbaren Einmischung* gemacht. Allerdings nicht ohne Unsicherheiten und Abschiedsschmerzen: Wirtschaftlicher Erfolg und eine geringe öffentliche Aufmerksamkeit waren auch eine gewisse Komfortzone für die Unternehmen.

Der ökonomische Erfolg ist jedoch nicht mehr allein aus sich heraus garantiert. Er hängt neben der eigenen Innovationskraft immer stärker an externen Faktoren, politischen Themen sowie gesellschaftlichen Trends. Ehemals getrennte Welten überschneiden sich, selbst für eine Industrie, die keinen direkten Kontakt zu den KonsumentInnen hat. So ist eine soziologische Perspektive notwendig, z. B. wenn es um junge Leute und ihre Aufgeschlossenheit für technische Berufe geht. Ähnlich schwierig ist häufig die Aufgabe, ServicetechnikerInnen zu finden, die auf Abruf in die Welt hinaus reisen, wenn ein Problem an einer ausgelieferten Maschine aufgetreten ist. Der dahinterliegende Trend, die Vereinbarkeit von Familie und Beruf zu erhöhen, kann für einen kleinen Mittelständler dann schnell zu einer Herausforderung werden.[1] Hier ist es von Bedeutung, sich mit gesellschaftlichen Trends sowie persönlichen Bedürfnissen auf der einen Seite und unternehmerischen Erfordernissen auf der anderen Seite zu beschäftigen, um Lösungen zu finden, die für beide Seiten annehmbar sind.

Wenn ein Verband oder eine Industrie sich stärker in gesellschaftspolitische Diskussionen einbringen möchte, ist das Selbstverständnis zu klären. Der VDMA versteht sich als Stimme des industriellen Mittelstandes und ist damit natürlich ein Interessenverband. Er begreift sich dabei als *Teil der gesellschaftlichen sowie politischen Meinungsbildung* und gibt transparent über seine Meinungsbildung und die zusammengeführten Positionen und Ziele seiner Mitglieder Auskunft. Im sozialwissenschaftlichen Kontext ist er ein intermediäres System, das seine Funktion der Meinungsbildung und Vermittlung ausfüllt. So wurde unter dem Titel „Industrie schafft Zukunft" nach der Bundestagswahl 2021 öffentlich ein „Wunschkapitel für einen Koalitionsvertrag" vorgelegt (VDMA 2021). Dies als Gesprächsangebot und Gegenbild zum öffentlich vorherrschenden Bild des Lobbyismus der Hinterzimmer.

Drei Besonderheiten sollen hier beachtet werden, um den Maschinenbau im Kontext der öffentlichen Soziologie einzuordnen. Erstens: Der Maschinenbau ist, wie angedeutet, eine Investitionsgüterindustrie. Es geht somit um sog. Business-to-Business Geschäfte, die durch eine Kundennähe zur Entwicklung spezifischer Lösungen geprägt ist. Der direkte Kontakt zum Konsumenten (Business-to-Consumer) ist daher nur ein eingeschränkter Teil der hier reflektierten Erfahrungswelt. Zweitens: Der Maschinenbau stand nie, wie andere Industrien, im Fokus größerer öffentlicher Debatten oder medialer Kritik. Eine führende Marktposition, ohne dass ein Verbraucher oder die politische Öffentlichkeit je den Namen des jeweiligen Unter-

---

[1] Die Corona-Krise hat dies eindrücklich gezeigt, da z. B. China mit sehr restriktiven Einreise- und Quarantäneregelungen kein sehr attraktives Land für diese Tätigkeiten war. Entsprechend schwierig war es, Mitarbeiter zu entsenden.

nehmens registriert hätte, ist hier eher die Regel als die Ausnahme. Drittens: Der Maschinenbau produziert für den globalen Markt. Nationale Debatten und politische Entscheidungen werden immer auch im internationalen Kontext bewertet.

3 Öffentliche Soziologie als Beratung

Ausgangspunkt der hier ausgeführten Überlegungen ist demnach eine mittelständische Industrie, die eng mit ihrer *regionalen Öffentlichkeit* verbunden ist, die die große Bühne aber traditionell nicht gesucht hat. Das hat sich in den letzten Jahren behutsam, aber doch bewusst geändert. Mehr und mehr schlagen gesellschaftliche Trends oder politische Großwetterlagen auch auf den industriellen Mittelstand durch. Gesellschaftliche Veränderungsprozesse und politische Entscheidungskriterien bzw. -abläufe verstehen zu können, ist daher ein wachsendes Anliegen.

Der Begriff der öffentlichen Soziologie klingt aus Sicht eines Industrieverbandes folgerichtig verlockend und nach dem Füllen einer Leerstelle. Angelegt als Dialog mit anderen Denkwelten und Handlungslogiken, um z. B. Fragen nach der Akzeptanz von Industrie beantworten zu können. In einer Zeit, in der ehemals selbstverständliche wirtschaftspolitische Standpunkte öffentlichen Widerspruch auslösen, muss sich auch eine Industrie wie der Maschinenbau eine soziologische Brille aufsetzen, um die richtigen Antworten finden zu können.

Die Annäherung an eine öffentliche Soziologie fällt dann jedoch zunächst etwas zwiespältig aus. So ist beim Begründer dieser Debatte, Michael Burawoy, zu lesen: „Wenn der Standpunkt der Ökonomie der Markt und seine Expansion ist und der Standpunkt der politischen Wissenschaft der Staat und die Garantie politischer Stabilität, dann ist die Zivilgesellschaft und die Verteidigung des Sozialen der Standpunkt der Soziologie" (Burawoy 2015, S. 89). Hier ließe sich die Frage stellen, auf welche räumliche Eingrenzung er dies jeweils bezieht? So kann etwa ein mittelständisches Unternehmen aufs Engste in die örtliche Zivilgesellschaft in Ostwestfalen-Lippe eingebunden sein, es gleichzeitig aber mit seinen weiteren ausländischen Produktionsstätten oder Vertriebsbüros mit ganz anderen gesellschaftlichen Fragestellungen und Sichtweisen zu tun haben. Je nach Aufstellung z. B. mit einer Zivilgesellschaft in den USA, China, Indien oder Brasilien. Schon die Frage, was jeweils eine Zivilgesellschaft ausmacht und wie diese zusammenzuführen sind, dürfte eine interessante Debatte in einem solchen Unternehmen sein. Vermutlich wird man da mit einem geografisch sehr offenen Begriff von Zivilgesellschaft zurechtkommen müssen, um in einem Unternehmen damit arbeiten zu können.

Noch grundsätzlicher ist aus Sicht eines Industrieverbandes jedoch zu fragen, ob das Konzept nicht zu stark auf eine Parteinahme und zu wenig auf eine Ausweitung des Blickfeldes abzielt? Burawoy geht es scheinbar eher um ein Plädoyer, die Soziologie gegen eine ausgemachte Dominanz anderer Disziplinen bzw. deren ausgemachten blinde Flecken in Stellung zu bringen: „Sie untersucht die sozialen Voraussetzungen der Politik und Politisierung des Sozialen, wie auch die Wirtschaftssoziologie sich stark von der Ökonomie unterscheidet, sie befasst sich wirklich mit dem, was Ökonomen gern übersehen, mit den sozialen Grundlagen des

Marktes" (Burawoy 2015, S. 90). Die hier verfolgte These geht hingegen davon aus, dass die Orte der Überschneidung interessant sind, um seine eigene Positionierung darauf beziehen zu können. Auch aus der Perspektive des sozialen Zusammenhalts sowie gesellschaftlicher Meinungsbildungsprozesse sind es die Schnittmengen und Wechselwirkungen, die sich stärker abbilden sollten. So ist z. B. ein ausgeprägtes ‚Wir-Gefühl' ein wiederkehrendes Phänomen im industriellen Mittelstand. „Wenn es den Leuten bei mir gut geht, geht es auch dem Unternehmen gut", heißt oft die Erkenntnis der Leitung bzw. des Inhabers oder der Inhaberin eines Unternehmens. „Was für die Firma gut ist, ist auch gut für mich", heißt es gleichzeitig andersherum aus der Belegschaft. Das ließe sich auch übersetzen in: ökonomischer Erfolg des Unternehmens hängt an der Berücksichtigung sozialer Fragestellungen der Beschäftigten.

4 Öffentliche Soziologie als Abbild

Wer die mediale Berichterstattung verfolgt, wird schnell auf eine Reihe von ÖkonomInnen und PolitologInnen kommen, die ihre Sicht jeweils als Erläuterung oder Bewertung einbringen. Vermutlich haben die VertreterInnen beider Disziplinen damit inzwischen auch einen Vorsprung erworben, wenn es um die öffentlich anschlussfähige Übersetzung eigener Begrifflichkeiten und Analysen geht. Ein Praxischeck der dahinterliegenden wissenschaftlichen Arbeit dürfte ein weiterer Effekt sein. Im Ergebnis können Verständnis und Erkenntnisse jeweils gewinnbringend ausgeweitet werden. So sucht auch ein Verband wie der VDMA den regelmäßigen Austausch mit professionellen Beobachtern der politischen Abläufe. Es geht darum, zu verstehen, wie die eigenen Interessen in den Wettbewerb der politischen Ideen einzubringen sind. Gleichzeitig geht es aber auch darum, dass die GesprächspartnerInnen sich in die Anliegen und Sichtweisen des industriellen Mittelstands hineindenken sowie in ihre Analysen und Lösungsvorschläge einbeziehen können. Die Botschaft ist dabei durchweg: Der Austausch ermöglicht neue Einblicke und weitet den Horizont.

Das Anliegen der öffentlichen Soziologie ist aus dieser Perspektive vielversprechend, weil daraus ein gemeinsamer Erkenntnisgewinn entwickelt werden kann. Allein die Digitalisierung von Wirtschaft und Gesellschaft ist mit enormen Wandlungsprozessen verbunden, die genau nach solch einem Erkenntnisgewinn verlangen. Der Standpunkt der Ökonomie wird immer der Markt bleiben, da ist Burawoy nicht zu widersprechen. Gleichwohl ist die Vermischung mit anderen Lebenswelten und gesellschaftlichen Zielsetzungen längst Realität. Das Bild des „ehrbaren Kaufmanns" und der gesellschaftlichen Verantwortung von Unternehmen gründet darauf (Bohnen 2020).

Die Aktionsfelder der Unternehmen sind in dieser Hinsicht vielfältig. Wer sich den betrieblichen Alltag im industriellen Mittelstand ansieht, wird erkennen, dass dahinter eine Mischung aus innerer Überzeugung und unternehmerischer Überlegung steht. UnternehmensinhaberInnen sind längst gezwungen, der lebensweltlichen Realität ihrer Mitarbeitenden Rechnung zu tragen. Gleichgültig, ob es um den

Betriebskindergarten geht, individuelle Regelungen zur Pflege von Familienangehörigen, Unterstützung im Fach Deutsch als Fremdsprache oder um die nachschulische Hilfestellung bei Mathematikdefiziten von Lehrlingen. Anders ausgedrückt: Unternehmen stellen sich verstärkt den (eigentlich) gesamtgesellschaftlichen Aufgaben Bildung, Demografie oder Integration.

Sie werden damit Akteure soziologischer Fragestellungen nach Aufstiegschancen, der Vereinbarung von Familie und Beruf oder auch der Stärkung ländlicher Räume. So hat vermutlich gerade der industrielle Mittelstand mit seiner überdurchschnittlichen Ausbildungsquote bessere Einblicke in die praktischen schulischen Ergebnisse einer Region als mancherlei Schulbehörde. Nicht jeder Unternehmer wird Studien zur ‚Generation Y' gelesen haben, aber er hat sie beim Einstellungsgespräch vor sich. Sozialwissenschaftliche Erkenntnisse, die sich in unternehmerische Aufgaben und Rahmenbedingungen übersetzen lassen, sind damit von wachsender Bedeutung. Gerade der Mittelstand muss im Wettbewerb um Fachkräfte attraktive Arbeitsplätze anbieten und ist oft Vorreiter mit angepassten Arbeitszeitmodellen usw. Die Trennung zwischen Arbeitsplatz auf der einen Seite und Privatleben auf der anderen Seite lässt sich so nicht mehr halten.

Wer sich im industriellen Mittelstand umhört, wird häufig auch auf die Erfahrungen der Finanz- und Wirtschaftskrise der Jahre 2008 und 2009 verwiesen. Nennenswerte Arbeitsplatzverluste gab es hier nicht im Maschinenbau, da die Auftragseinbrüche als gemeinsames Problem aufgefangen wurden. Temporär vereinbarte Lohnverzichte gab es hier ebenso, wie die Nutzung von Eigenkapital, um die Beschäftigten zu halten. In der Phase des Aufschwungs hat dies dann vielfach zu einer Vertrauenssituation geführt, die vielfach auch danach verschiedene betriebliche Vereinbarungen erleichtert hat. Ebenso konnte die Corona-Krise (zusammen mit dem Kurzarbeitergeld) auf dieser Basis nahezu vollständig ohne Arbeitsplatzabbau durchgestanden werden.

Damit soll kein Bild einer heilen Welt gezeichnet werden, die alle Interessengegensätze einebnet oder deren Auflösung verspricht. Bei der Beschreibung handelt es sich jedoch um keinen Einzelfall, sondern um eine Art von praktischer betrieblicher Sozialpartnerschaft, die einen Perspektivwechsel gelernt hat. Es geht um die Erfahrung, dass ein gemeinsames Verständnis über das Wesen einer Herausforderung gemeinsame Rezepte und Sichtweisen befördern kann.

Einer öffentlichen Soziologie sollte es nicht als Selbstzweck darum gehen, in einen Wettstreit der Disziplinen einzutreten. Vielversprechender wäre ein Ansatz, der seine Bereicherung darin sieht, die Schnittmengen zu beleuchten. Die hier im Zentrum stehenden Unternehmen des industriellen Mittelstandes würden dann weiterhin weitgehend einer ökonomischen Handlungslogik folgen (müssen), aber damit auch als gesellschaftlicher Akteur betrachtet werden. Die grundlegende Erwartung an eine öffentliche Soziologie könnte dann in einer Abwandlung von Burawoy so formuliert werden:

> Wenn der Standpunkt der Ökonomie der Markt und seine Expansion ist, sollte eine öffentliche Soziologie ihr den Blick sowie das Verstehen der Zivilgesellschaft sozialer Prozesse möglich machen, sich damit gleichzeitig Zugänge zu ökonomischen Fragestellungen eröffnen und somit ihren Analyserahmen ausweiten.

Ein rein wirtschaftspolitischer Diskurs muss in Teilen einäugig bleiben, wenn keine Anschlussfähigkeit zu anderen Fragestellungen erzielt werden kann. Zu vermuten ist jedoch, dass auch ihrerseits eine *einäugige Soziologie* nicht viel weiterhilft.

Ohne damit einen Anspruch auf eine umfassende Behandlung der Materie verbinden zu wollen, soll hier das Konzept der „Reflexiven Modernisierung" nach Ulrich Beck als interessante Perspektive genannt werden. Der (öffentliche) Erfolg der „Risikogesellschaft" (Beck 1986) und ihrer weiteren Ausbuchstabierung liegt vermutlich auch darin begründet, dass Soziologie hier einen großen praktischen Rat weit über das Fach hinaus vermitteln konnte. Beck hat die Maßgabe des „sowohl-als-auch" als Kategorie ins Zentrum gerückt, womit Realität übergreifend abgebildet werden kann: „Wir leben in der Welt des *und*, denken in Kategorien des *entweder-oder*. (...) Die stinknormale Weiter-und-weiter-Modernisierung hat eine Kluft zwischen Begriff und Wirklichkeit aufgerissen, die deshalb so schwer aufzuzeigen, zu benennen ist, weil die Uhren in den zentralen Begriffen stillgestellt sind" (Beck 1991, S. 61).

Es geht hierbei jedoch nicht nur darum, Brücken zu bauen oder zeitweise die Perspektiven zu tauschen. Vielmehr muss es darum gehen, die jeweiligen Handlungslogiken und Problemlagen zu erkennen und für sich einzubeziehen. Diese Herausforderung stellt sich auch für Verbände. Will Interessenvertretung mehr sein als die ständige Wiederholung und die wohlmöglich eindimensionale Wiederholung der eigenen Perspektive, müssen andere Blickwinkel einbezogen werden. Um Akteur einer demokratischen Willensbildung zu sein, gilt es, die Wechselbeziehungen zwischen Politik, Wirtschaft und Gesellschaft sowie die jeweilige Aufgabenbeschreibung als Realität und Rahmen der Aushandlungsprozesse anzuerkennen. Damit können die eigenen Lösungskapazitäten ebenso erhöht, wie auch die Kapazitäten zur Modernisierung insgesamt gesteigert werden.

5   Öffentliche Soziologie und konkrete Ansatzpunkte

Für den industriellen Mittelstand lassen sich beispielhaft Themen ausmachen, die die Erweiterung eines rein ökonomischen Blickes erforderlich erscheinen lassen. Industrieakzeptanz, Klimaschutz, Digitalisierung und Handelspolitik stehen für Herausforderungen, die das unternehmerische Wirken unmittelbar berühren. Sie lassen sich jedoch nicht allein mit ökonomischen Kategorien oder mit dem Selbstverständnis als ‚Hidden Champion' sinnvoll bearbeiten.

5.1   Handlungsfeld Akzeptanz

Deutschland verfügt über eine starke industrielle Basis. Über alle relevanten politischen Lager hinweg besteht Einigkeit darüber, dass wir daher die Finanzkrise nicht nur gut überstanden haben, sondern umso stärker aus ihr hervorgegangen sind. Es zeichnet sich ab, dass auch die Corona-Krise ähnlich einzusortieren sein wird. Insbesondere der industrielle Mittelstand gilt als deutsche Erfolgsformel, u. a. hinsichtlich seiner Wettbewerbs- und Innovationsfähigkeit oder auch seiner Leistungen im Bereich der dualen Ausbildung. Industrieakzeptanz zu thematisieren, heißt in Deutschland damit automatisch, über die Grundlagen und die Zukunft von Wohlstand und Beschäftigung zu sprechen.

Gleichwohl sind Industrie und industrielle Produktion kein Selbstläufer, wenn es um damit automatisch verbundene Belastungen geht. Die Brisanz mag dabei je nach Branche unterschiedlich zu bewerten sein, doch ist das Thema eindeutig eine Herausforderung, die Industrie insgesamt betrifft. Das zeigt z. B. die Breite der Mitglieder im „Bündnis Zukunft der Industrie". Dort widmen sich Partner aus Arbeitgeber- und Industrieverbänden, wie auch aus Kammern und den Industriegewerkschaften der Frage, wie die industrielle Basis in Deutschland erhalten und ausgebaut werden kann.[2]

Am Beginn der Bündnis-Aktivitäten stand jedoch eine Studie im Auftrag des Bundeswirtschaftsministeriums, die die überraschende Antwort gab, dass es „... bedauerlicherweise – erst recht auf internationaler Ebene – kein Datenmaterial zur Akzeptanz der Industrie gibt" (Bogenstahl et al. 2015). Ein Zustand, an dem sich seither nichts Grundlegendes gewandelt hat. Als Indizien für das Thema Akzeptanz werden daher in der Regel gemessene Einstellungen zu Wissenschaft und Technik herangezogen, die vergleichsweise positiv ausfallen. Allerdings lohnt die Differenzierung. So wird gerade mit Blick auf den „not-in-my-backyard-effect" (NIMBY) auf ein schwieriges Umfeld verwiesen, das offensichtlich auf intelligente Mechanismen des Interessenausgleichs angewiesen ist. Selbst eine ansonsten vollkommen unkritische bauliche Erweiterung eines mittelständischen Maschinenbauunternehmens kann potenziell auf Akzeptanzprobleme stoßen, wenn Eingriffe ins Stadtbild damit verbunden sind oder eine neue Lärmquelle vermutet wird. Bei größeren Maßnahmen oder bezogen auf einzelne Technologien verschärft sich das entsprechend.

Die Studie kam seinerzeit zu einem klaren Ergebnis, das auch heute unverändert gelten dürfte, wie ähnliche aktuelle Umfragen nahelegen: „Der Bürger beziehungsweise die Bürgerin glaubt sehr stark an den Fortschritt durch Wissenschaft und Technologie, würde auch riskante Forschung nicht vorschnell stoppen (,wohlwollend'), will aber im Gegenzug auch über die damit verbundenen Risiken aufgeklärt werden (,skeptisch')" (Bogenstahl et al. 2015, S. 35). Information und Dialog sind insofern grundlegend für das Thema Akzeptanz. Wirtschaft, Politik und Gesellschaft werden weiterhin einer jeweiligen Logik folgen und auch widerstreitende Standpunkte formulieren. Es ist aber erkennbar, dass die Schnittmenge bzw. Vermittlung der Standpunkte zunehmend der Schlüssel für Lösungen wird. Der Bedarf einer Soziologie, die sich hier aktiv einbringt, ist leicht erkennbar. Eine Soziologie, die auch für ökonomische Akteure den Blick auf die gesellschaftlichen Grundströmungen ermöglicht bzw. diese einordnet. Die aber auch unternehmerisches Handeln und Wirtschaft als Teil von Gesellschaft beschreibt und die schließlich handwerkliche

---

[2] https://www.buendnis-fuer-industrie.de/startseite/.

Hinweise zum Gelingen eines Dialogs im Sinne von Information und Interessenausgleich geben kann.

5.2 Handlungsfeld Klimaschutz

Spätestens mit der UN-Klimakonferenz von Paris 2015, ist der (weltweite) Entwicklungspfad auf eine klimaneutrale Wirtschaft ausgerichtet. Europa und Deutschland haben sich ambitionierte Ziele gesetzt. Hohe Aufmerksamkeit haben daher zu Recht die beiden Klimastudien des Bundesverbandes der deutschen Industrie (BDI) erhalten (Gerbert et al. 2018; BCG 2021). Sie markieren den Anspruch der Industrie, Antworten darauf zu haben, wie die Dekarbonisierung des Industriestandortes Deutschland gelingen kann. Bei allen Differenzen in der klimapolitischen Diskussion sollte gelten: Die Transformation wird dann ein Erfolg, wenn wir die gesetzten Ziele erreichen und gleichzeitig Wachstum und Wohlstand sichern. In dieser globalen Anschlussfähigkeit und Vorbildfunktion würde neben der Reduktion des eigenen nationalen CO_2-Ausstoßes der besondere und spezifische weltweite deutsche Beitrag liegen.

Der Maschinenbau hat seine Rolle hier klar als ‚Enabler' definiert und sich z. B. im Rahmen einer aufkommensneutralen Neusortierung der energiebezogenen Steuern mit einem Zielwert von 110 Euro/t CO_2 in die Debatte eingebracht (Fiedler und Zerzawy 2019). Mit schon heute vorhandenen Technologien könnte der Maschinenbau 86 Prozent der klimaschädlichen industriellen Emissionen bei seinen weltweiten Kunden reduzieren (Lorenz et al. 2020). Das macht ihn zum zentralen technologischen Lösungsanbieter und zeigt die enorme positive Hebelwirkung. Dennoch ergibt sich daraus nicht umgehend eine uneingeschränkte Unterstützung, das Bild scheint komplexer zu sein.

In der Klimapolitik endet die Trennung der Welten in Gesellschaft, Politik und Wirtschaft. Es ist erkennbar, dass die Industrie im Kontext des hier verfolgten Blickwinkels damit auf zwei Probleme stößt: Erstens die Frage ihrer Glaubwürdigkeit. Hat sie sich auf den Weg gemacht oder will sie nur Zeit gewinnen? Zentral erscheint hier der Bedarf, überhaupt einen kommunikativen Raum zu haben, der die Sichtweisen, Herleitungen und vor allem die Komplexität der Transformation abbildet. Mit Blick auf die zunehmende Fragmentierung in einzelne selbstbezogene Öffentlichkeiten zeigt sich der Beratungsbedarf. Zweitens die Frage der Perspektive. Findet der konsequent technologiebasierte Ansatz hinreichend Resonanz? Eine Industrie wie der Maschinenbau hat in der Klimadiskussion ausdrücklich die Botschaft der technologischen Machbarkeit. Noch weiter zugespitzt lautet die Position: Die Technologien sind vorhanden, die Hemmnisse sind politischer und gesellschaftlicher Art.

Teile der Klimadiskussion sind demgegenüber deutlich defensiver aufgestellt und beziehen stärker Fragen der (individuellen) Lebensweise oder der grundsätzlichen (globalen) Wirtschaftsweise ein. Hier werden Ansatzpunkte bzw. Konfliktlinien erkennbar, die auch aus Sicht eines technologiebasierten Ansatzes zu bearbeiten wären, um die klimapolitischen Handlungskapazitäten insgesamt steigern zu können.

5.3 Handlungsfeld Digitalisierung

Mit dem Begriff Industrie 4.0 verbindet sich der Weg in eine digitalisierte industrielle Produktion. Was dies an Effizienzgewinnen und kundenspezifischen Lösungen ermöglicht, soll hier ebenso wenig ausgeführt werden, wie der Weg von der ersten in die nunmehr vierte Revolution (vgl. dazu u. a. Roth 2016). Es geht um einen breiteren Blickwinkel. Der digitale Wandel ist wohl das sichtbarste Feld dafür, wie Wirtschaft und Gesellschaft gleichermaßen radikal umgekrempelt werden. Er betrifft das Alltagsleben der Menschen und ihre Arbeitsplätze, wie auch die Unternehmen und ihre Geschäftsmodelle. Vor allem wird es dazu führen, dass die Grenzen immer stärker schwinden, die analytische Trennung von Wirtschaft und Gesellschaft macht tendenziell keinen Sinn mehr.

Die deutliche Schnittstelle zur Soziologie ist sicher mit dem Begriff Arbeit 4.0 markiert. Die Dimensionen dieser Debatte sind vielfältig. Verbleiben wir allein bei den Produktionsabläufen, so wird z. B. vom heutigen BDI-Präsidenten davon ausgegangen, dass es künftig noch stärker um „eine Beherrschung der zunehmenden Komplexität, selbstverantwortliches Arbeiten, dezentrale Führungs- und Steuerungsformen sowie eine neue, kollaborative Arbeitsorganisation" (Russwurm 2013, S. 33) gehen wird. Um diesen Anforderungen einer digitalen Arbeitswelt in Chancen zu überführen, müssen u. a. die notwendigen Grundlagen in den Unternehmen oder in den Bildungs- und Ausbildungssystemen geschaffen werden. Die besondere Herausforderung besteht sicher darin, dass die technologische Entwicklung (Industrie 4.0) einen Vorsprung vor der Anpassung bzw. Gestaltung der Arbeitswelt hat (Arbeit 4.0). Auch vor diesem Hintergrund besteht hoher gemeinsamer Handlungsbedarf. Die Philosophin Lisa Herzog hat dies zum Ausdruck gebracht: „Wie dieses soziale System der Arbeitswelt aussieht, hängt maßgeblich davon ab, wie wir es gemeinsam gestalten, vor allem durch die Rahmensetzung innerhalb demokratischer Politik, aber auch durch die gemeinsame Verwirklichung kultureller Werte und Normen" (Herzog 2019, S. 11). Die angemahnte gemeinsame Gestaltung wird sich in der Realität absehbar in verschiedenen Formen ausdrücken. Strittig oder als Aushandlungsprozess im Rahmen der Sozialpartnerschaft. In allgemeingültiger Form oder praxisnah entlang der einzelnen unternehmerischen und branchenbezogenen Anforderungen. Für alle Varianten gilt aber, dass ein Höchstmaß an Verständnis und Wissen über die einzelnen Perspektiven vorhanden sein sollte. Nur aus einem Zusammenspiel verschiedener Perspektiven und Betroffenheiten wird Wettbewerbsfähigkeit auf der einen Seite und Arbeitsplatzsicherheit auf der anderen Seite entstehen.

5.4 Handlungsfeld Handelspolitik

Die 2013 gestartete Verhandlung über ein transatlantisches Handels- und Investitionspartnerschaftsabkommen (TTIP) mit den USA hat seinerzeit in den Ausmaßen der öffentlichen Kritik nicht nur Vertreter aus der Wirtschaft überrascht. Mit der Präsidentschaft Trump hatte sich das transatlantische Verhältnis derartig verschoben, dass eine angemessene Debatte ohnehin vollkommen unmöglich war. Mit Joe Biden ist jedoch ein Präsident ins Weiße Haus eingezogen, der Anknüpfungen an den Stand vor Trump wieder möglich erscheinen lässt. Auf der Ebene des einzelnen Unternehmens erscheint die Frage gleichwohl unabhängig vom jeweiligen US-Präsident leicht zu beantworten. Denn: Wer sollte sich dagegen wenden, dass ein mittelständischer Maschinenbauer durch die Angleichung von Standards Ersparnisse von fünf bis 20 Prozent beim Export in die USA verzeichnen könnte? Ähnliche Rechnungen ließen sich bei den Abkommen mit Kanada (CETA) oder Südamerika (Mercosur) aufmachen.

Die Frage ist daher auch heute, warum es in einem Exportland wie Deutschland regelmäßig zu einer derartigen Zuspitzung des Themas Freihandel kommen kann? Auch im europäischen Vergleich liegt die Skepsis regelmäßig über dem Durchschnitt. Das Bild ist insgesamt sehr divers und mit rein ökonomischen Argumenten nicht zu fassen. Allein beim Blick auf die kritische Haltung der Gewerkschaften fällt auf, dass selbst die hohe Zahl exportabhängiger Arbeitsplätze keine hinreichende Überzeugungskraft entfalten kann. Auf der politischen Linken dominieren Kritikpunkte, die auf Fragen eines gerechten Welthandels und der Einbindung des globalen Südens abzielen. Die Skepsis gegenüber neuen Freihandelsverträgen ist in den letzten Jahren auf der rechten Seite des politischen Spektrums erkennbar mit den Stichworten Protektionismus und Renationalisierung von Politik zusammengeführt wurden. Aus Sicht einer exportorientierten Industrie muss das in besonderer Form alarmieren. Denn: Hier geht es um eine fundamentale Infragestellung einer weltoffenen und liberalen politischen Ausrichtung. Nicht das ‚Wie' wird adressiert, sondern das ‚Ob'.

Der Bedarf einer *Verständigung* ist offensichtlich, wenn das Exportland Deutschland diesen Widerspruch zu seinen ureigenen Interessen lösungsorientiert überwinden will. Wer dies jedoch tun möchte, ist zwingend auf sozialwissenschaftliche Erkenntnisse und Beratung angewiesen. Der technische und produktorientieret Zugang des Maschinenbaus, scheint hier nicht der Hebel zu sein. Gleichzeitig bietet sich diese regional verbundene und beschäftigungsstarke Industrie an, um die ökonomischen Zusammenhänge zu beleuchten und in gesellschaftliche Diskussionen integrieren zu können.

6 Fazit: Smith hatte zwei Hände

Die hier ausgeführten Überlegungen sollen aus der Perspektive eines Industrieverbandes hinsichtlich einer öffentlichen Soziologie einen *klaren Dialog- und Beratungsbedarf signalisieren*. Die Differenzierung zwischen Markt, Staat und Gesellschaft wird sich damit nicht erledigen, ebenso wenig wie die Formulierung von Interessengegensätzen. Die genannten Handlungsfelder zeigen jedoch, dass sich die realen Schnittmengen zunehmend ausweiten und wir jedoch gleichzeitig eine Dominanz von Zuspitzungen und gezielten Radikalisierungen in der gesellschaftspolitischen Meinungsbildung erleben. Einer der Gründe, warum sich die klassischen ‚Hidden-Champions' schwertun, wenn es um öffentliche Präsenz geht.

Die hier verfolgte Grundannahme lautet in Anlehnung an Beck: Nicht entweder-oder, sondern sowohl-als-auch, steigert die anwendbare Erkenntnis. Das ist die Welt, in der die Beschäftigten und die Leitungsebene eines mittelständischen Unternehmens in aller Regel denken und handeln. Es geht um eine gemeinsame Realitätsbeschreibung und um die Anschlussfähigkeit bzw. Übersetzung der jeweiligen Perspektiven, um insgesamt die Lösungskapazitäten zu erhöhen. *Die Frage nach einer öffentlichen Soziologie befindet sich in einer Art Seelenverwandtschaft zur gesellschaftlichen und politischen Öffnung der ‚Hidden Champions'. Schon das, wäre einen verstärkten Austausch wert.*

Hierfür gibt es mit Adam Smith einen ebenso verkannten, wie auch bemerkenswerten Kronzeugen. Die Verkürzung auf die „unsichtbare Hand" verstellt den Blick dafür, dass er im Kern dafür steht, wie mit Gewinn verschiedene Beobachtungen und Funktionsmechanismen aufeinander zu beziehen sind (Herzog 2020). Die eine Seite sollte vermutlich nicht allein „Der Wohlstand Nationen" und die andere Seite nicht allein „Die Theorie der ethischen Gefühle" von Smith lesen. Oder anders ausgedrückt: Mit zwei Händen ist die Realität besser zu greifen.

Literatur

BCG im Auftrag von BDI. 2021. Klimapfade 2.0. Ein Wirtschaftsprogramm für Klima und Zukunft. https://web-assets.bcg.com/bc/5b/4569327e4c018e500499ca6af046/klimapfade2-kernergebnisse-de.pdf. Zugegriffen am 12.11.2021.

Beck, Ulrich. 1986. *Risikogesellschaft: auf dem Weg in eine andere Moderne*. Frankfurt a. M.: Suhrkamp.

Beck, Ulrich. 1991. *Die Erfindung des Politischen: zu einer Theorie reflexiver Modernisierung*. Frankfurt a. M.: Suhrkamp.

Bogenstahl, Christoph, Sebastian von Engelhardt, und Larissa Talmon-Gros. 2015. Akzeptanz der Industrie am Wirtschaftsstandort Deutschland – Stand der Forschung, Erfahrungen und Handlungsansätze. Studie im Auftrag des Bundesministeriums für Wirtschaft und Energie. https://www.iit-berlin.de/iit-docs/cd6640582c0e459cb3b6b104b8891c40_Studie_Akzeptanz%20der%20Industrie%20am%20Wirtschaftsstandort%20Deutschland.pdf. Zugegriffen am 12.11.2021.

Bohnen, Johannes. 2020. *Corporate Political Responsibility. Wie Unternehmen die Demokratie und damit sich selbst stärken*. Wiesbaden: Springer Gabler.

Burawoy, Michael. 2015. Für eine öffentliche Soziologie. In *Public Sociology. Öffentliche Soziologie gegen Marktfundamentalismus und globale Ungleichheit*, Hrsg. Brigitte Aulenbacher und Klaus Dörre, 50–90. Weinheim: Beltz Juventa.

Fiedler, Swantje, und Florian Zerzawy. 2019. Aufkommensneutrale Umgestaltung von Energieträgerbelastungen nach ihrer Klimaschädlichkeit. FÖS im Auftrag des VDMA: (Hrsg.). https://foes.de/publikationen/2019/2019-07_VDMA_Abstract_zum_FOES_Gutachten_Aufkommensneutrale_Umgestaltung_der_Energietraegerbelastung_nach_ihrer_Klimaschaedlichkeit.pdf. Zugegriffen am 12.11.2021.

Gerbert, Philipp, Patrick Herhold, Jens Burchardt, Stefan Schönberger, Florian Rechenmacher, Almut Kirchner, Andreas Kemmler, und Marco Wünsch. 2018. *Klimapfade für Deutschland*. BCG und prognos. https://image-src.bcg.com/Images/Klimapfade-fuer-. Zugegriffen am 12.11.2021.

Herzog, Lisa. 2019. *Die Rettung der Arbeit. Ein politischer Aufruf*. München: Hanser Berlin.

Herzog, Lisa. 2020. *Die Erfindung des Marktes: Smith, Hegel und die Politische Philosophie*. Darmstadt: wbg academic.

Lorenz, Markus, Martin Lüers, Max Ludwig, Simon Rees, Hartmut Rauen, Matthias Zelinger, und Robert Stiller. 2020. Grüne Technologien für grünes Geschäft. BCG in Zusammenarbeit mit dem VDMA. https://media-publications.bcg.com/BCG-German-For-Machinery-Makers-Green-Tech-Creates-Green-Business-2020-07-14.pdf. Zugegriffen am 12.11.2021.

Roth, Armin. 2016. *Einführung und Umsetzung von Industrie 4.0. Grundlagen, Vorgehensmodell und Use Cases aus der Praxis*. Berlin/Heidelberg: Springer Gabler.

Russwurm, Siegrfried. 2013. Software: Die Zukunft der Industrie. In *Industrie 4.0. Beherrschung der industriellen Komplexität mit SysLM*, Hrsg. Ulrich Sendler, 21–36. Berlin/Heidelberg: Springer Vieweg.

VDMA. 2021. Industrie schafft Zukunft. Politik für den industriellen Mittelstand. https://www.vdma.org/documents/34570/4802302/Industrie+schafft+Zukunft+-+Politik+f%C3%BCr+den+industriellen+Mittelstand.pdf/28578fe1-de20-04aa-d685-704fbb5830fa?t=1633074128968. Zugegriffen am 12.11.2021.

Doing Public Sociology – die Forschungsgesellschaft anstiftung

Andrea Baier und Christa Müller

Inhalt

1 Einleitung 387
2 Die anstiftung 387
3 Fazit 394
Literatur 395

1 Einleitung

In zahlreichen DIY-Laboren arbeiten neue Kollektive an sozialen und ökologischen Fragestellungen, indem sie diese zum Gegenstand von produktiven Interventionen mannigfaltiger Art machen: Die dabei entstehenden kleinen ‚Soziologien der Praxis' fordern die akademische Soziologie heraus. Ihr Interesse gilt der alltagspraktischen Umgestaltung ihrer Lebenssituation zum Besseren: Sie bereichern das Umfeld durch Orte des gemeinsamen Produzierens und Reparierens, der Begegnung und der Konvivialität. Sie revitalisieren Stadtviertel, entwickeln neue Produkte und Verfahren und verbinden sich dabei mit Akteuren aus der ganzen Welt. Ihr Ziel ist die gesellschaftliche Transformation hin zu einer gerechteren und ökologisch nachhaltigen Gesellschaft. Dabei analysieren sie soziale Zusammenhänge und organisieren sich smart bis virtuos über räumliche Grenzen hinweg. Sie stehen miteinander in einem engen Wissenstransfer und bilden Teams. Die anstiftung interessiert sich für diese transdisziplinär vernetzten ‚DIY-Soziologien' – und liefert selbst Beiträge dazu.

A. Baier (✉) · C. Müller (✉)
anstiftung, München, Deutschland
E-Mail: andrea.baier@anstiftung.de; christa.mueller@anstiftung.de

2 Die anstiftung

Die anstiftung ist eine gemeinnützige Stiftung aus München. Sie fördert und erforscht nicht-kommerzielle Räume und Netzwerke des Selbermachens und des Wissensaustauschs. Besonderes Augenmerk gilt den Herausforderungen, die die strukturellen Veränderungen im Bereich der Arbeit – Deregulierung einerseits und Automatisierung andererseits – mit sich bringen. In diesem Zusammenhang beobachtet und unterstützt die anstiftung Praxen und Initiativen, die sich der gemeinschaftlichen Fabrikation und Reparatur von Dingen, dem selbstorganisierten Anbau von Nahrungsmitteln sowie der demokratischen (Um-)Gestaltung der Stadt widmen und dabei versuchen, dem hegemonialen ökonomischen Modell andere Möglichkeiten des Handelns bzw., im Sinne des diverse-economies-Ansatzes, „andere mögliche Welten" entgegensetzen (Gibson-Graham 2008, S. 623).

Ihrem methodischen Zugang entsprechend will die anstiftung die spezifischen Beiträge der einzelnen Projekte verstehen und ihre Anstöße und Expertisen soweit wie möglich generalisieren bzw. multiplizieren. Sie agiert als resonanzfähige Partnerin der Projekte und lernt mit ihnen in gemeinsam entwickelten Formaten in bundesweiten oder regionalen Vernetzungstreffen, Tagungen und Workshops. Dabei entstehen auch Praxisanleitungen, die Themen behandeln wie Vertrags- und Genehmigungsverfahren, Versicherungsschutz, Umgang mit Forschungsanfragen, Kommunikation mit Behörden oder kommunale Governancestrukturen. So heißt eins ihrer Webinare „Hacking Politics", in dem die TeilnehmerInnen unterstützt werden, das System Verwaltung „auseinanderzubauen", neu zusammenzusetzen, mit ihm zu interagieren, seine Reaktionen zu beobachten und es so besser verstehen zu lernen.

In der Rechtsform einer gemeinnützigen Stiftung bürgerlichen Rechts ist die anstiftung ein Hybrid aus Forschungsgesellschaft, Förderstiftung und zivilgesellschaftlichem Vernetzungsakteur – was in Deutschland prinzipiell ein solitärer Zugang ist. Das soziologische Interesse, die Projektpraxis zeitdiagnostisch einzuordnen, verbindet sich mit einer gezielten Vernetzungs- und Förderpraxis, die sich aus einer kontinuierlichen Auseinandersetzung mit den Projekten und ihren jeweiligen methodischen Vorgehensweisen ergibt. Nicht zuletzt dadurch erhält das Forschungsteam einen kontinuierlichen Zugang zum empirischen Feld.

Seit einigen Jahren beobachten die Forscherinnen postindustrielle Praxen des Selbermachens und Reparierens. Jüngere Akteure wandeln Brachflächen um, betätigen sich in Abrissimmobilien oder in ausgedienten Fabrikhöfen. In Eigenregie bauen sie selbstorganisierte Formen einer regionalen Lebensmittelversorgung auf, vermitteln sich gegenseitig handwerkliches Wissen, öffnen technische Geräte und passen deren Funktionen an ihre Bedürfnisse an. Sie gestalten öffentliche Orte zu Commons um und machen sie für alle zugänglich (Baier et al. 2013, 2016). Dabei erweitern sie zugleich immer auch die eigenen Handlungsspielräume.

Die Forscherinnen sehen in diesen intervenierenden Aktivitäten neue Formen des Politischen (Müller und Werner 2015; Baier et al. 2013, 2016), die Ernährungsarrangements, aber auch den Umgang mit Dingen (Wegwerfen, Müllproduktion) zwar durchaus kritisieren, diese zugleich aber produktiv unterwandern und transformieren. Dazu begeben sich die Akteure in experimentelle Räume wie Fabrication

Laboratories (Fab Labs), offene Werkstätten, Repair Cafés oder Gemeinschaftsgärten und erproben einen neuen Umgang miteinander, mit Stadtnatur und mit den Dingen.

Sie schaffen Bedingungen, die man als Antworten verstehen kann auf diverse Widersprüche, Defizite, Exklusionen und sozial-ökologische Verwerfungen, die die kapitalistische Industriegesellschaft mit ihrem begrenzten Reservoir an sozialen Rollen produziert – und damit Gegenbewegungen auf den Plan ruft: selbermachen statt konsumieren, selber gestalten statt vordefinierte Raumfunktionen hinnehmen, öffnen und verändern statt konfektionierte und verschlossene Massenware kaufen, Arbeitsrhythmen nach eigenen Vorstellungen und gemeinsam mit anderen schaffen, und – nicht zuletzt – sinnliche Erfahrungen mit der „analogen Welt" machen.

Aus soziologischer Sicht interessant ist, dass sie im Tun selbst Ernährungsarrangements ebenso umbauen wie sie gängige Vorstellungen von Urbanität praktisch revidieren: Gemeinschaftsorte werden offen, wandelbar und multifunktional gebaut. Darüber hinaus gibt es einen ethischen und ästhetischen Diskurs über den Umgang mit Ressourcen, die neu bewertet werden. Eine wichtige Rolle spielt hier auch die Frage, welche Bedeutung Stadtnatur in einer urbanisierten Gesellschaft zukommen soll.

Es ist unübersehbar, dass die neuen Akteure des Selbermachens und Reparierens viele der überkommenen gesellschaftlichen Strukturen und Positionen des 20. Jahrhunderts praktisch überschreiten. Die sich hier verdichtenden Subjektpositionen amalgamieren Habitusformen von Künstlern, Designerinnen, Ingenieuren, die in einer neuen Form von ‚hands-on' aus dem industriellen Komplex ausscheren und sich an der Gesellschaft selbst zu schaffen machen.

Diese neuen Praxen – selbst gebaute Orte spezifischer Intelligenz und mit symbolischen Kommunikationsformen – entwickeln eine eigene, zugleich fragende wie gestaltende Sicht auf Gesellschaft. Dafür wählen sie als Referenzrahmen eine Mischung aus „Design Thinking" und diversen basisdemokratischen Diskursen. Wir vermuten, dass die hierzulande zunehmend akademisierte Soziologie mit ihrem Unvermögen, sich auf das Materielle als Forschungsgegenstand einzulassen, mit ein Grund dafür ist, warum die Praxisakteure sich selbst der Erforschung ihrer Wirklichkeiten widmen.

2.1 Im Fokus: urbane Subsistenz

Die anstiftung koordiniert drei bundesweite Praxisnetzwerke – alle drei quasi von den ersten Schritten an: Seit 1987 die Häuser der Eigenarbeit, die heute in erweiterter Form als Verbund offener Werkstätten einen beachtlichen Formenreichtum in mehreren Hundert Projekten aufweisen. Dieser reicht von Open Labs oder Fab Labs, in denen mit digitalen Werkzeugen wie 3-D-Drucker, Lasercutter und CNC-Fräse fabriziert wird, bis hin zu Fahrradwerkstätten mit Flüchtlingen oder kollaborativen Low-Tech-Werkstätten auf dem Land (http://www.offene-werkstaetten.de).

Offene Werkstätten ermöglichen Formen des Tätigseins, die für spätmoderne Subjekte attraktiv sind. Diese proliferierenden Labs schaffen dezentrale und selbstorganisierte Versorgungs- und Fabrikationsstrukturen, die sich anschicken, in Form von „Community Fabrication" einen Kontrapunkt zu den produktiv entleerten Innenstädten zu setzen:

> „Die Orte, und mit ihnen die Maker oder Fabster, sind miteinander vernetzt. Die kollektive Produktion, ohne die Open-Source-Software nicht möglich wäre, setzt sich hier fort und wird zum Modell. Konstruktionspläne, Steuersoftware und Modelle neuer Fabrikate fließen durchs Netz, von Stadt zu Stadt, und sie erkunden zugleich auch Möglichkeiten, Alltagsgegenstände besser zu machen." (Boeing 2016, S. 324)

Das *zweite Netzwerk* umfasst die seit der Jahrtausendwende vielerorts entstehenden urbanen Gemeinschaftsgärten neuen Typs, die die anstiftung von Anfang an begleitet hat: Nach einem ersten Vernetzungstreffen 2002 in Berlin mit den bundesweit ersten drei Interkulturellen Gärten versammelt das Netzwerk 2020 mehr als 730 Projekte bundesweit. VertreterInnen dieser Projekte treffen sich nach wie vor jährlich in jeweils einem anderen Gemeinschaftsgarten zu von der anstiftung durchgeführten Netzwerktagungen und Sommercamps. Des Weiteren veranstaltet die anstiftung regionale Workshops und virtuelle Webinare zu Themen, die bei regelmäßigen Projektbesuchen aus Gesprächen ermittelt, aufgearbeitet und in praxistaugliche Kommunikationsformate wie Webinare, Handreichungen oder Barcamps überführt werden.

Urbane Gemeinschaftsgärten gehören zu den wenigen Orten in der modernen Gesellschaft, in denen StadtbewohnerInnen unterschiedlichster Sozialmilieus zusammentreffen und, zumindest temporär, miteinander und mit der Stadtnatur interagieren. Das liegt am spezifischen Design dieser Räume, die Interaktion nicht primär durch Sprechen, sondern durch gemeinschaftliches Tun beim Gärtnern und im Prozess der kollektiven Umgestaltung einer Brachfläche ermöglichen (Müller 2011).

Darüber hinaus hat die anstiftung in den Nullerjahren Zusammenschlüsse in Österreich und der Schweiz beraten, die vergleichbare Vernetzungsstrukturen aufgebaut haben.

Das *dritte Netzwerk*, die Repair-Café-Bewegung, existiert erst seit wenigen Jahren und hat sich in Deutschland mehrheitlich im „Netzwerk Reparatur-Initiativen" zusammengeschlossen. In Repair Cafés, Reparatur-Treffs oder „Elektronikhospitalen" werden defekte Alltagsgegenstände gemeinschaftlich repariert. Dabei handelt es sich nicht um einen Reparatur-Service, sondern um nicht-kommerzielle Veranstaltungen, deren Ziel es ist, Müll zu vermeiden, Ressourcen zu sparen und einen nachhaltigen Umgang mit den Dingen praktisch ins Werk zu setzen. Die von der anstiftung administrierte Onlineplattform http://www.reparatur-initiativen.de ermöglicht die Verbreitung und Verstetigung der Idee des Reparierens in mittlerweile mehr als 1000 Projekten.

In der Zusammenarbeit mit diesen Initiativen ist auffällig, dass bei den Repair Cafés im Vergleich zu den anderen beiden Netzwerken viele ältere Menschen beteiligt sind. Das vom Handel empfohlene ‚Wegwerfen und Neukaufen' von defekten Geräten erscheint ihnen oftmals aufgrund biografischer Prägungen verwerflich. Bei den Jüngeren hingegen hat die Hinwendung zum kollektiven Reparieren und Fabrizieren häufig mit einer Ermüdung zu tun, die aus ihrer Sozialisation im allgegenwärtigen Konsumimperativ der Gegenwartsgesellschaft resultiert. Aus einem materiellen Überfluss heraus entwickeln sie eine Immunität gegen den konsumtiven Modus und eine Neigung zum Umwandeln, Umwidmen, Umgestalten, Reparieren – nicht zuletzt deshalb, weil ihnen das mehr Spielraum, andere Körpererfahrungen und -inszenierungen, befriedigendere Dingbezüge und produktivere Sozialbezüge verspricht.

In der (auch vergleichenden) Beobachtung der unterschiedlichen Projektformen und der Interaktion der ‚beforschten' Projekte mit der Öffentlichkeit, ergeben sich neue Erkenntnisse, z. B. über neue Konstellationen, immer wieder beinahe beiläufig. Dabei erweist sich als diagnostische Stärke, dass wir als Forscherinnen in der anstiftung viele Details und Hintergründe von den KollegInnen der Praxisberatung und Antragsbearbeitung erfahren.

2.2 Rahmung von öffentlichen Praxen

Die anstiftung beschäftigt sich vornehmlich mit kollektiven Praxen, die auf den öffentlichen Raum sowie auf gesellschaftliche Themen von öffentlichem Belang Bezug nehmen. Insbesondere Urban Gardening-Projekte irritieren die etablierten Vorstellungen von urbaner Öffentlichkeit. Sie greifen auf städtisches Terrain zu und öffnen es für Menschen unterschiedlicher Milieus, aber auch für Tiere und Pflanzen. Diese Produktion von Orten, in denen Diversität erwünscht ist, wird von einer konvivialistischen Orientierung getragen. Darüber hinaus hat das Verrichten ansonsten „privater" Versorgungstätigkeiten beim Gärtnern, Kochen, Imkern oder Essen im Öffentlichen eine Reihe von Folgewirkungen; mit ihnen können z. B. die globalisierten Versorgungsstrukturen und das ungleiche Verhältnis von Stadt und Land sichtbar und zugleich experimentell thematisiert werden. Dazu gehört eine Care-Orientierung: Im Kontext von Selbermachen geht es nicht um renditeorientierte Wertschöpfung, sondern bewusst um eine gebrauchswertorientierte Inwertsetzung, die auf den Erhalt des Gemeinwesens, auf Vielfalt sowie auf einen zugewandten Umgang mit der Welt zielt.

Durch zeitdiagnostische Readings stellt die anstiftung einen Deutungsrahmen zur Verfügung, in dem die Projekte sich sehen oder reflektieren können. Das „Framing", das die anstiftungs-Forscherinnen in Publikationen und Vorträgen betreiben, wird von unseren Kooperationspartnern aus der Praxis durchweg positiv aufgenommen, weil es ihre Aktivitäten in einem vieldimensionalen Feld gesellschaftlich relevanter Themen spiegelt und verortet. Nach der Veröffentlichung von Büchern oder Aufsätzen erfolgt aus den Communitys regelmäßig die Rückmeldung, dass sie ihre Aktivitäten wie von einem Scheinwerfer beleuchtet und in einem größeren Transformationskontext sichtbar gemacht sehen, was sie als hilfreich und ermutigend beschreiben – auch wenn Differenzen zwischen diesen Deutungen und denen der PraktikerInnen durchaus vorkommen.

2.3 Transformationsforschung

Die anstiftung bezieht – gemäß den als gemeinnützig anerkannten Zwecken – Stellung zu gesellschaftlichen Entwicklungen und ist – ganz im Sinne der Aktionsforschung – selbst ein Player im Feld der Transformation, das ebenso wie die Rolle der Organisation permanent der Reflexion unterzogen wird – denn eine Stiftung bürgerlichen Rechts mit erheblichen Geldmitteln inmitten kapitalismuskritischer Akteure ist auch für sich selbst immer wieder neu legitimationsbedürftig.

Die anstiftung gibt nicht einseitig vor, was sie für richtig hält, sondern lässt sich in einem beständigen Prozess der Interaktion auch von der innovativen Projektpraxis der Do-it-yourself-Bewegungen instruieren. Eine gemeinsame Wertebasis (ökologisch-kulturell offen und teilhabe- sowie ressourcenorientiert) ist dabei Voraussetzung – und konform mit den satzungsgemäßen Vorgaben, die sich die Stiftung gegeben hat.

Dabei unterscheidet sich die Zusammenarbeit mit einem Interkulturellen Garten in einem Soziale-Stadt-Gebiet erheblich von der Kooperation mit einem Fab Lab, das von einer digitalen Community gegründet wurde, die auf eine postindustrielle Stadtentwicklung und die Sharing Economy abzielt. Es gibt für alle Zielgruppen erfahrene MitarbeiterInnen, die die Sprache der jeweiligen Akteure sprechen und gemeinsam mit ihnen an Öffnungen und Erweiterungen arbeiten.

Ganz bewusst setzt die anstiftung die ihr jährlich zur Verfügung stehenden 1,4 Mio. EURO nicht für die Promotion von Social-Entrepreneur-Strukturen und damit einer tendenziellen Vermarktlichung von Subsistenzaktivitäten ein, sondern verfolgt den Ansatz, möglichst viele marktfreie Räume und Ressourcen zu erhalten, indem nicht-kommerzielle Nutzungsformen unterstützt und forschend begleitet werden.

Forschung in der anstiftung ist folgerichtig Transformationsforschung, oder eher noch Forschung *für* eine sozial-ökologische Transformation (Kropp und Müller 2018). Im Fokus steht dabei speziell das gesellschaftliche Verhältnis zur Subsistenz, das sich deutlich im Wandel befindet. Diverse akademische Abschlussarbeiten von Bachelor- bis Doktorarbeit, die die neuen Praxen behandeln, werden auf der anstiftungs-Website dokumentiert. Junge WissenschaftlerInnen werden zu Tagungen und Forschungsworkshops eingeladen und mit einigen kommt es auch beim Verfassen der wissenschaftlichen Arbeiten bereits zum Austausch.

Intention der anstiftung ist es, und hier kommt eine weitere Dimension öffentlicher Soziologie hinzu, die bisher unterbelichtete, wenig gewertschätzte Dimension der Subsistenz durch empirische Forschung sichtbar zu machen. Das Anliegen ist, aufzuzeigen, dass Subsistenzdimensionen im Alltag der Menschen eine zentrale Rolle spielen. Schließlich leben auch moderne Industriegesellschaften zu einem erheblichen Teil von informeller Arbeit, nicht bezahlten Versorgungstätigkeiten und nicht-kommerziellen Austauschbeziehungen – dazu gehört zweifellos das immer vielfältiger werdende Engagement zivilgesellschaftlicher Akteure für das Gemeinwohl.

Laut Michael Burawoy entstehen die aktuellen Alternativen zur Kommodifizierung der Natur – er nennt sie die „dritte Welle der Vermarktlichung" – „... durch eine molekulare Transformation der Zivilgesellschaft ... – kleinräumige Visionen von Alternativen wie Genossenschaften, Bürgerhaushaltsverfahren und allgemein gesichertes Grundeinkommen, die sich gegen die Markttyrannei auf der einen und die staatliche Regulierung auf der anderen Seite wenden." (Burawoy 2015, S. 160)

2.4 Reclaim the Commons

Dass diese kleinräumigen Alternativen, die sich in der Tat überall auf der Welt beobachten lassen, wo sich Initiativen gegen globale Kapitalinteressen für die Verteidigung lokaler Gemeinschaften, die Wiederinbesitznahme von öffentlichen Gütern und Produktionsmitteln oder die Erhaltung von Naturräumen einsetzen, oft einen langen Atem benötigen, zeigt sich am Beispiel jüngerer Aushandlungsformen zwischen städtischen Behörden und Urban Gardening-AktivistInnen, mit denen wir uns 2017 näher beschäftigt haben (Baier und Müller 2017). Hier soll nur kurz auf eins der untersuchten Projekte eingegangen werden: den Bremer Gemeinschaftsgarten „Ab geht die Lucie".

Der Garten entstand 2013 auf dem Lucie-Flechtmann-Platz in der Bremer Neustadt und geht auf die Initiative einer Wohngemeinschaft zurück. Die „Lucie" ist ein typisches Beispiel für die konstruktiv-intervenierende Vorgehensweise der urbanen Gartenbewegung. Quasi vom Küchenfenster aus schauten die WG-BewohnerInnen auf den unbelebten, grauen Platz, der von der Bevölkerung nur wenig genutzt wurde. Sie sammelten 300 Unterschriften und stellten im Ortsbeirat erfolgreich einen Bürgerantrag, dort gärtnern zu dürfen. Gemeinsam mit unterschiedlichen Akteuren aus der Nachbarschaft bauten sie sodann Palettenbeete und zogen darin Gemüse. Aber sie wollten mehr: Nach jahrelangen zähen Verhandlungen mit diversen Rückschlägen für die zivilgesellschaftlichen StadtgestalterInnen erklärte sich die Stadt Ende 2017 schließlich bereit, den Platz zu entsiegeln und einen langfristigen Nutzungsvertrag zu unterschreiben, der den Trägerverein jedoch verpflichtet, die rechtliche und finanzielle Gesamtverantwortung für das öffentliche Areal zu übernehmen. Der Buchbeitrag mit dem Titel „Co-Designing Cities. Urban Gardening Projects and the Conflict between Self-Determination and Administrative Restrictions" (Baier und Müller 2017) zeigt auf, welche konträren Handlungsrationalitäten dabei aufeinandertreffen und welche Perspektiven für eine Demokratisierung und Ökologisierung von Städten in diesen Aushandlungsfeldern entstehen können.

Erkenntnisse wie diese werden, wie erwähnt, den Projekten zurückgemeldet, gleichzeitig bemüht sich die anstiftung aber auch seit vielen Jahren um Übersetzungsleistungen zwischen Verwaltung und AktivistInnen und versteht sich bisweilen als Intermediär, was von Seiten städtischer Governance, Planung und staatlichen Forschungseinrichtungen durchaus regelmäßig angefragt wird. Auf Einladung von Ministerien sitzen anstiftungs-MitarbeiterInnen in Beiräten für Bundesprogramme, werden für Begutachtungen angefragt, halten Vorträge, argumentieren in Auswahlkomitees und Jurys oder beraten kommunale Wohnbaugesellschaften, die offene Werkstätten oder Gemeinschaftsgärten in ihre Gebäude integrieren wollen.

2.5 Das Urban Gardening-Manifest

Dabei ist es der anstiftung wichtig zu vermitteln, dass die Akteure einer selbstermächtigten „Stadtgestaltung von unten" durchaus in der Lage sind, mit anders gebauten Institutionen wie z. B. Stadtverwaltungen zusammenzuarbeiten. Ihr Problem ist häufig nur: Sie sehen sich Verwaltungen gegenüber, die von der Politik angewiesen sind, öffentliche Güter und Flächen im Höchstbieterverfahren an private Investoren zu veräußern (Harvey 2013). Weil sie den öffentlichen Raum gegen „Privatisierung" verteidigen wollen, formulierten sie das Urban Gardening-Manifest, das Stadtpolitik und Stadtverwaltung an ihre Verpflichtung auf das Gemeinwohl erinnert. Die Idee zum Manifest entstand 2012 während der anstiftung-Tagung in der Evangelischen Akademie Tutzing zum Thema „Do-it-yourself-Kulturen. Räume und Netzwerke postindustrieller Produktivität". Dort wurde intensiv über die kulturindustrielle Vereinnahmung urbaner Gartenprojekte debattiert. Ein Manifest sollte die urbanen Gärten über eine politische Kontextualisierung in Bezug auf weitere Werbeanfragen und illegalen Fotoshootings „immunisieren" und die doch erhebliche Wirkungsmacht eines nicht-kommerziellen und explizit gemeinwohlorientierten Nutzungsanspruches an den derzeit noch durch motorisierten Individualverkehr und kommerzielle Räume geprägten Lebensraum Stadt untermauern.

Um diesem Anspruch mehr Ausdruck zu verleihen, entstand in einem kooperativen Prozess das 2014 veröffentlichte Urban Gardening-Manifest – eine Autorin war neben Berliner und Kölner Gemeinschaftsgärten auch die anstiftung, die zudem für Onlineauftritt, Design und Plakatdruck sorgte.

Das Manifest, unterzeichnet von rund 200 Gemeinschaftsgarten-Initiativen, betont, wie wichtig ein frei zugänglicher öffentlicher Raum ohne Konsumzwang für die Stadtgesellschaft ist. Es macht deutlich, dass Urban Gardening mehr ist als die individuelle Suche nach einem hübsch gestalteten Rückzugsort – und es ist zugleich ein Appell an die Stadtpolitik, einen Paradigmenwechsel von der „autogerechten" hin zu einer „gartengerechten" Stadt einzuleiten (http://www.urbangardeningmanifest.de).

3 Fazit

Insofern Public Sociology auf den „Dialog und engen Austausch zwischen Wissenschaft und Zivilgesellschaft zielt" (Aulenbacher et al. 2017), ist die anstiftung eine klassische Vertreterin öffentlicher Soziologie. Darüber hinaus sucht sie eine intermediäre Rolle zwischen sozialen Bewegungen und städtischen/staatlichen Institutionen einzunehmen. Nicht jedoch ohne politischen Standpunkt, und nicht, ohne Letztere an ihre zentrale Aufgabe der Förderung des Gemeinwohls zu erinnern. Hier sind wir also als Wissenschaftlerinnen „… mit den gesellschaftlichen Öffentlichkeiten über Fragen des öffentlichen Interesses im Gespräch" (Bude 2005, S. 376) – öffentliche Soziologie par excellence.

Literatur

Aulenbacher, B., M. Burawoy, K. Dörre, und J. Sittel, Hrsg. 2017. *Öffentliche Soziologie. Wissenschaft im Dialog mit der Gesellschaft.* Frankfurt/New York: Campus.

Baier, A., und C. Müller. 2017. Co-designing cities. Urban gardening projects and the conflict between self-determination and administrative restrictions. In *New stakeholders of urban change: A question of culture and attitude? Perspectives in metropolitan research 4*, Hrsg. H. M. Berger und G. Ziemer, 47–59. Berlin: Jovis.

Baier, A., C. Müller, und K. Werner. 2013. *Stadt der Commonisten. Neue urbane Räume des Do it yourself.* Bielefeld: transcript.

Baier, A., T. Hansing, C. Müller, und K. Werner, Hrsg. 2016. *Die Welt reparieren. Open Source und Selbermachen als postkapitalistische Praxis.* Bielefeld: transcript.

Boeing, N. 2016. Von der industriellen Stadt zur Community Fabrication. In *Die Welt reparieren. Open Source und Selbermachen als postkapitalistische Praxis*, Hrsg. A. Baier, T. Hansing, C. Müller und K. S. Werner, 319–326. Bielefeld: transcript.

Bude, H. 2005. Auf der Suche nach einer öffentlichen Soziologie: Ein Kommentar zu Michael Burawoy von Heinz Bude. *Soziale Welt* 56(4): 375–380.

Burawoy, M. 2015. Public sociology. In *Öffentliche Soziologie gegen Marktfundamentalismus und globale Ungleichheit*, Hrsg. B. Aulenbacher und K. Dörre. Weinheim/Basel: Beltz Juventa.

Gibson-Graham, J. K. 2008. Diverse economies: Performative practices for ‚other worlds'. *Progress in Human Geography* 32:1–20.

Harvey, D. 2013. *Rebellische Städte. Vom Recht auf Stadt zur urbanen Revolution.* Berlin: Suhrkamp.

Kropp, C., und C. Müller. 2018. Transformatives Wirtschaften in der urbanen Ernährungsbewegung: zwei Fallbeispiele aus Leipzig und München. *Zeitschrift für Wirtschaftsgeographie* 62(3–4):187–200.

Müller, C., Hrsg. 2011. *Urban Gardening. Über die Rückkehr der Gärten in die Stadt.* München: oekom.

Müller, C., und K. Werner. 2015. Neuer Urbanismus. Die New School grüner politischer Utopie. *INDES. Zeitschrift für Politik und Gesellschaft* 2:31–45.

Öffentliche Krisenexperimente

Robert Jende

Inhalt

1 Was ist schon normal? ... 397
2 You know what I mean ... 399
3 Spielarten öffentlicher Krisenexperimente ... 401
4 Öffentliche Soziologie als Krisenherstellungswissenschaft ... 405
Literatur ... 406

1 Was ist schon normal?

„Wir wollen alle zurück zur Normalität." (Jedermann)

Im Rahmen einer Seminararbeit führte eine Studentin im Jahr 2017 in der Münchner U-Bahn ein Krisenexperiment durch. Sie setzte sich dreißig Mal grenzüberschreitend nah an andere Mitreisende heran, hin oder her ob die U-Bahn ansonsten leer war oder nicht. Das Setting des Experiments umfasste noch eine außenstehende, nur beobachtende Person, die die unmittelbare Reaktion der ProbandInnen auf die Experimentatorin erfasste. Schriftlich festgehalten wurde die Erstreaktion und die anschließende Bemerkung zu dieser Begegnung, die auf Nachfrage zum Erleben dieser Situation eingeholt wurde. In allen dreißig Fällen gab es starke Irritationen, Beklemmungen und Suchbewegungen zur Erklärung dieser außergewöhnlichen Situation – wobei zwei Personen ihren Platz sofort verließen, eine andere fast vom Sitz fiel und wieder eine andere sich in ihrem Mobiltelefon vergrub. Insgesamt sieben Personen ließen sich gar nicht nachträglich befragen. Die Reaktion einer Frau auf die körperliche Annäherung drückt besonders deutlich die experimentelle Übertretung der Normalität durch das Eindringen in den „persönlichen

---

R. Jende (✉)
Fakultät für Angewandte Sozialwissenschaften, Hochschule München, München, Deutschland
E-Mail: robert.jende@hm.edu

© Springer Fachmedien Wiesbaden GmbH, ein Teil von Springer Nature 2023
S. Selke et al. (Hrsg.), *Handbuch Öffentliche Soziologie*, Öffentliche Wissenschaft und gesellschaftlicher Wandel, https://doi.org/10.1007/978-3-658-16995-4_42

Raum" (Goffman 1982, S. 56 ff.) aus: „Sag mal, was ist denn bei dir schief?" sprach sie die Studentin mit einem ungläubigen Blick direkt an. Auf Nachfrage fügte sie hinzu: „Ja, ich fand das einfach nicht in Ordnung, sowas macht doch kein normaler Mensch." Der persönliche Raum ist „der Raum, der ein Individuum überall umgibt und dessen Betreten seitens eines anderen vom Individuum als Übergriff empfunden wird, der es zu einer Missfallensbekundung und manchmal zum Rückzug veranlasst" (Goffman 1982, S. 56).

Die unfreiwillige Nähe in der U-Bahn wurde von fast allen ProbandInnen als Belästigung empfunden, denn die „gesellschaftliche Normalität", nämlich angemessenen Abstand zwischen Fremden einzuhalten, wurde *ver-rückt*. Die Studentin verstoß in ihrem Experiment gegen die alltagsethische Faustregel „*Das macht man nicht*", die es für fast jede Alltagssituation gibt. Und darin offenbart sich die „Normalität", die den Alltag durch Routinen strukturiert und jedermann (und*frau) mithilfe impliziter Regeln und eines intersubjektiv geteilten Wissens in die Lage versetzt, einigermaßen sorglos und unbekümmert miteinander umzugehen (vgl. Garfinkel 1964). „Solange die Routinewirklichkeit der Alltagswelt nicht zerstört wird, sind ihre Probleme unproblematisch" (Berger und Luckmann 1980, S. 27). Das Problem des Austarierens von Abstand und Nähe wird also erst problematisch, wenn eine fremde Person in den persönlichen Nahbereich eindringt.

Durch das Corona-Virus ist die „Normalität" der physischen Distanzierung im öffentlichen Raum nachhaltig kollabiert. Die „ganz normale" Bewegung durch den Supermarkt oder auf belebten öffentlichen Plätzen wurde krisenhaft, neue Routinen müssen erst ausagiert werden. Wir halten die Luft an, wenn wir an großen Menschenmengen vorbeigehen; wir zucken zusammen, wenn ein Mensch unmittelbar hinter dem Sichtschutz der nächsten Ecke vor uns erscheint und wir machen einen großen Bogen um herannahende Menschen auf dem Gehweg. Der persönliche Raum ist aufgrund einer neuen Situation größer und zu einem existenziellen Schutzraum, in dem es um Leben und Tod gehen kann, geworden. Vor diesem Hintergrund ist ein Beitrag über öffentliche Krisenexperimente zu lesen, denn Krisenexperimente bauen *in der Regel* auf zwischenmenschlicher Interaktion und Kommunikation auf, die seit dem Eindringen eines Virus erheblich gestört und in den Zustand einer Dauerkrise versetzt sind. Das öffentliche Leben, wie wir es einmal kannten, steht still. Normalitätserwartungen sind in zahlreichen gesellschaftlichen Bereichen erschüttert. Öffentliche Krisenexperimente finden in diesen Zeiten dort statt, wo in unmittelbarer Nähe zu anderen genießt und gehustet wird – wie das satirische Video „LADY DIES AT BUS STOP OVER CARONAVIRUS SNEEZE!!!"[1] (o. J.) zeigt.

Die Krise und das Experiment mit ihr sind zur Normalität geworden. Damit wäre eigentlich alles gesagt, denn es ist ja gerade die Funktion eines Krisenexperiments durch Verfremden und Unterlaufen unhinterfragter Routinen des zwischenmenschlichen Umgangs jene Normalität ans Licht zu führen, in die wir eingelassen sind: Absurde Bürokratien, ökonomische Zwänge, steigende Aktienkurse. Die gesellschaftlich konstruierte Wirklichkeit, in deren Netzen sich die Vergesellschaftung

---

[1] Quelle: https://www.youtube.com/watch?v=LawuQG8Z81w. Zugegriffen am 11.04.2021.

des Individuums vollzieht, wird erst in der Entfremdung vom Gewöhnlichen, *mit anderen Augen*, erkennbar. „Wir nehmen nur das Unvertraute wirklich wahr. Um anschauen zu können, ist Distanz nötig" (Plessner 1982, S. 169). Das „Krisenexperiment Corona-Pandemie" birgt aber auch das Potenzial, in der andauernden Entfremdung zur Normalität, in die jedermann (und*frau) zurückwill, die Bedingungen und Charakteristiken des gemeinsamen Zusammenlebens zu erkennen.

Vor dieser Zeit waren öffentliche Krisenexperimente ein avantgardistisches Mittel, um politische Ordnungen zu hinterfragen und die strukturelle Gewalt hinter Formen der Herrschaft sichtbar zu machen. So ist in Deutschland das *Zentrum für politische Schönheit* mit seinen polit-künstlerischen Aktionen regelmäßig in den Schlagzeilen; der Vorreiter dieses Ein-Mann-Kollektivs *Christoph Schlingensief* hat in den 1990ern und 2000ern die öffentlichen Diskurse mit seinen Interventionen irritiert; in Frankreich erfährt die Figur der *Hexe* als feministisches Symbol der Selbstermächtigung eine Renaissance; in den USA führen die *Yes Men* profitorientierte Großkonzerne und ganze Industrien vor; in Russland performt die feministische Punkband *Pussy Riot* in einer orthodoxen Kirche ein „Punk-Gebet". Die Liste ließe sich fortführen (siehe Malzacher 2020). So unterschiedlich diese Spiele in der Gesellschaft auch sein mögen und vor allem in ihren Konsequenzen sind, eint sie das Moment der Irritation von kollektiv geteilten und internalisierten Normalitätsvorstellungen durch *Grenzüberschreitung* und *Verfremdung*. Sie stellen Grundsätzliches infrage, indem sie zur gesellschaftlichen Norm geronnene Praktiken und Verhaltensweisen übertreiben, rekontextualisieren, dekonstruieren oder desavouieren. Damit verweisen sie auf ein Jenseits des historischen Moments eingeschliffener Praktiken.

Schlaglichtartig sollen in diesem Beitrag öffentliche Krisenexperimente als Anwendungs- und Beobachtungsfälle öffentlicher Soziologie vorgestellt werden. Sie sind besonders qualifiziert, weil sie im öffentlichen Raum stattfinden und die impliziten Grundlagen des Alltags aufschließen und dem Individuum die Kraft gesellschaftlicher Konventionen in Erfahrung bringen. Zunächst wird dafür eine knappe Grundlage des Ursprunges soziologischer Krisenexperimente aus der Ethnomethodologie Harold Garfinkels gelegt (Abschn. 2). Im nächsten Schritt werden Formate öffentlicher Krisenexperimente aus dem Bereich der Aktionskunst und dem Theater anhand unterschiedlicher Beispiele demonstriert (Abschn. 3), um schließlich die Potenziale öffentlicher Krisenexperimente für öffentliche Soziologie aufzuzeigen (Abschn. 4).

2 You know what I mean

Als Mittel zur Enthüllung impliziter sozialer Normen und routinisierter Praktiken nutzte Harold Garfinkel in den 1960er-Jahren mit seinen Studierenden Krisenexperimente (*breaching experiments*). Der Bruch mit sozialen Normen – oder deren Übertretung – fördert ihre unumstößliche Wirksamkeit zutage. Ein klassisches Beispiel ist die ungewöhnliche Konversation einer Studentin (*Experimentator*) mit einer Freundin oder einem Angehörigen (*Subject*):

(S) Hi, Ray. How is your girl friend feeling?
(E) What do you mean, how is she feeling? Do you mean physical or mental?
(S) I mean how is she feeling? What's the matter with you? (He looked peeved.)
(E) Nothing. Just explain a little clearer what do you mean?
(S) Skip it. How are your Med School applications coming?
(E) What do you mean, ‚How are they?'
(S) You know what I mean.
(E) I really don't.
(S) What's the matter with you? Are you sick? (Garfinkel 1964, S. 230)

In der Aussage „You know what I mean" liegt die ausgesprochene Erwartung an die Normalität. Die Experimentatorin sabotiert ganz bewusst den routinemäßig eingespielten Gang einer Konversation, der den ungeschriebenen Regeln des *Small Talks* folgt. Demgemäß wissen beide GesprächssteilnehmerInnen die doppelte Kontingenz der Kommunikation durch eine richtige Reaktion auf die höfliche Frage zu lösen. Weil die Reaktion von E von S als nicht normal empfunden wird, erregt sie Aufmerksamkeit und Widerspruch, das Gegenüber gerät in eine Krise. „Bei einem ethnomethodologischen Krisenexperiment (im Sinne von Harold Garfinkel) werden durch eine überraschende Intervention diejenigen sozialen Normen sichtbar gemacht, die zur Konstruktion sozialer Wirklichkeit und zur Erhaltung von „Normalität" notwendig sind." (Selke 2020, S. 150). Normal ist für den reibungslosen Vollzug des Alltags das, was kein Interesse erregt (vgl. Goffman 1982). Dies ist in dem von Garfinkel geschilderten Beispiel nicht der Fall, weshalb E für (geistes)-krank gehalten wird. Die Sabotage der unhinterfragten Voraussetzungen gelingender Kommunikation führt zu einer starken Reaktion beim Gegenüber, wodurch dieser offenbart, in was für eine Normalität die Person eingewoben ist, um ihr Leben *in Ordnung* zu halten. Oder anders formuliert: Wer von der Norm des routinierten Ablaufs einer lockeren Plauderei abweicht, ist nicht normal und setzt dabei die Beschaffenheit dieser Normalität durch ihre Verfremdung ins Licht.

Dieses Beispiel zeigt eindrücklich, wie fragil geteilte Normalitätsvorstellungen sein können. Unterschiedliche Sinnwelten, kulturelle Kontexte, politische Ideologien oder Religionen können durch ihre Einprägung divergierender Normalitätsvorstellungen bereits zu ungewollten Missverständnissen führen, ohne dass dies überhaupt beabsichtigt ist. Für die „normale Welt" gibt es zahlreiche kleine Beispiele zur Irritation von Rollenerwartungen im Alltag. Gesellschaftlich normierte Rollen wie Ärztinnen, Polizisten, Lehrerinnen, Lokführer oder Wissenschaftlerinnen sind besonders leicht durch Krisenexperimente aufs Glatteis zu führen, da sie mit ihrer symbolischen Ausstattung, den Emblemen, Fremdzuschreibungen und gesellschaftlich verankerten Funktionen ein relativ enges Korsett zum Ausagieren ihrer Verhaltensweisen in dieser intersubjektiven Normalität zur Verfügung haben (vgl. Beetz 2014). So ließe sich ein Polizeiwagen anhalten und unnachgiebig ernsthaft als Taxi adressieren, um die machtvolle Durchsetzung der normalen Interaktionsordnung zutage zu fördern.

Im soziologischen Kontext wurden Krisenexperimente für die Irritation von Mikropraktiken entwickelt, um die Wirksamkeit gesellschaftlicher Normen und Strukturen im Individuum zutage zu fördern. Die Beispiele Garfinkels und Goffmans betreffen kaum öffentliche Angelegenheiten, sondern beschränken sich auf das Individuum. Öffentliche Krisenexperimente weiten diesen Bereich auf die politische Sphäre aus und beziehen ihre Motivation aus normativen Grundlagen. Das mag ein Grund dafür sein, warum sie in der Soziologie wenig Beachtung finden. Das Spielfeld öffentlicher Krisenexperimente wurde durch die Kunstfreiheit erobert.

3 Spielarten öffentlicher Krisenexperimente

3.1 Aktionskunst

Das Feld der Aktionskunst, die sich in gesellschaftliche Verhältnisse einmischt, ist sehr breit und hat verschiedene *Gesellschaftsspiele* im Spannungsfeld performativer Künste und Politik hervorgebracht (für einen aktuellen Überblick siehe Malzacher 2020). In Deutschland wurde das erweiterte Kunstverständnis von Joseph Beuys zur Grundlage für öffentliche Interventionen durch KünstlerInnen – und damit durch jedermann (und*frau), der*die seinen*ihren Teil an der „Sozialen Plastik" Gesellschaft als „Schöpfer der Welt" (Harlan 1986, S. 30) einzubringen sucht. Beuys stellte die Welt aus der Kunst heraus als eine radikal veränderbare dar. Er übertrug die Verantwortung für die Wohnlichkeit der gesellschaftlichen Wirklichkeit der menschlichen Kreativität als gestaltende Kraft und Lebensprinzip. Aus diesem Grundverständnis erwuchs die Aufgabe der Kunst, aktiv in die Gestaltung der Wirklichkeit einzugreifen und zu Aktionskunst zu werden.

Eine aufsehenerregende Versuchsanordnung präsentierte Christoph Schlingensief im Jahre 2000 während der Wiener Festwochen auf dem Wiener Opernplatz mit seinem Projekt „Bitte liebt Österreich!" (vgl. Jende 2017). Um die migrationsfeindliche und rassistische Politik der FPÖ durchzuspielen, errichtete Schlingensief einen Container mit der Aufschrift „AUSLÄNDER RAUS". Das damals neuartige und bahnbrechende Format *Big Brother* diente zum Vorbild, zwölf asylsuchende Menschen in einem Container von Kameras überwachen zu lassen und die ZuschauerInnen über eine Website darüber abstimmen zu lassen, welcher der Asylsuchenden als nächste*r aus Österreich ausgewiesen werden soll. Mit dieser Realisierung rassistischer Politik als Überidentifikation innerhalb einer Filmkulisse erzeugte Schlingensief eine hitzige Debatte über den Umgang mit Zugereisten im öffentlichen Raum von Wien. Auch Schlingensief selbst wurde als Deutscher (und Künstler) attackiert, der sich in die inneren Angelegenheiten Österreichs einmischte. Zwischenzeitlich versuchte eine links-politische AktivistInnengruppe die Asylsuchenden aus dem Container zu befreien und wurde damit Teil des Krisenexperiments. Die Selbstverständigung darüber, was es heißt, ein*e gute*r ÖsterreicherIn zu sein, wurde zu einem öffentlichen Event und die ganze Aufregung schaffte es schnell ins Abendfernsehen. Es musste öffentlich über die Agenda und den Umgang mit einer rassistischen Partei diskutiert werden. Die Kakofonie der durcheinander brüllenden Gäste spiegelte die Normalität der Polarisierung und den Dissens im Umgang mit sozial Schwächeren hinter der Fassade politischen Wettbewerbs wider. Mit dem Container auf dem Wiener Opernplatz schuf Christoph Schlingensief eine *Conflictual Aesthetic* im öffentlichen Raum (vgl. Marchart 2019), die einen Bruch in die routinierte Ordnung einführte, „Normalität" für einen Moment fragwürdig werden ließ und eine breite gesellschaftliche Selbstverständigung über ihre eigenen humanistischen Werte verursachte.

Aktuell arbeiten sich innerhalb dieser kunstaktivistischen Nische öffentlichkeitswirksam das *Zentrum für politische Schönheit* oder *Das Peng! Kollektiv* mit Krisenexperimenten an den gesellschaftlichen Missverhältnissen ab. Dies wird vorwiegend in Form von Kampagnen gegen ausbeuterische und mörderische Unternehmen und Praktiken gemacht. Vorbild sind auch die *Yes Men*, die seit den 1990er-Jahren mit ihren Aktionen in den USA auf die Skrupellosigkeit und Zerstörungskraft großer Unternehmen aufmerksam machen und die Wirklichkeit als ein morbides Spektakel entlarven, indem sie selbst in die Rollen der Henker schlüpfen (vgl. Doll 2007). So verkündete der Aktivist „Andy Bichlbaum" am 20. Jahrestag der Katastrophe von Bhopal als verkleideter Mitarbeiter von Dow Chemical in deren Namen auf dem Fernsehsender BBC World, dass das Unternehmen „die volle Verantwortung für die Katastrophe in Bhopal übernimmt" (Yes Men 2010, ab min30). Innerhalb kürzester Zeit sank der Börsenkurs von Dow Chemical um 2 Milliarden US-Dollar, was einiges über die Normalität des Börsengeschäfts offenbarte. Die gängige Praxis des globalen Kapitalismus beruht darauf Schäden zu produzieren, für die andere aufkommen müssen und Profite auf Kosten anderer einzustreichen (vgl. Lessenich 2016). Mit Aktionskunst werden soziologische Befunde in *Happenings* öffentlich ausgestellt, politische Debatten erzwungen und die Leichen im Keller der Gesellschaft durch Fake-Strategien[2] einem breiten Publikum zugänglich gemacht.

3.2 Preenactments

Eine besondere Form der Aktionskunst ist das *preenactment* als „*artistic anticipation of a political event to come*" (Marchart 2019, S. 177). Das oben dargestellte Beispiel von Schlingensiefs Container verfolgte einen umgekehrten Zweck. Es war die Vorwegnahme einer politischen Situation, damit diese gar nicht erst eintrat. Mit positiven Zukunftsentwürfen sorgt der studierte Soziologe, Theater- und Filmemacher, Autor und Aktivist Milo Rau für öffentliche Debatten. Mit seiner *General Assembly* im November 2017 inszenierte Rau eine experimentelle Versuchsanord-

---

[2]Fake-Strategien nutzen Rollenerwartungen und das Vertrauen von Menschen, um sich in ein bestimmtes Rollen-, Gesellschafts-, oder Sprachspiel einzuschleichen. Durch Übernahme und Kopie der Codes und Verhaltensweisen wird die Zugehörigkeit glaubhaft beteuert und es können eigene Handlungsstränge innerhalb eines bestehenden und ansonsten unzugänglichen Netzwerks ausgespielt werden (vgl. Brügger 2020).

nung für zukünftige Institutionen. In einem utopischen Weltparlament nach dem Vorbild der „Assemblée Nationale Constituante", die sich nach der Französischen Revolution als Vertretung des „Dritten Standes" herausbildete, versammelte Rau über 50 AktivistInnen, politische BeobachterInnen und NGO's aus der ganzen Welt in der Berliner Schaubühne, um den von Ausbeutung, Kriegen und Ökoziden Betroffenen und unterrepräsentierten Gruppen eine politische Plattform zu verleihen. Der politische Beobachter Robert Misik kommentierte die dreitägige Versammlung mit den Worten: „Als theatralische Intervention ist das Weltparlament eine Vorwegnahme von Ergebnissen von Machtveränderungen" (Rau und IIPM 2017, S. 62). Die Krise globaler politischer Repräsentation wird in der Aufführung eines utopischen Entwurfes alternativer Institutionen in die Gegenwart geholt und das durchgespielt, was anstelle aktueller Institutionen sein könnte.

Der von Milo Rau vertretene *globale Realismus* arbeitet sich an der Ausblendung der destruktiven Folgen der Lebensweise des globalen Nordens ab. Mit Realismus meint Rau (2018, S. 35): „Eine Situation herstellen, die unkontrollierbar ist", in einer Darstellung, die „selbst real ist". Das zeigte sich besonders an jener Stelle, als der türkische AKP-Sympathisant Tuğrul Selmanoğlu den armenischen Völkermord leugnete und damit die Dramaturgie der Versammlung selbst auf den Plan rief (vgl. Malzacher 2020, S. 141 f.). Das Publikum geriet in Aufruhr und der Regisseur Milo musste eingreifen und über den Ausschluss von Selmanoğlu entscheiden. Damit wurde die Konstruiertheit und theatrale Manipulation des Weltparlaments offenbar. Als Gesellschaftsspiel können solche Experimente zumindest „praktische Handlungsanweisung" (Rau 2018, S. 35) sein und als Modell in die Zukunft ausstrahlen. „So beginnt im Idealfall eine Allianz damit, die Gesellschaftsordnung zu inszenieren, die sie durchsetzen will, indem sie ihre eigenen Formen der Soziabilität etabliert" (Butler 2018, S. 114) – wie es Judith Butler für die Persistenz sozialer Bewegungen optimistisch resümiert.

Die Versammlung als Vorwegnahme einer künftigen politischen Ordnung irritiert die Normalität in ihrer hegemonialen Institutionalisierung als Ganzes. Solche Formen öffentlicher Krisenexperimente sind mit traditionellen sozialen Bewegungen verschwistert und suchen im performativen Ausdruck ihren Weg über die Straße oder das Theater mit Versammlungen zu einer anderen Realität. Die *Kunst der Versammlung* als Zukunft antizipierende Gesellschaftskritik wird selbst zum öffentlichen Raum und kann sich durch geschickte Mediennutzung viral ausbreiten (vgl. Malzacher 2020, S. 125). Die Kehrseite dieser Strategie ist allerdings die Normalisierung vielfältiger Krisen, die über (soziale) Medien Eingang in den Alltag finden. Es mag niemanden mehr überraschen, wenn tausende Menschen vergiftet werden, millionenfach verhungern und milliardenfach verarmen und sich Regierungen weltweit im Schutze ihrer Militärs und Polizei durch nichts aus der Ruhe bringen lassen. Dieser Zustand ist auch durch die medialen Echokammern längst Normalität geworden und im Grunde beruht die stumme Vereinbarung eines einigermaßen friedlichen Zusammenlebens auf der einen Seite auf der Ausblendung der angerichteten Katastrophen auf der anderen Seite. Mit Preenactments können soziale und globale Zusammenhänge gestiftet, ausprobiert und etabliert werden, die diese Grundlagen der westlichen Normalität überbrücken und Machtveränderungen performativ simulieren, indem sie sie vorwegnehmen.

3.3 Unsichtbares Theater

Unter dem Stichwort *Social Experiment* finden sich auf Videoplattformen im Internet unterschiedliche öffentliche Versuchsanordnungen, die versteckt das Verhalten von Menschen in manipulierten Alltagssituationen testen. Klassische Experimente dieser Art adressieren häufig Reaktionen auf Übergriffe auf besonders schutzbedürftige Menschengruppen, wie Gewalt gegenüber Frauen oder wohnungslosen Menschen, Rassismus, Entführung von Kindern oder auch die Hilfsbereitschaft von Menschen im öffentlichen Raum gegenüber Hilfsbedürftigen. Diese Form eines Krisenexperimentes verläuft stets nach demselben Muster: Ahnungslose Personen werden innerhalb des Kontexts der Durchführung eines *unsichtbaren Theaters* von dem/den SchauspielerIn in eine Situation verwickelt, die eine moralische Reaktion provoziert (vgl. Thorau 2013). Die Szene wird gefilmt und zumeist nach der Durchführung des versteckten Theaterstücks aufgelöst und die Versuchsperson(en) mit ihrer eigenen Reaktion konfrontiert, um das Verhalten nachträglich zu reflektieren.

Das Unsichtbare Theater wurde ab den 1970er-Jahren von Augusto Boal als *Theater der Unterdrückten* (Boal 1979) in Lateinamerika und später in Europa popularisiert. Mit Schauspielerinnen und Schauspielern, von denen ein „hohes Improvisationstalent, Reaktionsschnelligkeit und Spontaneität" (Thorau 2013, S. 8) abverlangt wird, wurden im öffentlichen Raum soziale Situationen inszeniert: sexuelle Übergriffe, Ungleichbehandlung im medizinischen System, Rassismus, Autos in Innenstädten usw. (Boal 1979, S. 74 ff.).

Das Unsichtbare Theater kann jederzeit und überall aufgeführt werden, die ganze Gesellschaft bietet ihm eine Kulisse. Es ist dabei immer mit unvorhergesehenen Einbrüchen durch zuvor Unbeteiligte zu rechnen. So kann bspw. die Polizei in eine Versuchsanordnung einschreiten und mit ihrem Auftritt das Setting verändern. Die Schauspielerinnen und Schauspieler setzen sich im Spiel mit der Normalität der Gefahr einer Sanktionierung aus. Es ist den Zuschauenden und damit Beteiligten nicht klar, dass es sich um eine Manipulation der Wirklichkeit handelt. „*Unsichtbares Theater ist nicht realistisch, es ist real*" (Boal 1979, S. 80). Das unterscheidet es von Milo Raus Realismus. Im Gegensatz zu klassischen Krisenexperimenten dürfen die ‚ZuschauerInnen' des Unsichtbaren Theaters nicht wissen, dass sie Teil einer Inszenierung waren. Die gespielte Situation soll in ihren Konsequenzen real sein. Um das Thomas-Theorem zu paraphrasieren: *If theatre define situations as real, they are real in their consequences*. Die Konsequenzen können auch durchaus grausam oder kontraproduktiv sein und verraten dabei die Grenzen der Normalität. Wenn Alltagsroutinen überspannt werden, können auch archaische und gewaltsame Abwehrmechanismen zur Wiederherstellung der gewohnten Ordnung aufgerufen werden. Öffentliche Krisenexperimente finden in einem Spannungsfeld von juridischer Legalität und moralischer Legitimität statt.

Die soziologische Relevanz eines solchen Vorgehens liegt auf der Hand: Im öffentlichen Raum werden gesellschaftliche Akteure auf die eigene Verwobenheit in sozial konstruierte Zusammenhänge gestoßen. Dies geschieht allerdings nicht auf einer handlungsentlasteten kognitiven Ebene. Die Performance spricht den ganzen sensorischen Haushalt der Subjekte an, sie werden leiblich affiziert und verteidigen die Normalität mit Haut und Haaren. Stellt die Haut die Maske dar, die den vergesellschafteten Subjekten von den Normen und routinierten Gepflogenheiten des Alltags zur Verfügung gestellt wird, so verweist das Unsichtbare Theater auf die verborgenen Strukturen: die Knochen, die das Gerüst der gesellschaftlichen Rollen sind.

4 Öffentliche Soziologie als Krisenherstellungswissenschaft

Öffentliche Krisenexperimente sind für öffentliche Soziologie eine Methodik, gesellschaftliche Normalität sichtbar zu machen und gleichzeitig arglose Menschen mit der Kraft gesellschaftlicher Normen öffentlich zu konfrontieren. Krisenexperimente evozieren Fremdheitserfahrungen und machen damit das allzu Nahe sichtbar. Durch die Verfremdung des Vertrauten distanziert sie ihre Mitglieder öffentlich von den eigenen Normierungen und riskiert gemeinsam – in und mit Gesellschaft – einen Blick hinter die Kulissen alltäglicher Routinen. Einerseits wäre die Irritation von Alltagsroutinen, andererseits die Einübung neuer Rituale wesentliche Aufgaben einer experimentellen Krisenherstellungswissenschaft.

Analog zur Kunstfreiheit lässt sich im Lichte öffentlicher Krisenexperimente für öffentliche Soziologie eine entsprechende Form der Wissenschaftsfreiheit postulieren. Sie muss und darf die Routinegrundlagen des öffentlichen Lebens durch Irritation erforschen und damit auf internalisierte Abhängigkeiten aufmerksam machen, um diese zur Debatte zu stellen. Will sie sich nicht weiter und immer freischwebender in selbstbezüglichen Sprachspielen einmotten, wären öffentliche Krisenexperimente ein Weg nach draußen, um „in den Strom des Geschehens einzutauchen" (Bogusz 2018, S. 33). Den großen Unterschied macht die performative, erfahrungsgenerierende Dimension, durch welche öffentliche Krisenexperimente ihr robustes Wissen generieren. Außerordentliche Erfahrungen schreiben sich in die Körper, als erlebende und fühlende Grundlage menschlichen Handelns und Erkennens, ein und werden damit zu einem Teil des gesellschaftlichen Lebens. Öffentliche Krisenexperimente sind Teil einer *Soziologisierung des Alltags* (siehe dazu den Beitrag von Scheffer und Schmidt in diesem Handbuch) und machen die Grundbedingungen sozialer Interaktion und Kommunikation auch für sogenannte Laien erfahrbar.

Zunehmend wird auch mit der Natur als Experimentator zu rechnen sein, die ihrerseits als mehr oder weniger überraschende Intervention in die Fundamente der gesellschaftlich konstruierten Normalität eingreift. Dass die Natur zu einer relevanten Akteurin innerhalb gesellschaftlicher Zusammenhänge wird, beschäftigt die Soziologie nicht erst seit gestern. Zugespitzt hat eine solche *Soziologie des Terrestrischen* der französische Wissenschaftssoziologe Bruno Latour (2018). Die Ausbreitung einer weltweiten Pandemie hat eine gesellschaftliche Normalität obsolet gemacht, die die Wirkkräfte des Terrestrischen nicht berücksichtigt. Ein Wandel gesellschaftlicher Normen wird sich schleichend verbreiten, wenn Böden unfruchtbar geworden sind, Inseln verschwinden, Zoonosen immer mehr um sich greifen und weite Teile der Erde unbewohnbar werden. Das soziologische Krisenexperiment ist dann mit einem auf Dauer gestellten Ausnahmezustand konfrontiert und zwischenmenschliche Interaktionen als seine Grundlage müssen durch weitere Krisen hindurch neu erfunden werden.

Literatur

Beetz, Michael. 2014. *Kraft der Symbole. Wie wir uns von der Gesellschaft leiten lassen und dabei die Wirklichkeit stets mitgestalten*. Konstanz/München: UVK.
Berger, Peter L., und Thomas Luckmann. 1980. *Die gesellschaftliche Konstruktion der Wirklichkeit*. Frankfurt a. M.: Fischer.
Boal, Augusto. 1979. *Theater der Unterdrückten*. Frankfurt a. M.: Suhrkamp.
Bogusz, Tanja. 2018. *Experimentalismus und Soziologie. Von der Krisen- zur Erfahrungswissenschaft*. Frankfurt/New York: Campus.
Brügger, Mads. 2020. Der Maulwurf. Undercover in Nordkorea. Dänemark. https://de.wikipedia.org/wiki/Der_Maulwurf:_Undercover_in_Nordkorea. Zugegriffen am 22.04.2021.
Butler, Judith. 2018. *Anmerkungen zu einer performativen Theorie der Versammlung*. Berlin: Suhrkamp.
Doll, Martin. 2007. Widerstand im Gewand des Hyper-Konformismus. Die Fake-Strategien von The Yes Men. In *Mimikry. Gefährlicher Luxus zwischen Natur und Kultur*, Hrsg. Andreas Becker, Martin Doll, Serjoscha Wiemer und Anke Zechner, 245–258. Schliengen: Edition Argus.
Garfinkel, Harold. 1964. Studies of the routine grounds of everyday activities. *Social Problems* 11 (3): 225–250. Oxford: University Press.
Goffman, Erving. 1982 [1971]. *Das Individuum im öffentlichen Austausch. Mikrostudien zur öffentlichen Ordnung*. Frankfurt a. M.: Suhrkamp.
Harlan, Volker. 1986. *Was ist Kunst? Werkstattgespräch mit Beuys*. Stuttgart: Urachhaus.
Jende, Robert. 2017. Gemeinsam Gesellschaft gestalten. Performative Soziologie als Methodik Öffentlicher Soziologie. In *Geschlossene Gesellschaften. Verhandlungen des 38. Kongresses der Deutschen Gesellschaft für Soziologie in Bamberg 2016*, Hrsg. Stephan Lessenich. https://publikationen.soziologie.de/index.php/kongressband_2016. Zugegriffen am 22.04.2021.
LADY DIES AT BUS STOP OVER CARONAVIRUS SNEEZE!!!. o. J. https://www.youtube.com/watch?v=LawuQG8Z81w. Zugegriffen am 22.04.2021.
Latour, Bruno. 2018. *Das terrestrische Manifest*. Berlin: Suhrkamp.
Lessenich, Stephan. 2016. *Neben uns die Sintflut. Die Externalisierungsgesellschaft und ihr Preis*. Berlin: Hanser.
Malzacher, Florian. 2020. *Gesellschaftsspiele. Politisches Theater heute*. Berlin: Alexander.
Marchart, Oliver. 2019. *Conflictual aesthetics. Artistic activism and the public sphere*. Berlin: Sternberg Press.
Plessner, Helmuth. 1982[1948]. *Mit anderen Augen. Aspekte einer philosophischen Anthropologie*. Stuttgart: Reclam.
Rau, Milo. 2018. *Globaler Realismus. Goldenes Buch I*. (Hrsg. von NTGent und International Institute of Political Murder). Berlin: Verbrecher.
Rau, Milo, und IIPM. 2017. *General assembly*. Berlin: Merve.
Selke, Stefan. 2020. *Einladung zur öffentlichen Soziologie. Eine postdisziplinäre Passion*. Wiesbaden: Springer.
Thorau, Henry. 2013. *Unsichtbares Theater*. Berlin: Alexander.
Yes Men. 2010. *The Yes Men Fix the World*. Dokumentarfilm. HBO. https://archive.org/details/The.Yes.Men.Fix.The.World.P2P.Edition.2010.Xvid. Zugegriffen am 22.04.2021.

Cutting und Splitting: Die Methode Matta-Clark – eine Inspirationsquelle für öffentliche Soziologie?

Heinz Bude, Anna Eckert und Inga Haese

Auf Youtube kann man unter dem Titel *Splitting* eines der raren Dokumente von einer der wichtigsten künstlerischen Gesten des 20. Jahrhunderts finden. Es handelt sich um ein veristisch anmutendes Video aus dem Jahre 1974, das einen jungen Mann um die dreißig im Anorak, später mit nacktem Oberkörper und Bauarbeiterhandschuhen dabei verfolgt, wie er ein US-amerikanisches Vorstadt-Ein-Familien-Eigenheim mit einer mächtigen Stichsäge in der Mitte zerteilt.

Das Haus wird in Englewood, New Jersey lokalisiert und ist offenbar verlassen worden. Gleich zu Beginn sieht man ein Schild „Do not Occupy". Über elf Minuten ist die Aktion so zusammengeschnitten, dass man das Haus noch einmal als Ganzes erkennt, dann die Leiter in der Mitte, auf der der Mann mit der Säge steht. Es folgen lange Passagen über das Werk des Sägens, unterbrochen von Kameraschwenks durch das Innere des Hauses: Jemand geht an einem durchteilten Geländer vorbei, eine durchschnittene Treppe hinunter, es wackelt. Schließlich verfolgt die Kamera, wie der Mann das Holzhaus mit Hammer und Meißel vom gemauerten Fundament trennt, bis es nur noch von Stützen getragen wird. Das Video in schwarz-weiß und Farbe enthält keinen Ton, weder Kommentare des Mannes noch eine ErzählerInnenstimme. Zwischen den Szenen werden jedoch erklärende Tafeln eingeblendet. Auf einer steht:

> „The abandoned home was filled by a sliver of sunlight that passed the day throughout the rooms".

Nach der Teilung in zwei Hälften war die eine Hälfte des Gebäudes um fünf Grad gckippt worden, wodurch ein sich allmählich erweiternder Spalt entstand (Wigley

H. Bude (✉)
Gesellschaftswissenschaften/Fachgruppe Soziologie, Universität Kassel, Kassel, Deutschland
E-Mail: bude@uni-kassel.de

A. Eckert · I. Haese
Thünen Institut für Regionalentwicklung, Kritzow, Deutschland
E-Mail: eckert@thuenen-institut.de; haese@uni-kassel.de

2012, S. 14). Man glaubt die Öffnung zum Leeren durch die Spaltung des Gebäudes zu sehen. Zum Schluss scheint das Haus, von seinem Fundament gelöst und in der Mitte geteilt, für einen Moment zu schweben.

Das Video, das einen Zusammenschnitt der Aktion, die sich Tage hingezogen haben muss, darstellt, ist Dokumentation, Inszenierung und Aussage in einem. Die sogenannten *Building Cuts*, die zwischen 1972 und 1978 entstanden, machten Gordon Matta-Clark berühmt: An leer stehenden Gebäuden, die für den Abriss vorgesehen waren, nahm er Schnitte durch sämtliche Materialschichten vor und entfernte bestimmte Teile ganz.[1] Der Sinn seiner Cut-outs bestand darin, aufzuschneiden und bloßzulegen und den Teilen in einem offenen Ganzen Platz zu lassen.

Der 1943 in New York geborene Gordon Matta-Clark war Sohn des Surrealisten Roberto Matta-Clark, der als Architekt bei Le Corbusier gearbeitet hatte. Seine Mutter war die Künstlerin Ann Clark. Schon in frühen Jahren kam der Sohn in seinem Elternhaus mit der konzeptkünstlerischen Szene in Berührung, seine Patentante war angeblich Alexina Duchamp, die Ehefrau von Marcel Duchamp. In der Nachfolge seines Vaters studierte der Sohn zunächst Architektur, arbeitete aber nie als Architekt. Er wollte lieber Prozesse in Gang setzen als Bauwerke hinterlassen (Ursprung 2012, S. 29). Er nannte das als Überschreibung der Worte Architektur und Anarchie *Anarchitecture*. In der Schlüsselausstellung *Wallpapers*, die Ende 1972 in der Greene Street 112 im New Yorker Stadtteil Bronx stattfand, wurden Fotografien von privaten Innenräumen, herausgeschnittene Gebäudefragmente sowie die Fotografien der Schnitte so ausgestellt, als ob sie eine Beweiskette eines anderen städtischen Lebens darstellten. Zerschneiden bedeutet Öffnen, Sezieren, Versetzen und Neuverbinden. Die Zusammenhänge werden durch die Zeichnungen von Schnitten, die Fotografien von Interventionen, die Notizen von Aussagen und die Kompilierung von Kunstbüchern immer umfassender und komplexer, sodass diese diversen Materialisierungen selber wieder zerschnitten und verbunden werden müssen, damit das architektonische Potenzial erhalten bleibt. So umfasst Matta-Clarks Werk heute eine schier unerschöpfliche Fülle an Projekten, Entwürfen, Dokumenten, Fragmenten, Skizzen,[2] die einen ungeheuren Bewegungsraum schaffen, der monumentale Strukturen in Akte der Kommunikation verwandelt. In Matta-Clarks eigenen Wor-

---

[1] 1975 setzte Matta-Clark in *Conical Intersect* Schnitte in zwei der Gebäude, die dem Centre Georges Pompidou weichen mussten, und entwickelte im öffentlichen Raum sowie in Alternativgalerien wie *98 Greene Street* und *112 Greene Street* Werke, die sich in einer künstlerischen Form von Alchimie u. a. mit Bäumen, Kochen und Recycling beschäftigten. Die Interaktion des Körpers mit Natur bzw. Architektur findet sich von seinen frühen Werken wie *Rope Bridge* (1969) über zahlreiche Zeichnungen von Bäumen, Pfeilen und Piktogrammen, Interventionen an Gebäuden und Performances bis zu den Entwürfen für *Ballongebäude* (1978) wieder.

[2] Sehr viel davon ist im *Canadian Centre for Architecture* Montréal archiviert, darunter die legendären Karteikarten mit Notizen und Sentenzen. Weitere Dokumente sind auf dem Wege einer Schenkung von Matta-Clarks Witwe Jane Crawford in der Wiener *Generali Foundation* gelandet.

ten: „The determining factor is the degree to which my intervention can transform the structure into an act of communication."[3]

Matta-Clark wählt eine dramaturgische Sprache, um seine Vorstellung von ortsbezogenen skulpturalen Gesten zu kennzeichnen:

> „I feel my work intimately linked with the process as a form of theater in which both the working activity and the structural changes to and within the building are the performance. I also include a free interpretation of movement as gesture, both metaphorical, sculptural, and social into my sense of theater, with only the most incidental audience – an ongoing act for the passer-by just as the construction site provides a stage for busy pedestrians in transit" (Moure 2006, S. 66).

Im März 1974 machte sich an einem Samstagmorgen eine Schar von KünstlerkollegInnen, KritikerInnen und SympatisantInnen mit dem Bus aus Manhattan auf den Weg nach New Jersey, um Gordon Matta-Clarks Arbeit in Augenschein zu nehmen: Ein Haus, wie es überall in den Vorstädten existierte, war in einen Ausdruck der US-amerikanischen Gesellschaft verwandelt worden. Sie konnten studieren, wie sich das Leben im Innern eines solches Hauses gestaltete, und wurden gewahr, was sonst noch möglich wäre, wenn man diese Behausung für ein gemeinsames Leben öffnete. In der Mai-Ausgabe der kleinen Kunstzeitschrift *Art Rite* beschrieb Laurie Anderson, die es 1981 mit einer elfminütigen, minimalmusicartigen Single *O Superman (For Massenet)* in die britischen Singlecharts schaffte, die Busfahrt zu dem Haus und bekannte sich zum Programm einer *Anarchitecture*, die die Ordnung der starken Bindungen in der sicheren Abschließung zugunsten einer Unordnung der schwachen Bindungen und möglichen Erweiterungen aufgab.

Das Programm der *Anarchitecture* als Verbindung von „politischer Brisanz, utopischer Geste und formaler Strenge" (Lammert 2012, S. 72) war eine wichtige Inspirationsquelle für die dekonstruktivistische Architektur von Peter Eisenman und Rem Koolhaas (Ursprung 2012, S. 38–45). Aber ihnen scheint im Laufe ihrer enormen Karrieren die „subversive Unschuld" (Wigley 2012, S. 21) des mit 35 Jahren so früh verstorbenen Matta-Clark abhanden gekommen zu sein. Jedenfalls verfielen sie nach Manfredo Tafuris Deutung (Graham 2012, S. 54) der Idee von Architektur als Utopie, die es ihnen erlaubte, exemplarische Bauten ohne Bezug auf die sich verändernde städtische Umgebung zu realisieren. So entstanden weniger ortsbezogene Wohnprojekte als entkontextualisierte Stilikonen.

Matta-Clark selbst kommentierte seine Arbeit in Englewood folgendermaßen:

> „By undoing a building I open a state of enclosure which had been preconditioned not only by physical necessity but by the industry that profligates suburban and urban boxes as a context for insuring a passive isolated consumer."[4]

---

[3] Aus den Notizbüchern, zitiert nach Hubertus von Amelunxen, S. 96.
[4] Aus den Notizbüchern, zitiert nach Hubertus von Amelunxen 2012, S. 98.

Hier hallen bei Matta-Clark soziologische und im weiteren Sinne kulturkritischen Deutungen der Zeit wider: C. Wright Mills schon 1951 herausgekommene Analyse der sozialen Platzangst in der White-Collar-Mittelklasse der USA; Betty Friedans Herausarbeitung des ungeheuren Unglücks der Vorort-Hausfrauen aus dem Jahre 1960; Jane Jacobs großes Traktat über „Tod und Leben großer amerikanischer Städte" von 1961; und vor allem natürlich Guy Debords furioser Essay „Die Gesellschaft des Spektakels" von 1967, der mit einer Schaumwelt des Konsums und der Einpassung abrechnet. Der hatte Matta-Clark zweifellos beeinflusst.

Das Haus in Englewood ist abgerissen und vermutlich durch eine neues und sicher ganz ähnliches ersetzt worden – damit sind alle Spuren von Matta-Clarks Intervention vor Ort getilgt. Wir haben jetzt nur noch das Video und eine Reihe von Fotografien von der Öffnung der Box auf dem Lande. Für Matta-Clark war Kunst im sozialen Kontext ein Akt der Großzügigkeit, der einem jenseits kuratorischer Inszenierung die Erfahrung einer Begegnung mit der Wirklichkeit erlaubt (Moure 2006, S. 9). Joseph Kosuth, einer der wichtigsten Vertreter der Konzeptionellen Kunst, bemerkte über Matta-Clarks Umgang mit der Kamera, dass seine Filme und Standbilder an sich nichts Ungewöhnliches seien; sie dokumentieren ortsbezogene Arbeiten, wie sie von vielen anderen künstlerischen Personen erstellt worden sind und immer wieder erstellt werden. Das Besondere bei Matta-Clark sei, dass er seine Kamera wie eine Kreissäge benutzt habe (vgl. Abb. 1).[5]

Uns BetrachterInnen verlangen diese Videos und Fotografien ab, dass wir sie nicht allein als Dokumente eines verschwundenen Akts der Verausgabung verstehen, sondern als rätselhafte Zeichen einer Öffnung ins Leere eines anderen Zustands.

Es scheint also zwei Ordnungen der Indexikalität zu geben. Die *Cuts* geben den Blick in ein Innenleben frei als eine erste Ordnung des Zeigens. Zum einen für diejenigen, die bei den Aktionen direkt anwesend waren oder die später zu den Gebäuden oder an den Gebäuden vorbeifuhren und den Spalt oder kreisförmige Öffnungen der Wände sehen konnten. Uns ist das heute nicht mehr möglich. Matta-Clark animiert durch seine Fotos und Filme die BetrachterInnen, sich die Aktion und die Gebäude vorzustellen, ein Zeigen zweiter Ordnung. Uns auch die Diskurse vorzustellen, an die er in den 1970er-Jahren anschloss, die Körperlichkeit des Sägens, das Geräusch des Hammers, den Geruch des Staubs. Unsere Aktivität als BetrachterInnen vollendet das Kunstwerk.

Diese Vervollständigung durch die Teilhabe des Publikums findet sich auch in einer öffentlichen Wissenschaft, die zwar etwas zeigen kann, etwas offenlegen oder kritisieren kann, aber mit der Unsicherheit zurechtkommen muss, wie eine Intervention oder Interpretation aufgenommen wird. In dieser Hinsicht gleicht die Soziologie einem offenen Kunstwerk (Umberto Eco). Sie macht Aussagen, die erst durch ihre Aufnahme in öffentliche Verhandlungen Bedeutung gewinnen. Was am Ende von der Aussage bleibt, entzieht sich der wissenschaftlichen Kontrolle. Das kommunikative Gedächtnis geht seine eigenen Wege und braucht seine eigene Zeit.

„There is a crack in everything/That's how the light gets in" (Cohen 1992).

---

[5] Joseph Kosuth zitiert nach Mary Jane Jacob 1985, S. 111.

Abb. 1 *Gordon Matta-Clark: Conical Intersect 3*. Abgedruckt 1977. Whitney Museum of American Art, New York © Scala Archiv

Literatur

Amelunxen, Hubertus von. 2012. Gordon Matta-Clark – Scriptor. In Gordon *Matta-Clark – Moment to moment: Space*, Hrsg. Hubertus von Amelunxen, Angela Lammert und Philip Ursprung, 94–119. Nürnberg: Verlag für moderne Kunst.

Cohen, Leonard. 1992. *The Future*, Nr. 5 Anthem. Columbia.

Graham, Dan. 2012. Architektonische Inspirationsquellen. In *Gordon Matta-Clark – Moment to moment: Space*, Hrsg. Hubertus von Amelunxen, Angela Lammert und Philip Ursprung, 48–61. Nürnberg: Verlag für moderne Kunst.

Jane Jacob, Mary. 1985. *Gordon Matta-Clark: A retrospective*. Ausstellungskatalog. Chicago: The Museum of Contemporary Art.

Lammert, Angela. 2012. „It's Bauhaus" – Zweimal Matta-Clark in der Akademie der Künste, Berlin. In *Gordon Matta-Clark – Moment to moment: Space*, Hrsg. Hubertus von Amelunxen, Angela Lammert und Philip Ursprung, 70–93. Nürnberg: Verlag für moderne Kunst.

Moure, Gloria, Hrsg. 2006. *Gordon Matta-Clark, works and collected writings*. Madrid: Museo Nacional Centro de Arte Reina Sofia.

Spector, Nancy. 2018. *Gordon Matta-Clark. Conical intersect*. https://www.guggenheim.org/artwork/5211. Zugegriffen am 01.04.2021.

Ursprung, Philip. 2012. Grenzen der Architektur. In *Gordon Matta-Clark – Moment to moment: Space*, Hrsg. Hubertus von Amelunxen, Angela Lammert und Philip Ursprung, 29–61. Nürnberg: Verlag für moderne Kunst.

Wigley, Mark. 2012. Anarchitectures: Eine forensische Spurensuche. In *Gordon Matta-Clark – Moment to moment: Space*, Hrsg. Hubertus von Amelunxen, Angela Lammert und Philip Ursprung, 12–28. Nürnberg: Verlag für moderne Kunst.

Printed by Printforce, the Netherlands